U0930905

三国志精选新绎

（上）

张大可　朱枝富　选绎

图书在版编目（CIP）数据

三国志精选新绎 / 张大可，朱枝富选绎. -- 北京 ：文化发展出版社，2022.3

ISBN 978-7-5142-3619-4

Ⅰ. ①三… Ⅱ. ①张… ②朱… Ⅲ. ①中国历史－三国时代－纪传体②《三国志》－译文 Ⅳ. ①K236.042

中国版本图书馆CIP数据核字（2021）第249861号

三国志精选新绎

选　　绎：张大可　朱枝富

责任编辑：周　蕾　　　　责任校对：岳智勇

责任印制：邓辉明　　　　责任设计：侯　铮

出版发行：文化发展出版社（北京市翠微路2号 邮编：100036）

网　　址：www.wenhuafazhan.com

经　　销：各地新华书店

印　　刷：北京文昌阁彩色印刷有限责任公司

开　　本：710mm×1000mm　1/16

字　　数：941千字

印　　张：49.5

版　　次：2022年3月第1版

印　　次：2022年3月第1次印刷

定　　价：128.00元（全二册）

I S B N ：978-7-5142-3619-4

◆ 如发现任何质量问题请与发行部联系。发行部电话：010-83626929

叙　例

三国鼎立是一个特殊的历史时代。三国时期的政治，风云变幻，气象万千；三国时期的军事，金戈铁马，气势壮阔；三国时期的经济，变革重大，承先启后；三国时期的外交，纵横捭阖，奇峰迭出；三国时期的人物，英雄辈出，业绩昭著。特别是三国人物、三国故事，自宋元以来由于平话、戏剧、小说的传播，可以说是家喻户晓，常为人们所津津乐道。“三个臭皮匠顶个诸葛亮”“说曹操，曹操到”，已成为人们生活中常用的熟语，可见三国故事影响之深。由于三国鼎立，“人谋”规划起了至关重要的作用，因此，三国时期人物的复杂关系，他们的智慧谋略，给人们留下了很多的历史经验与教训，从中可以学到很多东西，受到很多启发。这就是三国故事历久不衰、人们津津乐道的原因。改革开放后发展市场经济，有人把三国谋略用于市场竞争，引入管理思维，获得成功，更增添了三国故事的活力。

人们熟知的三国历史，大多来自《三国演义》。《三国演义》是一部演史小说，演史情节多有虚构，但它又不同于时下的一些戏说电视剧，任情所为。《三国演义》对历史的演说还是比较严肃的，它的虚构多为夸张，或张冠李戴，移甲作乙；或遥情想象，补充细节，很有分寸。《三国演义》传播的历史内容，学术界早有定评，用清人章学诚的话说，七实三虚。今人将《三国演义》的文字与《三国志》做了对比，63%直接来自《三国志》与裴注，以及《后汉书》《资治通鉴》等史籍，证实了章学诚的判断。本书精选《三国志》人物原传，可与《三国演义》对照，一定会获得良多的启迪。《三国演义》的成功，正是母本《三国志》打下的基础。

《三国志》是公认的一部良史，由西晋陈寿撰。这部史书从内容到形式，都有许多创新。内容上，它是以人为中心叙事的纪传史，只有纪传，没有表志，这是陈寿的创作用意，突出人的作用，揭示三国鼎立是“人谋”规划而形成的历史。全书内容十之七八，即人物传记的十之七八，写的是三国鼎立形成的历史，即190年关东起兵讨董卓到220年曹丕称帝这三十年战乱的历史。从王朝体系来看，这一段历史恰好是季汉献帝时期，而陈寿把它作为三国的一个重要时期，其历史眼光已不同凡响。陈寿品评人物作纵横比较，如说诸葛亮是良平之亚，把他与西汉开国功臣张良、陈平相比较；品评刘备与曹操作比较；品评庞统、法正与魏臣荀彧、程昱、郭嘉作比较。在人物排列上，先谋臣后武将。这些都体现了陈寿对各色人物影响历史的看法，旨在揭示“时势造英雄，英雄造时势”的辩证历史观。所以《三国志》尽管用笔简练，人物传记大都短小，但写得生龙活虎，三国英雄借此以重名，警世意义深入人心，这是其他纪传史难以企及的成就。

从编纂形式看，《三国志》是一部断代纪传国别史，这也是一种创新。三国鼎立，各自发号施令，各有正朔，实质是列国纷争，故以《三国志》名之，这是实录精神的生动体现。吴蜀二主，名为列传，实为编年纪事之纪，但不以纪名，独立标出魏帝为纪，又弥合了“天无二日，土无二王”的正统观念，而汉、魏、晋的承传，也符合历史演进的实际，也是实录精神。这些既是陈寿的创造，也是陈寿继承太史公笔法，仿《史记·六国年表》之立意而发扬光大，既做到了实录，又不违背古代当时人的礼义观念。《三国志》号称良史，当之无愧。

本书选《三国志》主要人物纪传共四十五篇，按三国鼎立形成的历史演进分为六编：第一编，东汉末年的军阀，列选代表人物五人；第二编，曹刘孙三家集团的兴起，列选代表人物四人，为曹操、刘备、孙权三人，再加一个孙策，因孙权承父兄之业；第三编，曹魏名臣武将十三人；第四编，蜀汉名臣武将十三人；第五编，孙吴名臣武将八人；第六编，一统三国人物五人，其中灭蜀大将二人在《三国志》中，灭吴大将两人在《晋书》中，司马懿也在《晋书》中，后三位只有新传，不选《晋书》原传，因本书是《三国志》的选读。本书分为上下两册精装，每册各三编。入选本书人物的排列顺序，大体按照《三国志》原书魏、蜀、吴的先后顺次，略有调整以展示本书主题，揭示三国鼎立形成的历史原因与历史进程。

每编入选人物传记的今绎体例，《三国志》原传人物的解读有四项内容："题解""注释""译文""人物新传"。前三项是解读古书的常规样式，第四项"人物新传"，实为人物评论的一种形式，是本书的一个创新。此外，书前有导论，宏观概述三国鼎立形成的原因，为全书解读之纲。

笔者对《三国志》及三国史作过系统探索，出版了《三国史研究》论文集，《三国史》《三国十二帝》《话说三国》等论著，20 世纪 80 年代在兰州大学开设《三国志》选修课程。主编一种中级读物《三国人物新传》，社会多人参与。参与者具名在该书各篇人物传后，本书原传后的"人物新传"，就是部分引入的这本中级读物的"新传"论说。

朱枝富先生应我之邀，参与本书的编纂制作，对《三国志》全书做了注译解读，由我们两人联名推出。

是为叙例。

张大可

2021 年 5 月 20 日

目 录

导　论

三国鼎立形成的历史原因

三国鼎立是一个值得研究的特殊的历史课题。脍炙人口的三国故事自宋元以来由于平话、戏剧、小说的传播，可以说是家喻户晓，至今三国人物、三国故事仍为人们所津津乐道。本书从《三国志》中选取了四十五个人物，从《晋书》中选取了三个人物，合四十八个人物。重点选取三国形成时期的人物，着重探讨“人谋”在三国鼎立形成中的作用。

一、三国鼎立的多因素历史原因

汉末天下何以形成三分，这是一个复杂的问题，用一个简单的公式是不能够回答的。学术界所流行的经济均衡论导致了三分，即北方经济遭破坏、南方经济发展形成南北均衡而成为三分的立国基础的说法，只是历史原因之一，而绝非必然的决定性因素。因为封建的自然经济以独立的小农经济为基础，无须均衡也可成割据态势。早在春秋战国之际，长江流域就有巴、蜀、楚、吴、越的割据。至汉末，割据长江上游和中游的刘璋、刘表，甲兵资实，不弱于孙吴，更不减于刘备，何以要待刘备来建立蜀汉而与曹、孙成鼎立之势呢？可见三分有着复杂的历史原因。

从中国封建社会两千年历史发展的轨迹看，王朝兴衰，军阀混战，群雄割据，南北对峙迭次出现，而三国鼎立却是历史上不可多得的一次历史存在，可见这一局面是历史上的一个特例。特例是历史发展中的变异，而导致变异的历史原因，就不是常规的必然性，这是简单明了的逻辑。

“合久必分，分久必合。”这是中国封建专制制度发展的必然规律。当然也可以将此看作是封建地主阶级经济发展的一种周期性运动。因为自给自足的封建经济，即使在统一的中央集权政治下，“在某种程度上仍旧保留着封建割据的状态”，中央集权力量一旦削弱或解体，就要出现群雄割据的局面。而割据混战破坏生产力，给人民带来无穷无尽的灾难，所以它是不能持久的。天无二日，土无二王，人心思统一，所以秦、西汉、隋、元、明等封建王朝解体后，很快就走向了统一。但中国历史上有东晋与北方十六国之对峙，有南北朝之对峙，有北宋与辽之对峙，有南宋与金之对峙。这些现象都有比较复杂的原因，不能单纯用“经济均衡”加以解释，更何况三国鼎立?

三国鼎立有着多方面的历史原因，是经过极其复杂的历史演变才形成的。概略地说，在东汉末年军阀混战走向统一的过程中，出现了三国鼎立的局面，这是由于三国的人才均势、地理均势、政治均势等多种历史原因的交叉作用才形成的。在这些历史原因的形成中，“人谋”起了主导的作用。

二、东汉末军阀混战人才三分

三分的奠定，首先是军阀混战使汉末人才分散，形成了曹、孙、刘三个坚强的领导集团。

汉末军阀，像穷凶极恶的董卓，顽悍乐杀的公孙瓒，贪利恃宠的陶谦，倏彼倏此而横的吕布，狂愚而逞的袁术，雍容论道的刘表，昏庸懦弱的刘璋，都无戡乱之才，他们在群雄角逐中注定要被歼灭。而志大才疏的袁绍，文武兼备的曹操，弘毅宽厚的刘备，任才尚计的孙权，都有统一天下之志，任人有方，驭才有术。而后袁绍败亡，遂演成了三分之局。

东汉末军阀混战，为何人才三分?这有着复杂的历史原因，是一系列偶然事变的分合所形成的必然之势。在乱世之中，局势未明朗之时，际遇交合带有较大的偶然性。但是人往高处走，水往低处流，天下扰攘，君择臣，臣亦择君，又是必然之势。荀彧、郭嘉、董昭，初投袁绍，后归曹操。鲁肃与刘晔友善，最初欲依巢湖郑宝，而后两人分道扬镳。诸葛瑾、诸葛亮，同胞兄弟，一个辅孙权，一个佐刘备。所以，东汉末年的人才形成三分而未若江河之归大海，有客观的原因，也有主观的原因。试分析如下:

客观原因 主要有两个方面。一是汉朝还没有完全失去其继续存在的合理性，刘姓皇帝仍是一面旗帜。两汉儒学昌盛，它所宣传的君权正统观念深入人心，士大夫多尚气节，袁绍在反对董卓废立时就说："汉朝统治天下四百年，恩泽深厚，赢得全天下人民的拥护。如今皇帝虽然年幼，但没有什么不良行为，董公想要废掉合法的嫡长子，换立一个庶出兄弟，恐怕满朝公卿是不会答应的。"二是东汉世家大族正处于上升时期，多名节之士。尤其是两次党锢之祸，士大夫反对宦官专政，赢得了天下人的归心。这两个客观因素，对曹操来说有得有失。他挟天子以令诸侯，在政治上占了优势，四方人才多归往之，这是得。但曹操出身于宦官集团的庶族，初起时不敌袁绍，不仅使得一部分北方士人流归了袁绍，如沮授、田丰、审配等；而且延迟了他统一北方的时日，眼看孙权坐大，刘备寄居荆州而不能及早消灭，这是失。关东军讨伐董卓，孙坚力战第一，义动天下，也赢得了一部分人才的归心。张昭、周瑜、程普、黄盖等倾心辅佐孙氏兄弟，这是孙吴之得，反之则是曹操之失。刘备以帝室之胄，"受左将军之命，躬膺天子之宠任，而又承密诏以首事，先主于是乎始得乘权而正告天下以兴师"①，露布衣带诏讨曹，使曹操蒙受"托名汉相，其实汉贼"②的恶名，刘备则以正统自居。诸葛亮辅刘备，不仅仅是报三顾之恩，而且也是扶持正统。这是刘备之得，亦是曹操之失。

主观原因 也有两个方面。一是曹操的对手刘备、孙权都是人中之杰，总揽英雄有很大的号召力。二是曹操品德不济，奸险诈伪，暴虐无比，使得一部分智士远离了他，像诸葛亮、庞统等人宁肯归隐待时，也决不北投曹操。陈宫、张邈之叛，就是鄙薄曹操的为人。曹操傲慢，把蜀中使者张松推给了刘备，这是最大之失。曹操不仁爱士民，多次屠城，滥杀无辜，并在征战中颁布了"围而后降者杀无赦"的军令，所以他始终未能获得"天命攸归"的舆论。曹操兵围汉献帝，失人臣礼，始终戴着"汉贼"的帽子打天下。曹操的这些弱点为孙、刘所利用。因此，曹操不能像汉高祖、汉光武那样囊括天下英雄，也就不能统一天下，只好做了个半壁河山的"周文王"而遗恨九泉。

三、三大战役改变历史走向

袁曹官渡之战、曹刘赤壁之战、吴蜀夷陵之战，是三国鼎立形成过程中的三大战役。三大战役的发生和胜败结局出人意料，特别是前两次大战，改变了历史统一的航向，仿佛有一种冥冥的力量在支配和引导历史步入三分之局。

官渡之战，曹操奠定了北方的统一，消除了一个争天下的强手；赤壁之战曹操

① 王夫之：《读通鉴论》卷九。

②《三国志·周瑜传》。

受挫，孙刘之势渐强，于是奠定了三分之势。本来这两次战役都有统一天下的可能。袁绍鹰扬河朔，雄视天下，设若官渡之战袁胜曹败，袁绍君临天下的可能性是很大的；曹操统一北方，“奉辞伐罪，旄麾南指，刘琮束手”[①]，若赤壁战胜，称孤道寡乃必然之势。但这两次战役都是强者败，弱者胜，出现了戏剧性的变化，从而改变了历史的天平，使偶然因素变成了必然之势。这里的“偶然”，是指曹操官渡告捷，孙刘赤壁战胜，带有“偶然性”；但已然胜利之后，使形势逆转，弱者成为强者，这就是“必然之势”。反过来说，叱咤风云的袁绍和曹操，不听谋臣劝谏，丧失了取胜之机，只是“偶然”的一着失计，造成了“失之毫厘，差之千里”的“必然”后果。

夷陵之战，终止了孙刘结盟东西夹击曹魏所取得的战略优势，结局蜀弱吴孤，但它确立了三分的地理均势，鼎立之局不可逆转。

兵家胜败乃事理之常，为何三大战役，一战之得失改变了历史的航向呢？首先是交战双方拼尽了全力大决战，可以说失败的一方输了老本，形势逆转无可挽回。其次是三大战役的发生，总是强势的一方在错误的时间发动了一场错误的战争，交战双方均为人杰，一方错误则给对方带来机遇，于是“人谋”起了至关重要的作用。

四、五次荆州争夺，形成三分地理均势

何谓地理均势 所谓地理均势，是指割据集团利用地理条件抗衡对方的一种策略。在生产力不发达的古代，使用的是戈矛甲盾作战，因此占有险固地利的一方在争雄角逐中明显地具有优势。我国的地理形势是西北高，东南低，东面、南面都濒临大海。所以王朝更替，割据争雄，一再演绎出北方战胜南方的历史现象。“周之王也，以丰镐伐殷；秦之帝，用雍州兴；汉之兴自蜀汉。”[②]隋唐统一，兴于西北；明清战略，重在西北。南北朝对峙，五代十国战乱，两宋与辽金之对峙，总是北方战胜南方，其中地理形势是一大因素。这是因为，偏安东南的割据政权，被大海封闭，没有回旋余地；又处于低地，攻守不利。占有中原的北方政权，不仅占有居高临下的地理优势，而且也是传统文化的正统所在，政治上也占优势。再看区域形势，从南北看，横贯东西的长江把中国地理划分为南北两大区，南北对峙，南方政权总是依赖长江为天堑。从东西看，以华山、秦岭为界，劈成西北、西南两个闭锁地区，险固便，形势利，中原有事，这两个区域常为割据之境。在三国以前的西汉末年，就有隗嚣据陇，公孙述据蜀的先例。东汉末年的军阀混战，陇蜀也是最先成为割据

①《吴主传》裴注引《江表传》。

②《史记·六国年序表》。

之地。

荆州形势，兵家必争 荆州地理位置的重要性，还可以从三国以后南北对峙政权的攻守中得到证明。南北朝对峙，荆州之重，终六朝之世，系举国之安危。南朝宋齐梁陈，荆襄镇将，资实甲兵，占全国之半。北宋覆亡，宋高宗南渡，由于荆襄固守，得以保守半壁河山一百余年。北方统一南方，总是用兵荆襄。南方政权，丢失荆襄，也就随之灭亡。所以顾祖禹总括说："盖江陵之得失，南北之分合判焉，东西之强弱系焉，此有识者所必争也。"[①]所以，袁术据淮南，首先就是争荆州，孙坚为之丧身襄阳。曹操挟献帝定都许昌以后，连年进攻荆州，因北方未平而未得手。诸葛亮的《隆中对》，劝刘备据荆益，就是着眼于三分的地理均势。诸葛亮说，"荆州北据汉、沔，利尽南海，东连吴会，西通巴、蜀，此用武之国"[②]。鲁肃说："夫荆楚与国邻接，水流顺北，外带江汉，内阻山陵，有金城之固，沃野万里，士民殷富，若据而有之，此帝王之资也。"[③]荆州如此重要，其势为曹孙刘三家所必争。因为曹孙刘三方，谁占领荆州，谁就可以在实力上得到很大的增强。曹操占领荆州，逼降孙权以统一天下；孙权占领荆州，要全踞长江与曹操抗衡；对于刘备来说，荆州是立身之地，借此而居以待天下之变。荆州成了曹孙刘三家逐鹿中原的冲要，它的归属将影响历史步伐的节奏。三方军事斗争从208年曹操南下起到222年夷陵之战画上句号为止，前后15年，发生过5次大战役，即5次争荆州。三国时期的三大战役中的两大战役赤壁之战和夷陵之战皆在其中，使荆州三易其主，由此可见争夺荆州的激烈。

第一回合，曹操南下，兵不血刃下荆州 建安十二年（207）十一月，诸葛亮发表隆中对策，在替刘备制定的战略方针中，首要的目标就是夺取荆州，然后西进益州，东联孙吴，北拒曹操。刘备长期驻屯荆州，"总揽英雄，思贤若渴"，有诸葛亮、关羽、张飞、赵云等文武相助，加之近水楼台，最有利于夺取荆州。但以兴复汉室为己任的刘备，从有大恩于己的同姓手中夺地盘，名不正言不顺，最为天下之忌，刘备需要等待时机。但曹孙两方岂容枭雄刘备从容得荆州，他们都积极准备抢夺荆州。建安十三年（208）春，孙权建柴桑行营，亲自统兵抢先发动荆州之战，一举歼灭江夏黄祖，打开了荆州的东大门。与此同时，曹操做了充分的备战，也于208年春在邺城造玄武湖训练水军。七月，他率30万大军南下，这是他征战以来最大的一次军事行动，志欲一举定江南。刘表也预感到荆州继袁氏灭亡之后次当受兵，二子

①《读史方舆纪要》卷七十八。

②《三国志·诸葛亮传》。

③《三国志·鲁肃传》。

又不睦，军中各有彼此。刘备从新野移驻樊城，伺机而动。刘表面临内忧外患而束手无策，忧愤成疾。曹军南下，声势浩大，久病在床的刘表被吓死，其次子刘琮继任荆州牧，不战而降。曹操只用了三个月的时间，兵不血刃拿下荆州，在争夺荆州的第一个回合中，强势的曹操占了头筹。

第二回合，赤壁之战，曹孙刘三分荆州，拉开了鼎立的序幕 208 年，赤壁之战是曹孙刘三方争夺荆州的第二个回合。此役孙刘结盟，挫败了曹操南下的势头，三家瓜分了荆州，初步形成三分鼎立之局。曹操占据南阳郡和江夏郡北部，以襄阳为重镇，阻止联军北上。孙权占据了南郡（治江陵，故城在今湖北江陵东北）和江夏郡南部，全据长江形势，打通了西进益州的大道。刘备据有江南四郡：武陵、长沙、零陵、桂阳，有了立足之地。按照战前诸葛亮使吴所订双边协定，赤壁之战后荆州归刘成鼎足之形①。所以刘琦死后，孙权表荐刘备为荆州牧，并把自己的妹妹嫁给刘备，巩固联盟。刘备则表荐孙权为车骑将军，领徐州牧。孙刘双方互相推荐，达成了势力范围的默契。从荆州北上宛洛，是刘备发展的方向；从扬州北上徐州，是孙权发展的方向。当时长江上游有刘璋，汉中有张鲁，关中有马超、韩遂。这是三个互不统属，而又均无远略的割据集团。曹操占有大江以北的整个中原地区，兵强马壮，仍有力量时时卷土南下。与曹操争天下的刘备和孙权，处在长江中、下游，无论地利和人力，均不能单独与曹操相抗。为求生存与发展，孙刘联盟抗曹，唇齿相依，形势使然。

第三回合，孙刘两家争荆州江南三郡，联盟发生裂痕 214 年，刘备得益州，势力壮大，荆州居吴国上流，孙权感到西强东弱，因而向刘提出索还荆州的要求。关羽坐镇南郡，兵力强盛，孙权不敢强求而仅讨江南三郡。刘备、关羽不允，孙权派吕蒙强夺江南三郡，刘备引兵东下。曹操趁势夺取汉中，益州震恐，成都一日数十惊。大敌当前，此次孙刘两家没有大动干戈，通过外交谈判达成协议：两家中分荆州，以湘水为界，南郡、武陵、零陵西属，江夏、长沙、桂阳东属。孙权退出了强夺的零陵郡，只得到长沙、桂阳两郡，心中实不平，联盟发生裂痕。

第四回合，孙权袭杀关羽，夺取荆州，联盟破裂 孙刘中分荆州，刘备认为自己已用长沙、桂阳郡换了孙权的南郡，问题已经解决，从而放松了警惕，到 219 年，刘备夺得了曹魏的汉中、上庸两地，关羽又威震荆襄，势力迅猛发展，再次打破了东西均势，孙权震恐而偷袭荆州。这时，曹魏采取了挑动吴蜀相仇的策略，拉拢孙权，创造了孙权放胆进攻的条件。孙权派吕蒙偷袭南郡，擒杀关羽，是荆州争夺的第四个回合。此役之后，孙刘联盟破裂，两家敌对，曹丕趁此称帝篡汉。

---

① 事详《三国志 · 诸葛亮传》。

第五回合，夷陵之战，荆州归吴，三分地理均势形成 孙权破坏了联盟，心惊胆战。他为抵御刘备复仇，避免两线作战，向曹魏称臣。这就是发生夷陵之战的背景。夷陵之战，是荆州争夺的第五个回合。刘备失守荆州，也就丧失了隆中路线所规划的北伐条件，被困于四塞之地的益州，他绝不甘心。刘备认为，伐魏，力量不足；讨吴，自谓可胜，加之为关羽报仇，可以激扬士气。因此，夷陵之战不可避免。结果是一败涂地，战后蜀弱、吴孤，后来吴蜀虽然重新修好，也只能自存，曹魏强于吴蜀的形势不可逆转。诸葛亮的隆中路线，伴随夷陵之战的发生而中道夭折。

综上所述，荆州争夺的五个回合，有三个回合发生在联盟内部，而且一次比一次升级，最终以吴胜蜀败荆州归吴而结束。设若夷陵之战胜败易主，局势难以预料，若果还是三足鼎立，则荆州争夺仍不会结束，不达均势则不停止。

五、葛鲁外交显神威

葛鲁外交是三国外交的前奏，是指赤壁之战前夕诸葛亮和鲁肃两人根据当时形势不约而同提出的孙刘两家联合共拒曹操的构想，史称葛鲁之谋，即葛鲁外交。赤壁之战，正是由于有孙刘两家的联合，才挫败了曹操，拉开了三国鼎立的序幕。

赤壁之战前的统一形势 东汉末年，军阀混战，形成了群雄割据的局面。曹操在北方经过了 12 年的征战，先后剪除了陶谦、吕布、袁术、袁绍等军阀集团，基本上统一了北方。建安十二年，曹操北征乌桓凯旋，清除了南下的后顾之忧，全国统一的趋势日渐明朗。当时全国还有七大军事集团。北方四大集团：曹操雄踞中原，辽东有公孙康，关西有马腾、韩遂，汉中有张鲁。南方三大集团：长江上游益州有刘璋，中游荆州有刘表，下游江东有孙权。这六大军事集团中，曹操最强，已占有天下之半，“拥百万之众，挟天子以令诸侯”，其他任何一个集团都不足以与之单独对抗，曹操具有统一全国的势头。

葛鲁外交的提出与实现 207 年诸葛亮在隆中对策中替刘备规划三分天下的蓝图，提出东联孙权，北拒曹操，夺取荆益的战略方针。当时孙权正按鲁肃、周瑜、甘宁等人提出的全据长江、北抗曹操的战略方针积极备战西征。208 年，孙权移行营于柴桑，发动了讨伐刘表的荆州之战，一举歼灭了江夏的黄祖。刘孙两家都要夺取荆州，发生战略矛盾，因此，诸葛亮规划的孙刘联盟，只是一厢情愿的构想，没有实现的条件。

208 年 7 月，曹操大举南下，形势急转，鲁肃敏锐地看到刘表不足以抗衡曹操，他立即向孙权提出修正全据长江的战略方针，调整为联合荆州、共拒曹操的战略方针。鲁肃对孙权说：“荆州内部矛盾重重，刘表的两个儿子刘琦、刘琮一向不和，军中诸将分成两派，各自拥护一方。刘备一世英雄，寄居荆州，若刘备能与荆州方面同心协力，上下一致，就应当支持他们，和我们结盟交好；如果不能，就应当相机行事，另想办法。”7月，曹操兵临荆州，刘表病重在床惊吓而死，形势危急，鲁肃主动要求以吊丧为名，出使荆州，慰问军中诸将，并劝说刘备，安抚刘表旧部，齐心协力，对付曹操。孙权完全采纳了鲁肃的建议，当即命他启程前往荆州。鲁肃昼夜兼程，等赶到南郡，形势又发生突变，刘琮投降曹操，刘备战败南逃。正在千钧一发之际，鲁肃临危不惧，毅然亲赴前线，在当阳（今属湖北宜昌）长坂坡遇见刘备，转达孙权旨意，劝说刘备与孙权联合。刘备处在败军之际，正待有人支持，自是欣然同意，于是率领残部向东退走，驻扎鄂城，靠拢孙权。孙权采纳鲁肃联荆抗曹的策略，至此出现了孙刘联合的条件。但孙权的战略修正是曹操大举南下逼出来的，诸葛亮奉命随鲁肃过江，在柴桑行营舌战群儒，驳倒投降派，在鲁肃的推动下，孙权让步，答应两家联合，打败曹操，荆州归刘。用诸葛亮的话说，就是两家联合抵抗曹操，曹操一定会战败，退回北方。这样一来，“则荆、吴之势强，鼎足之形成矣”。这就是赤壁之战拉开鼎立序幕的来历，孙刘两家在战前的双边谈判中就确定了。这完全是曹操急于东进发动赤壁之战带来的后果。也就是说，是曹操推动了孙刘结盟，发动赤壁之战是一个战略性的错误。

葛鲁外交显神威　葛鲁外交实现了孙刘联盟，取得了赤壁之战的胜利。赤壁战后，孙刘互为犄角，呈现出一派勃勃生机。212年，孙权作濡须坞，214年又攻下皖城，筑起了巩固的江北边防，凭借长江之险。214年刘备得益州，有了立国根基。215年刘孙争荆州南三郡，蜀兵东下。曹操趁机进兵汉中，占了便宜。但是这一次曹操仍未掌握好火候，又失之于早，成全了两家和解。孙刘中分荆州，又协同作战，孙权围合肥，刘备取汉中，曹操东奔西突，疲于奔命，只好临江而叹，逾秦岭而生畏。219年，关羽北伐，威震荆襄，是孙刘联盟达于巅峰的表现。假如此时，孙权在东，全力向北，一支出合肥，一支取徐州，刘备在西，率益州之众出秦川，曹操是无法应付的。再假如吴蜀取得全线胜利，蜀得关中、襄阳，吴破合肥、徐州，或者这四个方向只取得一半的胜利，都将使中原震动，人心倒向，从而打破平衡，使曹魏陷于危局，三国的历史就要重写了。

吴蜀重结盟好成鼎足　历史不能假设，葛鲁外交中途夭折，结果是孙权背谋，夺得荆州，演成鼎立之势。但小国自相残杀，大国渔利，吴蜀均不免灭亡。这一总体形势，决定了吴蜀联盟才能生存，所以金戈铁马之后，仍能握手言和。223年，邓芝使吴，吴蜀通好，葛鲁外交进入了三国外交阶段。229年，孙权称帝，吴蜀订立中分天下的盟约，三国鼎立的政治均势形成，三分对峙之局不可逆转。

六、“时势”与“英雄”的相互激荡

三国鼎立之谜，就是人们经常提出的问题：是“时势造英雄”，还是“英雄造时势”？汉末战乱形成的“人才三分”是“时势造英雄”；如何平乱世，“人谋”规划了三分之局，则是“英雄造时势”。二者相互激荡，即相辅相成，互为因果，而总趋势则是前者为因，后者为果，即三国鼎立是“人谋”所结之果。

“人谋”规划三分的核心是谋求地理均势，同时又谋求政治均势，而地理均势是政治均势的前提条件。所以，三国形成时期曹孙刘三方的军事斗争和外交斗争都是围绕荆州的争夺而展开的，随着荆州归属的解决才形成了三分地理均势，而后出现了三分的政治均势。至此，三国鼎立的对峙，就成了必然之势，也就是不以人的意志为转移了，曹孙刘三方都无力统一天下。陈寿撰《三国志》，只有纪传，而无表志，着重记载三国形成时期的人物，可以说是生动形象地体现了这一历史演变的主旋律，即“人谋”在形成三分过程中的决定性作用。一部《三国志》，共载了441人的传记，最耀眼的是谋略人物而不是军事人物。三国人物传记的分合排列以类别与时序相结合，重心突出的是政治谋略人物。如曹魏的五虎将张辽、乐进、于禁、张郃、徐晃按类为一传，他们排在程昱、郭嘉等谋士传之后。蜀国的五虎将关羽、张飞、马超、黄忠、赵云为合传，列在诸葛亮传之后。吴国以张昭、顾雍、诸葛瑾、步骘等政治人物合传居前，程普等12员虎将合传在后，文武双全的周瑜、鲁肃、吕蒙等人合传在二者之中。陈寿论人，重在人物器识的发挥，不时做比较。如将刘备与曹操相较，认为刘备“机权干略，不逮魏武，是以基宇亦狭”。又将蜀汉的庞统和法正与曹操谋臣比较，认为庞统可与荀彧为仲叔，法正与程昱、郭嘉相俦并。从陈寿所写《三国志》的重心和对人物传记的布局、品评来看，用意重在探索三国鼎立形成的历史原因和“人谋”的作用。三国人物的这一特点，给我们留下了宝贵的经验和财富。研究三国人物，可增长才智，吸取他们的教训，可避免犯错误，运用三国谋略，可增加事业的成功概率。三国人物，可歌可泣，三国历史，应当敬畏。

七、“人谋”在形成三分过程中的决定性作用

孙刘联盟抗曹谋求三分，这是“人谋”的直接因素。此外，政治家和军事家的筹略得失及其际遇凋落，也是促成三国鼎立的重要原因，这是“人谋”的间接因素。本节分析“人谋”的间接因素。

最早提出三分思想的是孙吴谋臣鲁肃。200年，鲁肃过江对孙权说：“肃窃料之，

汉室不可复兴，曹操不可卒除。为将军计，惟有鼎足江东，以观天下之衅。规模如此，亦自无嫌。何者？北方诚多务也。因其多务，剿除黄祖，进伐刘表，竟长江所极，据而有之，然后建号帝王以图天下，此高帝之业也。”[①]这时鲁肃的规划有两个方案。一是趁北方多务，赶在曹操南下之前进伐刘表，竟长江所极，形成南北对峙，此为上策。一是上策不能实现，退而求其次，鼎足江东。由此可见，鲁肃是一个务实派的政治家，他的规划是要依循客观形势的变化，向着可能的趋向而行动。所以当曹操南下荆州之后，他就坚决主张联合刘备，共拒曹操，修正孙吴立国的上策路线以求下策，从而与蜀汉的隆中路线相吻合，取得了赤壁之捷。直接规划三分的是诸葛亮和鲁肃，但他们两人都只是规划了三分之形，却并不守三分之势。他们共同的目的都是要兴高帝之业，即统一中国，只不过诸葛亮扶的是刘备，鲁肃辅的是孙权。诸葛亮、鲁肃之谋是合吴蜀两国之力，共灭曹操。至于灭曹之后，则如邓芝所说，“君各茂其德，臣各尽其忠，将提枹鼓，则战争方始耳”[②]。假如没有周瑜、关羽、吕蒙、陆逊打乱葛鲁之谋，吴蜀始终并力抗曹，则局势的演变难以预见。曹操不敢称帝，正是有吴蜀联盟。曹丕篡汉选择在吴蜀交恶之时，这当然不是巧合。从灭曹魏的大局来看，孙权袭荆州，刘备复仇，都是不明智的。由于孙刘双方都想利用对方来增强自己，所以双方的交恶就很难避免，不达均势，则不停止。三分均势并不是葛鲁之谋的本意。这说明，三分虽然是出自“人谋”的规划，但又不为人的主观意志所控制，而是错综复杂的历史演成的必然之势。周瑜想阻挡这个势头，他执意要进兵西川，由于无力越过刘备这个障碍，含恨死于巴丘，过早地结束了他的生命。《三国演义》描写诸葛亮三气周瑜，逼死这位英名盖世的江东宿将，情节是虚构的，而事情却是真实的。孙权逼鲁肃讨还荆州，鲁肃不能办，也因忧郁而过早地结束了自己的生命。周瑜死年三十六，鲁肃死年四十六，都在风华正茂之时而陨落，这都不是偶然的。王夫之慨叹鲁肃早死，关羽骄矜，葛鲁之谋遭破坏，是吴蜀两国的一场悲剧。由于荆州所处的要冲地位，关系着吴蜀两国霸业的成败，因此，这场悲剧是难以避免的。这又说明孙刘的失策带有必然性。

不过，我们进一步透视三国鼎立形成时期的各种偶然和必然因素，都是“人谋”的得失在起决定性的作用。因此，某些由“人谋”导致的必然，例如，吴蜀争夺荆州的悲剧也有可能用“人谋”来消解，假如刘备和诸葛亮，尤其是守在第一线的关羽，外交上灵活一些，吴蜀矛盾的爆发不至于如是之速，即使爆发也不至于如是之剧，形势发展可能又是另一番模样。刘备在外交上若能做到缓吴之攻，一旦得了关

---

①《三国志·鲁肃传》。

②《三国志·邓芝传》。

中，那时蜀国将为上首之国，吴国也许就不来索讨荆州了。这一假设有无现实性呢？回答是肯定的。因为赤壁之战，孙刘并力，刘备占江南四郡，孙权占江北南郡。刘备借江北南郡也是形势所致。如果孙权不借，又不能控制刘备，江北南郡处于曹刘夹击之中，亦是不能守。孙权审时度势，把江北南郡借给刘备，树曹之敌，自己却腾出手来巩固江东，进攻合肥，筑起了江北防线。然后又掉过头来争荆州，向刘备讨荆州以江南三郡为限，以江北易江南，有分寸，有道义。不幸的是刘备和诸葛亮过于执着"人谋"预画的隆中路线，不识大体，不讲道义，恰如鲁肃所说："贪而弃义，必为祸阶。"[①] 如果刘备也像孙权一样豁达一些，能够审时度势，西取益州之后，主动退守夷陵一线，把江北南郡还给孙权，吴蜀并力向北，刘备早并汉中，北出秦川，孙权东攻合肥，荆湘联军指向襄阳，曹魏危矣，也许隆中路线得以完全实现。

再看曹魏方面，亦有失着。214 年，曹操取汉中，不趁吴蜀争江南三郡之机进兵蜀中，此其一失。221 年，吴蜀夷陵相攻，曹丕不与蜀国并力灭吴，此其二失。如果说赤壁之战是曹操急进而葬送了大好的统一局势，而这两次则是曹魏的迟误而丢失了可能的统一良机。曹魏谋臣刘晔是瞅准了这两次机会的，可惜曹氏父子拒谏不纳，仿佛是天意在安排似的，其实是有原因的。赤壁之战，曹操丧胆，他兵取汉中又费了一番力气，所以不敢贸然入蜀，失之于谨慎。曹丕利用吴蜀交恶，急于称帝，坐失良机。还有更深一层原因，由于三国各方人才济济，机会之来，一闪即逝，稍一疏失，追悔莫及。正如刘晔对曹操所说："若小缓之，诸葛亮明于治而为相，关羽、张飞勇冠三军而为将，蜀民既定，据险守要，则不可犯矣。今不取，必为后忧。"[②] 所以说曹操是迟误之失。曹丕想坐收渔人之利，乘吴之疲，但曹军未出，陆逊早已设防于江矣。曹丕只好临江而叹："彼有人焉，未可图也。"[③]

已然的历史是不能用推论来改写的。但是上述种种分析、评说，并非无稽之谈，而是要从已然的历史中得到深刻的启示。我们强调"人谋"在形成三分过程中的决定性作用，与经济是基础的唯物史观并不矛盾。曹魏统一中国，经济的因素起了最后的作用。但在形成三国鼎立这一短暂的具体历史阶段，"人谋"的因素则是最活跃最积极的。统一之世，人心安定，国家组织形成固定的格局，"人谋"的一计之得与一计之失，无关大局。因此人才必然遭受习惯力量的压制，不易脱颖而出。纷乱之世，人心浮动，各种力量组合未定，机会之来，一瞬即逝，因此"人谋"的得失改

①《鲁肃传》裴注引《吴书》。

②《三国志 · 刘晔传》。

③《三国志 · 吴主传》。

变政局力量的对比，特别明显。在这种形势之下，各方力量，讲求实效，雄略之主不拘一格录用人才，捷足高才者有用武之地，所以乱世出英雄，英雄造时势。三国纷争既是一个人才辈出的时代，也是“人谋”引导的格局。本文分析、评说的立论基础是辑录三国时当事人的看法来总结三国历史，论从史出，不失为一家之言。

本书各篇论题，就是本着陈寿所展开的主题进行论述，可称之为“读三国志论”。学术界至今尚未有解释三分的成熟理论，因此，本书的探索也只是抛砖引玉。

综上各节所述，三国鼎立形成的历史原因是极其复杂的。就根本性的历史原因来说，东汉末年军阀混战所形成的三分人才均势和三分地理均势是两个最重要的因素，其中“人谋”的因素起了决定性的作用。决定三国鼎立的“人谋”，不是某一个人的主观意志，而是三分人才均势所必然表现出的平衡运动。无论是直接规划三分的葛鲁之谋，还是破坏葛鲁之谋的周瑜、吕蒙、关羽、陆逊之偾事，以及曹孙刘三方决策者筹略之得与失，都不由自主地在合力地把历史推向三分，这就是三国鼎立形成的必然之势。因此本文所说的偶然与必然，只不过是对已然历史的描述，而不是某种教条所规范的模式。

三国历史，错综复杂，仪态万千，引人入胜，促人反思，可供鉴赏，故人们最熟悉三国历史和三分故事。不过，百姓对三国历史的了解，主要来自历史小说《三国演义》以及有关的戏曲，有些知识与历史实际不相符合，例如，诸葛亮借东风和草船借箭，有虚构，有张冠李戴。但《三国演义》围绕诸葛亮写三分，在体现“人谋”这一主题上是与历史事实相吻合的。《三国演义》的主题无非是说明凡戡乱者、治国者首要的是任天下之智力，即笼络人才，这是历史的教训。文武兼具的曹操单凭权术不能拢尽天下英雄。刘备起自微贱，但他宽仁待众，得诸葛亮大才相辅，故能屡仆屡起而终为人中龙。凭借世资风云一时的大军阀袁绍、袁术、刘表、刘璋等不懂用人之机，他们都失败了。至于赳赳武夫董卓、公孙瓒、吕布、韩遂之流，更不足与论。曹孙刘三家兴起的原因，固然很多，而他们均广延智士，所以在混战中越战越强，可以说用人路线起了至关重要的作用。

本书主题，揭示三国鼎立形成的历史原因。因此本书所选的四十八个人物传记，均是三国鼎立形成时期各个方面的重要人物。除曹操、孙权、刘备三个开国之主以外，所选人物以谋士为主，其次是三方的能征惯战可独当一面的虎将，目的就在于体现以上所论述的主题。希望广大读者和治三国史的博雅君子，不吝赐教并继续展开这一主题的讨论与深入研究。

是为导论。

第一编　东汉末年的军阀

三国鼎立是东汉末军阀混战、割据兼并的结果。而军阀混战则是豪强地主集团割据性的一种表现，同时它又是政治腐败的直接产物，因此，东汉豪强地主势力的发展，政治的极端腐败，以及割据集团的形成是研究三国历史首先要讨论的问题。

从190年关东诸侯起兵讨董卓起到208年赤壁之战，是汉末军阀大混战的时期，全国大小军阀数十个，小股武装不计其数。《三国志》记载了24个大军阀，不包括曹、孙、刘三家。逐鹿中原的大军阀有董卓、公孙瓒、袁绍、袁术、吕布5人。本编选评汉末军阀，二袁以袁绍为代表，加上典型的坐谈客刘表，共6个军阀。

董卓传

【题解】

董卓（？—192）是东汉末年穷凶极恶的大军阀。189 年，董卓带兵入洛，专断朝政，擅自废立，成为汉末军阀混战的导火线。190 年关东兵起，董卓焚洛阳，挟汉献帝西迁长安，东汉实际上名存实亡。

【原文】

董卓字仲颖，陇西临洮人也[①]。少好侠，尝游羌中[②]，尽与诸豪帅相结[③]。后归耕于野，而豪帅有来从之者，卓与俱还，杀耕牛与相宴乐。诸豪帅感其意，归相敛[④]，得杂畜千馀头以赠卓。汉桓帝末，以六郡良家子为羽林郎[⑤]。卓有才武，旅力少比[⑥]，双带两鞬[⑦]，左右驰射。为军司马[⑧]，从中郎将张奂征并州有功[⑨]，拜郎中[⑩]，赐缣九千匹，卓悉以分与吏士。迁广武令[⑪]，蜀郡北部都尉[⑫]，西域戊己校尉[⑬]，免。征拜并州刺史、河东太守，迁中郎将，讨黄巾，军败抵罪。韩遂等起凉州，复为中郎将，西拒遂。于望垣硖北[⑭]，为羌、胡数万人所围，粮食乏绝。卓伪欲捕鱼，堰其还道当所渡水为池[⑮]，使水渟满数十里[⑯]，默从堰下过其军而决堰。比羌、胡闻知追逐，水已深，不得渡。时六军上陇西，五军败绩[⑰]，卓独全众而还，屯住扶风[⑱]。拜前将军，封斄乡侯[⑲]，征为并州牧。

灵帝崩，少帝即位[⑳]。大将军何进与司隶校尉袁绍谋诛诸阉官[㉑]，太后不从。进乃召卓使将兵诣京师，并密令上书曰："中常侍张让等窃幸乘宠，浊乱海内[㉒]。昔赵鞅兴晋阳之甲，以逐君侧之恶[㉓]。臣辄鸣钟鼓如洛阳[㉔]，即讨让等。"欲以胁迫太后。卓未至，进败。中常侍段珪等劫帝走小平津[㉕]，卓遂将其众迎帝于北芒[㉖]，还宫。时进弟车骑将军苗为进众所杀，进、苗部曲无所属[27]，皆诣卓。卓又使吕布杀执金吾丁原[28]，并其众，故京都兵权唯在卓。

先是，进遣骑都尉太山鲍信所在募兵，适至[29]，信谓绍曰："卓拥强兵，有异志，今不早图，将为所制；及其初至疲劳，袭之可禽也。"绍畏卓，不敢发，信遂还乡里。

【注释】

①临洮：县名，在今甘肃岷县。 ②羌：汉代西方的少数民族。 ③豪帅：指羌族中的首领。 ④敛：收聚。 ⑤六郡：指汉代的天水、陇西、安定、北地、上郡、西河等六郡。良家：汉代称医、商贾、百工之外以农为业的人家为良家。羽林郎：官名，掌皇帝的宿卫侍从，常选六郡良家子为之。 ⑥旅：同"膂"，脊骨。旅力，体力。 ⑦鞬（jiàn）：马上盛弓箭的器具。 ⑧军司马：官名，将军属官。此指中郎将的军司马，在军内掌行军之事。 ⑨中郎将：官名，东汉统兵将领之一，位次将军。 ⑩郎中：官名，属光禄勋，主执戟宿卫诸殿门，出充车骑。 ⑪广武：县名，故治在今山西代县西南。 ⑫蜀郡北部都尉：蜀郡北部都尉所辖地，为汉武帝时之汶山郡，宣帝地节三年（前67）并入蜀郡而置北部都尉，绵虒（mián sī）道，故治在今四川汶川县西南。灵帝时又复置汶山郡。董卓为此官，在桓帝末年复置汶山郡之前。 ⑬西域戊己校尉：官名，主管西域诸民族事务。戊己因方位命名，戊己于方位为中，所置校尉亦处西域，故名。 ⑭望垣硖（xiá）：地名。在今甘肃天水市西北。 ⑮堰：用作动词，筑堰。当：挡，阻。 ⑯渟（tíng）：水积蓄而停止不动。 ⑰败绩：大败。 ⑱住：通"驻"。扶风：郡名。即右扶风，治槐里县，故治在今陕西兴平市东南。 ⑲斄（tái）：亭名。在今陕西武功县境内。 ⑳灵帝：东汉第十二代皇帝刘宏，167至189年在位。崩：皇帝死的讳称。少帝：名辩，灵帝子，献帝兄。 ㉑大将军：西汉始置，位同三公的将军。何进：何太后之兄。司隶校尉：官名，掌纠察京师百官违法者，并治所辖各郡，相当于州刺史。阉（yān）官：宦官。 ㉒浊乱：扰乱。 ㉓君侧之恶：出自《公羊传·定公十三年》："晋赵鞅取晋阳之甲以逐荀寅与士吉射。荀寅与士吉射者，曷为者也？君侧之恶人也。" ㉔鸣钟鼓：讨伐罪过。《左传·庄公二十九年》："凡师有钟鼓曰伐。"如：往，进入。 ㉕小平津：黄河渡口名，在今河南洛阳市孟津区东北。 ㉖北芒：山名。"芒"又写作"邙"，在今河南洛阳市北。 ㉗部曲：本为汉代军队的编制，《后汉书·百官志》："大将军营五部，部校尉一人……部下有曲。"因而称军队为部曲。魏晋以后，又称私人武装为部曲。 ㉘执金吾：官名，掌督巡宫外，维护皇宫周围的治安。 ㉙适：正好。

【译文】

董卓，字仲颖，陇西临洮人。年少的时候喜好打抱不平，曾经在西方的少数民族羌族人聚居区游逛，与羌族当中那些担任首领的人全都相识。后来回到家乡耕种田地，而羌族首领中有人来拜访董卓，董卓就与他们一起回到家中，杀掉自己的耕牛招待他们，与他们相聚甚欢。那些羌族首领对董卓的真诚非常感激，他们回到羌人当中之后就收聚牲畜，一共得到了一千多头牛、马、猪、羊等各类牲畜赠送给董卓。汉桓帝末年，朝廷以天水、陇西、安定、上郡、西河、北地六郡的良家子弟充任羽林郎。董卓很有才智和武功，体格强壮力大无比，董卓的马上一边备有一个盛弓箭的鞬，他可以骑着马一边飞奔一边左右开弓射箭。在中郎将手下担任掌管行军之事的司马，董卓跟随担任中郎将的张奂攻打并州有功，被朝廷任命为负责执戟宿卫诸殿门的郎中，并赏赐给他九千匹质地细薄的丝织品，董卓把这九千匹丝织品全部分给了属下的官吏和士卒。后来董卓逐步升迁为广武县令，蜀郡北部都尉，主管西域诸民族事务的戊己校尉，被免官。后来朝廷征召董卓，任命董卓为并州刺史和东郡太守，提升为中郎将，负责率军讨伐黄巾军，结果被黄巾军打败，朝廷根据情况给予董卓相应的处罚。割据凉州的韩遂等在凉州起兵叛乱，董卓再次被任命为中郎将，率军西进讨伐韩遂。在望垣硖北，遭到了数万羌人、胡人的包围，董卓军中粮食断绝。董卓假装想要捕鱼，在这些羌人、胡人返回的时候必须在此处渡河的地方筑起土堰拦水成池，将堰池里蓄满水，水面方圆数十里，然后令自己的军队悄悄地从堰下撤走而后决堰放水。等到羌人、胡人得知董卓已经率军退走的消息前往追赶的时候，水已经很深，军队无法渡河。当时有六支部队前往陇西征讨，其中五支部队大败而回，只有董卓的军队得以保全而回，他将军队驻扎在扶风郡。朝廷任命董卓为前将军，封他为斄乡侯，又征调董卓为并州牧。

汉灵帝刘宏驾崩，汉少帝刘辩继位。担任大将军的何进与担任司隶校尉的袁绍密谋要诛杀皇宫中的宦官，何太后不同意。大将军何进于是招请董卓，令董卓率军前来京师协助诛除宦官，同时私下里指使董卓上书给朝廷说："中常侍张让等人暗自希望趁着自己受皇帝宠信的机会，扰乱全国。过去晋国的赵鞅发动晋阳的军队，用以逐除晋君身边的恶人荀寅和士吉射。臣就要敲锣打鼓地前往京师洛阳，立即讨伐中常侍张让等人。"想要以此来逼迫何太后同意除掉中常侍。董卓还没有到达洛阳，何进之谋泄露，何进被中常侍杀死。中常侍段珪等人劫持着少帝刘辩逃往小平津，董卓率领着自己的部众在洛阳以北的北芒山迎接少帝刘辩回到洛阳皇宫。当时何进的弟弟担任车骑将军的何苗被何进的部下杀死，何进、何苗的部队无所归属，于是全部前去投靠了董卓。董卓又指使吕布杀死了担任执金吾的丁原，吞并了丁原的部众，所以京师的兵权全部掌握在董卓手里。

早先，大将军何进派遣担任骑都尉的太山人鲍信在所在地招募兵马，恰好此时鲍信来到洛阳，鲍信对司隶校尉袁绍说："董卓拥有强大的兵力，有非同寻常的志向，如果不趁着现在早点将他除掉，我们就将被他所控制；趁着董卓刚刚到来还处于疲惫状态，我们突然袭击，可以一举将其擒获。”袁绍惧怕董卓，不敢动手，鲍信遂返回故乡去了。

【原文】

于是以久不雨①，策免司空刘弘而卓代之②，俄迁太尉③，假节钺虎贲。遂废帝为弘农王。寻又杀王及何太后④。立灵帝少子陈留王，是为献帝⑤。卓迁相国⑥，封郿侯⑦，赞拜不名⑧，剑履上殿⑨，又封卓母为池阳君⑩，置家令、丞⑪。卓既率精兵来，适值帝室大乱，得专废立，据有武库甲兵⑫，国家珍宝，威震天下。卓性残忍不仁，遂以严刑胁众，睚眦之隙必报⑬，人不自保。尝遣军到阳城⑭。时适二月社⑮，民各在其社下，悉就断其男子头，驾其车牛，载其妇女财物，以所断头系车辕轴⑯，连轸而还洛⑰，云攻贼大获，称万岁。入开阳城门⑱，焚烧其头，以妇女与甲兵为婢妾。至于奸乱宫人公主。其凶逆如此。

初，卓信任尚书周毖、城门校尉伍琼等⑲，用其所举韩馥、刘岱、孔伷、张咨、张邈等出宰州郡⑳。而馥等至官，皆合兵将以讨卓。卓闻之，以为毖、琼等通情卖己，皆斩之。

【注释】

①雨：降雨。 ②策：皇帝下的诏书。司空：官名，掌管国家的土木营建和水利工程等，为东汉三公之一。 ③俄：不久。太尉：官名，为全国最高军事长官，东汉时，与司徒、司空并称三公。 ④寻：随即。 ⑤献帝：东汉末帝刘协，189 至 220 年在位。献帝即位，东汉名存实亡，先后为董卓和曹操的傀儡。220 年被曹丕废为山阳公。 ⑥相国：西汉初官名，后称丞相，董卓自任丞相，复称为相国。 ⑦郿：县名。故治在今陕西眉县东北。 ⑧赞拜：古时臣下朝拜天子，司仪者在帝唱礼，唱礼时直呼朝拜者的姓名。不名：不直呼姓名，只称官职。 ⑨剑履上殿：带剑穿鞋上殿。古时臣不能穿鞋带器上殿。这时汉献帝命董卓赞拜不名，入朝不趋，剑履上殿，是给他的特殊待遇。 ⑩池阳：县名，故治在今陕西泾阳县西北。 ⑪家令、丞：封君本无家令、丞之官，董卓拟其母比公主。《后汉书·百官志》：“公主每主家令一人……丞一人。” ⑫武库：武器库。甲：戎衣甲。兵：武器。 ⑬睚眦（yá zì）：瞪眼怒视。 ⑭阳城：县名，故治在今河南登封市东南。 ⑮社：土地神，其祭日在春二月。《月令广义》云：“立春后五戊为春社。” ⑯辕：驾车的两木杠，

前驾牲畜后连车轴。⑰连轸（zhěn）：谓车连车。轸，车后横木。⑱开阳城门：洛阳城有十二门，开阳门是其一。⑲城门校尉：官名，掌洛阳十二城门。⑳宰：主管。

【译文】

此时由于久旱不雨，少帝刘辩下诏免去了刘弘司空的职务而任命董卓担任了司空，不久又提升董卓为太尉，授予节钺虎贲。董卓竟然废掉少帝刘辩，封少帝刘辩为弘农王。随后又杀死了弘农王和何太后。董卓立汉灵帝刘宏的小儿子陈留王刘协为皇帝，就是汉献帝。董卓升任相国，封为郿侯，享有上殿朝拜皇帝的时候司仪在唱礼时只称其职务而不直呼其名，可以佩戴着宝剑、穿着鞋子上殿的特殊待遇；又封董卓的母亲为池阳县君，池阳县君的家中设有家令、家丞。董卓既然率领精兵来到京师洛阳，又恰巧遇到皇室大乱，所以得以专擅废少帝立新皇帝之事，董卓还将国家武库中的铠甲兵器、国家的珍宝全部据为己有，此时董卓的威势震慑了全国。董卓生性残忍不仁道，（人心不服）就用严刑酷法胁迫民众服从于他，如果有谁对他瞪眼睛、愤怒地看他一眼，这样小的嫌隙他也一定要打击报复，弄得人人自危，担心不能保全性命。董卓曾经派遣军队到阳城县。当时正是二月举行祭祀土地神的时候，百姓都聚集在各自的土地神下，董卓的军队竟然把参加祭祀活动的所有男人的头都砍了下来，赶着百姓的车牛，车上载着抢来的妇女和财物，把砍下来的那些人头全都系在车的辕轴上，一车接着一车运回到洛阳，声称是讨贼获得的战利品，全都高呼万岁。他们进入洛阳城的开阳城门后，就焚毁了人头，而把掠来的妇女分配给那些武装的士兵做婢女做小妾。董卓甚至奸淫皇宫中的宫女和公主。其凶狠残暴倒行逆施竟然到了如此令人发指的程度。

当初，董卓信任担任尚书的周瑟、担任城门校尉的伍琼等人，重用周瑟、伍琼所举荐的韩馥、刘岱、孔伷、张咨、张邈等人出任州牧、郡守。而韩馥等到任所之后，全都联合起来讨伐董卓。董卓得知这个消息以后，认为周瑟、伍琼等与韩馥等人串通起来出卖自己，遂把周瑟、伍琼等人全部斩首。

【原文】

河内太守王匡，遣泰山兵屯河阳津[①]，将以图卓。卓遣疑兵若将于平阴渡者[②]，潜遣锐众从小平北渡[③]，绕击其后，大破之津北[④]，死者略尽。卓以山东豪杰并起，恐惧不宁。初平元年二月[⑤]，乃徙天子都长安。焚烧洛阳宫室，悉发掘陵墓，取宝物。卓至西京，为太师[⑥]，号曰尚父[⑦]。乘青盖金华车[⑧]，爪画两轓[⑨]，时人号曰竿摩车[⑩]。卓弟旻为左将军[⑪]，封鄠侯[12]；兄子璜为侍中中军校尉典兵[13]；宗族内外并列朝廷。公卿见卓，谒拜车下[14]，卓不为礼。召呼三台尚书以下自诣卓府启事[15]。筑郿坞[16]，高与长安城埒[17]，积谷为三十年储，云事成，雄据天下，不成，守此足以毕老。尝至郿行坞，公卿已下祖道于横门外[18]。卓豫施帐幔饮[19]，诱降北地反者数百人[20]，于坐中先断其舌，或斩手足，或凿眼，或镬煮之[21]，未死，偃转杯案间[22]，会者皆战栗亡失匕箸[23]，而卓饮食自若。太史望气[24]，言当有大臣戮死者。故太尉张温时为卫尉[25]，素不善卓，卓心怨之，因天有变，欲以塞咎，使人言温与袁术交关[26]，遂笞杀之[27]。法令苛酷，爱憎淫刑[28]，更相被诬，冤死者千数，百姓嗷嗷[29]，道路以目。悉椎破铜人、钟虡[30]，及坏五铢钱[31]。更铸为小钱，大五分，无文章[32]，肉好无轮郭[33]，不磨鑢[34]。于是货轻而物贵[35]，谷一斛至数十万。自是后钱货不行。

【注释】

①河阳津：河阳县境之黄河渡口。河阳县故治在今河南孟州市西。 ②平阴：县名，故治在今河南洛阳市孟津区东北。 ③小平：即小平津。 ④津北：指河阳津北。 ⑤初平元年：190 年。 ⑥太师：官名，东汉太傅为上公，而太师位在太傅上。 ⑦尚父：周人尊称吕尚为尚父，董卓却自比为吕尚。 ⑧青盖金华车：以金花装饰之青盖车，乃皇太子所乘。 ⑨爪：指车盖弓头为爪形。轓（fān）：车箱两旁的遮蔽物。 ⑩竿摩：《后汉书·董卓传》李贤注："竿摩，谓相逼近也。今俗以事干人者，谓之相竿摩。" ⑪旻：音 mín。左将军：官名。 ⑫鄠（hù）：县名，故治在今陕西户县北。 ⑬侍中：官名，职掌侍从天子，应对顾问，无定员。中军校尉：官名，汉灵帝中平五年（188）置西园八校尉，中军校尉是其中之一。 ⑭谒拜：通名而拜。 ⑮三台：胡三省注："三台，尚书台、御史台、符节台也。"（《资治通鉴》卷六十汉献帝初平三年注） ⑯坞（wù）：土堡，小城。 ⑰埒：（liè）：等同。 ⑱祖道：饯行。横门：长安北出西头第一门。 ⑲帐幔：帐幕。 ⑳北地：郡名。东汉属凉州，治富平县，故治在今宁夏回族自治区吴忠市西南。东汉末，郡寄寓左冯翊（píng yì）。 ㉑镬（huò）：大锅。 ㉒偃转：倒仆而转动。杯案：宴席。 ㉓匕：饭勺。箸：筷子。 ㉔太史：官名，属太常，掌天文历法与修史。望气：古代占星术的内容之一，认为观天象的变化，可以预测人间之事。 ㉕卫尉：官名，九卿之一，掌宫门警卫。 ㉖袁术：字公路，汝阳人，袁绍从弟，汉末割据淮南的军阀，后为曹操所败，病死。传见《后汉书》卷七十五及《三国志》卷六《魏书》六。交关：勾结。 ㉗笞（chī）：以鞭、杖打。 ㉘淫：乱。 ㉙嗷嗷（áo áo）：象声词，愁叹声。 ㉚椎破：打破，打碎。 ㉛五铢（zhū）钱：汉代自武帝后长期

使用的钱币，重五铢，故名。铢，二十四铢为一两。 ㉜ 文：文字。章：花纹。 ㉝ 肉：钱的边。好：钱的孔。 ㉞ 磨鑢（lǜ）：磨治。 ㉟ 货：钱币。

【译文】

担任河内太守的王匡，派遣泰山籍的士兵屯驻在河阳津，准备用他们讨伐董卓。董卓派兵装作即将从平阴渡河的样子，却暗中派遣精锐部队偷偷地从小平津向北渡过黄河，绕到王匡的背后进行攻击，在河阳津以北将王匡打得大败，几乎全军覆没。董卓因为太行山以东的英雄豪杰蜂拥而起讨伐自己，内心实在是惊恐不安。汉献帝初平元年二月，竟然胁迫汉献帝迁都长安。董卓放火焚毁了洛阳宫室，将陵墓全部盗挖，掠取其中的宝物。董卓到达西京长安以后，就自称太师，尊自己为尚父。董卓出行的时候乘坐着用金花做装饰的青盖车，两侧车厢画着爪形花纹，当时的人管这个车叫作竿摩车。董卓的弟弟董旻担任左将军，封鄠侯；董卓哥哥的儿子董璜担任侍中、中军校尉典兵；家族内外全都在朝廷为官。朝中的公卿大臣看见董卓，都要通报姓名然后跪拜在他的车下，而董卓并不回礼。董卓招呼尚书台、御史台、符节台尚书以下的官员要亲自到董卓的府中请示、奏报政事。他为自己所建造的郿坞小城城墙的高度与长安城相等，所囤积的谷物够他食用 30 年，董卓说如果所谋之事成功之后，就会雄踞于天下，如果不成功，守着这些财物也可以终老无忧。董卓曾经前往郿坞视察，长安城内的文武百官在横门外的道路两旁为董卓设宴饯行。董卓预先设置好了帐幕在里面饮酒，他诱降了北地郡参与谋反的数百人，在座位上就将这数百人先割断了舌头，有的砍断了手脚，有的挖去了眼睛，有的就扔到锅里煮了，没死的则在宴席中间翻滚扭动做临死时的痛苦挣扎，与会的人全都吓得浑身颤抖，连饭勺、筷子都不知丢到哪里去了，而董卓神情自若照常饮食。掌管天文历法与修史的太史官观测天象后，说会有大臣受杀戮而死。已故担任太尉的张温当时正担任卫尉，向来不喜欢董卓，董卓心里怨恨张温，就借着天象有变化，想要推卸罪责，就指使人告发张温与袁术暗中勾结，于是将张温用鞭、杖打死。董卓的法令苛刻严酷，完全凭借自己的爱憎而乱用刑罚，导致受刑的人互相诬陷，冤死的人数以千计。百姓整日唉声叹气，人们在道路上相遇，连打声招呼都不敢，只能互相用眼睛看看。董卓把铜人、铜钟架以及五铢钱全部打碎。再用这些铜去铸造小铜钱，大的五分，上面既没有文字也没有花纹，钱的边缘和钱孔都轮廓不清，也没有经过磨治。导致铜钱币不值钱而物价昂贵，一斛谷子的价格需要数十万钱。从此以后钱币就不流通了。

【原文】

三年四月，司徒王允、尚书仆射士孙瑞、卓将吕布共谋诛卓[①]。是时，天子有疾新愈，大会未央殿[②]。布使同郡骑都尉李肃等，将亲兵十馀人，伪著卫士服守掖门[③]。布怀诏书。卓至，肃等格卓[④]。卓惊呼布所在。布曰"有诏"，遂杀卓，夷三族。主簿田景前趋卓尸[⑤]，布又杀之；凡所杀三人，馀莫敢动。长安士庶咸相庆贺，诸阿附卓者皆下狱死。

初，卓女婿中郎将牛辅典兵别屯陕[⑥]，分遣校尉李傕、郭汜、张济略陈留、颍川诸县[⑦]。卓死，吕布使李肃至陕，欲以诏命诛辅。辅等逆与肃战，肃败走弘农[⑧]，布诛肃。其后辅营兵有夜叛出者，营中惊，辅以为皆叛，乃取金宝，独与素所厚支胡赤儿等五六人相随[⑨]，逾城北渡河，赤儿等利其金宝，斩首送长安。

比傕等还[⑩]，辅已败，众无所依，欲各散归。既无赦书，而闻长安中欲尽诛凉州人，忧恐不知所为。用贾诩策，遂将其众而西，所在收兵，比至长安，众十馀万，与卓故部曲樊稠、李蒙、王方等合围长安城。十日城陷，与布战城中，布败走。傕等放兵略长安老少，杀之悉尽，死者狼藉。诛杀卓者，尸王允于市[⑪]。葬卓于郿，大风暴雨震卓墓，水流入藏[⑫]，漂其棺椁。傕为车骑将军、池阳侯，领司隶校尉、假节[⑬]。汜为后将军、美阳侯[⑭]。稠为右将军、万年侯[⑮]。傕、汜、稠擅朝政。济为骠骑将军、平阳侯[⑯]，屯弘农。

【注释】

①司徒：官名，掌民政。西汉哀帝时罢丞相，置大司徒，东汉去"大"，称司徒。与太尉、司空并称三公。尚书仆射（yè）：官名，东汉尚书令之副手。尚书令为虚职后，尚书仆射成为尚书省的长官。 ②未央殿：未央宫之殿。未央宫在长安城西南隅。 ③掖门：宫殿侧门。 ④格：击打。 ⑤主簿：汉代中央及郡县官署皆置此官，以典领文书，办理事务。 ⑥陕：县名，在今河南三门峡市陕州区。 ⑦李傕（jué）（？—198）：字稚然，北地郡泥阳县（今陕西铜川市耀州区）人，汉献帝时的军阀、权臣，官至大司马、车骑将军，领司隶校尉、假节，挟天子辅政四年，设立雍州，破朱儁，败马腾，走孙坚，击西羌，后被杀，灭其三族。郭汜（sì）（？—197）：凉州张掖（今甘肃张掖西北）人，献帝时权臣。原为董卓部下，董卓被杀后，凉州众将归无所依，于是采用贾诩之谋，联兵将攻向长安，击败吕布，杀死王允等人，占领长安，把持朝廷大权。几年后，郭汜被部将

伍习杀死。陈留：郡名。陈留郡治所，故治在河南开封市祥符区东南。颍川：郡名。治阳翟县，在今河南禹州市。 ⑧弘农：郡名。治弘农县，故治在今河南灵宝市北。 ⑨支：按原书作“友”，中华书局标点本据陈景云说改为“支”。据《后汉书·董卓传》裴注引《献帝纪》作“支”。“支胡”即“月支胡”之简称。 ⑩比：及。 ⑪尸：陈尸。 ⑫藏：葬坑。 ⑬车骑将军：官名，位次大将军，掌征伐背叛。假节：有权杀犯军令者。 ⑭后将军：官名，位次上卿，与前、左、右将军掌京师兵卫和边防屯警。 ⑮右将军：官名。万年：县名，故治在今陕西西安市阎良区武屯镇。 ⑯骠骑将军：官名，位次大将军，掌征伐背叛。平阳：县名，故治在今山西临汾市西南。

【译文】

汉献帝初平三年（192）四月，担任司徒的王允、担任尚书仆射的士孙瑞、董卓的部将吕布共同谋划除掉董卓。当时，汉献帝有病刚刚痊愈，在未央宫的大殿上大会文武百官。吕布指使同郡人担任骑都尉的李肃等，率领十多名亲信士兵，身穿卫士服装假扮宫廷卫士守住未央宫大殿的侧门。吕布怀揣皇帝讨伐董卓的诏书。等到董卓走进未央宫大殿的时候，李肃等人冲出来击打董卓。董卓惊呼吕布在哪里。吕布回应说：“皇帝讨伐董卓的诏书在此”，遂杀掉了董卓，灭了董卓的三族。担任主簿的田景向前跑向董卓的尸体，吕布又把田景杀死；一共杀死了三个人，其余人再也没有人敢动。长安城内不论是读书人还是平民百姓全都相互庆贺，那些平时阿附董卓的人全都被逮捕入狱处死。

当初，董卓的女婿担任中郎将的牛辅掌管一支部队屯驻在陕县，分别派遣担任校尉的李傕、郭汜、张济攻取陈留、颍川各县。董卓被杀死以后，吕布派遣李肃前往陕县，想以皇帝的名义诛杀牛辅。牛辅等违抗诏命与李肃交战，李肃战败逃往弘农郡，吕布诛杀了李肃。后来牛辅营寨中有士卒夜间背叛了牛辅逃出营寨，营寨中的士兵受到惊吓而出现混乱，牛辅以为全营寨的士卒都叛变了，于是赶紧收拾金宝，独自一人出逃，只有素来交情深厚的胡赤儿（月支人）等五六个人前后相随，他们越过陕县城墙向北渡过黄河，胡赤儿等人见利忘义，为了得到牛辅所携带的金宝，就将牛辅杀死将他的首级送往长安。

等到李傕等人回到陕县的时候，牛辅已经败亡，众人无所归依，就准备散伙回家。然而他们既没有朝廷赦免的诏书，又听说长安城中的人想把凉州人全部杀掉，大家忧虑恐慌不知如何是好。最后听从谋士贾诩的计策，几个人便率领部众向西安行进，所到之处招聚兵马，等到了长安的时候，兵众已经有十多万人，他们与董卓的旧部樊稠、李蒙、王方等人联合包围了长安城。仅十天的时间长安城就被李傕等攻陷，李傕等与吕布在长安城中交战，吕布战败逃出了长安城。李傕等人放纵士兵抢杀掳掠长安的男女老少，几乎把人全部杀绝，长安城中到处是死者的尸体，一片狼藉。诛杀董卓的人，司徒王允被他们杀死后陈尸于闹市示众。李傕等将董卓埋葬在郿县，下葬的时候大风暴雨不期而至，震坏了董卓的墓穴，大水流入墓坑，董卓的棺材都漂了起来。李傕担任了车骑将军，自封为池阳侯，兼任司隶校尉、持节。郭汜担任后将军，封为美阳侯。樊稠担任右将军，封万年侯。李傕、郭汜、樊稠开始专擅朝政。张济担任骠骑将军，封为平阳侯，率军驻扎在弘农。

【原文】

是岁，韩遂、马腾等降，率众诣长安。以遂为镇西将军[①]，遣还凉州，腾征西将军[②]，屯郿。侍中马宇与谏议大夫种邵、左中郎将刘范等谋，欲使腾袭长安，己为内应，以诛傕等。腾引兵至长平观[③]，宇等谋泄，出奔槐里[④]。稠击腾，腾败走，还凉州；又攻槐里，宇等皆死。时三辅民尚数十万户[⑤]，傕等放兵劫略，攻剽城邑[⑥]，人民饥困，二年间相啖食略尽[⑦]。

诸将争权，遂杀稠，并其众。汜与傕转相疑，战斗长安中。傕质天子于营[⑧]，烧宫殿城门，略官寺[⑨]，尽收乘舆服御物置其家。傕使公卿诣汜请和，汜皆执之。相攻击连月，死者万数。

傕将杨奉与傕军吏宋果等谋杀傕，事泄，遂将兵叛傕。傕众叛，稍衰弱。张济自陕和解之，天子乃得出，至新丰、霸陵间[⑩]。郭汜复欲胁天子还都郿。天子奔奉营，奉击汜破之。汜走南山[⑪]，奉及将军董承以天子还洛阳[⑫]。傕、汜悔遣天子，复相与和，追及天子于弘农之曹阳[⑬]。奉急招河东故白波帅韩暹、胡才、李乐等合，与傕、汜大战。奉兵败，傕等纵兵杀公卿百官，略宫人入弘农。天子走陕，北渡河，失辎重，步行，唯皇后、贵人从[⑭]，至大阳[⑮]，止人家屋中。奉、暹等遂以天子都安邑[⑯]，御乘牛车。太尉杨彪、太仆韩融近臣从者十馀人[⑰]。以暹为征东、才为征西、乐征北将军，并与奉、承持政。遣融至弘农，与傕、汜等连和，还所略宫人公卿百官，及乘舆车马数乘。是时蝗虫起，岁旱无谷，从官食枣菜。诸将不能相率，上下乱，粮食尽。奉、暹、承乃以天子还洛阳。出箕关[⑱]，下轵道[⑲]，张杨以食迎道路，拜大司马[⑳]。语在杨传。天子入洛阳，宫室烧尽，街陌荒芜[㉑]，百官披荆棘，依丘墙间。州郡各拥兵自卫，莫有至者。饥穷稍甚，尚书郎以下[22]，自出樵采，或饥死墙壁间。

【注释】

①镇西将军：官名，将军名号之一，东汉末有镇东、镇西、镇南、镇北将军各一人。 ②征西将军：官名，将军名号之一。在汉代有征东、征西、征北诸将军，与杂号将军同。 ③长平观：《后汉书·董卓传》李贤注："前书音义，长平，坂名也，在池阳南，有长平观，去长安五十里。" ④槐里：县名，治槐里县，故治在今陕西兴平市东南。 ⑤三辅：汉武帝太初元年（前104），分右内史置京兆尹、右扶风，改左内史为左冯翊，合称三辅。东汉迁都洛阳，以三辅陵朝所在，不改其号，仍称三辅。辖区在今陕西渭水流域一带地区。 ⑥剽：抢劫。 ⑦啖（dàn）：吞吃。 ⑧质：扣押。 ⑨官寺：官府。 ⑩新丰：县名，故治在今陕西西安市临潼区东北。霸陵：县名，故治在今陕西西安市东北。 ⑪南山：终南山之省称，即长安南之秦岭山脉。 ⑫董承（？—200），冀州河间（今河北献县）人。汉灵帝母亲董太后侄子，汉献帝嫔妃董贵人之父。护卫汉献帝刘协从长安东归洛阳，拜为卫将军，受封列侯。后拜车骑将军。自称领受汉献帝衣带诏，联合刘备等人密谋诛杀曹操。图谋泄露，董承诸人及董贵人全部遇害。 ⑬曹阳：涧名。又名七里涧，在今河南灵宝市东。 ⑭贵人：妃嫔之称号。汉光武帝始置，位次于皇后。 ⑮大阳：县名，故治在今山西平陆县西南。 ⑯安邑：县名，故治在今山西夏县西北。 ⑰太仆：官名，汉九卿之一，掌皇帝车马。 ⑱箕关：在今河南济源市西。 ⑲轵道：地名。在今河南济源市西。 ⑳大司马：官名，汉武帝置大司马代替太尉。东汉光武帝罢大司马置太尉，故大司马即太尉。而灵帝末年，却并置大司马与太尉。李傕挟持献帝又以傕为大司马，在三公上。 ㉑街陌：街道。 ㉒尚书郎：官名，东汉之制，取孝廉之制，取孝廉之有才能者入尚书台，初入台称守尚书郎中，满一年称尚书郎，三年称侍郎，职掌文书起草。

【译文】

这一年，西凉的韩遂、马腾等向朝廷投降，率领他们的部众来到京师长安。朝廷任命韩遂为镇西将军，派遣他返回凉州；任命马腾为征西将军，率军驻守郿县。担任侍中的马宇与担任谏议大夫的种邵、担任左中郎将的刘范等人密谋，想指使马腾率领属下的军队袭击长安，他们自己为马腾做内应以诛灭李傕等人。马腾率军到达长平观的时候，马宇等人的密谋泄露，马宇等人为了逃避追杀逃往槐里县。樊稠等人攻打马腾，马腾兵败逃走，返回凉州；樊稠等人又进攻槐里县，马宇、种邵、刘范等人全都被樊稠等人杀死。当时长安三辅地区（即京兆尹、右扶风、左冯翊，合称三辅）尚有数十万户居民，李傕等放纵士兵大肆劫掠民间，攻抢城邑，使人民陷入极度饥寒贫困的境地，两年的时间就出现了人吃人的现象，民户几乎消失殆尽。

李傕、郭汜等诸将为了争夺权力，首先杀死了樊稠，兼并了樊稠的部众。随后郭汜与李傕也相互猜忌，在长安城中互相攻杀。李傕把汉献帝劫持到自己的营寨中作为人质，烧毁了宫殿城门，抢劫了各官府，把皇帝所乘坐的车子、所穿的衣服以及各种御用物品全部纳入自己的府中。李傕指使公卿等朝中大臣前往郭汜那里请求和解，郭汜全部扣押了公卿大臣。李傕、郭汜相互攻杀连天累月，死亡了上万人。

李傕的部将杨奉与在李傕手下担任军吏的宋果等人密谋诛杀李傕，事情泄露以后，杨奉、宋果等就率众叛变了李傕。李傕属下叛变以后，势力渐渐衰弱。张济从陕县过来在李傕、郭汜之间往来进行调解，李傕才把汉献帝释放出来。汉献帝到达新丰、霸陵之间的时候，郭汜又想劫持汉献帝返回郿县建都。汉献帝逃奔杨奉的营寨，杨奉将郭汜击败。郭汜逃往南山，杨奉和担任将军的董承护卫汉献帝回到洛阳。李傕、郭汜后悔放走了汉献帝，于是两人言归于好，合兵一处追赶汉献帝，一直追到弘农界内的曹阳。杨奉看到形势紧急，急忙招请曾担任过白波帅的河东郡人韩暹、胡才、李乐等，与他们联合在一起，与李傕、郭汜展开大战。杨奉兵败，李傕等放纵士兵残杀公卿大臣以及文武百官，把宫人抢劫到弘农。汉献帝逃到陕县，向北渡河的时候，又将所乘坐的车子以及行李物资等丢失，只能步行前进，此时只有皇后和贵人跟随在皇帝身边，抵达大阳县的时候，只能住宿在平民百姓的家中。杨奉、韩暹等人于是护卫着汉献帝暂时以安邑为都城，汉献帝乘坐的只有牛车。汉献帝身边还有担任太尉的杨彪、担任太仆的韩融这几位近臣和侍从一共有十多个人。汉献帝任命韩暹为征东将军、胡才为征西将军、李乐为征北将军，与杨奉、董承共同执掌朝政。派遣太仆韩融前往弘农，与李傕、郭汜等人接洽协调，让李傕等放还所劫掠的宫人、公卿百官，以及皇帝专用的车子和几辆车马。当时发生了蝗灾，久旱不雨，没有粮食，跟随的官员只能以山枣野菜充饥。诸将谁也不肯听谁，上下一片混乱，仅有的一点粮食也吃光了。杨奉、韩暹、董承只得护卫着汉献帝返回洛阳。走出箕关，进入轵道，张杨带着食物在路上拜见迎接汉献帝，于是任命张杨为大司农。这段史实记载在《张杨传》中。汉献帝进入洛阳城，洛阳城内的宫室早已被董卓放火烧光了，街道荒芜，文武百官只好拨开荆棘，依靠在断壁残垣之间。各州、各郡虽然拥有兵马，但他们都用来保护自己，没有人前来为王朝尽力。饥饿贫困越来越严重，尚书郎以下的官员，都要亲自出去砍柴挖野菜，有的人就饿死在墙壁之间。

【原文】

太祖乃迎天子都许。暹、奉不能奉王法，各出奔，寇徐、扬间[①]，为刘备所杀。董承从太祖岁馀，诛。建安二年，遣谒者仆射裴茂率关西诸将诛傕[2]，夷三族。汜为其将五习所袭，死于郿。济饥饿，至南阳寇略[3]，为穰人所杀[4]，从子绣摄其众[5]。才、乐留河东，才为怨家所杀，乐病死。遂、腾自还凉州，更相寇。后腾入为卫尉，子超领其部曲。十六年，超与关中诸将及遂等反[6]，太祖征破之。语在武纪。遂奔金城[7]，为其将所杀。超据汉阳[8]，腾坐夷三族。赵衢等举义兵讨超，超走汉中从张鲁[9]，后奔刘备，死于蜀。

【注释】

①徐：州名。刺史本治郯县（今山东郯城县北）。东汉末移治下邳。扬：州名。东汉末治所寿春，在今安徽寿县。 ②谒者仆射（yè）：官名，谒者长官，属光禄勋，职掌宾赞受事及上章报问。关西：谓函谷关以西之地。 ③南阳：郡名。郡治宛县，在今河南南阳市。 ④穰：县名，在今河南邓州市。 ⑤摄：收聚统率。 ⑥关中：指函谷关以内之地。 ⑦金城：郡名。治允吾（qiān yá），故治在今甘肃永靖西北，一说在民和县东湟水南岸之下川口。 ⑧汉阳：郡名。汉冀县，故治在今甘肃甘谷县东南。 ⑨汉中：郡名。郡治南郑县，在今陕西汉中市东。

【译文】

魏太祖曹操于是迎接汉献帝，建都于许昌，韩暹、杨奉等人不能尊奉王法，便分别逃离许都，跑到徐州、扬州一带为寇，被刘备剿杀。太尉董承跟随魏太祖曹操一年有余，被曹操诛杀。汉献帝建安二年（197），魏太祖曹操派遣担任谒者仆射的裴茂率领关西诸将诛杀了李傕，灭了李傕的三族。郭汜遭到自己部将五习的袭击，死于郿县。张济因为缺粮，到南阳郡一带抢夺粮草，被穰县人杀死，他的侄子张绣接手统领了他的部众。胡才、李乐留在河东郡，胡才被自己的仇家杀死，李乐病死。韩遂、马腾自从返回凉州，便相互侵扰。后来马腾入朝担任卫尉，马腾的儿子马超负责统领他留在凉州的部众。汉献帝建安十六年（211），马超与关中的诸将以及韩遂等起兵造反，魏太祖曹操亲自率军击败了马超、韩遂。这段史事记载在《武帝纪》里。韩遂逃往金城，被自己的部将杀死。马超占据汉阳郡，马腾在京师被魏太祖曹操诛灭三族。赵衢等起兵讨伐马超，马超战败逃往汉中郡依附于张鲁，后来投奔刘备，死于西蜀。

人物新传·董卓传

一、从行伍到专方面的太守

董卓，字仲颖，陇西郡临洮县人。临洮为陇西郡南部都尉治，在西汉时是一个防御羌人的边陲重镇。这一带地理形势，山高水险，本是羌中之地。这里的人民与羌人交接，骑马弯弓，养成了勇武剽悍的习性。董卓就是在这样的地理环境和社会习俗中成长起来的一个雄略人物。

董卓出生于一个武官家庭。他父亲董君雅是颍川纶氏县尉。县尉领县兵，维持地方治安。董卓生来力大体壮，有一副好身躯，粗猛有谋。史称他“膂力过人，双带两鞬，左右驰射，为羌胡所畏”（《后汉书·董卓列传》）。他青年时游历羌中，尽与羌豪相结，精通羌胡事，被羌胡人视为豪侠好汉。董卓成为大军阀，他的基干队伍就是以羌胡为主体的凉州兵。

东汉时西羌扰边是一个严重的边患。西羌就是游牧在青海高原广袤土地上的羌人，那时还是塞外民族，但和汉朝有密切的经济联系，称臣纳贡，时叛时服。归服汉朝的羌人被移居在凉州（今甘肃境内），称东羌。由于腐败的东汉王朝官吏的压迫，安帝永初元年（107），东羌暴动，反抗朝廷。随后东西羌联合扰边，直到灵帝建宁三年（170）才被凉州将段颎等人抚定。西羌扰边，长达六十三年。东汉政府支出的直接战费甚多。兵锋祸及的地区，为现甘肃、山西、陕西及四川北部等广大地区。甘肃首当其冲，境内羌人也最多，战祸最烈。董卓盛壮之年，正是兵连祸及之时。他少年从军，从一个行伍武夫，升为中郎将、前将军，就是在羌汉战争中发迹的。

董卓兄弟三人，他排行第二。兄董擢早死，弟名董旻。董卓母池阳君192年死，时九十岁。假定董卓母三十岁许生卓，可以大约推定董卓生于132年。董卓二十岁左右从军，积资被凉州刺史成就辟为从事，职衔凉州兵马掾。董卓巡守边塞，击破羌胡，斩获千计，立下了军功。162年，董卓三十岁，为并州刺史段颎推荐，入卫京师为羽林郎。167年，董卓升为中郎将张奂的军司马。这一年董卓与另一司马尹端共同作战，击败了侵扰关中的东羌、先零羌五六千骑。论功行赏，董卓拜郎中，迁广武令，历蜀郡北部都尉、西域戊己校尉。戊己校尉，督护西域，是两千石的高级武职。灵帝建宁二年（169），张奂坐党狱被禁锢，董卓连坐免官。熹平元年

（172），袁隗为司徒，段颎迁司隶校尉。董卓原是段颎故吏，得到段颎的帮助，推荐给袁隗做了司徒掾。

184年黄巾大起义，董卓被起用为东中郎将，与北中郎将卢植并击河北、山东黄巾。董卓兵败被免官。185年西边凉州战事吃紧，又给董卓带来了东山再起的机运。当时凉州韩遂趁黄巾起义的机会割据金城（今甘肃兰州），对抗朝廷。东汉政府派司空张温西征，董卓又被起用为破虏将军。汉军分兵六路，五路都吃了败仗，董卓独全众而还，屯驻在扶风，拜为前将军。188年韩遂与凉州司马马腾联兵反汉，有众十余万，东犯关中，围陈仓（今陕西宝鸡市东）。灵帝派左将军皇甫嵩与董卓联兵进讨，击退了韩遂、马腾，董卓势力进一步膨胀。董卓应受皇甫嵩节制，但他骄纵抗命，朝廷深以为忧。189年，灵帝征董卓为少府，要他交出兵权，卓抗旨不就。灵帝无奈，只好改派他为并州刺史，调离关中。但董卓仍不交出凉州兵，以前将军头衔拥众驻河东观变。灵帝再一次姑息，就地委董卓为河东太守，成为专方面的大吏。这时董卓五十九岁，是东汉第一个恃众抗命的大军阀。

二、冠绝一时的雄韬武略

189年4月灵帝死，太子刘辩即位，年17，史称少帝，朝廷大权旁落在外戚大将军何进手中。何进与袁绍谋诛宦官。何进无能，召董卓带兵入京相助，实际上是引狼入室。这给早怀异心的董卓创造了千载难逢的好时机。东汉京师在洛阳。董卓从凉州兵马掾到前将军带兵入洛，已经历了30多年的行伍生涯，具有身经百战的经验。当时东汉朝廷里，没有一个将军是他的对手。以镇压黄巾而负有盛名的两个中郎将皇甫嵩和朱儁都十分害怕董卓，被玩弄于股掌之中。

董卓的雄韬武略冠绝一时，无论用兵打仗，还是玩弄权术，他都有一套。

先说用兵。董卓善用疑兵，瓦解对手的意志，颇有韬略。185年追击韩遂的陇西之战，六军有五军皆败，独董卓全师而还，用的就是疑兵脱险。当时董卓率师三万进讨支持韩遂的先零羌。董卓在望垣县（今甘肃天水市西渭河南）北，被数万羌胡所围，粮食乏绝，进退迫急。董卓假装在渭水上筑堤捕鱼，迷惑敌人，而暗中从堤下渡过渭水撤退，然后决堤阻挡追兵，脱离了险境。羌胡又去抄董卓的退路，董卓早在进兵之前就留下一支精兵扼守要冲。羌胡不敢追击，董卓安全退军。

189年8月，董卓入洛，步骑不过三千。当时京师官兵甚盛。司隶校尉袁绍拥有西园八校尉禁军的指挥权，当时曹操是八校尉之一，任典军校尉。大将军何进被宦官杀了以后，何氏部曲为后将军袁术所控制。济北相鲍信又募来一支山东兵，执金吾丁原有骁将吕布。这些力量合起来十倍于董卓而有余。董卓觉察自己势单力弱，他过四五天就将部众在夜里暗地拉出军营，天明又大张旗鼓而还，造成援军不断入京的假象。董卓这一手竟镇住了一时人杰袁绍、袁术、曹操等人，他们纷纷逃出京师，禁军及何进部曲统归于卓。曹操欲刺杀董卓，卓防范严密，不得下手，董卓又离间丁原部曲，收买吕布为义子，使吕布杀丁原而并其众，于是董卓势力大盛。

董卓的政治手腕也不凡，且雄略过人。他进兵洛阳，冠冕堂皇发表清君侧诛讨宦官的表章，争取舆论，但是未等董卓入京，二袁已诛除了宦官，少帝派公卿去阻止董卓入京，董卓趁此威迫公卿大臣，堂而皇之施以强权。他对公卿大臣说："诸公大人不能匡正王室，致使国家倾危，有什么资格来阻止我进京！"

董卓入洛之后，他办的第一件事就是废了少帝，更立少帝弟陈留王刘协为献帝，控制皇权。当时献帝只有九岁，成为董卓任意摆弄的傀儡。他毫不手软地杀害何太后，拔掉了朝官和名士所凭借的旗帜。与此同时，董卓外示宽柔，起用党人名士做朝官，外放大臣为牧伯太守，平反党人冤狱，"以从人望"（《后汉书・董卓列传》）。以周毖、伍琼、郑公业为尚书，以何颙为长史、荀爽为司空，陈纪、韩融等染党锢者为列卿。外放尚书韩馥为冀州刺史，侍中刘岱为兖州刺史，孔伷为豫州刺史，张咨为南阳太守，张邈为陈留太守。对名将朱儁表面亲近而内心忌惮，表为太仆。董卓自为太尉，统掌兵权，以朱儁为副，但不让他掌握一兵一卒。

关西是董卓的根本。董卓挟天子以令诸侯，招抚了凉州的马腾、韩遂，又征召了关中潜在的政敌皇甫嵩和京兆尹盖勋。左将军皇甫嵩屯驻扶风，有雄兵三万。盖勋鼓动皇甫嵩起兵响应关东军夹击董卓。本来皇甫嵩的兵谋比董卓还高一筹，但皇甫嵩雄略不足以驾驭董卓，他乖乖地交出了兵权，到洛阳去做城门校尉。董卓为了使皇甫嵩屈服，先给了他一个下马威，逮捕皇甫嵩入狱，然后放出来用为御史中丞。盖勋孤掌难鸣，也只好接受征召，到洛阳去任越骑校尉。这样，董卓就有了一个安定的后院。190 年，关东诸侯起兵讨董卓，于是董卓挟持献帝，迁都到长安。

皇甫嵩和朱儁是朝廷倚为柱石的两位智勇双全的大臣，又手握重兵，但他们两位均被董卓屈服，这样一来满朝文武更拿董卓没有办法。董卓志骄意得，称太师，秽乱宫廷，是事实上的皇帝。

三、遗臭万年的祸国大盗

董卓完成废帝更立后，大权在握，自为相国，入朝时可以带剑穿鞋上殿，朝见皇帝也可以大摇大摆慢步行进。东汉两百年承平，京师贵戚宅地相望，金帛财物，家家殷实。董卓放纵士兵剽掳，随意抄没，淫略妇女，叫作"搜牢"，意思是牢固封藏的财物也要搜索出来。何太后合葬灵帝文陵，董卓趁机掠取陵中随葬珍宝，又

“奸乱公主，妻略宫人”，严刑胁众，公报私仇，国家法纪全被践踏。董卓公开宣言，“我相，贵无上也”(《董卓传》裴注引《魏书》)。由于关东兵起，他才未能篡逆。

董卓退出洛阳，挟帝西迁，更加暴露了他的凶残性。他发掘了诸帝寝陵及公卿冢墓，收其珍宝。董卓是中国历史上最大的一个盗墓贼。他还把洛阳及其周围二百里内几百万居民驱赶入关中，将房屋烧光，鸡犬杀尽。被驱赶的人民，沿途缺粮，更遭野蛮的凉州兵的践踏和抢掠，死亡无算，积尸满路。史称“旧京空虚，数百里中无烟火”(《孙坚传》裴注引《江表传》)。东汉两百年政治、经济、文化中心的巍峨帝京，成了一片瓦砾场。

接着，董卓又把关中弄得残破不堪，他大肆搜刮，敲剥黎民，筑坞于郿县，高厚七丈，与长安城等，号曰“万岁坞”，积屯了三十年的军粮，珍藏黄金二三万斤，银八九万斤，绫锦绸缎堆积如山。董卓得意扬扬地声称：“事成，雄据天下；不成，守此足以毕老。”（本传）足以看出，董卓把个人的荣辱，完全建立在千百万人的尸骨上。

董卓为了满足自己无止境的贪欲，还椎破了秦时所铸的铜人、钟，毁坏了汉时流行的五铢钱，更铸小钱，造成物价飞涨，谷一斗至数十万。平民百姓又蒙受了一层灾害。

192年四月，司徒王允利用吕布与董卓的矛盾，谋杀了董卓，长安仕女出卖衣装首饰，沽酒相庆，士卒皆呼万岁，百姓歌舞于道。董卓肥大的尸体被暴露在街头示众，守尸的士兵，用草绳盘结在卓尸肚脐上，点燃作灯，光明达旦，一直到整个尸体成了一堆灰烬。一代穷凶极恶的祸国大盗，终于被钉在历史的耻辱柱上而遗臭万年。

四、剽悍凶残的凉州兵团

董卓是被王允用计谋杀的，所以董卓死后，祸患仍在继续，因为董卓的部曲凉州兵团未受损伤。所谓凉州兵团，是一支汉羌混合队伍。这支军队是董卓长期对西羌作战中精心培植起来的部曲武装，它的基干是湟中义从和关中秦胡，有三万余人。董卓东出，招降纳叛，极盛时有十余万。但董卓倚重的是凉州将，羌胡兵。董卓死后，扰乱长安的四大将都是凉州人。这四位大将是：李傕，字稚然，北地人；郭汜，又名多，张掖人；张济，武威人；樊稠，金城人。四将中又以李傕、郭汜两人最桀暴。

董卓挟帝西迁，凉州主力部署在潼关以东防范关东诸侯。董卓部曲将牛辅屯陕，董越屯渑池（在今河南渑池县西），段煨屯华阴（在今陕西华阴市），张济屯弘农。

牛辅部最强，牛辅为董卓女婿。李傕、郭汜为牛辅的部将，凉州智士贾诩为牛辅的谋士。董卓死后，王允没有处理好善后之事，不赦宥董卓部曲。牛辅虽然被部将杀死，但众心不安，于是推李傕、郭汜为首，用贾诩的计谋，打着为董卓报仇的旗号，杀向长安。李傕、郭汜沿途收兵，与樊稠、张济等会合，有众十余万。192 年 6 月，凉州兵攻破长安，杀王允等公卿百官及长安人民一万余人。194 年，马腾、韩遂攻长安，又适值天旱大饥荒，谷一斗五十万，豆麦一斗二十万，人相食，白骨委积道路。195 年，李傕、郭汜争权，连月相攻，死者万数。东汉盛时，关中户口有数十万，经过这场浩劫，“二三年间，关中无复人迹”。富庶的关中，遭凉州兵扰乱，一片荒残。

凉州兵剽悍凶残，战斗力强，破坏性大。凉州兵无论羌汉，都勇敢善战，这是在关西长期战乱中锤炼出来的。从 189 年 8 月董卓入洛，到 198 年 4 月李傕在长安覆灭，凉州兵在东汉末的历史舞台活跃了整 10 年，给古代的神州大地带来了极大的破坏。关中和中原的经济遭到严重摧残，人口死亡数百万。“白骨露于野，千里无鸡鸣”（曹操诗:《蒿里行》）。这就是凉州兵在两汉 400 年繁华的西京制造的人间悲剧！当时传播文化的书籍是用手写的简策帛书，传播不广，京都所藏，极为珍贵。不知书的凉州兵，把珍贵的简策帛书毁坏，把文书缣帛制成帷囊，造成了无法弥补的损失。

董卓和他的凉州部曲兵都是一些杀人不眨眼的混世魔王。190 年 2 月正当社祭之时，董卓遣兵至阳城，杀尽祭社男子，掳掠妇女财物，将人头系在车辕上，诡称“攻贼大获”，高呼“万岁”，回到洛阳。董卓俘获了关东兵，用布缠裹，倒立于地，热膏灌杀之。董卓在长安，有一次去郿坞巡行，让公卿百官在长安西门外设宴送行，董卓杀数百降人助宴。被杀的人，先断其舌，次斩手足，然后挖去眼睛，最后投入滚烫的开水活活煮死。王允杀董卓，因王允是并州人，李傕、郭汜恨王允而迁怒并州人，不分青红皂白，把军中并州人男女数百人全部斩首。董卓及其部将就是这般凶残。

李傕、郭汜和他的主子董卓一样，愈是凶残，愈是加速自身的死亡。他们在自相火并中残杀。樊稠为李傕所杀，郭汜为其部将所杀，张济在出关攻穰中战死。196 年，原董卓部属关东将董承和河东将杨奉、徐晃等趁李傕、郭汜火并的空儿，奉献帝出关，东还洛阳。不久献帝为曹操所挟迁都许昌。198 年，曹操以天子名义命屯住华阴的凉州将段煨讨伐李傕。李傕兵败，被夷三族，董卓的凉州兵也就随之消亡。贾诩和张济之侄张绣等后来归附了曹操。

五、董卓的凶残性是东汉末腐朽政治的产物

穷凶极恶的董卓和他的凉州兵团在汉末登上历史舞台，对社会进行了一场大浩劫，这并不是偶然的，而是东汉腐朽政治的必然产物。

东汉后期腐败政治的集中表现是宦官专政。到了桓灵二帝时期，前有“五侯”，后有“十常侍”。五侯是桓帝封为县侯的五个宦官：徐璜、单超、具瑗、左悺、唐衡。十常侍是灵帝时乱政的十二个中常侍：张让、赵忠、段珪、孙璋、毕岚、栗嵩、高望、张恭、韩悝、宋典、夏恽、郭胜。宦官专横达于极点，不仅杀逐外戚，而且屡兴党狱，打击朝官士大夫，“海内涂炭二十馀年”（《后汉书·党锢列传》），宦官子弟党羽，布列州郡，祸害百姓，同盗贼一样。他们随意掠人妻女，夺人田宅，草菅人命，无恶不作，致使民怨沸腾，终于在 184 年爆发了黄巾起义。

黄巾起义虽然失败了，但它动摇了东汉政权的统治。然而灵帝依然故我，更加信用宦官，成为腐朽的宦官集团的支柱，从而加剧了统治集团内部的矛盾。冀州刺史王芬、南阳许攸、沛国周旌等联结豪强，图谋废除灵帝。凉州汉阳人阎忠公然劝说皇甫嵩以兵威取汉自代，至于那些拥有强兵的方镇牧伯，更是心怀异志，等待时机，拥兵割据，董卓就是在这一背景下应运而生的大军阀。

董卓入洛之前，多数朝官名士，还想挽救将倾的大厦，这包括袁绍、袁术、曹操等人在内。外戚与朝官士族联合反对宦官，企图用清君侧的方式来重整东汉朝纲。但是何太后是依靠宦官之力得居正宫，何进召董卓入京用强力胁迫太后，实际上是蔑视皇权，等于“倒持干戈，授人以柄”，给穷凶极恶的董卓创造了干政的机会，煽起了他觊觎皇位的野心。

董卓入洛，杀了太后，废了皇帝，另立新君，等于把神圣的皇权打落在地，一方面遭到了拥汉派朝官士族的反对，另一方面又煽起了大大小小军阀的野心，东汉王朝就这样分裂了，瓦解了。董卓以极其野蛮的手段杀逐拥汉派的朝官士族，最后两者同归于尽。汉献帝回到洛阳，既无文臣，又无武将，成了一个空头皇帝，于是成了曹操的手中玩物。可以说董卓乱政，替曹氏代汉扫清了道路，也就是说董卓扮演了一个改朝换代的“清道夫”的角色。只是他的清除方式却是社会的大破坏和开启了军阀混战的局面，付出了沉重的代价。

吕布传

【题解】

吕布（？—199），字奉先，五原郡九原县（今内蒙古包头市九原区）人。原为丁原部将，被董卓唆使杀害丁原。归附董卓后，与董卓誓为父子，又被司徒王允唆使诛杀董卓。旋即被董卓旧部李傕等击败，依附袁绍，又被袁绍猜忌，而后依附张杨。以后又曾依附刘备，与刘备时好时坏。建安三年（198），曹操亲自征讨吕布，吕布被部下叛变，城破被俘、被处死。

吕布，以勇武、善射闻名，号称“飞将”，历史上流传“人中吕布，马中赤兔”之说，其名不虚矣，观其“辕门射戟”，自己设局，一箭射去，精准无误，无人能及，惊呆了众人，也化解了一场一触即发的战争危机。而吕布被世人认为是有勇无谋，反复无常，杀主求荣，言而无信之人。说吕布无谋，不一定准确，只是谋略的多寡而已；无信，则是板上钉钉的事情。在那种翻云覆雨的乱世，审时度势，改投明主，有时候是一种明智之举，这样的人也多了去了，人们甚至予以赞扬，而唯独对于吕布，人们对他的这种行为嗤之以鼻。究其原因，一是吕布“唯利是视”，从来不考虑“义”之所在；二是吕布“换手”太过频繁，短促的一生，起码投靠过七位主人：丁原、董卓、王允、袁术、袁绍、张杨、刘备；三是吕布出尔反尔的手段未免太过狠毒，董卓叫他杀丁原，他没有丝毫的犹豫；王允叫他杀董卓，他只是稍微犹豫了一下；投靠袁术、袁绍，也是互相利用，互相欺骗；投靠刘备，趁着刘备外出打仗，鸠占鹊巢，真是可气可恨！这样的人，再是勇猛，又怎么可以信用呢？被缢身亡，是必然的下场！陈宫评论说，“吕布壮士，善战无前”。荀攸评价，“吕布勇而无谋”。程昱评论说：“夫布，粗中少亲，刚而无礼，匹夫之雄耳。”徐众评论说：“吕布反复无义，志在逆乱。”都是从某一方面说出了吕布的特点，所言近是。

【原文】

吕布字奉先，五原郡九原人也。以骁武给并州①。刺史丁原②为骑都尉，屯河内③，以布为主簿，大见亲待。

灵帝崩，原将兵诣洛阳。与何进[4]谋诛诸黄门[5]，拜执金吾[6]。进败，董卓入京都，将为乱，欲杀原，并其兵众。卓以布见信于原，诱布令杀原。布斩原首诣卓，卓以布为骑都尉，甚爱信之，誓为父子。

布便[7]弓马，膂力过人，号为飞将。稍迁至中郎将，封都亭侯。卓自以遇人无礼，恐人谋己，行止常以布自卫。然卓性刚而褊[8]，忿不思难[9]，尝小失意，拔手戟[10]掷布。布拳捷[11]避之，为卓顾谢，卓意亦解。由是阴怨卓。卓常使布守中閤[12]，布与卓侍婢私通，恐事发觉，心不自安。

【注释】

①骁（xiāo）武：勇猛，威武。给（jǐ）并州：即为并州官府效力。给，供给，引申为效力。②丁原（146—189）：字建阳，早年任并州刺史。汉灵帝去世后，带兵进入洛阳，担任执金吾，与大将军何进谋划诛杀十常侍，但何进被宦官杀死。宦官被诛灭后，与军阀董卓在废帝问题上意见不合，董卓诱使吕布将其杀害，其势力亦被吞并。 ③河内：郡名，治怀县，在今河南武陟县西南。 ④何进（？—189）：字遂高，南阳宛（今河南南阳）人，灵帝时外戚，异母妹有宠于灵帝并被立为皇后，他也随之升迁，为大将军，总镇京师，因及时发现并镇压了马元义的密谋，被封为慎侯。灵帝去世后，独揽大权，与袁绍等谋诛宦竖，事泄，遭杀身之祸。 ⑤黄门：汉有黄门令、小黄门、中黄门等，侍奉皇帝及其家族，皆以宦官充任。故后世亦称宦官为黄门。 ⑥执金吾（yù）：率禁兵保卫京城和宫城的官员，本名中尉，其所属兵卒称为“北军”。金吾，又同“金乌”，是吉祥的象征。 ⑦便：娴熟，精通。 ⑧褊（biǎn）：泛指气量狭小，引申为急躁。 ⑨忿不思难（nàn）：发起怒来不考虑后果。难，祸患、灾难的意思。 ⑩手戟（jǐ）：一种供手持或投掷的兵器，一般用于防身。戟，是戈和矛的合体，在戈的头部再装矛尖，是具有勾啄和刺击双重功能的格斗兵器。 ⑪拳捷：身手敏捷。拳，拳头，引申为身手。 ⑫中閤（gé）：宫中的小门，代指内宫。閤，原为“閣”，异体字，旁门，小门。

【译文】

吕布，字奉先，是五原郡九原县人。他身体矫健，勇猛过人，为并州府效力。并州刺史丁原任骑都尉，驻守河内郡，任命吕布为主簿，对他非常亲近，特别看重。

汉灵帝刘宏去世，丁原带领部队前往洛阳，与大将军何进密谋诛杀宦官，被任为执金吾。何进败亡后，董卓乘机进入洛阳，图谋不轨，想除掉丁原，吞并丁原的部众。董卓知道吕布是丁原的亲信，便引诱他去杀丁原。吕布砍下了丁原的首级献给董卓。于是，董卓任命吕布为骑都尉，非常宠爱并信任他，立誓与他明确为父子关系。

吕布骑马射箭，技艺娴熟，臂力过人，被称为飞将。不久，提拔为中郎将，封为都亭侯。董卓自知对人刻薄寡恩，唯恐别人算计他，出外或居家时，都让吕布做他的贴身保镖。但是，董卓生性刚烈而又心胸狭小，一时气恼起来就任意妄为，完全不顾后果。吕布曾有一件小事，使他很不高兴，他随手就拔出小戟向吕布投去。吕布身手敏捷地避开了，并为这件事向董卓道了歉。董卓的怒气是消了，但吕布心中增加了怨气，从此便暗恨董卓。董卓常派吕布守卫他的内官，吕布借机与董卓的侍婢私通，又害怕事情被发觉，心中惴惴不安。

【原文】

先是，司徒王允①以布州里②壮健，厚接纳之。后布诣允，陈卓几见杀状。时允与仆射士孙瑞③密谋诛卓，是以告布使为内应。布曰："奈如父子何！"允曰："君自姓吕，本非骨肉。今忧死不暇，何谓父子？"布遂许之，手刃刺卓。语在卓传④。允以布为奋武⑤将军，假节，仪比三司，进封温侯，共秉朝政。布自杀卓后，畏恶⑥凉州人，凉州人皆怨。由是李傕等遂相结还攻长安城。布不能拒，傕等遂入长安。卓死后六旬，布亦败。将数百骑出武关，欲诣袁术。

布自以杀卓为术报雠，欲以德之。术恶其反覆，拒而不受。北诣袁绍，绍与布击张燕⑦于常山。燕精兵万馀，骑数千。布有良马曰赤兔。常与其亲近成廉、魏越⑧等陷锋⑨突陈，遂破燕军。而求益兵众，将士钞掠，绍患忌⑩之。布觉其意，从绍求去。绍恐还为己害，遣壮士夜掩杀布，不获。事露，布走河内，与张杨⑪合。绍令众追之，皆畏布，莫敢逼近者。

【注释】

①王允（137—192）：字子师，太原祁（今山西祁县）人，十九岁开始任公职，后任豫州刺史。董卓掌权时，他为司徒兼尚书令，密谋刺杀董卓。董卓死后，他与吕布共执朝政，后来董卓余党李傕、郭汜率军攻破长安，吕布出逃，他被处死，时年五十六岁。 ②州里：古代二千五百家为州，二十五家为里。本为行政建制，后泛指乡里或本土，此为同乡的意思。吕布并非与王允同乡，但他在并州工作，故王允将他视为同乡。 ③士孙瑞（？—195），字君荣，东汉末年大臣，少传家业，博达无所不通，初平元年（190），为尚书仆射，与王允、吕布共谋诛卓。卓既诛，迁大司农，为国三老。后卓余党李傕、郭汜交兵，瑞为尚书令，为乱兵所害。天子都许，追论瑞功，封子萌澹津亭侯。 ④语在卓传：《三国志·董卓传》载："是时，天子有疾新愈，大会未央殿。布使同郡骑都尉

李肃等，将亲兵十馀人，伪著卫士服守掖门。布怀诏书。卓至，肃等格卓。卓惊呼布所在。布曰‘有诏’，遂杀卓，夷三族。主簿田景前趋卓尸，布又杀之；凡所杀三人，馀莫敢动。长安士庶咸相庆贺，诸阿附卓者皆下狱死。” ⑤奋武：“武”原作“威”，据中华书局版《三国志》校改。“奋威”有误，为“奋武”。 ⑥畏恶：畏惧，憎恶。 ⑦张燕：本姓褚，常山真定（今河北正定南）人，东汉末黑山军首领，剽悍，敏捷过人，军中称为“飞燕”。官渡之战时投降曹操，被任命为平北将军，封安国亭侯。死后其子张方袭爵。 ⑧成廉、魏越：吕布亲近骁将，随吕布以数十骑攻打张燕万余精兵，陷锋突阵，遂破燕军。后曹操进至下邳，布自将骑逆击。操大破之，俘获成廉。 ⑨陷锋：冲锋。陷，攻破。 ⑩恚忌：嫌忌。恚，憎恶，讨厌。 ⑪张杨（？—198）：字稚叔，并州云中（今山西原平市西南）人，割据河内，汉献帝因李傕、郭汜叛乱而流落到河东，张杨带兵来到安邑，被封为安国将军、晋阳侯，后被封为大司马，与吕布相交，后被部将杀之。

【译文】

在这以前，司徒王允因为吕布是在并州工作的壮健男儿，便视为同乡，总是优礼相待。后来吕布去见王允，讲了董卓几乎要杀了他的事情。当时王允正与仆射士孙瑞密谋杀掉董卓，因此把谋划告诉了吕布，让吕布做内应。吕布说：“我们的父子关系该如何处置？”王允说：“你姓吕，他姓董，本来就不是什么亲生骨肉，现在你连自己的性命都得不到保障，还谈什么父子关系！”吕布于是答应了，亲手杀死了董卓。这件事记录在《董卓传》中。王允任命吕布为奋武将军，授予符节指挥军队，仪礼比照三司，进封为温侯，与他共同主持朝政。

吕布自从杀了董卓后，对凉州人既害怕又厌恶，凉州人也都怨恨他。因此李傕等人纠集在一起共同攻打长安城，吕布抵挡不住，李傕等人攻进长安。在董卓死后六十天的时候，吕布被打败了。他带着数百骑兵冲出武关，想去投奔袁术。

吕布自以为杀了董卓，是替袁术报了仇，心想袁术一定会感激他，器重他。然而，袁术却讨厌吕布为人反复无常，拒绝接纳他。吕布只得北上投靠袁绍，袁绍与他一起去常山攻打张燕。张燕有一万多精兵、数千骑兵。吕布有一匹好马，名叫赤兔。吕布与他的心腹将领成廉、魏越等，冲锋陷阵，终于打败了张燕的军队。吕布于是要求扩充自己的队伍，加之他手下的士兵也时常抢劫、掠夺百姓的财产，袁绍对他很不放心，存有戒备心理。吕布也感觉到了袁绍不会重用他，于是去见袁绍，请求离开。袁绍怕吕布以后会危害自己，就派遣壮士趁夜袭杀吕布，但未得手。吕布知道这件事情后，就逃到河内，与张杨的部队会合到了一处。袁绍派兵追杀，但那些士兵都害怕吕布，没有一个人敢向他靠近。

【原文】

吕布[①]之舍袁绍从张杨也，过邈[②]临别，把手共誓。绍闻之，大恨。邈畏太祖终为绍击己也，心不自安。兴平元年，太祖复征谦[③]，邈弟超[④]，与太祖将陈宫[⑤]、从事中郎许汜[⑥]、王楷[⑦]共谋叛太祖。宫说邈曰："今雄杰并起，天下分崩，君以千里之众，当四战之地，抚剑顾眄[⑧]，亦足以为人豪，而反制于人，不以鄙乎！今州军东征，其处空虚，吕布壮士，善战无前，若权迎之，共牧兖州，观天下形势，俟时事之变通，此亦纵横之一时也。"邈从之。太祖初使宫将兵留屯东郡[⑨]，遂以其众东迎布为兖州牧[⑩]，据濮阳[⑪]。郡县皆应，唯鄄城[⑫]、东阿、范为太祖守。太祖引军还，与布战于濮阳，太祖军不利，相持百馀日。是时岁旱、虫蝗、少谷，百姓相食，布东屯山阳。二年间，太祖乃尽复收诸城，击破布于钜野[⑬]。布东奔刘备。邈从布，留超将家属屯雍丘[⑭]。太祖攻围数月，屠之，斩超及其家。邈诣袁术请救未至，自为其兵所杀。

【注释】

①此段前还有一段是记叙张邈的事迹，这里略去，与上文关于吕布的事迹衔接非常完美。②邈：即"张邈"（？—195），字孟卓，东平寿张（今山东东平县）人，东汉末年陈留太守，曾参与讨伐董卓，后归附曹操。兴平元年（194），曹操带兵讨伐陶谦时，他叛曹迎吕布为兖州牧。后吕布被曹操击败，他跟随吕布投奔刘备，在向袁术借兵的路上，被部下所杀。 ③谦：即陶谦（132—194），字恭祖，丹杨郡（治今安徽宣城）人，汉末群雄之一，中平五年，徐州黄巾起，陶谦被朝廷任为徐州刺史，击破黄巾，被任为安东将军、徐州牧，封溧阳侯，后被曹操打败，因过度忧劳而去世，终年63岁。 ④超：即张超（？—195），东平寿张（今山东寿张）人，东汉末年任广陵太守，张邈之弟。兴平元年，曹操攻打陶谦，远征徐州。张超推戴吕布为兖州牧，攻打曹操的根据地兖州。兴平二年（195），张超保家族守雍丘，被曹操猛攻而陷落，全族被斩杀。 ⑤陈宫（？—199）：字公台，吕布首席谋士，东郡东武阳（今山东莘县）人。192年，兖州刺史刘岱在讨伐青州黄巾时战死，陈宫等人主张曹操接任兖州牧，被曹操视为心腹，后与其反目并游说张邈背叛曹操迎吕布入兖州，后吕布战败，被曹操所擒，决意赴死。 ⑥许汜（sì）：襄阳人，东汉末年名士，有国士之名，兴平元年为兖州从事中郎，与张超、陈宫等背曹操而迎吕布为兖州牧。吕布败亡后，前往荆州投靠刘表。 ⑦王楷：初为曹操部下从事中郎。兴平元年，曹操征陶谦，王楷与陈宫、许汜等谋叛曹操，成为吕布部下谋士。曾献计吕布与袁术再约婚，以解下邳之围。 ⑧顾眄（miǎn）：回顾，观看。眄，看，望。 ⑨东郡：古行政区名，治濮阳，地约今河南东北部、山东西部。

⑩兖州牧：兖州的最高官员，古代以九州之长为“牧”。东汉设州牧，居郡守之上，掌一州之军政大权，等于割据政权。兖州，古九州之一，在今山东西部与山东河北交界处，在古黄河与古济水之间。 ⑪濮（pú）阳：古县名，古称帝丘，为东郡治所，位于河南东北部。 ⑫鄄（juàn）城：古县名，位于今山东西南部鄄城北，因境内有鄄邑、鄄城而得名。 ⑬钜野：古县名，因古为大野泽而得名，位于今山东菏泽东部。 ⑭雍丘：古地名，今河南杞县，位于河南东部。古称“雍丘城”，是杞国的都城。

【译文】

吕布离开袁绍去投奔张杨，经过张邈的住处，与他告辞，两人拉着手立下了誓言。袁绍听说这件事后，无比气愤。张邈担心曹操最终将会替袁绍杀掉自己，心中总是不安。194年，曹操再次攻打陶谦，张邈的弟弟张超，与曹操的将官陈宫、从事中郎许汜、王楷共同商议背叛他。陈宫劝说张邈道：“当今雄才四起，天下纷争，您拥有那么宽广的土地和众多的士兵，处于四面受敌的处境，抚剑四顾，也可称得上是人中豪杰，却反而受制于人，不是有损身份吗？今天，兖州城里的军队东征，城内空虚，吕布是位豪壮之人，善于打仗，勇往直前，如果暂且将他迎来，共同治理兖州，静观形势，相机行事，这样或许可以做出一番大事业呢！”张邈听从了陈宫的劝说。

曹操东征陶谦时，让陈宫带领部分将士留守东郡。于是，陈宫就领着这批人马东迎吕布，让他做了兖州牧，并占据了濮阳，周围各县纷纷投靠吕布，只有鄄城、东阿、范县没有反叛曹操。曹操率领主力回师，与吕布在濮阳一带激战，形势对曹操很不利，两军对峙了一百多天，不分胜负。时值大旱，又有蝗灾，庄稼颗粒无收，出现了人吃人的现象。吕布领兵向东驻守山阳，在两年的时间里，曹操将失地全部收回，并在巨野打败吕布。吕布东逃，投奔了刘备。

张邈跟着吕布一起逃跑，留下张超带着家属坚守雍丘。曹操围攻雍丘，长达数月，攻破城池，诛杀了张超及其家属。张邈去向袁术讨求救兵，尚未见到袁术，自己却被部下杀害了。

【原文】

备东击术，布袭取下邳①，备还归布。布遣备屯小沛②。布自称徐州刺史。

术遣将纪灵③等步骑三万攻备，备求救于布。布诸将谓布曰：“将军常欲杀备，今可假手于术。”布曰：“不然。术若破备，则北连太山诸将[4]，吾为在术围中[5]，不得不救也。”便严[6]步兵千、骑二百，驰往赴备。灵等闻布至，皆敛兵不敢复攻。

布于沛西南一里安屯，遣铃下[7]请灵等，灵等亦请布共饮食。布谓灵等曰：“玄德，布弟也。弟为诸君所困，故来救之。布性不喜合斗[8]，但喜解斗耳。”布令门候[9]于营门中举一只戟，布言：“诸君观布射戟小支[10]，一发中者诸君当解去，不中可留决斗。”布举弓射戟，正中小支。诸将皆惊，言“将军天威也”！明日复欢会，然后各罢。

【注释】

①下邳（pī）：古地名，今江苏睢宁。 ②小沛：即沛县，即今江苏沛县。因沛县属于沛国，县比国小，故称小沛以示区别。 ③纪灵：袁术帐下将领，勇猛非常，曾奉命率军攻打刘备，在吕布辕门射戟的调停下撤兵。 ④太山诸将：指出生在泰山郡的臧霸、孙观等人，他们屯据在徐州的开阳县一带。 ⑤在术围中：在袁术的包围当中。当时袁术的大本营在寿春，在吕布屯驻的下邳西南，小沛在下邳西北，开阳在下邳东北，形成了三面包围下邳的形势。 ⑥严：整饬，整备。 ⑦铃下：指传达命令的侍卫、随从。 ⑧合斗：相斗、争斗。 ⑨门候：守门之官。 ⑩戟小支：戟的击刺部分为不对称的十字形，既有直刃又有横刃，用来直刺的长刃为主刃，用来横刺的短刃为支刃，称为“小支”。

【译文】

刘备向东攻打袁术，吕布乘机袭击攻取了刘备的下邳，刘备只好返回依附吕布。吕布派遣刘备驻守沛县城。吕布自称徐州刺史。

袁术派大将纪灵等人带领三万多名步骑兵攻打刘备，刘备向吕布求援。吕布手下的将领对吕布说：“将军您一直想除掉刘备，今天正好借助袁术之手把他干掉。”吕布说：“不行，袁术如果占据了沛县城，就会联合北面泰山一带的部队，我们就会被袁术所包围，我不能不去救刘备啊！”于是，吕布率领一千名步兵、两百名骑兵，飞速赶往沛县城。纪灵等人听说吕布前来援救刘备，全都收兵，不敢轻举妄动。

吕布在离沛县城西南一里的地方扎下营寨，派卫士去请纪灵等将领。纪灵等人也请吕布一起饮酒作乐。吕布对纪灵等人说：“刘备，是我的弟弟。如今他被诸位所围，我特意赶来救他。我吕布生性不喜欢挑起争斗，只喜欢替别人解除纷争。”吕布叫守门官在营门中竖起一支戟，吕布说：“诸位看我射戟上的短刃，如一发射中，诸君当立即停止进攻，离开这里，如果射不中，那你们就留下与刘备决一死战。”他引弓向戟射出一箭，正好中了短刃。诸将大为震惊，夸赞说：“将军您真是具有天神般的威力啊！”第二天，吕布又与诸将欢会宴饮，然后各自停战。

【原文】

术欲结布为援，乃为子索布女，布许之。术遣使韩胤[①]以僭号议告布，并求迎妇。沛相陈珪恐术、布成婚，则徐、扬合从[②]，将为国难，于是往说布曰：“曹公奉迎天子，辅赞[③]国政，威灵[④]命世，将征四海，将军宜与协同策谋，图太山之安。今与术结婚，受天下不义之名，必有累卵[⑤]之危。”布亦怨术初不己受也，女已在涂，追还绝婚，械送韩胤，枭首许市。珪欲使子登[⑥]诣太祖，布不肯遣。会使者至，拜布左将军。布大喜，即听登往，并令奉章谢恩。登见太祖，因陈布勇而无计，轻于去就，宜早图之。太祖曰：“布，狼子野心，诚难久养，非卿莫能究其情也。”即增珪秩中二千石，拜登广陵太守。临别，太祖执登手曰：“东方之事，便以相付。”令登阴合部众以为内应。

始，布因登求徐州牧，登还，布怒，拔戟斫几曰：“卿父劝吾协同曹公，绝婚公路；今吾所求无一获，而卿父子并显重，为卿所卖耳！卿为吾言，其说云何？”登不为动容，徐喻之曰：“登见曹公言：‘待将军譬如养虎，当饱其肉，不饱则将噬人。’公曰：‘不如卿言也。譬如养鹰，饥则为用，饱则扬去。’其言如此。”布意乃解。

【注释】

①韩胤（yìn）：汉末时期人物，袁术部下，袁术遣韩胤为媒，往徐州求亲，以结吕布而图刘备。　②合从：亦作“合纵”，即“合众弱以攻一强”，就是许多弱国联合起来抵抗一个强国，以防止强国的兼并。　③辅赞：辅佐，襄助。赞，赞襄，赞助。　④威灵：谓显赫的声威。　⑤累卵：将鸡蛋一层层堆叠起来，比喻极不稳定，随时可能垮台。　⑥登：即陈登，字元龙，下邳淮浦（今江苏睢宁北）人。二十五岁时，举孝廉，任东阳县长。后来，徐州牧陶谦提拔他为典农校尉。建安初，奉使赴许，向曹操献灭吕布之策，被授广陵太守。以灭吕布有功，加伏波将军。又迁东城太守。年三十九卒。

【译文】

袁术想联合吕布作为外援，于是向吕布提出让他的儿子娶吕布的女儿为妻，吕布同意了。袁术便派韩胤为使节，向吕布正式转达他将更换年号、僭越称帝的事情，同时请求迎接吕布的女儿与自己的儿子完婚。

沛相陈珪害怕袁术、吕布结成了亲家，则徐州、扬州联为一体，将会危害四方，于是前往游说吕布，说："曹操奉迎天子，辅佐朝政，征讨八方，威震四海，将军您应与他合作，以取得天下安宁。如果您与袁术成了亲家，将会承担不义的名声。那样，形势就对您不利了。"吕布心里也怨恨当初袁术在他走投无路时没有接纳自己，即便女儿此时已经在路上，但他还是把女儿追了回来，拒绝了这门亲事，并将使者韩胤戴上枷锁、镣铐，送往许都，在街市上斩首示众。

陈珪想派儿子陈登到太祖那里（说明吕布愿意与曹操合作），吕布不肯派遣。正巧太祖的使者来到，传天子令，任命吕布为左将军。吕布大喜，于是让陈登启程，还命他带着书信，向天子谢恩。陈登拜谒太祖，述说了吕布有勇无谋、反复无常，轻率地投奔或叛离的弱点，希望曹操早日除掉他。曹操说："吕布是个具有狼子野心的人，实在不能让他久留在世上，你当然是最熟悉内情的。"当即把陈珪的官秩提升到中二千石，任命陈登为广陵太守。临别时，曹操拉着陈登的手说："东边的事，便全托付给你了。"命令陈登私下分化吕布的队伍，为自己做内应。

开始时，吕布想通过陈登求得徐州刺史之职。陈登回来，吕布见自己的愿望没能实现，大怒，拔出戟来砍着桌子说："你父亲劝我与曹操合作，我才拒绝了袁术的婚约；而现在我一无所获，你们父子反倒地位显赫，重权在握，我被你们出卖了！你倒说说看，你在曹公面前替我说了些什么？"陈登面不改色，从容地回答说："我见曹公时说：'对待将军您，要像对待猛虎，应当让他吃饱，如果不饱，他会吃人的。'曹操说：'并不像你说的那样，而更像养鹰，饿时可以利用，而当他吃饱了，却会自顾飞去。'当时就说了这些。"吕布听了，一股怒气才消解了。

【原文】

术怒，与韩暹[①]、杨奉[②]等连势，遣大将张勋攻布。布谓珪曰："今致术军，卿之由也，为之奈何？"珪曰："暹、奉与术，卒合[③]之军耳，策谋不素定，不能相维持，子登策之，比之连鸡[④]，势不俱栖，可解离也。"布用珪策，遣人说暹、奉，使与己并力共击术军，军资所有，悉许暹、奉。于是暹、奉从之，勋大破败。

建安三年[⑤]，布复叛为术，遣高顺[⑥]攻刘备于沛，破之。太祖遣夏侯惇[⑦]救备，为顺所败。太祖自征布，至其城下，遗布书，为陈祸福。布欲降，陈宫等自以负罪深，沮其计。布遣人求救于术，（术）[⑧]自将千馀骑出战，败走，还保城，不敢出。术亦不能救。布虽骁猛，然无谋而多猜忌，不能制御其党，但信诸将。诸将各异意自疑，故每战多败。太祖堑围之三月，上下离心，其将侯成⑨、宋宪⑩、魏续⑪缚陈宫，将其众降。布与其麾下登白门楼⑫。兵围急，乃下降。遂生缚布，布曰："缚太急，小缓之。"太祖曰："缚虎不得不急也。"布请曰："明公所患不过于布，今已服矣，天下不足忧。明公将步，令布将骑，则天下不足定也。"太祖有疑色。刘备进曰："明公不见布之事丁建阳及董太师乎！"太祖颔之。布因指备曰："是儿最叵信⑬者。"于是缢杀布。布与宫、顺等皆枭首送许，然后葬之。

太祖之禽宫也，问宫欲活老母及女不，宫对曰："宫闻孝治天下者不绝人之亲，仁施四海者不乏人之祀，老母在公，不在宫也。"太祖召养其母终其身，嫁其女。

【注释】

①韩暹（xiān）（？—197）：东汉末年将领。初为黄巾起义军余部白波军将领，后引军前来护卫汉献帝东归洛阳，因功受任大将军，领司隶校尉。献帝为曹操接到许县后，韩暹失势，投奔袁术。袁术攻打吕布，韩暹又投向吕布，助其大破袁术。后进犯刘备，兵败，欲出逃并州，中途为人所杀。 ②杨奉（？—197）：东汉末年将领。初为黄巾起义军余部白波军将领，后自立门户，并护送汉献帝刘协从长安东归洛阳，因功受任车骑将军。后献帝为曹操接到许县，杨奉失势，投奔袁术。袁术攻打吕布，杨奉又投向吕布，助其大破袁术。同年受吕布之命进犯刘备，被刘备诱杀。 ③卒合：犹言"乌合"，杂凑在一起。 ④连鸡：缚在一起的鸡，比喻群雄相互牵制，不能一致行动。 ⑤建安三年：198年。 ⑥高顺（？—199）：吕布帐下中郎将，为人清白有威严，不好饮酒，所统率的部队精锐非常，号称"陷阵营"，平定吕布部将郝萌的反叛。又与张辽一起击败曹操麾下大将夏侯惇，又一起攻破刘备的沛城。曹操击破吕布后，被杀。 ⑦夏侯惇（dūn）（？—220）：字元让，沛国谯（今安徽亳州）人，曹魏名将，曹操起兵，夏侯惇是其最早的将领之一。与吕布军交战时，曾一度被擒为人质，又被流矢射瞎左眼。多次为曹操镇守后方，历任折冲校尉、济阴太守、建武将军，官至大将军，封高安乡侯，追谥忠侯。 ⑧（术）：中华书局版《三国志》删去，为衍字。 ⑨侯成：吕布部将，吕布被酒色所伤故下禁酒令，侯成不知，献酒于吕布而被打。曹操围下邳，侯成与宋宪、魏续等缚陈宫、高顺，率众降曹操。 ⑩宋宪：吕布部将，勇猛，武力过人。汉献帝建安三年，曹操攻吕布，与刘备围下邳。因同伴侯成送酒于吕布被吕布杖打，对吕布感到失望后怀恨在心，与魏续、侯成等执吕布的谋士陈宫及大将高顺，献城降，曹操遂擒杀吕布。 ⑪魏

续：吕布部将，与吕布有亲，吕布将高顺兵归续管。建安三年，曹操率军攻吕布，围之三月。魏续与侯成、宋宪缚陈宫，降曹。吕布被迫降，被缢杀在白门楼。 ⑫ 白门楼：下邳城的南大门，因为城门楼使用白色建筑物建造，故得名“白门楼”。遗址在今江苏睢宁县古邳镇境内。白门楼因吕布被擒殒命而闻名。 ⑬ 叵（pǒ）信：不可信。叵，不可。

【译文】

袁术（听说吕布回绝了婚事还杀了自己的使者）大怒，便与韩暹、杨奉等联合，派大将张勋领兵前去攻打。吕布对陈珪说：“招来祸患的就是你，你看怎么办呢？”陈珪说：“韩暹、杨奉、袁术仓促联兵，计划不是事先定好的，肯定不会很好地合作，我的儿子陈登推测，就像鸡生性不能群栖一样，他们也合不到一块儿，可以把他们拆散。”吕布采用了陈珪的计策，派人游说韩暹、杨奉，让他们与自己联兵，改而攻打袁术，军械、物资一概由他出。于是，韩暹、杨奉追随了吕布，张勋吃了大败仗。198 年，吕布再次反叛朝廷，依附袁术，并派高顺去攻打沛县的刘备，刘备大败。太祖派夏侯惇去援救刘备，也被高顺打败。太祖亲征吕布，到了下邳城下，写了一封信给吕布，陈述了负隅顽抗与缴械投降的利害得失。吕布意欲投降，陈宫等人感到自己罪责太大，便劝吕布放弃这种想法。吕布一面派人向袁术求救，一面率领千余名骑兵前去应战，结果大败，只得退回城中死守，再也不敢出战。袁术也不能前来救援。吕布虽然勇猛异常，但缺少谋略，心胸狭窄多猜忌，不能控制部下，对手下诸将只是言听计从。而部将也是各怀心思，相互猜忌，所以每次战斗，总以失败告终。太祖在城下挖了壕沟，把吕布包围了三个月，吕布与手下貌合神离，将领侯成、宋宪、魏续捆着陈宫，领兵投降。吕布与他的麾下登上白门楼，眼见曹操层层围住自己，只得下城投降。太祖生擒了吕布，在捆绑时，吕布说：“绑得太紧了，稍微松一点儿吧。”太祖说：“绑的是老虎，怎么能不绑得紧一点呢？”吕布请求说：“您所担心的不就是我吕布吗？如今我臣服了，天下就没有值得您忧虑的事情了。您统领步兵，让我统领骑兵，那天下就不难平定了。”太祖犹豫不决。刘备进言说：“明公您难道没见吕布侍奉丁原及董卓时的情形吗？”太祖点头，表示明白了他的意思。吕布于是怒骂刘备，说：“你是最无信义的小人！”太祖将吕布绞死了。吕布、陈宫、高顺的首级送往许都，然后才下葬尸体。

太祖活捉陈宫时，问他想不想让老母及女儿活着，陈宫回答说：“我听说，以孝治天下的人是不会杀对手的亲人的；将仁义广施天下的人，是不会让对手缺乏继承人的。老母能否活命，决定权在你，而不在我陈宫。”以后，太祖把陈宫的母亲接来，养老送终，并将陈宫的女儿许配了人家。

【原文】

评曰：吕布有虓虎[①]之勇，而无英奇之略，轻狡[②]反覆，唯利是视[③]。自古及今，未有若此不夷灭也。

【注释】

①虓（xiāo）虎：咆哮的老虎，用于形容将领作战勇猛。虓，虎啸。 ②轻狡：轻佻，狡诈。③唯利是视：眼中只看到“利”字。是视，犹言“是图”。

【译文】

评曰：“吕布有咆哮的老虎一样的勇猛，而没有杰出奇妙的谋略，轻率狡猾，反复无常，唯利是图，从古到今，像这样的人没有不被消灭的。”

人物新传·吕布传

一、射技高超　膂力过人

吕布，字奉先，五原郡九原人。那里地处边塞，羌汉杂居，受游牧民族的影响，他很早便练就一身弓马骑射的硬功夫，而且膂力过人，手捉敌将，就像老鹰抓鸡一般。在他割据徐州时，有一次袁术派将军纪灵率步骑兵三万人攻打刘备，刘备此时人少力单，急忙向吕布求救。吕布担心刘备失败，袁术会乘胜北连泰山诸将，对自己形成包围圈，便极力撮合他们和解。他对纪灵说："玄德是我的拜把兄弟，他有难，我岂能见死不救？我这个人生来喜和不喜斗，这样吧，你们看我来射戟上的小支，射中了就和；射不中随便你们去打。"说完便让一名军吏在军营门口立起一支方天画戟，他在一百五十步之外搭箭、拉弓，只见弓如秋月，箭似流星，不偏不倚，一举中的。看的人都惊呆了，连声称赞："将军真是有神灵相助啊！"袁、刘两家仇敌见此情形，只好各自收兵回营。这便是有名的"辕门射戟"的故事。

由于吕布有这般超群的本领，时人都把他比作西汉的李广，称之为"飞将"。当时还流行这样一句谚语："人中有吕布，马中有赤兔。"（本传裴注引《曹瞒传》）吕布的卓越本领深受各地军阀的器重，他们都想把他拉到自己身边，让他做自己得力的助手。吕布就是在这种特定的历史条件下，逐渐崭露头角，开始了他的戎马生涯。

二、见利忘义　反复无常

吕布武艺出众，使他成为群雄争取的对象；而他见利忘义的本性又使他逐渐丧失人心，变成了孤家寡人。

早年他投靠并州刺史丁原，任主簿。丁原待他格外亲近，他为了报答丁原的知遇之恩，也着实卖了不少力气。汉灵帝死那年，丁原带兵入洛阳，拜执金吾。董卓废少帝、立献帝，丁原坚决反对，董卓对他恨之入骨，本想立刻除掉，就是因为吕布在身边保镖，才未敢动手。后来董卓派人以珠宝、赤兔马贿赂吕布，吕布经不住物质的引诱，居然杀了丁原，投靠董卓，认董卓为"义父"。董卓得到吕布，简直喜出望外，立刻任命他为骑都尉，不久又提升为中郎将，封都亭侯。

初平三年，司徒王允欲诛董卓，找吕布商量，开始他还有点犹豫，但经过王允的再三诱导，吕布又倒向王允一边，做了王允的内应。在董卓入未央殿面见天子时，亲自“手刃刺卓”。事后，他当上了奋武将军，假节、仪比三司，进封温侯，与王允“共秉朝政”。

吕布杀董卓，这是他一生中干的一件大好事，但究其原因，也并非完全出于为民除害的目的。主要是因为他在董卓面前“尝小失意”，董卓毫不客气地“拔手戟掷布”，使他暗怀怨恨。再加上他和董卓的侍婢私通，“恐事发觉，心不自安”，才与王允合谋。董卓死后，卓的部将李傕率兵攻长安，吕布等人抵挡不住，仅带领几百名骑兵逃出武关（今陕西丹凤县东南），从此便在各地到处奔波。先是投靠袁术。董卓当太师时曾杀死袁术的亲属二十多人，吕布杀董卓，自以为有恩于袁术，袁术一定会像欢迎大恩人一样接待他，想不到却吃了闭门羹，“术恶其反覆，拒而不受”。于是又北投袁绍，袁绍接纳了他，和他一块袭击常山的张燕。吕布凭着他骑射的功夫，冲锋陷阵，打得张燕溃不成军。在胜利面前，吕布趾高气扬，不可一世，甚至认为“擅相署置，不足贵也”（本传裴注引《英雄记》）。他要求袁绍给自己增加军队，返回洛阳；他手下的兵将还在袁绍的地盘内大肆抢掠，袁绍憎恶极了，表面答应送他去洛阳，暗中却布置了人马，待到半夜时分突然袭击吕布的军帐，幸亏吕布预先有所察觉，提前离开，才幸免一死。

后来，在张邈、陈宫等人的拥戴下，吕布占据曹操的兖州，做了兖州牧。不久，曹操带兵杀了回来，收复失地，吕布又不得不投奔刘备。经过这段朝秦暮楚、损兵折将之后，吕布本该醒悟过来，吸取教训。但江山易改，禀性难移，投奔刘备时，老毛病又犯了。刘备当时正任徐州牧，吕布初见刘备，酌酒饮食，称兄道弟，极尽奉承之能事。而事隔不久，袁术为破坏吕刘联盟，答应给吕布二十万斛军粮，兵器战具也将陆续运来。利欲熏心的吕布在袁术的诱惑下，果然掉转枪头，趁袁术与刘备在淮上对阵之机，向刘备的后方下邳发动突然袭击，打得守将张飞措手不及，连刘备的老婆孩子也没保护住，成了吕布的俘虏。事后袁术又以未捉到刘备为借口，答应的条件不予兑现。吕布一怒之下又来了个 180 度大转变，“乃具车马迎备，以为豫州刺史，遣屯小沛。布自号徐州牧”（《后汉书・吕布传》），与刘备言归于好。

袁术见分化吕刘联盟之计失败，又以为子求婚为理由，跟吕布拉关系，并派韩胤前来接新娘子。吕布夫妻深知袁术正准备称帝，倘若把女儿嫁过去，将来很有可能当后妃，荣华富贵，享乐无穷。于是再次答应袁术的要求，匆匆忙忙把女儿打扮好，便让她跟韩胤上路。沛相陈珪见吕布又倒向袁术，担心“徐、扬合从，将为国难”，便别有用心地劝说吕布：“曹公尊奉天子，辅弼朝政，恩威布满天下。将军您应该与曹公同心协力，稳坐江山。如今竟和袁术结成儿女亲家，蒙受不义之名，一旦袁术失败，岂不要受到连累？”听了陈珪这番话，吕布的心又活动了，他想起当初刚逃出洛阳，袁术“拒而不受”的冷酷情形，于是心一横，又倒向了曹操，马上派人把走在路上的女儿追回，宣布断绝与袁术的婚约，还把迎亲的韩胤戴上枷，送往许都，曹操将韩胤枭首示众。狡诈的曹操见吕布上钩，心中大喜，一面派使者安抚吕布，拜他为左将军；一面大大犒赏陈珪，增秩中二千石，又拜他儿子陈登为广陵太守，嘱咐陈登“阴合部众以为内应”，早晚杀掉吕布。

建安三年，吕布又与刘备反目，倒向袁术，并派将军高顺进攻刘备的驻地小沛，刘备的妻子孩子第二次当了俘虏。曹操为救刘备亲自出征，把下邳团团围住。吕布向袁术求援，无奈袁术的援军刚出来就被曹军打败，他只好退保城池，不敢出兵。下邳被曹操围了整整三个月，又引沂水、泗水灌其城，吕布军心动摇，众叛亲离，他见大势已去，只好宣布投降，旋即被曹操处死。

三、勇而无谋　不听劝谏

曹操的谋臣程昱有一次对范城令勒允说：“陈宫叛变，拥立吕布，许多地方都响应他，似乎大有可为，但请您看一看，吕布是什么样的人？他粗鲁不近人情，自负不讲礼义，不过是匹夫之雄罢了。陈宫等人只是看他有势力，才暂时进行联合，这对您不可能有什么帮助。虽然他们兵不少，但最终一定要失败的。”这番话表明，程昱对吕布是了如指掌的。一个刚愎自用、勇而无谋的人是成不了大事业的。这种人只能供人驱使、利用，正如曹操所说：“譬如养鹰，饥则为用，饱则扬去。”在曹操眼里，吕布不过是鹰犬，只能严加控制，让它乖乖地听使唤；决不能满足它的欲望，让它轻易背叛主人。吕布对自己的弱点并未察觉，相反，还把自己估计得很高，认为是当今数一数二的英雄，除了曹操，别人都不足为惧。直到被曹操擒获，他还毛遂自荐地说：“您所忧虑的不就是我吕布吗？现在我投降了，其余的人都不值得担心。您带领步兵，让我来率领骑兵，那么统一天下就不成问题了。”这个末路英雄，死到临头，还幻想得到曹操重用，哪有一点自知之明！

吕布本人缺乏谋略，但身边毕竟还有几个有远见卓识的人物，倘若能听取他们的意见，取彼之长，补己之短，也不至于失败得那么惨。陈宫就是一个胸有韬略的人。兴平元年曹操征陶谦，他趁机联合张邈叛操迎布，可以说对吕布极尽赤胆忠心。但对这样的人，吕布还不放心，而是听妻子的话，拒绝接受陈宫的合理建议。曹操包围下邳时，陈宫建议吕布率步兵、骑兵屯驻城外，自己率余众闭守城内。曹操若打吕布，陈宫就率军攻其背；若攻打城池，吕布就在城外援救，不过十天，曹军粮食吃光，势必退兵。在曹军远来疲惫的情况下，这个方案不失为上策。可惜吕布的妻子以“孤军远出，若一旦有变，妾岂得为将军妻”为理由，坚决不让吕布出城，吕布对妻子百依百顺，只好龟缩孤城，被动挨打。陈宫临死前还愤慨不平地说：“这是你（指吕布）不接受我的意见才败到这个地步，若听我的话，结局什么样，还很难说呢！”

高顺也是一个勇于作战，长于思考的人。建安三年，吕布进攻刘备，曹操派夏侯惇援救，未遂，刘备的妻子孩子第二次被俘，这次作战就是高顺指挥的。他“为人清白有威严，少言辞，将众整齐，每战必克”（《后汉书·吕布列传》）。他对吕布的弱点看得很清楚，常常规劝吕布说：“大凡亡国的君主，并不是没有英明智慧的忠臣，只是有忠臣而不被重用罢了。将军您的一言一行，不肯认真思考，突然之间就办错事，动不动就说错话，犯的错误简直数不过来了。”这是多么推心置腹的批评！任何人听了都不能没有触动，而吕布却“知其忠而不能从”（《后汉书·吕布列传》），高顺的一番苦心付诸东流。主帅失误，兵将遭殃，陈宫和高顺都被曹操枭首，做了吕布的牺牲品。

公孙瓒传

【题解】

公孙瓒（？—199），字伯珪，一作“伯圭”，辽西令支（今河北迁安）人，年少时，相貌俊美，声音洪亮，机智善辩，逐步做到中郎将，作战勇猛，以强硬的态度对抗北方游牧民族，与主张怀柔的上司刘虞不和，矛盾逐渐激化，而后击杀刘虞，得到了总督北方四州的授权。后期，与袁绍相争，采取自保战略，逐渐失去部下信任，被彻底打败，困于高楼，引火自焚。

公孙瓒，有着令人难以忘怀的英雄气概，年少时颇有情义，上司刘太守犯事流放，他祭祀拜别先祖，踏上漫漫长路；巡边时，数十骑出塞而遭遇鲜卑数百骑兵，敌众我寡，他鲜衣怒马，手持刃矛，驰出冲贼，一副“白马将军”模样，把敌军打得稀里哗啦，从此不敢入侵；更有甚者，他扩充成相当规模的部队，一时威震塞外，乌桓“乃画作瓒形，驰射之，中者咸称万岁，虏自此之后，遂远窜塞外”（《后汉书·公孙瓒列传》）。可是，他一生高开低走，结怨乌桓鲜卑、杀掉刘虞得罪豪族、拒绝与袁绍和解，妄图仅凭武力平定所有敌手，“眼看他起朱楼，眼看他宴宾客，眼看他楼塌了……”，名曲《桃花扇》中这一段幽怨的唱词，倒成了他最后的人生注脚！究其失败的原因，他占据着幽州和并州北部，虽然手下边军战斗力强悍，但后劲不足，能打的将士一旦拼光就无法补充；他虽然勇武，但骄傲自满，胸无大志，还杀了德高望重的上司刘虞，引发刘虞势力的反扑，弄得自己极为被动；他虽有精兵，但无谋臣良将，即使有谋臣，也得不到重用。范晔评论说：“瓒恃其才力，不恤百姓，记过忘善，睚眦必报，州里善士名在其右者，必以法害之。”（《后汉书·公孙瓒列传》）他注定是一颗耀眼却特别短暂的流星！

【原文】

公孙瓒字伯珪，辽西令支[①]人也。为郡门下书佐[②]。有姿仪，大音声，侯太守器之，以女妻焉，遣诣涿郡[③]卢植[④]读经。后复为郡吏。刘太守坐事征诣廷尉[⑤]，瓒为御车，身执徒养[⑥]。及刘徙日南[⑦]，瓒具米肉，于北芒[8]上祭先人，举觞[9]祝曰："昔为人子，今为人臣，当诣日南。日南瘴气[10]，或恐不还，与先人辞于此。"再拜慷慨而起，时见者莫不歔欷[11]。刘道得赦还。瓒以孝廉为郎，除辽东属国长史[12]。尝从数十骑出行塞，见鲜卑[13]数百骑，瓒乃退入空亭中，约其从骑曰："今不冲之，则死尽矣。"瓒乃自持矛，两头施刃，驰出刺胡，杀伤数十人，亦亡其从骑半，遂得免。鲜卑惩艾[14]，后不敢复入塞。迁为涿令。光和[15]中，凉州[16]贼起，发幽州[17]突骑三千人，假瓒都督行事传[18]，使将之。军到蓟[19]中，渔阳张纯[20]诱辽西乌丸丘力居[21]等叛，劫略蓟中，自号将军，略吏民攻右北平、辽西属国诸城，所至残破。瓒将所领，追讨纯等有功，迁骑都尉。属国乌丸贪至王[22]率种人诣瓒降。迁中郎将[23]，封都亭侯，进屯属国，与胡相攻击五六年。丘力居等钞略[24]青、徐、幽、冀，四州被其害，瓒不能御。

【注释】

①令支：古国名、县名，今河北迁安、迁西和滦县北部地域，春秋时为令支国，曾一度为山戎族统治；秦时为离枝县，汉时改为令支县，属幽州辽西郡。 ②书佐：官名，主办文书的佐吏，又称为门下书佐，位在掾、史之下。 ③涿（zhuō）郡：古郡名，治所在涿县（即今河北涿州市），辖境相当今北京市房山区以南，河北易县、清苑以东，安平、河间以北，霸州、任丘以西地区。 ④卢植（？—192），字子干，涿郡涿县人，曾先后担任九江、庐江太守，平定蛮族叛乱，后在东观校勘儒学经典书籍，参与续写《汉记》。 ⑤坐事：犹言"犯事"，因事获罪。征诣廷尉：召到廷尉官署受审。廷尉，官名，为九卿之一，掌刑狱，为主管司法的最高官吏。 ⑥执徒养：从事做饭之类的杂役。 ⑦日南：古郡名，在今越南中部地区，治西卷县（今越南广治东河市）。 ⑧北芒：又名邙山，横卧于洛阳北侧，为崤山支脉，是古代帝王理想中的埋骨处所，有"生在苏杭，死葬北邙"之说。 ⑨觞（shāng）：古代盛酒器，犹酒杯。 ⑩瘴（zhàng）气：热带或亚热带森林里湿热空气，能致人疾病。 ⑪歔欷（xū xī）：悲泣，叹息。 ⑫长史：官名，为幕僚性质的官员，相当于现在的秘书长。 ⑬鲜卑：是继匈奴之后在蒙古高原崛起的古代游牧民族，兴起于大兴安岭，起源于东胡族，分布在中国北方。 ⑭惩艾（yì）：吸取过去的教训，以前失为戒。 ⑮光和（178—184）：汉灵帝刘宏的第三个年号，时间跨度为7年。 ⑯凉州：古称雍州、姑臧、休屠，今甘肃武威市。 ⑰幽州：古州名，治所蓟县，故址在今北京市城区西南部的广安门附近，辖境相当于今北京市、河北北部、辽宁南部及朝鲜西北部。 ⑱假：暂时授予。传：官员的身份证件。 ⑲蓟（jì）：古州名、古县名，秦置蓟县，位于今天津市北部。 ⑳渔阳：古郡名，治

所即今北京市密云区十里堡镇统军庄村东。张纯（？—56）：字伯仁，京兆杜陵（今陕西西安市）人，西汉末为侍中，敦谨守约，光武帝更封武始侯，曾为大司空，务于无为，死后谥曰“节侯”。㉑乌丸：即乌桓，中国古代民族之一，原为东胡部落联盟中的一支。丘力居：东汉末年辽西乌丸大人，拉拢中山太守张纯反叛东汉，寇略青、徐、幽、冀四州，杀略吏民。死时认为儿子楼班年幼，让从子蹋顿总摄三王部。 ㉒属国：是两汉为安置归附的匈奴、羌、夷等少数民族而设的行政区划。此指辽东属国，省称。贪至王：东汉末乌丸部落首领，率族降于公孙瓒。 ㉓中郎将：故官名，品秩比二千石，低于诸将军。 ㉔钞略：侵扰，抢掠。

【译文】

公孙瓒，字伯珪，辽西令支人。曾任郡县书吏。仪表堂堂，声音洪亮，侯太守器重他，便将女儿嫁给他，并让他去涿郡跟随卢植学习经书。以后，他又做了一段时间的郡县小官吏。刘太守出了事，被召去廷尉府受审，公孙瓒亲自为他驾车，并一直在他身边侍奉。待到刘太守被贬去日南时，公孙瓒备了米和肉，在北芒山祭祀祖先，高举着酒杯说：“我过去是家人的儿子，今天是人家的臣下，我们将要到日南去，日南有瘴气，可能我们回不来了，在此就与祖先们告别了。”又行了大礼，然后意气激昂地站了起来，当时看到这一场面的人，无不感叹万分。

刘太守行至中途，得到了赦还的诏书。公孙瓒因为举孝廉为郎中，升为辽东属国的长史。他有一次带着十几个骑兵巡塞，路遇数百名鲜卑族骑兵，于是退回一处空亭，对他的骑兵们说：“今天，如果我们冲不出去，就都会被杀死了！”他自己拿着矛，两头都装上了尖刀，飞驰出去刺杀，杀伤鲜卑族数十人，自己部下也死之近半，可是得以免除灭顶之灾。鲜卑人受到这次惩罚，此后再也不敢入塞来捣乱。他被任命为涿县的县令。

光和年间，凉州出现叛军，朝廷组织了幽州地区突骑三千人，临时提升公孙瓒为都督，行使都督的一切权力，让他带领三千骑兵进剿。部队开到蓟中，渔阳张纯引诱辽西的乌丸国首领丘力居等反叛，攻打蓟中，自称将军，又征集蓟中的小官吏、老百姓去攻打右北平、辽西属国诸城，每到一处，城池必破，生灵涂炭。公孙瓒带领他的部队，征讨、追赶张纯有功，被升为骑都尉。属国的首领乌丸贪至王率领他的部族向公孙瓒投降。公孙瓒又被升为中郎将，封都亭侯，进而驻守辽西属国，与胡人相互攻击五六年。丘力居等人劫掠青、徐、幽、冀四州，四州深受其害。但公孙瓒无力抵抗。

【原文】

朝议[①]以宗正[②]东海刘伯安[③]既有德义，昔为幽州刺史，恩信流著[④]，戎狄附之，若使镇抚，可不劳众而定，乃以刘虞为幽州牧。虞到，遣使至胡中，告以利害，责使送纯首。

丘力居等闻虞至，喜，各遣译自归[⑤]。瓒害虞有功，乃阴使人徼杀[⑥]胡使。胡知其情，间行诣虞。虞上罢诸屯兵[⑦]，但留瓒将步骑万人屯右北平[⑧]。纯乃弃妻子，逃入鲜卑，为其客王政所杀，送首诣虞。封政为列侯。虞以功即拜太尉，封襄贲侯。会董卓至洛阳，迁虞大司马，瓒奋武将军，封蓟侯。

关东义兵起，卓遂劫帝西迁，征虞为太傅，道路隔塞，信命[⑨]不得至。袁绍、韩馥议，以为少帝制于奸臣，天下无所归心。虞，宗室知名，民之望[⑩]也，遂推虞为帝。遣使诣虞，虞终不肯受。绍等复劝虞领尚书事，承制封拜，虞又不听，然犹与绍等连和。

虞子和为侍中，在长安。天子思东归，使和伪逃卓[⑪]，潜出武关诣虞，令将兵来迎。和道经袁术，为说天子意。术利虞为援，留和不遣，许兵至俱西，令和为书与虞。虞得和书，乃遣数千骑诣和。

【注释】

①朝议：当国家面临重要事情及君王遇到难断之事，皇帝便会召集三公九卿及相关官员召开会议，商谈解决方案，最终决断仍归皇帝所有。 ②宗正：古官名，掌管皇帝亲族或外戚勋贵等有关事务之官。 ③刘伯安：即刘虞（？—193），字伯安，东海郯（今山东郯城）人，曾任幽州刺史、甘陵国相、宗正等职，中平五年出任幽州牧。累加至大司马，封襄贲侯。后与公孙瓒产生矛盾，进兵攻击，兵败，被杀。 ④恩信：恩德，威信。流著：显著，流布。 ⑤遣译自归：派遣翻译向汉朝投诚。 ⑥徼（yāo）杀：追杀，截杀。徼，通“邀”，阻截。 ⑦上罢诸屯兵：上奏，要求撤走幽州边境各处驻扎的军队。 ⑧右北平：古郡名，郡治在平刚县平刚城（治今内蒙古宁城县西南）。 ⑨信命：信使和命令。 ⑩民之望：民众所敬仰、翘首仰望的人。 ⑪伪逃卓：迷惑董卓后出逃。

【译文】

汉朝朝廷评论宗正官东海刘虞既有德行威仪，广为流传，又曾任幽州刺史，戎狄等少数民族也曾归附于他，如果派他去镇守安抚，可以不兴师动众而得到安宁。

于是，便派遣刘虞担任幽州刺史。刘虞上任伊始，即派使者去胡人那里，晓之以利害，并责成他们交出张纯的首级。

丘力居等人听说刘虞回来了，十分高兴，各派使者去见刘虞，并将部队撤回了各自的领地，公孙瓒害怕刘虞的功劳高过自己，就偷偷派人杀死丘力居的使者。胡人得知这一消息后，就改道去见刘虞。刘虞撤回了各路人马，只留公孙瓒带领步、骑近万人，驻守右北平。张纯丢下妻儿老小，只身逃到鲜卑，被他的门客王政所杀，将首级献给了刘虞。王政被封为列侯。刘虞因为有功被任为太尉，封襄贲侯。适逢董卓到洛阳，刘虞又提升为大司马；公孙瓒为奋武将军，封为蓟侯。

关东义军讨伐董卓，董卓于是劫持皇帝西迁长安，征召刘虞为太傅，因路途阻隔，这一命令没能传到。袁绍、韩馥等人商议，认为皇帝被奸臣所挟持，天下人心无归处，刘虞乃皇帝亲族，而且知名度很高，是众望所归，于是想拥立刘虞为皇帝。便派使者去告诉刘虞。刘虞始终不肯答应。袁绍等人又劝说刘虞领尚书事，按旧制执掌分封爵位、任命官职的权力，刘虞仍然不听，但仍旧与袁绍保持着联系。

刘虞的儿子刘和任侍中，住在长安。汉帝想从长安回到洛阳，便派刘和改装，从董卓那里溜出来，偷偷出武关去找刘虞，让他带兵接自己东返。刘和途经袁术驻地，与他述说了汉帝的意思。但袁术想利用刘虞做他的后援，于是强行扣下了刘和，不让他去见刘虞，同时保证部队向西开拔，让刘和写信将这件事告诉刘虞，刘虞得到刘和的书信后，便派遣数千名骑兵到了刘和那里。

【原文】

瓒知术有异志，不欲遣兵，止虞，虞不可。瓒惧术闻而怨之，亦遣其从弟越[①]将千骑诣术以自结，而阴教术执和，夺其兵。由是虞、瓒益有隙。和逃术来北，复为绍所留。

是时，术遣孙坚屯阳城拒卓，绍使周昂[②]夺其处。术遣越与坚攻昂，不胜，越为流矢所中死。瓒怒曰："馀弟死，祸起于绍。"遂出军屯磐河[③]，将以报绍。绍惧，以所佩勃海太守印绶授瓒从弟范[④]，遣之郡，欲以结援。范遂以勃海兵助瓒，破青、徐黄巾，兵益盛，进军界桥[⑤]。以严纲为冀州[⑥]，田楷[⑦]为青州，单经[⑧]为兖州，置诸郡县。绍军广川，令将麹义[⑨]先登与瓒战，生禽纲。瓒军败走勃海，与范俱还蓟，于大城东南筑小城，与虞相近，稍相恨望。

虞惧瓒为变，遂举兵袭瓒。虞为瓒所败，出奔居庸[⑩]。瓒攻拔居庸，生获虞，执虞还蓟。会卓死，天子遣使者段训[11]增虞邑，督六州；瓒迁前将军，封易侯。瓒诬虞欲称尊号，胁训斩虞。瓒上训为幽州刺史。

【注释】

①越：即公孙越（？—191），辽西令支（今河北迁安）人，公孙瓒从弟，与孙坚攻袁绍部下周昂，不胜，为流矢击中而死。②周昂：会稽（今浙江绍兴）人，袁绍的部将，任九江太守，曾被袁绍派遣攻夺孙坚所屯阳城，并断孙坚粮草。后袁术派孙坚、公孙越攻打周昂，周昂成功守城，流矢射死了公孙越。③磐河：起于今山东平原县境，东北流至无棣县境入海。④范：即公孙范，辽西令支人，公孙瓒从弟，官至勃海太守。⑤界桥：地名，在今河北威县东北，因位于当时冀州清河、安平二郡的交界线上，故名。⑥严纲（163—191）：初平二年（191），公孙瓒以严纲为冀州刺史。袁绍与公孙瓒在界桥交战，严纲为袁绍部将麹义所斩。为冀州：为冀州刺史的省称。⑦田楷（？—199）：公孙瓒部属、青州刺史。初平二年，公孙瓒与袁绍反目，田楷奉命据有齐地，与袁绍连战二年，后为袁绍之子袁谭打败，逃往幽州，在易京之战中阵亡。⑧单经：公孙瓒的部下。献帝初平中，为兖州刺史。⑨麹义：原韩馥部下，后转投袁绍，在界桥之战中作为先登，大破公孙瓒的骑兵，阵斩严纲。后又在袁绍的大营被围时及时救出袁绍而名声大振。后遭袁绍猜忌而处死。⑩居庸：山名，在北京市昌平区，古名军都山，为太行山八陉之一。⑪段训：东汉末年人，曾作为使者去封官，被公孙瓒挟持来斩刘虞。

【译文】

公孙瓒得知袁术另有所图，不想派遣军队，也阻止刘虞发兵，但是，刘虞不听。公孙瓒害怕他劝阻刘虞出兵的事情被袁术知道而遭到怨恨，就也派遣他的堂弟公孙越，带领数千骑兵去袁术那里，以便与袁绍结为友好，暗地里又让袁术将刘和抓起来，夺了他的兵权。为此，刘虞与公孙瓒之间的矛盾更深了。刘和从袁术那里逃了出来，在北进的途中又被袁绍扣留。

这时候，袁术派孙坚驻守阳城，以防御董卓，袁绍派周昂去攻打阳城。袁术派公孙瓒与孙坚一起向周昂发动进攻，失败，公孙越被流箭射中，当场死亡。公孙瓒非常气愤，说："我弟弟死了，这场灾祸实在是由袁绍引起。"于是，派兵驻扎在磐河一线，准备报复袁绍。袁绍害怕了，将自己的勃海太守印绶交给公孙瓒的另一堂弟公孙范，让他回勃海郡担任太守，想与他拉关系，作为援手。公孙范却带领勃海兵去帮助公孙瓒，击败了青、徐二州的黄巾军。公孙瓒的士兵斗志更加昂扬，一鼓作气向界桥进军。公孙瓒任命严纲为冀州牧、田楷为青州牧、单经为兖州牧，新设了几个郡县。袁绍驻军广川，派麹义作先锋与公孙瓒交战，生擒严纲。公孙瓒被打败后撤回勃海，与公孙范合兵一处退守蓟县，在大城的东南面又筑起一座小城，这座小城与刘虞相邻，两人互怀怨恨地对峙着。

刘虞担心公孙瓒生变，于是举兵前去进攻，被公孙瓒击败，逃往居庸。公孙瓒攻克居庸，生擒刘虞，并将他押回蓟县。适逢董卓去世，汉帝派使者段训来加封刘虞，让他总督六州；公孙瓒被迁升为将军，封为易侯。公孙瓒诬告刘虞有自称皇帝的非分之想，胁迫段训杀死刘虞，又上奏汉帝，让段训做了幽州刺史。

【原文】

瓒遂骄矜[①]，记过忘善，多所贼害。虞从事渔阳鲜于辅[②]、齐周、骑都尉鲜于银[③]等，率州兵欲报瓒，以燕国阎柔[④]素有恩信，共推柔为乌丸司马。柔招诱乌丸、鲜卑，得胡、汉数万人，与瓒所置渔阳太守邹丹战于潞[⑤]北，大破之，斩丹。

袁绍又遣麹义及虞子和，将兵与辅合击瓒。瓒军数败，乃走还易京[⑥]固守。为围堑[⑦]十重，于堑里筑京[⑧]，皆高五六丈，为楼其上；中堑为京，特高十丈，自居焉，积谷三百万斛[⑨]。瓒曰："昔谓天下事可指麾[⑩]而定，今日视之，非我所决，不如休兵，力田畜谷。兵法，百楼不攻。今吾楼橹[⑪]千重，食尽此谷，足知天下之事矣。"欲以此弊[⑫]绍。绍遣将攻之，连年不能拔。

建安四年，绍悉军围之。瓒遣子求救于黑山贼，复欲自将突骑直出，傍西南山，拥黑山之众，陆梁[⑬]冀州，横断绍后。长史关靖[⑭]说瓒曰："今将军将士，皆已土崩瓦解，其所以能相守持者，顾恋其居处老小，以将军为主耳。将军坚守旷日，袁绍要当自退；自退之后，四方之众必复可合也。若将军今舍之而去，军无镇重[⑮]，易京之危，可立待也。将军失本，孤在草野，何所成邪！"瓒遂止不出。救至，欲内外击绍。

遣人与子书，刻期兵至，举火为应。绍候者得其书，如期举火。瓒以为救兵至，遂出欲战。绍设伏击，大破之，复还守。绍为地道，突坏其楼，稍至中京。瓒自知必败，尽杀其妻子，乃自杀。

评曰[⑯]：公孙瓒保京，坐待夷灭。度残暴而不节[⑰]，渊仍业以载凶[⑱]，只[⑲]足覆其族也。

【注释】

①骄矜（jīn）：骄傲自负。矜，自尊自大，自夸。 ②鲜于辅：幽州渔阳（今北京密云）人，曾与刘和等一起合兵大败公孙瓒。后投顺曹操，封为建忠将军，都督幽州六郡。官渡之战后，拜左度辽将军，进封亭侯。曹魏建立后，拜虎牙将军，封昌乡县侯，累迁为辅国将军。 ③齐周：刘虞从事。鲜于银：刘虞部下，任骑督尉。 ④阎柔：燕国广阳（今北京市附近）人，年少时被乌丸、鲜卑俘虏，后来得到信任，推举为乌丸司马，与公孙瓒对抗。后归曹操，拜护乌丸校尉，赐爵关内侯。他坐镇北方，统率幽州兵马，抗击胡人入侵。曹丕即位后，拜为度辽将军。 ⑤邹丹：公孙瓒部下，曾被封为渔阳太守。刘虞被杀后，其旧部鲜于辅等，与邹丹战于潞北，邹丹四千多人兵败被杀。潞：潞河，水名，旧指北京通州以下的白河。 ⑥易京：在今河北雄县县城西北，本汉之易县。公孙瓒据幽州，在此修筑营垒，建楼数十重。 ⑦围堑（qiàn）：围绕城邑的壕沟。堑，防御用的壕沟，护城河。 ⑧京：人工筑起的高土堆。 ⑨斛（hú）：旧量器，方形，口小，底大，容量本为十斗，后来改为五斗。 ⑩指麾（huī）：指挥。麾，古时军队指挥用的旗子。 ⑪ 楼橹：古代军中用以瞭望、攻守的无顶盖的高台，建于地面或车、船之上。 ⑫ 弊：疲弊，使动用法，拖垮的意思。 ⑬ 陆梁：本义为在陆地非常强梁、强横，犹言“横行”。 ⑭ 关靖：公孙瓒的长史，易京受到袁绍包围夹攻时，曾阻止公孙瓒从背后袭击袁绍。公孙瓒被袁绍包围自杀后，率一军杀入袁绍军中，战死殉主。 ⑮ 镇重：犹威重，指具有权威的人物。 ⑯ 此评为公孙瓒、公孙度、公孙渊三人的合评，如果单公孙瓒而言，则是“公孙瓒保京，坐待夷灭，只足覆其族也”。 ⑰ 不节：没有节制。 ⑱ 载凶：与他的祖父一样凶恶。 ⑲ 只：指示代词，相当于“这”。

【译文】

公孙瓒于是显出骄傲自大的样子来。他记人之过而忘人之善，很多人被他所害。刘虞的部将渔阳人鲜于辅、齐周、骑都尉鲜于银等人，共率州兵攻打公孙瓒，替刘虞报仇。因为燕国的阎柔向来守信，大家共推他为乌丸司马。阎柔从乌丸、鲜卑等地招募士兵，共得胡、汉士兵数万人。这支队伍与公孙瓒所设的渔阳太守邹丹在潞北交战，大获全胜，斩了邹丹。

袁绍又派遣麹义及刘虞的儿子刘和，带兵与鲜于辅一起攻打公孙瓒。公孙瓒的军队连连败北，于是退到易京固守。他在易京城外挖了数十道壕沟，在壕内堆起土丘，都有五六丈高，在上面盖房子；中间壕里的土堆最高，足有十丈，留给自己住，还在那里储存了三百万斛的粮食。公孙瓒说：“过去说，天下之事，可以在指挥之间即可解决，今日看来，也不是我所能决定的，不如休兵，种田地，养牲畜。兵法说：百楼不易攻破。今天我盖了那么多的楼，吃完这些粮食，就可以知道天下的定局了。”公孙瓒想以此拖垮袁绍。袁绍派兵去攻打，几年都没有攻破。

199 年，袁绍大军全面围攻公孙瓒，公孙瓒派儿子去向黑山反贼求救，又想自己带领骑兵突围出来，凭借西南的高山，带领黑山的人马，攻击冀州，切断袁绍的后援。长史关靖劝公孙瓒说："现在将佐、士兵心理上都已不堪一击，他们之所以能坚守下去，是为了他们的妻儿老小，更以将军您为主心骨啊！将军如果旷日持久地坚持下去，袁绍势必会撤兵，待他退回去之后，四方的士兵必将会重新聚合起来。如果您舍弃他们而突围，军队失去强有力的指挥，易京马上会出现险情，将军失去了依靠之地，孤独地在旷野上，那能成就什么事业呢？"公孙瓒于是打消了突围的念头，专等援兵到来，想内外夹攻袁绍。

公孙瓒又派人给儿子带去一封信，定下时间带援兵到来，点起火把作为接应的信号。袁绍的巡逻兵截获了这封信，到时候点起了火把。公孙瓒以为救兵到了，于是领兵出城。袁绍设下埋伏，公孙瓒遭到迎头痛击，又退回易京城。袁绍挖了地道，破坏了公孙瓒的壕沟和住处，并马上要攻到中京。公孙瓒自知必败，于是悉数杀了家人，又自杀而死。

史家评论说：公孙瓒据保易京，坐等被消灭；公孙度残暴而没有节制；公孙渊用继承的基业来实现他的凶恶。这些都只能是使他们的宗族灭亡啊！

人物新传·公孙瓒传

一、白马义从　声震北疆

公孙瓒，字伯珪，辽西令支人。他虽然出生于二千石的名门望族，但因其母身世卑贱，故青年时只做了郡丞书佐（秘书）的小官，很不得意。但他聪慧锐敏，又是一表人才，因此得到辽西郡侯太守的赏识，做了侯门女婿。侯太守介绍公孙瓒到涿郡大名士卢植门下读经，在那里结识了刘备。两人同窗，情同手足。这一渊源对于两人后来的经历，都有极大的影响。

公孙瓒学业完成后归郡做了郡吏。汉末清议盛行，士人注重名节。公孙瓒的顶头上司刘太守坐事下狱，在押送京师洛阳途中，公孙瓒亲自驾车护送。刘太守被判充军日南，公孙瓒具办酒食，在洛阳北芒山下祭祀祖先，慷慨激昂，于是获得了好的名声，后被举为孝廉，提升为辽东（在辽宁南部地区）属国长史，带兵御边。

公孙瓒颇有勇力，敢于冲锋陷阵。一次巡行边境，他率数十骑与数百鲜卑骑兵狭路遭遇，他带头向胡骑猛冲，重创数十人，杀开一条血路，突围而去。自此鲜卑不敢轻易入塞侵扰。事后，公孙瓒被提升为涿县令。

在征伐塞外少数民族时，公孙瓒常骑着浑身雪白的高头大马，身先士卒，奔驰于草原。他每战必胜，久而久之，乌桓、鲜卑都尝到了骑白马者的厉害，互相转告："若有骑白马者追来，一定赶快避开，否则性命难保。"既然乌桓、鲜卑害怕白马，公孙瓒为了加强对他们的威慑作用，专门精心挑选白马数千匹，由剽悍骑士组成一支战斗力极强的骑兵队伍，号曰"白马义从"。每次征战，一声令下，沉寂的塞外高原喊声震天，尘土飞扬，白压压一片铺天盖地而来。乌桓、鲜卑兵士闻风丧胆，逃之夭夭。公孙瓒威名于是大振。

中平四年（187）乌桓首领丘力居同东汉叛将张纯、张举结成同盟，举兵南犯。他们洗劫了蓟中（今北京大兴区），先后杀掉乌桓校尉公綦稠、右北平太守刘政、辽东太守阳终。叛军气焰嚣张，拥兵十万余众，驻扎肥如（今河北卢龙县）。张举自称天子，张纯自称弥天将军、安定王。叛军分兵侵扰青、徐、幽、冀四州，所到之处，官军望风披靡，青、徐黄巾也趁势复起。形势紧急，东汉朝廷下诏命公孙瓒率兵征讨，诏发南匈奴兵阻击。中平五年十一月，双方激战于石门（今辽宁营州柳城县西南）。公孙瓒的"白马义从"似一片飞云从天而降，杀得叛军落荒而逃。张纯连妻子儿女也顾不得，出走塞外。公孙瓒乘胜追击，孤军深入，反被丘力居围困于辽西管子城达二百余日。一无援兵，二无粮食，兵将纷纷逃散，士卒死者什五六。在严峻的形势下，公孙瓒毫不气馁，沉着应敌，迫使丘力居撤兵离去。因为“石门之役”，公孙瓒被提升为降虏校尉，封都亭侯，兼领属国长史之职。这时朝廷派宗室刘虞为幽州牧，镇抚北疆。刘虞遣使与乌桓、鲜卑结和，乌桓杀张纯，并送首级于刘虞。朝廷拜刘虞为太尉（虚衔），封襄贲侯。公孙瓒志在灭乌桓，而刘虞力主同乌桓结和，二人政见不合，于是成为仇敌。公孙瓒是刘虞下属，他只得咽下这口怨气，等待时机。

二、并灭刘虞　割据幽州

初平二年，青、徐黄巾三十万众进入勃海（郡治在今河北南皮县），攻杀郡吏，火攻官府，并积极向河北起义军黑山军靠拢。公孙瓒率步骑2万前往镇压，这给他带来了扩张势力的机会。公孙瓒军在东光县（即今河北东光县东）南，以逸待劳阻击黄巾军。尽管黄巾军英勇奋战，然终敌不过训练有素的公孙瓒军，牺牲三万余人，只得弃其辎重，奔走渡河。公孙瓒又趁黄巾军渡河时发起猛攻。俘获六七万人，车甲财物不可胜数。朝廷闻捷，升迁公孙瓒为奋武将军，封蓟侯。这时，公孙瓒实力已在刘虞之上。

刘虞为政，“务存宽政，劝督农植”（《后汉书·刘虞列传》）。他又在边地开互市，在境内整顿盐铁生产，一时幽州各民族呈现一派和睦太平景象，吸引青、徐二州许多流民迁入幽州。刘虞在民众中的声望日益大增，这更引起了公孙瓒的嫉恨。

瓒、刘矛盾的公开化，由刘虞勤王事件而爆发。刘虞子刘和在朝廷任侍中，汉献帝在长安想挣脱董卓控制，派刘和偷出武关，绕道回幽州，令刘虞率兵勤王。刘和在南阳被袁术扣留，只好写信给刘虞望急速发兵救天子。公孙瓒认为书从袁术处来，另有意图，阻止发兵。刘虞救天子心切，不听公孙瓒话，发兵数千骑。公孙瓒思谋袁术怨恨报复，于是使出一箭双雕的花招。表面上他也派从弟公孙越率千骑到袁术处，合兵奉迎天子，暗中却怂恿袁术逮捕刘和，兼并刘虞兵马。刘和闻讯，星夜逃亡，被袁绍收留。而公孙越却被袁术派去攻打袁绍，战死。这样，不仅刘、瓒矛盾激化，仇怨益深，而且公孙瓒与袁绍又起了矛盾，情况更加复杂。

刘虞眼看公孙瓒桀骜不驯，如此发展下去，要危及自己的权位，因而采取相应措施，加以制止。于是刘、瓒之间的控制与反控制的斗争更为激烈。公孙瓒要攻打仇敌袁绍，刘虞不准，并从军备供应上卡住其手脚。公孙瓒当然不会俯首听命，于是处处同刘虞作对。刘虞要安抚塞外乌桓、鲜卑，公孙瓒经常派兵追歼；刘虞要保护百姓利益，公孙瓒部下却每每侵扰，百姓叫苦连天。更使刘虞头痛的是公孙瓒多次派兵在半路抄夺刘虞赏与乌桓的财货，使民族关系甚为紧张。刘虞无可奈何，只得向朝廷上奏陈述公孙瓒的暴掠之罪。公孙瓒得知，马上反咬一口，也上奏章诬刘虞不能按时供应军粮。双方相互诋毁，势如水火，而东汉朝廷软弱无能，只好从中调和，不能决出是非曲直。刘、瓒之间最后摊牌只是时间问题了。

公孙瓒为防备刘虞吃掉他，在蓟城（今北京市西南）东南筑小城，伺机发难。刘虞本想和解，数次请公孙瓒相会议事，瓒托病推辞。刘虞气愤不已，决心诉诸武力，除掉这心腹大患。东曹掾魏攸对刘虞说："现今天下以你最和人心，但你手下也离不开谋士武将，否则缺乏足够的力量。况且公孙瓒文武双全，即使有小恶，也应容忍才是。"魏攸虽然暂时打消了刘虞的想法，但不久他死去，于是刘虞消灭公孙瓒的决定无人再行劝阻。初平四年（193）冬，刘虞认为矛盾无法调和，箭在弦上，不得不发，他趁公孙瓒的部曲属下放散在外势单力薄的机会，亲率各部兵众十万讨伐公孙瓒。刘虞军蜂拥而至，将公孙瓒的小城围得水泄不通。虽然州从事公孙纪事先已向公孙瓒通风报信，但为时已晚。公孙瓒见来势凶猛，知道凶多吉少，打算从城东掘地道逃走，可是，很快发现了刘虞军的短处。原来久经沙场的公孙瓒发现刘虞兵马虽多，但很多士兵未真正打过仗，加之指挥不力，似乌合之众。公孙瓒又发现刘虞过于迂腐，本来只要火攻，小城当即拿下，但刘虞命令不准焚烧，再三告诫："无伤馀人，杀一伯珪而已。"公孙瓒当即征募勇士数百，命顺风势纵火，径直向刘虞军队冲杀。刘虞军本系临时拼凑，哪能抵挡得住？于是阵脚大乱，士兵纷纷溃逃，刘虞逃到居庸（今北京市延庆东南），公孙瓒乘胜追击，攻破居庸，俘虏了刘虞和他的全家老小，然后班师回蓟，尽有幽州。适逢董卓死，天子遣使者段训前来宣诏：增置刘虞封邑，督六州事；并任瓒为前将军，封易侯，假节督幽、并、青、冀四州。此时，公孙瓒趾高气扬，哪肯依顺？他正欲独霸幽州，将刘虞置于死地而后快。于是诬刘虞曾与袁绍联络，欲称尊号，夺幼主之位，理应处死。在公孙瓒百般威逼利诱下，段训别无他法，只好眼睁睁看着刘虞被斩杀。刘虞死后，公孙瓒马上上表委段训为幽州刺史，自置并、青、冀州官职，由此，与袁绍的矛盾便急剧上升。

三、困守易京　兵败自焚

关东诸侯，蚕食鲸吞。袁氏兄弟，觊觎皇帝之位，以致手足分离。袁术嫡出，袁绍庶出。袁绍为盟主，袁术极不心服，公开贬称袁绍为"婢使"之子。当时，袁术割据淮南，户口数百万，兵甲充足，野心勃勃欲称帝，北结公孙瓒对抗袁绍。当初，袁绍用计，联公孙瓒取冀州，逼冀州牧韩馥让位。事成，袁绍独占冀州，公孙瓒与袁绍反目。当袁绍击杀公孙越后，两家誓不共戴天。初平三年（192），公孙瓒在灭刘虞之前，乘战胜黄巾军之威，进军磐河，誓报杀越之仇。公孙瓒上表朝廷，历数袁绍罪恶，列十大罪状，声称："绍之罪戾，虽南山之竹不能载。"（《三国志》本传裴注引《典略》）当时袁绍在冀州立脚未稳，惊恐不已，为了和解，他将所佩勃海太守印绶让与公孙瓒从弟公孙范。哪知公孙范到任后，却发动勃海兵助瓒。公孙瓒又任命部将严纲为冀州刺史，田楷为青州刺史，单经为兖州刺史。河北郡县纷纷响应。袁绍组织反攻，两军大战于界桥南二十里。瓒步兵三万余人为方阵，骑兵两翼各五千余骑，"白马义从"为中坚，亦分作两校，左射右，右射左，全军士气高昂，威风凛凛，旌旗盔甲，光照天地。公孙瓒见袁绍兵少，非常轻视，命大将严纲率军冲锋。袁绍令麹义引八百弓手皆伏于藤牌下，纹丝不动。严纲鼓噪呐喊，冲将过去，距离绍军十多步时突然万弩同发，纲急转身，被斩于马下。瓒军伤亡数千，慌忙后退，绍军穷追不舍，一直追到界桥。公孙瓒喘息未定，马上集合残军试图反击，又被麹义打散。麹义一鼓作气，攻杀到公孙瓒军营，拔掉瓒军大旗，公孙瓒抱头鼠窜，幸被常山赵云相救，才突围而去。

界桥战后，公孙瓒全力经营幽州，并了刘虞，增强了实力，袁绍则讨伐黑山农民军，巩固了冀州，并把势力扩张到青州，除去了公孙瓒所署青州刺史田楷。双方正酝酿着更大的战争。但公孙瓒并了刘虞，却并没有解除后顾之忧。刘虞部下幽州从事鲜于辅等联结乌桓、鲜卑及州兵数万，从北线发起了进攻；袁绍又遣将北进，夹击公孙瓒。公孙瓒两面受敌，穷于应付，连战败北，退守易京。当时有民谣说："燕南垂，赵北际，中央不合大如砺，唯有此中可避世。"（《后汉书·公孙瓒列传》）公孙瓒于是以易京为根据地，筑城屯田，广结粮谷。袁绍则将易京四面死死围困，但公孙瓒并不以为忧。他自认为积粮丰富，营垒坚固，楼观数十，就可高枕无忧。他自鸣得意地说："昔日我把叛胡驱逐于塞外，又在孟津（今河南洛阳市孟津区）扫灭黄巾，当时天下兵起，我以为唾手而决。如今战事又起，我知道我不能主宰，倒不如休兵耕战，度过灾年。兵书上讲'百楼不攻'，现在我的军营楼橹千里，积粮三百万斛，就凭这些，就足以等待天下的大变。"此时，公孙瓒还压根没感到自己已危在旦夕。

建安三年（198），袁军攻伐笃急，公孙瓒欲出兵决战。长史关靖献策："现在上下军心不稳，我们之所以能守御，是因为大家都顾恋老人小孩，并且想倚仗将军。如果我们能坚守旷日，或者能使绍军自退。假如不这样，而出城迎战，后无依托，易京危险万分自不待言。"公孙瓒再三思慎，采纳了关靖意见，下令筑三重营自固。

建安四年（199），袁绍加紧围攻易京，形势危急。公孙瓒遣其子求救于黑山张燕。张燕率三十万大军，兵分三路，前来救应。公孙瓒以为稳操胜券，遣人送信与其子，约定“刻期兵至，举火为应”，打算里应外合，夹击袁军。谁知此信半路被袁军截获，机密泄露。如期，城内公孙瓒见城外起火，以为救兵至，率兵将倾巢而出，喊声、鼓角声震耳欲聋。突然四周旌旗林立，伏兵四起。公孙瓒知大事不好，大惊失色，左右奋力砍杀，方得退守城中，军马已折其大半。公孙瓒坚固的中城和小城也被袁军“掘地为道，穿穴其楼下，稍稍施木柱之，度足达半，便烧所施之柱，楼辄倾倒”（《英雄记》）。公孙瓒自知穷途末路，大势已去，残忍地将家小全部缢死，然后引火自焚。割据幽州的军阀公孙瓒就这样败亡了。

袁绍传

【题解】

袁绍出自名门望族，其祖先四世有五人位居三公，地位显赫。袁绍又在除灭宦官、反对董卓废立两件大事中行动果断，态度明朗，因而使得天下名士倾心归服。袁绍即凭借此种优势，不失时机地很快占据了幽、并、青、冀四州，成为分裂割据势力的代表人物。他的崛起和覆灭，对三国前期北方政治形势有着举足轻重的影响。袁绍死后，他的两个儿子袁谭和袁尚互不相容、大力火并而同归于尽。这部分可看作《袁绍传》之附传，也是《袁绍传》的尾声。笔者认为两个儿子如此下场，全是袁绍种下的祸根。其目的也是以此与作为父辈的袁绍、袁术之分裂与残杀形成强烈的照应，从而揭示袁氏集团失败的原因。

【原文】

袁绍字本初，汝南汝阳人也①。高祖父安，为汉司徒。自安以下四世居三公位②，由是势倾天下。绍有姿貌威容，能折节下士③，士多附之，太祖少与交焉④。以大将军掾为侍御史⑤，稍迁中军校尉⑥，至司隶⑦。

灵帝崩，太后兄大将军何进与绍谋诛诸阉官⑧，太后不从。乃召董卓，欲以胁太后。常侍、黄门闻之⑨，皆诣进谢，唯所错置⑩。时绍劝进便可于此决之，至于再三，而进不许。令绍使洛阳方略武吏检司诸宦者⑪。又令绍弟虎贲中郎将术选温厚虎贲二百人⑫，当入禁中，代持兵黄门陛守门户⑬。中常侍段珪等矫太后命，召进入议，遂杀之，宫中乱。术将虎贲烧南宫嘉德殿青琐门，欲以迫出珪等。珪等不出，劫帝及帝弟陈留王走小平津⑭。绍既斩宦者所署司隶校尉许相⑮，遂勒兵捕诸阉人⑯，无少长皆杀之。或有无须而误死者，至自发露形体而后得免⑰。宦者或有行善自守而犹见及。其滥如此。死者二千馀人。急追珪等，珪等悉赴河死[18]。帝得还宫。

董卓呼绍，议欲废帝，立陈留王。是时绍叔父隗为太傅，绍伪许之，曰："此大事，出当与太傅议。"卓曰："刘氏种不足复遗[19]。"绍不应，横刀长揖而去[20]。绍既出，遂亡奔冀州[21]。侍中周毖、城门校尉伍琼、议郎何颙等[22]，皆名士也，卓信之，而阴为绍，乃说卓曰："夫废立大事，非常人所及。绍不达大体，恐惧故出奔，非有他志也。今购之急[23]，势必为变。袁氏树恩四世，门生故吏遍于天下[24]，若收豪杰以聚徒众，英雄因之而起，则山东非公之有也。不如赦之，拜一郡守，则绍喜于免罪，必无患矣。"卓以为然，乃拜绍勃海太守，封邟乡侯。

【注释】

①汝南：郡名，西汉时治平舆（今河南平舆北）。汝阳：县名，在今河南商水县西北。 ②自安以下四世居三公位：袁绍高祖安在东汉章帝时曾任司空、司徒，安子敞在安帝时曾任司空，安孙汤在桓帝时曾任司空、司徒、太尉；汤子逢在灵帝时曾任司空，少子隗为太傅。 ③折节下士：放下架子，广交贤士。 ④太祖：指曹操。 ⑤以大将军掾（yuàn）为侍御史：以大将军属员的身份做侍御史。侍御史，官名，执掌纠察非法，接受公卿群吏奏事，对有过失者则弹劾举奏。 ⑥中军校尉：东汉灵帝中平五年置西园八校尉，虎贲中郎将袁绍为中军校尉，即副帅。 ⑦司隶：官名，司隶校尉之省称，督察京师，纠弹百官，监察河南、河内、右扶风、左冯翊、京兆、河东、弘农七郡。东汉司隶校尉威权特重，与尚书令、御史中丞号三独坐。 ⑧太后：指何太后，汉灵帝皇后。众宦官曾助立何皇后，故其记恩德于宦官，不从何进。 ⑨常侍：即中常侍。黄门：此指小黄门，内侍初补之称。东汉小黄门以宦官充任，侍从左右。 ⑩唯所错置：谓一切听凭何进处置。错置，即措置，处置。 ⑪令绍使洛阳句：命令袁绍指派洛阳有方策谋略的武官监视检察所有宦官。方略，策划计略。检司，检察，监视。 ⑫虎贲（bēn）中郎将：官名，光禄勋属官，掌虎贲郎宿卫。温厚：汉晋之间称养马者为温厚。虎贲：勇士。 ⑬代持兵句：替换持有兵器的黄门官守卫大门。 ⑭陈留王：即汉献帝刘协，初封陈留王。 ⑮署：任命、委派。 ⑯勒兵：统领军队。⑰发露形体：谓显露下身以证明自己并非阉者。 ⑱河：指黄河。 ⑲刘氏种句：谓皇室刘姓后嗣不值得再使其有存留。 ⑳横刀长揖而去：袁绍时为司隶校尉，依汉礼仪，每会后到先去，故横持刀行拱手礼之后便径直离去。横刀，横向持刀。长揖，拱手自上而下极为恭敬之礼。 ㉑亡奔：逃亡奔窜。 ㉒侍中：官名，侍从皇帝左右，备顾问应对。城门校尉：官名，掌洛阳十二城门守卫。议郎：官名，掌顾问应对，郎官之一，属光禄勋。 ㉓购：悬赏购求。 ㉔门生：汉时特指再传弟子。东汉末又称投身依附豪门的人为门生。

【译文】

袁绍，字本初，汝南郡汝阳县人。袁绍的高祖父叫袁安，担任汉朝的司徒。从袁安以下四代人都位列三公（袁安的儿子袁敞在汉安帝时担任司空，袁安的孙子袁汤在汉桓帝时曾任司空、司徒、太尉，袁汤的儿子袁逢在汉灵帝时担任司空，小儿子袁隗为太傅），因此袁氏家族的权势压倒全国之内的各个家族。袁绍长得很帅气很有威仪，能放下架子广交贤能之士，所以很多有才能的人都依附于他，魏太祖曹操年少的时候与袁绍是好朋友。袁绍以大将军属员的身份担任了侍御史，逐渐升任中军校尉，一直做到负责督察京师、纠弹百官的司隶校尉。

汉灵帝刘宏驾崩，何太后的哥哥担任大将军的何进与担任司隶校尉的袁绍密谋诛除宫中的宦官，何太后坚决反对。于是何进便招请董卓进京，想依靠董卓的势力胁迫何太后赞成诛除宦官。中常侍、小黄门这些宦官得知了消息，就都跑到何进面前请罪，表示愿意听从何进的处置。当时袁绍就极力劝说何进趁此机会除掉宦官，以至于一而再、再而三劝说，但何进就是不同意。何进令袁绍指派洛阳有方策谋略的武官监视检查所有宦官。何进又让袁绍的弟弟担任虎贲中郎将的袁术从养马的人中挑选出二百名勇士进入皇宫，替换手持兵器的黄门官守卫宫门。中常侍段珪等宦官假传何太后的命令，招请何进入宫议事，何进一入宫就被段珪等杀死，宫中于是大乱。虎贲中郎将袁术率领勇士烧毁了南宫嘉德殿的青琐门，想以此逼迫段珪等人出来。段珪等不出来，却劫持着汉少帝刘辩和少帝的弟弟陈留王刘协逃往小平津。袁绍斩杀了由宦官委派的司隶校尉许相，然后就率兵逮捕那些宦官，不论年少的年老的全都杀死。甚至有人因为没有胡须而被当作宦官误杀的，以至于需要自行脱掉衣服露出下体以证明自己确实不是宦官才能免于被杀。宦官当中也有行为善良坚守节操而遭受冤狱的。其滥杀无辜竟然到了如此的程度。这次诛杀宦官行动总计死了两千多人。袁绍等对段珪等人穷追猛打，段珪等无处可逃全都跳入黄河而死。少帝这才得以回到皇宫。

董卓招呼袁绍，想与袁绍一同商议想要废掉少帝刘辩，立陈留王刘协为皇帝之事。当时袁绍的叔父袁隗在朝中担任太傅，袁绍假装答应董卓，说："这种废立皇帝的大事，我需要出去与太傅商议商议。"董卓说："皇室刘姓后嗣不值得再使其有存留。"袁绍没有回答，便横持刀行拱手礼之后径直离去。袁绍从董卓那里出来之后，便立即逃奔冀州。担任侍中的周毖，担任城门校尉的伍琼，担任议郎的何颙等，都是当时很有名望的人，董卓很信任他们，而他们暗中却亲附袁绍，于是就劝说董卓说："废立皇帝的事情可是一件非同寻常的大事情，不是一般人所能涉及的。袁绍不识大体，听说此事之后便心怀恐惧地逃走了，而不是有什么其他想法。如今悬赏捉拿袁绍，逼迫得急了，势必会导致袁绍叛变。袁氏已经有四代人施恩惠于人，他们的门生故吏遍及全国各地，如果袁绍招募豪杰聚集徒众，四方英雄趁机而起，那么太行山以东的广大地区将不属于主公所有。不如赦免了袁绍，任命他去担任一个郡的郡守，袁绍对于不再追究他的罪责一定心中欢喜，就一定不会再给主公造成什么忧患了。”董卓认为周毖等人说的有道理，于是便任命袁绍为勃海郡太守，封袁绍为邟乡侯。

【原文】

绍遂以勃海起兵，将以诛卓。语在武纪。绍自号车骑将军[①]，主盟，与冀州牧韩馥立幽州牧刘虞为帝[②]，遣使奉章诣虞，虞不敢受。后馥军安平[③]，为公孙瓒所败。瓒遂引兵入冀州[④]，以讨卓为名，内欲袭馥。馥怀不自安。会卓西入关[⑤]，绍还军延津[⑥]，因馥惶遽[⑦]，使陈留高幹、颍川荀谌等说馥曰：“公孙瓒乘胜来向南，而诸郡应之。袁车骑引军东向，此其意不可知，窃为将军危之。”馥曰：“为之奈何？”谌曰：“公孙提燕、代之卒[⑧]，其锋不可当。袁氏一时之杰，必不为将军下。夫冀州，天下之重资也，若两雄并力，兵交于城下，危亡可立而待也。夫袁氏，将军之旧，且同盟也[⑨]，当今为将军计，莫若举冀州以让袁氏。袁氏得冀州，则瓒不能与之争，必厚德将军。冀州入于亲交，是将军有让贤之名，而身安于泰山也。愿将军勿疑！”馥素恇怯[⑩]，因然其计。馥长史耿武、别驾闵纯、治中李历谏馥曰[⑪]：“冀州虽鄙，带甲百万，谷支十年。袁绍孤客穷军，仰我鼻息[⑫]，譬如婴儿在股掌之上[⑬]，绝其哺乳，立可饿杀。奈何乃欲以州与之？”馥曰：“吾，袁氏故吏，且才不如本初，度德而让[⑭]，古人所贵，诸君独何病焉[⑮]！”从事赵浮、程奂请以兵拒之[⑯]，馥又不听。乃让绍，绍遂领冀州牧[⑰]。

从事沮授说绍曰：“将军弱冠登朝[⑱]，则播名海内；值废立之际，则忠义奋发；单骑出奔，则董卓怀怖；济河而北，则勃海稽首[⑲]。振一郡之卒[⑳]，撮冀州之众[㉑]，威震河朔，名重天下。虽黄巾猾乱，黑山跋扈[㉒]，举军东向，则青州可定；还讨黑山，则张燕可灭[㉓]；回众北首[㉔]，则公孙必丧；震胁戎狄，则匈奴必从。横大河之北[㉕]，合四州之地，收英雄之才，拥百万之众，迎大驾于西京[㉖]，复宗庙于洛邑，号令天下，以讨未复[27]，以此争锋，谁能敌之？比及数年，此功不难。”绍喜曰：“此吾心也。”即表授为监军、奋威将军。卓遣执金吾胡母班、将作大匠吴脩赍诏书喻绍[28]，绍使河内太守王匡杀之。卓闻绍得关东[29]，乃悉诛绍宗族太傅隗等。当是时，豪侠多附绍，皆思为之报，州郡蜂起，莫不假其名。馥怀惧，从绍索去[30]，往依张邈。后绍遣使诣邈，有所计议，与邈耳语。馥在坐上，谓见图构[31]，无何起至溷自杀[32]。

【注释】

①车骑将军：官名，位次大将军、骠骑将军。 ②韩馥：颍川人，字文节，为御史中丞，董卓举为冀州牧。传见《后汉书》卷一〇四上。 ③安平：县名，在今河北安平县。 ④瓒遂引兵入冀州：据《英雄记》，袁绍发使诱公孙瓒袭取冀州，然后趁韩馥恐惧之时逼其将冀州逊让于己。⑤关：指函谷关。 ⑥延津：在当时的白马、黎阳之西，当今河南新乡市东南。 ⑦惶遽：惶恐不知所措。 ⑧燕、代：指幽州。因幽州地当古代燕、代二国之地。 ⑨同盟：指联盟征讨董卓事。⑩恇（kuāng）怯：胆怯懦弱。 ⑪长史：官名。东汉三公及将军府，州牧各有长史，为辅佐僚属。别驾：官名，即别驾从事史的简称，为州牧、刺史的佐吏。因随行时另乘传车，故称别驾。治中：官名。即治中从事史，州牧、刺史佐吏，掌财谷簿书。 ⑫仰我鼻息：谓依赖于我，靠我而生存。息，一呼一息。 ⑬在股掌之上：谓在掌握之中，任由摆布。 ⑭度（duó）：比较。 ⑮病：耻辱。 ⑯从事：官名。汉制，州牧、刺史之佐吏如别驾、治中、主簿、功曹等，都称之为从事史，简称从事。 ⑰领：兼领、兼代。 ⑱弱冠：古时男子二十成人始加冠，体尚未壮，故称弱冠。《英雄记》云袁绍“弱冠除濮阳长，有清名”，此句即谓此事。 ⑲稽首：叩头致礼，此处意为降服。⑳振：《后汉书·袁绍传》作“拥”。 ㉑撮：掌握。 ㉒黑山：在今河南浚县西北太行山脉之中。此处指由张燕领导活动在黑山地区的一支农民起义军，由常山、赵郡、中山、上党、河内等郡起义军组成。 ㉓张燕：本姓褚，号飞燕，黑山起义军领袖，后投降曹操。 ㉔回众北首：挥师向北。首，向。 ㉕大河：指黄河。 ㉖迎大驾于西京：从长安迎回献帝。大驾，指皇帝。西京，长安。㉗未复：未降服者。复，降伏。 ㉘胡母班：复姓胡母，名班。将作大匠：官名。职掌宫室、宗庙、路寝、陵园及其他土木营建。赍（jī）：持、拿。 ㉙关东：函谷关以东的广大地区。 ㉚索：请求。 ㉛谓见图构：以为自己被图谋加害。 ㉜无何起至溷（hùn）自杀：不久便离座到厕所里自杀了。无何，不久。溷，厕所。

【译文】

袁绍遂以勃海郡为依托聚众起兵，准备率领这支部队诛灭董卓。事情记载在《武帝纪》当中。袁绍自称车骑将军，主持会盟，他与担任冀州牧的韩馥拥立担任幽州牧的刘虞为大汉皇帝，他们派遣使者捧着奏章前往幽州刘虞处，幽州牧刘虞不敢接受他们的拥戴。后来冀州牧韩馥率军驻扎在安平，被公孙瓒打败。公孙瓒于是乘胜率军进入冀州，以讨伐董卓为借口，实际上就是想要袭击韩馥夺取冀州。韩馥内心深感不安。正巧遇到董卓率领部众向西进入函谷关，袁绍将军队撤回驻扎在延津，他趁着韩馥惶惧不安的机会，派遣陈留人高幹、颍川人荀谌前去劝说韩馥说："公孙瓒乘胜南来，而各郡都支持他、响应他。车骑将军袁绍率军东进，他的意图是什么还不得而知，但我们私下里觉得你的处境已经很危险了。"韩馥说："那该怎么办呢？"荀谌说："公孙瓒率领着燕国、代国的精锐之卒，其锋芒所向锐不可当。袁绍也是当今之世的豪杰，必定不甘心居于你韩馥之下。至于冀州，拥有天下最重要的资源，如果公孙瓒和袁绍这两个豪杰联合起来，攻打你所据守的城池，灭亡的危险马上就会到来。袁绍是将军你的老上级，而且为讨伐董卓你与他结过联盟，现在为将军你的自身利益考虑，不如把你管辖之下的整个冀州全部出让给袁绍。袁绍一旦得到冀州，那么公孙瓒就不敢再来与袁绍争夺冀州了，这样一来，袁绍必然对将军感恩戴德而以厚礼回报将军。冀州落入亲近而有交情的人手里，将军你既得到了让贤的美名，又使自身处于安于泰山的境地。希望将军不要再犹疑不定了！"韩馥向来胆怯懦弱，于是就同意了荀谌的计策。在韩馥手下担任长史的耿武、担任别驾的闵纯、担任治中的李历都劝谏韩馥说："冀州虽然地处边远，但是武装起来的士卒有百万之多，积存的粮食能够支撑十年。而袁绍势孤力单客居他处，他所率领的军队缺衣少食，需要依赖我们的供养才能生存，就像是一个婴儿掌握在我们手中，一旦断绝了他的哺乳，立刻就能将他饿死。在这样的情况下，为什么竟然要把整个冀州让给他呢？"韩馥回答说："我韩馥，过去曾经在袁绍手下任职，而且论才能我也比不上袁绍，比较德能也都应该让给他，让贤这是古人最看重的，各位先生却为何独独把它看作是耻辱呢？"担任从事的赵浮、程奂请求发兵抵抗袁绍，韩馥还是不肯听从。遂将冀州让给了袁绍，袁绍于是兼任了冀州牧。

在袁绍手下担任从事的沮授劝说袁绍说："将军你在二十岁左右的时候就做了朝廷的官员，你的名望传播于四海之内；遇到董卓要行废立皇帝之事的时候，将军你奋发忠义之心；当你单人独骑逃离京师，便使董卓心怀恐惧；将军向北渡过黄河之后，勃海郡的人立即向将军叩头致礼诚信归服。将军仅仅拥有勃海一个郡的兵力，就掌控了整个冀州，将军的威名震慑了整个河北地区，名望重于天下。虽然有黄巾军扰乱天下，黑山地区的农民军骄横跋扈，将军率领属下大军东征，那么青州地区可以平定；回师的途中讨伐黑山地区的农民军，则以张燕为首的农民军可以被消灭；挥师北上，则公孙瓒必然灭亡；以将军的威势胁迫匈奴，则匈奴必定服从。纵横黄河以北，整合冀州、并州、幽州、代州这四州之地的力量，收揽各地的英雄之士，坐拥百万之众，前往西京长安迎接皇帝的车驾返回洛阳，恢复洛阳的皇室宗庙，然后以皇帝的名义号令天下，以朝廷的名义讨伐那些不肯降服者，凭借这些优势去夺取天下，有谁能成为我们的对手？过几年之后，这功业不难实现。”袁绍听后高兴地说：“这正是我心里想的。”立即上表授予沮授为监军、奋威将军。董卓派遣担任执金吾的胡母班、担任将作大匠的吴脩带着诏书前往冀州告喻袁绍，袁绍指使担任河内郡太守的王匡将胡母班、吴脩杀死。董卓听到袁绍占有了函谷关以东地区的消息后，就把袁绍的族人、袁绍的叔父担任太傅的袁隗等人全部杀掉。在这个时候，那些有才能有威望有权势以及侠义之士大多归附了袁绍，他们都想为袁绍效力，于是各州各郡全都蜂拥而起，都打着袁绍的旗号。韩馥心怀恐惧，就向袁绍请求离开，前往投靠张邈。后来袁绍派使者到张邈那里，在商议事情的时候，使者趴在张邈的耳边说了一些悄悄话。当时韩馥也在座，便以为他们在商议加害自己之事，过了一会儿，韩馥起身去厕所，就在厕所自杀了。

【原文】

初，天子之立非绍意，及在河东[①]，绍遣颍川郭图使焉。图还说绍迎天子都邺，绍不从。会太祖迎天子都许[②]，收河南地，关中皆附。绍悔，欲令太祖徙天子都鄄城以自密近，太祖拒之。天子以绍为太尉，转为大将军，封邺侯，绍让侯不受。顷之，击破瓒于易京[③]，并其众。出长子谭为青州[④]，沮授谏绍：“必为祸始。”绍不听，曰：“孤欲令诸儿各据一州也。”又以中子熙为幽州，甥高幹为并州。众数十万，以审配、逢纪统军事，田丰、荀谌、许攸为谋主，颜良、文丑为将率，简精卒十万[⑤]，骑万匹，将攻许。

先是，太祖遣刘备诣徐州拒袁术。术死，备杀刺史车胄，引军屯沛[⑥]。绍遣骑佐之。太祖遣刘岱、王忠击之，不克。建安五年[⑦]，太祖自东征备。田丰说绍袭太祖后，绍辞以子疾[⑧]，不许。丰举杖击地曰：“夫遭难遇之机，而以婴儿之病失其会，惜哉！”太祖至，击破备；备奔绍。

绍进军黎阳[⑨]，遣颜良攻刘延于白马[⑩]。沮授又谏绍：“良性促狭[⑪]，虽骁勇不可独任。”绍不听。太祖救延，与良战，破斩良。绍渡河，壁延津南[⑫]，使刘备、文丑挑战。太祖击破之，斩丑，再战，禽绍大将。绍军大震。太祖还官渡[⑬]。沮授又曰：“北兵数众而果劲不及南[⑭]，南谷虚少而货财不及北；南利在于急战，北利在于缓搏[15]。宜徐持久，旷以日月。”绍不从。连营稍前。逼官渡，合战[16]，太祖军不利，复壁。绍为高橹[17]，起土山，射营中，营中皆蒙楯，众大惧。太祖乃为发石车[18]，击绍楼，皆破，绍众号曰霹雳车[19]。绍为地道，欲袭太祖营。太祖辄于内为长堑以拒之，又遣奇兵袭击绍运车，大破之，尽焚其谷。太祖与绍相持日久，百姓疲乏，多叛应绍，军食乏。会绍遣淳于琼等将兵万馀人北迎运车，沮授说绍：“可遣将蒋奇别为支军于表[20]，以断曹公之钞[21]。”绍复不从。琼宿乌巢[22]，去绍军四十里。太祖乃留曹洪守，自将步骑五千候夜潜往攻琼。绍遣骑救之，败走。破琼等，悉斩之。太祖还，未至营，绍将高览、张郃等率其众降。绍众大溃，绍与谭单骑退渡河。馀众伪降，尽坑之。沮授不及绍渡，为人所执，诣太祖，太祖厚待之。后谋还袁氏，见杀。

【注释】

①河东：郡名，治安邑，在今山西夏县西北。 ②会：恰逢。 ③易京：即汉之易县。公孙瓒据幽州，徙镇易，盛修营垒楼观，号易京。其城三重，周围六里，临易河。 ④为青州：即做青州刺史。下文“为幽州”“为并州”同此。 ⑤简：选拔。 ⑥沛：县名，在今江苏沛县。 ⑦建安五年：200 年。 ⑧辞以子疾：以儿子有病为理由而推辞。 ⑨黎阳：县名，在今河南浚县东。黎山在其南，河水经其东，为东汉以来军事重地。 ⑩白马：县名，在今河南滑县东。当时在黄河南岸，隔河与黎阳相对。 ⑪促狭：气量狭小，急躁不忍。 ⑫壁：用如动词，筑军垒。 ⑬官渡：地名，在今河南中牟东北。 ⑭果劲：果敢强劲。 ⑮缓搏：长期坚守。 ⑯合战：交战。 ⑰高橹：很高的瞭望楼。 ⑱发石车：能够发射石块的一种炮车。 ⑲霹（pī）雳（lì）车：因发石车发射时声响极大，故称其为霹雳车。霹雳，震耳的雷声。 ⑳支军：别为一军。表：外。 ㉑钞：掠取。 ㉒乌巢：水泽名。在今河南延津县东南。

【译文】

当初立陈留王刘协为皇帝并非袁绍的本意，等到在河东郡的时候，袁绍派遣颍川郡人郭图前往洛阳。郭图回来后劝说袁绍迎接汉献帝建都于邺城，袁绍没有采纳郭图的意见。恰逢魏太祖曹操出兵迎接汉献帝建都于许昌，并趁机收复了河南之地，关中都归附了曹操。袁绍这才感到后悔，就想要魏太祖曹操把汉献帝迁移到鄄城，把都城建在鄄城，使自己能够靠近皇帝，魏太祖曹操拒绝了袁绍的建议。汉献帝任命袁绍为太尉，又改任袁绍为大将军，封袁绍为邺侯，袁绍辞谢了邺侯的封号没有接受。不久，袁绍在易京击败了公孙瓒，兼并了公孙瓒的部众。袁绍派自己的长子袁谭出任青州刺史，沮授谏阻袁绍说："这样的安排必然是祸乱的开始。"袁绍没有听从沮授的劝阻，袁绍说："我要让我的几个儿子每人占据一个州。"袁绍又任命自己的二儿子袁熙为幽州刺史，任命外甥高幹为并州刺史。袁绍属下的部众达数十万，他任用审配、逄纪统管军事方面的事务，田丰、荀谌、许攸主要负责出谋划策，颜良、文丑为将率，精心挑选了十万精锐士卒，一万匹战马，准备攻打曹操所占据的许昌。

先前，魏太祖曹操派遣刘备率领一部分人马前往徐州抗拒袁术。袁术病死以后，刘备就杀死了曹操所委任的徐州刺史车胄，然后率军驻扎在沛县。袁绍派遣骑兵去帮助刘备守卫沛县。曹操派遣刘岱、王忠前往沛县攻打刘备，没有取胜。汉献帝建安五年，魏太祖曹操亲自率军东征刘备。田丰劝说袁绍抓住曹操东征许昌空虚的机会出兵袭击曹操的大后方，袁绍却以小儿子有病为由，拒绝采纳田丰的意见。田丰举起手杖击打着地面说："遇到如此难得的机会，却因为幼子有病而失去机会，太可惜了！"曹操率军抵达沛县，很快就将刘备打败；刘备前往邺城投奔了袁绍。

袁绍出兵攻打黎阳，派遣手下大将颜良前往白马县攻打东郡太守刘延。沮授又劝阻袁绍说："颜良气量狭小、遇事急躁，虽然骁勇善战，却不可以让他担任独当一面的重任。"袁绍还是没有听从。魏太祖曹操率军至白马县救援刘延，曹军与颜良交战，击败了颜良，将颜良斩首。袁绍渡过黄河，在延津以南修筑营垒，又派刘备、文丑向曹军挑战。太祖曹操又将文丑、刘备击败，斩杀了文丑，再战，又擒获了袁绍手下的大将。袁绍的军队非常震惊恐慌。魏太祖曹操率军回到官渡。沮授又对袁绍说："我们河北的兵力数量虽多但果敢强劲方面比不上南方来的曹军，南方曹操的军队粮草不足，在物资供应方面比不上我们北方的军队；南方曹操的军队急切希望在短时间内击败我军，因为这样对曹军是有利的，而长期坚守对我们北方是有利的。所以应该采取徐缓、持久的战术，拖延时日以拖垮曹军。"袁绍也没有听从。而是连营逐渐向前推进。在逼近官渡的时候，与曹军进行交战，魏太祖曹操的军队作战失利，于是便重新修筑营垒。袁绍也建造起很高的望楼，堆起土山，从高处向曹营射箭，曹营中的将士出来都要举着盾牌以阻挡袁军的飞箭，众人因此都非常惊恐。魏太祖曹操为反制袁军而制造了能够发射石块的发石车，发射的石块专门击打袁绍军中的望楼，望楼全部被击毁，袁绍的部众管发石车叫作霹雳车。袁绍又挖掘地道，想要通过地道袭击魏太祖曹操的军营。魏太祖就在军营内部挖掘了很长的壕沟以抵御袁军的进攻，曹操又出动奇兵袭击了袁绍的运粮车队，大败袁军，把袁军的粮草全部烧毁。魏太祖曹操与袁绍在官渡相持了很长时间，当地的百姓疲惫不堪，于是就有很多人背叛了曹操转而支持袁绍，曹操军中乏粮。恰巧此时袁绍派遣淳于琼等率领一万多士兵北来迎接运粮车，沮授劝说袁绍："可以派遣蒋奇将军另外率领一支部队在外围护卫，以阻断曹军前来劫掠。"袁绍还是没有听从沮授的意见。淳于琼在乌巢扎下营寨休息过夜，乌巢距离袁绍的军营有四十里远。魏太祖曹操留下曹洪守卫大营，自己则率领着五千步兵和骑兵借着黑夜的掩护前往乌巢攻击淳于琼。袁绍派遣骑兵救援淳于琼，结果被曹军打败。曹操击败了淳于琼等，把淳于琼的一万多人全部消灭。魏太祖曹操率领着得胜人马返回，还没有抵达大本营，袁绍的部将高览、张郃等人率领着自己的部众前来向曹操投降。袁绍的军队全线崩溃，袁绍与他的长子袁谭每人骑着一匹马向北撤退渡过了黄河。其余的部众假装向曹军投降以保全性命，曹操下令把他们全部活埋。沮授没有赶上与袁绍一同渡河逃走，被曹军擒获，押解到曹操面前，曹操以优厚之礼对待他。后来沮授谋划返回袁绍那里，因而被杀死。

【原文】

初，绍之南也，田丰说绍曰："曹公善用兵，变化无方，众虽少，未可轻也，不如以久持之。将军据山河之固，拥四州之众，外结英雄，内修农战，然后简其精锐，分为奇兵①，乘虚迭出②，以扰河南，救右则击其左，救左则击其右，使敌疲于奔命，民不得安业；我未劳而彼已困，不及二年，可坐克也。今释庙胜之策③，而决成败于一战，若不如志，悔无及也。"绍不从。丰恳谏，绍怒甚，以为沮众④，械系之⑤。绍军既败，或谓丰曰："君必见重⑥。"丰曰："若军有利，吾必全⑦，今军败，吾其死矣。"绍还，谓左右曰："吾不用田丰言，果为所笑。"遂杀之。绍外宽雅⑧，有局度⑨，忧喜不形于色⑩，而内多忌害⑪，皆此类也。

【注释】

①奇兵：乘敌不备而奇袭之军。 ②乘虚迭出：乘其虚弱，轮番出击。迭：更迭，轮换。③庙胜之策：指在交战之前，即已在朝廷之上制定好的克敌制胜之谋略计策。 ④沮：沮败、阻挠。⑤械系之：给加上脚镣手铐等刑具而关押起来。械，枷锁镣铐等刑具。系，囚禁、拘押。 ⑥君必见重：您一定会被器重。 ⑦全：得以保全。 ⑧外宽雅：外表看来宽容文雅。 ⑨有局度：胸怀开阔，气量很大。 ⑩忧喜不形于色：内心的忧虑和喜悦不显露于表情。谓袁绍善于掩饰自己的感情，性格内向。形，表露。色，表情，脸色。 ⑪忌害：猜忌多疑而加以陷害。

【译文】

当初，袁绍率军南下征伐曹操的时候，谋士田丰劝阻袁绍说："曹操很善于用兵打仗，其用兵方式变化无常，他的兵力虽然少，却不可以轻敌，不如与曹操打持久战。将军你占据着坚固的山河，拥有冀州、幽州、并州、青州这四个州的兵众，如果能够对外结交英雄豪杰之士，对内整修农业和战备，然后从兵众中拣选精锐，分成几支部队，乘曹军不加防备的时候出奇兵袭击曹军，趁其虚弱轮番出击，以此来扰乱河南地区，曹操派兵救援他的右翼我们就出兵袭击他的左翼，曹操救援他的左翼我们就袭击他的右翼，使敌军疲于奔命，百姓不得安居乐业；我方不感到疲劳，而敌方已经疲惫不堪，用不了两年的时间，就可以坐待成功了。如果放弃在朝廷之上制定好的克敌制胜的谋略计策，而准备以一战来决定成败，若不能如愿以偿打了败仗，恐怕到那时后悔也无济于事了。"袁绍不听田丰的劝谏。田丰依然恳切地劝谏，袁绍非常愤怒，遂认为田丰是有意在阻挠出兵、涣散军心，就用刑具将田丰拘禁起来。袁绍在官渡战败之后，有人对田丰说："先生此后一定会受到袁绍的器重。"田丰回答说："如果军队在外面打了胜仗，我的性命一定可以保全，如今军队大败而回，我恐怕是死定了。"袁绍回来以后，对左右的人说："我没有采纳田丰的意见，果然打了败仗被田丰所耻笑。"于是就下令杀死了田丰。袁绍的为人是：外表看起来待人宽容温文儒雅，胸怀开阔气量很大，内心的忧愁和喜悦都不会在脸上显露出来，而实际上则是对人猜忌多疑而多加陷害，都类似于对待田丰这样。

【原文】

冀州城邑多叛，绍复击定之。自军败后发病，七年，忧死。

绍爱少子尚，貌美，欲以为后而未显[①]。审配、逢纪与辛评、郭图争权，配、纪与尚比[②]，评、图与谭比。众以谭长，欲立之。配等恐谭立而评等为己害，缘绍素意[③]，乃奉尚代绍位。谭至，不得立，自号车骑将军。由是谭、尚有隙[④]。太祖北征谭、尚。谭军黎阳，尚少与谭兵，而使逢纪从谭。谭求益兵，配等议不与。谭怒，杀纪。太祖渡河攻谭，谭告急于尚。尚欲分兵益谭，恐谭遂夺其众，乃使审配守邺，尚自将兵助谭，与太祖相拒于黎阳。自九月至二月，大战城下，谭、尚败退，入城守。太祖将围之，乃夜遁。追至邺，收其麦，拔阴安[⑤]，引军还许。太祖南征荆州，军至西平[⑥]。谭、尚遂举兵相攻，谭败奔平原[⑦]。尚攻之急，谭遣辛毗诣太祖请救。太祖乃还救谭，十月至黎阳。尚闻太祖北，释平原还邺。其将吕旷、吕翔叛尚归太祖，谭复阴刻将军印假旷、翔。太祖知谭诈，与结婚以安之[8]，乃引军还。尚使审配、苏由守邺，复攻谭平原。太祖进军将攻邺，到洹水[9]，去邺五十里，由欲为内应，谋泄，与配战城中，败，出奔太祖。太祖遂进攻之，为地道，配亦于内作堑以当之[10]。配将冯礼开突门[11]，内太祖兵三百馀人[12]，配觉之，从城上以大石击突中栅门，栅门闭，入者皆没。太祖遂围之，为堑，周四十里，初令浅，示若可越。配望而笑之，不出争利。太祖一夜掘之，广深二丈，决漳水以灌之[13]，自五月至八月，城中饿死者过半。尚闻邺急，将兵万馀人还救之，依西山来[14]，东至阳平亭[15]，去邺十七里，临滏水[16]，举火以示城中，城中亦举火相应。配出兵城北，欲与尚对决围。太祖逆击之，败还，尚亦破走，依曲漳为营[17]，太祖遂围之。未合，尚惧，遣阴夔、陈琳乞降，不听。尚还走滥口[18]，进复围之急，其将马延等临阵降，众大溃，尚奔中山[19]。尽收其辎重[20]，得尚印绶、节钺及衣物[21]，以示其家，城中崩沮[22]。配兄子荣守东门，夜开门内太祖兵，与配战城中，生禽配。配声气壮烈，终无挠辞[23]，见者莫不叹息。遂斩之。高幹以并州降，复以幹为刺史。

【注释】

①后：继嗣。显：明确。 ②比：朋比，关系近密。 ③缘绍素意：此时袁绍已死，便顺从袁绍平日的心意，立袁尚为继嗣。缘，因、以。 ④隙：裂痕，仇怨。 ⑤阴安：县名，在今河南清丰县北。 ⑥西平：县名，在今河南西平县西。 ⑦平原：县名，在今山东平原县西南。 ⑧与结婚以安之：曹操为其子整与袁谭女订婚，以安定袁谭之心。 ⑨洹（huán）水：水名。流经邺县西南。 ⑩堑（qiàn）：壕沟。 ⑪突门：邺城门之一。 ⑫内：同“纳”。 ⑬漳水：水名。今名漳河，流经邺县。 ⑭西山：此处指邺城以西之太行山脉。 ⑮阳平亭：即邺之平阳城，在今河北临漳县西。 ⑯滏水：水名，即今滏阳河，在河北临漳县西。 ⑰曲漳：漳水弯曲之处。 ⑱滥口：《三国志·武帝纪》作“祁山”，即今河南安阳市界之蓝嵯山，与邺相近，为蓝山之口。 ⑲中山：王国名。汉景帝之子胜封为中山王，治虏奴县，在今河北定州市。 ⑳辎（zī）重：军用物资，如器械、给养等。 ㉑印绶（shòu）：官印。绶，系官印的丝带。节钺：符节与斧钺。古时拜将时所授，象征权力。 ㉒崩沮：崩溃，溃散。 ㉓挠辞：屈服、求饶之语。

【译文】

冀州有很多城邑都背叛了袁绍，袁绍又出兵平定了叛乱。袁绍自从官渡兵败之后就生病了，汉献帝建安七年（202），袁绍因忧郁而病死。

袁绍喜爱自己的小儿子袁尚，袁尚长得很美很帅气，袁绍准备让袁尚做自己事业的继承人却没有明确说明。（袁绍死后）主管军事的审配、逄纪与谋臣辛评、郭图等人争夺权力，审配、逄纪与袁尚关系密切，而辛评、郭图则与袁绍的长子袁谭关系密切。众人都以为袁谭是长子，想拥立袁谭继承袁绍的爵位。而审配等人担心如果立了袁谭为继承人，辛评等人会成为自己的祸害，便顺从袁绍平时的心意，就拥戴袁尚接替了袁绍的职位。袁谭回到邺城奔丧，看到自己没有能够继承袁绍的职位，于是就自称车骑将军。因此袁谭与袁尚兄弟之间就产生了仇怨。魏太祖曹操率军北征袁谭、袁尚。袁谭驻军于黎阳，袁尚只拨给袁谭很少一部分兵力，还派逄纪跟着去监视袁谭。袁谭向袁尚请求多给自己一些人马，审配等人经过商议决定不给。袁谭因此大怒，立即杀死了随军的逄纪。魏太祖曹操率军向北渡过黄河攻打袁谭，袁谭赶紧向袁尚告急请求援救。袁尚想要分出兵力增援袁谭，又担忧袁谭趁机夺取自己的兵力，于是派审配守卫邺城，袁尚亲自率军前往黎阳援助袁谭，在黎阳与魏太祖曹操相拒。从九月开始直至第二年的二月，双方大战于黎阳城下，袁谭、袁尚战败撤退，进入黎阳城内进行坚守。魏太祖曹操准备用兵包围黎阳城，袁谭、袁尚连夜出城逃走。魏太祖曹操率军追赶袁氏兄弟，一直追到邺城，便趁机收获了田野中的麦子，又攻占了阴安县，然后率军返回许城。魏太祖曹操率军南征荆州刘表，大军抵达西平县。袁谭、袁尚兄弟见曹操率军远征，就出动全部人马互相攻杀，袁谭被袁尚打败逃奔平原县。袁尚率军赶赴平原县攻打袁谭，攻势很猛很急，袁谭无奈之下只得派辛毗前往魏太祖曹操那里请求救援。太祖曹操遂率军从西平返回救援袁谭，十月到达黎阳。袁尚听到太祖曹操率军北上的消息，就放弃了攻打平原返回邺城。袁尚的部将吕旷、吕翔背叛了袁尚归降了魏太祖曹操，袁谭又暗地里刻好将军印收买吕旷、吕翔。魏太祖曹操知道袁谭投降自己不是出于诚意，就为自己的儿子曹整与袁谭的女儿订了婚约以安定袁谭之心，这才率军返回许城。袁尚派遣审配、苏由坚守邺城，自己又率军前往平原县攻打袁谭。魏太祖曹操率军前往准备攻打袁尚的老巢邺城，曹操大军抵达洹水岸边，此处距离邺城只有五十里，负责守卫邺城的苏由想为曹军做内应，计谋泄露，遂与审配在邺城内交战，苏由战败，逃出邺城投奔魏太祖曹操。魏太祖曹操遂进兵攻打邺城，曹军挖掘地道，审配就在邺城内挖掘壕沟以抵挡曹军的偷袭。审配的部将冯礼打开了邺城的突门，放太祖曹操的三百多名士兵进入邺城，审配发觉之后，就从城门楼上用大石头往下击打突门，正好砸中突门中间的栅门，栅门关闭，进入城中的三百多名曹军全部被杀死。魏太祖曹操于是包围了邺城，在城外挖掘壕沟，周围长四十里，开始的时候挖得很浅，看起来像是可以越过去的样子。审配望见曹军挖的壕沟这么浅就笑了笑，他没有出兵与曹军争胜负。魏太祖曹操令军队在一夜之间将壕沟挖到深二丈宽二丈，然后决开漳河水灌入壕沟中用以围困邺城，从五月到八月，城中饿死的人超过了一半。袁尚得知邺城危急，立即率领一万多人返回邺城救援，他们沿着邺城西面的太行山脉而来，向东抵达阳平亭，这里距离邺城只有十七里远，靠近滏阳河，袁尚军举起火把向城内示意，城中也举起火把回应袁尚。审配率军来到城北，想与袁尚相向突破曹军的包围。魏太祖曹操率军迎战审配，审配战败退回邺城，袁尚也被曹军打败撤走，袁尚在漳水的弯曲处扎下营寨，魏太祖曹操派兵包围了袁尚。在曹军对袁尚的包围还没有形成合围之势的时候，袁尚内心已经十分恐惧，他派遣阴夔、陈琳向曹操请求投降，魏太祖曹操拒绝接受袁尚的投降。袁尚被迫回返逃往滥口，曹操进军又将袁尚围困起来攻打甚急，袁尚的部将马延等人临阵投降，袁尚的部众全线崩溃，袁尚逃往中山。曹军收获了袁尚的全部军用物资，同时缴获了袁尚的印绶、符节、斧钺以及衣物等，并将这些东西展示给邺城中袁尚的家人看，邺城之中也立即崩溃，部众四处逃散。审配哥哥的儿子审荣负责守卫邺城的东门，他在夜间打开城东门放入曹军，曹军与审配的军队在邺城之内展开巷战，曹军活捉了审配。审配被捉之后依然语气壮伟言辞刚烈，从始至终没有说出一点屈服、求饶的话，凡是看见他的人无不为他感到惋惜而叹息。于是将审配斩首。袁绍的外甥、并州刺史高幹献出并州向曹操投降，魏太祖曹操依然任用高幹为刺史。

【原文】

太祖之围邺也，谭略取甘陵、安平、勃海、河间①，攻尚于中山。尚走故安从熙②，谭悉收其众。太祖将讨之，谭乃拔平原，并南皮③，自屯龙凑④。十二月，太祖军其门，谭不出，夜遁奔南皮，临清河而屯⑤。十年正月，攻拔之，斩谭及图等。熙、尚为其将焦触、张南所攻，奔辽西乌丸⑥。触自号幽州刺史，驱率诸郡太守令长，背袁向曹，陈兵数万，杀白马盟，令曰："违命者斩！"众莫敢语，各以次歃⑦。至别驾韩珩，曰："吾受袁公父子厚恩，今其破亡，智不能救，勇不能死，于义阙矣；若乃北面于曹氏⑧，所弗能为也。"一坐为珩失色。触曰："夫兴大事，当立大义，事之济否，不待一人，可卒珩志，以励事君。⑨"高幹叛，执上党太守⑩，举兵守壶口关⑪。遣乐进、李典击之，未拔。十一年，太祖征幹。

幹乃留其将夏昭、邓升守城，自诣匈奴单于求救，不得，独与数骑亡，欲南奔荆州，上洛都尉捕斩之。十二年，太祖至辽西击乌丸。尚、熙与乌丸逆军战，败走奔辽东，公孙康诱斩之，送其首。太祖高韩珩节，屡辟不至⑫，卒于家。

【注释】

①甘陵：县名，在今山东临清市东。安平：王国名，东汉所置，治信都县，在今河北冀州。河间：王国名，治乐城县，在今河北献县东南。 ②故安：县名，在今河北易县东南。 ③南皮：县名，在今河北南皮县东。 ④龙凑：古城名，临古黄河渡口，为军事要地，在今山东德州市东北。 ⑤清河：水名。 ⑥辽西：郡名，治阳乐，在今辽宁义县西。 ⑦各以次歃（shà）：各人以次序歃血盟誓。歃，用嘴吮吸牲血以表诚意。 ⑧北面：谓做曹操的臣子。古时君主南向而坐，臣子北面拜见君主，故谓向人称臣为北面。 ⑨可卒珩句：谓可以成全韩珩的心志，以激励忠心侍奉君主的人。 ⑩上党：郡名，治壶关县，在今山西长治市北。 ⑪壶口关：关隘名。在今山西长治市东南壶口山下。此处山川交错，地形如壶，故有此名。 ⑫辟：征召。

【译文】

魏太祖曹操在围攻邺城的时候，袁谭趁机攻占了甘陵、安平、勃海、河间等地，又率军前往中山攻打袁尚。袁尚跑到故安投靠二哥袁熙，袁谭遂全部收编了袁尚的部众。魏太祖曹操准备讨伐袁谭，袁谭抓住时机攻占了平原县，吞并了南皮县，而后率军屯驻在龙凑城。十二月，魏太祖曹操将军队驻扎在龙凑城门口，袁谭没有出兵迎战曹军，而是连夜偷偷地逃往南皮县，在靠近清河的地方扎下营寨。汉献帝建安十年的正月，魏太祖曹操率军前往南皮攻破了袁谭的营寨，将袁谭和他的谋士郭图等斩首。据守故安的袁熙、袁尚兄弟二人遭到自己的部将焦触、张南的攻击，于是逃往辽西投奔乌丸人去了。焦触自封为幽州刺史，他驱使幽州辖区之内的各郡太守、各县县令县长，背叛了袁氏而投向曹操的怀抱，他将数万士卒摆开阵势，杀白马歃血为盟，发令说："谁敢违抗我的命令就杀死谁！"所有的太守和县令没有人敢言语，于是诸人按照次序歃血盟誓。轮到担任别驾的韩珩歃血盟誓的时候，韩珩说："我受袁公父子的厚恩，如今袁氏已经败亡，我没有足够的智慧去救援他们，也没有勇气去死，从道义上来讲我已经有欠缺了；如果再面朝北去拜见曹操做曹操的臣子，无论如何我也不会去做的。"所有在座的人都为韩珩的言行感到大惊失色。焦触说："办大事，就要坚持正义，事情成功与否，不只靠一个人，我可以成全韩珩的心志，以激励忠心侍奉君主的人。"袁绍的外甥曾担任并州刺史的高幹发动叛乱，他逮捕了上党郡太守，起兵据守壶口关。魏太祖曹操派遣属下战将乐进、李典率军攻打高幹，二人没有能够攻下壶口关。建安十一年（206），魏太祖曹操亲自率军征讨高幹。高幹于是留下自己的部将夏昭、邓升守城，自己则前往匈奴单于那里求取救兵，结果没能如愿，高幹便独自带领几名骑兵逃亡，准备向南投奔荆州刘表，被上洛都尉逮捕杀死。建安十二年，魏太祖曹操亲自率领大军抵达辽西攻打乌丸人。袁尚、袁熙与乌丸人一起迎战曹军，失败后一起逃往辽东，被担任辽东郡太守的公孙康所诱杀，公孙康把他们的首级送到许城。魏太祖曹操很看重韩珩能坚守节操，多次征召韩珩前往许城，韩珩都没去，终老于自己家中。

人物新传·袁绍传

一、出身显宦　坐作身价

袁绍，字本初，汝南汝阳县人。袁氏一门世代显贵。高祖袁安，曾祖袁敞，祖父袁汤，叔父袁逢，都官至司徒、司空等职。叔父隗，两任司徒，后任太傅，与大将军何进参录尚书事。“四世居三公位，由是势倾天下。”

袁绍就是在这个显宦家庭中成长起来的。

袁绍凭借世资，步入仕途，可说是平步青云。但是他不甘领受恩荫，而另有所图。东汉重孝行名节，袁绍便从此做起。他 20 岁时当了濮阳长，喜交名士，颇有清名。不久母亲死了，他服丧三年，然后又补行为父守丧三年。袁绍初生时，其父去世，而过继伯父袁成。这时袁绍补行父丧三年，显然是故作声价。六年礼毕隐居洛阳，不妄通宾客，非海内名士，不肯相见。又好游侠，与张孟卓（张邈）、伍德瑜（伍琼）等交游，不应辟命。袁绍的这些举动引起了中常侍赵忠的注意。赵忠对诸黄门说：“袁本初坐作声价，好养死士，不知此儿终欲何作。”（《后汉书·袁绍传》）叔父袁隗知道后责备袁绍：“难道你想让袁氏灭门吗？”这样，袁绍才又出来做官。果然仕途亨通，从大将军府掾直线上升历侍御史、中郎将、中军校尉，至司隶校尉，灵帝中平元年又拜大将军。

袁绍坐作声价，为何引起宦官注目？因为桓灵二帝信用宦官，发动钩党之狱，骚动天下，引起了士大夫官僚的极端不满，便与外戚联合起来反对宦官。他们发动清议抨击宦官，以隐居为清高。这本是东汉一代风气，在与宦官的斗争中，这一风气更受时人好评。所以像袁绍这样的显宦子弟做此举动，当然被宦官视为非常之举。

二、鹰扬河朔　虎视中原

袁绍一旦侧身于朝臣之间，便全力为维护皇帝的地位与权力而奋争。他巧妙地利用各个政治集团的矛盾，扩充自己的实力，迅速崛起，成为天下数一数二的政治集团，显示了非凡的政治才能。

灵帝死后，袁绍决心诛灭宦官。他派说客张津去游说何太后之兄大将军何进，要他对黄门、中常侍动手。此事正合何进之意，何进便找袁绍商量具体行动计划。

不料事机泄露，中常侍、黄门前往何进处谢罪求饶。袁绍认为这是斩草除根的好机会，再三劝谕何进就此动手。但何进缺乏举大事的决断和魄力，临事犹豫，不愿下手，到头来宦官抢先发动，何进被杀。而袁绍此时临危不乱，先是矫诏斩杀宦官所署司隶校尉樊陵、河南尹许相；接着，率领家兵百余人，捕杀中常侍赵忠；又关闭北宫门，"捕诸阉人，无少长皆杀之。或有无须而误死者，至自发露形体而后得免"，"死者二千馀人"（本传）。可见其决心之大，手段之果断决绝。中常侍段珪劫持少帝及帝弟陈留王逃往小平津，袁绍穷追不舍。后护卫皇帝回京，立了大功。这一行动，大大提高了袁绍的政治地位。

董卓率关西军进入洛阳，要废掉少帝刘辩，恐众心不服，找来商量大事的也是袁绍，为的是借重袁氏的影响以控制朝野内外。袁绍坚决反对废立之事，声言"今上富于春秋，未有不善宣于天下。若公违礼任情，废嫡立庶，恐众议未安"（《后汉书·袁绍传》）。他这样做，一方面是恪守臣子之节义，另一方面是别有深意，昭示天下袁氏敢于抗强横，捍卫皇室。于是袁绍与董卓发生冲突，毅然横刀长揖出走京师。董卓立了9岁的汉献帝，颐指气使，但仍惧于袁氏势力，为利用袁绍，拜其为勃海太守，封邟乡侯。

190年春正月，后将军袁术、冀州牧韩馥、豫州刺史孔伷、兖州刺史刘岱、河内太守王匡、勃海太守袁绍、陈留太守张邈、东郡太守桥瑁、山阳太守袁遗、济北相鲍信等十路人马同时而起，结为联军，共同推举袁绍为盟军领袖，口号是反对董卓废立皇帝。董卓因此而尽杀袁氏一族之在洛阳和长安者，太傅袁隗以下50余人皆下狱死。董卓残忍地对待袁氏家族，反使袁绍更有号召力，"当是时，豪侠多附绍，皆思为之报，州郡蜂起，莫不假其名"。天下人都以袁绍为旗帜，把他看作是反对董卓擅自废立的领袖。袁绍凭借这种政治优势，不失时机地夺占地盘，扩充实力。

191年，袁绍听纳逢纪之计，首先巧取冀州。冀州牧韩馥生性胆小怕事，虽然参加了关东盟军，却从中作梗，不满袁绍为盟主。袁绍对此怀恨在心，照逢纪计策行事，写信给公孙瓒，要他领兵南下，威逼冀州。公孙瓒兵临城下时，袁绍派外甥高幹同荀谌劝诱韩馥拱手交出冀州。袁绍兵不血刃就轻易得到了这个战略要地，"带甲百万，谷支十年"，进可争天下，退可守一隅，可以说是逐鹿中原最具战略意义的根据地。

冀州是农民起义军活跃的地区。袁绍残酷地镇压了农民起义军，黑山起义军领袖于毒及部下1万多人被杀害。又相继镇压了左髭丈八、刘石、青牛角、黄龙、左校、郭大贤、李大目、于氏根等农民起义军，杀害数万人之多。同时大量收编投降的农民起义军，扩大了自己的地主武装。他又争取和招徕坞堡首领及地主自卫武装，充实自己图王称霸的实力。

199年，袁绍并灭公孙瓒，兼有青、幽、并、冀四州之地，成为北方最大的割据者。至此，他已积聚了争天下的优势。首先，是政治资本。周毖等人说："袁氏树恩四世，门生故吏遍于天下。"（本传）沮授说："将军累叶辅弼，世济忠义。"（本传裴注引《献帝传》）荀谌说袁氏"世布恩德，天下家受其惠"，"宽仁容众，为天下所附"（《后汉书·袁绍传》）。其次，袁绍比公孙瓒、袁术、吕布、刘表等人的智慧和谋略都要高一着。同时，他的宽仁待人也聚集了一批人才，不乏忠实而智勇双全的干将。文才如沮授、审配、王修、韩珩；武将如颜良、文丑。袁绍所据四州，农业发达，物产丰富，单冀州就可征发精兵30万人，这是地利资本。另外，"抚有三郡乌丸，宠其名王而收其精骑"，既无后顾之忧，又可借为外援，专心南向以争天下。这些就是袁绍在官渡之战前的实力。正由于此，袁绍在并灭公孙瓒后，不顾士卒疲劳，不听田丰、沮授劝谏，迫不及待地要跨过黄河，入据中原。于是在200年发动了官渡之战。

三、官渡对峙　袁军覆败

官渡之战是袁曹势力消长的转折点。当时袁强曹弱，而交战结果，袁败曹胜。曹操此役以少胜众，在中国战争史上写下了辉煌的一笔。

袁绍之败，双方谋士在战前都有分析。有远见的智士都认为袁绍必遭覆败。其中原因很多，但根本原因是失在政治谋略不当和人心向背上。至于袁曹之间的个人器识，也是一个重要因素。

在政治上，汉室虽然倾危，但正如袁绍自己在反对董卓废立时所说："汉家君天下四百许年，恩泽深渥，兆民戴之来久。"（本传裴注）汉天子还是人心所系的一面旗帜。在天下纷扰、互不统属的群雄对峙中，谁能挟天子以令诸侯，谁就能在政治上占有制高点。195年，汉献帝逃出长安，到了曹阳，距袁绍的根据地邺城很近，沮授提议迎接献帝，假其旗号"号令天下，以讨未复，以此争锋，谁能敌之"（本传）？并建议袁绍"挟天子而令诸侯，畜士马以讨不庭"。郭图也劝说袁绍迎天子定都邺城，田丰同样劝说袁绍迎天子。三位谋士提出的谋略是有政治远见的，但袁绍另有考虑，坚决不予采纳。他的考虑借淳于琼等人的话说，就是"若迎天子以自近，动辄表闻，从之则权轻，违之则拒命，非计之善者也。"（本传裴注引《献帝传》）沮授警告说，在这件事上不可优柔寡断，"若不早图，必有先人者也"。果然，曹操很快劫持了汉献帝，并且远远地迁到许昌，使袁绍可望而不可即。这一着棋袁绍走输了，故牵动全局走向被动。

袁绍失了汉献帝，追悔莫及。他胁迫曹操迁都于鄄城，以便自己劫夺，然曹操不肯就范，于是袁曹破裂。等到袁绍并灭了公孙瓒，他就迫不及待地向曹操兴师问罪。袁绍自恃人多势大，能战胜曹操，然而人心向背，竟至于连士卒也不愿拼死效命。

在个人器识上，袁绍更不能与曹操匹敌。曹操对袁绍了如指掌，对他的评价是，“志大而智小，色厉而胆薄，忌克而少威，兵多而分画不明，将骄而政令不一”。又说，“虽有大志，而见事迟”（《三国志·武帝纪》）。程昱说：“袁绍据燕、赵之地，有并天下之心，而智不能济也。”（《三国志·程昱传》）杨阜说：“袁公宽而不断，好谋而少决，不断则无威，少决则失后事，今虽强，终不能成大业。”（《三国志·杨阜传》）桓阶、田豫、臧洪、贾诩等人也都有相似的评价。这说明袁绍虽一时强盛，但器量狭小，不能成就大事。事实也正是如此。袁绍的小器表现在许多方面。在人才问题上他好贤而不能用，终致荀彧、郭嘉等离他而去；袁绍外宽内忌，任人而疑其心，如对待田丰、沮授这样的忠谋之士；刘备在山东发难，他辞以小儿有疾而不予救援，不能顾全大局，这都是小器的表现。

袁绍的小器，导致他用人不专，刚愎自用，这个弱点，在官渡之战中充分暴露了出来。首先是沮授反对过早地与曹操进行主力决战。他说：“师出历年，百姓疲弊，仓库无积，赋役方殷，此国之深忧也。”（《后汉书·袁绍传》）沮授建议修整甲兵，以逸待劳，“三年之中，事可坐定”。袁绍对此建议非但不愿考虑，反而疑心沮授，分其所统军为三都督。官渡之战中，沮授一谏，指出颜良不可独任；二谏“屯留延津，分兵官渡”；三谏提出应坚壁固守，打持久战；四谏提议要防范曹操抄袭运粮队伍。绍均不从。田丰也反对仓促南下，主张致力于增强实力，“不及二年，可坐克”曹操，绍仍不从。田丰苦谏，袁绍竟大怒，“以为沮众”，将田丰下狱。官渡战败，事实证明田丰意见是正确的，绍竟然羞见田丰而把他杀害，可见气度之浅狭。张郃本是袁绍手下勇将，也因劝袁绍重兵护粮，袁绍不纳，而结局却恰如张郃所料。张郃深为自己不幸言中而恐惧，预感会有厄运加在自己头上，为躲避杀身之祸，便投降了曹操。

战争中谁胜谁负的转折点常常是看似偶然，而实则必然。官渡之战“相持百馀日，河南人疲困，多畔应绍”（《后汉书·袁绍传》），曹操处于极度困难之中。这时，许攸进计掩袭曹军后方许昌，“绍又不能用”。许攸深感不得志，投奔了曹操，操“闻许攸来，跣出迎之”（《后汉书·袁绍传》引《曹瞒传》），又听纳其袭击袁绍运粮军的计策，果然大胜。同是一个许攸，在袁绍之下才无所展，到曹军中却建立奇功。这是袁绍器量狭小、用人不专的必然结果。曹操紧紧地把握了这个关键，促成了官渡之战的转机。

陈寿对袁绍的评价是，“绍外宽雅，有局度，忧喜不形于色，而内多忌害”（《三国志·袁绍传》)。这是从个性上对袁绍官渡失败所做的分析。

200 年，袁曹官渡相持，从二月到八月，达半年之久。曹操阻滞了袁军推进的势头，然后挫其锐气，抓住战机，一举成功，袁军几乎全军覆没。

袁绍不敌曹操，他失败了。但在官渡之战以前，袁绍却也察纳雅言，尊礼田丰，信用沮授，艰苦创业，几经危险而一一越过险滩，实现了雄踞河北四州的预定计划，成了最大的军阀。可是官渡之战，袁绍对于正确的意见一句也听不进去，这是什么原因？原来这时的袁绍正大做其皇帝的幻梦，欲急于事功。所以田丰、沮授的进言，都不合袁绍胃口；郭图、淳于琼等小人的谗媚之语遂乘虚而入。恰如沮授所说："上盈其志，下务其功，悠悠黄河，吾其不反乎！"(《三国志·袁绍传》裴注引《献帝传》) 曹操赤壁冒进，也犯了袁绍同样的错误，也遭败北，何况袁绍？古往今来，有多少叱咤风云的历史人物在冒进中翻船，不可胜计。袁绍在官渡的败没，只是增添了一个悲壮的例证而已。

袁绍失败了，但他鹰扬河朔的业绩替曹操统一北方开辟了道路，仍不失为汉末的一个英雄人物。

四、兄弟相残　渔人得利

袁绍的生年，史无明载。但从他弱冠二十为濮阳令，随后守丧六年，归隐洛阳，举为大将军掾的事迹推断，官渡之战时袁绍四十二三岁，与曹操年龄相当。袁绍辟为大将军掾年约二十六七，最早只能在 184 年，因这一年何进为大将军。依此上推，袁绍生于 158 年，比生于 155 年的曹操小二三岁，或者比曹操大一二岁，总之年纪相若，正是步入不惑的盛壮之年。可是官渡之战后只两年袁绍就吐血而死。这是因为官渡失败，注定了袁绍政治上的彻底覆灭。袁绍虽死，而祸犹未已。袁谭、袁尚兄弟不睦，互相攻杀，给曹操分化瓦解、各个击破提供了可乘之机。

袁绍有四个儿子：谭、尚、熙、买，还有外甥高幹。绍留小儿在身边，却把其他几个儿子放在外任，各据一州。长子袁谭为青州刺史，而留次子袁尚在冀州，偏爱之情益显，造成军中各有彼此，以谭、尚为首分裂为两派。审配、逢纪矫绍遗命，奉尚为冀州牧，郭图、辛评拥护袁谭以长争位。兄弟火并，曹操坐收渔人之利。205 年曹操灭谭，206 年破冀州，207 年北征乌桓，迫使辽东太守公孙康斩袁尚。至此袁氏家族便彻底覆灭了。

刘表传

【题解】

刘表（142—208），字景升，山阳高平（今山东微山）人，相貌堂堂，少时知名于世，为大将军何进属官，出任北军中候。后代王睿为荆州刺史。李傕等入长安，刘表遣使奉贡，被任命为镇南将军、荆州牧，假节，封成武侯。建安十三年病逝。次子刘琮继位。曹操南征，刘琮举州投降，荆州遂没。

刘表在风云际会中拥有了荆州一方土地，管好自己的“一亩三分地”，把荆州治理好，这是他最大的理想。故此，他立意自守，而无四方之志。世事纷乱，他不愿意涉足其中，曹操与袁绍争雄，他两边都不理睬，坐看“潮起潮落”。在荆州，他推行“礼乐教化”之策，重视教育的推广，开经立学，爱民养士，从容自保。然而，在那种大争的时代，不是想逃避就能逃避得了的，加之他缺少刚毅和决断，废嫡立庶，荆州之地怎可长期自保？当曹操大军打来的时候，他撒手而去，他的儿子刘琮把荆州拱手交给了曹操，将他自保的荆州画上了句号。曹操曾评论刘表说：“我攻吕布，表不为寇，官渡之役，不救袁绍，此自守之贼也，宜为后图。”（《三国志·武帝纪》裴注引《魏书》）贾诩论曰：“表，平世三公才也；不见事变，多疑无决，无能为也。”（《三国志·贾诩传》裴注引《傅子》）王夫之评说：“刘表无戡乱之才……踌躇四顾于袁、曹之间，义无适从也，势无适胜也……中人以下自全之策也。”（《读通鉴论》卷九）其说是也。

【原文】

刘表，字景升，山阳高平人也。少知名，号八俊[①]。长八尺馀，姿貌甚伟。以大将军掾为北军中候[②]。灵帝[③]崩，代王睿[④]为荆州刺史。

是时山东兵起，表亦合兵军襄阳。袁术之在南阳也，与孙坚合从，欲袭夺表州，使坚攻表。坚为流矢所中，死，军败，术遂不能胜表。

李傕、郭汜入长安，欲连表为援，乃以表为镇南将军、荆州牧，封成武侯，假节[⑤]。天子都许，表虽遣使贡献，然北与袁绍相结。治中邓羲[⑥]谏表，表不听，羲辞疾而退，终表之世。

张济[⑦]引兵入荆州界，攻穰城，为流矢所中，死。荆州官属皆贺，表曰："济以穷来，主人无礼，至于交锋，此非牧意，牧受吊，不受贺也。"使人纳其众，众闻之喜，遂服从。

长沙太守张羡[⑧]叛表，表围之连年不下。羡病死，长沙复立其子怿，表遂攻并怿，南收零、桂，北据汉川，地方数千里，带甲十馀万。

【注释】

①八俊：八位杰出的人才。《汉末名士录》称为"八友"，指东汉刘表、陈翔、范滂、孔昱、苑康、檀敷、张俭、岑晊八人。 ②掾：助手，古代副官、佐吏的通称。北军中候：官名，东汉置，掌监北军五营，秩六百石。五营指屯骑、越骑、步兵、长水、射声五校尉所统领的卫兵。 ③灵帝：即刘宏（157—189），东汉第十一位皇帝，167—189 年在位。死后谥号孝灵皇帝，葬于文陵。 ④王睿：东汉大臣，累官荆州刺史，治于江陵。初平元年，为政敌武陵太守曹寅诬陷，遭到长沙太守孙坚袭击，刮金饮之而死。 ⑤假节：古代使臣出行，持节为符信。皇帝将符节借给执行临时任务的臣子使用，用以威慑一方，当臣子临时任务完成后，便将符节收回。假，通"借"。 ⑥邓羲：字子孝，章陵（今湖北枣阳南）人，东汉末年荆州牧刘表部下，任治中之职。后投靠曹操。 ⑦张济（？—196）：原为董卓部将，董卓被杀后，与李傕一同率军攻破长安，任中郎将。初平三年，任为镇东将军，封平阳侯。建安元年（196），张济因军队缺粮而进攻穰城，中流矢而死。 ⑧张羡：刘表部将。历官零陵、桂阳太守，官至长沙太守，深得民心。性格倔强，与刘表不和。后以长沙郡和邻近三郡（桂阳郡、零陵郡、武陵郡）反抗刘表，刘表发兵攻打，张羡病死。

【译文】

刘表，字景升，山阳高平人，少年时就很有名气，是汉末名士"八俊"之一。他身高八尺左右，长得高大雄伟，相貌堂堂。入仕后，先是以大将军属官的身份任北军中候。灵帝去世后，接替王睿做了荆州刺史。

当时，关东各州郡纷纷起兵攻打董卓，刘表也带领荆州兵马驻守襄阳。袁术这时是南阳太守，与长沙太守孙坚串通一气，企图夺取荆州，让孙坚向刘表发起进攻。交战中，孙坚被流矢射中身亡，军队溃败，袁术因而无力战胜刘表。

李傕、郭汜等董卓旧部率兵叛乱占据长安后，也想联合刘表以为援军，于是任命刘表为镇南将军、荆州牧，封成武侯，并授予符节。曹操迎接献帝刘协到许都，刘表虽然也派出使节前往朝拜，送上一些贡品，但暗中仍与远在北方的袁绍来往密切。治中邓羲进谏，劝他不能这样做，他不听。邓羲于是辞官离开了他，一直到刘表死，也没有再在他手下做官。

董卓部将张济引兵进入荆州地盘，攻打穰城，城未攻下而中流矢阵亡。荆州的官吏们听到这个消息，都高兴地向刘表祝贺，刘表却说："张济是因为穷困无路可走才到我们荆州来的，我们这些做主人的没有能以礼相待，才造成了双方兵戎相见的不幸后果，这实在不是我这个荆州牧的本意啊！如今张济将军不幸阵亡，大家应该难过才是。我作为荆州牧，只接受大家的祭吊，不能接受祝贺。"便派人去收编张济余散的部队。张济的将士们得知刘表这么做，都很高兴，于是便都归附了刘表。

长沙太守张羡背叛刘表，刘表领兵前往征讨，围城数年而没有攻下。后来张羡病死，部属们又拥立他的儿子张怿为长沙太守。刘表趁机加紧进攻，终于打败了张怿，收复了长沙郡的土地和军队。刘表又乘胜进军西南，收取了零陵、桂林等地。这样，刘表的势力范围已经南达零陵、桂阳，北据汉川，拥有地方数千里，兵马十几万。

【原文】

太祖与袁绍方相持于官渡①，绍遣人求助，表许之而不至，亦不佐太祖，欲保江汉间，观天下变。

从事中郎韩嵩②、别驾刘先③说表曰："豪杰并争，两雄相持，天下之重，在于将军。将军若欲有为，起乘其弊可也；若不然，固将择所从。将军拥十万之众，安坐而观望。夫见贤而不能助，请和而不得，此两怨必集于将军，将军不得中立矣。夫以曹公之明哲，天下贤俊皆归之，其势必举④袁绍，然后称兵以向江汉，恐将军不能御也。故为将军计者，不若举州以附曹公，曹公必重德将军，长享福祚⑤，垂之后嗣，此万全之策也。"

表大将蒯越⑥亦劝表，表狐疑⑦，乃遣嵩诣太祖以观虚实。嵩还，深陈太祖威德，说表遣子入质。表疑嵩反为太祖说，大怒，欲杀嵩，考杀随嵩行者，知嵩无他意，乃止。表虽外貌儒雅，而心多疑忌，皆此类也。

【注释】

①官渡：位于河南中牟县，黄河之南，是从河北进军河南地界的军事要冲之地，因为发生了震惊天下的官渡大战而闻名。　②韩嵩：字德高，义阳（今河南桐柏）人，少好学，先与好友数人隐

居郦西山中，后事刘表为别驾，转从事中郎。汉献帝拜嵩侍中，迁零陵太守。曹操取荆州，征用嵩。嵩患病，在家拜授大鸿胪。 ③刘先：字始宗，零陵郡（今湖南永州市零陵区）人，初为刘表别驾，曾劝刘表依附曹操，刘表疑虑不决。汉献帝时，授武陵太守，后升为尚书。魏国建立后，任尚书令。 ④举：托起，引申为攻下、攻破。 ⑤福祚（zuò）：福禄，福分。祚，福。 ⑥蒯越（？—214）：字异度，襄阳中庐（今湖北襄阳西南）人，刘表的部下，曾经在刘表初上任时帮助刘表铲除荆州一带的宗贼，刘表病逝后，与刘琮一同投降曹操，后官至光禄勋。 ⑦狐疑：迟疑，犹豫不决。

【译文】

太祖曹操与北方的袁绍各率大军在官渡对峙，相持不下。袁绍派人请刘表出兵帮助自己，从背后袭击曹操。刘表答应了袁绍的请求，但却不发兵马，同样也不帮助曹操，企图保存自己的实力，坐于江汉之间而观天下之变。

从事中郎韩嵩和别驾刘先劝说刘表，说："如今天下豪杰竞起，曹操与袁绍两虎相斗，必是遍体鳞伤，将来拯救天下，重振社稷的重任，在很大程度上要由将军来承当。将军要是想成就一番事业，可乘眼下这两雄相争之际，寻找机会建功立业；如果不愿意这样，也应该在两雄中选择贤明者而依附之。以您拥有十多万精兵强将的实力，怎能在两雄相争中坐而观望呢？再说，看到贤者力量较弱而不肯相救，答应了别人的事情又不去做，日后曹、袁两方的怨恨不是都要集中到您身上吗？将军不能中立。曹操不愧是具有雄才大略的人，天下的有识之士多归附于他，他战胜袁绍，大概是不成问题的。等他打败袁绍回过头来出兵江汉，恐怕您是无法抵挡的。因此，我们为您考虑，您不如以整个荆州归附曹操，这样，曹操必然感激您的诚意，以更大的仁德来报答您。您可以避开战火灾难，长期享受和平安宁的富贵生活，子孙世代也能把您的地位继承下去，这对于您来说，实在是个万全之策啊！"

刘表手下的大将蒯越也以这样的话劝告他。刘表拿不定主意，便派韩嵩到曹操那儿观察虚实。韩嵩返回荆州后，极力陈说曹操如何有威有德，非他人可比，反复动员刘表下决心归附，还劝说刘表把儿子刘琮送到许都去充当人质，以示诚意。刘表反而怀疑韩嵩为曹操游说，大怒，要把韩嵩拉出去斩首。又令人严刑拷打韩嵩的随从人员，直到把人打死，也没有得到韩嵩私通曹操的口供，这样韩嵩才总算保住了一条性命。刘表虽然外貌儒雅谦和，其内心却狭隘多疑，横生猜忌，在许多事情的处理上都是这样。

【原文】

刘备[①]奔表，表厚待之，然不能用。

建安十三年[②]，太祖征表，未至，表病死。初，表及妻爱少子琮[③]，欲以为后，而蔡瑁[④]、张允[⑤]为之支党，乃出长子琦[⑥]为江夏太守，众遂奉琮为嗣。琦与琮遂为雠隙。

越、嵩及东曹掾傅巽[⑦]等说琮归太祖，琮曰："今与诸君据全楚[⑧]之地，守先君之业，以观天下，何为不可乎？"巽对曰："逆顺有大体，强弱有定势。以人臣而拒人主，逆也；以新造之楚而御国家，其势弗当也；以刘备而敌曹公，又弗当也。三者皆短，欲以抗王兵之锋，必亡之道也。将军自料何与刘备？"琮曰："吾不若也。"巽曰："诚以刘备不足御曹公乎，则虽保楚之地，不足以自存也；诚以刘备足御曹公乎，则备不为将军下也。愿将军勿疑。"

太祖军到襄阳，琮举州降。备走奔夏口[⑨]。太祖以琮为青州刺史、封列侯。蒯越等侯者十五人。越为光禄勋[⑩]；嵩，大鸿胪[⑪]；羲，侍中；先，尚书令；其馀多至大官。

【注释】

①刘备（161—223）：即蜀汉昭烈帝，221年—223年在位，又称先主，字玄德，涿郡涿县人，赤壁之战时，刘备与孙权联盟击败曹操，趁势夺取荆州。而后进取益州。于章武元年（221）在成都称帝，国号汉，史称"蜀"或"蜀汉"。章武三年（223）病逝于白帝城，终年63岁，谥号昭烈皇帝，庙号烈祖。　②建安十三年：208年。建安，东汉末年汉献帝的第五个年号，共二十五年（196—220），东汉朝廷的政治大权主要由曹操所掌握。　③琮（cóng）：即刘琮，山阳高平人，刘表次子，刘琦之弟。刘表死后继承刘表官爵，曹操大军南下时，在蔡瑁等人的劝说下举荆州而降，被曹操封为青州刺史，后迁谏议大夫，爵封列侯。　④蔡瑁：字德珪，襄阳蔡州（今湖北襄阳）人，曾协助刘表平定荆州，仕奉刘表期间，历任江夏、南郡、章陵等诸郡太守。刘表病亡后，继位，后投降曹操，历任从事中郎、司马、长水校尉，封爵为汉阳亭侯。　⑤张允：本为荆州牧刘表的外甥、部将，同时也是刘表少子刘琮的支党，后归曹操。　⑥长子琦：即刘琦（？—209），山阳高平人，刘表长子，官至荆州刺史。建安十四年去世。　⑦傅巽（xùn）：字公悌，北地泥阳（今陕西铜川市耀州区东南）人。原为刘表之臣，后劝说刘琮降曹，为曹操所任用，封关内侯。后迁任散骑常侍，曹丕即位后为侍中、尚书。魏明帝太和年间去世。　⑧楚：即楚国（前1115—前223），是先秦时期位于长江流域的诸侯国，国君为芈姓、熊氏。周成王时期，封楚人首领熊绎为子爵，建立楚

国。鼎盛时期，疆土西起大巴山、巫山、武陵山，东至大海，南起南岭，北至今河南中部、安徽和江苏北部、陕西东南部、山东西南部。 ⑨夏口：古镇名。因在夏水（汉水下游的古称）注入长江处，故称夏口。 ⑩光禄勋：官名，九卿。秦汉负责守卫宫殿门户的宿卫之臣，后逐渐演变为总领宫内事物。秦名郎中令，汉初沿用此名，汉武帝太初元年，改名光禄勋，属官有大夫、郎、谒者、期门、羽林等。 ⑪大鸿胪：古代官职位，掌管诸侯及藩属国事务，为九卿之一。汉景帝时名为大行令。汉武帝太初元年改名大鸿胪。成帝时，将典属国所辖职务并入，属官有行人、译官及郡邸长丞等，后遂变为赞襄礼乐之官。

【译文】

刘备在徐州被曹操打败，辗转投奔刘表。刘表对他厚礼相待，但并不予以信任和重用。

208年，太祖曹操率领大军南征刘表，曹军还未到达荆州，刘表已经病死。当初，刘表在世时，夫妻两人都喜爱少子刘琮，想让他继承嗣位。刘表的部将蔡瑁、张允也拥立刘琮。于是，刘表把长子刘琦派到外地，出任江夏太守。等到刘表死后，刘琮便在蔡瑁等人的帮助下继承了嗣位，刘琦和刘琮兄弟间结下了仇恨。

大将军蒯越、从事中郎韩嵩和东曹掾傅巽等人劝说刘琮归附曹操。刘琮说：“如今，我与诸位拥有整个楚国的地盘，守着先君传下的家业，观望天下的变化，有什么不好呢？”傅巽回答说：“反对谁和归附谁，要识大体，顾大局；力量的强与弱，只是相对的，依据形势的变化而变化。如今，我们以天子的臣下抗拒天子，这是大逆不道的行为；我们占据了刚刚获得的土地来抵御国家的军队，形势对我们极为不利。再说，以刘备的力量来迎击曹操的南下雄师，怎么能抵挡得住呢？以上三者都是我们的短处，处于这样的明显劣势，而想和朝廷派出的南征大军交战，那岂不是自取灭亡？将军自以为您与刘备谁更有本事？”刘琮回答说：“我的确不如刘备。”傅巽进而说道：“假如刘备也不能战胜曹操，那么，您的大片土地即便能保住，可您有可能继续当这个荆州牧吗？假如刘备能够战胜曹操，那么刘备就不会甘居将军之下了。希望将军不要再犹豫不决了！”

刘琮被傅巽说服，曹操的大军开到襄阳，刘琮便带领整个荆州的官吏、军队和百姓归降了朝廷。刘备失去依附，只好放弃樊城，向夏口退走。曹操以朝廷的名义任命刘琮为青州刺史，封为列侯，自大将军蒯越以下封侯者有15人，提升蒯越为光禄大夫，韩嵩为大鸿胪，邓羲为侍中，刘先为尚书令。其他许多人也都当了大官。

【原文】

评曰[①]：袁绍、刘表，咸有威容、器观[②]，知名当世。表跨蹈汉南[③]，绍鹰扬河朔[④]，然皆外宽内忌，好谋无决，有才而不能用，闻善而不能纳，废嫡立庶，舍礼崇爱，至于后嗣颠蹙[⑤]，社稷倾覆，非不幸也。

【注释】

①此评为袁绍与刘表的合评，现保持原貌。"非不幸也"后，还有评袁绍的"昔项羽背范增之谋，以丧其王业；绍之杀田丰，乃甚于羽远矣！"这里省略。 ②威容：庄重威严的仪容。器观：才能和仪表。 ③跨蹈：占有，统有，雄踞。蹈：踩，踏。汉南：泛指南方。 ④鹰扬：逞威，大展雄才。河朔：河北，泛指北方。 ⑤颠蹙（cù）：跌倒而被踩踏，引申为摧辱，困顿。颠：颠倒，颠覆。蹙：困窘，困迫。

【译文】

袁绍和刘表，都长得相貌堂堂，风度翩翩，在社会上有很大的名气。刘表占据了汉水以南，袁绍逞威于黄河以北，然而两人都是外表宽厚而内心猜忌，喜好谋略而缺乏决断，拥有人才而不能重用，听到好计策而不愿采纳，而且都废除了嫡长子而改立庶子，不顾礼法而只知道满足自己的情爱，结果造成后代不团结而招致他人的摧残，建立的政权也被推翻，这并非是意外的不幸或灾祸，而是事出有因啊！

人物新传·刘表传

一、从“八俊”到荆州刺史

刘表，字景升，山阳高平人，西汉鲁恭王刘余的后代。东汉后期，宦官专政，正直的人遭受排挤，邪恶的势力甚嚣尘上。一些知名人士，出于对社会风气的不满，不与世俗同流合污，往往喜欢互起名号，标榜清高。一时间，社会上出现了许多大名士，什么“三君”“八俊”“八顾”“八及”“八厨”，等等。刘表身材魁伟，气度不凡，又是皇室同姓，颇能赢得人们的青睐，因此时人便把他和另外七位知名人士合称为“八俊”。“俊者，言人之英也。”（《后汉书·党锢列传序》）意思是号称“八俊”的人，都是人中的英杰。这些人经常在一起批评朝政，对宦官擅权尤为不满。宦官对他们也恨之入骨，便在汉灵帝建宁二年大兴党锢之祸，李膺、杜密、范滂等二百多人惨遭杀害。当时刘表也在被捕的名单之中，只因为事前得知消息，逃亡外地，才幸免于难。

党禁解除后，他被大将军何进征召，做了何进手下的北军中候。初平元年荆州刺史王睿被长沙太守孙坚所杀，朝廷任命刘表为荆州刺史，当时江南“宗贼”蜂起，袁术又在鲁阳（今河南鲁山县）陈兵，虎视眈眈，长沙太守苏代、华容长贝羽等也都阻兵作乱。刘表初上任，面临这种险恶的形势，苦于不能应付，便只身骑马到宜城，向南郡人蒯越和襄阳人蔡瑁请教。蒯越，字异度，荆州豪族，颇有名气。据说曹操平荆州时，曾给荀彧写信说：“得到荆州我并不怎么高兴，高兴的是得到异度。”足见蒯越的声望已非寻常可比。蒯越见刘表求教，便精辟地论述说：“太平时节治理国家，首先要推行仁义；动乱时节治理国家，首先要研究权谋。兵不在多少，关键看是否得到人才。袁术勇猛而不善于决断；苏代、贝羽大兵出身，都不值得忧虑。唯有‘宗贼’贪婪残暴，是当今的大害。我们派人到他们那里，用利加以引诱，他们肯定会带一帮人来降服。那时您再杀掉坏头头，安抚录用有才能的人。大家都希望安居乐业，听到您有这样的恩德，前来投奔的人一定会接踵而至。您兵多将广，南凭江陵，北守襄阳，荆州八郡不费多大气力就可平定，袁术即使想来捞一把，也是徒劳的呀！”刘表听了十分高兴，便请蒯越派人引诱“宗贼”，一共来了五十五个，全杀掉了。随后又击败他们的军队，把他们编入部曲之中。“宗贼”只剩下张虎、陈生还占据着襄阳，刘表又派蒯越与庞季只身前往劝降，二人见大势已去，只好归附。至此江南“宗贼”都平定了，许多郡守县令见刘表如此强盛，纷纷扔下官印，逃之夭夭。荆州八郡完全被刘表控制，蒯越也因功做了刘表的大将。

荆州是南北交通的要冲，土地肥沃，百姓富足，南北军阀都对它垂涎已久。先是袁术曾联合孙坚攻打荆州，刘表初战失利，孙坚围攻襄阳，在这万分危急的时刻，刘表的将领黄祖前来援救，孙坚被流矢射中身死，余众败逃，袁术只好暂时打消夺取荆州的念头。接着占据长安的李傕、郭汜为了壮大自己的实力，也前来拉拢刘表，封给他一大串显赫的头衔：镇南将军、荆州牧，封武成侯等。但这种封官许愿还没等刘表报答，李、郭就垮台了，汉献帝被曹操迎往许昌，曹操挟天子以令诸侯。老于世故的刘表为了保存实力，一面向朝廷进贡，一面又与袁绍勾结，采取了骑墙的态度。建安元年，骠骑将军张济又引兵入荆州界，攻打穰城，刘表再次面临危机。不料，在这紧急关头，张济也中箭身死，荆州又一次转危为安。张济身亡的消息传来，荆州大小官员都来向刘表祝贺。刘表为了笼络张济的部下，竟假惺惺地说：“张济是因为走投无路才来的，我们身为主人，没有接待好人家，还使双方打了起来，这不符合我的本意。现在我只能接受吊唁，不接受祝贺。”刘表耍的这一招果然奏效，张济的部下听了以后，消除了顾虑，一个个都归顺了刘表。

外围的敌人刚刚被击败，辖境内的割据势力又反叛了。长沙太守张羡平时桀骜不驯，使得刘表讨厌他。张羡怀恨在心，依仗自己在江、湘一带有一定影响，于建安三年率领零陵、桂阳等三郡发动叛乱，刘表围攻几年都未取胜。后来张羡病死，他的儿子张怿继位，刘表再次发动攻势，一举拿下长沙，接着又收复了零陵、桂阳。从此刘表“南接五岭，北据汉川，地方数千里，带甲十馀万”（《后汉书・刘表传》），成为长江中游地跨大江南北，实力雄厚的大军阀。

二、不图进取　坐以待毙

刘表平定四境后，在政绩上也下了些功夫，他曾“起立学校，博求儒术”（《后汉书・刘表传》）。又延聘学者綦母闿、宋忠等撰立《五经章句》，影响所及，关西、兖州、豫州一带的学者都慕名而来。刘表的文治武功使荆州一度出现了相对安定的局面。

在这有利的形势下，假如他能审时度势，利用矛盾，积极进取，统一北方的功劳说不定就有他一份。但后期的刘表逐渐丧失了早年的锐气，他满足于荆州这块暂时太平的天地，只想坐观虎斗，不在发展中求生存，结果一次又一次丧失了良机。

建安五年，曹操与袁绍相持于官渡，袁绍曾派人向刘表求援，此时刘表如果全力支持袁绍，战局有可能改观，刘表的势力也会扩展到北方。但他临事不决，态度暧昧，“许之而不至，亦不佐太祖，欲保江、汉间，观天下变”。从事中郎韩嵩、别驾刘先见刘表徘徊观望，一致劝说他早拿主意，或者发挥自己的优势，在两雄之间“乘其弊”；或者看清形势，量力而行，择其善者而从之，千万不能把两雄都得罪了。他们认为当今只有曹操深孚众望，因此主张归附曹操，说这是“长享福祚，垂之后嗣”的“万全之策”(《三国志·刘表传》)。归附曹操，刘表真能“长享福祚，垂之后嗣”吗？显然是不可能的。韩嵩、刘先等人只看到其有利的一面，没有看到其不利的一面。但他们批评刘表“见贤而不能助，请和而不得，此两怨必集于将军，将军不得中立矣”，这些见解还是非常中肯的。此时的刘表哪怕是在策略上暂时与一方联合，也比“安坐而观望”强得多。但刘表并未认真思考这个建议，只是决定派韩嵩到曹操那里观望一下虚实。韩嵩追随刘表多年，深知他“外貌儒雅，心多疑忌”，临行前心怀不安地对刘表说：“我这次去京师，天子很可能任命我官职，那样一来，我就成了皇上的臣子，不再是您的现职官吏了。做皇上的臣子就得听从皇上的命令，也就不能再为您效死了。请您三思。到那时候，千万不要怨恨我。”刘表以为他是害怕出使才这么说，便强令他去。韩嵩到了京师，不出所料，汉献帝果真拜他为侍中，迁零陵太守。回来向刘表报命，“深陈太祖威德，说表遣子入质”(《三国志·刘表传》)。刘表大怒，怀疑韩嵩有贰心，召集群僚，要当众杀他。幸亏刘表的妻子蔡氏极力劝阻，再加上拷问随行人员，并未发现韩嵩有什么背叛行为，才收回成命，但仍把韩嵩囚禁狱中。

建安十二年，曹操杀了袁谭，占领冀州，为了追歼袁熙、袁尚，亲自率领大军北征乌桓。这对刘表来说，又是一次扩展实力的好机会。刘备建议他乘虚而入，袭击许都；曹操的部下们也都担心刘表会派刘备抄后路。但曹操的谋士郭嘉早把刘表的弱点看透了，他一针见血地说：“表，坐谈客耳，自知才不足以御备，重任之则恐不能制，轻任之则备不为用，虽虚国远征，公无忧矣。”(《三国志·郭嘉传》)曹操也赞同这个看法，说“我攻吕布，表不为寇，官渡之役，不救袁绍，此自守之贼也，宜为后图。”(《三国志·武帝纪》裴注引《魏书》)，于是曹操放心大胆地远征去了。刘表果然没有接受刘备的建议，待到清醒过来时，曹操已挥戈南下，直奔荆州来了。

刘表不但遇事迟疑不决，对杰出的人才还心存疑忌。刘备本来与刘表有亲属关系，称他为兄长。初投荆州时，刘表还亲自到郊外迎接，待之以上宾之礼，并拨出一些军队，让他驻扎新野（今河南新野），看守荆州的北大门。可是当他看到荆州豪杰纷纷结交刘备时，又产生疑心，竟暗中提防刘备，当然更谈不上什么重用了。

刘表既然疑忌人才，自然也就不能广泛地发现人才。诸葛亮辅佐刘备前居住襄阳城西的隆中，他所结交的朋友崔州平、徐庶等也都居住荆州，对刘表来说他们都是难得的人才，可惜他视而不见，听而不闻，让宝贵的人才白白埋没。只有刘备慧眼识英雄，一到新野便发现了他们，千方百计挖了去。

刘表曾规劝袁谭兄弟不要自相残杀，可是他在儿子继位问题上却又重蹈袁绍的覆辙。本来刘琦是长子，又非常“慈孝”，继承荆州刺史是理所当然的，但少子刘琮“娶其后妻蔡氏之侄，蔡氏遂爱琮而恶琦，毁誉之言日闻于表。”（《后汉书 · 刘表传》）而刘表又非常宠爱蔡氏，对蔡氏言听计从，因而便决定废嫡立庶。建安十三年，曹操大举进攻荆州，此时刘表背上长疽早已瘫在床上，又吃这一惊吓，一命归天。十四岁的刘琮承继了荆州牧，刘琦被排挤到外地，做了江夏太守。

刘琮刚一上台，身边的蒯越、韩嵩、傅巽等人便怂恿他归附曹操。在一片主和声中，刘琮无计可施，只好举州投降。后来，曹操又把他调离荆州，做了青州刺史。刘琦则跟随刘备南征，赤壁之战结束后病死江南。至此，刘表统治近二十年的荆州，终于被曹氏所取代。

第二编　曹刘孙三家集团的兴起

东汉末年的军阀大混战，在激烈的社会抗争中，英雄出世，演出了三国鼎立的历史活剧。三国鼎立的创业之主曹操、刘备、孙权，他们三人是三国时代最杰出的政治家、军事家，也是人们所熟知的英雄人物。三人相较，各有长短。曹操谋略最优而奸险诈伪；刘备弘毅宽厚而见事迟疑；孙权任才尚计而能屈能伸，都是人间英杰，成为创业之主而鼎峙三分。《三国志》作者陈寿，评曹操第一，称他为“非常之人，超世之杰”；认为刘备第二，“机权干略，不逮魏武”，有汉高祖的气度，是一个英雄；评孙权“有勾践之奇，英人之杰矣”，显然是第三位的人物。三国鼎立的地盘阔狭，可以称量三人的才能大小，应该是曹操第一，孙权第二，刘备第三。曹孙刘三个集团的兴起，与三人的才识、经历有至关重要的关系。知人论世，说三分，很大程度就是评说曹孙刘。孙权承父兄之业，孙策创江东之业有大功，故列于此编。

魏武帝曹操传

【题解】

曹操（155—220），字孟德，东汉末沛国谯县（今安徽亳州）人。汉献帝时为丞相，执掌中央政权，完成了当时中国北部的统一。他是三国时代魏国的奠基者，儿子曹丕做了皇帝后，追称他为武帝。

东汉末年，世族豪强垄断了选举制度，他们用门第世资来选拔官吏，结成死党，大搞分裂割据。董卓之乱以后，这股分裂势力膨胀起来，他们兼并土地，盘剥农民，连州跨郡，割据混战，阻碍了社会生产力的发展。曹操在他一生的政治军事活动中，坚持统一，反对分裂，打击豪强，抑制兼并，消灭割据，先后平定了代表世家豪族大地主利益的吕布、袁术、袁绍、马超等割据势力，平定了三郡乌桓，统一了北方，巩固了我国北部边防，恢复并在一定程度上发展了生产，推动了当时社会历史的发展。

阅读《武帝纪》，可以看出曹操是中国封建统治阶级中的革新派。他颁布了一系列的改革政令，奖励耕战，加强中央集权，用人唯贤，从而取得了一个又一个的胜利。但是，曹操毕竟是一个封建地主阶级政治家，他权诈机变，屠杀人民，一方面打击豪强大族，另一方面也镇压农民起义，他的作为不能不受到本阶级利益的制约。曹操文武兼具，胆略过人，但终因品德不济，未能赢得天下归心，使成鼎足三分之势。曹操不得不以“若天命在吾，吾为周文王矣”而饮恨九泉。

综观曹操，他是一位杰出的政治家、军事家、文学家。鲁迅评论曹操“是一个英雄”，肯定了他的历史地位。由于曹操奸险诈伪，残忍好杀，又被历史选定做了一个反面教员，在艺术舞台上是一个大白粉脸的奸雄。

【原文】

太祖武皇帝①，沛国谯人也②，姓曹，讳操，字孟德，汉相国参之后③。桓帝世④，曹腾为中常侍大长秋⑤，封费亭侯。养子嵩嗣⑥，官至太尉⑦，莫能审其生出本末⑧。嵩生太祖。

太祖少机警，有权数[9]，而任侠放荡[10]，不治行业[11]，故世人未之奇也；惟梁国桥玄、南阳何颙异焉[12]。玄谓太祖曰："天下将乱，非命世之才不能济也[13]，能安之者，其在君乎！"年二十，举孝廉为郎[14]，除洛阳北部尉[15]，迁顿丘令[16]，征拜议郎[17]。

光和末[18]，黄巾起。拜骑都尉[19]，讨颍川贼。迁为济南相[20]，国有十馀县，长吏多阿附贵戚[21]，赃污狼藉[22]，于是奏免其八；禁断淫祀[23]，奸宄逃窜[24]，郡界肃然。久之，征还为东郡太守[25]；不就[26]，称疾归乡里。顷之，冀州刺史王芬、南阳许攸、沛国周旌等连结豪杰，谋废灵帝，立合肥侯，以告太祖，太祖拒之。芬等遂败。

【注释】

①太祖武皇帝：即曹操。曹操没有称帝，武皇帝及庙号太祖都是曹丕称帝后追加的。 ②沛国：王国名，治相县，在今安徽濉溪县西北。谯：县名，在今安徽亳州。 ③相国参：即西汉开国功臣曹参，他继萧何为丞相。相国，即丞相。曹参传见《史记》卷五十四《曹相国世家》。 ④桓帝：汉桓帝刘志。东汉第十一代皇帝，147 年至 167 年在位。桓帝时，外戚和宦官先后擅权，朝政日非，东汉衰颓。 ⑤中常侍：皇帝的侍从官，东汉时专以宦官充任，出纳章奏，专擅朝政。大长秋：皇后的近侍官，以宦官充任。 ⑥养子嵩：曹腾养子曹嵩，曹操之父，原为夏侯氏之子，夏侯惇的叔父。曹嵩依宦官之势，官至太尉。 ⑦太尉：官名，秦汉时为国家最高军事长官。 ⑧审：了解，知道。 ⑨权数：善于应变的权谋智术。 ⑩任侠：路见不平，负气相助称任侠。放荡：放纵不拘，行为不检。 ⑪不治行（háng）业：不从事治生之业。 ⑫梁国：王国名，治睢阳县，在今河南商丘市南。桥玄、何颙（yóng）：两人都是长于知人的大名士，桥玄官至太尉。 ⑬命世之才：经邦济世之才。 ⑭举孝廉：孝廉为两汉选举科目之一，由郡国地方官向朝廷荐举有孝行和清廉的人，以备录用，叫举孝廉。郎：皇帝的侍从官，有议郎、中郎、侍郎、郎中等名目，均属光禄勋。 ⑮洛阳北部尉：洛阳县北部尉。尉，县尉，掌察禁盗贼。洛阳为京都大县，分部设尉，曹操任北部尉。除，任命。 ⑯顿丘：县名，在今河南清丰县西南。令：一县之长官，大县曰令，小县曰长。 ⑰征拜：特命征召，拜授官职。 ⑱光和末：即光和七年，184 年。 ⑲骑都尉：武官名，统率皇帝禁卫骑兵羽林郎的军官。 ⑳济南：王国名，治东平陵，在今山东济南市历城区东。相：王国相，职同郡太守，主王国行政事务，由朝廷委派。 ㉑长（cháng）吏：县令、长、丞、尉等称长吏，下属佐吏称少吏。 ㉒狼藉：这里指胡作非为。 ㉓淫祀：不合礼制的祭祀。淫：过分。 ㉔奸宄（guǐ）：作奸犯禁的人。 ㉕太守：官名，郡的最高行政长官。 ㉖不就：不去上任。

【译文】

魏国太祖武皇帝曹操，是沛国谯县人，姓曹，名操，字孟德，是汉丞相曹参的后代。汉朝末年汉桓帝刘志在位的时候，曹腾在皇宫中担任中长侍大长秋，被封为费亭侯。曹腾的养子曹嵩继承了他的爵位，曹嵩做官做到了国家最高军事长官太尉，没有人能够清楚地知道曹嵩的出身底细。曹嵩生了魏太祖曹操。

魏太祖曹操从小就非常机警，富有应变的权谋和智术，喜欢路见不平，负气相助；而又放荡不拘，行为不检点，不从事治生之业，所以当时的人并没有认为他有什么特殊的地方；只有梁国的桥玄、南阳的何颙这两个以长于知人而闻名的大名士认为曹操非同一般。桥玄对太祖曹操说："现在天下将要大乱，如果不是经邦济世之才的人是无法平定这场战乱的；能够平息这场战乱使国家安定的人，大概就是你吧！"曹操20岁的时候，所在郡国的官员把曹操作为有孝行而清廉的人举荐给朝廷，被朝廷任命为郎，随后任命曹操为洛阳县负责掌管察禁盗贼的北部尉，后来升为顿丘县县令，又被朝廷征召，拜授议郎之职。

汉灵帝光和七年，爆发了黄巾起义。曹操被任命为负责统领皇帝禁卫骑兵羽林郎的骑都尉，率军讨伐颍川一带的贼人。后来被朝廷委派到济南国担任负责王国之内行政事务的国相。济南国管辖之下有十多个县，那些县令、长、丞、尉等各级官吏多迎合、依附那些皇亲贵戚，贪赃枉法胡作非为，济南相曹操到任以后就奏请朝廷，免除了济南国内八个方面不合规范的做法；而且严厉禁止不合礼制的祭祀，严惩作奸犯禁之人，辖区之内马上呈现出一种经过整饬之后的新气象。很久之后，曹操又被朝廷召回，委任为东郡太守；曹操没有去东郡赴任，而是称自己有病回到自己的故里。不久，担任冀州刺史的王芬、南阳人许攸、沛国人周旌等人联络当时的一些豪杰，密谋要废掉汉灵帝，另立合肥侯为皇帝，他们把这件事告诉了太祖曹操，曹操拒绝参与他们的活动。王芬等人废立汉灵帝的行动最后以失败告终。

【原文】

金城边章、韩遂杀刺史郡守以叛，众十馀万，天下骚动。征太祖为典军校尉①。会灵帝崩，太子即位②，太后临朝③。大将军何进与袁绍谋诛宦官，太后不听。进乃召董卓，欲以胁太后，卓未至而进见杀④。卓到，废帝为弘农王而立献帝，京都大乱⑤。卓表太祖为骁骑校尉⑥，欲与计事。太祖乃变易姓名，间行东归⑦。出关，过中牟⑧，为亭长所疑⑨，执诣县⑩，邑中或窃识之⑪，为请得解。卓遂杀太后及弘农王。太祖至陈留⑫，散家财，合义兵，将以诛卓。冬十二月，始起兵于己吾⑬，是岁中平六年也[14]。

【注释】

①典军校尉：官名，汉灵帝中平五年新置的禁军西园八校尉之一。校尉，次于将军的武官。②太子：即废帝刘辩。 ③太后临朝：何太后掌握朝政。 ④见杀：被杀。 ⑤京都：洛阳。⑥骁骑校尉：东汉北军五校尉之一。其余四校尉为胡骑、长水、虎贲、射声。 ⑦间行：走小路。⑧中牟：县名，在今河南中牟县东。 ⑨亭长：乡官名，十里一亭，置亭长一人，掌巡捕盗贼。⑩执诣县：抓起来送到县城。 ⑪邑中或窃识之：县城中有人私下认了出来。 ⑫陈留：县名，在今河南开封市东。 ⑬己吾：县名，在今河南宁陵县西南。 ⑭中平六年：189 年。

【译文】

金城人边章、韩遂杀死了刺史郡守聚众谋反，手下拥有十多万人，天下因此而骚动不安。朝廷征召太祖曹操，任命曹操为典军校尉。正赶上汉灵帝驾崩，太子刘辩继位做了汉朝的小皇帝，因为刘辩年纪太小，何太后掌管了朝政。何太后的哥哥、担任大将军的何进与袁绍密谋要除掉宫中的宦官，何太后不同意。何进就将担任前将军、并州牧的董卓召回京师洛阳，想利用董卓的势力胁迫何太后诛杀宦官，董卓还没有到达洛阳而何进已经被宦官杀死。董卓到了京师洛阳以后，就废掉小皇帝刘辩为弘农王，而立刘辩的弟弟刘协为皇帝，就是汉献帝，京师洛阳因此陷入一片混乱。董卓上表举荐太祖曹操为骁骑校尉，想要与曹操一起商讨国家大事。太祖曹操认为董卓最终必定失败，所以不接受董卓的任命，便改变姓名，从偏僻小道逃回了东方自己的故乡。他出关以后，在经过中牟县的时候，被当地一个亭长怀疑是逃亡之人，就把他捉住送往县城，县城里有人私下里认出他是曹操，就请求县令放了曹操。董卓杀死了何太后和弘农王刘辩。太祖曹操到了陈留，就疏散家中财物，召集义兵，准备率兵讨伐董卓。冬季十二月，曹操开始在己吾起兵，当时是汉灵帝刘宏中平六年。

【原文】

初平元年春正月，后将军袁术[1]、冀州牧韩馥[2]、豫州刺史孔伷[3]、兖州刺史刘岱[4]、河内太守王匡、勃海太守袁绍、陈留太守张邈、东郡太守桥瑁、山阳太守袁遗[5]、济北相鲍信同时俱起兵[6]，众各数万，推绍为盟主。太祖行奋武将军[7]。

二月，卓闻兵起，乃徙天子都长安[8]。卓留屯洛阳[9]，遂焚宫室。是时绍屯河内，邈、岱、瑁、遗屯酸枣[⑩]，术屯南阳，伷屯颍川，馥在邺。卓兵强，绍等莫敢先进。太祖曰："举义兵以诛暴乱，大众已合，诸君何疑？向使董卓闻山东兵起[⑪]，倚王室之重[⑫]，据二周之险[⑬]，东向以临天下；虽以无道行之[⑭]，犹足为患。今焚烧宫室，劫迁天子，海内震动[⑮]，不知所归[⑯]，此天亡之时也。一战而天下定矣，不可失也。"遂引兵西，将据成皋[⑰]。邈遣将卫兹分兵随太祖。到荥阳汴水[⑱]，遇卓将徐荣，与战不利，士卒死伤甚多。太祖为流矢所中[⑲]，所乘马被创，从弟洪以马与太祖[⑳]，得夜遁去。荣见太祖所将兵少，力战尽日，谓酸枣未易攻也，亦引兵还。

【注释】

①后将军：官名。两汉置有前、后、左、右将军，均第三品。 ②冀州：州名，东汉末治邺城，在今河北临漳县西南。牧：官名，即刺史，西汉武帝始置。刺史最初只是按诏书六条检查地方的巡察官，后为一州之常设官，东汉末灵帝改刺史为州牧，掌一州的军政大权。 ③豫州：州名，治谯县，在今安徽亳州。 ④兖州：州名，治昌邑，在今山东巨野县东南。 ⑤山阳：郡名，治昌邑县。 ⑥济北：王国名，治卢县，在今山东清县南。 ⑦行：代理。奋武将军：杂号将军之一。 ⑧徙：迁移。长安：汉长安故址在今陕西西安市西北。 ⑨留屯：留兵驻守。 ⑩酸枣：县名，在今河南延津县西南。 ⑪ 向使：假使。山东：泛指太行山以东广大中原地区。 ⑫ 倚王室之重：依靠朝廷的威望。 ⑬ 据二周之险：即控制京都洛阳地区。二周，春秋末东周分为东西二周，东周君居成周，在今洛阳市白马寺东；西周君居王城，在今洛阳市王城公园一带。 ⑭ 无道：倒行逆施。 ⑮ 海内：四海之内，即全国。 ⑯ 归：归附。 ⑰ 成皋：县名，在今河南荥阳西北，县内有成皋关，形势险要，控扼东西交通，古为兵家所必争之要塞。 ⑱ 荥（xíng）阳：县名，在今河南荥阳市东北。汴水：流经荥阳的黄河支流。 ⑲ 流矢：乱箭。 ⑳ 从弟洪：曹操的堂弟曹洪。

【译文】

汉献帝初平元年春季正月，后将军袁术、冀州牧韩馥、豫州刺史孔伷、兖州刺史刘岱、河内太守王匡、勃海太守袁绍、陈留太守张邈、东郡太守桥瑁、山阳太守袁遗、济北相鲍信同时全都起兵讨伐董卓，手下各有数万人，大家一致推举勃海太守袁绍为盟主。太祖曹操则担任奋武将军。

二月，董卓听到各路人马起来讨伐自己的消息，就胁迫着汉献帝将都城迁往长安。董卓留下军队驻守洛阳，他把洛阳的宫室全部放火焚毁。当时袁绍率军屯扎在河内郡，张邈、刘岱、桥瑁、袁遗将军队驻扎在酸枣县，袁术率军驻扎在南阳，孔伷驻扎在颍川，韩馥驻扎在邺城。董卓的兵力强盛，袁绍等人互相观望，没有人敢率先进攻董卓。太祖曹操说："我们举兵起义的目的就是要诛灭暴乱的董卓，现在大众已经聚集起来，各位还迟疑什么呢？假使董卓听说太行山以东已经起兵之后，他依靠朝廷的威望，控制了京师洛阳地区的险要之地，向东统治天下；即使他是倒行逆施，但还是足以成为天下的祸患。如今他焚烧了洛阳的宫室，劫持天子将都城迁往长安，全天下都震动起来，不知道应该归附于谁，这正是上天灭亡董卓的时候。我们只要集中力量打一仗就可以平定天下了，这个机会千万不要错过。"曹操于是率领自己的部下向西进兵，准备占据成皋。陈留太守张邈派遣手下将领卫兹率领一部分人马跟随太祖曹操向西进发。当他们到达荥阳县汴水边的时候，遇到了董卓手下的将领徐荣，曹操与徐荣交战失利，士卒死伤很多。太祖曹操也被乱箭射中，座下的战马也受了伤，曹操的堂弟曹洪把自己的战马送给曹操，曹操才得以在黑夜的掩护下逃走。徐荣看见太祖曹操所率领的兵力很少，就拼尽全力与曹军激战了一整天，徐荣认为酸枣县确实不容易攻克，也就率军退走了。

【原文】

太祖到酸枣，诸军兵十馀万，日置酒高会①，不图进取。太祖责让之，因为谋曰："诸君听吾计，使勃海引河内之众临孟津②，酸枣诸将守成皋，据敖仓③，塞轘辕、太谷④，全制其险；使袁将军率南阳之军军丹、析⑤，入武关⑥，以震三辅⑦：皆高垒深壁，勿与战，益为疑兵⑧，示天下形势，以顺诛逆⑨，可立定也。今兵以义动，持疑而不进，失天下之望，窃为诸君耻之！"邈等不能用。

太祖兵少，乃与夏侯惇等诣扬州募兵，刺史陈温、丹杨太守周昕与兵四千馀人⑩。还到龙亢⑪。士卒多叛。至铚、建平⑫，复收兵得千馀人，进屯河内。

刘岱与桥瑁相恶⑬，岱杀瑁，以王肱领东郡太守。袁绍与韩馥谋立幽州牧刘虞为帝，太祖拒之。绍又尝得一玉印，于太祖坐中举向其肘，太祖由是笑而恶焉。

【注释】

①高会：盛宴。 ②孟津：津渡名，在今河南孟州市南。 ③敖仓：秦代修建在敖山上的囤粮

仓库。敖山，在今河南荥阳西北，临黄河。 ④轘辕、太谷：均关名。轘辕关在今河南偃师东南。太谷关在今洛阳市东南。 ⑤袁将军：指后将军袁术。丹、析：指丹水县和析县。丹水县在今河南淅川县西。析县在今河南西峡县。 ⑥武关：关名，从南边出入关中的门户，在今陕西丹凤县东南。 ⑦三辅：即关中。西汉将京师地区分置京兆、左冯翊、右扶风三个郡级行政区，合称三辅。 ⑧益为疑兵：设置多路以迷惑敌人的侧翼军队，掩护主攻方向。 ⑨以顺诛逆：以正义之师讨伐叛逆。 ⑩丹杨：亦作“丹阳”，郡名，东汉治宛陵，在今安徽宣城。 ⑪龙亢：县名，在今安徽怀远县西。 ⑫铚（zhì）、建平：均县名。县治在今安徽宿州西南，建平县在今河南永城市西南。 ⑬相恶（wù）：互相憎恶。

【译文】

太祖曹操到达酸枣县，此处各路义军有十几万人，他们每天摆酒设宴，却不图进取。太祖曹操一面责备他们，一面为他们出谋划策说：“各位先生请听我的计策，派勃海太守袁绍率领河内郡的兵力占领孟津渡口，屯扎在酸枣县的各位将领负责守卫成皋，攻占建在敖山上的粮仓，阻塞轘辕、太谷两处关隘，全面控制住这些险要；派后将军袁术率领屯扎在南阳的各路人马驻扎在丹水县和析县，然后进军武关，以震慑京兆、左冯翊、右扶风整个关中地区；但各处只需高筑壁垒，而不与董卓的军队交战，设置多路用以迷惑敌人的侧翼部队，掩护主攻方向，把天下形势展示出来，以正义之师讨伐逆贼，逆贼可以很快被诛灭。现在以正义的名义出兵，却犹豫不决不肯前进，这样一来将使天下之人大失所望，我私下里很为诸位感到耻辱！”张邈等人没有采纳曹操的意见。

太祖曹操自己的兵力很少，遂与夏侯惇等前往扬州一带招兵买马，扬州刺史陈温、丹杨太守周昕拨给太祖四千多人。曹操率领着自己的部下回到龙亢。曹操手下的士兵有很多人叛逃。当曹操到达铚县、建平县的时候，又招募了一千多人，前进到河内郡屯扎。

兖州刺史刘岱与东郡太守桥瑁互相憎恶，刘岱杀死了桥瑁，任用王肱为代理东郡太守。勃海太守袁绍与冀州牧韩馥谋划拥立担任幽州牧的刘虞为大汉皇帝，太祖曹操表示反对。袁绍又曾经得到过一颗玉印，他在太祖曹操的座位上举起玉印给曹操看，太祖只是对他笑了笑，而由此对袁绍产生了厌恶之情。

【原文】

二年春[①]，绍、馥遂立虞为帝，虞终不敢当。夏四月，卓还长安。秋七月，袁绍胁韩馥[②]，取冀州。黑山贼于毒、白绕、眭固等十馀万众略魏郡、东郡[③]，王肱不能御，太祖引兵入东郡，击白绕于濮阳，破之。袁绍因表太祖为东郡太守，治东武阳[④]。三年春[⑤]，太祖军顿丘，毒等攻东武阳。太祖乃引兵西入山，攻毒等本屯。毒闻之，弃武阳还。太祖要击眭固，又击匈奴於夫罗于内黄，皆大破之。

夏四月，司徒王允与吕布共杀卓[⑥]。卓将李傕、郭汜等杀允攻布，布败，东出武关。傕等擅朝政[⑦]。

青州黄巾众百万入兖州[⑧]，杀任城相郑遂[⑨]，转入东平[⑩]。刘岱欲击之，鲍信谏曰："今贼众百万，百姓皆震恐，士卒无斗志，不可敌也。观贼众群辈相随[⑪]，军无辎重[⑫]，唯以钞略为资[⑬]，今不若畜士众之力[⑭]，先为固守。彼欲战不得，攻又不能，其势必离散，后选精锐，据其要害，击之可破也。"岱不从，遂与战，果为所杀。信乃与州吏万潜等至东郡迎太祖领兖州牧。遂进兵击黄巾于寿张东[⑮]。信力战斗死，仅而破之。购求信丧不得[⑯]，众乃刻木如信形状，祭而哭焉。追黄巾至济北。乞降。冬，受降卒三十馀万，男女百馀万口，收其精锐者，号为青州兵。

【注释】

①二年：初平二年，191 年。 ②胁：以武力或威势逼迫。 ③黑山贼：北方太行山地区起义的农民军。黑山，在今河南浚县西北太行山中。略：攻夺。魏郡：治邺。 ④东武阳：县名，在今山东莘县西南。东郡本治濮阳，曹操移治东武阳。 ⑤三年：初平三年。 ⑥司徒：官名，掌民政。东汉司徒与太尉、司空并称三公。王允：字子师，太原祁县人，与吕布谋杀董卓，传见《后汉书》卷六十六。 ⑦擅：把持，专断。 ⑧青州：州名，治临淄，在今山东淄博市临淄区北。 ⑨任城：王国名，治任城，在今山东济宁市。 ⑩东平：王国名，治无盐，在今山东东平县东。 ⑪群辈：指老小家属。 ⑫辎重：军用器械、粮草、营帐、服装等物资。 ⑬唯以钞略为资：只靠抢夺提供给养。 ⑭畜：同"蓄"。 ⑮寿张：县名，在今山东东平县西南。 ⑯购求：悬赏寻求。丧：死亡，这里指鲍信尸体。

【译文】

汉献帝初平二年春天，袁绍、韩馥遂拥立幽州牧刘虞为皇帝，而刘虞始终不敢当这个皇帝。夏季四月，董卓回到长安。秋季七月，勃海太守袁绍用威势逼迫冀州牧韩馥，夺取了冀州。在黑山起义的农民军首领于毒、白绕、眭固等十余万人攻取魏郡、东郡，代理东郡太守的王肱根本无法抵御黑山贼的进攻，太祖曹操率军进入东郡，在濮阳一带向白绕发起进攻，将白绕打败。袁绍为此向朝廷上表请求任命太祖曹操为东郡太守，治所设在东武阳。初平三年春天，太祖曹操率军屯扎在顿丘，黑山贼首领于毒等人率领部众进攻东郡郡治所在地东武阳。太祖曹操于是率军向西进入黑山，进攻于毒等人的大本营。于毒得知曹操进攻黑山的消息，立即放弃攻打东武阳，撤军而回。太祖在半路截击了眭固，又在内黄县境内攻打匈奴人於夫罗，两处都击败了敌人，夺取了胜利。

夏季四月，司徒王允与吕布一同杀死了董卓。董卓的部将李傕、郭汜等人杀死了司徒王允并进攻吕布，吕布战败之后，就率领残部向东逃出武关。李傕等遂把持了朝政，独断专行。

青州的黄巾起义军有一百万人进入兖州，他们杀死了任城国相郑遂，而后转入东平。兖州刺史刘岱准备出兵攻打黄巾军，济北相鲍信劝谏刘岱说："如今黄巾军有一百万人众，百姓对他们都很震惊恐惧，士兵没有斗志，因此我们不是黄巾军的对手。我看这些黄巾军都随军带着家属，军中又没有器械、粮秣等物资，只靠着到处抢夺来提供给养，现在我们不如蓄养士众积蓄力量，把固守作为首要。黄巾军想要与我们交战而不得，进行攻打又不能取胜，势必造成军心涣散、众叛亲离，到那时再挑选精锐部队，抓住敌人的要害进行攻击，一定能打败他们。"兖州刺史刘岱没有听从鲍信的意见，遂与黄巾军交战，刘岱果然兵败被杀。鲍信于是与兖州的官吏万潜等人前往东郡迎接太祖曹操兼任兖州牧。曹操率军在寿张县以东地区攻打黄巾军，济北相鲍信奋力拼杀，被黄巾军杀死，这一仗仅仅击败了黄巾军。众人悬赏购求济北相鲍信的尸体，最终也没有得到，众人只得用木头雕刻一个鲍信的形状，进行祭祀和哭吊。太祖曹操率军追击黄巾军一直追到济北。黄巾军向曹操请求投降。冬季，曹操接受了三十多万黄巾军的投降，男女一百多万人，曹操将其中的精锐收编，号称青州兵。

【原文】

四年春[①]，军鄄城[②]。秋，太祖征陶谦[③]，下十馀城，谦守城不敢出。

是岁，孙策受袁术使渡江[④]，数年间遂有江东[⑤]。

兴平元年春，太祖自徐州还[⑥]。初，太祖父嵩，去官后还谯，董卓之乱，避难琅邪[⑦]，为陶谦所害，故太祖志在复仇东伐。夏，使荀彧、程昱守鄄城[⑧]，复征陶谦，拔五城，遂略地至东海[⑨]。还过郯，谦将曹豹与刘备屯郯东[⑩]，要太祖[⑪]。太祖击破之，遂攻拔襄贲[⑫]，所过多所残戮[⑬]。

【注释】

①四年春：初平四年正月。 ②鄄城：县名，在今山东鄄城县北。鄄城是兖州的军事重镇，濒临黄河，曹操移为兖州治。 ③陶谦：字恭祖，丹杨人，徐州牧，与曹操有杀父之仇，所以曹操征陶谦，多杀掠吏民。谦传见《后汉书》卷七十三及《三国志》卷八。 ④孙策：字伯符，吴郡富春人，孙坚之子，孙权之兄，孙吴政权的创建者。 ⑤江东：长江下游以南苏浙皖地区，古称江东。⑥徐州：州名，东汉时治郯县，东汉末移治下邳，在今江苏睢宁县西北。 ⑦琅邪：王国名，治开阳，在今山东临沂市北。 ⑧荀彧（yù）、程昱：二人均曹操主要谋士。 ⑨东海：郡名，治郯县，在今山东郯城县北。 ⑩曹豹：陶谦部将，与曹操之子曹豹，不是一人。 ⑪要太祖：截击曹操。 ⑫襄贲：县名，在今山东郯城县西北。 ⑬所过多所残戮：曹操对所经过的地方进行了大肆的破坏和屠杀。按《后汉书·陶谦传》载："曹操父嵩避难琅邪，时谦别将守阴平，士卒利嵩财宝，遂袭杀之。初平四年，曹操击谦，破彭城傅阳。谦退保郯，操攻之不能克，乃还。过拔取虑、睢陵、夏丘，皆屠之。凡杀男女数十万人，鸡犬无馀，泗水为之不流，自是五县城保，无复行迹。初三辅遭李傕乱，百姓流移依谦者皆歼。"

【译文】

汉献帝初平四年春季，太祖曹操将军队驻扎在鄄城……秋季，太祖曹操率军征讨徐州牧陶谦，攻下了十多座城池，陶谦坚守徐州城不敢出战。

这一年，吴郡人孙策受后将军袁术指派渡过长江到江东拓展地盘，几年的时间孙策就占有了江东。

汉献帝兴平元年春季，魏太祖曹操从徐州回到东郡。当初，太祖曹操的父亲曹嵩，辞官后回到沛国谯县，董卓之乱的时候，为了躲避战乱来到了琅邪，被徐州牧陶谦杀害，因此太祖曹操立志要为父亲报仇，所以才东进徐州讨伐陶谦。夏季，曹操让荀彧、程昱守卫鄄城，自己则率军再次征讨陶谦，攻克了陶谦管辖之下的五座城池，于是乘胜攻城略地，一直到东海郡都被曹操所占领。太祖曹操返回途中经过郯的时候，陶谦的部将曹豹与刘备正屯扎在郯东，他们出兵截击太祖。太祖曹操击败了曹豹、刘备，趁势攻占了襄贲，并对所经过的地方进行了大肆的破坏和屠杀。

【原文】

会张邈与陈宫叛迎吕布，郡县皆应。荀彧、程昱保鄄城，范、东阿二县固守①，太祖乃引军还。布到，攻鄄城不能下，西屯濮阳。太祖曰："布一旦得一州，不能据东平，断亢父、泰山之道乘险要我②，而乃屯濮阳，吾知其无能为也。"遂进军攻之。布出兵战，先以骑犯青州兵。青州兵奔，太祖阵乱，驰突火出[③]，坠马，烧左手掌。司马楼异扶太祖上马[④]，遂引去。未至营止，诸将未与太祖相见，皆怖。太祖乃自力劳军，令军中促为攻具，进复攻之，与布相守百馀日。蝗虫起，百姓大饿，布粮食亦尽，各引去。

秋九月，太祖还鄄城。布到乘氏[⑤]，为其县人李进所破，东屯山阳[⑥]。于是绍使人说太祖，欲连和[⑦]。太祖新失兖州，军食尽，将许之。程昱止太祖，太祖从之。冬十月，太祖至东阿。

是岁谷一斛五十馀万钱[⑧]，人相食，乃罢吏兵新募者。陶谦死，刘备代之。

二年春[⑨]，袭定陶。布东奔刘备，张邈从布，使其弟超将家属保雍丘。秋八月，围雍丘。冬十月，天子拜太祖兖州牧。十二月，雍丘溃，超自杀，夷邈三族[⑩]。邈诣袁术请救，为其众所杀[⑪]，兖州平，遂东略陈地[⑫]。

是岁，长安乱，天子东迁，败于曹阳，渡河幸安邑。

太祖将迎天子，诸将或疑，荀彧、程昱劝之，乃遣曹洪将兵西迎，卫将军董承与袁术将苌奴拒险[⑬]，洪不得进。

【注释】

①范、东阿：两县名。范县在今山东范县东南河南境内。东阿县在今山东阳谷东北。 ②亢（gāng）父（fǔ）：县名，在今山东济宁市南，控扼交通要道。《战国策·齐策》载苏秦语云："亢父之险，车不得方轨，马不得并行。百人守险，千人不得过也。" ③驰突火出：驱马冲出火阵。④司马：将军属官。 ⑤乘（shèng）氏：县名，在今山东巨野县西南。 ⑥山阳：这里指山阳郡，治昌邑县城。 ⑦连和：联合。实际上是迫使曹操依附。 ⑧斛：量器名，十斗为一斛。 ⑨二年：兴平二年。 ⑩夷三族：满门抄斩。三族，父、母、妻三族。 ⑪为其众所杀：被自己的部下所杀。 ⑫陈：王国名，治陈县，在今河南淮阳县。 ⑬董承：献帝舅。建安五年与刘备等谋诛曹操，事泄被诛。

【译文】

恰逢陈留太守张邈与陈宫背叛了太祖而迎接吕布，各郡县全都响应。荀彧、程昱负责守卫鄄城，范县、东阿县两个县固守，太祖曹操率军返回。吕布率军到来，进攻鄄城，没有攻克，于是西进来到濮阳驻扎。太祖曹操说："吕布一个早晨就占领了一个州，却不能据守东平，阻断亢父、泰山的道路，凭借险要截击我的军队，反而将军队屯驻在濮阳，我由此知道吕布不会有什么作为了。"于是向吕布发动进攻。吕布出兵迎战，他先派骑兵冲犯曹操属下的青州兵。青州兵抵挡不住遂奔溃，太祖的部队乱了阵脚，太祖驱马冲出火阵，不幸坠落马下，烧伤了左手掌。太祖手下担任司马的楼异扶着太祖重新跨上战马，才得以退出战场。太祖还没有到达自己的营地就停了下来，诸位将领没有见到太祖，都很恐惧。太祖于是亲自慰问军队，命令军中赶紧准备攻城用的工具，再次进兵攻打吕布，与吕布相持了一百多天。因为发生了蝗灾，粮食颗粒无收，百姓都在忍饥挨饿，吕布军中的粮食也吃完了，于是双方各自退兵。

秋季九月，太祖曹操回到鄄城。吕布到达乘氏县的时候，被乘氏县人李进击败，遂向东到山阳郡驻扎。此时勃海太守袁绍派人前来劝说太祖，想迫使太祖依附于他。太祖曹操因为刚刚失掉了兖州，军粮也没有了，就准备答应袁绍。程昱劝阻太祖，太祖听从了程昱的意见。冬季十月，太祖曹操抵达东阿。

这一年，一斛粮食卖五十余万钱，出现了人吃人的现象，太祖曹操于是解散了新招募的官吏和士卒。陶谦病死，刘备代替陶谦做了徐州牧。

汉献帝兴平二年的春天，太祖曹操发兵袭击了定陶。吕布向东投奔刘备，张邈跟随着吕布，他让自己的弟弟张超带着家属守卫雍丘。秋季八月，太祖曹操率军包围了雍丘。冬季十月，汉献帝刘协封太祖曹操为兖州牧。十二月，雍丘被太祖攻破，张超自杀身亡，太祖曹操将张邈的父族、母族、妻族三族之人全部诛灭。张邈前往后将军袁术那里求救，却被自己的部下杀死，兖州被曹操平定，太祖曹操遂率军东进攻略陈地。

这一年，长安发生内乱，汉献帝向东迁徙，在曹阳被打败，遂渡过黄河来到安邑。

太祖曹操准备迎接汉献帝，诸将领当中有人对这种做法持怀疑态度，荀彧、程昱劝说诸将，这才派遣曹洪率军向西迎接汉献帝，汉献帝的舅舅担任卫将军的董承和袁术的部将苌奴占据险要进行阻挡，曹洪无法前进。

【原文】

（建安元年二月）天子拜太祖建德将军[①]，夏六月，迁镇东将军，封费亭侯。秋七月，杨奉、韩暹以天子还洛阳，奉别屯梁[②]。太祖遂至洛阳，卫京都，暹遁走。天子假太祖节钺[③]，录尚书事[④]。洛阳残破，董昭等劝太祖都许[⑤]。九月，车驾出轘辕而东，以太祖为大将军，封武平侯。自天子西迁，朝廷日乱，至是宗庙社稷制度始立[⑥]。

天子之东也，奉自梁欲要之，不及。冬十月，公征奉，奉南奔袁术，遂攻其梁屯[⑦]，拔之。于是以袁绍为太尉，绍耻班在公下[⑧]，不肯受。公乃固辞[⑨]，以大将军让绍。天子拜公司空，行车骑将军[⑩]。是岁用枣祗、韩浩等议[⑪]，始兴屯田[⑫]。

吕布袭刘备，取下邳[⑬]。备来奔[⑭]。程昱说公曰："观刘备有雄才而甚得众心，终不为人下，不如早图之。"公曰："方今收英雄时也[⑮]，杀一人而失天下之心，不可。"

【注释】

①建德将军：杂号将军之一。下文"镇东将军"同。 ②梁：县名，在今河南汝州市西。 ③假太祖节钺：授予曹操符节、斧钺，即把统领诸军和专杀的权力交给了曹操。 ④录尚书事：西汉时称"领尚书事"，掌出纳章奏；东汉政归台阁，大臣带"录尚书事"的头衔，称"录公"，总揽朝政。录，总领之意。 ⑤董昭：字公仁，济阴定陶人，曹操谋臣之一。许：县名，魏文帝曹丕改名许昌，故治在今河南许昌市东。 ⑥宗庙社稷制度始立：指重新建立被董卓破坏了的宗庙社稷。在古代，宗庙社稷是皇权的象征，可作国家的代称，故建立宗庙社稷是朝廷的大政。宗庙，皇帝的祖庙。社，土神。稷，谷神。 ⑦梁屯：指杨奉设在梁县的营寨。 ⑧绍耻班在公下：袁绍不受太尉之职，认为位在曹操之下而羞耻。班，品位。东汉大将军位列三公，实权更在三公之上。 ⑨固辞：指曹操坚决辞去大将军之职。 ⑩行车骑将军：兼理车骑将军。因曹操辞去大将军，故以司空兼为车骑将军。 ⑪枣祗、韩浩：两人均曹操部将，首先建言屯田。 ⑫屯田：由国家大规模组织的垦荒，有军屯、民屯两种，始于西汉。军屯，士兵战时打仗，平时耕种。曹操组织的是民屯。屯田民由典农中郎将及屯田都尉管理，不属地方官管辖，收获物按一定比例交给国家，带有军事性质。两汉屯田设于边地，有利于巩固国防。三国时魏、蜀、吴均置屯田，以曹魏规模最大，广泛设于内地，目的是恢复生产，解决军粮。 ⑬下邳：县名，东汉末为徐州治，在今江苏睢宁县西北。 ⑭来奔：来投靠。 ⑮收：收聚，网罗。

【译文】

（汉献帝建安元年二月）汉献帝封太祖曹操为建德将军，夏季六月，改任太祖曹操为镇东将军，封太祖为费亭侯。秋季七月，杨奉、韩暹护送汉献帝回到洛阳，杨奉屯驻在梁县。太祖曹操于是也抵达洛阳，率军护卫京都，韩暹悄悄地逃走了。汉献帝授予太祖曹操符节、斧钺，同时任命太祖曹操为总揽朝政的录尚书事。洛阳经过战乱已经残破不堪，董昭等人劝说太祖将都城建在许昌。九月，汉献帝的车驾从轘辕出发东行，任命太祖为大将军，封太祖为武平侯。自从汉献帝被迁移到长安，朝政一天比一天混乱，直到太祖掌管朝政之后才开始重新建立起被董卓破坏了的宗庙社稷制度。

汉献帝向东前往许昌的时候，屯驻在梁地的杨奉想要进行拦截，却没有来得及。冬季十月，曹操出兵征讨杨奉，杨奉向南投奔了袁术，于是曹操攻打杨奉设在梁地的营寨，将其攻占。于是朝廷任命袁绍为太尉，袁绍因为其地位在曹操之下而感到耻辱，因此不肯接受任命。曹操于是坚决辞去大将军的职务，将大将军之职让与袁绍。汉献帝任命曹操为负责国家土木工程营建和水利工程的司空，并兼为车骑将军。这一年采纳枣祗、韩浩等人的意见，开始实行屯田。

吕布出兵袭击刘备，攻取了刘备占据的下邳县城。刘备兵败来投靠曹公。程昱劝说曹公说：“我看刘备是一个具有雄才大略而又很得民心的人，终究不会甘居人下，我们不如趁早除掉他。”曹公说：“现在正是招揽英雄人物之时，杀掉一个刘备就会失去天下人心，我不能杀掉刘备。”

【原文】

张济自关中走南阳[①]。济死，从子绣领其众[②]。二年春正月[③]，公到宛。张绣降，既而悔之，复反。公与战，军败，为流矢所中，长子昂、弟子安民遇害。公乃引兵还舞阴[④]。绣将骑来钞[⑤]，公击破之。绣奔穰，与刘表合。公谓诸将曰：“吾降张绣等，失不便取其质[⑥]，以至于此。吾知所以败。诸卿观之，自今已后不复败矣。”遂还许。

（三年[⑦]，秋七月）吕布复为袁术使高顺攻刘备[⑧]，公遣夏侯惇救之，不利。备为顺所败。九月，公东征布。冬十月，屠彭城[⑨]，获其相侯谐。进至下邳，布自将骑逆击[⑩]。大破之，获其骁将成廉[⑪]。追至城下，布恐，欲降。陈宫等沮其计[⑫]，求救于术，劝布出战，战又败，乃还固守，攻之不下。时公连战，士卒罢[⑬]，欲还，用荀攸、郭嘉计[⑭]，遂决泗、沂水以灌城[⑮]。月馀，布将宋宪、魏续等执陈宫，举城降[⑯]，生禽布、宫，皆杀之。

（四年夏）是时袁绍既并公孙瓒，兼四州之地[⑰]，众十馀万，将进军攻许。诸将以为不可敌，公曰：“吾知绍之为人，志大而智小，色厉而胆薄[18]，忌克而少威[19]，兵多而分画不明[20]，将骄而政令不一，土地虽广，粮食虽丰，适足以为吾奉也[21]。”秋八月，公进军黎阳，使臧霸等入青州破齐、北海、东安[22]，留于禁屯河上[23]。九月，公还许，分兵守官渡。冬十一月，张绣率众降，封列侯。十二月，公军官渡。

【注释】

①张济：董卓部将。关中：函谷关内之地，即今陕西关中盆地。 ②从子：侄儿。 ③二年：建安二年。 ④舞阴：县名，在今河南泌阳县西北。 ⑤钞：包抄。 ⑥失不便取其质：过失就是没有及时取得人质。 ⑦三年：建安三年。 ⑧为：替。 ⑨屠：大肆残杀。彭城：县名，彭城国治所，在今江苏徐州市。 ⑩逆击：迎击，反攻。 ⑪骁将：勇将。 ⑫沮（jǔ）：阻止。 ⑬罢（pí）：同“疲”。 ⑭荀攸、郭嘉：两人均曹操主要谋臣。 ⑮泗、沂水：淮河支流，沂水入泗，泗水入淮，源出山东东部。 ⑯举城：全城。 ⑰四州：指幽、冀、青、并四州。 ⑱色厉而胆薄：即色厉内荏，外表严厉而内心怯懦。这种人孔子比喻为挖洞跳墙的小偷。 ⑲忌克而少威：忌才而刻薄，威望低。忌克，同“忌刻”。 ⑳分画不明：指挥部署不当。 ㉑适足以为吾奉也：正好是用来孝敬我的。奉，供给，进奉。 ㉒齐：王国名，治临淄。东安：县名，在今山东沂水县南。 ㉓于禁：字文则，泰山郡巨平（今山东泰安市）人，曹操部将。

【译文】

董卓的部将张济从关中逃往南阳。张济死了之后，他的侄子张绣统领了张济的部众。汉献帝建安二年春季正月，曹公抵达宛城。张绣向曹公投降，过后又后悔了，于是再次反叛。曹公与张绣作战，曹公的军队打了败仗，曹公被乱箭射中，曹公的长子曹昂、弟弟的儿子曹安民战死。曹公于是率军撤退到舞阴县。张绣率领骑兵来包抄舞阴，被曹公的军队击败。张绣逃往穰县，与刘表会合。曹公对诸将说：“我接受张绣等人的投降，失误之处就在于没有向他索要人质，以至于有此宛城之败。我已经知道了失败的原因。诸位看着吧，从今往后我不会再失败了。”遂返回许昌。

（汉献帝建安三年，秋七月）吕布又为袁术而派自己的部将高顺率军攻打刘备，曹公派遣夏侯惇救援刘备，夏侯惇出兵不利。刘备被高顺打败。九月，曹公亲自率军东征讨伐吕布。冬季十月，曹公攻克彭城，在彭城纵兵大肆屠杀，抓获了在吕布手下担任相的侯谐。曹公进兵来到下邳，吕布亲自率领骑兵迎战曹军。曹军大败吕布，活捉了吕布手下的勇将成廉。曹公的军队追击吕布一直追到下邳城下，吕布非常恐惧，就想投降曹操。陈宫等人阻止吕布，不让他投降，吕布遂向袁术求救，袁术劝说吕布出城与曹军交战，交战又失败，于是退回下邳坚守而不再出战，曹军攻打下邳，一时无法攻克。当时曹公率军连续作战，士卒都很疲惫，曹公就想撤军而回，后来曹公采用谋臣荀攸、郭嘉的计策，于是掘开泗水、沂水淹灌下邳城。一个多月以后，吕布手下的将领宋宪、魏续等人抓捕了陈宫，下邳全城向曹操投降，曹操活捉了吕布、陈宫，把他们全都杀死。

（汉献帝建安四年夏）这个时候大将军袁绍已经吞并了割据幽州的军阀公孙瓒，兼并了幽州、冀州、青州、并州四州之地，部众已达十多万人，便准备出兵进攻曹操的都城许昌。曹操属下的诸将都认为战胜不了袁绍，曹操说："我了解袁绍的为人，袁绍志大才疏且色厉内荏，表面严厉而内心怯懦，妒忌有才之士又刻薄少恩，缺少威望，兵力虽多而指挥部署不当，部将骄傲且又政令不统一，所占领的土地面积虽广，粮食储备虽然很多，这些正好是用来孝敬我的。"秋季八月，曹操率军进抵黎阳县，曹操派遣臧霸等人进入青州击败齐国、北海郡、东安县，留下部将于禁率军驻扎在河上。九月，曹操回到许昌，分兵守卫官渡。冬季十一月，张绣率领部众归降曹操，被封为列侯。十二月，曹操率军驻扎于官渡。

【原文】

袁术自败于陈，稍困，袁谭自青州遣迎之[①]。术欲从下邳北过，公遣刘备、朱灵要之[②]。会术病死。程昱、郭嘉闻公遣备，言于公曰："刘备不可纵[③]。"公悔，追之不及。备之未东也，阴与董承等谋反[④]，至下邳，遂杀徐州刺史车胄，举兵屯沛。遣刘岱、王忠击之，不克。

五年春正月[⑤]，董承等谋泄，皆伏诛[⑥]。公将自东征备，诸将皆曰："与公争天下者，袁绍也。今绍方来而弃之东[⑦]，绍乘人后[⑧]，若何？"公曰："夫刘备，人杰也，今不击，必为后患。袁绍虽有大志，而见事迟[⑨]，必不动也。"郭嘉亦劝公，遂东击备，破之，生禽其将夏侯博。备走奔绍，获其妻子[⑩]。备将关羽屯下邳，复进攻之，羽降。昌狶叛为备，又攻破之。公还官渡，绍卒不出。

二月，绍遣郭图、淳于琼、颜良攻东郡太守刘延于白马[⑪]，绍引兵至黎阳，将渡河。夏四月，公北救延。荀攸说公曰："今兵少不敌，分其势乃可[⑫]。公到延津[⑬]，若将渡兵向其后者，绍必西应之。然后轻兵袭白马，掩其不备[⑭]，颜良可禽也。"公从之。绍闻兵渡，即分兵西应之。公乃引军兼行趣白马，未至十馀里，良大惊，来逆战。使张辽、关羽前登[15]，击破，斩良。遂解白马围，徙其民，循河而西。绍于是渡河追公军，至延津南。公勒兵驻营南阪下[16]，使登垒望之[17]，曰："可五六百骑[18]。"有顷，复白[19]："骑稍多，步兵不可胜数。"公曰："勿复白。"乃令骑解鞍放马。是时，白马辎重就道[20]。诸将以为敌骑多，不如还保营[21]。荀攸曰："此所以饵敌[22]，如何去之！"绍骑将文丑与刘备将五六千骑前后至[23]。诸将复白："可上马。"公曰："未也。"有顷，骑至稍多，或分趣辎重[24]。公曰："可矣。"乃皆上马。时骑不满六百，遂纵兵击，大破之，斩丑。良、丑皆绍名将也，再战，悉禽，绍军大震[25]。公还军官渡。绍进保阳武[26]。关羽亡归刘备。

【注释】

①遣迎之：派人迎接袁术。 ②朱灵：字文博，清河郡（今河北清河东南）人，初随袁绍，后投曹操，官至后将军。 ③刘备不可纵：不可放手使用刘备去独当一面。 ④阴与董承等谋反：指刘备暗中与董承、种辑、吴子兰、王子服等人相结，奉献帝衣带诏，谋诛曹操事。 ⑤五年：建安五年。 ⑥伏诛：犯罪被杀。 ⑦弃之东：放开袁绍而东征刘备。 ⑧绍乘人后：袁绍将趁机抄我们的后路。 ⑨见事迟：见识时势和判断事机迟疑不决。 ⑩妻子：妻和子。 ⑪郭图：袁绍谋士。淳于琼、颜良：袁绍的大将。 ⑫分其势：分散袁绍正面推进的兵力。 ⑬延津：津名，在当时的白马、黎阳之西，黄河岸上的重要渡口。宋以后黄河改道，延津湮没。 ⑭掩：偷袭。 ⑮张辽：字文远，雁门马邑（今山西朔州市）人，曹操的名将。前登：先锋。 ⑯勒兵：统领军队。 ⑰登垒：登上营垒。 ⑱可：大约。 ⑲白：报告。 ⑳白马辎重就道：曹操从白马撤退的军资已经上了大路。 ㉑还保营：回到营寨中坚守。 ㉒饵：引诱。 ㉓前后至：指文丑、刘备两支军先后来到。 ㉔分趣：分头奔向。 ㉕大震：十分震惊。 ㉖阳武：县名，在今河南原阳县东南。

【译文】

袁术自从在陈地打了败仗之后，逐渐陷入困境，袁绍的长子袁谭从青州派人来迎接袁术。袁术准备从下邳县的北边经过前往青州，曹操派遣刘备、朱灵在途中截击袁术。碰巧袁术病死。曹操的谋臣程昱、郭嘉闻听曹操派遣刘备去截击袁术的消息，就对曹操说："不能放手刘备让他去独当一面。"曹操也感到很后悔，就派人去追赶刘备，可是已经追不回来了。刘备在没有被曹操派遣前往东方截击袁术之前，已经暗中与董承、种辑、吴子兰、王子服等人相结，奉汉献帝衣带诏，密谋杀掉曹操，刘备到了下邳之后，立即杀死了担任徐州刺史的车胄，他将军队屯驻在沛县。曹操派遣刘岱、王忠攻击刘备，没有取得胜利。

汉献帝建安五年春季正月，董承等密谋诛灭曹操的阴谋泄露，参与密谋的人都被以谋反罪诛杀。曹操准备亲自率军东征刘备，曹操手下的诸将都说："与主公争夺天下的人是袁绍。如今袁绍刚来而主公却放弃袁绍而东征刘备，如果袁绍趁机抄我们的后路，那该怎么办呢？"曹操对诸将说："刘备，是人中的雄杰，现在不去剿灭他，必将成为后患。袁绍虽然也有很大的志向，而分析形势和判断事机总是迟疑不决，他一定不会有什么行动。"谋臣郭嘉也赞同曹操东征刘备，曹操于是率军东征刘备，将刘备打败，活捉了刘备的部将夏侯博。刘备逃走去投奔袁绍，曹操抓获了刘备的妻子和儿子。刘备的将领关羽率军屯扎在下邳，曹操又率军攻打下邳，关羽兵败投降了曹操。昌豨为了刘备而背叛了曹操，曹操又将昌豨打败。曹操获胜之后回到官渡，袁绍始终没有出兵。

二月，袁绍派遣郭图、淳于琼、颜良率军前往白马县攻打东郡太守刘延，袁绍率军抵达黎阳，准备渡过黄河。夏季四月，曹操率军向北救援刘延。荀攸劝阻曹操说："现在我军的兵力少敌不过袁绍，但是分散袁绍正面推进的兵力还是可以的。主公率领人马前往延津渡口，佯装准备渡过黄河绕到袁绍军队后方的样子，袁绍必定会率军西进迎战主公。然后我们出动轻骑兵袭击白马县，攻其不备，颜良就可以被我军活捉了。"曹操听从了荀攸的建议。袁绍得知了曹军即将在延津渡河的消息，立即分兵西进迎击曹军。曹操遂率军日夜兼行赶赴白马县，距离白马县只有十余里的时候，袁绍的部将颜良才得知消息，颜良大惊失色，仓促率军出来迎战。曹操派手下大将张辽、关羽为先锋，他们击败了袁军，斩杀了颜良。于是解救了白马之围，然后将白马县的百姓迁徙出来，沿着黄河西进。袁绍于是率军渡过黄河追击曹军，一直追到延津以南。曹操率领军队在南阪下扎下营寨，派人登上营垒瞭望袁绍的追兵，说："有五六百名骑兵。"过了一会儿又奏报说："骑兵越来越多，步兵多得数不过来。"曹操说："不要再来奏报了。"曹操竟然下令骑兵解下马鞍就地放牧战马。当时，曹操从白马县撤退的军用物资已经上了大路。诸将都认为袁绍的骑兵很多，不如撤回到营寨中坚守。荀攸说："这样做是为了引诱敌人上钩，怎么可以离开这里退回营寨中呢？"袁绍手下的骑兵将领文丑与刘备率领五六千骑兵先后赶到。诸将又奏请曹操说："可以上马了吧。"曹操说："还不到时候。"又过了一会儿，袁绍的骑兵越来越多了，有的竟然直接奔向曹军的军用物资。曹操说："可以上马了。"于是全都上马。当时曹操手下的骑兵不足六百人，于是纵马向敌人发起攻击，大破袁军，斩杀了袁绍手下的大将文丑。颜良、文丑都是袁绍手下的名将，只两仗，就将二人全部斩杀，袁绍的军队非常震惊恐慌。曹操率军回到官渡。袁绍率军进驻阳武县。

关羽逃离曹军前往投奔刘备。

【原文】

八月，绍连营稍前，依沙埴为屯①，东西数十里。公亦分营与相当，合战不利②。时公兵不满万，伤者十二三。绍复进临官渡③，起土山地道。公亦于内作之④，以相应。绍射营中，矢如雨下，行者皆蒙楯⑤，众大惧。时公粮少，与荀彧书，议欲还许。彧以为"绍悉众聚官渡，欲与公决胜败。公以至弱当至强⑥，若不能制⑦，必为所乘⑧，是天下之大机也⑨。且绍，布衣之雄耳⑩，能聚人而不能用。夫以公之神武明哲而辅以大顺⑪，何向而不济⑫！"公从之。

孙策闻公与绍相持，乃谋袭许，未发，为刺客所杀。

袁绍运谷车数千乘至，公用荀攸计，遣徐晃、史涣邀击⑬，大破之，尽烧其车。公与绍相拒连月⑭，虽比战斩将⑮，然众少粮尽，士卒疲乏。公谓运者曰："却十五日为汝破绍⑯，不复劳汝矣。"冬十月，绍遣车运谷，使淳于琼等五人将兵万馀人送之，宿绍营北四十里。绍谋臣许攸贪财，绍不能足，来奔，因说公击琼等。左右疑之，荀攸、贾诩劝公⑰。公乃留曹洪守，自将步骑五千人夜往，会明至。琼等望见公兵少，出陈门外。公急击之，琼退保营，遂攻之。绍遣骑救琼，左右或言"贼骑稍近，请分兵拒之。"公怒曰："贼在背后，乃白！"士卒皆殊死战，大破琼等，皆斩之。绍初闻公之击琼，谓长子谭曰："就彼攻琼等，吾攻拔其营，彼固无所归矣！"乃使张郃、高览攻曹洪⑱。郃等闻琼破，遂来降。绍众大溃，绍及谭弃军走，渡河。追之不及，尽收其辎重图书珍宝，虏其众⑲。公收绍书中，得许下及军中人书，皆焚之。冀州诸郡多举城邑降者。

【注释】

①沙埴：沙堆。埴，同"堆"。②合战：交战。③进临：进逼。④内作之：曹军也在营垒之内相应地起土山地道。⑤蒙楯：以盾遮身。楯，同"盾"。⑥至弱当至强：以极弱抗衡极强。⑦制：制服。⑧必为所乘：一定会被袁绍趁机战胜。⑨大机：决定成败的关键。⑩布衣之雄：平庸人的首领。⑪神武明哲：神圣、威武、英明、智慧。大顺：指以奉承天子之名义

讨伐叛逆。 ⑫济：成功。 ⑬徐晃、史涣：曹操部将。 ⑭连月：数月。建安五年，袁曹相持于官渡，从二月至八月，历时半年之久。 ⑮比战：接连交战。 ⑯却十五日：从今退后十五日，即再过十五日。 ⑰贾诩：曹操谋士。 ⑱张郃（hé）、高览：袁绍部将。张郃，字儁乂，河间鄚县（今河北任丘北）人，河北名将。 ⑲虏：俘获。

【译文】

八月，袁绍率军渐渐向前移动，营寨一个连着一个，依傍着沙堆安营扎寨，东西向连绵数十里。曹操也按照相当的阵势将军队分营部署，曹军与袁军交战不利。当时曹操的兵力不足一万，伤残的占了十分之二三。袁绍再次进军进逼官渡，堆土山挖地道。曹操也在自己的营垒内相应地堆土山挖地道，与袁绍的军队相持。袁军向曹营中射箭，箭如雨下，在营中行走的人都得举着盾牌来遮蔽身体，众人都非常恐惧。当时曹军中粮食很少，曹操便写信给谋臣荀彧，商议想要返回许昌。荀彧认为："袁绍把他所有的军队都聚集到了官渡，准备与主公决一胜负。主公以极弱的军队来抗衡极强的军队，如果不能克敌制胜，就一定会被袁军趁机灭掉，这是决定成败的关键。况且袁绍，只是一个平庸人的首领，他能把人聚集起来却不能使用这些人。而主公凭借着自己的神圣、勇武、英明、智慧，再加上奉天子之名义讨伐叛逆，大军所向如何不能成功呢？"曹操听从了荀彧的意见。

占据江东的孙策听到曹操与袁绍在官渡相持的消息，遂谋划趁机袭击曹操的都城许昌，但是还没等到发兵，孙策就被刺客杀死了。

袁绍有数千辆运粮车前往官渡，曹操采用荀攸的计策，派遣部将徐晃、史涣率军前去截击，大败袁军，将其运粮车全部烧毁。曹操与袁绍在官渡相持数月之久，虽然接连交战斩杀了敌将，然而曹军中兵少粮尽，士卒疲惫不堪。曹操对运粮官说："从现在开始算起，再过十五天我一定为你打败袁绍，就不再辛苦你了。"冬季十月，袁绍派遣车辆为军队运送粮秣，他派属下淳于琼等五位将领率领一万多人担任护送军粮的任务，淳于琼等在距离袁绍大营北边四十里的地方宿营。袁绍的谋臣许攸贪图钱财，而袁绍不能满足他的贪欲，于是，许攸就背叛袁绍来投奔曹操，趁机劝说曹操出兵截击淳于琼等袁绍的运粮部队。曹操身边的人都对许攸持怀疑态度，谋臣荀攸、贾诩则劝说曹操。曹操于是留下曹洪坚守营寨，亲自率领步兵、骑兵共五千人马连夜前往，正好天亮的时候赶到。淳于琼等人望见曹操带领的人马很少，就率军来到营寨门外。曹操指挥军队紧急攻打，淳于琼退回营寨坚守，曹军遂向淳于琼的营寨发起攻击。袁绍派骑兵前来救援淳于琼，曹操身边的人说："敌人前来救援的骑兵越来越近了，赶紧分出一部分兵力去抵抗他们。"曹操怒声说："等到贼兵到了背后的时候，再来报告！"曹军士卒全都拼力死战，遂将淳于琼等打得大败，将淳于琼等五位将领以及他们率领的一万多人全部杀死。袁绍一开始听到曹操亲自率军攻打淳于琼的时候，就对他的长子袁谭说："趁着曹操进攻淳于琼等的机会，我率军去攻占曹操的军营，曹操肯定就无处可归了！"于是派遣张郃、高览率军攻打镇守大本营的曹洪。张郃等人听到淳于琼被曹军消灭的消息，于是便来投降了曹操。袁绍的军队于是大溃败，袁绍和他的长子袁谭丢下军队逃走，逃过了黄河。曹操率军虽然没有追上袁绍，然而却将袁绍军中所有的物资、图书、珍宝全部收缴，袁绍的部众也被曹军俘获。曹操在所缴获的袁绍的往来书信中，得到了许昌和自己所率领的军队中一些人写给袁绍的书信，曹操把这些书信全部烧毁。冀州辖下的各郡有许多城邑投降了曹操。

【原文】

六年夏四月①，扬兵河上②，击绍仓亭军③，破之。绍归，复收散卒，攻定诸叛郡县。九月，公还许。绍之未破也，使刘备略汝南④，汝南贼共都等应之⑤。遣蔡扬击都，不利，为都所破。公南征备。备闻公自行，走奔刘表，都等皆散。

（七年）⑥绍自军破后，发病欧血，夏五月死。小子尚代⑦，谭自号车骑将军，屯黎阳。秋九月，公征之，连战。谭、尚数败退，固守。

八年春三月⑧，攻其郭⑨，乃出战，击，大破之，谭、尚夜遁。夏四月，进军邺。五月还许，留贾信屯黎阳。

【注释】

①六年：建安六年，201 年。 ②扬兵：炫耀兵力。 ③仓亭：黄河古渡口，即仓亭津，在今山东阳谷县境内。 ④汝南：郡名，东汉时治平舆，在今河南平舆北。 ⑤共都：汝南黄巾军首领。 ⑥七年：建安七年,202 年。 ⑦小子尚代：由小儿子袁尚代领冀州牧。 ⑧八年：建安八年,203 年。 ⑨郭：指黎阳外城。

【译文】

汉献帝建安六年夏季四月，曹操在黄河上炫耀武力，袭击了袁绍驻扎在仓亭的军队，将袁军打败。袁绍回到邺城以后，又召集起那些离散的士卒，去进攻、平定那些背叛了自己的郡县。九月，曹操回到许昌。袁绍在没有被曹操打败之前，派遣刘备去夺取汝南，盘踞在汝南的黄巾军余党首领共都等人响应刘备。曹操派蔡扬攻打共都，没有取胜，反而被共都打败。曹操于是亲自率军前往汝南征讨刘备。刘备得知曹操亲自率军前来，便逃离汝南投奔荆州的刘表去了，共都等人也都四处逃散。

（汉献帝建安七年）袁绍自从被曹操打败之后，便发病吐血，到了夏季五月就死了。袁绍的小儿子袁尚接替袁绍做了冀州牧，袁绍的长子袁谭自称车骑将军，率军驻扎在黎阳。秋季九月，曹操出兵征讨袁氏兄弟，连续交战。袁谭、袁尚数次被打败，于是退入黎阳城内坚守。

汉献帝建安八年春季三月，曹操率军攻打黎阳的外城，袁氏兄弟这才出兵应战，曹军出击，将袁氏兄弟打得大败，袁谭、袁尚连夜逃走。夏季四月，曹军进军邺城。五月曹操回到许昌，留下贾信驻守黎阳。

【原文】

己酉①，令曰："司马法'将军死绥'②，故赵括之母，乞不坐括。③是古之将者，军破于外，而家受罪于内也。自命将征行④，但赏功而不罚罪，非国典也⑤。其令诸将出征，败军者抵罪⑥，失利者免官爵。"

秋七月，令曰⑦："丧乱已来，十有五年⑧，后生者不见仁义礼让之风⑨，吾甚伤之。其令郡国各修文学⑩，县满五百户置校官⑪，选其乡之俊造而教学之⑫，庶几先王之道不废⑬，而有以益于天下。"

八月，公征刘表，军西平。公之去邺而南也，谭、尚争冀州⑭，谭为尚所败，走保平原。尚攻之急，谭遣辛毗乞降请救⑮。诸将皆疑，荀攸劝公许之，公乃引军还⑯。冬十月，到黎阳，为子整与谭结婚⑰。尚闻公北，乃释平原还邺。东平吕旷、吕翔叛尚，屯阳平⑱，率其众降，封为列侯。

【注释】

①己酉：建安八年五月廿五日。　②司马法：司马是古代主持军政、执行军法的官职。战国时，齐威王命令将古代司马所执行的军事法令汇编成书，名为《司马法》。其中包括齐景公时将军司马穰苴的著作，所以又名《司马穰苴兵法》。将军死绥（suí）：将军临阵退却要处死刑。绥，畏缩，退却。　③赵括之母，乞不坐括：赵括是战国时赵国名将赵奢的儿子，自幼熟读兵书，但却没有实战经验。秦国进攻赵国，赵王要用赵括代替名将廉颇去抵御秦军，赵括的母亲反对这个决定，认为赵括不爱惜士卒，又没有实战经验，一定会打败仗。赵王不听。她就要求，如果赵括失败，不能连累她。赵王答应了。结果赵括果然大败，赵军全部覆灭。赵括的母亲因为有话在先，得免于治

罪。事详《史记》卷八十一《廉颇蔺相如列传》。乞，请求。坐，连坐。古代法律，一人犯法，亲族一起治罪，称为连坐。④征行：发兵出征。⑤国典：国家的正法。⑥抵罪：按法律治罪。⑦令曰：此为建安八年七月曹操所下《修学令》。⑧十有五年：指从中平六年至建安八年（189—203），正好十五年。有，读“又”。古人计数整十与个数之间加“有”。⑨后生者：年轻人。仁义礼让：各种封建礼俗及道德观念。⑩修：研习。文学：指儒家经学。⑪校官：学官。⑫俊造：俊士与造士之省称，指才学优秀的人，见《礼记·王制》。⑬庶几：也许，差不多。⑭谭、尚争冀州：指袁谭与袁尚争邺城。袁绍偏爱少子尚，使领冀州，中子熙领幽州，甥高幹领并州，造成部将各有彼此。袁绍死后，谭、尚内讧，曹操乘机歼灭了袁氏集团。⑮辛毗（pí）：袁绍谋士，党袁谭，后投曹操。传见《三国志》卷二十五《魏书》二十五。⑯引军还：曹操从西平率军北返。⑰为子整与谭结婚：曹操为子曹整和袁谭的女儿结亲。⑱阳平：县名，在今山东莘县。

【译文】

建安八年五月二十五日是己酉日，曹操颁布命令说：“古代的军事法令汇编《司马法》中有这样的规定：‘将军临阵退却要被处以死刑’，所以战国末期赵括的母亲在赵括被赵王任命为将去抵御秦军的时候，请求赵王，如果赵括作战失败受到处罚的时候自己不要受到连累。这就是古代的将领，如果在外面打了败仗，他的家属在国内也要受到惩罚的例证。自从任命将领率军出征之后，只有立功受赏而没有失败受罚，这不是国家的正法。（从今往后）诸将出征，打仗失败的要按照法律治罪，作战不利的要免去官职和爵位。”

（汉献帝建安八年）秋季七月，曹操下令说：“自从国家丧乱以来，到现在已经有十五年了，现在的年轻人没有看到过仁义礼让的社会风气，我为此感到很悲伤。现在下令各郡各国都要研习儒家经学，凡是满五百户的县要设置主管研习经学的校官，选择本乡那些才学优秀的人当老师来教育年轻人研习经学，先王之道差不多就不会废掉了，如此一来肯定会有益于天下。”

建安八年八月，曹操率兵征伐荆州刘表，军队驻扎在西平县。在曹操离开邺城南下返回许昌的时候，袁绍的长子袁谭、少子袁尚为争夺冀州而互相攻杀，袁谭被袁尚打败，逃往平原县坚守。袁尚攻打平原，攻势很猛，袁谭派遣曾经担任袁绍谋士的辛毗向曹操投降并请求出兵救援。曹操手下诸将都对袁谭的诚意表示怀疑，只有谋士荀攸劝说曹操接受袁谭的投降并答应出兵相救，于是曹操率军离开西平北返。冬季十月，曹操到达黎阳，为自己的儿子曹整与袁谭的女儿结亲。袁尚听说曹操已经北还，便放弃攻打平原返回邺城。东平郡的吕旷、吕翔率众背叛了袁尚，屯驻在阳平县，并率领其部众投降曹操，被封为列侯。

【原文】

（九年）[①]春二月，尚复攻谭，留苏由、审配守邺。公进军……攻邺……尚走中山[②]。八月，审配兄子荣夜开所守城东门内兵[③]。配逆战，败，生禽配，斩之，邺定。公临祀绍墓，哭之流涕；慰劳绍妻，还其家人宝物，赐杂缯絮[④]，廪食之[⑤]。

初，绍与公共起兵，绍问公曰："若事不辑，则方面何所可据？[⑥]"公曰："足下意以为何如？"绍曰："吾南据河，北阻燕、代[⑦]，兼戎狄之众[⑧]，南向以争天下，庶可以济乎？"公曰："吾任天下之智力[⑨]，以道御之[⑩]，无所不可。"

九月，令曰[⑪]："河北罹袁氏之难[⑫]，其令无出今年租赋！"重豪强兼并之法[⑬]，百姓喜悦。天子以公领冀州牧，公让还兖州。

【注释】

①九年：建安九年，204年。 ②中山：王国名，治卢奴县，在今河北定州市。袁尚回救邺城，兵败退保中山。 ③内：同"纳"。 ④赐杂缯絮：赠送绍妻各色丝绸丝絮。 ⑤廪食之：由官府供给生活费。 ⑥若事不辑，则方面何所可据：若起事不成功，那么以什么地方作为根据地呢？辑，同"集"，成功。方面，指地盘。 ⑦阻：凭靠。燕、代：河北北部及山西东部一带地区，在春秋时为燕、代二国。 ⑧兼戎狄之众：联合戎狄的力量。兼，并吞，这里指联合。袁绍据河北四州，与北方的三郡乌丸及匈奴联姻，借为外援。戎狄，泛指北方各少数民族。 ⑨任天下之智力：使用全天下人的智慧和力量。 ⑩以道御之：用正道驾驭天下。 ⑪令曰：此建安九年九月曹操所下《收租调令》。 ⑫罹（lí）：遭受。 ⑬重豪强兼并之法：严厉推行打击豪强兼并的政策。

【译文】

（汉献帝建安九年）春季二月，袁尚再次出兵攻打袁谭，他留下苏由、审配守卫邺城。曹操率军……攻打邺城……袁尚被袁谭打败逃往中山。八月，审配哥哥的儿子审荣将自己守卫的邺城东门打开，放曹军入城。审配迎战曹军，战败，曹军将审配活捉，曹操将审配斩首，邺城遂被曹军平定。曹操亲自到袁绍墓前祭奠，他痛哭流涕；又慰问袁绍之妻，并将宝物返还给袁绍的家人，还赠送给袁绍之妻各色丝绸丝絮，并由官府为其提供生活费。

当初，袁绍和曹操共同起兵讨伐董卓，袁绍问曹操说："如果起事不能成功，那么你将以什么地方作为根据地呢？"曹操回答说："你认为哪里合适呢？"袁绍说：

“我南有黄河之险可以凭借，北有燕国、代国可以依靠，兼有戎狄等少数民族作为外援，如果我挥师南下以争夺天下，差不多是可以成功的吧？”曹操回答说：“我将依靠全天下之人的智慧和力量，用正道驾御天下，将无往而不胜。”

（汉献帝建安九年）九月，曹操下令说：“河北地区遭遇袁氏兄弟战乱之苦，那就免除河北地区人民今年的租赋！”严厉推行打击豪强兼并的政策，百姓都很高兴。汉献帝任命曹操代理冀州牧，曹操让出兖州。

【原文】

公之围邺也，谭略取甘陵、安平、勃海、河间。尚败，还中山。谭攻之，尚奔故安，遂并其众。公遗谭书①，责以负约，与之绝婚，女还，然后进军。谭惧，拔平原②，走保南皮。十二月，公入平原，略定诸县。

十年春正月③，攻谭，破之，斩谭，诛其妻子，冀州平。下令曰：“其与袁氏同恶者④，与之更始⑤。”令民不得复私仇⑥，禁厚葬，皆一之于法⑦。是月，袁熙大将焦触、张南等叛攻熙、尚，熙、尚奔三郡乌丸⑧。触等举其县降，封为列侯。

九月，令曰⑨：“阿党比周⑩，先圣所疾也。闻冀州俗，父子异部，更相毁誉。昔直不疑无兄⑪，世人谓之盗嫂⑫；第五伯鱼三娶孤女⑬，谓之挝妇翁⑭；王凤擅权⑮，谷永比之申伯⑯；王商忠议⑰，张匡谓之左道⑱：此皆以白为黑，欺天罔君者也⑲。吾欲整齐风俗，四者不除，吾以为羞。”

【注释】

①公遗（wèi）谭书：曹操送给袁谭一封信。 ②拔平原：从平原退走。拔，开拔，退走。③十年：建安十年，205年。 ④同恶者：共同作恶的人，即同党。 ⑤与之更始：给他们一个重新做人的机会。 ⑥复私仇：报私仇。 ⑦一之于法：以法令为统一的准绳。 ⑧三郡乌丸：指居辽东、辽西、右北平三郡的乌丸民族。辽东郡，治襄平，在今辽宁辽阳市。辽西郡，治阳乐，在今辽宁义县西。右北平，治土垠，在今河北唐山市丰润区东南。乌丸，也写作乌桓，北方少数民族之一，传见《三国志》卷三十《魏书》三十。 ⑨令曰：这是建安十年九月曹操所下的《整齐风俗令》。 ⑩阿党：结党营私。比周：互相勾结。 ⑪直不疑：西汉南阳人，文帝时参加平定吴楚的战争。景帝时任御史大夫，封塞侯。传见《汉书》卷四十六。 ⑫盗嫂：与嫂私通。 ⑬第五伯鱼：第五伦，字伯鱼，东汉初人，曾任会稽太守。章帝时，升司空。传见《后汉书》卷四十一。

⑭挝（zhuā）妇翁：殴打岳父。挝，打。《后汉书·第五伦列传》载，光武帝曾问伦曰："闻卿为吏，挝妇翁……宁有之邪？"伦对曰："臣三娶妻，皆无父。" ⑮王凤：字孝卿，西汉元帝皇后弟，成帝时任大司马大将军领尚书事，子弟满朝，专权用事。 ⑯谷永：字子云，王凤死党，官至大司农。传见《汉书》卷八十五。申伯：周宣王母舅，申国国君，安抚南方诸侯有功。 ⑰王商：西汉人，曾任丞相。成帝时，对王凤专权表示不满，遭陷害免职。传见《汉书》卷八十二。⑱张匡：西汉人，曾任大中大夫，在王凤授意下，劾奏王商"执左道以乱政"。 ⑲罔：欺骗，蒙蔽。

【译文】

曹操包围邺城的时候，袁谭攻占了甘陵县、安平国、勃海郡、河间国等地。袁尚兵败后逃回中山。袁谭率军攻打中山，袁尚逃往故安，袁谭遂收编了袁尚的部众。曹操写信给袁谭，责备他没有履行约定，遂与袁谭解除了儿女婚约，将袁谭的女儿送还袁谭之后，曹操出兵进击袁谭。袁谭畏惧曹操，就从平原退走，逃往南皮据守。十二月，曹操率军进入平原县，顺势平定了附近诸县。

汉献帝建安十年春季正月，曹操出兵攻打据守南皮的袁谭，将袁谭打败，斩杀了袁谭，诛杀了袁谭之妻和他的儿女，冀州被曹操平定。曹操下令说："那些与袁氏兄弟一同作恶的人，我给他一个重新做人的机会。"下令民众不得为私仇而进行报复，严格禁止厚葬，一切都要以法令为统一的标准。本月中，在袁绍二儿子袁熙属下担任大将的焦触、张南等发动叛乱，他们率众攻打袁熙、袁尚，袁熙、袁尚抵敌不住，遂投奔占据着辽东、辽西、右北平三郡的乌丸人去了。焦触等人交出所占据之县投降了曹操，被封为列侯。

（汉献帝建安十年）九月，曹操下令说："结党营私、互相勾结，是先圣所痛恨的。听说冀州的风俗，父亲和儿子如果不在同一个部门，就会互相指责、说对方的坏话。西汉时期的直不疑因为目无兄长，世人就说他与自己的嫂子私通；东汉初期的第五伦曾经三次娶孤女为妻，而世人却说他是殴打岳父的人；西汉时期的王凤专擅朝权，王凤的死党谷永却把他比作周宣王时期安抚诸侯有功的申伯，西汉时期担任丞相的王商因为发表了忠诚的议论，竟然被担任大中大夫的王匡以'执左道以乱政'的罪名进行弹劾；这些都是颠倒黑白，欺骗上天蒙蔽君主的例证。我想要整顿风俗，以上这四种现象如果得不到彻底清除，我会为此而感到羞耻。"

【原文】

冬十月，公还邺。

初，袁绍以甥高幹领并州牧[①]，公之拔邺，幹降，遂以为刺史。幹闻公讨乌丸，乃以州叛，执上党太守，举兵守壶关口。遣乐进、李典击之[②]，幹还守壶关城。十一年春正月，公征幹。幹闻之，乃留其别将守城，走入匈奴，求救于单于[③]，单于不受。公围壶关三月，拔之，幹遂走荆州，上洛都尉王琰捕斩之[④]。

十二年春二月，丁酉[⑤]，令曰："吾起义兵诛暴乱[⑥]，于今十九年，所征必克，岂吾功哉？乃贤士大夫之力也[⑦]，天下虽未悉定，吾当要与贤士大夫共定之；而专飨其劳，吾何以安焉！其促定功行[⑧]。"于是大封功臣二十馀人，皆为列侯，其馀各以次受封，及复死事之孤[⑨]，轻重各有差[⑩]。

将北征三郡乌丸，诸将皆曰："袁尚，亡虏耳，夷狄贪而无亲，岂能为尚用？今深入征之，刘备必说刘表以袭许。万一为变，事不可悔。"惟郭嘉策表必不能任备[⑪]，劝公行。夏五月，至无终[⑫]。秋七月，大水，傍海道不通[⑬]，田畴请为乡导[⑭]，公从之。引军出卢龙塞[⑮]，塞外道绝不通，乃堑山堙谷五百馀里，经白檀[⑯]，历平冈[⑰]，涉鲜卑庭[⑱]，东指柳城[⑲]。

【注释】

①并州：州治晋阳，在今山西太原市西南。 ②乐进、李典：曹操部将。乐进传见《三国志》卷十七《魏书》十七。李典传见《三国志》卷十八《魏书》十八。 ③单于：匈奴君长。 ④上洛：郡名，治上洛，在今陕西商洛市商州区。都尉：郡都尉，佐郡守掌郡兵。 ⑤丁酉：建安十二年二月初五。是日，曹操下《封功臣令》。 ⑥起义兵诛暴乱：指中平六年起兵讨董卓至建安十二年已历时十九年。 ⑦贤士大夫：指立功的谋臣武将。 ⑧促：速。 ⑨复：免除租税徭役。死事之孤：为国而死的将士之子。 ⑩差：等级。 ⑪策：推断。 ⑫无终：县名，在今天津蓟州区。 ⑬傍海道：靠海的道路。 ⑭乡导：向导。 ⑮卢龙塞：古要塞名，在今河北喜峰口附近。 ⑯白檀：西汉县名，东汉省，在今河北滦平县东北。 ⑰平冈：西汉县名，东汉省，在今辽宁凌源市西南。 ⑱涉鲜卑庭：进入鲜卑人的区域。鲜卑，北方少数民族之一，《三国志》与乌丸同传。 ⑲柳城：西汉县名，东汉省，在今辽宁朝阳南。

【译文】

建安十年冬季十月，曹操回到邺城。

当初，袁绍任命自己的外甥高幹为并州牧，在曹操攻克邺城的时候，高幹投降了曹操，曹操便任命高幹为刺史。高幹得知曹操出兵讨伐乌丸后，就以并州为依托背叛了曹操，高幹抓捕了上党太守，出兵护卫壶关口。曹操派遣部将乐进、李典率军攻打高幹，高幹退入壶关城坚守。建安十一年春季正月，曹操亲自率军征讨高幹。高幹听到曹操亲征的消息，就留下一支部队的将领守卫壶关城，自己逃往匈奴，向匈奴单于求救，匈奴单于没有接受高幹的请求。曹军围攻壶关城围了三个月，终于将壶关城攻克，高幹于是逃往荆州，担任上洛郡都尉的王琰将高幹抓获，并将其斩首。

建安十二年春季二月，初五是丁酉日，曹操下令说："我从当初起义兵讨伐董卓之乱，到现在已经十九年了，我所要征讨的攻无不克，这难道是我的功劳吗？而是依靠了诸位贤能的士大夫的力量，现在天下虽然还没有全部平定，但我要与诸位贤能的士大夫一起平定天下；而专门将这个功劳归功于我，我怎能心安理得呢？那就赶紧论功行赏。"于是一下子就封赏了二十多名功臣，全都封为列侯，其他的文臣武将全都按照等级接受封赏，以及免除那些为国而死的将士之子的租税和徭役，或轻或重各有等差。

曹操准备出兵北征占据辽东、辽西、右北平三郡的乌丸人，曹操手下的诸将都说："袁尚，只是一个逃亡的俘虏罢了，而那些乌丸人生性贪婪而不顾亲情，怎么会被袁尚所利用呢？如果我军深入三郡征讨袁尚，刘备一定会劝说荆州的刘表出兵袭击许昌。万一有不可预料的事情发生，后悔可就来不及了。"只有谋臣郭嘉推断刘表必定不能听用刘备，所以极力劝说曹操出征乌丸。夏季五月，曹操所率大军到达无终县。秋季七月，发生了大洪水，靠近沿海的道路无法通行，田畴请求为大军担任向导，曹操批准了田畴的请求。田畴引导大军走出了卢龙塞，而卢龙塞以外的道路仍然断绝无法通行，于是曹操大军就自己挖山填谷五百多里，走过了白檀、历经了平冈，进入鲜卑人占领的地区，然后向东直指柳城。

【原文】

未至二百里，虏乃知之。尚、熙与蹋顿、辽西单于楼班、右北平单于能臣抵之等将数万骑逆军。八月，登白狼山[①]，卒与虏遇[②]，众甚盛。公车重在后[③]，被甲者少[④]，左右皆惧。公登高，望虏陈不整[⑤]，乃纵兵击之，使张辽为先锋，虏众大崩，斩蹋顿及名王已下[⑥]，胡、汉降者二十馀万口。辽东单于速仆丸及辽西、北平诸豪[⑦]，弃其种人[⑧]，与尚、熙奔辽东，众尚有数千骑。初，辽东太守公孙康恃远不服[⑨]。及公破乌丸，或说公遂征之，尚兄弟可禽也。公曰："吾方使康斩送尚、熙首，不烦兵矣。"九月，公引兵自柳城还，康即斩尚、熙及速仆丸等，传其首[⑩]。诸将或问："公还而康斩送尚、熙，何也？"公曰："彼素畏尚等，吾急之则并力，缓之则自相图，其势然也。"十一月至易水⑪，代郡乌丸行单于普富卢、上郡乌丸行单于那楼将其名王来贺⑫。

十三年春正月⑬，公还邺，作玄武池以肄舟师⑭。汉罢三公官，置丞相、御史大夫。夏六月，以公为丞相。⑮

秋七月，公南征刘表。八月，表卒，其子琮代⑯，屯襄阳⑰，刘备屯樊⑱。九月，公到新野⑲，琮遂降，备走夏口⑳。公进军江陵㉑，下令荆州吏民，与之更始。乃论荆州服从之功㉒，侯者十五人，以刘表大将文聘为江夏太守㉓，使统本兵㉔，引用荆州名士韩嵩、邓义等㉕。益州牧刘璋始受征役㉖，遣兵给军。十二月，孙权为备攻合肥㉗。公自江陵征备，至巴丘㉘，遣张憙救合肥。权闻憙至，乃走。公至赤壁㉙，与备战，不利。于是大疫，吏士多死者，乃引军还。备遂有荆州、江南诸郡㉚。

【注释】

①白狼山：今名白鹿山，在今辽宁喀喇沁左翼蒙古族自治县。 ②卒（cù）：同"猝"，突然。 ③车重：军资辎重。 ④被甲者少：穿甲胄的战斗人员不多。 ⑤虏陈不整：敌人的战斗队形松散。整，严整。 ⑥蹋顿（？—207）：东汉末年辽西乌桓首领，乌桓大人丘力居从子，总摄三王部。骁勇善战，才略过人。后来，曹操亲自出征，在柳城白狼山之战大破乌桓，蹋顿在此战中被曹操的先锋张辽临阵斩杀。名王：部族中有名的大豪酋。《汉书·宣帝纪》颜师古注："名王者，谓有大名，以别诸小王也。" ⑦北平：右北平之省称。 ⑧种人：指乌丸各部族人。 ⑨公孙康：汉末割据辽东的公孙度之子，传附度传，见《三国志》卷八《魏书》八。 ⑩传其首：指袁尚等人的首级经驿站传送到京师许昌。 ⑪易水：水名，在今河北西部，源出河北易县，东注于拒马河。 ⑫代郡：郡名，治高柳，在今山西阳高县。上郡：郡名，治肤施，在今陕西榆林东南。 ⑬十三年：建安十三年。 ⑭作玄武池以肄舟师：造玄武池训练水军。这是曹操做南征的准备。玄武池，在今河北临漳县邺城镇西，早已堙废。 ⑮汉罢三公官……以公为丞相：西汉以丞相、御史大夫、太尉为三公。丞相佐皇帝总理百官，御史大夫为副丞相，监察百官，太尉掌军权。东汉废丞相、御史大夫，以太尉、司徒、司空为三公，而实权归尚书。曹操以汉献帝名义废三公，复置丞相、御史大夫，并自领丞相，于是总揽朝政。 ⑯琮：刘表少子刘琮。刘表死，荆州将蔡瑁、张允等奉刘琮为嗣，刘表长子刘琦不得立。刘琮、刘琦有隙，曹操南征，刘琮不战而降。 ⑰襄阳：刘表驻牧荆州，治襄阳，在今湖北襄阳市。 ⑱樊：樊城，与襄阳隔汉水相对，今襄阳市。 ⑲新野：县名，在今河南新野县。 ⑳夏口：又称沔口、鲁口，即汉水入江之口，故城在今武汉三镇之汉口市。

㉑ 江陵：县名，为当时南郡治所，在今湖北荆州市江陵县西北。 ㉒ 论：评定。服从之功：归服之功。 ㉓ 文聘：字仲业，南阳宛人。 ㉔ 本兵：原有的部曲和士兵。 ㉕ 名士：汉末名士，一般是享有清名的儒学大师。 ㉖ 益州：州治成都，在今四川成都市。刘璋：益州牧刘焉之子，继父任州牧。始受征役：开始接受朝廷的征兵和纳税任务，即归服曹操。 ㉗ 孙权为备攻合肥：曹操发动赤壁之战，推助孙刘结盟，孙权答应战后荆州归刘，所以赤壁之战孙刘联军主力虽是江东兵，按同盟义务，是助刘攻操。赤壁之战在十月，孙权攻合肥在其后，因是配合赤壁之战，所以这里作交叉叙述。合肥：县名，在今安徽合肥市。这里是曹操的淮南重镇，曹孙于此多次发生大战。 ㉘ 巴丘：山名，在今湖南岳阳县境。 ㉙ 赤壁：山名，在今湖北赤壁市西北长江南岸。 ㉚ 荆州、江南诸郡：荆州辖境当今两湖及河南、贵州、两广之一部分。江南诸郡，为武陵、长沙、桂阳、零陵四郡。

【译文】

再有二百余里就要到达柳城的时候，三郡的乌丸人才得知曹操率领大军已经到来的消息。袁尚、袁熙与蹋顿、辽西单于楼班、右北平单于能臣抵之等人率领数万骑兵前来迎战曹军。八月，曹军登上白狼山的时候，突然遭遇了乌丸的大军，敌人人数众多。曹操运送粮秣等军用物资的车队还在后面，身穿甲胄能够参加战斗的人员不多，曹操身边的人都很恐惧。曹操登上高处，望见敌人的战斗队形很松散，于是就出动士卒迎击敌人，派张辽为先锋，敌众立即崩溃，这一仗斩杀了蹋顿以及敌虏中有名的大豪酋以下的诸多小王，胡人、汉人向曹军投降的有二十多万口。辽东单于速仆丸以及辽西、右北平诸豪强丢弃了自己的部族，与袁尚、袁熙一同逃往辽东投奔辽东太守公孙康，他们的部众还剩有数千名骑兵。当初，担任辽东太守的公孙康依仗辽东地处遥远而不服朝廷管辖。等到曹操攻破乌丸，就有人劝说曹操趁机征讨公孙康，可以将投奔公孙康的袁尚、袁熙兄弟一举擒获。曹操说："我正在让公孙康将袁尚、袁熙斩首，并将他们的首级送过来。不用劳烦军队了。"九月，曹操率军从柳城返回的途中，公孙康立即将袁尚、袁熙以及速仆丸等人斩首，并通过驿站将首级送到曹操大营。诸将中有人问曹操说："主公已经率军返回而公孙康却斩杀了袁尚、袁熙并将其首级传送过来，这是什么原因呢？"曹操回答说："公孙康一向惧怕袁尚等人，我如果急着攻打，他们就会同心协力对抗我军，如果我不急着攻打，他们就会自相残杀，这是形势造成的必然结果。"十一月曹操大军到达易水流域，代郡乌丸的代理单于普富卢、上郡乌丸的代理单于那楼率领属下有名的大豪酋前来祝贺。

建安十三年春季正月，曹操回到邺城，开始建造玄武池用来训练水军。汉朝廷废除了太尉、司徒、司空这三种官职，而设置丞相、御史大夫。夏季六月，以汉献帝的名义任命曹操为丞相，于是曹操名正言顺地总揽朝权。

秋季七月，曹操率军南征刘表。八月，刘表病死，刘表的小儿子刘琮接替了刘表荆州牧的职务，刘琮率军屯驻在襄阳，刘备屯扎在樊城。九月，曹操率军抵达新野县，刘琮立即向曹操投降，刘备逃奔夏口。曹操进军攻打江陵，下令荆州的大小官吏和平民百姓，都要清除旧的观念而建立新观念。于是评定荆州归服曹操的功劳，被封为侯爵的有十五人，任用刘表手下的大将文聘为江夏太守，令他统领原有的部曲和士卒，引荐、任用荆州享有清名的儒学大师韩嵩、邓义等人。担任益州牧的刘璋开始归服曹操并接受曹操的征兵和纳税任务，为曹操派遣军队以及为曹军提供给养。十二月，孙权为刘备攻打合肥。曹操从江陵发兵攻打刘备，抵达巴丘时，派遣部将张憙救援合肥。孙权听到张憙率军到来的消息，遂率军退走。曹操到达赤壁，与刘备交战，没有取得胜利。此时突发大瘟疫，手下将吏士卒死了很多，曹公遂率军而回。刘备遂占有了荆州、长江以南的武陵、长沙、桂阳、零陵等诸郡。

【原文】

十五年春①，下令曰②："自古受命及中兴之君③，曷尝不得贤人君子与之共治天下者乎④！及其得贤也，曾不出闾巷⑤，岂幸相遇哉？上之人不求之耳。今天下尚未定，此特求贤之急时也。'孟公绰为赵、魏老则优，不可以为滕、薛大夫'。⑥若必廉士而后可用，则齐桓其何以霸世⑦！今天下得无有被褐怀玉而钓于渭滨者乎⑧？又得无盗嫂受金而未遇无知者乎⑨？二三子其佐我明扬仄陋⑩，唯才是举，吾得而用之。"冬，作铜雀台⑪。

十六年春正月⑫，天子命公世子丕为五官中郎将⑬，置官属，为丞相副。

秋七月，公西征⑭。

【注释】

①十五年：建安十五年，210年。 ②令曰：此建安十五年曹操所下《求贤令》。 ③受命：开国即位称受天命。中兴：一个朝代衰而复兴称中兴。 ④曷：何，怎么。 ⑤曾：乃，却。闾巷：街巷。古代二十五家为一里，里门称闾。 ⑥孟公绰为赵、魏老则优，不可以为滕、薛大夫：孟公绰，春秋时鲁国大夫，事见《左传》襄公二十五年。赵、魏，均晋六卿之一。老，家臣之长。滕，薛，春秋时靠近鲁国的两个小国。滕故城在今山东滕州市西南十五里。薛故城在滕州市西四十四

里。孟公绰安分守己有德望而短于才，担任赵、魏的家臣头目是力有余裕的，但让他去担任滕、薛这样小国的政务繁重的大夫就不能胜任了。语出《论语·宪问》，曹操引之以说明选求人才，不应求全责备，而要人尽其才。 ⑦齐桓：即齐桓公，他任用管仲而称霸诸侯。管仲为布衣时与好友鲍叔牙合伙经商，分利时多自取，有不廉的名声，事详《史记》卷六十二《管晏列传》。 ⑧被褐怀玉而钓于渭滨：渭，渭水，黄河支流之一。相传姜太公在未得到周文王重用前曾在渭水岸边钓鱼。被褐怀玉：外面披着粗短衣，怀里揣着美玉，喻怀才而未为人所知。语出《老子》第七十章。 ⑨盗嫂受金而未遇无知：无知，魏无知，曾把陈平推荐给刘邦。刘邦重用陈平，手下的大将周勃等告发陈平，说他在家里的时候和嫂子有私情，归汉以后又有纳贿受金的传闻，叫刘邦仔细考虑。刘邦召见魏无知，魏无知回答说：我推荐的是人才，你责问的是品德，现在楚汉相争，正是用人之际，"盗嫂受金"，有何妨碍！于是刘邦重用陈平，使他建立奇功。事详《史记》卷五十六《陈丞相世家》。 ⑩二三子：左右的人。明扬仄陋：发现和举荐出身贫贱而有才能的人。语出《尚书·尧典》。明，明察。扬，举荐。仄，同"侧"。仄陋，指微贱者。 ⑪铜雀台：台高十丈，台顶铸有一丈五尺高的大铜雀，故名。遗址在今河北临漳县西。 ⑫十六年：建安十六年。 ⑬世子丕：嗣子曹丕。世子，长子，嗣子。曹丕本是曹操次子，因其兄曹昂战死，故丕为世子。五官中郎将：官名，主管五官郎，属光禄勋。 ⑭公西征：指曹操西征马超、韩遂，本文删节。

【译文】

建安十五年春季，曹操在《求贤令》中说："自古以来开国之君与能使一个衰微的朝代转向复兴的国君，何尝不是得到了有才能有道德之人而与他们共同治理天下的呢！当他们求得贤人的时候，贤人竟然就在眼前的街巷，这难道是有幸遇到的吗？（其实贤人一直就在那里）只是在上位的人不肯重用他们罢了。如今天下还没有完全平定，这正是急需求得贤人相助最迫切的时候。'春秋时期鲁国的孟公绰安分守己德高望重而短于才，他担任赵、魏的家臣头目其力绰绰有余，如果让他担任滕、薛这样小国的政务繁重的大夫就不能胜任了'。如果非得廉洁之士才可以任用，那么齐桓公就不应该任用有不廉之名的管仲，那样一来齐桓公凭借什么称霸于当世！如今天下有没有身披粗布衣而怀揣美玉这样怀才不遇的人在渭水边钓鱼呢？又有没有像陈平那样背负盗嫂受金的名声却有运筹帷幄之才的人没有遇到像魏无知那种能够举荐他的人呢？你们这些在我身边的人要帮助我发现和举荐那些出身贫贱而有才能的人，只要是有才能就要举荐，我得到他们以后一定会因才而任用 。"冬季，曹操在邺城建造铜雀台。

建安十六年春季正月，汉献帝任命曹操的世子曹丕为五官中郎将，有权自己设置属吏，任副丞相。

秋季七月，曹操率军西征马超、韩遂。

【原文】

十七年春正月[①]，公还邺。天子命公赞拜不名[②]，入朝不趋[③]，剑履上殿[④]，如萧何故事[⑤]。

（十八年）五月丙申[⑥]，天子使御史大夫郗虑持节策命公为魏公[⑦]……

秋七月，始建魏社稷宗庙。天子聘公三女为贵人[⑧]，少者待年于国[⑨]。九月，作金虎台[⑩]，凿渠引漳水入白沟以通河[⑪]。冬十月，分魏郡为东西部，置都尉。十一月，初置尚书、侍中、六卿[⑫]。

【注释】

①十七年：建安十七年，212年。 ②赞拜不名：指曹操上朝时司仪只称曹丞相，不称其名，表示天子讳称曹操之名，显示其特权。赞拜，古代臣子朝见皇帝，司仪在旁唱导，叫“赞拜”。③趋：快步小跑。古时臣见君，要快步小跑，表示恭敬。 ④剑履上殿：准许带剑穿鞋上殿。⑤如萧何故事：依照萧何的旧例。萧何，西汉开国功臣，传见《史记》卷五十三《萧相国世家》。⑥（十八年）五月丙申：建安十八年（213）五月初十。 ⑦策命公为魏公：发布策命晋爵曹操为魏公。建安元年曹操被封为武平侯。周制五等爵：公、侯、伯、子、男，公为最高级，再晋爵即称王。策命，封拜王侯丞相发布的诏书。《武帝纪》载策命全文，因文长删略。 ⑧聘：订婚之礼。三女：曹操三女名曹节、曹宪、曹华。贵人：位次于皇后的嫔妃之号。 ⑨少者待年于国：年纪小的留在魏国等待年长。 ⑩金虎台：台高八丈，在铜雀台南六十步。后曹操又于铜雀台北建冰井台，总称三台。 ⑪漳水：即今河北境内的漳河，源出山西。 ⑫尚书、侍中、六卿：这里指魏国所置的百官，为代汉作准备。

【译文】

建安十七年春季正月，曹操回到邺城。汉献帝下诏令曹操上朝时司仪只称曹丞相而不称其名，入朝的时候不再小步快跑，准许带着佩剑穿着鞋子上殿，依照萧何的旧例。

建安十八年五月初五是丙申日，汉献帝派担任御史大夫的郗虑手持符节发布策命晋爵曹操为魏公……

秋季七月，曹操开始建造魏国祭祀土神和谷神的社稷坛、祭祀祖宗的宗庙。汉献帝举行聘娶曹操的三个女儿曹节、曹宪、曹华为贵人的订婚之礼，年纪最小的曹华留在魏国等待长大。九月，曹操在铜雀台南六十步远的地方建造金虎台，开凿沟渠把漳河水引入白沟以通黄河。冬季十月，把魏郡分为东、西两部分，设置都尉。十一月，曹操开始在魏国设置尚书、侍中和六卿。

【原文】

十九年春正月[①]，始耕籍田[②]。

三月，天子使魏公位在诸侯王上，改授金玺、赤绂、远游冠[③]。

秋七月，公征孙权……公自合肥还。

【注释】

①十九年：建安十九年，214年。 ②籍田：古代天子、诸侯行籍礼的田，也作“藉田”。天子籍田千亩，诸侯百亩，以奉宗庙粢盛。春耕前，由天子、诸侯执耒耜在籍田上三推或一拨，表示劝农。曹操“始耕籍”，象征魏国建立，预演天子之礼。 ③玺：皇帝之印称玺。绂（fú）：即绶，系印的丝带。远游冠：古代诸侯王所戴的帽子，曹操享有这些特权是晋爵的先声。

【译文】

建安十九年春季正月，魏公曹操开始耕种籍田。

三月，汉献帝安排魏公曹操的地位在诸侯王之上，魏公曹操的印绶改为黄金的玺印、赤色的绶带以及头戴远游冠。

秋季七月，曹操率军远征孙权……曹操从合肥返回邺城。

【原文】

十一月，汉皇后伏氏坐昔与父故屯骑校尉完书[①]，云帝以董承被诛怨恨公，辞甚丑恶，发闻[②]，后废黜死[③]，兄弟皆伏法[④]。

十二月，公至孟津。天子命公置旄头[⑤]，宫殿设钟虡[⑥]。乙未[⑦]，令曰：“夫有行之士未必能进取[⑧]，进取之士未必能有行也。陈平岂笃行[⑨]，苏秦岂守信邪[⑩]？而陈平定汉业，苏秦济弱燕。由此言之，士有偏短[⑪]，庸可废乎[⑫]！有司明思此义[⑬]，则士无遗滞[⑭]，官无废业矣。”又曰[⑮]：“夫刑，百姓之命也，而军中典狱者或非其人[⑯]，而任以三军死生之事，吾甚惧之。其选明达法理者[⑰]，使持典刑[⑱]。”于是置理曹掾属[⑲]。

二十年春正月，天子立公中女为皇后[⑳]。

【注释】

①汉皇后伏氏句：汉献帝伏皇后名寿，父伏完为屯骑校尉。建安五年，曹操诛杀董承等，董承女为贵人有身，曹操威逼献帝残杀董贵人。伏后写信给伏完，令密图曹操，伏完不敢发。建安十九

年事泄，曹操幽杀伏后及所生二皇子。伏后宗族死者百余人。伏完已于建安十四年卒，未及祸。事详《后汉书》卷十《皇后纪下》。 ②发闻：发觉。 ③废黜：指废除伏后的皇后称号。 ④伏法：犯法处死。 ⑤旄头：皇帝出行时，羽林郎披发先驱开道称旄头。 ⑥钟：铜铸的乐器。虡（jù）：挂钟的木架。 ⑦乙未：建安十九年十二月十九日。是日，曹操下《敕有司取士勿废偏短令》。⑧有行之士：有德行的人。 ⑨笃行：德行纯厚。 ⑩苏秦：字季子，洛阳人，战国时合纵家。传见《史记》卷六十九。 ⑪偏短：缺欠。 ⑫庸：岂，难道。 ⑬有司：百官分职，各有专司，故统称官吏为“有司”。 ⑭遗：遗漏。滞：长期停滞不被提拔。 ⑮又曰：此建安十九年曹操所下《选军中典狱令》。 ⑯典狱者或非其人：掌管刑狱的人有的不称职。 ⑰明达法理者：精通法律的人。 ⑱持典刑：主管刑狱。 ⑲理曹：掌刑狱的官署。掾属：某司属官之通称，正为掾，副为属。 ⑳公中女：曹操第二个女儿曹节。

【译文】

十一月，汉献帝的伏皇后因为过去曾经给自己的父亲已故的屯骑校尉伏完写信，信中说汉献帝因为自己的舅舅董承被曹操诛杀而怨恨曹操，言辞很是恶劣。现在被发觉，伏皇后被曹操废除皇后称号后被幽杀，伏皇后的兄弟也都因此犯法被处死。

十二月，曹操抵达孟津。汉献帝令曹操出行时，可以像皇帝出行时那样，使用羽林郎披发先驱开道的仪仗，魏国的官殿设置钟和挂钟的木架。十二月十九日是乙未日，曹操颁布《敕有司取士勿废偏短令》，令中说：“有美好品行的人士未必有进取之心，有强烈进取之心的人士未必会有美好的品行。陈平难道是德行纯厚的人吗？苏秦难道是守信用的人吗？而陈平辅佐刘邦建立了大汉的基业，苏秦帮助弱小的燕国打败了强大的齐国。由此说来，士人也有缺欠的地方，怎么能因为其有缺欠而弃之不用呢！有关部门要明白这个道理，有才能的人就不会被遗漏而长期停滞不被提拔，官府就不会什么事情被搁置不办了。”魏公曹操又说：“刑法，是关系到百姓身家性命的法律，而军队当中主管刑狱的人有的根本就不称职，而把关乎三军将士生死这样的大事交给这些不称职的人去办理，我非常惧怕。要挑选那些精通法律的人，让他们去主管刑狱。”于是开始设置掌管刑狱的官署和属官。

建安二十年（215）春季正月，汉献帝册立魏公曹操的二女儿曹节为皇后。

【原文】

三月，公西征张鲁①。

二十一年春二月②，公还邺。夏五月，天子进公爵为魏王③。

冬十月，治兵④，遂征孙权，十一月至谯。（二十二年）三月⑤，王引军还。

夏四月，天子命王设天子旌旗，出入称警跸[⑥]。五月，作泮宫[⑦]。六月，以军师华歆为御史大夫[⑧]。冬十月，天子命王冕十有二旒[⑨]，乘金根车[⑩]，驾六马[⑪]，设五时副车[⑫]，以五官中郎将丕为魏太子。

刘备遣张飞、马超、吴兰等屯下辩[⑬]；遣曹洪拒之。

二十三年春正月[⑭]，汉太医令吉本与少府耿纪、司直韦晃等反[⑮]，攻许，烧丞相长史王必营[⑯]，必与颍川典农中郎将严匡讨斩之[⑰]。

【注释】

①张鲁：字公祺，沛国丰县（今江苏丰县）人，东汉末农民起义首领之一，在汉中建立农民政权，并在此传播五斗米道，自称“师君”。雄踞汉中近三十年，后投降曹操，官拜镇南将军，封阆中侯，食邑万户。去世后，谥号“原侯”。传见《三国志》卷八《魏书》八。 ②二十一年：建安二十一年，216年。 ③天子进公爵为魏王：所谓天子进爵，实为曹操逼使献帝加封。荀彧表示不满，也被曹操逼迫自杀。 ④治兵：训练军队。 ⑤二十二年：建安二十二年，217年。 ⑥警跸（bì）：即戒严。古代天子出巡，断绝行人清道，出称警，入称跸。 ⑦泮（pàn）宫：诸侯学宫。 ⑧华歆：字子鱼，平原高唐（今山东禹城市西南）人。传见《三国志》卷十三《魏书》十三。 ⑨冕：帽子。旒：古代天子、诸侯、大夫冠冕前后所挂的串珠。天子十二旒，诸侯七旒，大夫五旒。 ⑩金根车：以金为饰的皇帝专用车。殷代名桑根，秦改为金根。 ⑪驾六马：古制，天子之车驾六马，太子及诸侯王只能驾四马。 ⑫五时副车：即从车五辆，按东、西、南、北、中五方，配以青、白、红、黑、黄五色，称五时副车。 ⑬张飞、马超、吴兰：蜀国大将。张飞，字翼德，涿郡人。传见《三国志》卷三十六《蜀书》六。马超，字孟起，扶风茂陵（今陕西兴平市）人，与张飞同传。下辩：县名，在今甘肃成县西，时为武都郡治所。 ⑭二十三年：建安二十三年，218年。 ⑮太医令：太常、少府属官。少府：九卿之一。司直：丞相属官，职检举不法。 ⑯丞相长史：主丞相府事务官，僚属之长。 ⑰典农中郎将：曹操为屯田所置之农官，相当郡太守，直属大司农。颍川典农中郎将管理许下屯田。

【译文】

三月，魏公曹操率军西征在汉中建立政权的张鲁。

建安二十一年春季二月，魏公曹操从汉中回到邺城。夏季五月，汉献帝晋升魏公曹操为魏王。

冬季十月，曹操开始训练军队，于是出兵征讨孙权，十一月抵达谯县。（汉献帝建安二十二年）三月，魏王曹操率军返回邺城。

夏季四月，汉献帝令魏王曹操设置天子旌旗，出入像天子那样实行戒严：断绝行人、清扫道路。五月，曹操建立诸侯学官。六月，魏王曹操任命担任军师的华歆为御史大夫。冬季十月，汉献帝命魏王曹操所戴的冠冕按照天子的标准前后各挂十二旒串珠，乘坐用黄金做装饰的皇帝专用的车子，车子用六匹马驾驶，配备五辆从车；封担任五官中郎将的曹丕为魏太子。

刘备派遣张飞、马超、吴兰等率军屯扎在下辩县；魏王曹操派遣大将曹洪前往下辩抵御张飞等。

建安二十三年春季正月，在汉朝廷担任太医令的吉本与担任少府的耿纪、担任司职的韦晃等人造反，他们率人进攻许昌，烧毁了担任丞相长史的王必的营房，王必与担任颍川典农中郎将的严匡讨伐吉本等，将他们斩杀。

【原文】

秋七月，治兵，遂西征刘备，九月，至长安。

二十四年春正月……夏侯渊与刘备战于阳平①，为备所杀。三月，王自长安出斜谷②，军遮要以临汉中③，遂至阳平。备因险拒守。

夏五月，引军还长安。

秋七月，以夫人卞氏为王后④。遣于禁助曹仁击关羽⑤。八月，汉水溢⑥，灌禁军，军没，羽获禁，遂围仁。使徐晃救之。

冬十月，军还洛阳。孙权遣使上书，以讨关羽自效⑦。王自洛阳南征羽，未至，晃攻羽，破之，羽走，仁围解。王军摩陂⑧。

二十五年春正月⑨，至洛阳。权击斩羽，传其首。

庚子，王崩于洛阳⑩，年六十六。遗令曰⑪："天下尚未安定，未得遵古也⑫。葬毕，皆除服⑬。其将兵屯戍者，皆不得离屯部，有司各率乃职⑭。敛以时服⑮，无藏金玉珍宝。"谥曰武王⑯。二月丁卯，葬高陵⑰。

【注释】

①阳平：即阳平关，在今陕西勉县武侯镇。　②斜（yé）谷：古褒斜道之北谷。褒斜道为陕西终南山之谷口，总计 470 里，南为褒谷，起褒城镇北，北为斜谷，在今陕西宝鸡市眉县西南。③军遮要以临汉中：用兵拒险守住要道，然后进兵汉中。　④卞氏：文帝曹丕母。传见《三国志》卷五《魏书》五。　⑤曹仁：曹操从弟，宗室名将。　⑥汉水：长江支流，源出陕西汉中。⑦自效：自愿效力。孙权为了夺取荆州，避免两线作战，上书曹操以讨羽自效，后又一度称臣于

曹丕。 ⑧摩陂：古池名，久已湮没，在今河南郏县东南汝水北岸。 ⑨二十五年：建安二十五年，220年。是年，曹操死，曹丕代汉。 ⑩崩：皇帝死曰崩。曹丕追谥曹操为武帝，故史言崩。 ⑪遗令：此建安二十五年曹操临终前所下《遗令》。 ⑫遵古：指行三年之丧。 ⑬除服：脱去丧服。 ⑭乃：其。 ⑮敛：同"殓"，死人入棺。时服：葬以死时节令所穿用之服。《宋书·礼志》云，"魏武以送终制衣服四箧，题识其上，春秋冬夏日有不讳，随时以敛"。 ⑯谥：古代帝王、贵族、大臣死后根据其生前行事所加称的褒贬之号。武：谥法曰："克定祸乱曰武。" ⑰高陵：在邺城西。

【译文】

秋季七月，曹操进行军事训练，然后发兵西征刘备，九月，抵达长安。

汉献帝建安二十四年（219）春季正月……魏王曹操属下的将领夏侯渊与刘备在阳平关交战，夏侯渊被刘备杀死。三月，魏王曹操从长安出发穿过斜谷，派兵占据险要守住要道，然后进兵汉中，一直深入到阳平关。刘备凭借险要据守。

夏季五月，魏王曹操率军返回长安。

秋季七月，魏王曹操封自己的夫人卞氏为王后。派遣于禁协助曹仁攻打关羽。八月，汉水决口，淹没了于禁的军队，于禁全军覆没，关羽活捉了于禁，并趁势包围了曹仁。魏王曹操派徐晃率军救援曹仁。

冬季十月，攻打关羽的曹军回到洛阳。东吴孙权派遣使者前来上书给魏王曹操，表示要以讨伐关羽来为曹操效力。魏王曹操从洛阳出发南征关羽，还没有到达目的地，徐晃已经打败关羽，关羽逃走，曹仁得以突破包围。魏王曹操将军队驻扎在摩陂。

建安二十五年春季正月，魏王曹操回到洛阳。东吴孙权击败关羽，将关羽斩杀，并将关羽的首级用驿站传送至洛阳。

庚子日，魏王曹操在洛阳逝世，享年六十六岁。曹操在临终前所下《遗令》中说："天下还没有完全安定下来，（我死之后）不可以遵照古代守丧三年的丧葬之礼。安葬之后，都要脱去丧服。那些率军屯戍的将领，都不许离开自己屯戍的岗位，各有关部门都要坚守岗位各司其职。按照死时的节令所穿用之服装殓入棺，不要将金玉珍宝随葬。"朝廷给魏王曹操所上的谥号曰武王。二月丁卯日，将魏武王曹操安葬于邺城西的高陵。

【原文】

评曰：汉末，天下大乱，雄豪并起，而袁绍虎眎四州[①]，强盛莫敌。太祖运筹演谋[②]，鞭挞宇内[③]，揽申、商之法术[④]，该韩、白之奇策[⑤]，官方授材，各因其器[⑥]，矫情任算[⑦]，不念旧恶，终能总御皇机[⑧]，克成洪业者[⑨]，惟其明略最优也[⑩]。抑可谓非常之人，超世之杰矣。

【注释】

①眎：同“视”。 ②运筹演谋：运用计谋。演，推演。 ③鞭挞宇内：用武力征服全国。④揽：采用。申、商：指战国时法家申不害、商鞅。申不害传见《史记》卷六十三。商鞅传见《史记》卷六十八。 ⑤该：通“赅”，兼备。韩、白：指西汉开国大将韩信和战国时秦将白起，两人都是百战百胜的将军。韩信传见《史记》卷九十二。白起传见《史记》卷七十三。 ⑥器：才能。⑦矫情：克制感情。任算：使用计谋。 ⑧皇机：指朝政大权。 ⑨克成洪业：能够完成统一北方的大业。 ⑩明略：敏锐和胆略。

【译文】

史家评论说：汉朝末年，天下大乱，英雄豪杰蜂拥而起，而袁绍虎视眈眈地盯视着冀州、幽州、并州、代州，其势力之强盛没有人能比得上。魏太祖曹操运用计谋，以武力征服全国，他采用战国时期法家申不害、商鞅之学，兼备西汉开国大将韩信与战国时期秦将白起的奇谋妙策，曹操以朝廷的名义所授予的官职，都是依据这些人的实际才能，克制自己好恶的感情、任用他们的智谋，并且在任用人才上能够不念旧恶，终于得以总揽朝政大权，成就统一北方的大业，在敏锐和胆略方面只有曹操是最优秀的。曹操可以称得上是非同寻常之人，是超越世人的特殊人才。

人物新传·曹操传

一、挟天子以令诸侯

汉献帝刘协是董卓扶植的一个傀儡，有皇帝之名而无皇帝之实。但是皇帝在古代是国家的象征，谁充当他的保护人，谁也就掌握了国家的最高权力，在政治上有发号施令之权。当汉家天子大旗还没有完全倒下的时候，逐鹿中原，一是抢地盘，二是争皇帝。曹操在角逐中，凭借他的智谋和对时机的把握，赢得了“挟天子以令诸侯”的胜利。

遣使长安 192 年，曹操攻占兖州，治中从事毛玠就提出建议，对曹操说：“现在天下分裂，皇帝西迁，老百姓不能从事生产，饥饿流亡，国家没有一年的粮食储备，百姓得不到安定，这是难以维持长久的。现在袁绍、刘表虽然地广民众，看起来强大，但他们没有长远的考虑和能力，不是建树牢固根基的人，打仗要师出有名，巩固政权要有财力。我们应当奉天子以号令不归附的人，修耕植以储备军资。这样，霸王之业才能成功。”（《三国志·毛玠传》）这一席话有两个中心，即“奉天子以令不臣，修耕植以蓄军资”。尊奉天子以获取正统名分，发展生产以增加粮食、布帛的储备。这是两条极好的建议，立足于并天下取大位的战略思想，受到曹操的嘉奖，于是提升毛玠为幕府功曹。但当时曹操在兖州还立脚未稳，没有力量到长安西迎献帝，他还须等待机会。

曹操本人也懂得做出效忠皇室姿态的政治意义。191 年，曹操刚做东郡太守，皇室刘邈到长安奉表贡献，在献帝面前称赞曹操，曹操知道后非常高兴。192 年，控制朝政的李傕派太傅马日磾、太仆赵岐奉诏抚慰关东，曹操听到消息，亲自带兵到数百里外郊迎。毛玠的提议，可以说正中曹操下怀，也是英雄所见略同。曹操派王必出使长安，途经河内，被张杨扣留。这时任张杨部属骑都尉的董昭就劝张杨借机结交曹操，并认为袁绍不是曹操的对手，要张杨早自为计。张杨是靠拢袁绍的，但这次他还是听了董昭的话，让王必过境。董昭还以曹操的名义给长安的李傕、郭汜等人采办礼品，托王必带去。曹操得知情况，派人给张杨送去犬马金帛，表示感谢。从此兖州与长安的道路被开通，曹操与朝廷之间的使者往来畅通。

王必到了长安，未能受到李傕、郭汜的礼遇。黄门侍郎钟繇对李傕说：“现在群雄并起，各霸一方，只有曹操还心系王室，如果不接受他的效忠，恐怕会有失众望。”李傕等认为有道理，于是改变态度厚待王必，但仍然没有正式任命曹操为兖州牧。

董昭、钟繇两人都是智能之士，他们从曹操遣使西行的行动中，看出曹操是一个英雄，为了给自己日后留一条退路，主动帮助曹操。他们两人后来都成为曹操的高级参谋，被委以重任。官渡之战时，钟繇受命镇抚关中，立下大功。在纷乱之世，不但君择臣，臣亦择君。一项善政，一条措施，对天下人心的影响，有时是十分巨大的。曹操遣使西行就产生了这样的效果。

迎献帝都许　195 年 2 月，凉州军阀李傕、郭汜互相火并，在长安城内外展开激战。李傕劫了献帝，郭汜扣住公卿，把朝廷君臣作为双方人质。张济为二人调解，献帝和公卿大臣才获释。李傕部将杨奉与凉州军阀反目，他与国戚董承二人护驾东归洛阳，李傕、郭汜联兵来追，在弘农大败杨奉，百官士兵死伤甚众。杨奉连忙召来河东白波军韩暹等人助战，才挡住了李傕、郭汜的追击。杨奉护驾取道河东，经河内，终于在 196 年 7 月回到洛阳。

献帝路过河内，袁绍谋士沮授向袁绍献计说：“我们赶快把献帝接到邺城来，这样就可以挟天子以令诸侯，蓄士马以讨叛逆，谁能抵挡呢？”袁绍的另一谋士郭图反对说：“现在英雄并起，各据州郡，正所谓‘秦失其鹿，先得者王’。如果把献帝迎到身边，一举一动都要向他请示，听从则权轻，不听为拒命，没有什么好处。”沮授说：“迎接天子，符合道义，现在时机正好，错过了一定有人抢先。”袁绍根本听不进沮授的意见，让河内张杨放走了献帝。恰如沮授所说，曹操捷足先登。献帝 7 月回到洛阳，9 月被曹操迎往许昌，袁绍后悔莫及。

董卓西迁，焚烧洛阳，帝京成了一片废墟。献帝与百官已无宫室和官府居住，只能找些柴草，靠着断壁残垣搭帐篷居住。粮食更是奇缺，州郡各拥强兵，无人贡献，群臣饥乏，尚书郎以下官员都得自己外出挖野菜充饥，有的就饿死在断墙之间，有的被士兵杀死，形势非常危急。几个护驾功臣，韩暹与董承宿卫京师，杨奉驻屯洛阳南的梁县，张杨驻屯河内野王，表面互为犄角，暗中钩心斗角。荀彧力劝曹操迎请献帝，他说：“从前晋文公接纳周襄王，诸侯像影子一样跟从；汉高祖东征替义帝举丧，天下归心。现在皇上还旧京，一片荒凉，忠义之士都关心皇帝的命运。如果在这时候迎奉献帝，正是顺从民望。用忠于帝室的行动来镇服各据一方的雄杰，是伟大的策略，要当机立断，及早行动。若行动迟缓，发生变乱，悔之无及。”（《三国志·荀彧传》）这正合曹操心意，他派曹洪领兵西迎献帝。同时曹操利用护驾功臣的矛盾，稳住兵力最强的杨奉，写信给他，表示愿意与他合作，共同辅佐王室，并用粮食接济朝廷。杨奉见信大喜，对诸将说：“曹操近在许昌，离我们很近，有兵有粮，应该依靠他。”于是，杨奉与诸将联名上表献帝，献帝拜曹操为建德将军，又迁为镇东将军，袭父爵为费亭侯。

这时韩暹自恃护驾有功，专横跋扈，董承极为反感，但又无力对付，于是暗中召曹操入京。曹操喜出望外，立即带兵入洛，朝见献帝，上表请治张杨、韩暹之罪。曹操利用他们之间的矛盾，分化打击。韩暹自料不是曹操对手，单骑逃出洛阳，投杨奉而去。

曹操总揽朝政，即以献帝名义杀掉侍中壶崇、议郎侯祈、尚书冯硕等三人，而封外戚卫将军董承、辅国将军伏完等十三人为列侯，既排斥异己，又讨好献帝及国戚。但曹操知道，要完全控制献帝，在洛阳他办不到，于是与已经做了朝廷议郎的董昭商议迁都许昌的策略。董昭建言说："杨奉势孤少援，又有勇无谋，只要将军稳住他，派人送上厚礼，并对他说，洛阳没有粮食，暂时把献帝迁到鲁阳去，靠近许昌就粮，他必然不会怀疑。"曹操依计而行，顺利地把献帝迁到许昌。等到杨奉发觉上当，派兵来追，受到曹操伏击，大败而归。十月，曹操亲自带兵，以天子名义讨伐杨奉。杨奉不敌，与韩暹一起南投袁术。杨奉部将徐晃，字公明，投归曹操，后来成为曹操的五虎将之一。

献帝迁都许昌后，任命曹操为大将军，封武平侯。曹操左右部属也得到封赏。荀彧升迁为侍中、代理尚书令。尚书令是政府首脑，从此曹操出外征伐，朝中大政就由荀彧处理。由于曹操自兼"录尚书事"，所以荀彧只为代理尚书令。

曹操掌握了汉献帝，河南洛阳以南大片土地归曹操所有，关中也名义上归附，袁绍后悔极了。他想了一个办法，写信给曹操，要求把献帝迁到鄄城。鄄城离冀州很近，以便就近施加影响或抢夺献帝，曹操理所当然地拒绝了，并且针锋相对反击袁绍。曹操以献帝名义下诏责备袁绍，地广兵多只顾树立自己势力，没见他出师勤王，只见他攻城略地兼并别人。诏书提出了限制袁绍活动的要求。袁绍偷鸡不成反蚀了一把米，自讨了一场没趣，无可奈何只得上书替自己申辩一番。曹操趁势又以献帝名义任命袁绍为太尉，封邺侯。太尉为全国军事首脑，位为三公之一，但在大将军之下。曹操冠冕堂皇地提升袁绍，而实际降为自己的下级。袁绍当然也不会答应，上表固辞。他发牢骚地说："曹操几次打败仗，差点命都丢了，是我救助了他，现在居然挟天子号令起我来。"当时袁强曹弱，曹操不愿此时与袁绍摊牌，只好把大将军之位让给袁绍，自己就任司空，兼领司隶校尉。司隶校尉掌管京师治安，曹操任此职，就有生杀之权。他派亲兵保卫宫室，实际上是把献帝看管了起来。

二、修耕植以蓄军资

用兵打仗，粮秣先筹，因此解决粮食问题，是逐鹿中原和巩固政权的经国大计。

曹操陈留起兵之后，就经常苦恼粮食问题。他汴水失利，到扬州募兵，因粮食问题，新兵哗变。他东征陶谦，因粮食不足中途退兵。他与吕布争兖州，一度也因粮食不足，只好罢兵自守。这时程昱从自己所辖三县筹得三天军粮，里面还掺有人肉干。曹操到洛阳迎献帝，因粮食吃光，将士们险些饿死，幸亏新郑令杨沛拿出储存的桑葚干来充饥，才度过危难。许多小军阀只知烧杀抢掠，不知安抚百姓，由于粮食缺乏而瓦解流离，无敌自破。袁绍军在河北，以桑葚为食。袁术在江淮，取食蒲蠃。刘备在广陵，饥饿困败，军吏士卒人相食。要生存就得生产粮食。195 年，公孙瓒被袁绍击败，退守易京，"开置屯田"，得以与袁绍相持数年。地方豪强率宗族自保，也从事耕植。诸葛亮隐居隆中，躬耕自食。192 年，毛玠提出"修耕植，蓄军资"，是社会提出的迫切问题。随后东阿令枣祗组织军民生产，支持了曹操与吕布争夺兖州。但是靠一般手段，且耕且战，或鼓励农民自耕发展生产，都不能解决大量军需的燃眉之急。只有大规模屯田，密集劳动耕植，才是解决粮食的有效方法。196 年，曹操定都许昌，讨破汝南黄巾军，获得数万人口和大量耕牛农具。曹操采纳枣祗与韩浩的建议，在许昌试行屯田，任命枣祗为典农都尉，主持其事，当年得谷数百万斛，获得成功。枣祗死后，任峻继任为典农中郎将，在所有州郡列置田官，招募流民，组织生产，推广屯田。其后，吴、蜀两国为了解决军粮，也都进行了屯田。屯田成了三国时期招抚流亡的主要形式。

曹操屯田，作为一项国家恢复经济的重大政策加以执行。曹操在《屯田令》中说："夫定国之术，在于强兵足食。秦人以急农兼天下，孝武以屯田定西域，此先代之良式也。"秦人，指秦孝公用商鞅变法，奖励耕战。孝武，指汉武帝屯田西域。良式，好的榜样。曹操以秦孝公、汉武帝为榜样，用屯田方式"修耕植以蓄军资"是一个有远见的战略措施。史称，曹操屯田，"征伐四方，无运粮之劳，遂兼灭群贼，克平天下"。后来曹操打败袁绍，追思枣祗之功，下令褒奖。由于枣祗已死，曹操封其子枣处中。由此可见，屯田对曹操事业的兴起和发展起了重要作用。213 年，曹操在淮河两岸地区推广军屯，规模更大，生产效率也比民屯高。邓艾守淮南，用 5 万名士兵在淮河两岸屯田，淮北 2 万，淮南 3 万。十二分休，即 20% 的人轮休守卫，4 万人经常耕植，每年生产 500 万斛军粮，六七年间，在淮上积粮达 3000 万斛，可供 10 万人 5 年之食（《三国志・邓艾传》）。

三、南征张绣东平徐淮

南征张绣 196 年到 199 年，曹操集团在河南发展。198 年灭吕布平徐州，199 年灭袁术并淮南，又降张绣，于是全据河南。曹操在平定徐淮之前，曾数次南征张绣。

曹操定都许昌之后，占有河南兖、豫两州，四围皆敌手：河北有袁绍，南边有荆州刘表，东边有徐州吕布，东南有淮南袁术，西边关中有马腾、韩遂。曹操分析形势，对四周强敌，采用拉拢分化，先弱后强，集中力量打击一敌，再各个击破的方针发展力量。袁绍最强，但北有公孙瓒，也无暇南顾，曹操利用这一形势继续与袁绍保持同盟关系；东边吕布，曹操给刘备补充兵马，驻屯小沛，予以牵制；西边关中，曹操派侍中钟繇为司隶校尉，督关中诸将，以天子名义招抚马腾、韩遂，西边无事。这样，曹操专力南下征讨刘表。刘表保境安民，本无远略之志，但曹操向北进兵，总担心刘表袭击背后，所以他要先打刘表，稳固后方。195年，驻屯弘农的凉州军阀张济因缺粮南下荆州就食，在攻打穰城时被冷箭射死。他的部众由其侄儿张绣率领，张绣接受刘表招抚，驻屯南阳看守荆州的北大门。曹操南下攻刘表，由于张绣挡在前面，曹操实际上就是与张绣作战。

197年1月，曹操亲率大军南征，直趋南阳郡治宛城，张绣接战不利，投降曹操。曹操好色，见张绣婶母张济之妻姿色艳美，就纳入军中过宿，张绣由是怨恨曹操，带领本部人马在夜幕掩护下发动突然袭击。曹操措手不及，无法抵挡，靠贴身护卫典韦死战得以脱身，右臂受了箭伤。长子曹昂被乱兵所杀，侄儿曹安民同时遇害。曹操次子曹丕侥幸乘马逃脱，典韦战死。曹操大败而归。这次曹操兵败清水岸边，史称“清水之难”。

198年3月，曹操再度起兵亲自南征，将张绣围困在穰城，两月不下。刘表率军救张绣，断曹归路。田丰说袁绍袭击许昌，劫略天子。消息传来，许昌告急，曹操退兵。曹操故意徐行，诱使张绣追击，企图在运动中消灭他。张绣谋士贾诩识破曹操计谋，劝绣不追。张绣不听，率精兵追击，在安众中伏击大败。贾诩再对张绣说:“赶快整军追击，一定打大胜仗。”张绣将信将疑，收拾散兵再追，果然大胜而回。张绣不解，问贾诩说:“我用精兵追退兵，吃了败仗，随后用败兵追胜兵，反而得胜，一一应验了你的预言，是什么道理？”贾诩说:“这是明摆着的道理。曹操亲征将军，志在必克。交战方酣，他突然退兵，必定许昌有急。曹操老谋深算，防将军追击，一定亲自断后。将军虽然善战，但不是曹操的对手，所以追击必败。曹操打了胜仗，放下了对将军的戒心，一定轻装速回，留诸将断后。而曹操诸将却不是将军对手，所以打了胜仗。”张绣非常折服，从此言听计从。

199年冬，袁绍发动官渡之战，派使者联络张绣，并致书贾诩。贾诩却在接待袁绍使者的宴会上公然对使者说:“回去替我道谢袁本初，自家兄弟不能相容，怎么能容得下天下的国士呢？”贾诩的这一番言论，杜绝了张绣投袁绍的去路，并说服张绣投效曹操。张绣大惊说:“袁强曹弱，我和曹操又有深仇大恨，怎么能去投他呢？”贾诩说：“正因袁强曹弱，才是投效曹操的好时机。袁绍势大，只不过想利用我们，并不把我们放在眼里。曹操力弱，正是用人之时，此时投操，必得重用。他有王霸之志，不会计较个人私怨的。”张绣听从，率众归操。曹操举行盛大宴会欢迎，与张绣握手言欢，结为儿女亲家，替二十二子曹均娶张绣女为妻。张绣在官渡之战中，奋勇杀敌，立了大功。曹操更是器重贾诩，握着他的手说：“使我的威信能够传扬天下，是你的功劳啊。”曹操立即表拜贾诩为执金吾，封都亭侯，遥领冀州牧。河北平定后，曹操自领冀州牧，迁贾诩为太中大夫，使贾诩参决谋议，不离左右。

张绣降曹，死心塌地立功补过。曹操也表示信任，奖励张绣异于诸将。但是张绣内心并不踏实，直感危机四伏，见了曹丕有如芒刺在背。张绣努力作战，又多次宴请曹丕，向他讨好。但是曹丕并不放过他。207年，张绣随曹操北征乌桓，曹丕对张绣说：“你杀了我的哥哥曹昂，怎么还有脸面活在人间？”张绣自杀。曹操与曹丕父子逼杀张绣，演了一场双簧。这一历史悲剧，直接责任人是奸雄曹操，但贾诩也难逃诱降张绣的责任，他为己谋则善，为“人谋”则欠妥。而张绣，根本不应去投效曹操，听错意见。一位壮士的冤死，令人叹惋！

东平徐淮 用卑劣手段抄刘备后路夺得徐州的吕布，是一个无行小人。他反复无常，为天下所忌。吕布占了徐州，袁术向他靠近，愿为儿子娶他的女儿。袁术在淮南称帝，派韩胤为使者通告吕布，并迎亲。吕布表示同意。这时，吕布所属沛相陈珪，早就倾心曹操，他要阻挠吕布与袁术结盟，于是劝吕布协同曹操，共图大计。曹操派人送来诏书，吕布立即改变主意，把已经送在途中的女儿追回，断决与袁术的关系。吕布还把韩胤押送许都正法。

袁术对吕布的出尔反尔，十分愤慨，立即派大将张勋、桥蕤等与杨奉、韩暹等部联合进攻吕布。曹操利用吕袁矛盾，进一步离间。他派奉车都尉王则持诏书、印绶去见吕布，任命吕布为平东将军。曹操写了一封亲笔信给吕布，一面笼络，一面交代让吕布上表效忠朝廷。曹操的意思，是让吕布再一次明确表示与袁术决裂，用自己的誓言来约束自己，以便彻底孤立袁术。吕布不知是离间计，反而大喜，派陈珪之子陈登为使，上表许都，要求朝廷正式任命自己为徐州牧。

陈登到许都表示效忠曹操，曹操非常高兴，任命陈登为广陵太守，暗中做好内应。曹操又把陈珪的俸禄从二千石增为中二千石。临别时，曹操拉着陈登的手深情地说：“东边的事情，就托付给你们父子了。”

陈登回到徐州，并没给吕布带回徐州牧的官印。吕布大怒，要杀陈登。吕布说：“你父亲劝我与袁术绝亲，现在遭到大军进攻；你到许都没有给我办成事，自家父子却显达了。我这不是被你们出卖了吗？”陈登不慌不忙地解释说：“我在许都对曹公说：‘对待吕将军好比是养虎，要用肉喂饱他才行，不然要吃人。’而曹公却说：‘我看吕布是一只鹰，饿了才能利用，饱了就飞走了。’曹公就是这样说的。”陈登的意思是暗示吕布，你要徐州牧，就要像饿鹰一样去打袁术。蠢笨的吕布似乎明白了什么，果真消了气。

至于如何退敌，陈珪献计说：“袁术与杨奉、韩暹没有深交，是可以离间拆散的。”于是吕布写信给杨奉、韩暹说：“二位将军保护过皇帝大驾，我也曾杀死董卓，都是朝廷功臣。现在我们应该联合起来攻打称帝的奸贼袁术，怎么反而助纣为虐呢？”吕布答应打败袁术以后，所得军资全部归杨奉、韩暹。这两个小人贪利，掉转矛头与吕布合兵，大败袁术军队，袁术最后剩下残兵败将五百人逃回淮南。袁术经过这一仗，从此一蹶不振。陈珪之谋，就是挑起吕袁大战，让曹操坐收渔人之利。

吕袁火并，曹操的离间计获得成功。197 年 9 月，曹操在袁术削弱的情况下，大举南下讨袁，袁术不敢恋战，丢下寿春南逃，曹操斩杀袁术留守大将桥蕤等，得胜回许都。

现在河南只剩下吕布一个强敌了。当曹操征讨袁术之时，吕布在徐州扩大地盘，打败刘备。曹操有了进军的口实，于 198 年 9 月东征吕布。10 月，攻下彭城，曹操下令屠城，无辜百姓惨遭杀害。曹操颁布了一条暴虐的军令，叫作“围而后降者不赦”，所以彭城两次遭屠。

吕布退保下邳，广陵太守陈登起兵配合曹操，吕布陷入了重围。吕布派许汜、王楷到淮南向袁术求救，袁术气愤地说：“吕布赖婚毁约，理当失败，有什么脸面来向我求救？”许汜、王楷哀求说：“明公现在不救吕布，唇亡齿寒，吕布一破，明公也朝不保夕。”袁术勉强答应援救吕布，但他无兵可派，只能作声援，于事无补。曹操攻围下邳两月，引泗水灌城，城破，吕布等人束手就擒。

曹操在白门楼上召集文武处置吕布。吕布被押上楼，呼叫松绑。曹操笑着说：“缚虎不得不紧啊！”松绑后，吕布向曹操献媚说：“明公忧虑的就是吕布，现我降服了，天下就可平定了。明公率领步兵，让我带领骑兵，横扫天下，还怕不平定吗？”曹操迟疑不决，征询刘备意见。刘备说：“明公想一想丁原、董卓是怎么死的就有主意了。”吕布大骂刘备说：“大耳儿最没信用。”曹操传令把吕布绞死。

曹操处置完吕布，转过头去问同时被俘的吕布的谋士陈宫：“公台平常自以为有智计，今天怎么到了这个地步？”陈宫说：“可惜吕布没听我的计谋，不然的话你怎么能活捉我？”曹操不想杀害陈宫，又问陈宫：“你不想一想你的老母亲吗？”陈宫说：“我听说提倡孝行来治理天下的人是不谋害罪人的父母的，我老母是死是活，完全由你定夺。”曹操又说：“你的老婆和孩子怎么办？”陈宫说：“我听说用仁德统治天下的人，是不会灭人之后的。我的老婆、孩子，他们的命运也操在你的手中。”曹操十分惋惜，但最终还是处死了陈宫，他把陈宫母亲奉养起来，又替陈宫嫁了女儿。

吕布被灭，袁术在淮南独木难支。又因骄奢淫逸，府库空虚，士兵散走，众叛亲离。199 年 6 月，袁术除去帝号，把玉玺送给袁绍，要求北上青州，往依袁谭。曹操派刘备在徐州阻击，袁术走投无路，在寿春吐血而死。

刘备在徐州阻击袁术后，公布汉献帝的衣带诏，占据徐州反抗曹操。199 年冬，曹操亲征刘备，刘备败走，北投袁绍。就这样，曹操建都许昌后，经过了五年的征战，灭吕布、袁术，降张绣，赶走刘备，平定了徐淮，控制了黄河以南司、豫、兖、徐四州之地，成为隔河与袁绍抗衡的最大军事集团。

四、官渡之战大破袁绍

官渡之战葬送了天下归一的局势，是三国鼎立形成中的第一个大战役，也是北方曹操与袁绍两大集团之间的一次主力决战。这次决战袁败曹胜，从而奠定了曹操统一北方的基础，对三国历史的发展具有重要意义。设若这次战役袁胜曹败，袁绍完全有能力席卷江南而君临天下，那么三国鼎立的局面也就不会出现了。在军事上，曹操以少胜多，走上了他的巅峰。这次战役如同赤壁之战一样，也是一次群英会。袁曹双方的谋臣武将，云集官渡，斗智决力，波澜壮阔，是一段很精彩的历史风云际会。

袁绍发动官渡之战 官渡，地名。故址在今河南中牟东北，临古官渡水。献帝建安五年，袁绍与曹操两大集团在官渡进行全力决战，史称官渡之战。今有土垒遗存，称中牟台，又称曹公台。由于这一历史遗存，如今经过整治开发，成为吸引中外游客的人工景点，古战场变成了旅游胜地。

袁曹两个集团在中原 10 年混战中，为战胜群雄曾携手并肩，划分势力范围，袁绍收河北，曹操图河南。二人随着势力的膨胀而外亲内疏，明争暗斗，两大集团的决战是必然之势。但官渡之战在两大集团都尚未准备充分，尤其是袁绍刚灭公孙瓒，尚未喘息又投入大战，在 200 年爆发，则是双方都始料未及的。事情的原委，还得从河内张杨说起。

张杨原是丁原部将，与吕布同僚相好。董卓杀丁原，当时张杨回并州募兵，于是据有河内，在 10 年混战中与袁绍相联络。198 年末，曹操擒杀吕布，解除了北进的最大后顾之忧，立即对袁绍摆出了对抗姿态，在 199 年 4 月进兵河北，掠取河内。曹操围吕布，袁绍暗中支持张杨声援。曹操打入张杨内部，指使张杨部将杨丑杀张杨，公开投靠曹操，挑起事端。张杨部将眭固又杀杨丑，明白宣布投归袁绍，并重兵控制河内郡的战略重镇射犬（在今河南武陟县西北）。夏四月，曹操挥师临河，派曹仁、史涣渡河击杀眭固，占领河内郡，打入袁绍的领属区，建立了河北前进基地。袁绍对曹操此举自然十分恼怒，他曾经致书公孙瓒，劝瓒投降，除去嫌隙，而公孙瓒不予理会。于是袁绍奋力灭瓒，当曹操进兵河内时，袁绍也取得了胜利。袁绍凯旋之后，立即宣布兵伐许都，时间约在199年5、6月间。

袁绍宣布进兵许都，在内部引起了争议。郭图、审配等认为讨伐曹操，易如反掌，“今时不取，后难图也”。沮授认为，袁军讨伐公孙瓒，师出历年，“百姓疲敝，仓库无积”；况且曹操奉迎天子，建都许昌，“今举师南向，于义则违”。为了摆脱政治上的被动局面，同时争取时间，休整士卒，沮授提出“修耕战缓搏败曹”的建议，沮授说：“应当先派使臣向天子报告平灭公孙瓒的捷报，奖励农耕，休息百姓。如果上达天子的言路断绝，再宣布曹操一手遮天的罪恶，然后进兵驻屯黎阳，逐步经营河南，多造舟船，整饬兵器，分路派出精锐骑兵，扰乱曹操统属区，让对方得不到安靖，我方以逸待劳，这样可以稳操胜券。”但是急于称帝的袁绍却听不进去，他要与曹操立决雌雄。他既不顾政治上的被动局面，也不顾士民连年征战的疲劳，更不顾部属的纷争意见，不取稳操胜券的战略，而妄听郭图的“公师徒精勇，将士思奋”的阿谀颂词，走上黩武的道路，以图“早定大业”。在不利的时机发动官渡之战，加深了隐伏的败机。

建安五年二月，袁绍正式南伐，发布讨伐曹操的檄文，其中有一段历数曹操挑动战争的罪恶说：“往年我军北伐，征讨公孙瓒，强敌叛逆，抗拒整一年。曹操趁此机会，暗中与公孙瓒勾结，打着援助我军的旗号，实际想在背后发动突然袭击，所以领兵临近黄河，正在调集舟船渡河，被我方外交人员觉察其阴谋。正赶上公孙瓒被剿灭，才使得曹操把锋芒缩回，阴谋没有得逞。”这道檄文载于《后汉书·袁绍传》。李贤注引《献帝春秋》说：“曹操渡河攻占河内，声言援助袁绍讨伐公孙瓒，实际是要偷袭袁绍大本营根据地邺城。恰好公孙瓒败亡，袁绍也识破了曹操计谋，立即回军，曹操退守敖仓。”这就是说，曹操进兵河内，挑起袁曹公开对立，成为官渡之战的导火线。曹操既占了地利和实利，又企图偷袭袁绍根本，气度狭隘的袁绍被激怒了，贸然发动官渡之战，承担了黩武的罪责。袁曹较量，曹操确实道高一尺，战争还未开始，已在气势和道义上先胜一筹。

袁曹力量对比　袁绍占领河北青、冀、幽、并四州；曹操据有河南司、豫、兖、徐四州，及荆州北部、青州一部。双方地盘相当，实力接近，财力军力袁强曹弱，政治及个人素质，曹操占优。具体分析，双方各有优势与短处，加上其他军阀的背向及谋略得失，力量对比就会转化。试具体比较如下。

财力军力，袁绍地广人众，有明显优势。据《后汉书·郡国志》记载，东汉时河北四州总户数约200万，人口数约800万；河南四州总户数339万，人口1800

万。按当时户口，曹操占领区人口要高出袁绍占领区1倍，河南殷富甲于河北。但中原10年大混战，主战场在河南曹操占领区，潼关以东至陈留，南至颍川，几百里路，不见人家烟火。徐州历经战乱，也十分荒残。曹操占领区的人口耗损严重，历史记载，十成人口只剩下了一成（《三国志·张绣传》），这虽是夸张，但可窥见荒残景象。河北四州人口以半数计，约八九百万人口，河南四州以2/10计，有七八百万人口。或者袁曹占领区，人口大体相当，河北扰乱较小，却比河南殷富。从地理形势看，袁绍据河北居高临下，又与戎狄和亲，无后顾之忧。曹操所占中原，处四战之地，周围军阀环绕，有陷入两线作战的危险。袁绍由于有这一优势，志骄意得，急不可耐地想做皇帝。这时袁术归帝号于袁绍，称颂说："今君拥有四州，民户百万，以强则无与比大，论德则无与比高。曹操欲扶衰拯弱，安能续绝命救已灭乎？"意谓曹操既不能挽救已绝天命的汉室，又不能保自己灭亡的命运。袁绍听了好不欢喜，他示意自己的主簿耿包上书劝进，请求袁绍顺天意，从民心，当皇帝。此论一出，袁军僚属一致反对，指斥耿包妄言，袁绍不得已杀耿包解嘲，十分狼狈。这一出闹剧撕下了袁绍"举义兵诛暴乱"的假面具，使他失去了号召力，使许多政治集团转变方向，袁绍则陷于孤立无援的境地，政治上处于劣势。

从个人素质看，袁绍虽也是一个英雄，但他不是曹操的对手，政治谋略逊色一筹。196年，汉献帝东归洛阳，袁绍谋士沮授劝他迎立天子以令诸侯，袁绍没有听从，拱手让给了曹操，在政治上就输了一着。然而这是对全局成败有决定性影响的一着，袁绍输了，处处被动。曹操赢了这一着，全盘皆活，处处主动。曹操挟天子以令诸侯，不仅关中附从，而且还号令起袁绍来，盛气凌人的袁绍也不得不听从曹操的摆布，一再上表向朝廷表白忠心。袁绍致书曹操，说许昌低湿，应徙都鄄城，以便自己也能打上天子旗号。枭雄曹操当然不做这种傻事，理所当然予以拒绝。袁绍争天子不得，后悔莫及。

198年春，曹操南下围张绣于穰城，田丰劝袁绍趁机南下袭许，奉迎天子以号令天下，否则"终为人所擒，虽悔无益"。由于当时公孙瓒未灭，袁绍为避免两线作战，没有听从，只写了一封恐吓信，曹操慌忙退军，被张绣追击，打了一个败仗。曹操忧心忡忡地对荀彧说："今将讨不义，而力不敌，怎么办？"荀彧回答说："古代打江山的人靠的是才干，往往由弱变强；不能成大事业的人，也总是由强变弱。刘邦与项羽的成败，就是这样的啊。"接着荀彧从气度、谋略、武功、德义四个方面分析，曹操都胜过袁绍，又有天子为号令，"扶义征伐"，不愁打不败袁绍。

曹操听了荀彧的意见，非常高兴，但他仍不放心，又去问郭嘉。郭嘉更为细致地比较了曹操与袁绍二人的长短，认为曹操在10个方面超过了袁绍。

> 袁绍讲究繁文缛节，而曹操办事讲求实际，这在实效方法上超过了袁绍，是第一胜；袁绍不尊奉朝廷，曹操拥戴汉献帝，以天子名义号令天下，这在义理上超过了袁绍，是第二胜；汉末法令宽缓，豪强横行，袁绍以宽治宽，政治更加腐败，曹操以猛治宽，抑制兼并，上下整肃，这在行政上超过了袁绍，是第三胜；袁绍表面宽厚，内心狭窄，用人唯亲，曹操外表简易，内心精明，任人唯贤，这在器量上超过了袁绍，是第四胜；袁绍多谋少决，贻误良机，曹操有谋则行，应变无穷，这在谋略上超过了袁绍，是第五胜；袁绍凭借家世资望，故作谦虚收取名誉，投靠他的人多半是徒有虚名的书呆子，而曹操诚心待人，不图虚名，自身节俭作表率，奖励有功的人一点也不吝惜，因此忠诚正直而有才学的人都愿效劳，这在品德上超过了袁绍，是第六胜；袁绍怜悯眼前的饥寒之人，而考虑不到更多的饥寒之人，这是妇人见识，曹操往往忽略眼前小事，却能考虑长远的天下大事，这在仁爱上超过了袁绍，是第七胜；袁绍放纵部属，互相争权夺利，曹操管束有方，流言蜚语没有市场，这在明察上超过了袁绍，是第八胜；袁绍分不清是非黑白，曹操奖励正直，惩办奸恶，这在文德上超过袁绍，是第九胜；袁绍不懂用兵，惯于虚张声势，曹操用兵如神，善于以少胜众，这在武德上超过了袁绍，是第十胜。(《三国志·郭嘉传》裴注引《傅子》)

曹操听了郭嘉的十胜分析，心里踏实了，笑着对郭嘉说："我哪有这么高的道行？"郭嘉趁此献计说："现在袁绍正与公孙瓒大战，我们赶紧消灭吕布，要不然，与袁绍对阵，吕布捣鬼，祸害无穷。"曹操改变南征计划，东出一战擒灭了吕布。

荀彧、郭嘉原本是袁绍的谋士，他们见袁绍外宽内忌，不是明主，转而投奔曹操，他们赞扬曹操的才干，难免有夸张的成分，但说的话还是很有见地的。这一番话还表明了曹操和他的智囊团早就认清形势，从心理上准备与袁绍决战，树立了必胜的信心。

袁曹二人的智力既有差异，两人争天下的政治路线也迥然不同。袁绍凭借的是"力"与"地利"，经过10年血战，袁绍实现了他的"吾南据河，北阻燕代"，也可算得上群雄中的佼佼者。但与曹操相比，只是一个"小气"。袁绍能够战胜韩馥、公孙瓒，而不能战胜曹操，所以不能建立非凡的帝王之业。曹操高于袁绍，不仅是个人政治素质，而且更是政治路线。袁绍凭借的地盘和兵力，敌不过曹操的人才和道义。所以诸葛亮说："曹操比于袁绍，则名微而众寡，然操遂能克绍，以弱为强者，非惟天时，抑亦'人谋'也"十分精当。官渡之战，袁绍一败涂地，由强转弱，从胜利的顶峰跌落下来，坠入了灭顶的深渊，最重要的原因就是他因胜而骄，一意孤行，以个人之智敌曹操之群士，袁绍谋臣如云，但他不纳田丰之谋，不用沮授之计，既要急于进取，而又贻误战机，一失再失，怎能不败？袁绍能聚人而不能用人。张郃、许攸就是因计不被采纳，愤然阵前倒戈的。袁绍逞个人之智，又碰上曹操这样道高一筹的对手，他就难逃覆灭的命运了。

官渡之战的过程和结局 官渡之战从200年的2月到10月，共历时9个月，分为三个阶段。第一阶段，2月至6月，曹军步步退却，在运动中消耗和偷袭袁军，积小胜为大胜，灭敌威风，壮己士气。第二阶段，7月至9月，官渡相持。第三阶段，10月乌巢烧粮，奇计破袁。依时间顺序列战争进程于下：

2月，袁绍进军黎阳，曹军收缩河南。袁绍令刘备协助颜良为先锋，渡河围白马。沮授对袁绍说："颜良性情褊狭，虽然作战英勇但不能独当一面。"袁绍没有听进去。

4月，曹操北上解白马之围，用荀攸计，屯兵延津伪装渡河，好像要攻击袁绍的后方，迷惑袁绍大军渡河，使其分兵西向。目的达到后，曹操自引轻骑，集中徐晃、张辽、关羽等骁将，出其不意奔袭白马。关羽斩颜良，袁军溃败。曹操拔出白马之军，迁徙白马百姓沿黄河撤退，丢弃辎重军械，诱袁绍大军渡河来追。

5月至6月，袁军渡河至延津。沮授又谏说："颜良败没，曹军反而后退，这种变化，要详细考察。为保万全，大部队应当屯驻在延津，分兵进攻官渡，如果胜利，大军再跟上去，如果不胜，主力可以安全撤退。"袁绍不听。沮授气愤地说："主上骄傲，部属邀功，悠悠黄河，我们还能过河还乡吗？"遂称病辞职。袁绍不许，将沮授降职隶属郭图。

袁绍大将文丑与刘备追击曹军，在延津南白马山中计，文丑被斩。颜良、文丑为河北名将，连战皆输，绍军夺气。与延津之战同时，于禁、乐进又率步骑5000，从延津西渡河奇袭袁军后方，至汲、获嘉两县，焚其堡聚20余屯。

7月至9月，袁绍虽然连战皆北，仍凭其兵力优势，密集推进，与曹操相持于官渡。8月，袁军逼近曹寨，依沙塠为屯，东西数十里，曹军亦分营对垒相持。

袁绍逼近官渡的同时，于7月派刘备迂回曹军后方，与汝南黄巾军联合开辟第二战线。袁绍又"遣使招诱豫州诸郡，诸郡多受其命"。袁军派出的劫粮之军也连连得手。许昌及曹军中人多与袁绍通书。

9月，袁曹二军在官渡展开阵地战，曹军寡不敌众，还营坚守。袁军起土山地道强攻，激战异常。两军"相持百馀日，河南人疲困，多叛应绍"。当时曹军粮少，曹操致书荀彧，打算撤军。荀彧回信曹操，以楚汉相争为喻说："当时刘邦与项羽相持于成皋，谁也不肯首先后撤，先撤退的人士气就会低落。"又说："现在正是用计破敌的时候，不可失去这个机会。"曹操又问贾诩，贾诩说："主上英明胜过袁绍，勇敢胜过袁绍，用人胜过袁绍，决断胜过袁绍。有这样四个方面胜过袁绍，而相持半年没有决出胜负，就是过于谨慎的缘故。只要下定决心，立刻就会决出胜负。”

曹操派曹仁率领徐晃、史涣等攻破刘备在汝南的策应，还消灭了袁绍断粮道的游击军，使其运输畅通。曹操又用荀攸计，派徐晃等扰乱袁绍后方，烧了袁绍运粮车及其辎重，杀其将韩猛。

10月，两军主力决战。袁绍再次派出淳于琼等带兵万余人押运粮车，屯放在袁绍大营北40里的乌巢。沮授又一次进谏袁绍说：“我军人数占优势，但勇敢不及敌军；敌军粮食少，物资不如我军。敌军希望快速决战，我军利于持久，拖垮敌军。”沮授还建议派出蒋奇率领一支军队掩护侧翼，保护粮草，以阻止曹军再次偷袭屯粮之所。袁绍对此一概听不进去。谋士许攸向袁绍献计说：“曹操集中全力在官渡，许都空虚，如果分兵攻击许都，迎接天子讨伐曹操，一定活捉曹操。即使打不垮曹操，也使他顾头顾不了尾，终究会打败曹操。”袁绍还是不听，却说大话：“我就是要首先捉拿曹操。”袁绍下令军中，每人带一条三尺绳子，一定活捉曹操。

许攸见他的计谋不被采纳，心中很是不平。正在这时，留守邺城的审配收捕了犯法的许攸家属，恰似火上浇油。许攸一怒之下，投奔曹操，告知袁军储粮虚实，劝曹操轻骑烧粮。当时曹军只有一个月的军粮，为打破僵局，曹操决定出奇制胜。他亲率5000骑冒用袁军旗号，月夜偷袭乌巢。天亮时，曹操抵达淳于琼粮营。淳于琼不护粮草，见曹操兵少，欲邀功利，出营迎战。曹军殊死战，淳于琼战败，粮草被焚。

袁绍知道曹操劫粮后，又做了错误的调遣。他不听张郃用重兵救粮的意见，却采纳郭图攻劫曹营的主张。袁绍对其子袁谭说，就算曹操攻破淳于琼军，我这里攻破曹营，看他回到哪里去。张郃与郭图争执起来。张郃说：曹操自引精兵，必能破琼，而曹营巩固，我们若攻不下来，大事就完了。但袁绍不听，只用轻军救淳于琼，而令张郃、高览攻曹营。这时曹操已回军夹击袁绍军。郭图出了错误计策，反诬张郃不力战以推脱责任。张郃、高览气愤不过，焚战具，投降曹军。曹军趁势全线出击，袁军大溃。袁绍、袁谭仓皇溃逃，只带了800骑渡河，沮授及审配二子皆成俘虏。沮授拒降，被曹操所杀。

袁绍官渡惨败，愧对田丰，说：“吾不用田丰言，果为所笑。”于是下令杀害田丰。袁绍如此心胸狭隘，一蹶不振，发病吐血，在建安七年五月病死。

官渡之战，曹操以少胜众，以弱胜强，陨落了一代枭雄袁绍。伴随袁绍之死，汉末的统一局势受挫，成就了曹操的事业，加速了他统一北方的步伐。河北智士名将，田丰、沮授、颜良、文丑，成了失败英雄袁绍的殉葬品。张郃、许攸等一批人杰，投附了曹操，壮大了曹操的势力。官渡之战，还巩固了曹操的政治地位，以及在汉官、曹氏阵营中的声望。曹操走上了他的巅峰。

五、横扫河北远征乌桓

官渡战后，袁绍收缩邺城，曹操打算南征刘表，消除心腹之患。荀彧不同意，他对曹操说："袁绍打了败仗，我们不应当让他休养生息，卷土重来，应彻底平定河北。如果我们大军南征，远涉江汉，万一袁绍从背后偷袭，那对我们就不利了。"曹操认为有道理，把大军部署在黄河岸边，随时准备给袁绍以致命的打击。

横扫河北 202 年 5 月，逃回邺城的袁绍，积郁成疾，吐血而死。袁绍有三子，依次为袁谭、袁熙、袁尚，另有一外甥叫高幹。袁绍喜欢小儿子袁尚，有意让袁尚继嗣为冀州牧，于是派袁谭去做青州刺史，派袁熙做幽州刺史，高幹做并州刺史，留袁尚在身边。沮授谏说："这样安排，一定生出祸乱。"袁绍说："我让诸子各统一州，展示才干。"袁绍在世时，袁谭与袁尚争夺嗣位，拉帮结派，培植党羽，造成了袁氏集团的分裂。审配、逢纪拥护袁尚，辛毗、郭图支持袁谭。两派明争暗斗，只是没有公开化。袁绍一死，矛盾立即公开化。审配传达袁绍遗命，奉袁尚为嗣。袁谭不服，屯兵黎阳，并杀死袁尚亲信逢纪。

202 年 9 月，曹操利用二袁矛盾，进兵黎阳。袁尚怕黎阳丢失，对邺城不利，出兵相救。曹操打败二袁的联兵，进围邺城。诸将想乘胜攻取，郭嘉认为城坚一时难破，力排众议，进献奇谋。他分析二袁之间的矛盾，认为二袁兄弟各拥重兵，各有谋臣，二人为争冀州牧而互不相容，急则相助，缓则相争，"不如南向荆州摆出征讨刘表的样子，以观其变。一旦有变，然后进兵，可以一战平定"。曹操采纳了郭嘉的建议，假装南下，进至西平。不出郭嘉所料，曹操南下，二袁大打出手，袁谭被袁尚击败，困于平原，派辛毗向曹操乞降求救。

曹操犹疑，拿不定主意，召集诸将讨论，多数人主张先打荆州，荀攸主张北进。荀攸认为："刘表坐保江汉，没有四方之志，不妨慢慢攻取，而河北袁氏势力不可轻视，要趁二袁内讧，一举平定。河北平定了，打荆州就不用费力气了。"曹操还是没有下决心，就问，"袁谭乞降是真心的吗？肯定能打败袁尚吗？"辛毗说："明公不必问真假，只看一看形势就够了。袁尚包围了袁谭，但无力攻破城池，说明他的力量也衰竭了。只要明公进兵邺城，袁尚就要回救，袁谭肯定追击。袁尚遭两面夹攻，肯定灭亡。当今四方势力，没有强过河北的。只要明公平定了河北，您的实力就可以大大增强，天下都为之震动，何乐而不为呢？"曹操听了，疑团消失，立即下令，挥师北上。

204 年 2 月，曹操兵围邺城。审配、苏由留守邺城。苏由打算做内应，计谋泄露，出城投奔曹操，告知城中虚实。曹操四面强攻，又引漳水灌城，围困四个月，仍未破城。城中粮食吃光，有一半人饿死。袁尚解平原之围，率主力1万多人回救，被曹操打败，率领残部投奔幽州袁熙。城内见外救无望，军心动摇。审配侄子审荣开门出降，邺城被攻破，审配等被处死。

接着曹操进攻袁谭，将袁谭包围在南皮。205年1月，天寒地冻，曹操亲自督战进攻，擂鼓助威，一举破城。袁谭、郭图等被斩杀。曹操趁势进兵幽州，袁熙大将焦触、张南等人投降，袁熙和袁尚逃入乌桓，幽州也落入曹操之手。

并州高幹为了避免曹操兵锋，在曹军攻下邺城后，便向曹操表示投降。但是不久又背叛了曹操，打算偷袭邺城，被曹操发觉，派乐进、李典堵击。高幹退守壶关。206年1月，曹军冒严寒进兵，攻破壶关。高幹南逃，取道陕西出武关去依附刘表。当他逃到峣关（在今陕西蓝田东南），被峣关都尉王琰杀死。并州平定。

远征乌桓 袁熙、袁尚率残部逃入乌桓，当时幽、冀吏民追随逃奔者10余万户，成为袁熙、袁尚可能东山再起的凭借。乌桓受袁绍长期笼络，也时常犯边。面对这一形势，曹操是继续北上追穷寇，还是掉头打荆州，军中又发生了争论。诸将认为，袁尚是一个逃亡贼，乌桓又没有信用，如果大军远出，万一刘备与刘表偷袭许昌，会对大局不利。只有谋士郭嘉提出反对意见，他认为袁绍有恩于乌桓，而曹操只是用武力夺得四州，没有恩德于民，如果大军南征，袁尚勾引乌桓入侵河北，恐怕青、冀、幽州又要落入袁氏之手。郭嘉还分析说："刘表是坐谈客，自知才能不如刘备，不敢重用，主公可以放心北征，不必忧虑刘表。"郭嘉的分析是很有道理的，他没有把曹操的暴行说破。官渡之战，曹操坑杀河北降卒8万多人，河北百姓闻曹色变，所以才有10余万户逃入乌桓。曹操横扫河北，破城屠戮，极其残暴。他进攻袁谭，时在三九隆冬，河水积冰，不能行船。曹操征发民夫凿冰，有的人逃役，事后主动自首，曹操仍捕杀不赦免。如果逃入乌桓的10余万户难民，追随袁熙、袁尚返回河北，再呼朋引类，将掀起波澜。这支力量再与乌桓之兵联合起来，绝不可小视。曹操也认识到这一点，于是决定先北后南，远征乌桓。

乌桓，也作乌丸，是居住在我国北方今辽宁西部、内蒙古东部和河北东北部一带的少数民族。东汉末乌桓强大起来。187年，中山太守张纯勾结乌桓辽西部大人丘力居扰乱幽州，公孙瓒就是在平定乌桓的战争中兴起的军阀。丘力居死后，他的儿子蹋顿继位，有武略，成了辽东、辽西、右北平三郡乌桓的大头领，史称三郡乌桓，比丘力居时更为强大。乌桓仇恨公孙瓒，袁绍利用这一矛盾招抚乌桓，夹击公孙瓒。袁绍打败公孙瓒以后，假借汉献帝名义封蹋顿为乌桓单于，封辽东属国乌桓大人峭王苏仆延为左单于，封右北平乌桓大人汗鲁王乌延为右单于。袁绍死后，三郡乌桓继续为袁氏出力，所以袁尚、袁熙失败后才逃入乌桓，想借三郡乌桓的力量与曹操抗衡。乌桓成了幽冀地方世族官僚及袁氏集团残余势力的集结处。曹操要统一北方，必须进讨乌桓。

远征乌桓不是一件容易的事，运输是一个大问题。曹操组织人力开了两条渠道，一条从呼沱河凿渠入泒水，名平虏渠；一条从沟河口凿渠入潞河，通渤海，名泉州渠。这两条渠修成，既便利了军粮运输，又成了农业灌溉渠。但兴修时，动用了很大的人力。

207 年 5 月，曹操正式起兵出征乌桓。为了鼓励士气，曹操在 2 月下《封功臣令》，大封功臣 20 余人为列侯，其余将士依次受到封赏。

曹操大军北进到河北易县，郭嘉又献奇计，大军留下辎重，组织精锐轻骑兵，迅速推进。曹操计划取道无终，傍海进击乌桓。但大军来到无终后，正赶上连天大雨，大水暴涨，行军困难，而且这条路线有乌桓人设关防守。这样，曹军便被阻滞下来。曹操久仰隐耕于无终徐无山的田畴，派人去请田畴来商议军事。田畴是无终人，很熟悉这里的地形道路。田畴痛恨乌桓侵扰边境，所以很乐意为曹操筹划军事。田畴提出抄小道奇袭乌桓，乘其不备的方略，曹操非常赞成。他下令向后撤退，还在路旁立下木牌，写上“方今暑夏，道路不通，且待秋冬，再行进军”，用以迷惑敌人。曹操将部伍隐蔽前进，上了徐无山，越过卢龙塞，跨过白檀，经平冈，千里奔袭乌桓蹋顿所住的柳城。这条路崎岖险阻，已中断了近 200 年，只有小路可走。蹋顿根本没有防备。曹操大军前进到白狼堆（今辽宁建平南的布佑图山），距柳城只有 200 里路，蹋顿才发现曹军从背后杀来，仓促应战。曹军先锋勇将张辽，前行至凡城（今辽宁朝阳附近）与乌桓遭遇。蹋顿率领的三郡乌桓与袁尚、袁熙的部众，共有数万骑兵，远远多于曹军，因为是突然应战，阵容不整，士气低落，一触即溃，蹋顿被乱兵杀死。曹操大队乘胜追击，到达柳城，汉民及乌桓军民归降者有 20 万人。

曹操击溃乌桓，胜利班师。袁尚、袁熙逃往辽东，投靠辽东太守公孙康。诸将主张穷追猛打，一气消灭袁氏兄弟。曹操说：“公孙康平时很害怕袁尚、袁熙，他们的矛盾很深，我们进军，他们必然联合，如果我们退兵，必坐收渔人之利，公孙康将会把二袁的首级献上来。”果不出曹操所料，公孙康怕二袁夺他的地盘，设鸿门宴将袁尚、袁熙杀掉，献首级于曹操。自此，袁氏势力被彻底消灭，三郡乌桓归附曹操。曹操精选乌桓骑兵编队供其驱遣，号称“天下名骑”，在以后的征战中所向无敌，建立了很大的战功。

曹操从柳城班师，从大道循渤海回军。曹操登上碣石山（在今秦皇岛附近），鸟瞰大海，心潮起伏如海潮奔腾澎湃，即景赋诗，写下名篇《观沧海》。诗云：

东临碣石，以观沧海。
水何澹澹，山岛竦峙。
树木丛生，百草丰茂。
秋风萧瑟，洪波涌起。
日月之行，若出其中。
星汉灿烂，若出其里。
幸甚至哉，歌以咏志。

这首诗笔力遒劲，激昂慷慨地抒发了曹操取得胜利之后的满腹豪情。

六、西并关陇统一北方

赤壁之战，刘备、孙权结成巩固的联盟，挫败了曹操向南推进。曹操也认识到北方不具备一举征服南方的力量，于是掉转矛头肃清北方边远的割据势力。当时辽东有公孙康集团，地处偏远，斩二袁首级敬献，表示臣服，曹操把他放在一边。关西马腾、韩遂集团，力量强大，关中形势居高临下，又是进兵汉中、益州的通道，这是必须扫除的。曹操取关陇，南下汉中，窥视益州，可以对孙刘联盟集团取战略迂回包围之势。孙刘联盟集团，也把战略目标瞄向西方，夺取益州，全据长江，成南北对峙。也就是说，赤壁之战后，孙刘集团指向益州，曹操指向关陇，双方都向西推进，看谁能抢先占领战略要地，形成时间上的赛跑。

西并关陇 208年，曹操南征荆州。为了稳固后方，他以汉献帝名义征召马腾入许都，表为卫尉，以马腾之子马超统其众，拜偏将军。韩遂与马腾为盟兄弟，二人联手割据关陇三十余年，他们虽然名义归顺朝廷，实际是国中之国，曹操当然不能允许。征马腾入京，就是控制关陇的一着妙棋。但是韩马集团既然名义上归顺朝廷，马腾又受诏入京，曹操去讨伐关陇马韩，就师出无名。当然，曹操自有他的办法，欲加之罪，何患无辞。211年春，曹操进兵关中，声言讨伐汉中张鲁。讨汉中，要经过关中，韩马就范，则是曹操效法晋献公伐虢灭虞之计，如果韩马不借道则是公开反叛朝廷，曹操就可以明正讨伐了。韩马集团没有远略，虽然只是趁乱割据的地方军阀，但面临生死抉择，自然不允许曹操兵临关中。韩遂、马超集关中诸将侯选、程银、杨秋、李堪、成宜、张横、梁兴、马玩等10部人马集结潼关，拦阻曹操入关。曹操派曹仁督军西征，兵临潼关坚壁不出战。211年7月，曹操亲临前线。

8月，曹军与关西军在潼关夹关对阵。关西军精悍，善使长矛，作战英勇。韩马集重兵要与曹军决战，曹军深沟高垒吸引关西军的注意力于正面，然后派出徐晃、朱灵等人率领精兵4000人从蒲坂津（今山西永济西）渡过黄河，在黄河西岸（今陕西大荔东）建立滩头阵地。曹操此计是避开关西军锋芒，绕其侧背，调动敌人在运动中处于被动，削弱关西兵善战的长处，以己之长攻敌之短。曹操大军陆续从侧背渡河，在渭北抢占有利地形，沿河向南用"连车树栅"的办法，建立起活动甬道，输送粮草。曹军绕过马超的阻击防线，马超被迫放弃潼关，收缩到渭南迎击曹军，这样两军夹渭水对峙。

曹操抓住马超急于求战的心理，故意设置疑兵，摆出决战姿态，暗中用舟船在渭水搭浮桥，出敌不意，夜间渡河，结阵于渭南。马超得知曹军渡河，亲自领兵偷营，曹操早有防备，设伏袭击，大败马超。9月，曹军全部渡过渭水。在渭南逼近韩马联军。

韩遂、马超集重兵于第一线，阻击不成，速战不得，连吃败仗，深知不是曹操对手，加之重兵集结，忧虑后防空虚，于是向曹操提出割地求和的要求。曹操的目的就是要拖住韩马联军，使关西军马集结，一举全歼其主力，当然不允求和。如果强攻打阵地战，曹军将要付出沉重代价。曹操采纳了贾诩的离间计，假意许和，要求在阵前与韩遂商谈求和条件。马超、韩遂不知是计，同意阵前商谈。可是见面以后，曹操只是与韩遂叙旧，表现了极大的热情，欢笑话别，只字不提军事。马超远远在旁监视战阵，不知谈话内容。韩遂回营，马超问韩遂，曹操说些什么，和谈条件是什么。韩遂回答不出，引起马超腹疑。接着曹操又用间谍投书，写信给韩遂，又故意在信上涂抹，仿佛是韩遂改动的。信的内容是劝韩遂投降，间谍有意让这封信落在马超手中，更加引起马超的怀疑。这时曹操突然发起总攻。由于韩遂、马超有了隔阂，互相防范，不能并兵形成拳头作战，结果被打得大败。成宜、李堪等被杀，马超、韩遂逃奔凉州，关中大部被曹操占领。这一仗是曹操有名的渭南大捷。

渭南大捷表现了曹操的军事才能。但离间计并不高明。如果韩遂有点警惕，阵前严肃谈判，只讲军事，不讲私谊，那么曹操的离间计就不攻自破。如果马超有点头脑，就不会被曹操牵着鼻子走，不会中离间计。无奈他们有勇无谋，所以被曹操、贾诩玩于掌上。渭南大捷以后，曹营诸将仍不明白曹操的用兵方略。他们不理解，曹操既然不在潼关决战，为什么要集重兵在潼关深沟高垒。曹操解释说："我军集结潼关，就是要吸引敌人也把重兵集中在潼关一线，这样渭北河西防务空虚，才便于大军乘虚而入。我军在渭北集结，在渭南扎营，都是一个道理，转移敌人视线，使我军掌握战场主动权。我们假意允和，使他们放松戒备，然后突然袭击，攻其不备，所谓'迅雷不及掩耳'，这就是取胜之道。用兵打仗，千变万化，不能墨守成规。"诸将无不佩服。

渭南大捷后，曹操留夏侯渊镇守关中，大军撤回。213年，马超纠集羌、胡等部反攻关中，曾一度攻陷汉阳郡治所冀县，杀凉州刺史韦康。不久，韦康部下杨阜、姜叙起兵攻马超，夏侯渊、张郃率步骑来援，冀县城中吏民杀了马超妻子，闭门不纳。马超四面受敌，走投无路，率残部投汉中张鲁去了。接着夏侯渊扫荡了陇右残敌，又打败韩遂，韩遂逃入西平（今青海西宁），为部下所杀。214 年，夏侯渊拔掉割据袍罕（今甘肃临夏）的一个小军阀宋建，自此关西为曹操平定。219 年，盘踞河西四郡，即敦煌、酒泉、张掖、武威的军事头目向曹操纳“质”。第二年，曹丕称帝，用兵把河西四郡并入曹魏版图，曹魏西疆达于敦煌。

统一北方　曹操在《秋胡行·愿登泰华山》的诗中表达了他的治世志向，写下如下诗句：“不戚年往，忧世不治。”204 年，曹操攻克邺城，统一北方的大局已定，如何稳定社会秩序，治国理民以清天下的任务提上议事日程。当年曹操发布了《蠲河北租赋令》《收田租令》，稳定新占区，抑制豪强兼并。《收田租令》又称《抑兼并令》，此令兼有这两个方面的内容。稳定了田租，保护自耕农，就可以在一定程度上抑制兼并。令文如下：

> 有国有家者，不患寡而患不均，不患贫而患不安。袁氏之治也，使豪强擅恣，亲戚兼并；下民贫弱，代出租赋，衒鬻家财，不足应命。审配宗族，至乃藏匿罪人，为逋逃主；欲望百姓亲附，甲兵强盛，岂可得邪！其收田租亩四升，户出绢二匹，棉二斤而已，他不得擅兴发。郡国守相明检察之，无令强民有所隐藏，而弱民兼赋也。

东汉末年豪强兼并，大大激化了阶级矛盾。袁绍占领河北，对豪强兼并采取放任态度，使广大贫民更趋贫困化。曹操的令文谴责了袁氏的放任政策，更提到审配家族的不法行为，表达了曹操对豪强大族的不满和痛恨。全文特别规定亩收租谷四升，按户纳绢二匹、棉二斤以代户调，即人头税。这种定额租赋制，随后推行到曹操整个北方占领区，对于舒缓北方农民的负担，恢复生产，都起了一定的作用。

曹操鼓励地方官打击豪强，要求他们不避宗亲。献帝迁都许昌，曹操任命满宠为许令。曹洪手下有一个宾客多次犯禁令，满宠把他抓起来办罪。曹洪写信求情，满宠不予理睬。曹洪无奈，去找曹操。满宠得知消息，立即杀掉曹洪宾客，曹操不仅没有怪罪，而且高兴地说：“当官治事就应当这样。”汝南是袁绍的故乡，门生宾客遍布郡内，大都横行不法。曹操派满宠做汝南太守。满宠到任，募精壮勇士五百人攻克拒命的坞壁二十余座，诱杀了不肯降附的渠帅，共得户二万，兵二千，汝南局势很快平定。

杨沛做长社令，境内曹洪宾客仗势不肯纳赋税，杨沛把他抓来治罪，将其处死。

后来曹操用杨沛做邺县县令，曹洪、刘勋等人畏惧杨沛威名，赶紧派人通告邺城宗亲及宾客子弟，各自检束，不得为非作歹。杨沛担任邺令数年，社会秩序井然。

朗陵令赵俨、菅县县长司马芝、并州刺史梁习、魏郡太守王修，都是严惩豪强的地方能吏。

长期战乱，社会风气变坏，出现了结党营私、诽谤攻讦、挟嫌报复等种种社会问题。205 年 9 月，曹操下了一道《整齐风俗令》。令文说："结党营私，是古代圣贤所痛恨的。听说冀州的风俗，父子分裂为两派，互相诽谤。我要整顿社会风气，那些颠倒黑白、造谣中伤的歪风劣俗，必须除掉。"只要改恶从善，就给予自新的机会。在《赦袁氏同恶令》中说："其与袁氏同恶者，与之更始。"又明令，不准报私仇，禁止厚葬。这些措施，不仅整齐风俗，而且也对不法豪强起了一定的抑制作用。

曹操严明法纪，以法治军，以法治民，他还颁布了一系列的军法、民法、奖惩法令。陈寿评价曹操"揽申商之法术，该韩白之奇策"。意思是说，曹操治民用申子、商鞅的法治，用兵具有韩信、白起的奇谋。因此，曹操不仅统一了北方，而且治理巩固了北方，恢复了社会秩序和经济，这就不是袁绍等人所能比拟的了。

七、曹操的功过是非

汉献帝建安二十五年曹操病逝，享年 66 岁。当年曹丕篡汉，建立了魏国。

盖棺论定，如何评价曹操的功过是非，历来颇有争议。20 世纪 50 年代中期，由于郭沫若、翦伯赞两位重量级人物的发动，学术界掀起了一场替曹操翻案的运动。曹操是奸雄，还是英雄？曹操在戏剧舞台上应该是花脸，还是红脸，总要理出一个头绪来。这里提出本书笔者的看法，以供评说。

两重性人物　历史上有不少建树了丰功伟业的人物都具有两重性。秦始皇统一六国，暴虐无比。曹操统一北方，奸伪无比。这都是两重性。曹操的两重性，即正面，一代人杰；反面，一代奸雄。

如何评价历史人物，论定他的功过是非，按习惯的思维定式，是评说功大于过，还是过大于功。换算成百分比是三七开，还是四六分。但在人物评价的实践中，说功大于过，过没了；说过大于功，功没了。看来运用简单的三七开、四六分方法是不能很好地解决问题的，也无济于历史经验的总结。现在暂且采用一种简便办法，试可做一纵横比较。横的比较，是看他的时代性，他在自身所处的时代里，是否做了他人做不到的事；纵的比较，是看他的创造性，他所取得的功业，是否承先启后，在哪些方面超越了前人，流风余韵是否馨及后世。由此在历史函数的坐标上，对每个人的长短高下、功过是非，就能有一个清晰的脉络。以此方法来评价曹操，我们应当充分肯定他统一北方的功绩，比同时代的孙权、刘备成绩要大；同时我们应谴责他的奸险诈伪和残忍好杀。曹操正是由于他的奸险诈伪和残忍好杀，未能赢得天下归心，是汉末政治成为三分之局的因素之一。所以曹操是不能和汉高祖、光武帝相提并论的。三七开、四六分的方法，给普通人做人格鉴定，无可厚非。对历史人物的评价，特别是有重大贡献的双重性人物，是不能简单地分出一个好与坏就了结的。纵横比较，功是功，过是过，都说清楚，以及功和过是如何产生的，这才是科学的、公正的方法，也是有利于吸取历史经验和教训的。

曹操之功 毋庸置疑，曹操是三国时代第一号英雄人物。具体说，他的政治生涯可分为青年、中年、晚年三个阶段。

175 年至 189 年，曹操 20 岁至 35 岁的 15 年为第一阶段。此时是曹操建立功名，欲做汉家忠臣，拼命侧身于世家大族行列的青年时期。

190 年至 209 年，曹操 36 至 55 岁的 20 年为第二阶段。这是曹操大有作为的中年时期，在军阀混战中统一了北方，对历史做出了重大贡献。

210 年至 220 年，曹操 56 岁至 66 岁最后整 10 年为第三阶段。曹操赤壁败还，眼见统一无望，于是一步步逼向帝宫，步入他的晚年。

曹操的一生，是军事家、政治家、文学家的一生。曹操文武兼备，他比所有的对手都要谋胜一筹，毋庸置疑是三国时代最顶尖的英雄人物。

曹操生于战乱之世，一生主要在战场上度过。他亲自参加过大小近 50 次战役，征战足迹遍及大半个中国。他很会用兵打仗，“行军用师，大较依孙、吴之法。而因事设奇，谲敌制胜，变化如神”。在战争中，他不仅能充分发挥自己的军事才干，还善于采纳众人之谋，正确分析敌我形势，制定战略战术，变被动为主动，以弱胜强，取得了官渡之战、柳城之战、渭南之战等许多战役的胜利，不愧为我国历史上的杰出军事家。

曹操注重研究古代兵法，学习古人的战争经验。整理注释了《孙子》13 篇。他写了大量军事著作，“自作兵书十余万言”，对古代军事理论做出了贡献。可惜他的兵书亡佚殆尽。

在从政和征战过程中，曹操抑制豪强，移风易俗，澄清吏治，革除弊政，推行了一系列有益于社会的措施，不失为我国封建社会一位杰出的政治家。特别是在用人上，他大胆革新，一反东汉重名节的原则，主张“唯才是举”。他三次下令求贤，提出“举贤勿拘品行”“取士勿废偏短”，即使是“不仁”“不孝”，但有治国用兵之术的人，都应当加以任用。有的人出身微贱，或者“负污辱之名，见笑之行”，但只要有才，他就予以提拔用其所长。曹操“拔于禁、乐进于行阵之间，取张辽、徐晃于亡虏之内，皆佐命立功，列为名将；其余拔出细微，登为牧守者，不可胜数”。因而吸引了一大批智士猛将，成就了统一北方的大业。

曹操“外定武功，内兴文学”（《三国志·荀彧传》裴注引《彧别传》）。他“登高必赋”，开一代诗风，是我国历史上著名的诗人。

作为世族豪强地主的曹操，有一般世族地主所不及的长处。他不信天命，具有革新的思想。他知人善任，使得大批的谋臣武将都归附于他。曹操以刑杀为威，又诱之以官禄，不惜重赏，“故天下忠正效实之士咸愿为用”。曹操手下谋臣如雨，猛将如云。世族地主多谋士，寒族地主多武将，曹操兼收并用。曹操还善于察纳雅言，不断改正自己的过失。曹操采纳了荀彧之计，迎献帝都许昌。又采纳了枣祗、韩浩的建议，始兴屯田，着手恢复经济。曹操平河北，先后发布了减收田租令，整齐风俗令，大封功臣令，这对于巩固和稳定北方的社会秩序具有积极的意义。

概略地说，曹操的成功之路，即他的过人之处，有以下几个方面：其一，审时度势，谋胜一筹；其二，知人善任，人才云集；其三，赏罚分明，人乐为用；其四，察纳雅言，从善如流；其五，迎献帝都许昌，号令天下；其六，屯田积粮，恢复经济。

曹操之过 曹操既是英雄，又是权奸。作为英雄，曹操文武兼备，统一北方，奠定了魏国的基业，对历史做出了贡献。作为权奸，曹操抓住政权不放，残忍暴虐，滥杀无辜，犯了许多错误。曹操用兵，屠了许多城邑，他颁布“围而后降者杀无赦”就是一条反动军令，使许多无辜士民死于非命。曹操东征陶谦，最为残暴，也遭到了现世报，差一点成了吕布的刀下之鬼。

曹操“挟天子以令诸侯”，把皇帝当傀儡，不能不遭到刘氏皇室势力的反抗，但每一次反抗都被他毫不留情地镇压下去了。国舅董承等人受献帝衣带密诏，诛杀曹操。曹操发觉后，杀董承等人，并“夷三族”。董承之女为皇妃，有身孕，献帝再三请求免死，结果也遭残杀。伏皇后“与父完书，言曹操残逼（董妃）之状，令密图之”。（《资治通鉴》卷六十七）后来事情败露，伏皇后及所生二皇子均被处死，并累及兄弟宗族一百多人被杀。

曹操不听谋臣劝谏，冒险发动赤壁之战，葬送了统一天下的大好形势，这是曹操所犯过失中最大的过错。曹操冒进赤壁，想一鼓作气下江南，建立盖世之功，实现他的帝王梦，正是这一不可告人的私心，锁住了英雄的脚步。曹操晚年，尽管他仍鞍马征劳，但已失去了吞天下的锐气。他西并关陇尚可称述外，其他征战无功绩可言。曹操得汉中而不敢入川，他多次南征，只是临江而止。秦岭、长江锁住了曹操的脚步，使得英雄无所用其武。一方面，孙、刘已经壮大，地形地利也起了作用，这是客观条件。另一方面，曹操主要精力放在逼宫上，他无暇顾及统一天下，只好限于统一北方而全力完成篡汉的准备，含恨而做周文王，扮演了权奸的角色，这是主观因素。于是曹操恰如时人所评，以“治世之能臣，乱世之奸雄”而垂名汗青。

反面教员，自我写就 历史选择曹操做反面教员，是曹操自己书写的历史，作为一代奸雄的曹操，奸险诈伪之术登峰造极。曹操之奸，是指他“挟天子以令诸侯”，史称他“托名汉相，其实汉贼”。曹操之“险”，是指他心性险恶，翻脸不认人，如杀吕伯奢一家，逼死荀彧之类。曹操之“诈”，是指他巧设机关，害人之命，饰己之伪，如割发代首，借仓官人头，棒杀宠姬等。曹操之“伪”，是指他说的是一套，做的又是另一套，如下《明志令》试探并掩其代汉之奸心。曹操的奸险诈伪，独步当时，空前绝后，所以民间传说、戏剧小说选中曹操做反面教员，是由他自己写定，怨不得人。曹操奸险诈伪的典型事例，略述几桩，以供评说。荀彧替曹操出谋献策，共事20余年，亲密无间。荀彧为智囊团领袖，经常与曹操一起谈论治乱之道。荀彧不仅在曹操微弱时投归，竭诚相辅，屡出奇计度过危难，而且还给曹操引荐了一大批人才。钟繇比荀彧为颜渊，司马懿推重荀彧是几百年才出现的奇才。曹操也十分倚重荀彧，两人结为儿女亲家。如此特殊关系，只因荀彧对曹操的篡汉行为表示了一点不满，曹操就毫不迟疑地逼死荀彧。

关于荀彧之死，由于事情隐秘，所以史料记载有许多歧异。《三国志》荀彧本传载，212年，曹操讽喻董昭等建言应该给曹操晋爵为魏公，加九锡。荀彧表示了不同意见，对董昭说：“曹公原来起兵的目的，是辅助朝廷、安定国家，对朝廷怀有忠贞不贰的诚心。君子爱人以德，我们不应当这么做。”这表明了荀彧的拥汉观点，仅仅是一种思想倾向，并无反对的行动，而曹操就“由是心不能平”，遂起杀心。第二年，曹操借出征孙权之机，让荀彧参丞相军事，上表请他出都劳军，实际把荀彧置于下属。以往曹操出征，荀彧留守许都，这次意外使荀彧怀着不安的心情出都。荀彧到了寿春，曹操又不让他到前线濡须去劳军。荀彧恐慌，不知所措，忧郁而死。裴注引《魏氏春秋》则说，曹操赠送点心给荀彧，打开一看是空的，示意一场空，荀彧吞药自杀。裴注引《献帝春秋》曾记载了当时的民间传说。据说伏皇后与其父伏完书信中，指责曹操杀董承，要伏完除掉曹操。荀彧知情不举，后事败露，曹操深恨之，就命荀彧去杀伏皇后，荀彧不从于是自杀。这些说法有一个共同点，就是荀彧死得突然，内情隐秘。荀彧死年才55岁，正当年富力强之时，怎会突然死去？无论是忧郁而死，还是吞药自杀，荀彧被曹操逼死是事实，这算是曹操比较客气的杀人方法。

曹操“挟天子以令诸侯”长达24年，献帝“自都许以来，守位而已，左右侍卫莫非曹氏之人”。国舅董承等人受献帝衣带密诏，诛杀曹操。事情败露，曹操杀董承等，“夷灭三族”，这尚可理解。董承女为皇妃，有身孕，献帝再三求情，曹操仍逼索诛杀，实为残忍。伏皇后目不忍睹，写信给她父亲屯骑校尉伏完，揭露了曹操

“奸逼之状，令密图之”。事情过了十多年，伏完也早死，而曹操居然诛杀伏完宗族数百人，派华歆入宫从夹墙中搜出伏皇后诛杀。像董妃、伏皇后，即使有过，废黜而已，杀之已属过分，而罪及宗族数百人，如此暴虐，除董卓外，非曹操莫能为也。

210 年 12 月，曹操颁布《明志令》是他奸伪艺术的绝妙表现。《明志令》字面表明心迹，忠于汉室，实际上是以一纸试探逼宫而又掩其奸心的宣言。“设使国家无有孤，不知当几人称帝，几人称王”，非人臣所宜言。曹操言此，已无人臣之心。用通俗语言说，这叫火力侦察。曹操自称《明志令》是效周公《金滕》之作。但周公《金滕》是誓诸鬼神，而曹操却要宣示天下，“此地无银三百两”。曹操让还三县，而条件是授三子为侯。曹操不但不“委捐所典兵众”，还要扩大外援为万安计。《明志令》发布不久，就在 211 年春正月以世子曹丕为五官中郎将，置官属为副丞相。接着又封诸子为侯。212 年冬，使董昭建言尊立自己为“魏公”，并割据冀州为王国封邑。216 年曹操晋爵魏王，车舆服饰用天子排场。对待汉献帝，用重兵监守，各种粗暴态度，无所不用其极。这一切都暴露了曹操的“不逊之志”。

曹操酷虐变诈，“宁我负人，毋人负我”的哲学，不只是表现在杀吕伯奢一件事上。《曹瞒传》记载，一次曹操行军，行经麦田，下令，“士卒不要践踏麦田，犯者死罪”。骑兵一个个下马，小心地走过麦田，曹操故意把自己的马腾入麦田，并让军法官治罪。军法官说，按《春秋》大义，主帅不能治罪。曹操说：“我制定的法令而自己却犯了令，怎么能统率部下？但我为全军主帅又不能死，请求自我责罚。”曹操割下自己的头发代替砍头。如果说这是为了严肃军令而巧为设计的良苦用心，那么借仓官人头就不能不算是残虐。有一次战斗，粮食告乏，曹操找来粮官，让他想办法。粮官说用小斗量米，曹操称赞说“好”。军士不满，发出怨言，曹操又找来粮官说：“借你的人头用一下，不然众心不服。”曹操杀了粮官，发出布告，说：“粮官偷粮，用小斗量米，现在正法。”这样的事例，不止一端。

曹操睡午觉，害怕有人暗算他，他叫来宠姬，对她说：“过一会儿叫醒我。”宠姬见曹操睡得很沉，没有叫他，曹操醒来，把宠姬活活打死，用以树立威严。

曹操还为了一点小事，记恨心头，杀人族家，如杀袁忠、桓邵就是例证。袁忠为沛相，曹操犯法，袁忠打算治罪。桓邵看不起曹操。后来曹操发迹，袁、桓二人远逃交州，曹操派使通过吴国太守士燮引渡，族灭两家。桓邵当众求饶，叩头请罪，曹操还奚落说：“叩头能替死吗？”性残如此。

当然，作为创业者的曹操，不能以个人品性的奸险诈伪来否定他的历史功绩，反过来，也不能以功掩过。既然曹操是一个两重性人物，文艺再现，以其所需，可以各取一面。而历史评价则是将其功过是非及其原因说清楚，不存在翻案问题。曹操奸险诈伪，独步当时，因而，他给后世留下了骂名。

蜀先主刘备传

【题解】

刘备（161—233），字玄德，涿郡涿县人，三国蜀汉政权的建立者。220年，曹丕代汉称帝，国号魏。次年，刘备亦在成都称帝，国号汉，史称蜀汉。

刘备是三国时期杰出的政治家，他在东汉末年豪强混战，群雄割据的形势下，能够运用自己的智谋，乘时而起，几经危难，坚忍不拔，形成了一个以荆襄人士为主的政治军事集团，并终于建立了蜀汉政权。刘备虽然未能实现“兴复汉室”的壮志，但他为结束汉末长达19年的分裂混乱局面，为发展三国时期的历史，做出了重要贡献，是值得肯定的。

本传记述了刘备一生的政治、戎马生涯，其中突出了他“弘毅宽厚，知人待士”的特点。的确，在与曹魏相争中，他针对曹氏的残暴、狡诈，采用“弘毅宽厚”，以信义取天下的策略，即所谓“操以急，吾以宽；操以暴，吾以仁；操以谲，吾以忠；每与操反，事乃可成耳”（见《法正传》裴注引《九州春秋》）。在对待人才上，他能“知人待士”，士亦以此乐为之用，君臣上下，各得其所，各尽其能，唯其如此，才使三国中最为弱小的蜀国，成为能与曹魏抗衡，北定中原的希望所在。从这里可以看出，刘备的主观努力，人谋的力量，起到何等作用。

【原文】

先主姓刘，讳备，字玄德，涿郡涿县人[①]，汉景帝子中山靖王胜之后也。胜子贞，元狩六年封涿县陆城亭侯[②]，坐酎金失侯[③]，因家焉。先主祖雄，父弘，世仕州郡[④]。雄举孝廉[⑤]，官至东郡范令。

先主少孤，与母贩履织席为业。舍东南角篱上有桑树生高五丈馀，遥望见童童如小车盖[⑥]，往来者皆怪此树非凡，或谓当出贵人。先主少时，与宗中诸小儿于树下戏[⑦]，言：“吾必当乘此羽葆盖车[⑧]。”叔父子敬谓曰：“汝勿妄语，灭吾门也！”年十五，母使行学[⑨]，与同宗刘德然、辽西公孙瓒俱事故九江太守同郡卢植⑩。德然父元起常资给先主，与德然等⑪。元起妻曰："各自一家，何能常尔邪⑫！"起曰："吾宗中有此儿，非常人也。"而瓒深与先主相友⑬。瓒年长，先主以兄事之⑭。先主不甚乐读书，喜狗马、音乐、美衣服。身长七尺五寸，垂手下膝，顾自见其耳⑮。少语言，善下人⑯，喜怒不形于色。好交结豪侠，年少争附之。中山大商张世平、苏双等赀累千金⑰，贩马周旋于涿郡⑱，见而异之，乃多与之金财。先主由是得用合徒众⑲。

灵帝末，黄巾起，州郡各举义兵⑳，先主率其属从校尉邹靖讨黄巾贼有功㉑，除安喜尉㉒。督邮以公事到县㉓，先主求谒，不通㉔，直入缚督邮，杖二百，解绶系其颈着马枊㉕，弃官亡命。顷之，大将军何进遣都尉毌丘毅诣丹杨募兵㉖，先主与俱行，至下邳遇贼，力战有功，除为下密丞㉗。复去官㉘。后为高唐尉㉙，迁为令㉚。为贼所破，往奔中郎将公孙瓒，瓒表为别部司马㉛，使与青州刺史田楷以拒冀州牧袁绍。数有战功，试守平原令㉜，后领平原相㉝。郡民刘平素轻先主，耻为之下，使客刺之。客不忍刺，语之而去。其得人心如此。

【注释】

①涿郡：郡名，治涿，在今河北涿州。 ②元狩六年：公元前117年。 ③坐酎（zhòu）金失侯：犯有所献酎金成色不足或重量不够之罪而被削去侯爵。坐，犯罪。酎金，汉天子祭宗庙时诸侯助祭所献之金。 ④世仕州郡：指刘备祖、父两代都在州郡做官。 ⑤孝廉：汉选举官吏的科目名称，所选之人须孝顺父母，行为廉节。 ⑥童童：形容树木枝叶下垂的样子。 ⑦宗：宗族。 ⑧羽葆盖车：天子所乘之车，其盖用鸟羽连缀装饰。 ⑨使行学：叫他去求学。使后省略宾语"之"。 ⑩九江：郡名，治寿春，在今安徽淮南市寿县。 ⑪等：等同，一样。 ⑫常尔：经常如此。 ⑬友：交好。 ⑭以兄事之：把他当作兄长对待。 ⑮顾：回顾，回头看。 ⑯下人：对人谦让。 ⑰赀（zī）：同"资"，财产。 ⑱周旋：来往。 ⑲得用合徒众：能用钱财聚合人众。 ⑳义兵：作者站在统治阶级立场上，美化镇压农民起义的地主武装。 ㉑属：下属。校尉：官名，地位仅次于将军。 ㉒除：拜官，任命。安喜：县名，在今河北定州市。 ㉓督邮：官名，郡守佐吏，掌督察所属县违法之事。 ㉔通：通报，传达。 ㉕绶：系印用的丝带。着：同"著"，附着。马枊（àng）：马桩。 ㉖毌（guàn）丘：复姓。 ㉗下密：县名，在今山东昌邑市东。 ㉘去官：免官。 ㉙高唐：县名，在今山东禹城市西南。 ㉚迁为令：升职为县令。 ㉛别部司马：官名，本指大将军五部之外的军司马，后地方借用其名以置部属。 ㉜试守：暂时代理。

㉝ 领：兼任。平原相：平原国相。平原国为汉诸侯王封国，都平原县，在今山东平原县西南。

【译文】

先主姓刘，名备，字玄德，涿郡涿县人，是汉景帝的儿子中山靖王刘胜的后代。中山靖王刘胜的儿子刘贞，汉武帝元狩六年（前177）被封为涿县陆城亭侯，在汉武帝祭祀宗庙时刘贞所贡献的助祭金成色不足或是重量不够而犯罪被夺去侯爵，遂定居于涿县。先主刘备的祖父名叫刘雄，父亲名叫刘弘，刘雄、刘弘父子两代都在州郡做官。刘雄被举荐为孝廉，官职做到东郡范县县令。

先主刘备很小的时候就失去了父亲，与自己的母亲相依为命，靠着贩卖草鞋和编织席子维持生活。先主刘备所住屋子东南角的篱笆处有一棵大桑树长得有五丈多高，从远处看，那茂密的枝叶下垂着就像是小车的篷盖，过往的人都对这棵桑树的形状感到奇怪，认为它非同一般，甚至有人说这户人家将来会出贵人。先主刘备在少年时期，与宗族中的那些小孩子在这棵大桑树下玩耍，刘备说："我一定会乘坐着用鸟羽连缀起来做装饰的车子。"刘备的叔父刘子敬对刘备说："你不要乱说，你的话会招来灭门之祸的！"刘备15岁的时候，刘备的母亲让刘备出去求学，刘备与同族的刘德然、辽西的公孙瓒全都拜曾经担任过九江郡太守的同郡人卢植为老师。刘德然的父亲刘元起经常资助刘备，与刘德然的待遇一样。刘元起的妻子说："我们与刘备各成一家，怎么能经常这样资助他呢！"刘元起说："我们族人中有刘备这样的孩子，那可不是一般的人。"而公孙瓒与先主刘备是好朋友。公孙瓒比先主刘备年纪大些，先主刘备把公孙瓒当作兄长一样对待。先主刘备不太喜欢读书，而更喜欢斗狗跑马、喜好音乐、爱穿好看的衣服。刘备身高七尺五寸，双手下垂可以长过膝盖，两眼回顾能看见自己的耳朵。平时少言寡语，对人友善谦让，内心的喜怒哀乐都不表现出来给人看。喜好结交那些有威望有能力有侠义之心的人士，那些年轻人都争相依附于他。中山郡的大商人张世平、苏双等都是家财千金的人，他们因为贩卖马匹而经常往来于涿郡，见到刘备以后都觉得刘备很奇特，于是就给了刘备很多的金银财物。先主刘备就用这些钱财聚合人众。

汉灵帝刘宏执政的末年，黄巾军起来造反，各州各郡的地主武装全都起来镇压黄巾军，先主刘备率领着自己的属下跟随担任校尉的邹靖讨伐黄巾军有功，被朝廷任命为安喜县尉。在郡中担任督察所属各县违法之事的督邮到安喜县例行公事，先主刘备求见督邮，负责传达的人员不肯为先主刘备通报，刘备无法见到督邮，刘备就径直闯入，将督邮捆绑起来，打了督邮200棍子，然后解下自己的印绶系在督邮的脖子上将他绑在马桩上，然后弃官逃命去了。过了不久，担任大将军的何进派遣担任都尉的毌丘毅前往丹杨招募兵马，先主刘备与毌丘毅同行，当他们到达下邳县的时候遇到了土匪，刘备拼力奋战有功，被任命为下密县的县丞。结果又被免官。后来先主刘备担任了高唐县的县尉，升迁为高唐县县令。先主刘备在高唐县县令的职位上被贼人打败，便投奔了担任中郎将的公孙瓒，公孙瓒上表给朝廷任命刘备为别部司马，派先主刘备与担任青州刺史的田楷一起抵御担任冀州牧的袁绍。先主刘备数次立功，遂暂时成为平原县的代理县令，后来又兼任平原国的国相。郡民刘平一向看不起先主刘备，把做先主刘备的属下看作是一件耻辱的事情，就派门客刺杀刘备。门客不忍心刺杀刘备，就将刘平刺杀刘备的事情告诉了刘备而后离去。先主刘备之深得人心就是这样的。

【原文】

袁绍攻公孙瓒，先主与田楷东屯齐[①]。曹公征徐州，徐州牧陶谦遣使告急于田楷，楷与先主俱救之。时先主自有兵千馀人及幽州乌丸杂胡骑[②]，又略得饥民数千人[③]。既到，谦以丹杨兵四千益先主[④]，先主遂去楷归谦。谦表先主为豫州刺史[⑤]，屯小沛[⑥]。谦病笃，谓别驾麋竺曰："非刘备不能安此州也。"谦死，竺率州人迎先主，先主未敢当。下邳陈登谓先主曰："今汉室陵迟[⑦]，海内倾覆，立功立事，在于今日。彼州殷富[⑧]，户口百万，欲屈使君抚临州事[⑨]。"先主曰："袁公路近在寿春[⑩]，此君四世五公，海内所归，君可以州与之。"登曰："公路骄豪，非治乱之主。今欲为使君合步骑十万，上可以匡主济民，成五霸之业，下可以割地守境，书功于竹帛[⑪]。若使君不见听许[⑫]，登亦未敢听使君也。"北海相孔融谓先主曰[⑬]："袁公路岂忧国忘家者邪？冢中枯骨，何足介意。今日之事，百姓与能，天与不取，悔不可追。"先主遂领徐州。袁术来攻先主，先主拒之于盱眙、淮阴[⑭]。曹公表先主为镇东将军[⑮]，封宜城亭侯[⑯]，是岁建安元年也。先主与术相持经月，吕布乘虚袭下邳。下邳守将曹豹反，间迎布[⑰]。布虏先主妻子，先主转军海西[⑱]。杨奉、韩暹寇徐、扬间，先主邀击[⑲]，尽斩之。先主求和于吕布，布还其妻子。先主遣关羽守下邳。

先主还小沛，复合兵得万馀人。吕布恶之[⑳]，自出兵攻先主，先主败走归曹公。曹公厚遇之，以为豫州牧。将至沛收散卒，给其军粮，益与兵使东击布。布遣高顺攻之，曹公遣夏侯惇往，不能救，为顺所败，复虏先主妻子送布。曹公自出东征，助先主围布于下邳，生禽布[㉑]。先主复得妻子，从曹公还许[22]。表先主为左将军[23]，礼之愈重，出则同舆[24]，坐则同席。袁术欲经徐州北就袁绍，曹公遣先主督朱灵、路招要击术[25]。未至，术病死。

先主未出时，献帝舅车骑将军董承辞受帝衣带中密诏[26]，当诛曹公。先主未发[27]。是时曹公从容谓先主曰："今天下英雄，唯使君与操耳。本初之徒[28]，不足数也。"先主方食，失匕箸[29]。遂与承及长水校尉种辑[30]、将军吴子兰、王子服等同谋。会见使[31]，未发。事觉，承等皆伏诛[32]。

【注释】

①齐：汉诸侯王封国，治临淄，在今山东淄博市临淄区北。 ②杂胡骑：乌丸、鲜卑、匈奴等混同组成的骑兵。胡，泛指北方各族。 ③略：同"掠"，掠夺，攻取。 ④益：增加，补充。 ⑤豫州：州名，本治谯县，在今安徽亳州市，备领刺史而屯小沛。 ⑥小沛：即沛县，在今江苏徐州市沛县。 ⑦陵迟：衰微。 ⑧彼州：彼字误，当作"鄗"，见钱大昕《廿二史考异》卷十六。 ⑨使君：东汉末年及其后，对州郡长官的尊称。 ⑩公路：袁术字。 ⑪竹帛：竹简和绢帛，古代供书写之用，亦用以指史册。 ⑫见：指代说话人自己。 ⑬北海：汉诸侯王封国，治剧县，在今山东潍坊市昌乐县西。相：此处指王国相，治理王国政事，位如郡太守。 ⑭盱（xū）眙（yí）：县名，在今江苏淮安市盱眙县。淮阴：县名，在今江苏淮安市淮阴区。 ⑮镇东将军：官名，东汉末置镇东、南、西、北将军。 ⑯亭侯：爵名，汉代食禄于亭的列侯。 ⑰间（jiàn）：趁机。 ⑱海西：县名，在今江苏连云港市灌南县南。 ⑲邀击：截击。 ⑳恶（wù）：厌恶，嫉恨。 ㉑禽：同"擒"。 ㉒许：县名，建安元年曹操迎献帝都此，在今河南许昌市。 ㉓左将军：官名，汉置前、后、左、右将军，主征伐，位次上卿。 ㉔舆：车。 ㉕要（yāo）击：即邀击，截击。 ㉖车骑将军：官名，位次大将军，东汉多以舅氏任之。辞：衍字，当删。 ㉗发：发动、行动。 ㉘本初：袁绍字。 ㉙匕：汤匙。箸：筷子。 ㉚长水校尉：官名，汉八校尉之一，掌长水，宣曲胡骑，位次将军。 ㉛会见使：指刘备恰巧被曹操派征袁术一事。 ㉜伏诛：受死刑、被杀。

【译文】

担任冀州牧的袁绍出兵攻打中郎将公孙瓒，先主刘备与青州刺史田楷率军向东到达诸侯国齐国驻守。曹操征讨徐州牧陶谦，担任徐州牧的陶谦派遣使者向田楷告急求救，田楷与先主刘备一起前往徐州救援陶谦。当时先主刘备自己手下的兵卒只有一千多人和一些幽州地区的乌丸、鲜卑、匈奴等混同组成的骑兵，又掠夺了数千饥民。他们到了徐州之后，陶谦把丹杨的四千名士兵拨给了先主刘备，刘备于是离开青州刺史田楷而归附了陶谦。陶谦上表朝廷任命先主刘备为豫州刺史，率军屯驻在小沛。徐州牧陶谦病势沉重时，对属下担任别驾的糜竺说："只有刘备才能使徐州获得安定。"陶谦病死，糜竺率领徐州父老迎请先主刘备入主徐州，先主刘备不敢当此大任。下邳人陈登对先主刘备说："如今汉室的统治能力已经很衰微，对国家的统治已经名存实亡，建立功名成就大业，就在今天。徐州地区物产丰饶百姓富足，户口上百万，想要屈尊刺史阁下前往徐州主持那里的政务。"先主刘备说："袁术就在附近的寿春，袁术家族的四代人中就有五个人位列三公，海内之人都归心于他，先生可以把徐州让与袁术。"陈登说："袁术这个人为人骄傲强横，不是能够平定祸乱的人。现在准备为使君你聚集起十万步兵骑兵，从大的方面来说可以匡扶君主拯救黎民百姓，成就春秋五霸那样的功业，从小的方面来说可以割据一方守境安民，功名载入史册而永垂不朽。如果使君你不能听从我的意见，我也不敢听从使君去迎请袁术。"担任北海相的孔融对先主刘备说："袁术哪里是忧国忘家的人呢？只不过是坟墓中的一把枯骨，哪里值得关注？今天的情势是，老百姓亲附于你这样有才能的人，上天把这个机会给了你而你不要，恐怕会后悔莫及。"先主刘备遂答应暂时代理徐州牧。袁术率军来攻打占据徐州的先主刘备，先主率军在盱眙、淮阴抵抗袁术的进攻。曹公曹操上表给朝廷任命先主刘备为镇东将军，封刘备为宜城亭侯，这一年是汉献帝建安元年。先主刘备与袁术在盱眙、淮阴对峙了差不多一个月，吕布趁徐州空虚袭击了下邳。担任下邳守将的曹豹背叛了先主刘备，趁机迎接吕布进入徐州。吕布俘虏了先主刘备的妻子，先主刘备遂率军转入海西县。杨奉、韩暹进犯徐州、扬州一带，先主刘备率军截击，将杨奉、韩暹等人全部消灭。先主刘备向吕布求和，吕布将先主的妻子送还给先主刘备。先主刘备派遣关羽守卫下邳。

先主刘备回到小沛，又聚合了一万多兵力。吕布嫉恨先主刘备，就亲自率兵攻击先主，先主被吕布打败，便去投奔了曹操。曹操厚待先主，任命先主刘备为豫州牧。豫州牧刘备准备去小沛收集那些被打散的士卒，曹操拨给先主军粮，还给先主增派了兵力让先主东征吕布。吕布派遣属下将领高顺进击先主刘备，曹操派遣夏侯惇前往，没有救援成功，先主刘备被高顺打败，高顺再次俘获了先主的妻子，并送往吕布那里。曹操于是亲自率军东征，帮助先主刘备将吕布围困在下邳城中，活捉了吕布。先主刘备再次与妻子重逢，而后便跟随曹操回到许城。曹操上表给朝廷任命先主刘备为左将军，曹操对待先主刘备的礼遇越加优厚，出行的时候就让先主与自己坐在同一辆车子里，坐着的时候则坐在同一张席子上。袁术想要经过徐州北上靠近冀州牧袁绍，曹操派先主刘备督率朱灵、路招两位将领在袁术北上途中截击袁术。先主的军队还没有到达预定地点，袁术就病死了。

先主刘备尚未奉曹操之令率军截击袁术的时候，汉献帝刘协的舅舅担任车骑将军的董承接受了汉献帝用鲜血写出的缝在衣带中的密诏，令其谋划诛杀曹操。先主刘备还没有采取行动。当时曹操很随意似的对先主刘备说："当今天下的英雄，只有你和我两个人了。像袁绍那样的，根本算不上。"先主刘备正在与曹操一起吃饭，听了曹操如此一说竟然惊得将手中的汤匙、筷子掉在了地上。先主刘备遂与车骑将军董承以及担任长水校尉的种辑、将军吴子兰、王子服等同谋除掉曹操之事。恰巧此时先主刘备被曹操派遣率军出征袁术，所以没有来得及采取行动。董承等诛杀曹操的密谋被曹操发觉之后，董承等人都被曹操诛杀。

【原文】

先主据下邳。灵等还，先主乃杀徐州刺史车胄，留关羽守下邳，而身还小沛。东海昌霸反①，郡县多叛曹公为先主，众数万人，遣孙乾与袁绍连和，曹公遣刘岱、王忠击之，不克。五年②，曹公东征先主，先主败绩③。曹公尽收其众，虏先主妻子，并禽关羽以归。

先主走青州，青州刺史袁谭，先主故茂才也④，将步骑迎先主。先主随谭到平原，谭驰使白绍。绍遣将道路奉迎⑤，身去邺二百里⑥，与先主相见。驻月馀日，所失亡士卒稍稍来集。曹公与袁绍相距于官渡，汝南黄巾刘辟等叛曹公应绍⑦。绍遣先主将兵与辟等略许下⑧。关羽亡归先主。曹公遣曹仁将兵击先主，先主还绍军，阴欲离绍，乃说绍南连荆州牧刘表。绍遣先主将本兵复至汝南，与贼龚都等合，众数千人。曹公遣蔡阳击之，为先主所杀。

曹公既破绍，自南击先主。先主遣麋兰、孙乾与刘表相闻⑨，表自郊迎，以上宾礼待之，益其兵，使屯新野。荆州豪杰归先主者日益多，表疑其心，阴御之⑩。使拒夏侯惇、于禁等于博望⑪。久之，先主设伏兵，一旦自烧屯伪遁，惇等追之，为伏兵所破。

【注释】

①东海：郡名，治剡县，在今山东临沂市郯城县。 ②五年：建安五年。 ③败绩：大败。 ④先主故茂才：指袁谭曾被先主举为茂才。茂才：汉代选拔人才的科目之一。西汉时叫秀才，东汉避光武帝刘秀讳改秀为茂才。由州刺史或州牧推举。应选者应具有突出才能，故名。 ⑤道路奉迎：路上迎接。 ⑥身去邺二百里：指袁绍亲自走出邺城二百里迎接刘备。 ⑦汝南：郡名，治平舆，在今河南驻马店市平舆县。 ⑧许下：即许县。 ⑨与刘表相闻：向刘表通信息。 ⑩阴御：暗中防范。 ⑪博望：县名，在今河南南阳市东北。

【译文】

先主刘备占据了下邳，朱灵、路招等返回许都，先主刘备立即杀死了曹操所委派的徐州刺史车胄，留下关羽守卫下邳，自己则回到小沛。东海郡的昌霸起兵谋反，东海郡管辖之下的各县大多都背叛了曹操归附了先主刘备，先主刘备的部众于是达到数万人之多，先主刘备派遣孙乾与冀州牧袁绍联合，曹操则派遣刘岱、王忠率军攻打先主刘备，刘岱、王忠没有打败先主刘备。建安五年，曹操亲自率军东征先主刘备，先主刘备被曹操打得大败。曹操把刘备的部众全部俘获，同时俘虏了先主刘备的妻子，并捉住了关羽，将关羽等带回许都。

先主刘备逃往青州，担任青州刺史的是袁绍的长子袁谭，袁谭曾经被先主刘备推举为茂才，袁谭率领步兵骑兵迎接先主刘备。先主刘备跟随袁谭来到平原县，袁谭派人骑马飞报自己的父亲袁绍。袁绍派遣部将在路上迎候，袁绍亲自来到距离邺城200里远的地方，与先主刘备相见。先主刘备在袁绍处停留了一个多月，所失散的士卒渐渐前来聚集。曹操与袁绍双方的军队在官渡展开对峙，盘踞在汝南一带的原黄巾军残部首领刘辟等背叛了曹操转而支持袁绍。袁绍派遣先主刘备率军与刘辟等一同去攻取许县。关羽逃离曹操阵营回归先主。曹操派遣属下将领曹仁率军攻打先主刘备，先主刘备返回到袁绍军中，暗地里做着离开袁绍的准备，于是便劝说袁绍向南联合担任荆州牧的刘表。袁绍于是派遣先主刘备率领自己的原班人马再次来到汝南郡，与原黄巾军首领龚都等会合，部众达数千人。曹操派遣蔡阳前往汝南攻打先主刘备，蔡阳被先主刘备杀死。

曹操在官渡打败了袁绍之后，便亲自率军南下攻打先主刘备。先主刘备派遣糜竺、孙乾向荆州牧刘表通报消息，刘表亲自到荆州郊外迎接先主刘备，以上宾之礼予以接待，并给先主刘备增派兵力，让先主刘备屯驻在新野县。荆州地区的英雄豪杰之士归附先主刘备的越来越多，刘表怀疑先主刘备对自己有二心，暗中对刘备加强防范。刘表派遣先主率军前往博望县去抵挡夏侯惇、于禁等人的进攻。过了很久，先主刘备设下伏兵，一天早上令军队烧毁了自己的营寨假装逃跑，夏侯惇等人率军追击，被先主设下的伏兵击败。

【原文】

十二年，曹公北征乌丸，先主说表袭许，表不能用。曹公南征表，会表卒，子琮代立，遣使请降。先主屯樊，不知曹公卒至[①]，至宛乃闻之[②]，遂将其众去。过襄阳，诸葛亮说先主攻琮，荆州可有。先主曰："吾不忍也。"乃驻马呼琮，琮惧不能起。琮左右及荆州人多归先主。比到当阳[3]，众十馀万，辎重数千两[4]，日行十馀里，别遣关羽乘船数百艘，使会江陵。或谓先主曰："宜速行保江陵，今虽拥大众，被甲者少，若曹公兵至，何以拒之？"先主曰："夫济大事必以人为本，今人归吾，吾何忍弃去！"

曹公以江陵有军实[5]，恐先主据之，乃释辎重，轻军到襄阳。闻先主已过，曹公将精骑五千急追之，一日一夜行三百馀里，及于当阳之长坂[6]。先主弃妻子，与诸葛亮、张飞、赵云等数十骑走，曹公大获其人众辎重。先主斜趋汉津[7]，适与羽船会，得济沔[8]，遇表长子江夏太守琦众万馀人，与俱到夏口[9]。先主遣诸葛亮自结于孙权，权遣周瑜、程普等水军数万，与先主并力，与曹公战于赤壁，大破之，焚其舟船。先主与吴军水陆并进，追到南郡，时又疾疫，北军多死，曹公引归。

先主表琦为荆州刺史，又南征四郡。武陵太守金旋[10]、长沙太守韩玄[11]、桂阳太守赵范[12]、零陵太守刘度皆降。庐江雷绪率部曲数万口稽颡[13]。琦病死，群下推先主为荆州牧，治公安[14]。权稍畏之，进妹固好[15]。先主至京见权[16]，绸缪恩纪[17]。权遣使云欲共取蜀，或以为宜报听许[18]，吴终不能越荆有蜀，蜀地可为己有。荆州主簿殷观进曰[19]："若为吴先驱，进未能克蜀，退为吴所乘，即事去矣[20]。今但可然赞其伐蜀[21]，而自说新据诸郡，未可兴动，吴必不敢越我而独取蜀。如此进退之计，可以收吴、蜀之利。"先主从之，权果辍计[22]。迁观为别驾从事。

【注释】

①卒：同"猝"，突然。②宛：县名，在今河南南阳市。③比：等到。当阳：县名，在今湖北当阳市。④两：同"辆"。⑤军实：军需。⑥长坂：地名，在当阳市东北。⑦汉津：汉水上的津渡。⑧沔：沔水，汉水上游称沔。⑨夏口：地名，在今湖北武汉市汉口区，当时为江夏郡治。⑩武陵：郡名，治临沅，在今湖南常德市。⑪长沙：郡名，治临湘，在今湖南长沙市。⑫桂阳：郡名，治郴（chēn），在今湖南郴州市。⑬庐江：郡治，治舒县，在今安徽庐江县。稽（qǐ）颡（sǎng）：以额触地，居丧答拜宾客时所行之礼，此处表示归顺惶恐之意。⑭公安：县名，在今湖北公安县。⑮固好：巩固孙刘联合友好的关系。⑯京：即京口，在今江苏镇江市。⑰绸缪：情意深厚。恩纪：恩情。⑱宜报听许：应该回书表示赞同。听，从。⑲主簿：官名，主管文书簿籍等日常事务。⑳即：一则。㉑但：仅，只。然赞：赞同。

㉒ 辍：中止，停止。

【译文】

汉献帝建安十二年，曹操亲自率军北上征讨乌丸，先主刘备劝说荆州牧刘表趁曹操率军远征的机会出兵袭击许都，刘表没有采纳先主的意见。曹操率军南下荆州征讨刘表，恰巧刘表此时病死，刘表的小儿子刘琮继承了刘表的职位，刘琮派遣使者到曹操军中请求投降。先主刘备当时驻扎在樊城，对曹操大军的突然到来毫不知情，他抵达宛县的时候才得知以上消息，先主于是率领自己的部众离开樊城。在经过襄阳的时候，诸葛亮劝说先主刘备攻打刘琮，夺取荆州。先主刘备说："我不忍心这样做。"于是先主刘备停下马来呼唤刘琮，刘琮吓得不敢起身。刘琮身边的人以及荆州城里有很多人归附了先主刘备。等到先主刘备率众到达当阳的时候，跟随自己的人已经有十多万，运载各种物资的车子有数千辆，每天行进十多里路，先主刘备派遣关羽率领一支军队乘着数百艘船只，令其到江陵会合。有人对先主刘备说："目前应该加速前进去坚守江陵，如今虽然拥有很多人（都是一些扶老携幼的百姓），但武装起来能够投入作战的士兵却很少，如果曹操所率领的大军一到，我们依靠谁去抵挡呢？"先主刘备回答说："要想成就大事业必定要以人为根本，如今人民来投奔我，我怎么忍心抛弃他们而自己逃跑呢？"

曹操因为江陵有军需物资，唯恐先主抢先占据江陵，于是就抛弃了随军物资，率领轻装的军队赶奔襄阳。曹操到了襄阳以后听说先主刘备已经率军从襄阳过去了，便立即率领五千轻骑兵紧急追赶，一天一夜便急行军三百多里，追到当阳长坂的时候追上了先主刘备。先主刘备抛弃了自己的妻子，与诸葛亮、张飞、赵云等数十骑逃走，曹操大获全胜，缴获了追随先主刘备的人众和所携带的物资。先主刘备等人挑近路斜着穿插赶赴汉津，途中恰巧遇到关羽所率领的船队，才得以渡过沔水，碰到担任江夏太守的刘表的长子刘琦率领着一万多人，遂与刘琦一道来到夏口。先主刘备派遣诸葛亮亲自前往江东联合孙权，孙权派遣周瑜、程普等率领数万水军，与先主刘备一起同心协力，在赤壁与曹军大战，把曹军打得大败，焚毁了曹军的战船。先主刘备率军与吴军水陆并进，追击曹军，一直追到南郡，当时又有瘟疫流行，从北方来的曹军病死了很多，曹操遂率军返回。

先主刘备上表朝廷任命刘琦为荆州刺史，又率军向南争夺武陵、长沙、桂阳、零陵四郡。担任武陵太守的金旋、担任长沙太守的韩玄、担任桂阳太守的赵范、担任零陵太守的刘度全都投降了先主刘备。盘踞庐江的地方势力雷绪也率领自己属下的数万人诚惶诚恐地归顺了先主。荆州刺史刘琦不久病死，刘琦的部下推举先主刘备为荆州牧，治所设在公安县。江东的孙权对逐渐强大起来的先主刘备渐渐有些畏惧，就把自己的妹妹嫁给先主以巩固孙刘两家联合友好的关系。先主刘备来到京口会见孙权，两人之间的亲情友情都表现得很深厚。孙权派使者说来到荆州向先主刘备表示希望与先主一同攻取蜀郡，有人认为应该回复东吴表示赞同他们的意见，认为东吴终究不可能越过荆州而占有蜀地，那么蜀地就可以归为己有。担任荆州主簿的殷观进言说："如果我们为东吴进攻蜀地打前锋，却没能攻克蜀地，到那时荆州已被东吴乘虚占领，我军退无处可退，则大势已去。现在我们只需表示赞同东吴独自出兵伐蜀，而我们自己因为刚刚占有诸郡，局势还没有稳定下来，所以不可以兴兵随同东吴一起行动，东吴一定不敢越过我们而独自去攻打蜀地。如此一来可进可退，可以获取东吴、蜀地两方面的利益。"先主刘备采纳了殷观的意见，孙权果然终止了攻取蜀地的计划。先主刘备提升殷观为别驾从事。

【原文】

十六年，益州牧刘璋遥闻曹公将遣钟繇等向汉中讨张鲁，内怀恐惧。别驾从事蜀郡张松说璋曰："曹公兵强无敌于天下，若因张鲁之资以取蜀土，谁能御之者乎？"璋曰："吾固忧之而未有计。"松曰："刘豫州[①]，使君之宗室而曹公之深雠也，善用兵，若使之讨鲁，鲁必破。鲁破，则益州强，曹公虽来，无能为也。"璋然之，遣法正将四千人迎先主，前后赂遗以巨亿计[②]。正因陈益州可取之策。先主留诸葛亮、关羽等据荆州，将步卒数万人入益州。至涪[③]，璋自出迎，相见甚欢。张松令法正白先主，及谋臣庞统进说，便可于会所袭璋[④]。先主曰："此大事也，不可仓卒。"璋推先主行大司马[⑤]，领司隶校尉；先主亦推璋行镇西大将军[⑥]，领益州牧。璋增先主兵，使击张鲁，又令督白水军[⑦]。先主并军三万馀人，车甲器械资货甚盛。是岁，璋还成都。先主北到葭萌[⑧]，未即讨鲁，厚树恩德，以收众心。

明年，曹公征孙权，权呼先主自救[⑨]。先主遣使告璋曰："曹公征吴，吴忧危急。孙氏与孤本为唇齿，又乐进在青泥与关羽相拒[⑩]，今不往救羽，进必大克，转侵州界[⑪]，其忧有甚于鲁。鲁自守之贼，不足虑也。"乃从璋求万兵及资实[⑫]，欲以东行。璋但许兵四千，其馀皆给半。张松书与先主及法正曰："今大事垂可立[⑬]，如何释此去乎！"松兄广汉太守肃[⑭]，惧祸逮己[⑮]，白璋发其谋。于是璋收斩松[⑯]，嫌隙始构矣[⑰]。璋敕关戍诸将文书勿复关通先主[18]。先主大怒，召璋白水军督杨怀[19]，责以无礼，斩之。乃使黄忠、卓膺勒兵向璋[20]。先主径至关中[21]，质诸将并士卒妻子[22]，引兵与忠、膺等进到涪，据其城。璋遣刘璝、冷苞、张任、邓贤等拒先主于涪，皆破败，退保绵竹[23]。璋复遣李严督绵竹诸军，严率众降先主。先主军益强，分遣诸将平下属县，诸葛亮、张飞、赵云等将兵溯流定白帝[24]、江州[25]、江阳[26]，惟关羽留镇荆州。先主进军围雒[27]；时璋子循守城，被攻且一年[28]。

十九年夏，雒城破，进围成都数十日，璋出降。蜀中殷盛丰乐，先主置酒大飨士卒[29]，取蜀城中金银分赐将士，还其谷帛[30]。先主复领益州牧，诸葛亮为股肱[31]，法正为谋主[32]，关羽、张飞、马超为爪牙[33]，许靖、麋竺、简雍为宾友。及董和、黄权、李严等本璋之所授用也[34]，吴壹、费观等又璋之婚亲也，彭羕又璋之所排摈也[35]，刘巴者宿昔之所忌恨也，皆处之显任，尽其器能[36]。有志之士，无不竞劝[37]。

【注释】

①刘豫州：即刘备，陶谦曾表备为豫州刺史，故称之。 ②赂遗：赠送财物。巨亿：万万，形容数目极大。 ③涪：县名，在今四川绵阳市东。 ④会所：会见之处。 ⑤行：代理。 ⑥镇西大将军：官名，东汉始有大将军名号，位次三公。 ⑦白水：即白水关，在今四川广元市。 ⑧葭萌：县名，在今四川广元市西南。 ⑨自救：救自己。 ⑩青泥：地名，在今湖北襄阳市西北。 ⑪州界：指益州界。 ⑫资实：即军实，军资。 ⑬垂：将。立：成。 ⑭广汉：郡名，治雒，在今四川广汉市。 ⑮逮：及。 ⑯收：逮捕。 ⑰嫌隙：仇怨。构：结成。 ⑱文书勿复关通先主：文书往来不再关白刘备。 ⑲督：统兵的将领。 ⑳勒兵：统率军队。 ㉑径至关中：直趋白水关中。 ㉒质诸将并士卒妻子：以诸将和士卒的妻及子为人质。 ㉓绵竹：县名，在今四川德阳市。 ㉔泝（sù）流：逆水而上，同“溯”。白帝：即白帝城，在今重庆市奉节县东。 ㉕江州：县名，在今重庆市。 ㉖江阳：县名，在今四川泸州市。 ㉗雒：县名，广汉郡治所。 ㉘且：将近。 ㉙飨：用酒食款待人。 ㉚还其谷帛：将城中粮食布帛归还其主。 ㉛股肱：大腿和胳膊，比喻辅佐之臣。 ㉜谋主：主谋之人。 ㉝爪牙：比喻武臣。 ㉞授用：授职任用。 ㉟排摈：排斥，摈除。 ㊱器能：才能。 ㊲竞劝：争相勉励。

【译文】

建安十六年，担任益州牧的刘璋远远地听说曹操将要派遣钟繇等人率军前往汉中讨伐张鲁，因此心怀恐惧。在刘璋属下担任别驾从事的蜀郡人张松劝说刘璋说："曹操的军队兵强马壮无敌于天下，如果他夺取了汉中，利用张鲁的资源来攻取蜀地，谁能抵挡得了呢？"刘璋回答说："我正在为此事发愁却无计可施。"张松说："豫州刺史刘备，是汉室宗亲、使君的族人而且与曹操有深仇大恨，刘备很善于用兵打仗，如果让刘备去讨伐张鲁，张鲁一定会被打败。张鲁败亡，则益州就会强大起来，到那时即使曹操率军前来，也对我们无能为力了。"刘璋认为张松的话很有道理，于是派遣法正率领四千人去迎请先主刘备，前后馈赠给先主的财物数以亿计。法正于是向先主刘备陈述可以趁机夺取益州的计策。先主刘备留下诸葛亮、关羽等据守荆州，自己则率领数万步卒进入益州。到达涪县的时候，益州牧刘璋亲自出来迎接，与先主刘备相见甚欢。张松让法正禀告先主刘备，就连先主刘备的谋臣庞统也向先主刘备进言，劝说先主刘备可以在与刘璋会见的场所袭击刘璋。先主刘备说："这是大事，不可仓促之间采取行动。"刘璋推举先主刘备为代理大司马，兼任司隶校尉；先主刘备也推戴刘璋为代理镇西大将军，兼任益州牧。刘璋为先主增加兵力，让先主刘备率领着去攻击汉中的张鲁，还令先主刘备统管驻扎在白水关的军队。先主刘备把所有兵力聚集起来有三万多人，战车铠甲器械等各种物资都很充足。这一年，刘璋返回成都。先主刘备率军北上抵达葭萌县，他并没有立即出兵讨伐张鲁，而是广施恩德，以收买人心。

第二年（建安十七年），曹操率军征讨孙权，孙权呼吁先主刘备来救援自己。先主刘备于是派使者告诉刘璋说："曹操率领大军征伐东吴，东吴情势危急。孙权与我本来是唇齿相依的关系，再加上曹操的部将乐进与自己的部将关羽在青泥交战，现在如果不去救援关羽，魏将乐进必然大获全胜，就会转过头来侵犯益州边界，这个忧患比起张鲁的危害是有过之而无不及。张鲁只不过是一个只知道守住自己地盘的盗贼，不值得忧虑。"先主遂向刘璋请求支援一万名士卒以及足够的军用物资，准备东进救援关羽。刘璋只答应支援四千士兵，其他的请求也只提供一半。张松写信给先主刘备和法正说："如今夺取益州的大事即将获得成功，刘使君怎么竟然放弃这里而率军离开呢？"张松的哥哥担任广汉太守的张肃，惧怕灾祸牵连到自己，就向刘璋告发了张松劝说先主刘备夺取西川的阴谋。于是刘璋逮捕了张松并将张松斩首，先主刘备与益州牧刘璋之间也就因此结上了仇怨。刘璋发文给各处守将，文书往来不要再报呈先主刘备过目。先主刘备于是大怒，将刘璋属下担任白水军督的杨怀招来，责备他对自己无礼，而将其斩首。并借机派遣黄忠、卓膺统兵指向刘璋。先主刘备则直趋白水关中，把守卫白水关的诸将领以及士卒的妻子扣押起来当作人质，然后率军与黄忠、卓膺等进兵涪城，将涪城占领。刘璋派遣刘璝、冷苞、张任、邓贤等率军到涪城反击先主刘备，刘璝等全都被先主打败，退往绵竹据守。刘璋又派遣李严统领绵竹诸军，而李严却率领部众投降了先主刘备。先主刘备的兵力越加强盛，他分别派遣诸将平定了下属的各县，诸葛亮、张飞、赵云等率军逆流而上攻占了白帝城、江州、江阳，只有关羽留下镇守荆州。先主刘备乘胜进军包围了雒城；当时雒城由刘璋的儿子刘循镇守，被先主刘备围攻了将近一年。

建安十九年夏季，雒城被先主刘备的军队攻克，先主随后进军将成都围困了数十天，刘璋迫不得已出城向先主刘备投降。蜀中人口众多物产丰富人民安乐，先主刘备摆设酒宴大规模地犒赏士卒，将蜀城中获取的金银分别赏赐给那些将士，而将蜀城中的粮食布帛归还其主人。先主刘备再次兼任益州牧，诸葛亮作为先主的左膀右臂辅佐先主，法正为主谋之人，关羽、张飞、马超为先主刘备的得力武臣，许靖、糜竺、简雍为先主的宾客友人。至于董和、黄权、李严等原本是刘璋所授职任用的，吴壹、费观等又是刘璋的姻亲，彭羕又是刘璋所排斥、摒弃的人，刘巴这个人是刘璋过去所忌恨的人，现在先主刘备都把他们安置在显要的职位，使他们都能够各尽其才。那些有志之士，无不争相劝勉。

【原文】

二十年，孙权以先主已得益州，使使报欲得荆州①。先主言：“须得凉州，当以荆州相与。”权忿之，乃遣吕蒙袭夺长沙、零陵、桂阳三郡。先主引兵五万下公安，令关羽入益阳②。是岁，曹公定汉中，张鲁遁走巴西③。先主闻之，与权连和，分荆州江夏、长沙、桂阳东属；南郡、零陵、武陵西属，引军还江州。遣黄权将兵迎张鲁，张鲁已降曹公。曹公使夏侯渊、张郃屯汉中，数数犯暴巴界④。先主令张飞进兵宕渠⑤，与郃等战于瓦口⑥，破郃等，郃收兵还南郑。先主亦还成都。

二十三年，先主率诸将进兵汉中。分遣将军吴兰、雷铜等入武都⑦，皆为曹公军所没。先主次于阳平关⑧，与渊、郃等相拒。

二十四年春，自阳平南渡沔水，缘山稍前，于定军山势作营⑨。渊将兵来争其地。先主命黄忠乘高鼓噪攻之⑩，大破渊军，斩渊及曹公所署益州刺史赵颙等。曹公自长安举众南征。先主遥策⑪之曰：“曹公虽来，无能为也，我必有汉川矣⑫。”及曹公至，先主敛众拒险⑬，终不交锋，积月不拔，亡者日多。夏，曹公果引军还，先主遂有汉中。遣刘封、孟达、李平等攻申耽于上庸⑭。

【注释】

①使使：派遣使者。 ②益阳：县名，在今湖南益阳市。 ③巴西：郡名，治阆中，在今四川阆中市。 ④数（shuò）数：屡次。 ⑤宕（dàng）渠：县名，在今四川达州市渠县。 ⑥瓦口：地名，在今四川达州市渠县东北。 ⑦武都：郡名，治下辩，在今甘肃陇南市成县西。 ⑧次：驻扎。 ⑨定军山：山名，在今陕西勉县西南。 ⑩鼓噪：擂鼓呐喊。 ⑪遥策：预先推断。 ⑫汉川：即汉中。 ⑬敛：收聚。 ⑭上庸：县名，在今湖北十堰市竹山县。

【译文】

建安二十年，东吴孙权以先主刘备已经得到益州为理由，派遣使者来到益州告知先主刘备东吴想要得到荆州。先主刘备答复说："等到取得了凉州之后，就将荆州还给东吴。"孙权得到回报非常气愤，于是派遣大将吕蒙采取暗中偷袭的办法从蜀军手中夺取了长沙、零陵、桂阳三郡。先主刘备亲自率领五万兵马东下来到公安，同时令关羽入守益阳。这一年，曹操率军攻取了汉中，张鲁逃往巴西郡。先主刘备得知消息后，为了与孙权联合，遂将荆州的江夏、长沙、桂阳分割出来东属于孙权，而南郡、零陵、武陵仍然西属于先主，然后率军回到江州。先主派遣黄权率军前往巴西郡迎接张鲁，而张鲁已经投降了曹操。曹操派遣夏侯渊、张郃率军屯驻在汉中，他们屡次进犯巴郡边界。先主刘备于是派遣张飞率军进攻宕渠，与张郃等激战于瓦口，将张郃等打败，张郃遂收兵返回南郑。先主刘备也回到成都。

建安二十三年，先主刘备率领诸将向汉中进兵。他分别派遣将军吴兰、雷铜等率军进入武都郡，结果吴兰等都被曹军打得全军覆没。先主刘备率军驻扎在阳平关，与曹将夏侯渊、张郃等相对峙。

建安二十四年春季，先主刘备率军从阳平关向南渡过沔水，沿着山麓逐渐向前推进，在定军山凭借山势安营扎寨。夏侯渊率领曹军前来争夺此地。先主刘备命令黄忠占领高处擂鼓呐喊进攻曹军，将夏侯渊所率曹军打得大败，斩杀了夏侯渊以及曹操所任命的益州刺史赵颙等。曹操于是亲率大军从长安出发南下征讨先主刘备。先主刘备预先推断说："曹操此次虽然亲自率军前来，也无能为力了，我一定能够占有汉川了。"等到曹操率军到来，先主刘备收聚兵力凭借险要进行坚守，始终不与曹军交战，曹军一连几个月不能取胜，逃亡的士卒一天天增多。到了夏季，曹操果然率军返回，先主刘备于是占有了汉中。先主派遣养子刘封、宜都太守孟达及将领李平等率军前往上庸县攻打申耽。

【原文】

秋，群下上先主为汉中王……于是还治成都。拔魏延为都督[①]，镇汉中。时关羽攻曹公将曹仁，禽于禁于樊。俄而孙权袭杀羽[②]，取荆州。

（二十五年）即皇帝位于成都武担之南[③]。为文曰："惟建安二十六年四月丙午[④]，皇帝备敢用玄牡[⑤]，昭告皇天上帝后土神祇[⑥]：汉有天下，历数无疆[⑦]。曩者王莽篡盗，光武皇帝震怒致诛，社稷复存。今曹操阻兵安忍[⑧]，戮杀主后[⑨]，滔天泯夏[⑩]，罔顾天显[⑪]。操子丕，载其凶逆[⑫]，窃居神器[⑬]。群臣将士以为社稷堕废，备宜修之，嗣武二祖[⑭]，龚行天罚[⑮]。备惟否德[⑯]，惧忝帝位[⑰]。询于庶民，外及蛮夷君长，佥曰'天命不可以不答[⑱]，祖业不可以久替[⑲]，四海不可以无主'。率土式望[⑳]，在备一人。备畏天明命，又惧汉阼将湮于地[㉑]，谨择元日[㉒]，与百寮登坛[㉓]，受皇帝玺绶[㉔]。修燔瘗[㉕]，告类于天神[㉖]，惟神飨祚于汉家[㉗]，永绥四海[㉘]！"

【注释】

①都督：官名，统领一州或诸州军事。　②俄而：不久。　③即皇帝位于成都武担之南：建安二十五年曹丕称帝，改元黄初。传闻汉献帝被害，刘备于是称帝于成都。武担，山名，在成都市西北。　④建安二十六年：即黄初二年，因刘备不承认曹氏代汉，仍使用建安年号。　⑤玄牡：祭祀用的黑色公畜。　⑥皇天上帝：天帝。后土神祇（qí）：土地神。　⑦历数无疆：传世无穷。历数，天运之数。　⑧阻兵：仗恃兵力。安忍：安于残忍。　⑨主后：指伏皇后。　⑩滔天：罪恶巨大。泯夏：扰乱中原。泯，乱。　⑪罔顾：不顾。天显：上天所显示的道理。　⑫载：行。　⑬神器：指帝位。　⑭嗣武：二字同义，继承。二祖：指汉高祖刘邦、光武帝刘秀。　⑮龚：同"恭"。⑯否（pǐ）德：无德，谦辞。　⑰忝（tiǎn）：辱，有愧于。　⑱佥（qiān）：皆。　⑲替：废。⑳率土：全国，四海之内。式望：仰望。式，助词，无义。　㉑阼（zuò）：同"祚"，位，皇位。湮（yān）：埋没。　㉒元日：吉日。　㉓百寮：百官。寮同"僚"。　㉔玺（xǐ）绶：皇帝的印。㉕修燔（fán）瘗（yì）：置备祭祀天地之礼。　㉖告类：特别的祭天之礼，这里指皇帝登位而举行的祭天。　㉗飨祚：赐福。　㉘绥：安定。

【译文】

秋季，先主刘备的下属官员上表给汉献帝推举先主刘备为汉中王……于是回到治所成都。先主刘备提升魏延为都督，率军镇守汉中。当时负责镇守荆州的关羽正在进攻曹操的部将曹仁，在樊城活捉了曹军大将于禁。不久孙权出兵偷袭，杀死了关羽，夺取了荆州。

（建安二十五年）先主刘备在成都武担山之南即位做了蜀汉皇帝。他发表文告说："于建安二十六年四月丙午日，皇帝刘备敢用黑色公畜举行祭祀典礼，以此昭告皇天上帝后土神祇：汉室享有天下，传世无穷。以前王莽篡权，光武皇帝刘秀为此震怒而发兵征讨，遂使汉室社稷亡而复存。如今曹操仗恃兵力安于残忍，杀戮皇后，扰乱中原罪恶滔天，毫不顾及上天所显示的道理。曹操的儿子曹丕，继续曹操的凶恶叛逆行为，盗取了汉室的皇位。群臣将士都认为汉室社稷已经倾覆，刘备应该担负起兴复汉室的重任，继承汉高祖刘邦与汉光武帝刘秀二位先祖的事业，恭恭敬敬地代替上天对曹氏逆贼进行讨伐。我刘备无德无能，担心自己做不好而有愧于皇帝之位。我咨询于平民百姓，以及那些少数民族首领，他们都说'天命不可以不报答，祖宗的基业不可以长时间废弃，四海之内不可以没有君主。'四海之内所仰望的，都在刘备一人。我刘备敬畏上天明白使命，又惧怕汉室的皇位将被埋没于地下，遂恭恭敬敬地选择了吉日，与文武百官登上高台，接受了皇帝玺印。置备祭祀天地之礼，将继承汉室皇位之事祭告于上天，希望天神赐福与汉家，使四海之内永享安宁！"

【原文】

章武元年夏四月，大赦，改年。以诸葛亮为丞相，许靖为司徒。置百官，立宗庙，祫祭高皇帝以下[①]。五月，立皇后吴氏，子禅为皇太子。六月，以子永为鲁王，理为梁王。车骑将军张飞为其左右所害。初，先主忿孙权之袭关羽，将东征，秋七月，遂帅诸军伐吴。孙权遣书请和，先主盛怒不许，吴将陆议、李异、刘阿等屯巫[②]、秭归[③]；将军吴班、冯习自巫攻破异等，军次秭归，武陵五谿蛮夷遣使请兵[④]。

二年春正月，先主军还秭归，将军吴班、陈式水军屯夷陵[⑤]，夹江东西岸。二月，先主自秭归率诸将进军，缘山截岭，于夷道猇亭驻营[⑥]，自佷山通武陵[⑦]，遣侍中马良安慰五谿蛮夷，咸相率响应。镇北将军黄权督江北诸军，与吴军相拒于夷陵道。夏六月，黄气见自秭归十馀里中，广数十丈。后十馀日，陆议大破先主军于猇亭[⑧]，将军冯习、张南等皆没。先主自猇亭还秭归，收合离散兵[⑨]，遂弃船舫[⑩]，由步道还鱼复[⑪]，改鱼复县曰永安。吴遣将军李异、刘阿等踵蹑先主军[⑫]，屯驻南山[⑬]。秋八月，收兵还巫。司徒许靖卒。冬十月，诏丞相亮营南北郊于成都[⑭]。孙权闻先主住白帝，甚惧，遣使请和。先主许之，遣太中大夫宗玮报命[⑮]。

冬十二月，汉嘉太守黄元闻先主疾不豫[16]，举兵拒守。

三年春二月，丞相亮自成都到永安。三月，黄元进兵攻临邛县[17]。遣将军陈曶讨元，元军败，顺流下江，为其亲兵所缚，生致成都，斩之。先主病笃，托孤于丞相亮，尚书令李严为副[18]。夏四月癸巳，先主殂于永安宫[19]，时年六十三。

【注释】

①祫（xiá）祭：在太庙中合祭先祖。 ②巫：县名，在今重庆巫山。 ③秭归：县名，在今湖北秭归县。 ④五谿：武陵之五溪：雄溪、樠溪、沅溪、酉溪、辰溪，为湖南沅水之支流。 ⑤夷陵：县名，故城在今湖北宜昌市东南。 ⑥夷道：县名，在今湖北宜都。猇（xiāo）亭：地名，在今湖北宜都北30里。 ⑦佷（héng）山：县名，在今湖北长阳县。 ⑧陆议：即陆逊。 ⑨收合：收聚集合。 ⑩舫：船。 ⑪鱼复：县名，在今重庆奉节县。 ⑫踵蹑：紧紧追随。 ⑬南山：在今重庆奉节东北。 ⑭营南北郊：营建南北郊以供祭祀之用。天子于冬至日在南郊祭天，于夏至日在北郊祭地。 ⑮太中大夫：官名，掌顾问应对，属光禄勋。报名：犹言报聘，邻国来聘，报答回访。 ⑯汉嘉：郡名，治汉嘉县，在今四川雅安。不豫：帝王有病的讳称。豫，悦。 ⑰临邛（qióng）县：在今四川成都市邛崃（lái）市。 ⑱尚书令：官名，东汉所设尚书台之长官，处理朝政，位在三公下。 ⑲殂（cú）：死。

【译文】

先主刘备章武元年夏季四月，蜀汉实行大赦，改年号为章武。任用诸葛亮为丞相，任命许靖为司徒。设置文武百官，建立汉家宗庙，祭祀高皇帝刘邦及以下各位先祖。五月，先主刘备封吴氏为皇后，封长子刘禅为皇太子。六月，先主封自己的儿子刘永为鲁王，封刘理为梁王。担任车骑将军的张飞被自己身边的人杀害。当初，先主刘备对孙权袭击并杀害关羽非常愤恨，就准备亲自率军东征孙权，秋季七月，便率领大军讨伐东吴。孙权写信给先主刘备请求和解，先主刘备盛怒之下不肯答应，东吴的将领陆议、李异、刘阿等率军驻扎在巫县、秭归；蜀国的将领吴班、冯习率军在巫县打败了吴将李异等，然后将军队驻扎在秭归，武陵境内的雄溪、樠溪、沅溪、酉溪、辰溪这五溪流域的少数民族派遣使者前来请求出兵帮助攻打东吴。

章武二年春季正月，先主刘备率军回到秭归，将军吴班、陈式率领水军驻扎在夷陵，沿着长江东西两岸布防。二月，先主刘备从秭归率领诸将进军，沿长江南岸翻山越岭向吴进发，在夷道县的猇亭安下营寨，从佷山可以通往武陵，先主刘备便派遣担任侍中的马良前往五溪一带安抚慰问那里的少数民族，那些少数民族全都相互带领着起来响应。担任镇北将军的黄权督率长江北岸的诸军，在夷陵道与东吴军抗衡。夏季六月，有一股黄色的气体出现于秭归县十余里的范围内，这股黄色气体宽数十丈。过了十多天之后，吴将陆议在猇亭将先主刘备所率领的蜀军打得大败，将军冯习、张南等人全都战死。先主从猇亭退回秭归，收聚集合起那些逃散的士卒，抛弃了战船，从陆路回到鱼复县，将鱼复县改名为永安县。东吴孙权派遣将军李异、刘阿等率军在后面紧紧追随着先主刘备的军队，在南山驻扎下来。秋季八月，先主刘备收兵回到巫县。蜀国担任司徒的许靖去世。冬季十月，先主刘备下诏令丞相诸葛亮在成都的南郊北郊营建以供祭祀之用的祭坛。东吴孙权听说先主刘备住在白帝城，心里非常恐惧，于是派使者前来请求和解。先主刘备答应与东吴和解，于是派遣担任太中大夫的宗玮前往东吴进行回访。冬季十二月，担任汉嘉太守的黄元得知先主刘备卧病的消息，遂起兵据守汉嘉郡反抗蜀汉朝廷。

章武三年（223）春季二月，蜀汉丞相诸葛亮从成都来到永安。三月，黄元率军进攻临邛县。朝廷派遣将军陈曶率军讨伐黄元，黄元被陈灶打败之后，就顺着汉江进入长江，最后被他的亲兵捆绑起来，活着押送到成都，朝廷将黄元斩首。先主刘备病势沉重，便将自己未成年的儿子刘禅托付给了丞相诸葛亮，担任尚书令的李严为副丞相。夏季四月癸巳日，先主刘备病死于永安宫，享年63岁。

【原文】

亮上言于后主曰："伏惟大行皇帝迈仁树德①，覆焘无疆②，昊天不吊③，寝疾弥留④，今月二十四日奄忽升遐⑤，臣妾号啕⑥，若丧考妣⑦。乃顾遗诏，事惟大宗⑧，动容损益⑨；百寮发哀，满三日除服⑩，到葬期复如礼；其郡国太守、相、都尉⑪、县令长，三日便除服。臣亮亲受敕戒，震畏神灵，不敢有违。臣请宣下奉行。"五月，梓宫自永安还成都⑫，谥曰昭烈皇帝。秋，八月，葬惠陵⑬。

评曰：先主之弘毅宽厚，知人待士，盖有高祖之风，英雄之器焉⑭。及其举国托孤于诸葛亮，而心神无贰，诚君臣之至公，古今之盛轨也⑮。机权干略⑯，不逮魏武，是以基宇亦狭⑰。然折而不挠，终不为下者，抑揆彼之量必不容己⑱，非唯竞利，且以避害云尔。

【注释】

①大行皇帝：初死皇帝的称谓。迈仁：行仁。 ②覆焘（dào）：覆盖，覆被。 ③昊天：大天，

上天。不吊：不善。 ④寝疾：卧病。弥留：病危。 ⑤奄忽：倏忽，忽然。升遐：升天，帝王死去称升遐。 ⑥号咷：放声大哭。 ⑦考妣：父母死后的称谓。 ⑧大宗：宗法制度以嫡长子为大宗，此指刘禅。 ⑨动容损益：谓居丧期间，要斟酌举止。 ⑩除服：除去丧服。 ⑪都尉：此指属国都尉，置于少数民族所居州郡，职如郡守。 ⑫梓宫：对天子灵柩的专称。 ⑬惠陵：在今成都市武侯祠旁。 ⑭器：器量、器度。 ⑮轨：轨范，楷模。 ⑯机权：机变权谋。 ⑰基宇：疆土。 ⑱揆（kuí）：揣度，估量。

【译文】

蜀汉丞相诸葛亮向后主刘禅进言说："大行皇帝在世时推行仁政广树恩德，所覆盖的范围大无边际，上天不幸，先帝卧病直至弥留之际，于本月二十四日忽然升天，臣妾号啕痛哭，就像死了亲生父母一样悲恸。但是顾念先帝的遗诏，当前最重要的就是嫡长子，居丧期间要斟酌举止；文武百官举哀，满三日后除去丧服，到安葬的日期再按照丧礼进行；各郡国的太守、国相、都尉、县令县长，满三天都要除去丧服。我亲耳聆听了先帝的告诫，敬畏神灵，所以不敢违背先帝的旨意。我请求将此意宣告天下尊奉执行。"五月，先主刘备的灵柩从永安运回成都，谥号曰昭烈皇帝。秋季，八月，将昭烈皇帝葬入惠陵。

史家评论说：先主刘备抱负远大、意志坚强、为人宽容仁厚，在知人善任以及对待士人方面，大有汉高祖的遗风，英雄的气度。等到他在弥留之际将整个国家以及孤儿刘禅托付给诸葛亮之时，其心情与精神没有两样，在君臣关系上确实是出于至公，是古往今来的最好典范。但是先主刘备在机变权谋、才干谋略方面，比不上魏武帝曹操，所以疆土也就狭小。然而先主百折不挠，终于不肯居于曹操之下的原因，就是估量出了曹操的度量一定容不下自己，所以先帝的所为不只是为了与曹操争夺政权，也是为了躲避曹操加害于己。

人物新传·刘备传

一、兵败长坂

207年，诸葛亮在隆中对策中提出了刘备东联孙氏，北抗曹操的战略路线。但此时孙权正要盘踞长江，对抗曹操，两家战略路线冲突，联盟条件尚未成熟。208年，曹操南下荆州，发动赤壁之战，推动了刘孙结盟，这是曹操始料未及的。

曹操南下荆州　207年，曹操远征三郡乌桓，消灭了袁氏残余势力，形成了独占中原的局面，已占有天下三分之二，处于绝对优势。当时环绕中原的还有六大军事集团。北方三大集团：辽东公孙康，雍凉马腾、韩遂，汉中张鲁。南方三大集团：长江上游益州刘璋，中游荆州刘表，下游江东孙权。这六大军事集团中，只有江东孙权有远略，但地处偏远，其余五人都是割据自守的庸主，没有人能与曹操抗衡。天下一统的形势，又一次显露出端倪。长江中游荆州具有极重要的战略地位，伐灭刘表，控制荆襄，早就是曹操多年以来梦寐以求的事。曹操统一北方后，矛头直指荆襄，希望突破长江中游，顺流东下，一鼓作气荡平东南，其他几个军事集团则只有望风归降。曹操按照这一构想做着大规模的战争准备。

208年正月，南方孙权移营柴桑，发动了讨伐黄祖的战争，发出了争夺荆州的信号。此时曹操还不能立即南下，他刚刚远征乌桓回来，需要休整，尚未做好政治和军事上的准备。

夺取荆州，迫在眉睫，曹操、孙权、刘备都在和时间赛跑。孙权虽然抢了先，但以他的力量一口吞不下荆州；刘表尚存，刘备夺取荆州的条件还不成熟；曹操力量正盛，机会更多的还是在他手中。于是曹操全面地行动起来。

208年1月，曹操下令在邺城玄武苑内开凿了玄武池，训练水军。同时，又命张辽、于禁、乐进各统一军，加紧操练步骑。为了消除侧翼的西顾之忧，曹操派张既到关中招抚马腾，以天子名义征马腾入朝做卫尉，授马腾长子马超为偏将军。张既时为议郎，曾经随钟繇在关中参议军事，与地方官很熟悉，又有智谋。张既大势声张，召凉州二千石以上高官迎请马腾入朝。马腾不得已带家属入都面君，曹操把他安置在邺城，控制了马腾。

为了加强对朝廷的控制，6月，曹操上表汉献帝，罢黜了三公官即太尉、司徒、司空，重新设置丞相、御史大夫，曹操自己任丞相，总揽朝政。为了钳制舆论，排除异己，消除后患，曹操在朝廷上层整齐风俗，以破浮华狡狯之徒的名义，搞了一场以诛杀孔融为目标的政治运动，进一步树立个人的专断权威，以稳固后方。

曹操6月杀孔融，7月宣布正式南征。

刘琮出降 这次曹操南征，不同以往出兵。他想借统一北方的声威，大举南伐，一鼓作气荡平江南，在政治和军事上都做了充分动员。曹操调集30万大军，用于一个方向，成为曹操用兵史上的高峰，终三国之世，这也是最多的一次用兵。出兵30万，加上后勤支持，在当时北方残破的情况下，已是全国总动员，既显示了曹操的权威，也表现了曹操的骄矜。如此大规模的用兵，一定会引起朝野震动，有一番争论。曹操杀孔融，用暴力镇压反对派，把不同意见压制下去了。

刘表有两个儿子，长子刘琦，次子刘琮。按宗法惯例，刘琦为世子应为继承人。起初，刘琦很得刘表喜欢，他的外貌、举止都像刘表，儒雅敦厚，与刘备、诸葛亮都很友好。次子刘琮，接近刘表后妻蔡氏。刘琮娶蔡氏之侄女为妻。刘表宠爱蔡氏，蔡氏就常在枕边吹风，刘表日益疏远刘琦。同时蔡氏之弟蔡瑁掌握行政实权，与刘表的外甥张允勾结，拥护刘琮。张允掌握了荆州水军。在这种情况下，刘琦深感自身危险，求教于诸葛亮，诸葛亮多次回避不答。有一天，刘琦在楼上设宴款待诸葛亮，让人扛走楼梯。刘琦对诸葛亮说："今天我们在楼上，上不着天，下不着地，话从你口中出来，进入我的耳朵，这样可以出一个主意了吧！"诸葛亮见刘琦诚心请教，于是说："君不见申生在内而危，重耳在外而安乎？"（《三国志·诸葛亮传》）申生是春秋时晋国献公的太子，献公宠爱骊姬，骊姬谗毁申生，申生被迫自杀。重耳是申生之弟，见机出逃在外，周游列国，献公死后，他回国夺取君位，是为晋文公，成为春秋五霸之一。诸葛亮借历史故事，暗示刘琦早日离开是非之地，到外面去占据一块地盘，图谋发展。这时江夏太守黄祖被孙权讨灭，刘琦便要求出镇江夏，离开襄阳到了夏口。诸葛亮的主意也是替刘备联络刘琦。荆州诸将，大部分投靠刘琮。

曹操离都时，问计于荀彧。荀彧说："现在中原地区已经平定，刘表知道自己的处境而加强戒备。你可将大部队公开向宛城、叶县一带运动，而暗中从小道派出一支轻装的精兵，快速推进，就可以打刘表一个措手不及。"曹操依计而行，自己率领轻装奇袭荆州。

再说刘表，他喜欢刘琮，又不忍割舍刘琦，优柔寡断，家庭纠纷已使他焦头烂额。现在又面临孙权与曹操的夹攻，忧心成疾。当曹操正式出兵南下，刘表受惊惶恐，8月病死。临终时，刘琦回来探视，被蔡瑁、张允拒之门外，只能流泪离去。刘表死后，诸将奉刘琮继任荆州牧，蔡氏掌握实权。

这时曹操已兵临新野，谋士蒯越、韩嵩、东曹掾傅巽等都劝刘琮归顺曹操。傅巽说:“曹公以天子名义征讨，抵抗就是叛逆。公子刚刚继位，内部又不稳，也无力抵抗。即使重用刘备，也未必能对抗曹操。如果刘备打退了曹操，那他就要成为荆州的主人了。两相权衡，还是投效曹操，归命朝廷为上策。”刘琮和蔡氏没有别的办法，也就同意投降，而且对刘备封锁消息，怕他反对。刘表临终，曾托孤刘备辅佐。刘备从新野移屯樊城，与襄阳只有一水之隔。由于消息不通，曹操大军到了宛城，刘备才发觉刘琮未召开军事会议，觉得奇怪，特派亲信去襄阳问讯情况。刘琮再不敢隐瞒，派宋忠向刘备说明情况，荆州已决定归顺朝廷。刘备听了十分气愤，对宋忠说:“你们办事太荒唐，等到大祸临头才来告诉我，这不是太过分了吗？”说罢抽出刀来就要砍宋忠，但又觉得不值，喝令宋忠说:“砍了你的头，也不解我心头之恨，别污秽了我的宝刀，快给我滚吧！”

刘备兵败长坂 诸葛亮劝刘备夺取襄阳，阻击曹操。刘备觉得自己的力量挡不住曹操，又怕落下乘人之危夺取同宗的不义名声，所以他路过襄阳，派人要刘琮答话，刘琮不敢见面。刘备拜扫刘表之墓，涕泣离去。刘备这样做，是用信义号召荆州士民归服自己。刘琮左右及荆州士民，果然纷纷追随刘备。义阳人魏延率部曲数百人效命马前。行到当阳，追随刘备的民众有十余万，辎重几千辆，一天只能走十几里路。有人向刘备建议说:“主公应该快速去保江陵，现在大众慢行，如果曹兵追到，拿什么来对敌？”刘备说:“成就大事以人为根本，如今在危险之中，大众希望我保护，只能同甘苦共命运，怎么能够抛弃呢？”东晋习凿齿写三国历史，对刘备爱护民众的举动极为叹赏。他说:“刘备愈是在艰难的关头，信义愈是鲜明，即使冒险也不肯背弃道义。他终于成就了大业，不是应当的吗？”

曹操听说刘备逃向江陵，那里是荆州的水军基地和军资基地，害怕被刘备占有。他亲自率领精骑五千，日夜兼程追击，一天奔驰三百里。在当阳长坂，曹操追上刘备，刘备仓促应战，又要保护民众，顾头顾不了尾，一战全军覆没。刘备的妻子和儿子都失散了，只与诸葛亮等数十骑脱身逃走。张飞断后，拆断长坂桥，自己立马横矛在桥头，两眼瞪圆，对追来的曹兵大喝说:“我就是张益德，哪个不怕死的敢来同我决一死战！”曹军早已听说张飞勇猛无比，又不知虚实，担心张飞身后有埋伏，迟疑不敢前进。刘备等人这才逃脱。

长坂之战，刘备丢失全部辎重和本部兵马，两个女儿被曹纯活捉。刘备的甘夫人及子刘禅，小字阿斗，在赵云的奋力保护下才得脱险。

刘备没有兵马，只好放弃走江陵，折向东南往汉水方向撤退，恰好与从水道南下的关羽水军会合，渡过汉水，赶往夏口与刘琦会合。二刘会合，保留了荆州残部，有众两万。

刘备东走，曹操没有追击，他按预定计划南进江陵。占领江陵后，下令荆州吏民，与之更始。接着，特派深孚众望的零陵人刘巴持天子节钺，渡过长江招纳长沙、零陵和桂阳三郡。又委派京兆人金旋为武陵太守。这样，荆州七郡有六郡落入曹操手中，只有接邻江东的江夏郡在刘琦手中，尚未占有。

曹操论功行赏，封蒯越、韩嵩等 15 人为列侯。蒯越，字异度，刘表主要谋士。韩嵩，字德高，荆州名士。官渡之战时，两人都曾劝刘表投靠曹操。曹操相见恨晚，当即任命蒯越为光禄勋，韩嵩为大鸿胪。曹操又请韩嵩品评荆州士人，凡韩嵩推荐的一律任用。傅巽劝说刘琮归降有功，赐爵关内侯。

如何安排刘琮，曹操耍了一个花招。他任命刘琮为青州刺史，刘琮请求留在荆州，表示谦让。曹操顺势改授刘琮为清职谏议大夫，下令褒扬，称赞刘琮效法窦融归顺。就这样，刘琮败坏家业，以一州之地换了一顶毫无实权的乌纱帽。

曹操南下荆州，旬日之间，兵不血刃取得一州之地，收揽本州以及外地避难荆州的大批人才，大大增强了实力。这一仗打得非常漂亮，曹操的用兵方略，可概括为四个方面：其一，稳定后方，进行了政治总动员。曹操罢三公官，恢复丞相建制，并亲领丞相，总揽朝政，杀孔融，整肃内部，征辟马腾入侍，拜卫尉。这一系列举措，都是大举南下的政治总动员。其二，军事上做了全国总动员，出兵 30 万，占有绝对优势。其三，战前夸张宣传，先声夺人，从心理上瓦解敌方斗志，刘表被吓死，荆州内部分崩离析。其四，战略部署周密，间行轻进，曹操自为先锋，攻敌不备。此外，从荆州方面看，无能的刘琮和荆州统治集团的内部矛盾给曹操帮了大忙。刘琦、刘琮兄弟不协，刘备遭忌，成了三股势力。刘琮手下的蒯越、韩嵩、傅巽等一大帮人，各为自己打算，牺牲刘琮牟取私利。这一切就是曹操兵不血刃下荆州的有利条件。

二、孙刘结盟

曹操不费气力占有荆州，使形势急转，发生巨变。曹操威震天下，达到了他事业的顶点。一方面，益州牧刘璋，主动归顺，派来使者，表示归命朝廷，接受征兵，交纳赋税。另一方面，刘备重新陷入绝境，又没了立锥之地。江东孙权也深切地感到了生存的威胁。物极必反，为生存而战的刘备、孙权，在曹操乘胜东进的凯歌声中，被逼上梁山，携手联合，一举打破曹操统一江南的美梦，反倒给隆中路线带来了曙光。

曹操东进　刘琮出降、刘备兵败、孙权孤军受敌，面对这一新形势，曹操如何决策，内部展开了一场辩论。

曹操的随军主要谋士贾诩、程昱担心孙刘结盟。贾诩提出建议，在政治上发展荆州战役的声威，阻止孙刘结盟，徐图进取，恢复荆州经济，成为前进基地，用不了几年或可统一江东。贾诩说："明公先前破灭袁氏，现在又取得荆州，威名大振，士马精强，如果利用荆州的物资，供应军队，安抚百姓，那么不用打仗江东就会归服。"程昱更明确地提出了警告，他说："孙权在位不久，威名不显著。曹公无敌于天下，又取得了荆州，江东震动，孙权有智有谋，但不能独立抵抗曹公。刘备有英名，又有关羽、张飞这种万人之敌的猛将，孙权一定会支持刘备共同对付我们。如果出现了这种情况，孙刘结盟，那就会难解难分，胜负很难说了。"

但是，曹操已沉浸在胜利中不能自拔，他听不进贾诩、程昱的逆耳之言。诸将寡谋，更看不起败军的刘备。曹操与诸将都认为孙权不敢对抗，一定会杀了刘备来投降，如同公孙康取袁熙、袁尚首级一样。曹操决心已定，下令水陆俱进，造成浩浩荡荡的进军声势，并给孙权下了一道夸张声势的战书："近者奉辞伐罪，旌麾南指，刘琮束手，今治水军八十万众，方与将军会猎于吴。"曹操的意思是说，他是奉天子之命讨伐叛逆，大军南下，刘琮已经投降，你孙权何去何从，早做选择，是否要与我统带的80万大军做一番较量呢？曹操先声夺人，一副志骄意得之气溢于言表。这是在向孙权逼降，用现代外交辞令说，曹操的这封信，是给孙权的最后通牒。楚汉相争时，韩信攻下赵国，用李左车之计，给燕王臧荼写了一封恐吓信，臧荼就投降了。曹操南下荆州，凭的也是一纸战书，吓死刘表，逼降刘琮。既有历史在前，又有硕果在今，于是曹操志骄意满，如法炮制，想不战而下江东。但是臧荼，匹夫之勇；刘表、刘琮怯懦庸才，怎能与虎视天下的孙权相比？正由于"孙权新在位，未为海内所惮"，所以曹操不看在眼里，认为天下大势已定，不顾将士疲乏，不顾后勤短缺，冒进赤壁，在不知对手深浅的情况下，打了一场必败的错误战争。表面看是孙刘联军打败了曹操，而实际是曹操发动赤壁之战推动了孙刘结盟，替诸葛亮的隆中路线创造了条件，这是曹操没有想到的。

鲁肃过江，联刘抗曹　江东柴桑行营，孙氏集团又是如何反应的呢？原来孙氏集团的既定方针是据长江之险与曹操抗衡。早在200年，鲁肃过江，就建议孙权"进伐刘表，竟长江所极，据而有之，然后建号帝王以图天下"。甘宁投吴，亦有此说，曰："南荆之地……至尊当早规之，不可后操。"又说："西据楚关，大势弥广，即可渐规巴蜀。"周瑜更是主张"据襄阳以蹙操，北方可图也"。诸葛亮的隆中对策，提出东联孙吴，北拒曹操的三分策略，与孙权集团的战略方针大相径庭。加上刘表与孙权有不共戴天之仇，所以孙权是要吞并荆州，而不是联合荆州。刘备寄人篱下，无立锥之地，没有联吴资本。在赤壁之战前，隆中路线只不过是刘备集团的"单相思"，当时并没有出现孙刘结盟的政治气候。曹操的紧逼，使这一形势发生了改变。第一个敏感的就是江东的鲁肃。

208年8月，曹操大军南下，刘表病死，鲁肃就对孙权说："荆州同我们接壤，江山险固，沃野万里，是建立帝王之业的资本。现在曹操南下，刘表已死，二子不和，军中诸将各怀异心。刘备是天下英雄，与曹操对立，依附于刘表。请主公允许我以吊丧为名到荆州打探虚实。如果刘备与刘表部众同心协力，上下一致，我们就同荆州结为同盟，共同抗拒曹操。如果荆州内部离心离德，我们就可相机图灭。"鲁肃的建议，意味着修正孙氏的立国路线，调整战略，从进攻荆州转向为联合荆州以适应新形势。孙权采纳鲁肃建议，派他去了荆州。鲁肃到了夏口，已听到刘琮投降的消息，他估计刘备一定会向江陵撤退，于是日夜兼程，在当阳长坂相遇，刘备已全军覆没。鲁肃问刘备："现在打算到哪里去？"刘备回答说："苍梧太守吴巨是我的老朋友，打算去投靠他。"鲁肃说："吴巨是个凡夫俗子，又地处偏远，他自身难保，怎能去依靠他？我们孙权将军，聪明仁惠，敬贤礼士，江东英雄都归附他，现据有六郡之地，兵精粮足，可以成大事。我替刘将军考虑，最好与孙将军联合，共图大业。"鲁肃又对诸葛亮说："我和尊兄诸葛子瑜是好朋友。"诸葛子瑜名瑾，字子瑜，是诸葛亮的胞兄，这时在孙权身边任长史。鲁肃之意，邀诸葛亮为刘备使者，过江与孙权结盟。鲁肃的建议正与刘备、诸葛亮的隆中对策吻合，孙刘结盟，共抗曹操。刘备十分高兴，于是与关羽水军会合，撤向夏口，并进驻樊口，向孙权靠拢。

诸葛亮出使江东，刘孙结盟　刘备派诸葛亮随鲁肃过江，到柴桑见孙权。诸葛亮到了柴桑，孙权众臣以张昭、秦松为首，一片主和声，只有鲁肃主战。孙权徘徊犹豫，拿不定主意。诸葛亮欲擒故纵，劝孙权投降以刺激他的决心。诸葛亮说："曹操已破荆州，威震四海，眼看就要兵临江东。将军估量一下自己的能力，如果能够抵敌曹操，早下决心，一刀两断；如果不能抵抗，也要趁早投降，要不然，大祸就要临头了。"孙权很不高兴反唇相讥："那么刘豫州（刘备官拜豫州刺史，此为对刘备的尊称）为什么不投降曹操呢？"诸葛亮说："楚汉相争时，田横只不过是齐国的一个壮士，尚且宁死不肯向汉高帝称臣。刘豫州乃是大汉宗室之后，英才盖世，天下英雄都十分敬仰他，虽然事业不成功，这是天意，力量不够所致，怎能拜伏在曹操脚下称臣呢？"这时孙权年仅26岁，血气方刚，听了诸葛亮的话，勃然大怒，说："你别小看我！我岂能拿全吴之地，十万之众，拱手送给别人，低头称臣？我决心已定，与刘豫州联合抗曹。只是刘豫州已打了败仗，还有力量吗？"诸葛亮针对孙权的疑虑，分析了双方强弱形势。诸葛亮说：

刘豫州虽然在长坂战败，但还有关羽、刘琦两部水陆精锐部队两万多人。曹军远来疲惫，已成强弩之末，连一层薄绸也穿不透了。而且北方士众不习水战，荆州军民迫于兵势，并没有真心归服。如果将军能够派猛将统兵数万，与刘豫州同心协力，一定可以大破曹兵。

孙权听了诸葛亮的分析，十分高兴，决定召开军事会议，统一认识。

诸葛亮还对孙权说："曹操打了败仗，一定退守北方，到那时，荆、吴的势力增强，鼎足而立的局面就形成了。成败的机会，就在今天啊！"

诸葛亮"受任于败军之际，奉命于危难之间"，在刘备已无立身之地的情况下，还要说服孙权全力抗曹，用江东之众打败曹操，而荆州却要归刘备。诸葛亮的话十分明白，他以荆州使者身份与孙权谈判，要孙权承认刘备是荆州的主人，这样才能形成鼎足之势，这个任务是十分艰巨的。诸葛亮抓住曹操东进，孙权不肯投降这一大好时机，用激将法煽起孙权的抗曹决心，完成了签订鼎足三分的双边同盟的任务，表现了诸葛亮的大智大勇。《三国演义》第四十三回写诸葛亮舌战群儒，就是依据这一史实演义的，成功地再现了诸葛亮的风采。

紧接着孙权召开军事会议，统一认识。鲁肃劝孙权召回周瑜共商大计。当时周瑜奉使在鄱阳。以长史张昭为首的文臣被曹操虚张声势的战书吓破了胆，纷纷主张投降。张昭说："曹操像豺狼猛虎一样，挟天子以令四方，直接对抗，事更不顺。将军依靠的是长江天险，现在曹操占有荆州，水陆俱下，我们丧失了依凭天险的优势，在力量众寡悬殊的情况下，只有投降才是上策。"孙权一度又动摇了。鲁肃对孙权说："众人所论，全为自己打算。为什么这样说呢？我鲁肃可以投降曹操，照样可以当官食俸禄；但将军却不可投降，如果将军投降，曹操怎么安置你呢？希望将军早日定下大计，不要听众人之议。"孙权感慨地对鲁肃说："你的一席话说到我的心坎上，莫非是上天特把你派来帮助我的吗？"周瑜到来，更是坚决主战。周瑜详细分析了敌情，他对孙权说：

> 曹操南下，后方不稳，马腾、韩遂是他的后患；曹操用北方的骑兵到江南来，在水上与我们较量，是舍长就短；再说现在是十月寒冬，曹军供应不足，不能持久；还有北方士卒不服水土，一定生疾病。这几个忌讳，曹操都犯了。要打败曹操，就在今天啊。

孙权听了统兵大将周瑜这一番有理有据的分析，坚定了抗曹的信心，非常激动，当即拔出宝剑，砍去奏案的一角，厉声说：

> 曹操老贼早就想篡汉自立，只是害怕袁绍、袁术、吕布、刘表和我罢了。现在二袁等人都被消灭，只有我还在。今天我与老贼势不两立，文武官员谁还敢再说投降的话，就同这奏案一样。

当晚周瑜又去找孙权密谈，主动请缨抗击曹操，分析曹操的军情，对孙权说：

> 主张投降的人，只看到曹操书信上说的有水陆军八十万人，就吓破了胆，不去调查虚实，他们的主张不值得讨论。据我的实际考察，曹操从北方带来的军队，不过十五六万人，而且已经疲惫不堪；所得刘表的部众，充其量七八万人，尚且还抱有疑惧心理。曹操带着疲劳的军队，裹胁着三心二意的降卒，数量虽然超过我军，但没有什么可怕的。给我精兵五万，就足以打败曹操，请主公放心。

周瑜请战，要求领兵五万破敌，他对曹操军情的分析是正确的。曹操所带北方之兵三十万人，留守荆州约占半数，所以是十五六万人，加上荆州新附之众七八万人，曹操用于第一线的兵力二十余万人。加上后勤支持，即北兵三十万人与十余万荆州之众，总计四十余万人。

孙权对周瑜说："公瑾，你的分析与我的意见正相合。张昭、秦松等人贪生怕死，只顾自己。只有你与鲁子敬两人主战，合我的心意，真是上天派你们两人来辅助我。五万兵一下子难以调集，兵贵神速，现在有三万精兵待命，船粮齐备，你率领为前锋，我随后率大军做后盾。"当即任命周瑜为右都督，全军统帅；老将程普为左都督，全军副帅；鲁肃为参军，助划方略。东吴猛将吕蒙、黄盖、周泰、甘宁、凌统、吕范等，各统本部，皆隶周瑜调遣。

驻军樊口的刘备，得知曹操大军顺流而东，心中非常焦急，天天派人在江边巡逻，盼望孙权援军西上。一日，周瑜战船溯江而来，巡兵飞报刘备。刘备喜出望外，立即派人慰劳，邀请周瑜上岸会谈。周瑜说："军务在身，不可离开岗位。刘豫州若能屈驾到船上一谈，非常欢迎。"刘备对关羽、张飞说："周瑜摆架子，现在是我们求救于江东，为了同盟，我就走一趟吧。"

刘备乘坐一艘小船去拜见周瑜，向周瑜表达了敬意。刘备说："孙刘联盟抗曹，是最好的策谋。周将军带了多少兵马？"周瑜说："三万人。"刘备说："可惜少了一点。"周瑜说："这已经足够了，请刘豫州听我的捷报吧。"刘备敬服周瑜的胆气，但还有疑虑，不大相信三万人能打败曹操。他留了一手，只让关羽、张飞带两千人协同周瑜作战，两万荆州兵掌握在自己手里。周瑜也不想刘备分功，并不在意。

赤壁战后，孙权率十万大军攻合肥，但他只给周瑜三万兵，也是留了一手。当时东吴诸将所领本部兵马，一般数百人，多者两千人，周瑜本部兵只有两千人。临阵却敌，委任大督，诸将听其节制。夷陵之战，陆逊统兵五万，这就是较多的了。孙权自统大军，以防尾大不掉。所以联军方面的总兵力，江东之众十余万人，刘备荆州之兵两万人，共计十五六万人，约为曹操兵力之半。联军第一线为周瑜，刘备在樊口为第二线，孙权在柴桑为第三线。联军布置了纵深防线。就这样，孙刘结盟打破了曹操不战而下江东的美梦，一场决定历史命运的南北方大会战拉开了序幕。

三、东借荆州

赤壁之战的过程，将在《吴主孙权传》中详述，这里评说赤壁战后，刘备借荆州的故事。

赤壁之战，在军事上是孙曹决战，而政治上是曹刘决战。曹孙刘三方的史料记载，对于这次战役的主客形势基本一致，是很明确的。曹方史料，《三国志·武帝纪》说："公（曹操）至赤壁，与备战，不利……备遂有荆州、江南诸郡。"蜀方史料，《先主传》记载说，"先主（刘备）遣诸葛亮自结于孙权，权遣周瑜、程普等水军数万，与先主并力，与曹公战于赤壁"。吴国史料，《吴主传》记载说："瑜（周瑜）普（程普）为左右督，各领万人，与备俱进，遇于赤壁，大破曹公军。"陈寿写三国史，并称为《三国志》，说明他分别把曹孙刘三方史料综合后，按国别史的写法以存真，因此有"与备战""并力""与备俱进"的不同说法，而正是这不同的记载，更加明确地反映了赤壁之战的主客形势，三方皆承认曹刘之战。因为诸葛亮渡江与孙权谈判，是以鼎足之形为先决条件。也就是说要孙权承认刘备是荆州的主人，打败曹操，荆州归刘备。刘备是向孙权同盟借兵抗拒曹操的，而且赤壁也在荆州境内，所以曹方说是"与备战"，孙刘结盟，则称"并力""俱进"。鼎立之形，也是鲁肃的主张，孙权采纳了。鲁肃从全局态势出发，认为江东之众，不能独立抗拒曹操，极力主张孙刘结盟。周瑜不这样看，他梦寐以求的是全据长江，不承认刘备是荆州的主人，认为江东之众可以独立对抗曹操。所以赤壁之战，周瑜不让刘备全力参战，刘备也乐得保存实力，只派关羽、张飞带领两千人协助周瑜作战。赤壁之战后，周瑜独立西上争江陵，而让刘备去收拾江南四郡。周瑜攻下南郡，不交给刘备，他要作为西进巴蜀的基地，同时隔断刘备与曹操的接触，以便控制刘备，只让他当一个配角。这样刘备只占有荆州江南四郡：武陵、零陵、长沙、桂阳。周瑜允许刘备驻屯公安。

荆州七郡，江北有南阳、南郡、江夏三郡。赤壁之战时，江夏尚在刘备所控制的刘琦手中，周瑜西进，刘备把它让了出来。江夏郡的北部被曹操占领。南阳、南郡在曹军手中。曹操北还，留曹仁、徐晃镇守江陵，周瑜乘战胜之威，率兵数万攻打江陵，与曹仁展开大战。江陵城池坚固，粮食充足，曹仁英勇善战，周瑜几次攻坚均未破城。有一次周瑜到前沿视察，被流矢射伤右肋，伏鞍还营。曹仁趁势叫阵，多次向吴军挑战。周瑜忍着伤痛，巡视各营，激励将士，稳住了军心。曹仁见周瑜防卫森严，也领兵退入城中，闭门坚守。周瑜无力正面突破，采纳了甘宁的计策，西上攻取夷陵，因此，江陵成了一座孤悬的城池，曹仁坚守了一年多，不得不放弃北撤，把战略重镇收缩到襄樊。这样，南郡为孙曹共有，北部重镇襄樊被曹操占领，南部重镇江陵被周瑜占领。吴军经过如此艰苦得来的江陵，自然不肯轻易给刘备。孙权署周瑜为南郡太守，程普为江夏太守，吕范为彭泽太守，吕蒙为当阳令。江东的精兵强将驻屯在沿江中游一带，随时待命。

刘备攻占江南四郡后，表举刘琦为荆州刺史，这是很高明的策略，既收揽荆州人心，也使得孙权无话可说，真是一箭双雕。不久刘琦病死，孙权表举刘备为荆州牧，刘备表举孙权为徐州牧，显然这是一种互相承认，同时暗示势力划分，荆州归刘备，徐州归孙权。北上抗曹，孙权的方向应是徐州。但周瑜并不把江陵交给刘备。

刘备领荆州牧后，以诸葛亮为军师中郎将，使督零陵、桂阳、长沙三郡，调其赋税，以充军实。刘备有了立足之地，荆州士众依归者日益增多。像庞统、黄忠、马良、马谡、蒋琬、费祎、董允、陈震等人，都先后投归刘备，后来成为蜀汉政权的中坚人物。刘备声名远播，庐江雷绪率部曲数万口归服，给孙权以很大震动。孙权为了加固同盟，把妹妹嫁给刘备。婚姻外交是孙权的惯用伎俩。为了政治大局，刘备认可了这门亲事。

211 年初，刘备为了摆脱被周瑜锁困的处境，他以大无畏的勇敢精神，闯入虎穴，到京口去向孙权借荆州。诸葛亮苦劝刘备不要东行，认为冒险太大。刘备认为，孙权在合肥作战，接连失利，孙吴要在长江北岸建立防线，还须借重自己牵制曹操，“故决意不疑”，料定东行有惊无险，以探亲为名，打点去东吴。

诸葛亮担心，周瑜等要设置陷阱。还真是这样。周瑜上疏孙权说：“刘备是一个英雄，又有关羽、张飞这样的熊虎之将为辅，不会长久屈人之下。最好把刘备软禁在东吴，给他高官、宫室，多置美女玩好，让他无话可说，用这个办法把刘备与关、张分开，各处一方。这样我周瑜就可指挥关、张效命疆场，完成大业。如果割让土地给刘备，让他们三个人在一起，就像蛟龙得到云雨一样，不会安心在池中了。”吕范也上书孙权，让他扣留刘备。孙权询问鲁肃意见，鲁肃不赞同，他对孙权说：“周瑜、吕范的计谋切不可行。孙将军虽然英明武略，但曹操力量太强大，应当把荆州借给刘备，多一个曹操的敌人，也是给自己多一个朋友，这才是上策。”孙权再三权衡，感到不好驾驭刘备，如果扣留刘备引起内战，曹操南下如何抵敌？他采纳了鲁肃的建议，厚待刘备，决定把荆州借给刘备，把祸水引向荆州。这一消息传到北方，曹操正在写字，大吃一惊，颜面变色，毛笔掉落于地。可见，借荆州给刘备，确是一着妙棋，以至于政治经验丰富的曹操也惊慌失措起来。

鲁肃最早建言孙权夺取荆州，控制长江，这也是孙权集团坚定不移的战略基点。由于形势变化，鲁肃劝孙权借出荆州，表面上是后退了一步，从全局战略看实际是前进了。占领荆州符合孙权集团的最大利益，但在江东之众不能独立抗击曹操的形势下，借出荆州也是符合孙权集团的最大利益。曹刘水火不容，而刘备又是一个英雄，因此借出荆州必然要分散曹操的注意力，减轻东吴的压力。这一全局战略，曹操、刘备、孙权、鲁肃、诸葛亮都看得很清楚。周瑜、吕范等人不识大体，全局战略逊人一等。由此可见，江东诸将全然是周瑜一般的见识。所以刘备东行，仍然是走钢丝，并不是万全的计谋，当时也是出于无奈。数年以后，刘备与庞统谈论此事，还心有余悸地说："我当时处境艰难，为了生存和发展，只有硬着头皮东行。"刘备对左右的人也说："孙车骑身长腿短，一副凌人架势，我再不想见他。"看来刘备东行，是流了几身冷汗的。俗话说："不入虎穴，焉得虎子。"刘备的冒险，带来了丰硕的成果，孙权答应将用江东健儿的生命和鲜血换来的江陵借给刘备。孙权兑现了结盟的诺言，承认刘备为荆州的主人，鼎立形势初见端倪，所以曹操才大惊失色。

《三国演义》写刘备到江东，是接受孙权的假招亲，乔国老作合，弄假成真。赵云护送刘备，按诸葛亮的锦囊妙计，刘备才脱险回到荆州，周瑜赔了夫人又折兵。这些情节都是小说家的艺术虚构。孙尚香出嫁在 209 年，刘备入吴在 210 年。刘备以送夫人回娘家省亲为由向国舅孙权借荆州，诸葛亮认为是一着险棋，刘备是冒难而行，显示了一个枭雄的气概。

孙尚香才貌出众，个性刚强，有男儿气概，尚武好兵，训练了一群女战士，是三国时代的花木兰。孙尚香到了公安，带了 100 多名女护卫，出入环侍左右。久经沙场的刘备，见了这个阵势，也十分敬畏夫人，提心吊胆害怕变生于肘腋之间。于是以赵云为留营司马，监视孙尚香。当时孙尚香还是一个 20 来岁的妙龄女子，刘备已年过半百。两人说不上有什么恩爱，完全是一场政治联姻。孙尚香为了孙刘联盟，奉献了青春。

孙刘联姻两年后，211 年，孙权讨伐荆州，召回了孙尚香。13 年后，222 年，吴蜀夷陵之战，刘备兵败，死在白帝城，传说孙夫人在吴闻讯，悲痛地在芜湖投江而死。孙尚香这位巾帼英雄，对国家尽忠，对丈夫尽节，是一个德义双全的女子，而个人婚姻却是一场悲剧。京剧《龙凤呈祥》庆贺刘备得人得地，孙夫人美女配英雄，是大吉大利的喜剧。民间富室堂会，节日喜庆，总要上演《龙凤呈祥》助庆，以示圆圆满满之兆。而这喜庆背后的故事，有着多少辛酸泪，古时的这对政治婚姻龙凤配，对双方都是一场悲剧。

但是，周瑜并不执行孙权对刘备的许诺，他生出一计，整顿军马西取益州，这样南郡作为后勤基地，暂时不给刘备，刘备也无话可说。好像天意在安排三分似的，周瑜不幸病逝巴丘，孙权的西征只好作罢。接着鲁肃接替周瑜为荆州都督，鲁肃践约，把南郡给了刘备。所谓刘备借荆州，实际上是借南郡江陵。刘备打的旗号是北进襄阳，而骨子里却是等待时机西取巴蜀。

刘备借得荆州，取得鼎足的权利，便希望继续扩展势力，实现隆中路线所确定的目标，跨有荆、益，事业的开拓出现了前所未有的转机。但孙权是“借”荆州给刘备，还保留了所有权，目的是实现全据长江，前据襄阳，争衡中原。因此荆州成为孙刘两家又联合又争夺的契机，彼此战略不能相容，矛盾在暗中潜伏。曹操也看出了这一点，在赤壁尝到了孙刘联盟的苦头，于是转而挑拨孙刘，企图分化和瓦解这一联盟。

209 年，也就是赤壁战后的第二年，曹操派九江人蒋干前往江陵，游说周瑜北向。蒋干，字子翼，能言善辩，是江淮间的知名人士，与周瑜又是旧交。蒋干拜访，周瑜知道他的来意，抢先封住蒋干的嘴，迎面对蒋干说：“子翼，你远来辛苦，大概是无事不登门，是替曹操当说客的吧？”蒋干没想到老朋友如此单刀直入，开不得口，只好说：“哪里哪里，我们是同乡，特来对你的赤壁大捷贺喜的，怎么还没进门就下逐客令？”周瑜哈哈大笑说：“我和老哥开个玩笑，我想老哥断不会替曹孟德做卑贱的说客。”于是叙说阔别，设宴赋诗，只谈友情与家常，绝不谈军国大事。周瑜隆重款待了蒋干三天，请他参观军械府库，显示自己的尊荣与江东的实力。周瑜对蒋干说：“大丈夫处世碰上知遇的明主，外托君臣之义，内结骨肉之恩，言听计从，祸福与共，在这种情况下，即使苏秦、张仪再生，郦食其复出，也不可能说得动我，这哪是老哥所能办得到的呢？”蒋干听了，无言以对，只得回去如实报告曹操，称赞周瑜气度不凡，识大体，不是功名利禄能够离间的，曹操听了，也只能默不作声。

但曹操并不死心，他又生一计，写信给孙权，说赤壁之战，因北兵有疾病，是他曹操“烧船自退，让周瑜获得了虚名”，用以贬低周瑜，挑拨江东的君臣关系。

211 年，曹操命文章高手阮瑀写信给孙权，信中叙旧，提到孙曹之间的姻亲关系，应该加深感情。赤壁之战，受人挑拨，彼此应忘怀。曹操希望孙权内去张昭，外击刘备，恢复友好关系，这样曹操就承认孙权拥有大江以南的全部土地。

与此同时，曹操又让阮瑀代笔写信给刘备，“推心置腹”叙述交情，还给诸葛亮送去五斤丁香。曹操这样做，目的只有一个，就是瓦解孙刘联盟。由于形势所逼，孙权需要巩固长江北岸防务，进军淮南；刘备要站稳脚跟，取得生存空间，所以孙刘联盟进入蜜月。孙权借地给刘备，打破了曹操挑拨离间的幻想。曹操虽然没有达到瓦解联盟的目的，但他极为重视孙刘联盟，不再重蹈赤壁之战的覆辙，无疑是明智的。

四、西取巴蜀

巴蜀，即巴郡、蜀郡，为今四川及云贵地区，土地肥沃，物产丰富，有“天府之国”的美誉。188 年，汉宗室刘焉出任益州牧。刘焉见天下将乱，志在割据益州，所以他带了很多亲戚故旧入蜀，同时又把由南阳和长安一带进入益州的流民收编成军队，号称“东州兵”，作为基本骨干，用以对抗益州土著地主集团。刘焉为了树立自己的威信，找岔子杀了益州豪强王咸、李权等十余人，激起了犍为太守任岐和豪强土著贾龙的武装反抗。结果，刘焉取得了胜利，站稳了脚跟。但客籍地主与益州土著地主之间，矛盾仍然十分尖锐。

194 年，刘焉病死，其子刘璋继任益州牧。刘璋“性宽柔无威略”，豪强肆恣，小民怨愤。刘璋也不能用贤，别驾张松、军议校尉法正等智能之士，思得明君，他们投向了刘备的怀抱。

208 年，曹操南下荆州，刘璋不断派出使者向曹操表示归附。张松是第三批使者，他到荆州庆贺曹操的胜利。由于张松个子矮，貌不惊人，曹操没有礼遇他。曹操丞相府主簿杨修是一个博学之士，他早听说张松很有才学，想一睹张松风采，便接待了他。杨修初见时也有轻视之意。在谈吐间，发现张松不俗，杨修敬重起来。他把曹操写的《孙子兵法注》拿给张松看。张松在宴会上边吃边看，过目不忘，宴会席散，张松也看完了兵书。他合上书，一字不差地背诵下来，使杨修更加刮目相看。杨修向曹操赞誉张松的才学，曹操仍不肯录用。张松一气之下去见刘备，受到热情款待。张松回到益州，竭力劝刘璋拒绝曹操而结纳刘备。曹操从赤壁败还后，刘璋正式断绝了与曹操的往来。不久，刘备阻拦了孙权伐蜀，刘璋更为感激。张松趁势劝刘璋延请刘备入蜀北伐张鲁。刘璋问谁能出使荆州，张松推荐密友法正、孟达两人。两人到荆州，与刘备一见如故，并定下君臣之分。法正向刘备报告了益州虚实、府库钱粮、人马兵器等情报，还画了益州地图献给刘备。刘备让法正回益州复命，将孟达留了下来。后来刘备入蜀，委派孟达任宜都太守。

法正回到成都，与张松两人倾心相结，密谋迎接刘备入蜀。211 年，张松借曹操进兵关中的时机，劝刘璋派法正迎请刘备入川，巩固益州防卫。刘璋采纳了张松的建议，派法正领兵四千迎请刘备。益州主簿黄权谏阻，认为刘备入蜀，将要造成益州累卵之危。刘璋不听，把黄权贬出成都为广汉长。益州从事王累直陈刘璋“引狼入室”，把自己倒吊在州府门口，以死谏诤，刘璋还是不听。法正到了荆州，见刘备军容整肃，劝说刘备趁机占据益州，建立基业。庞统也劝刘备。刘备十分高兴，以庞统为军师，亲自领兵数万，向益州进发。荆州重镇，为后勤基地，留下诸葛亮主持政务，关羽、张飞、赵云等大将也留守荆州待命。

刘备入蜀，刘璋带兵迎接，两人相会于涪城，庞统劝刘备在宴会时擒拿刘璋，可以不用争战交锋，唾手得一州。刘备认为这样太失道义，断然拒绝。庞统又献上中下三策。上策是出其不意轻进取成都；中策是诈称还救孙权，向刘璋借兵借粮，刘璋不借，名正言顺讨伐；下策是退还白帝城，引荆州之援，徐图进取。刘备取中策，等待时机。他与刘璋欢宴百余日，带兵北上攻张鲁。刘璋给刘备荆州军补充了许多物资，又派大将杨怀、高沛统领白水军隶属刘备指挥。刘备到达葭萌关（在今四川广元西南）停兵不前，在川北一带“厚树恩德，以结众心”，培植根基。

212 年 10 月，曹操进兵江北，与孙权战濡须，刘备认为实施夺取益州的时机到来，于是给刘璋写信，要求回师荆州。信中说：“曹操征吴，孙权危在旦夕。我与孙将军唇齿相依。还有，乐进与关羽相拒，荆州兵力微弱，如果不回师救援，一旦荆州失守，益州危害更大。汉中张鲁不过是自守之贼，不足担忧。”信中向刘璋借兵一万，以及相应军资粮草。刘璋很不高兴，但又无可奈何，打折扣借兵四千，粮草军资给半数。刘备借此动员全军，宣布刘璋不义，薄待同盟，决定进兵成都。12 月从葭萌关还军攻刘璋。

这时，作为刘备内应的张松，不知刘备借口东行是用计，他写信给刘备说：“如今大事唾手可成，为何放过这机会远走呢？”信还没发，被张松的哥哥广汉太守张肃发现，张肃向刘璋告密，刘璋诛杀了张松，并发下公文，敕令各关口加强戒备，不再听命于刘备。刘备探知消息，抢先召见白水关杨怀、高沛二将，指责他们待客无礼，立即军法处斩。这样，刘备不战进了白水关，收编了蜀军，长驱南下，占据了涪城。

刘璋组织力量在绵竹一带阻击刘备，两军相持一年多。蜀军吴懿、李严、费观等相继率部投降，刘备军势更盛，但一时不能决战胜利，蜀将刘义、冷苞、张任、邓贤等进行顽强抵抗。214 年 5 月，刘备攻围雒城，军师庞统不幸被流矢射中身亡，刘备失去了一只臂膀。接着刘备兵围成都。这时，诸葛亮与张飞、赵云率荆州援军赶到，两军会师成都，刘璋投降。刘备取得了益州。214 年 6 月，刘备攻打成都，许诺城破之日，府库财物，任由自取。刘备进入成都，钱粮宝物都被士兵抢光了，得了一座空城，十分忧心。刘备咨问刘巴。刘巴说，赶快铸造每枚值百钱的新币，定出物价，令各官府部门收购物资。刘备采纳了这一建议，数月之后，府库重新充实起来。益州安定以后，许多人主张把成都城内外的土地房屋分配给诸将。赵云提出反对意见，他认为现在国贼祸乱汉室，切不可追求安乐。等到天下安定，诸将再各回本土，安家立业。现在应该把土地房屋归还给本土人民，让他们安居乐业，然后征调赋税。这样既能得民心，又能满足财政军备的需要。赵云这番话很有政治远见，刘备采纳了，把土地房屋归还了益州土著士民，着手蜀汉政权的建设。

刘备取蜀，自称益州牧。追随刘备的文臣武将，以荆州人士为核心，他们反客为主，成为蜀汉政权的中坚。诸葛亮、关羽、张飞、赵云、糜竺、简雍、黄忠、魏延、马良、马谡等都委以重任，诸葛亮为军师。刘璋旧部董和、黄权、李严、吴懿、费观，土著法正、张裔、彭羕等均给以显爵。这样，刘备的荆州集团、刘璋的东州集团、蜀中土著豪强，三者取得了相对的平衡，蜀汉初建形成了一派欣欣向荣的气象。用今天的话说，刘备很重视统一战线的建设。黄权曾经反对刘璋迎请刘备，又在广汉坚守抗击刘备，刘备非但不追究，还任命黄权为偏将军。刘巴，字子初，荆州零陵人，一直不与刘备合作。刘备征讨荆州江南诸郡，刘巴替曹操招降长沙、零陵、桂阳三郡。诸葛亮写信招他，他不听从，辗转流寓入蜀投效刘璋。刘备围成都，专门下达一条军令："谁敢谋害刘巴，诛灭三族。"成都攻破，刘巴谢罪，刘备也委以重任。

刘备通过兼顾各方的人事安排，缓和了主客之间的矛盾，蜀汉政权初步稳定下来，只是刘备尚未称王称帝罢了。

五、南争江南

孙权得知刘备取得益州，气愤地对左右说："这个狡猾的强盗，欺诈到我的头上了。"这时孙权攻克淮南皖城，曹操举十万之众与孙权相争，无功退回。孙权巩固了江北防线，决定西进，与刘备交涉荆州。

210 年，周瑜整顿众兵想西取益州，不幸病逝巴丘。接着鲁肃主事，借南郡给刘备。孙权自认为有恩于刘备，于 211 年遣使通告刘备，欲联合西取巴蜀。这是一个难题。刘备若答应孙权的要求，自己将为前部，孙权必定顺势取回荆州，岂不是前功尽弃？荆州主簿殷观给刘备出了一个好主意，摆脱了困境。那就是刘备在口头上答应与孙权合兵取巴蜀，同时借口荆州新定，内部不稳，时机还不成熟。孙权是不敢越过荆州孤军征蜀的。但孙权也不示弱，立即提上议事日程，他派孙瑜率领大军西进，驻屯到夏口。孙权致书刘备说："张鲁称王汉中，替曹操做耳目，图谋夺取益州。刘璋不能自守，如果让曹操取得蜀地，那么荆州就危险了。我打算先攻取刘璋，再进讨张鲁，让长江一线首尾相连，即使有十个曹操也不怕。"刘备当然不答应，回答说："益州地险民富，刘璋虽然暗弱，但还是有能力守卫。张鲁两面讨好，并不效忠于曹操。现在用兵蜀汉，转运万里，未必能取胜。万一失利，曹操趁机南下，该怎么办？我们同盟之间，不要自相攻打。"孙瑜率水军西上，刘备不准过境。他派关羽守江陵，张飞屯秭归，诸葛亮守南郡公安，刘备亲自坐镇孱陵。孙权不得已召还了孙瑜。这是 211 年 1 月间发生的事件。同年 8 月，曹操西征关中马超、韩遂，马韩失败，韩遂西走，马超南奔张鲁。刘璋听说刘备阻挡孙权西进，十分感激，于是采纳张松建议，请刘备入蜀。刘备援助同宗，北讨张鲁，孙权也无话可说。孙权心中不平，遣使迎接妹子（刘备夫人）归吴。孙夫人携刘备之子刘禅还吴，企图为人质。张飞、赵云勒兵截江，夺回了阿斗。孙刘矛盾展开了暗中斗争。三年后，刘备用武力夺了益州，孙权怎能不愤怒？

215 年 5 月，孙权派诸葛瑾向刘备索求荆州江南三郡，刘备不许，说："我正要进兵凉州，等凉州平定后，我把荆州全部还给江东。"孙权说："这是赖账，用空话拖延时间。"孙权先礼后兵，决定用武力夺取。他为了师出有名，先派出江南三郡的地方行政长官。关羽不承认，全部被驱赶出境。孙权随后进兵，派吕蒙为都督，发兵两万夺取江南三郡。吕蒙致书三郡长官，陈说道理，分析利害，长沙、桂阳两郡不战投降。零陵郡太守郝普（字子太）坚守不降。这时刘备亲率五万大军出蜀，坐镇公安，派关羽统兵南下益阳与吕蒙争江南三郡。孙权也进驻陆口指挥，派鲁肃领兵一万敌住关羽，并急召吕蒙放弃零陵还军支援鲁肃。吕蒙不肯放弃零陵，急中生智，他要在一夜之间夺取。吕蒙不宣布撤军，而是下达战斗动员令，令全军做好攻城准备。同时他找来郝普的好友邓玄之入城劝降。吕蒙对邓玄之说："郝子太想做一个忠义之士，精神可嘉，但是他不识时务。现在左将军刘备陷在汉中，关羽驻屯在南郡，我方至尊孙权亲统大军在后，我明日就要攻城，刘备、关羽哪能救得了零陵？你是郝子太的老友，劝他不要固执，想一想百岁老母的命运，不要在城破之后，绑赴法场。"郝普信以为真，感到外救无望，开门出降。吕蒙立即发令攻城，军队开赴益阳。吕蒙这才把孙权给他的撤军书信展给郝普看，郝普才知刘备在公安，关羽在益阳，后悔得只想往地缝里钻。

鲁肃在益阳与关羽对阵，他从同盟大局出发，写信给关羽要求会谈。关羽要鲁肃前往，鲁肃慨然允诺。东吴诸将恐生不测，阻止鲁肃。鲁肃说："今天的事，应当开导关羽和平解决。刘备对不起江东，是非鲜明，料想关羽不会胡来。"《三国演义》第六十六回写关羽单刀赴会，恰好做了一个颠倒，用以刻画关羽的勇武，把鲁肃写成了一个懦夫。其实益阳会谈，鲁肃才是铮铮一男子，挽救了同盟。

鲁肃责备关羽，江东借荆州给刘备，现在只是索讨江南三郡也不给，于理为亏。关羽说："乌林鏖战，左将军亲临战阵，共同努力破敌，我们也不是平白无故得的荆州，为何来讨取？"鲁肃说："话不能这样说。当时刘豫州兵败长坂，没剩下几个人，走投无路，打算远逃，哪里还想到有荆州？我主孙权同情刘备，借兵借地让他有个资本，想不到刘备损害道义，破坏交情。现在他得了西川，还想赖住荆州，即使是一个平常人也不该这样做，何况是一个要干大事业的人呢？鲁肃听说，贪得无厌的人，一定要遭祸。你关将军身负重任，不用大义扶持刘备，反而要用弱小的军力来争斗，既没理，又无力，后果是不堪设想的。”一席话说得关羽无言以对。

鹬蚌相争，渔人得利。刘备五月率军下公安，曹操七月兵进汉中，蜀中一日数十惊。刘备害怕益州有失，与孙权求和。鲁肃力主和议。孙刘双方以湘水为界中分荆州，长沙、桂阳、江夏三郡属江东；南郡、零陵、武陵三郡属刘备。孙权做出让步，将零陵郡归还刘备。

孙刘联盟，为了共同抗御强敌曹操。但两家的利益冲突、矛盾不可调和。眼看就要打大仗，由于曹操兵进汉中，又迫使两家握手言和。曹操夺取汉中以后，分兵攻下益州巴郡，而刘备又远在公安，所以成都一日数十惊，纷纷传言曹兵来了。诸葛亮镇守成都，以造谣罪诛杀惊变的带头人，然而也制止不了人心的浮动。曹操谋士司马懿进言说：“刘备用诈夺取了刘璋的益州，蜀人还未心服，他又远在荆州。现在我们占有汉中，益州震动，如果进兵，必定瓦解。”主簿刘晔也说：“现在乘胜进兵，定能取蜀。如果迟迟不动，等到蜀民安定，据险守要，就难攻打了。”这时曹操却犯了迟疑的错误，他冒进赤壁战败，仍心有余悸，于是自我解嘲地说：“人心不足，得陇望蜀。”他拒绝了谋士的建议，留夏侯渊与张郃守汉中，大军撤回。当然曹操并非不想得蜀，他顾虑后方不稳，怕进兵逼使孙刘结盟更紧密，刘备回西川，孙权犯淮南，与其孙刘结盟，不如挑动孙刘相攻，于是缓进益州。曹操的顾虑也是有道理的。但是曹操仍然没有把握好时机，孙刘未动干戈，他兵进汉中，失之于早；既然占了汉中，不长驱入蜀，又失之于怯。结果孙刘两家还是携起手来。刘备掉头回川，孙权兵进合肥。

从全局看，刘备用武力争江南三郡是失策的，丧失了争汉中的最好时机，后来费尽力气，只得其地而不得其民。蜀人廖立就提出批评。他对蒋琬说：“当年先帝不取汉中，跑去与吴人争夺江南三郡，最终还是把三郡割给吴人，白白地浪费兵力，无功而还。丢失汉中，使夏侯渊、张郃深入巴郡，差点丢失整个益州。后来又去争汉中，导致关羽失荆州，片甲不存，接着上庸又丢失，损失了半个天下。”廖立的批评是相当精当的。刘备争江南三郡，腹背受敌，假如不是孙权让步，益州肯定不保。当然孙权也不是发善心，他从全局考虑，如果刘备丧失益州，一定迁怒于吴，将以荆州之众全力攻吴，曹操趁机南下，那就是孙权腹背受敌了。孙权见好就收，得了江南长沙、桂阳两郡，让刘备返回西川去牵制曹操。孙权的战略灵活多了。

吴蜀矛盾暂时冻结起来，但它没有消失，它还将在适当时候更激烈、更有力地爆发出来。

六、北并汉中

汉中郡在今陕南，古属益州，郡治南郑，即今汉中市。汉中四周环山，中间汉水穿过，形成一个小盆地，土地肥沃，物产丰富，是曹操与刘备必争的战略要地。汉中是益州的北大门，进可攻关中，退可守益州。曹操得汉中，使益州无险可守，形成对刘备的直接威胁。汉中是双方前进的桥头堡，对于刘备来说，更是生死攸关的战略要地。

割据汉中的是“五斗米道”头领张鲁。“五斗米道”与“太平道”一样，都是原始道教，在汉末传播，组织农民起义。“五斗米道”的创始人是张鲁的祖父张陵，后世称张天师。信教的人要出五斗米为入教经费，因此称“五斗米道”。184 年，张角利用“太平道”组织黄巾军起义。这时张陵已死，其子张衡为“五斗米道”道长，他在汉中率教徒起义与黄巾军呼应。张衡死后，张鲁继承基业。张鲁在割据境内交通要道设“义舍”，供给过往教徒酒食，不用付钱，吃饱为止，“民夷便乐之”。刘焉出镇益州，笼络张鲁，封他为镇民中郎将，领汉宁太守。张鲁成了一个合法的封建割据者。

汉中封闭，人才不广，张鲁势单力弱，他要摆脱刘璋的控制，必然与益州交恶。由于刘璋懦弱，才使得张鲁在汉中延命 30 余年。所以曹操进军，没费多大力气就攻取了汉中。张鲁不想抵抗，他的弟弟张卫不肯，率众在阳平关坚守，曹操久攻不下，打算退军。张鲁却封闭府库，逃出南郑。215 年 11 月，张鲁投降曹操，拜镇南将军，封阆中侯。

218 年，益州经过数年休整，士马精强。法正建言刘备北定汉中。法正说：

> 曹操一举攻克张鲁，兵进汉中，但没有一鼓作气图取巴蜀，只留下夏侯渊、张郃。他们两人的才能谋略，敌不过我方将帅，如果发兵征讨，一定能取胜。占有汉中，广种粮谷，积蓄力量，等待机会，进可讨灭曹操，中兴汉室；退一步说，可以蚕食雍凉，扩大地盘；最低的收获，占据汉中要塞，巩固益州与敌人长期相持。这是上天留下的好机会，切不可错过。(《三国志·法正传》)

刘备得益州，深深感谢法正的辅佐，任命法正为蜀郡太守、扬武将军，外掌成都京畿治安，内为谋主，言听计从。法正建言北定汉中，正合刘备心意。于是刘备亲率诸将往讨，以法正为谋主，张飞为先锋。诸葛亮留镇成都，主持政务，供给军资。曹操闻讯，也坐镇长安，调兵遣将。曹刘汉中之战，正式展开。

刘备分遣将军吴兰、雷铜进入武都为侧翼，两将全军覆没。刘备大军屯驻阳平关，夏侯渊凭险据守，争战一年多，刘备才渡过河水，沿山步步推进。219年春，进逼定军山。定军山在今陕西勉县东南，地势险要，是汉中西面的门户，如果丢失，汉中不保。夏侯渊亲临战阵，借山势建起坚固营垒，在营垒四周围起鹿角栅栏，自认为固若金汤，坚守不出，与蜀军打阵地战。

夏侯渊，字妙才，夏侯惇族弟，是曹军中有名的骁将。夏侯渊在关西败马超、擒宋建，荡平关右，名声很大。曹操称赞他"虎步关右，所向无前"，所以选拔他为汉中督。但夏侯渊有勇无谋，留下张郃为助手。刘备先锋将是老将黄忠。黄忠字汉升，南阳人，曾任刘表中郎将。曹操得荆州，拜黄忠为裨将军，辅助长沙太守韩玄。刘备定荆州江南四郡，攻下长沙，收了黄忠。刘备入蜀，黄忠常为先锋，经常身先士卒，陷阵登城，勇冠三军。刘备得蜀，封黄忠为讨虏将军。刘备派黄忠争定军山。夏侯渊、黄忠两员虎将相斗，这场战斗异常激烈。

蜀军围困定军山，刘备用法正计谋，步步为营，四面紧逼，又出没无常，声东击西。在一个漆黑夜晚，蜀兵偷袭曹军营寨，放火烧鹿角，夏侯渊分兵补修鹿角，张郃在东面，自己挡在南面。刘备集中兵力攻击东面，张郃支撑不住，夏侯渊分南面之兵援助张郃。黄忠率精锐攻击夏侯渊，夏侯渊不敌，临阵战死。蜀军夺了定军山。刘备升任黄忠为征西将军。

曹操留夏侯渊镇汉中，也担心他逞勇寡谋，要出大事。曹操留张郃为辅，又告诫夏侯渊不要蛮干恃勇。夏侯渊没有领悟到曹操的劝诫，果然在定军山逞勇败亡。幸亏张郃智勇双全，他沉稳地收拾散卒，退守阳平关，抚慰将士，固守待援，阻挡了刘备的乘胜推进。

曹操在长安得知夏侯渊战死，大为震惊，亲自督军从长安出斜谷，直奔阳平关前线。刘备一方是得胜之军，曹操一方投入了生力军，数量也多于蜀军。刘备对诸将说："我军已得汉中，曹操亲自来争，也无能为力，汉中必然归我所有。"曹军后勤线太长，千里转输不能持久。刘备抓住曹军的弱点，坚守险要，不与曹操主力决战，还派黄忠、赵云抄劫曹军粮道。一日曹军运粮来至北山，黄忠领兵劫粮，赵云为后援。中途赵云与曹操大军遭遇，且战且退回到营垒。敌众我寡，赵云下令大开寨门，偃旗息鼓，令弓弩手埋伏寨外壕中。曹军逼近寨门，见蜀军不守寨墙，不鸣金鼓，赵云一人单枪匹马立于门外，疑有伏兵，不敢进攻，传令退兵。赵云见势，挺枪招展，壕中弓弩齐发，擂鼓震天，虚张声势，曹军不知虚实，惊慌逃走。这是赵云情急生智使出的真正"空城计"，吓退了曹兵。第二天，刘备率大军来到赵云营寨，察看战场，细问士兵战斗经过，动情地称赞赵云说："子龙一身都是胆也。"

曹操在阳平关与刘备相持了一个多月，军中粮食供应匮乏，不少士兵开了小差。

曹操欲战不得，欲退不能，举棋不定。无意中曹操下达军队口令为“鸡肋”，全军将士不知其意。主簿杨修却整理行装，做好撤退的准备。大家惊问他为何如此。杨修说：“魏王下达口令为‘鸡肋’，这意思就是比喻汉中为‘鸡肋’，丢了可惜，吃起来又没有多少肉。很明显，魏王就要退兵了。”没几天，曹操果然下达了撤军命令，放弃了汉中，回到长安。

杨修识破曹操口令机密，还把它宣扬出来，令曹操十分恼怒。后来杨修交结曹植，卷入曹操立嗣之争，曹丕太子地位巩固以后，曹操疏远曹植，惩治朋党，诛杀了杨修。

曹操退出汉中，他把汉中西面的武都、阴平二郡氐人5万余户迁入关中。武都、阴平两郡屏蔽汉中，后来诸葛亮北伐，果然夺取了武都、阴平两郡。早在215年，曹操攻占汉中，他就做了两手准备，预料刘备将全力争汉中，把汉中之民迁到关中。因此刘备攻取汉中，只是一块空地，不能在短时间建成进攻曹魏的前沿基地。诸葛亮北伐每每苦于粮饷跟不上，只好令军士屯田汉中，费了很大力气，但收效甚微。曹操的战略眼光，确实高人一筹。刘备与曹操在汉中相持，为了牵制曹操的力量，命关羽北伐襄阳。刘备取得汉中之战的胜利，关羽在襄阳也频频告捷。曹操退兵，刘备扩大战果，派刘封从汉中东出进攻上庸，又命令驻守宜都的孟达从秭归北上，攻取房陵（今湖北房县），刘孟两军在上庸会师。如果关羽攻下襄阳，则汉中、上庸、襄阳将连成一线。蜀军北伐，汉中之兵出关中，襄阳之兵指宛洛，上庸之兵可以两边策应，还可从武关攻入关中，与汉中之兵成钳形之势攻取长安。因此，上庸在三分鼎立的态势下，是一重要军事基地。刘备定汉中，取上庸，军事胜利达于顶峰。

219年7月，刘备在汉中自称汉中王。

刘备取汉中，还得力于孙权在东线发动的合肥之战。217年冬，曹操兵出淮南，刘备趁此时机北上汉中。如果没有孙权在东方吸引和牵制曹军主力，刘备非但难以争汉中，甚至连益州都难以确保。反过来，如果没有刘备在西线打击曹操，孙权在东线也难以巩固江北防线。西线的汉中之战与东线的合肥之战，虽然远隔数千里，恰恰是孙刘同盟协同的战斗，兵多将广的曹操，一忽儿往东，一忽儿向西，东跑西颠，顾了东顾不了西，疲于奔命，被动挨打。孙刘联盟从208年的赤壁之战，到219年的汉中之战与合肥之战，十年同盟，生龙活虎，而强敌曹操只能来回招架。至此，曹操的席卷四海，一统天下的理想，彻底化为了泡影。

七、建立蜀汉

刘备进位汉中王，全部占有巴、蜀、汉中之地，加上荆州三郡，可说是“跨有荆益”。刘备一生理想实现了一半，而且是重要的一半。“高祖因之以成帝业”，刘备此时的情况却优于当年的汉王刘邦。刘邦只有一条路线，“明修栈道，暗度陈仓”；刘备却可两路出击，荆州北向，秦川东指。只待天下有变，兴复汉室，统一中原的大业就有可能实现。就在这大好形势下，时局突变，荆州失守，关羽败亡。刘备开始从顶峰向下跌落，隆中路线，半道夭折了。

刘备集团迅速发展，令孙权很不高兴。荆州在吴国上游，关羽得势，使孙权有腹背受敌之感。孙权不愿夹在两大国之间做一个配角，又由于他在合肥受挫，想把曹操势力引向刘备，于是掉转矛头来争荆州。曹操吃尽两线作战的苦头，总想离间吴蜀。孙曹出于各自的利益，走到了交叉点上。曹操利用孙曹联姻的微妙关系，互相牵起手来。孙刘两家的荆州争夺，就在刘备高奏凯歌声中，重又暗暗地拉开了序幕。

刘备在汉中称王，被胜利冲昏了头脑，他和诸葛亮忙于规划两路北伐的战略，缺乏对全局的分析。孙刘结盟，208 年的联兵抗曹和 215 年的中分荆州，孙权两次退让是着眼于全局的以退为进，刘备与诸葛亮都错误地视孙权为软弱。至于逞强好胜的关羽，更没把孙权放在眼里，他北伐襄樊，擅自调用孙权在长沙的储粮。关羽作茧自缚，他已腹背受敌，可是仍贪恋眼前的胜利不肯撤离，而且错误地把留守在江陵的部队也调集前线，使后方江陵成了一座空城。219 年 12 月，吕蒙突袭荆州，关羽全军覆没，父子被杀，蜀汉遭到惨重损失。

吴蜀交恶，渔翁得利。220 年 11 月，曹丕废汉献帝，受禅登上帝位，曹魏正式建立，改年号为黄初。有谣传说汉献帝被杀害，汉中王刘备在成都发布讣告，制作丧服，追谥汉献帝为孝愍皇帝。国不可一日无君，刘备以兴复汉室为己任，在汉献帝被篡弑的情况下，理应站出来扛起汉家的大旗，为此正式登祚即帝位。

太傅许靖、安汉将军糜竺、军师将军诸葛亮、太常赖恭、光禄勋黄柱、少府王谋等上表劝进。表文说：

> 曹丕篡弑，倾覆汉室，窃据神器，迫害忠良，酷烈无道，人神共愤，怀念刘氏。现在上无天子，人心惶惶。群臣士民前后联名上书有 800 多人，希望汉中王早登大位，满足四方的人心所望。

刘备经过一番谦虚辞让，于四月初六，祭天即皇帝位，重建汉朝，建元章武。刘备即位，激励士气，振旅东出，企图重新夺回荆州。可以说蜀汉是在非常时期、不寻常的气氛中建立的一个战时政府。这个政权全力以赴动员举国力量发动复仇之战。刘备四月称帝，七月就大举亲征。群臣劝谏，刘备不听。翊军将军赵云说："国贼是曹操，非孙权。只要先灭了魏国，那么吴国自然归服。曹操虽然死了，但他的儿子曹丕篡国，要趁现在人心思汉，及早图取关中，占据黄河、渭水上游形势以讨伐凶逆，关东义士一定会带着粮食，乘着快马来迎我们。不应当把魏国放到一边，选择与吴国作战。战端一开，那就不是一时半时可以了结的。孙权背盟，袭夺荆州，虽然是敌人，但要分清主次。"孙权求和，让诸葛瑾写信给刘备，劝刘备要分清轻重大小。诸葛瑾说："陛下以关羽之亲何如先帝？荆州大小孰与海内？都是仇敌，两相比较，谁先谁后，不是很容易分清吗？"诸葛瑾的话，与赵云所谏，大体一致。诸葛亮的劝谏，《三国志》没有记载下来，但在《法正传》记载了诸葛亮的议论和感叹，认为如法正还活着，就可以制止刘备东征。说明诸葛亮是反对东征的。由此可见，蜀汉群臣都是反对东征的，但都未能阻止刘备东征，看来刘备是一意孤行。旧臣中，张飞由于结义恩重，愤愤不平，起了推波助澜的作用。他整日酗酒，拿士兵部下出气，在刘备出兵前夕，被部将张达、范强杀死，取了首级，顺着长江飞流而下去投奔孙权。张飞之死，使刘备旧仇添新恨，谁也不能阻挡他的东出了。

刘备东出，在夷陵决战，所以史称夷陵之战。

孙权得知刘备即位，大举东出，也把都城从建业西迁到鄂县，改名武昌（即今湖北鄂州市），寓意武运昌盛。孙权都城西移，加强荆州战备。

八、夷陵败北

（一）夷陵之战的背景

208年，赤壁之战是曹孙刘三方争夺荆州的第一个回合。此役孙刘结盟，挫败了曹操南下的势头，三家瓜分了荆州，初步形成三分鼎立之局。曹操占据南阳郡和江夏郡北部，以襄阳为重镇，阻止联军北上。孙权占据了南郡和江夏郡南部，全据长江形势，打通了西进益州的大道。刘备奄有江南四郡：武陵、长沙、零陵、桂阳，有了立足之地。按照战前诸葛亮使吴所订双边协定，赤壁战后荆州归刘成鼎足之形。[①] 所以刘琦死后，孙权表荐刘备为荆州牧，并把自己的妹妹嫁给刘备，巩固联盟。刘备则表荐孙权为车骑将军，领徐州牧。孙刘双方互相推荐，达成了势力范

① 事详《三国志·诸葛亮传》。

围的默契。从荆州北上宛洛，是刘备发展的方向，从扬州北上徐州，是孙权发展的方向。当时长江上游有刘璋，汉中有张鲁，关中有马超、韩遂。这是三个互不统属，而又均无远略的割据集团。曹操占有整个大江以北的中原地区，兵强马壮，仍有力量时时卷土南下。与曹操争天下的刘备和孙权，处在长江中、下游，无论地利和人力，均不能单独与曹操相抗。为求生存与发展，孙刘联盟抗曹，唇齿相依，形势使然。

214至215年（建安十九年至建安二十年），孙刘争荆州江南三郡，是荆州争夺的第二个回合。此次孙刘两家没有大动干戈，通过外交谈判达成协议，两家中分荆州，以湘水为界，南郡、武陵、零陵西属，江夏、长沙、桂阳东属。

建安二十四年关羽北伐，威震荆襄，孙权趁荆州之众北出的机会，派吕蒙偷袭南郡，擒杀关羽，是荆州争夺的第三个回合。此役之后，孙刘联盟破裂，两家敌对，曹丕趁此称帝篡汉。孙权破坏了联盟，心惊胆战。他为抵御刘备复仇，避免两线作战，向曹魏称臣。这就是夷陵之战发生的背景。夷陵之战，是荆州争夺的第四个回合，也是最后一个回合。

荆州争夺的四个回合，有三个回合发生在联盟内部，而且一次比一次升级，最终以吴胜蜀败荆州归吴而结束。设若夷陵之战胜败易主，局势难以预料，若果还是三足鼎立，则荆州争夺仍不会结束，不达均势则不停止。

弱国结盟对抗强国，目的是求得力量的均势以便生存和发展。因此，联盟内部，也要力量相对均势，这是联盟的条件。赤壁战后，刘备被周瑜屏隔在狭窄的江南四郡之地，在联盟中处于依附地位，这是刘备不能接受的。因此，建安十五年十二月（211年1月），刘备深入虎穴去京口向孙权求借南郡地。周瑜认为“刘备寄寓，有似养虎”，[①]将为孙吴后患，不如趁刘备自投罗网之机，吞并荆州。孙权认为曹操在此，疆场未靖，从而采纳了鲁肃“多操之敌，而自为树党”[②]，将南郡借与刘备，从而形成了当时形势下的均势。214年，刘备得益州，势力壮大，荆州居吴国上流，孙权感到西强东弱，因而向刘提出索还荆州的要求。关羽坐镇南郡，兵力盛强，孙权不敢提出要求而讨江南三郡。结果和约中分荆州，孙权退出了强夺的零陵郡，只得到长沙、桂阳两郡，心中实不平。但是对刘备来说，他认为中分荆州，等于用长沙、桂阳郡换了孙权的南郡，问题已经解决，从而放松了警惕，到219年，刘备夺得了曹魏的汉中、上庸两地，关羽又威震荆襄，势力迅猛发展，再次打破了东西均势，孙权震恐而偷袭荆州，这也是必然之势。正如司马懿和蒋济所说：“刘备、孙

①《三国志·鲁肃传》裴注引《江表传》。

②《鲁肃传》裴注引《汉晋春秋》。

权，外亲内疏，关羽得志，权必不愿也。可遣人劝蹑其后，许割江南以封权，则樊围自解。”[①] 曹魏采取了挑动吴蜀相仇的策略，拉拢孙权，创造了孙权放胆进攻的条件。

刘备失守荆州，也就丧失了隆中路线所规划的北伐条件，被困于四塞之地的益州，他决不甘心。这正如陆机所说：刘备东出是“志报关羽之败，图收湘西之地”[②]。魏文帝曹丕曾与群臣讨论，刘备是否东出，众议咸云：“蜀，小国耳，名将唯羽。羽死军破，国内忧惧，无缘复出。”侍中刘晔独持异议曰：“蜀虽狭弱，而备之谋欲以威武自强，势必用众以示其有馀。且关羽与备，义为君臣，恩犹父子；羽死不能为兴军报敌，于终始之分不足。”[③] 这就是说，刘备称帝欲明正统所在，他必然要讨逆伐叛，以表示有统一天下的力量。伐魏，力量不足，讨吴，自谓可胜，加之为关羽报仇，可以激扬士气。因之，夷陵之战，不可避免。对此，裴松之作了精辟的分析。他说：

> 刘后以庸蜀为关河，荆楚为维翰，关羽扬兵沔、汉，志陵上国，虽匡主定霸，功未可必，要为威声远震，有其经略。孙权潜包祸心，助魏除害，是为翦宗子勤王之师，行曹公移都之计，拯汉之规，于兹而止。义旗所指，宜其在孙氏矣。瑾以大义责备，答之何患无辞；且备、羽相与，有若四体，股肱横亏，愤痛已深，岂此奢阔之书所能回驻哉？[④]

裴松之的这番议论是用以驳斥诸葛瑾的。刘备东出，孙权求和，不许。孙吴南郡太守诸葛瑾致书刘备，陈说轻重大小，云：“陛下以关羽之亲何如先帝？荆州大小孰与海内？俱应仇疾，谁当先后？若审此数，易于反掌。”裴氏所论，立足于理与义；诸葛瑾所论，立足于形与势。刘备在三分鼎立形势下，执理而轻势，不听群臣劝谏，刚愎自用，以弱逆强，招致失败，咎由自取，追悔莫及。

（二）夷陵之战双方兵力及各自长短

夷陵之战从蜀章武元年（221）七月刘备调集大军伐吴起，到章武二年（222）八月吴军退还止，前后历时 13 个月，是三国时期延续最长的一次战役。双方投入第一线的兵力，蜀军 8 万，吴军 5 万；而维护交通及后勤支援，以及支线作战，两

---

①《三国志 · 蒋济传》。

②《辨亡论下》，见《全晋文》卷九十八。

③《三国志 · 刘晔传》。

④《三国志 · 诸葛瑾传》裴注评语。

国也都倾注了全力，双方动员各有数十万人。双方能征惯战之将，几乎都投入了第一线。

蜀方兵力及部署 刘备亲征，统水步兵约10万人，以白帝城为大本营沿三峡推进，前锋兵力4万余人。蜀将冯习为大督，张南为先锋，吴班、陈式统水军，黄权、辅匡、赵融、廖淳、傅彤等各为别督。赵云留守江州为后援。

吴方兵力及部署 孙权以陆逊为大都督、假节，督朱然、潘璋、宋谦、韩当、徐盛、鲜于丹、孙桓、骆统等5万人为第一线拒敌。诸葛瑾屯公安，孙权屯武昌，为后援。孙吴三线总兵力在10万人以上实多于蜀军。

夷陵之战双方兵力 《三国志》各传及裴注所引史料语焉不详，给后世论史者留下了“创造”的余地，遂有以少胜众，以弱胜强之说。细考《三国志》及裴注，不仅没有记载刘强孙弱；恰恰相反，记载刘弱孙强的史料却不少。前引魏文帝与群臣的议论中就已指出：“蜀，小国耳，名将唯羽。羽死军破，国内忧惧，无缘复出。”曹魏君臣对蜀国力量的分析是符合实际的。关羽丧师，荆州之众约七八万人，[①]尽为孙吴所并，大大增强了孙权的力量。陆逊进兵西陵，破秭归、建平及巫，“前后斩获招纳，凡数万计”。[②]此外，由于关羽丧师，蜀将孟达及上庸太守申耽降魏。蜀汉丢失上庸，丧师最少在万人以上。孙权偷袭荆州，蜀汉猝不及防，不仅国土丧失近半，荆州人物兵众全部丧失，蜀汉大大削弱。刘备倾国东出，所领只有一州之众，故兵力不足，只能使用在一个方向上。双方兵力，应作一番认真的考证。

蜀方兵力 其众约10万，入峡蜀军只有8万人，依据如下：

（1）《三国志·吴主孙权传》载，黄武元年，陆逊拒敌，“自正月至闰月，大破之，临陈所斩及投兵降者数万人。刘备奔走，仅以身免”。

（2）《三国志·朱然传》载，黄武元年，朱然与陆逊并力拒备。“破备前锋，断其后道，备遂破走。”

（3）《三国志·韩当传》载，宜都之役，韩当与陆逊、朱然等，“共攻蜀军于涿乡，大破之”。

（4）《三国志·陆逊传》载，陆逊敕令诸军以火攻蜀军，破蜀军江南主力40余个营，斩张南、冯习及胡王沙摩柯等，备将杜路、刘宁等穷逼请降。“备升马鞍山，陈兵自绕。逊督促诸军四面蹙之，土崩瓦解，死者万数。”

（5）《三国志·刘晔传》裴注引《傅子》载：“权将陆议大败刘备，杀其兵八万

① 215年，刘备与孙权争江南三郡，引五万之众出川屯公安，关羽赴益阳率众3万，合此两军其众八万。

②《三国志·陆逊传》。

馀人，备仅以身免。”

（6）《文帝纪》裴注引《魏书》载，蜀将黄权等在江北，为吴军断其归路，率318人降魏。

参错考核上引各条史料，可知刘备统领进入三峡的水步兵总数8万人，全部被歼。“刘备奔走，仅以身免”，说明他全军覆没。黄权降魏，只有300余人，说明江北诸军亦覆没，属8万总数之内。战斗过程分为三役：宜都之众为蜀军前锋，涿乡会战乃刘备中军，马鞍山之役为黄权所督江北诸军。每役蜀军死者以万计，加之降者数万，与《傅子》所载8万之众大体吻合。《傅子》所载，当为孙权向曹魏所献报捷数，只有夸大，不会缩小，所以入峡蜀军为8万人是可信的。加上赵云所统留守江州及白帝守军，蜀军总计约10万人。有的文章为了论证夷陵之战以少胜众，夸大蜀军为数十万或10余万，皆失于考证，不足为据。

吴方兵力 《三国志·陆逊传》载，陆逊督兵5万人，这指的仅仅是第一线的兵力。孙吴部署有诸葛瑾屯公安的第二线，有孙权屯武昌的第三线，总兵力显然超过蜀军，最保守的估计也有十五六万人。孙权用兵，总是自统大众。赤壁之役，周瑜为先锋，只有兵3万，而孙权坐镇柴桑为后援。孙权对周瑜说：“卿与子敬、程公便在前发，孤当续发人众，多载资粮，为卿后援。卿能办之者诚决，邂逅不如意，便还就孤，孤当与孟德决之。”①这既是孙权持重的表现，也是他“性多嫌忌”的反映②，不肯冒险。孙权每次领兵作战都是10万人或七八万人。他偷袭荆州，兵不血刃而兼荆州之众，力量大大增强，所统后援当在10万人以上。陆逊有此后盾，因此他所统5万兵力可以集中于一点一线，始终保持优势。

《资治通鉴》载，刘备遣将军吴班、冯习攻破权将李异、刘阿等于巫，“进兵秭归，兵四万馀人”。司马光所言，或有依据，或为推断。刘备倾国东征，所统入峡蜀军其众不过8万人，因沿途留守，集中推进的兵力只有4万余人，这个推断大体符合实际。陆逊迎敌于秭归以东，此时刘备已拉长战线二三百里，所统临阵之众不会多于陆逊。刘备从秭归继续推进，建行营于猇亭，布前锋于夷道，置黄权于江北，连营四五百里护卫后方，所统中军的机动兵力不足4万，少于陆逊之兵，所以夷陵之战不能说是以少胜众。从表面看，刘备所统是8万人，陆逊所统是5万人，但由于双方后援力量对比悬殊，刘备入峡又向前进攻，未与陆逊交锋，兵势已分，实际临阵之众蜀军还少于吴军。不过陆逊为了打歼灭战，进一步诱敌深入而作了战略退却，表现了他优秀的指挥艺术，但不能说明是以少胜众。刘备也懂得集中兵力的意

---

①《三国志·周瑜传》裴注引《江表传》。

②《三国志·吴主传》陈寿评。

义，所以把水兵也拉到陆上集中，由此可见蜀兵寡少，刘备捉襟见肘。

夷陵之战，吴强蜀弱 刘备所用之将，多为川将，经历阵战较少，不是吴将对手。蜀汉的五虎将，关羽、张飞、黄忠、马超、赵云无一人在阵，关、张、黄、马皆亡，赵云因反对伐吴而被留为后援。蜀将中唯黄权有谋，因与刘备方略不合，被部署在江北。蜀汉谋臣，法正已亡，诸葛亮监国，刘备东出，无良弼在旁。因此，刘备连营七百里，犯兵家之忌，也无人指出。反之，孙吴战将，不仅陆逊多智，而且所统多是功臣宿将。徐盛、韩当、潘璋、朱然、宋谦、鲜于丹等都是身经百战可独当一面的老将。徐盛、朱然多谋。潘璋骁勇，“所领兵马不过数千，而其所在常如万人”[①]。崭露头角的年轻将领，如孙桓，25 岁，能得士众心，他驻防宜都，牵制了蜀军的前锋。反攻后奋勇向前，断蜀军退路打阻击战，迫使刘备“逾山越险，仅乃得免”，刘备忿恚叹曰：“吾昔初至京城，桓尚小儿，而今迫孤乃至此也！”[②]归师勿迫，乃兵家之忌。孙桓敢断刘备归师，足见吴兵作战骁勇。论兵论将，孙吴之师强于蜀汉，所以不能说夷陵之战是以弱胜强。

但是，蜀军亦有其优势。其一是复仇之师，哀兵必胜，讨伐孙权背义袭盟，全军同仇敌忾，有一股不可阻挡的锐气。其二，刘备在魏黄初二年（221）四月即皇帝位，七月出师，将士受封受赏，正是立功报效之时，加之刘备亲征，将士激动，士气旺盛。其三，蜀军居高临下，又善于山地战，占有地利。其四，蜀军初战时，战线没有展开，八万之众高度集中，也占有优势。但蜀军的这些优势没有充分发挥，被陆逊的战略大退却所避开，很快丧失了。蜀军初战的胜利只是破吴边将，未遇孙权主力。当蜀军前锋推进至夷道时已成强弩之末，受阻于坚城之下陷入了进退维谷的境地。所以决战之前强弱众寡都已易位，吴军掌握了主动权。

再看，吴军虽强，却有其弱点。荆州为刘备统治十余年，民众向心在蜀。又刘备已称帝，打着兴汉的正统旗号，具有很大的号召力。刘备深深懂得这一点，所以他命荆州马良带着金帛封印以爵赏去诱劝诸夷。当蜀军进次秭归，“武陵五谿蛮夷遣使请兵”[③]，威胁着吴军的侧翼和后方。其次，陆逊资望较浅，不为功臣宿将所服，若处理不当，有分崩之势。首先，曹魏坐山观虎斗，若吴军战败或疲惫，将乘势夹击收渔人之利。陆逊十分明白，吴军只能打胜仗，不能打败仗。如果蜀军突破夷陵防线，不仅荆州动摇，而且曹魏必然趁火打劫。所以他上书孙权说：“夷陵要害，国之关限，虽为易得，亦复易失。失之非徒损一郡之地，荆州可忧。今日争之，当令

---

①《三国志・潘璋传》。

②《三国志・孙桓传》。

③《三国志・蜀先主刘备传》。

必谐。”[①] 为此，陆逊初战，十分谨慎。他为避蜀军锋芒，大胆地做了战略退却。可是诸将不明政治形势与军事方略，求战心切，不听调动，欲与蜀军硬拼，几乎偾事。可惜，刘备未能抓住战机，利用吴军的弱点，迅猛推进。随着相持阶段的来临，吴军掌握了主动，蜀军也就丧失了一切胜机。

综合上述，吴蜀双方兵力，可以说是势均力敌，双方都有胜机和败着。蜀兵义正气盛而将弱，吴兵将强而集中但居下流。这一形势决定了此役双方谁都不可能取得速战速决的胜利。这一场持久的斗智斗力的大战役，谁能坚持到最后，谁的谋略优，谁就能取得胜利。

（三）夷陵之战的过程、结局和影响

夷陵之战的过程可分为三个阶段：

第一阶段：章武元年七月至十二月，蜀军进攻，吴军防守。七月，蜀军发起进攻，吴班、陈式率水军，冯习、张南统陆军，水陆齐进，军队密集，攻破吴军前沿重镇巫县，长驱直入秭归。八月，孙权称臣于曹魏，受封为吴王。吴将抚边将军、宜都太守陆逊统兵五万西上迎敌。所统诸将：徐盛，建武将军、庐江太守；潘璋，振威将军、固陵太守；韩当，偏将军、永昌太守；朱然，昭武将军、江陵督；孙桓，安东中郎将；骆统，建忠中郎将；宋谦、鲜于丹，原吕蒙属将。孙吴集四方精英于一线，兵精将猛，遏止了蜀军的进攻。刘备统大军继进，驻屯秭归。双方都在作大战前的部署，沉寂了数月。

第二阶段：章武二年正月至六月，两军相持于夷陵。二月，刘备亲自指挥蜀军发起第二阶段的进攻。将军黄权谏曰：“吴人悍战，又水军顺流，进易退难，臣请为先驱以尝寇，陛下宜为后镇。”[②] 刘备不从，以黄权为镇北将军，督江北军拒陆逊于夷陵，并防魏师。陆逊继续作战略后撤，分散蜀军之势，并在运动中伺机歼敌。吴军在后撤中歼灭蜀军五营，重兵屯于夷陵坚壁。刘备在江南推进，因前锋受阻于夷道，遂将大军屯驻于夷道北之猇亭。刘备欲诱吴军主力决战，令吴班率数千人在平地立营，另伏兵八千于山谷。吴将帅皆欲进击，陆逊以军法制约，坚守不出。刘备见机关已被识破，引伏兵从山谷中出，撤水军于岸上结营，从巫县、秭归至夷陵，连营树栅四五百里。刘备的这一部署，欲固守已得的峡谷高地，持久以待时变，顾不得犯兵家之忌。刘备出此险着，是低估了对手陆逊。

第三阶段：章武二年闰六月至八月，吴军反攻，全歼入峡蜀军八万，大获全胜。可见陆逊的反攻方略。首先他用火攻，并以密集的优势兵力在夷道打破蜀军前锋。

---

①《三国志·陆逊传》。

②《三国志·黄权传》。

阵斩张南。朱然、韩当、骆统等大将参加了这一战役，与孙桓守城部队配合，夹击蜀军。接着朱然等直插蜀军之后，切断蜀军归路。刘备慌忙撤军，吴军潘璋等猛将紧紧咬住追击，围歼蜀军江南军主力于涿乡。涿乡在江北夷陵之西。刘备率残部靠拢黄权的江北军，在马鞍山据高据守。陆逊督诸将四面围攻，蜀军土崩瓦解。刘备退入秭归，欲收合残部。陆逊哪里肯让刘备喘息！孙桓插入夔道断刘备归路。刘备闻讯，逾山越险，弃军而逃。刘备命驿人烧军资铙铠断后，仅得入白帝城。就这样，蜀军全军覆没，舟船器械，一时略尽。吴将李异、刘阿等直追至白帝诚，屯兵于江南。徐盛、潘璋、宋谦等竞欲乘胜取蜀，陆逊、朱然、骆统等认为，吴军应撤回防魏。这时赵云已率江州之众入援白帝。八月吴军班师，夷陵之战结束。

吴军获得夷陵大捷，除总形势有利吴军外，陆逊优秀的指挥艺术是取得胜利的直接保证。这次战役体现陆逊的战略思想，有以下几个方面：

第一，避敌锋芒，果断地作战略退却，创造战机，乘敌之疲。陆逊节节后退，把三峡险地让与刘备，示敌以弱，诸将不解，以为陆逊胆怯，各怀愤恨。陆逊喻之曰："备举军东下，锐气始盛，且乘高守险，难可卒攻，攻之纵下，犹难尽克，若有不利，损我大势，非小故也。今但且奖厉将士，广施方略，以观其变。若此间是平原旷野，当恐有颠沛交驰之忧，今缘山行军，势不得展，自当罢于木石之间，徐制其弊耳。"[①]蜀军深入三峡五六百里，拉长战线，分散了兵势，在进攻中受到削弱，士气衰损。反之，吴军退避三舍却蓄积了士气。战略退却，进一步改变了吴蜀强弱的对比，在临阵第一线，蜀军没有了优势。

第二，善于把握战机，运用火攻歼敌。刘备初入三峡，欲乘锐集中优势兵力以求速决，打破吴军，突入荆州。但陆逊大步后撤，分散了蜀军之势，迫使蜀军屯兵于坚城峻危之地，欲进不能，欲退不得。刘备也是一个久经沙场而又老谋深算的军事家和政治家。他改变策略，以守险持久来等待时变。因两军持久不决，曹魏必乘其后，这对吴军不利。陆逊要赶在曹魏出兵之前打败蜀军，因此，他必须抓紧战机速决。如果说战争的第一阶段是刘备以求速决，那么，现在却颠倒了过来，两军相持以后，吴军要求速决。陆逊选择闰六月暑热之时反攻，因这时蜀军水陆都集于林荫，又有东南风入峡，便于火攻。陆逊先以小股部队试攻，见蜀军反应无防火准备，抓紧战机全线出击，分割包围，大获全胜。

第三，坚定不移地集中优势兵力用于主攻方向，力争打歼灭战。孙桓被蜀兵围困于夷道，向陆逊求救。陆逊为了捕捉战机保持高度机动而按兵不动。诸将争曰："孙安东公族，见围已困，奈何不救？"陆逊曰："安东得士众心，城牢粮足，无可

①《三国志·陆逊传》裴注引《吴书》。

忧也。待吾计展，欲不救安东，安东自解。”[①]果然，刘备受阻于坚城，久攻不下，士气大损。陆逊知彼知己，知孙桓可恃，才如此部署。即使刘备攻下夷陵，将付出重大代价，而陆逊所统夷陵之众则乘其弊而击之，亦必能获胜。

夷陵战后，诸葛亮十分惋惜地说：“法孝直若在，则能制主上，令不东行；就复东行，必不倾危矣。”[②]胡三省对此评论说：“观孔明此言，不以汉主伐吴为可，然而不谏者，以汉主盛怒而不可阻，且得上流，可以胜也。兵势无常，在于观变出奇，故曰孝直在必不倾危。”[③]胡评涉及两个问题：一是诸葛亮的责任问题，他不谏止；二是指出刘备失败原因，未能“观变出奇”。诸葛亮既有此感叹，不能说他没有谏，只是也以为刘备可胜，故没有力谏，故败后十分惋惜。胡评所指刘备失败原因不无见地。刘备若采纳黄权建议，命大将统众顺流直下荆州，打乱吴军部署，事难逆料。陆逊也忧虑此着。他致书孙权说：“臣初嫌之，水陆俱进，今反舍船就步，处处结营，察其布置，必无他变。伏愿至尊高枕，不以为念也。”[④]再看，刘备连营树栅四五百里，只要防卫有方，也并非必然失败。因为这一直线部署不在平原旷野，而是沿山峡居高临下布防，构成了一条坚强的纵深防线，吴军要动摇这条防线谈何容易。刘备之失，不仅在于不能“观变出奇”疏忽防吴火攻，而且还在于他亲冒矢石居于第一线，把主力暴露在敌人的视线之下。假定刘备把大本营放在秭归，自统大军为后继，这种依险连营数百里的纵深防线未必有失！由于刘备亲临前敌，不仅把主力置于险地，而且实际成了大军的绊脚石。215 年孙权率十万之众攻合肥，被张辽、李典以 7000 之众击溃，也是如此。由于孙权亲临前敌，把自己暴露在敌人的视线之下，事出仓促，必然成为大军的绊脚石。天子亲征而深入险地本身就是一种轻率行动，鲜有不败者矣？

当然，刘备亲临前敌，可以起到激励士气、动员民众的政治效果，马良策动武陵蛮夷叛吴就是明证。可惜，刘备没有派出一支正规军去支援，蛮夷乌合之众，很快被吴军讨平，蜀国反倒把一个马良赔了进去，得不偿失。

63 岁的刘备，惨败于 29 岁的陆逊之手，还差点成了 25 岁的孙桓的俘虏，惭愧、悔恨交加，不久就病死了。此役，蜀国元气大伤，基本决定了隆中路线的夭折，从而刘备也成了一个富有悲剧色彩的英雄。

历史事件也和许多辩证事物一样，有着两面性。夷陵之战，本是刘备发动的一

---

①《三国志·陆逊传》。

②《三国志·法正传》。

③《资治通鉴》卷六十九《魏纪》黄初三年。

④《三国志·陆逊传》。

场吞吴之战，它破坏了隆中路线的孙刘联盟。但恰恰又是夷陵之战造成了三分的地理均势，巩固了孙刘联盟。其一，夷陵战后，蜀弱吴孤，曹魏的优势得到增强，随之对吴的压力增大，迫使孙权回到联蜀的立场主动求和。其二，夷陵之战，使吴得荆州，稳固了上流门户，不再担心西边的威胁，可以专力对魏，促使孙吴下决心与魏决裂。其三，夷陵之战，使蜀国惨败，国力更加削弱，比任何时候都更需要寻求盟友。于是吴蜀联盟很快恢复。蜀国小弱，但占有沃野千里、四塞之固的益州，仍可据险立国，与孙吴形成了东西均势。孙刘联盟，减杀曹魏优势，形成南北均势。也就是说：夷陵之战最后解决了荆州的归属，形成了三分的地理均势，才正式确立了三分鼎立之局。208 年的赤壁之战，三分荆州只是奠定了三分鼎立之形；而最终完成三分鼎立之局，应以 229 年吴蜀订立中分天下盟约为标志。228 年，诸葛亮北伐，专力对魏。这时孙权才完全解除了戒心。于次年称帝，蜀汉遣使称贺，承认了孙权的地位。两国订立中分天下的盟约，三方称帝，政治上也达到了均势。但这一盟约的签订，实际是夷陵之战形成的三分地理均势创造了前提条件，因此说夷陵之战正式确立了三分鼎立之局。

九、白帝城托孤

刘备夷陵败北，全军覆败。蜀军只有千余人逃回。蜀汉连遭大败，元气大伤。刘备无颜回成都见蜀中父老，驻跸白帝城。刘备忧忿成疾，于 223 年 4 月病逝于白帝城永安宫，年 63 岁。诸葛亮受遗命辅后主，改元建兴。

夷陵之战，蜀国继关羽失荆州之后再遭重创，隆中路线可以说已成泡影。刘备应不应该东征，不仅当时魏蜀吴三方有着尖锐的对立，而且后世学术界争论了近两千年，直到现在仍然没有统一的看法。再把这个问题做一番追究，很有意义，它可以给一个人的行动决策提供历史经验教训，也给无限的启迪。

西晋陆机在总结历史经验的《辨亡论》中说，刘备是“志报关羽之败，图收湘西之地”，这话很有见地。意思是说，刘备以替关羽报仇为名，目的是收回荆州。可以说二者兼而有之。这是一个利害问题，并非简单的面子问题。

刘宋历史学家裴松之着重从正统名分驳斥诸葛瑾，认为刘备应该东出，他说：

刘备立国益州，以荆州为篱障，关羽扬威下沔汉，志在消灭曹魏，他虽然不一定能达到目的，但声威远震，可以牵制曹魏。孙权暗藏祸心，帮助魏国除去祸害，这是在抵制勤王之师，替曹氏篡汉创造条件，兴复汉室，到此为止。由此看来，义旗所指，首先应当是讨伐孙权。诸葛瑾用大义责备刘备，强词夺理，也能找点理由。再说刘备与关羽，亲如手足，关羽被害，断了刘备臂膀，愤痛填膺，岂能是说几句空话就能平复心理的呀？（《三国志·诸葛瑾传》裴注评语语译）

裴松之的这段议论，极为精彩。孙权背盟，夺人之地，已属过分，而杀关羽父子，天理难容，这哪里还有一点同盟情义？孙权借荆州给刘备显示了大度，刘备争江南三郡，未免小气。因此，孙权袭夺荆州，也可以理解，刘备一方也可以说是贪而弃义，咎由自取。但孙权夺了荆州还不算，又深入蜀境，杀关羽，献首级于曹操，大概也是利令智昏，未计后果。如果孙权还存有同盟之心，处理荆州战后绝不会如此霸道，不给刘备留一点余地。

裴松之所驳，是针对诸葛瑾。而诸葛瑾的立论与诸葛亮、赵云的劝谏是大同小异，所以也不能说诸葛瑾是强词夺理。以今天的眼光来评判，裴松之的论点，立足于理与义；诸葛瑾的论点，立足于形与势，双方各有所偏。陆机最为公允，兼论理义与形势，这就是刘备骑在虎背，不得不东出的道理。因为，蜀国失去荆州，不仅丧失了北伐曹魏的一个重要基地，而且还丧失了一个重要的物资供应基地，益州虽然险塞，但蜀汉政权坐困益州，"处孤绝之地"，只是坐以待毙。所以刘备东出，不仅仅是显示用武有余，而是要夺回荆州，这才孤注一掷，成为临终遗恨。

历史事件也和许多事物一样，有着两面性。夷陵之战，本是刘备发动的一场复仇伐吴之战，它破坏了隆中路线的孙刘联盟。孙权破坏于前，刘备加剧于后，两国做了拼死角斗，似乎联盟已彻底毁灭。但恰恰又是夷陵之战造成了三分的地理均势，巩固了吴蜀联盟。第一，夷陵战后，蜀弱吴孤，曹魏的优势得到增强，随之对吴的压力增大，迫使孙权回到联蜀的立场主动求和。夷陵战后，刘备眼见收回荆州无望，也回到了现实的立场。孙权遣使求和，刘备允许，亦派使报命，为两国恢复联盟铺平道路。第二，夷陵之战，吴得荆州，稳固了上流门户，不再担心西边的威胁，可以专力对魏，促使孙吴下决心与魏决裂。第三，夷陵之战，蜀国惨败，国力削弱，比任何时候都更需要寻求盟友。于是吴蜀联盟很快恢复。

吴蜀两国，经过生死相拼后，又握手言和，这是形势使然。汉家十三州土地，魏得其九州，占天下十分之六七，吴得三州，蜀得一州，吴蜀两国相加只占天下十分之三四。天下户口，魏占十分之八，吴蜀两国共占十分之二。三国之中，吴蜀无法单独与魏抗衡，两国唇齿相依，谁也离不开谁。夷陵之战，吴得荆州，蜀国小弱而四塞险固，东西形成了地理均势。吴蜀联盟，减少曹魏优势，形成南北均势。曹魏虽大，既不能专力对蜀，也不能全力对吴，势力分散，西守祁山，东固合肥，南镇襄阳，立于守势以恢复经济，吴蜀得以喘息共存。也就是说：夷陵之战最终解决了荆州的归属，形成了三分的地理均势，才正式确立了三分鼎立之局。

夷陵之战，对于刘备，无疑是一场悲剧。夷陵败北，使刘备兴复汉室的理想破灭，饱经风霜的老人经不起这样的打击，身体很快垮了下来。刘备病重，召丞相诸葛亮、尚书令李严嘱以后事。刘备对诸葛亮说："丞相才能十倍于曹丕，一定能安定国家，完成大业。如果嗣子可以辅佐，你就辅佐成业，如果不可造就，丞相可以取代。"诸葛亮痛哭失声，拜伏于地，对刘备说："臣敢不尽心竭力，效忠贞之节，以死报效陛下？"刘备又写下手书，告诫后主刘禅说："人活到 50 岁就不算短命，我已活了 60 多岁，死了没有什么遗憾，只是非常挂念你们兄弟，有些放心不下。你要努力上进，不要以为小恶就不在意，也不要以为小善就不去做。只有加强品德和才干的修养，才能使人心服。你要勤奋读书，《汉书》、《礼记》、诸子、《六韬》《商君书》，既能增长人的智慧，又可锻炼人的意志。听说丞相已把《申子》《韩非子》《管子》《六韬》等书抄写一遍，你们要认真学习，多多请教。"刘禅有庶弟两人，刘备即位后封为王。刘永为鲁王，刘理为梁王。刘备把两王叫到床前，谆谆教诲，说："我死之后，你们兄弟，要像对父亲一样对待丞相。"对李严，刘备遗命加官中护军，统内外军事，留镇永安。白帝为三峡上游峡口，形势险要，刘备改名永安，由李严镇守，以防御东吴。

诸葛亮等扶刘备灵柩回到成都，五月安葬在南郊。

刘禅即皇帝位，时年 17 岁，政事无分大小，都裁决于诸葛亮。从此，诸葛亮全面肩负起了蜀汉的治国重任。

十、刘备的历史贡献

刘备的一生，可分为三个阶段：从 184 年镇压黄巾军起家到 207 年三顾草庐得诸葛亮相辅，为第一阶段。逐鹿中原，屡仆屡起而战斗不息。从 208 年赤壁之战到 221 年于成都即皇帝位，为第二阶段。执行隆中路线，事业发展，成天下三分鼎足之形。221 年 7 月伐吴到 223 年 4 月病逝于永安宫，为第三阶段。伐吴失败，晚景悲凉，成为三国时代最令人叹息的悲剧英雄。

刘备对于历史的贡献，主要有两个方面：一是他为救世所做的努力，建立蜀汉而成就英雄业绩。二是他的悲剧结局所捍卫的道与义给予历史的影响。

刘备起自微贱，没有什么凭借，完全靠他不屈不挠的主观努力，打出一片天下。西晋历史学家陈寿倾心折服，喻之为高祖。陈寿在《三国志·先主传》中用了许多特写之笔，来点画刘备是天定的皇位继承人。如刘备相貌非凡，"垂手下膝，顾自见其耳"；刘备的神奇有自然征兆，"屋舍东南有一棵长着车盖形的大桑树，征兆贵人出世”。这和《史记·高祖本纪》写刘邦的笔法一样，无非是在刘备的头上加上一道五彩光环。这是古人在探索微贱英雄人物时的一种普遍认识，既是历史局限性，也是史家倾注的一种感情。陈寿把刘备与曹操进行对比，明显是褒扬刘备而贬抑曹操。《武帝纪》写曹操身世说他“莫能审其生出本末”，与刘备出身“汉景帝子中山靖王胜之后”，也形成了鲜明对照。曹操“少机警，有权数，而任侠放荡，不治行业，故世人未之奇也”；刘备“少语言，善下人，喜怒不形于色，好交结豪侠，年少争附之”。事实上，“任侠放荡”与“交结豪侠”是一样行为，但品格有高下。曹操放荡无节，被世人看不起；刘备豪爽有城府，被视为英雄。在逐鹿中原中，曹操“所过多残戮”；而刘备所居，人心归附。但是刘备才干不如曹操，“机权干略，不逮魏武，是以基宇亦狭”。陈寿一褒一贬的对比写法和评论，说明这位西晋史学家很看重历史人物的道德信义对于历史的影响。我们说刘备的悲剧最令人叹息，原因也正是如此。

刘备的政治品格，有别于汉末其他军阀，确实具有救世济民的用心，许多方面值得肯定。举其大要有以下三点：

其一，兴复汉室，终生为之奋斗，百折不挠　东汉政权，极其腐败。如果刘备以帝室之胄来光复这个腐败的政权，那当然不值得肯定。刘备与诸葛亮论及两汉政治，认为“亲贤臣，远小人”是西汉“所以兴隆”的原因；反之，“亲小人，远贤臣”是东汉“所以倾颓”的原因。每论及此，刘备“未尝不叹息痛恨于恒、灵也”，说明刘备“兴复汉室”，不是维护东汉的腐败政治，而是维护统一，要恢复西汉的盛世政治。所以他临终托孤，对诸葛亮说，嗣子可辅则辅，如不可辅，君可自取。把政权毫无保留地交给一个贤能之臣来治理，在中国封建皇帝中是没有先例的，也无后来者。诸葛亮感念刘备的托孤并效法刘备的精神，所以他安定国内以后，亲自主持北伐，北驻汉中，鞠躬尽瘁，死而后已。后世人颂扬刘备和诸葛亮，并不是颂扬他们维护正统的思想，而是颂扬他们百折不挠的奋斗精神。

其二，知人善任，尽其器能　刘备领益州牧后，以宽宏的器量，做了积极的人事安排，长期追随刘备的有功之臣、刘璋的旧部、益州的知名人士，曾经反对自己的仇人，刘备都做了恰当的安排，调动了各个方面的积极因素，使新建的蜀汉呈现一片兴旺气象。刘备拔魏延为汉中督，用李恢安抚南中，临终托国诸葛亮，都说明了他的识人卓见和用人气度。

其三，恭谦下士，抚爱百姓　刘备因其一生坎坷十分注意争取士心民心的归附。他招揽英雄以至于三顾草庐。他取得益州后，有人建议把成都城中的屋舍及城外的园田桑地分赐诸将。刘备采纳了赵云的建议，将田宅皆归还原主，令人民安居乐业。

以上三点是刘备独具的政治魅力，也是他成功建立蜀汉的根本原因。刘备数十年颠沛流离，关羽、张飞、赵云都紧紧追随，得人死力。但是，刘备作为一个封建政治家也并非完美无缺。他执行隆中路线，夺取荆州、益州，本质上就是运用权谋，“伐人之国以为乐”，却又要不露权谋手段，讲求宋襄公式的仁义，失去最好的战机。夷陵之战，更是一次不可救药的失误。刘备用人唯亲，蜀将多不睦，如既用孟达取上庸，又用刘封去监军，造成二将不睦，对关羽坐视不救。马超、赵云都未尽其才。这与上文所说的刘备知人善任，尽其器能并不矛盾，封建时代的专制体制使任何一个开明之主都具有两面性。刘备包括诸葛亮都不例外。至于刘备以言语不逊诛杀张裕，和曹操杀边让与孔融没有两样。刘备身上由于有这些弱点，而失去了“问罪曹氏之津”，令人感慨！但是，在大节上刘备与曹操是两种类型的人物，刘备的宽仁信义影响历史，远及后世，这是没有疑义的。

孙策传

【题解】

孙策，是孙坚长子。孙坚死时，孙策年仅 17 岁。他率领父亲部曲 1000 余人打天下，在群雄中脱颖而出，据有江东，是吴国的创立者。

【原文】

策字伯符。坚初兴义兵，策将母徙居舒①，与周瑜相友②，收合士大夫，江、淮间人咸向之。坚薨，还葬曲阿③，已④乃渡江居江都⑤。

徐州牧陶谦深忌策⑥。策舅吴景，时为丹杨太守，策乃载母徙曲阿，与吕范、孙河俱就景，因缘召募得数百人⑦。兴平元年，从袁术。术甚奇之，以坚部曲还策。太傅马日磾仗节安集关东⑧，在寿春以礼辟策⑨，表拜怀义校尉⑩，术大将乔蕤、张勋皆倾心敬焉。术常叹曰："使术有子如孙郎，死复何恨！"策骑士有罪，逃入术营，隐于内厩。策指使人就斩之⑪，讫，诣术谢⑫。术曰："兵人好叛，当共疾之，何为谢也？"由是军中益畏惮之。术初许策为九江太守，已而更用丹杨陈纪⑬。后术欲攻徐州，从庐江太守陆康求米三万斛⑭。康不与，术大怒。策昔曾诣康，康不见，使主簿接之。策尝衔恨。术遣策攻康，谓曰："前错用陈纪，每恨本意不遂。今若得康，庐江真卿有也⑮。"策攻康，拔之，术复用其故吏刘勋为太守⑯，策益失望。先是，刘繇为扬州刺史⑰，州旧治寿春。寿春，术已据之，繇乃渡江治曲阿。时吴景尚在丹杨，策从兄贲又为丹杨都尉⑱，繇至，皆迫逐之。景、贲退舍历阳⑲。繇遣樊能、于麋东屯横江津⑳，张英屯当利口㉑，以距术。术自用故吏琅邪惠衢为扬州刺史㉒，更以景为督军中郎将㉓，与贲共将兵击英等，连年不克。策乃说术㉔，乞助景等平定江东㉕。术表策为折冲校尉㉖，行殄寇将军㉗，兵财千馀，骑数十四，宾客愿从者数百人。比至历阳[28]，众五六千。策母先自曲阿徙于历阳，策又徙母阜陵[29]，渡江转斗，所向皆破，莫敢当其锋，而军令整肃，百姓怀之[30]。

【注释】

①舒：县名，县治在今安徽庐江县西南。 ②周瑜（175—210）：传见《三国志》卷五十四，本书所选。 ③曲阿：县名，故治在今江苏丹阳市。 ④已：（丧事）完毕。 ⑤江都：县名，故治在今江苏扬州市西南。 ⑥徐州：州名。当时治所在今山东郯城县西北。牧：官名，即州牧。东汉末是一州的军政长官。自西汉成帝起至东汉末，州刺史改称州牧有好几次。东汉末州刺史、州牧并存，刺史的品级和权力比州牧低和小，刺史有功才能晋升州牧。 ⑦因缘：凭借（吴景）。 ⑧太傅：官名，皇帝的辅导老师。地位尊崇，在三公之上，但无固定任务。仗节：持节。节是一种代表天子所授威权的器物，用竹和旄牛尾制成。安集：安抚。关东：地区名，当时称潼关或函谷关以东地区为关东。 ⑨辟：任命。 ⑩怀义校尉：官名，领兵征伐。当时的领兵官，可以分为将军、中郎将、校尉、都尉等大类。校尉的等级通常低于将军和中郎将。 ⑪就：就地。 ⑫谢：表示歉意。⑬已：随后。 ⑭陆康：字季宁。吴郡吴县（今江苏苏州市）人。东汉末历任三郡太守，政绩显著，又敢于直言进谏。后任庐江太守，抵制割据自立的袁术。袁术派孙策围攻庐江两年，城破，陆康发病死。 ⑮卿：对人的爱称。当时父对子，夫对妻，兄对弟，长辈对晚辈，都可称卿。⑯故吏：过去的部下。 ⑰扬州：州名，治所在今江苏丹阳市。 ⑱从（zòng）兄：堂兄。⑲历阳：县名，县治在今安徽和县。 ⑳横江津：长江古津渡名，在今安徽和县东南。 ㉑当利口：长江古津渡名。在今安徽和县东。 ㉒琅邪（yá）：郡名，治所在今山东临沂市北。 ㉓督军中郎将：官名，监督并指挥军队。 ㉔说（shuì）：劝说。 ㉕乞：请求。江东：地区名，长江在今安徽芜湖市至江苏南京市之间，流向大体是由南向北。当时称自此以下长江南岸地区为江东，长江北岸地区为江西。 ㉖折冲校尉：官名，领兵征伐。 ㉗殄寇将军：官名，领兵征伐。 ㉘比：等到。 ㉙阜陵：县名，县治在今安徽全椒县东南。 ㉚怀之：归向他。

【译文】

孙策，字伯符。孙策的父亲担任长沙太守、乌程侯的孙坚当初起兵参与讨伐董卓的时候，孙策带着自己的母亲迁居到了舒县，与周瑜结交成为好朋友，孙策在舒县将那些士大夫招纳聚集在自己身边，长江、淮河流域的人全都仰慕他。孙坚后来被刘表属下黄祖的士兵射死后，孙策便护送父亲孙坚的灵柩回到故乡曲阿安葬。丧事完毕，孙坚便向北渡过长江定居于江都。

担任徐州牧的陶谦非常忌恨孙策。孙策的舅父吴景，当时正担任丹杨郡太守，孙策于是用车拉着母亲迁居于曲阿，与吕范、孙河一起投靠舅父吴景，并凭借着吴景的影响力召募到数百人。汉献帝兴平元年，孙策前往依附于割据扬州的虎贲中郎将袁术。袁术认为孙策是一个很杰出的人物，便将孙坚的旧部交还给了孙策。担任太傅的马日磾手持朝廷授予的符节前往函谷关以东地区进行安抚工作，在寿春以礼征聘孙策，然后上表奏请朝廷任命孙策为怀义校尉，袁术手下的大将乔蕤、张勋都倾心敬重孙策。袁术曾经叹息着说："如果我袁术能有像孙策这样的儿子，即使死了又有什么遗憾呢！"孙策手下有一个骑兵犯了罪，逃进了袁术的军营，藏匿在马厩之中。孙策派人前往马厩就地杀死了那个骑兵，事情办完之后，孙策来到袁术面前表示歉意。袁术说："当兵的人容易叛变，对叛变的人就应当惩处他，有什么可道歉的呢？"因为此事，军中更加畏惧孙策。袁术当初曾经许诺让孙策担任九江太守，后来却改用了丹杨人陈纪为九江太守。之后袁术准备攻打徐州牧陶谦，便向担任庐江太守的陆康请求支援三万斛军粮。陆康不给，袁术因此大怒。孙策以前曾经前往求见过陆康，陆康没有亲自接见孙策，只派了自己的主簿来接待孙策。孙策因此对陆康满怀怨恨。袁术派孙策率军攻打陆康，袁术对孙策说："此前我错误地任用陈纪为九江太守，常恨自己未能兑现当初对你的承诺。现在如果你能够抓获陆康，庐江太守的职位就真的非你莫属了。"孙策于是率军攻打陆康，夺取了庐江，而袁术再次违背诺言，没有任命孙策为庐江太守，而是任用自己以前的属吏刘勋为庐江太守，孙策于是对袁术更加失望。早先，刘繇担任扬州刺史的时候，扬州州治设在寿春。寿春被袁术占领了之后，刘繇于是向南渡过长江把治所改在曲阿。当时，孙策的舅舅吴景还在丹杨担任太守，孙策的堂兄孙贲又在丹杨郡担任都尉，刘繇来到曲阿之后，就把孙策的舅舅吴景和堂兄孙贲都给驱逐了。吴景、孙贲退居历阳。刘繇派樊能、于麋率军向东驻扎在横江津，派遣张英率军驻扎在当利口，以抵御袁术。袁术任用自己过去的属吏琅邪人惠衢为扬州刺史，改任原丹杨太守吴景为督军中郎将，与孙贲一同领兵攻打刘繇的部将张英等，连年攻打都未能取胜。孙策于是游说袁术，请求袁术派自己前往当利口援助吴景等人攻取江东地区。袁术上表朝廷任命孙策为折冲校尉，代理殄寇将军，但调拨给孙策的兵力只有一千多士卒，几十名骑兵，宾客中有几百人愿意跟随孙策一起出征。等到了历阳的时候，孙策的兵众就发展到了五六千人。孙策的母亲已经先从曲阿迁到了历阳，孙策又将母亲迁往阜陵居住，然后渡过长江四处转战，所到之处势若破竹，无不被攻破，没有人敢与他正面交锋，而且孙策军令整肃严明，百姓们都拥护他。

【原文】

策为人，美姿颜，好笑语，性阔达听受[①]，善于用人，是以士民见者，莫不尽心，乐为致死。刘繇弃军遁逃，诸郡守皆捐城郭奔走[②]。吴人严白虎等众各万馀人，处处屯聚。吴景等欲先击破虎等，乃至会稽。策曰："虎等群盗，非有大志，此成禽耳[③]。"遂引兵渡浙江[④]，据会稽[⑤]，屠东冶[⑥]，乃攻破虎等。尽更置长吏，策自领会稽太守，复以吴景为丹杨太守，以孙贲为豫章太守[⑦]；分豫章为庐陵郡[⑧]，以贲弟辅为庐陵太守[⑨]，丹杨朱治为吴郡太守。彭城张昭、广陵张纮、秦松、陈端等为谋主[⑩]。时袁术僭号[⑪]，策以书责而绝之。曹公表策为讨逆将军[⑫]，封为吴侯。后术死，长史杨弘、大将张勋等将其众欲就策，庐江太守刘勋要击[⑬]，悉虏之，收其珍宝以归。策闻之，伪与勋好盟[⑭]。勋新得术众，时豫章上缭宗民万馀家在江东[⑮]，策劝勋攻取之。勋既行，策轻军晨夜袭拔庐江[⑯]，勋众尽降，勋独与麾下数百人自归曹公。是时袁绍方强，而策并江东，曹公力未能逞，且欲抚之。乃以弟女配策小弟匡，又为子章取贲女[⑰]，皆礼辟策弟权、翊，又命扬州刺史严象举权茂才。

建安五年，曹公与袁绍相拒于官渡，策阴欲袭许[⑱]，迎汉帝，密治兵，部署诸将。未发，会为故吴郡太守许贡客所杀[⑲]。先是，策杀贡，贡小子与客亡匿江边。策单骑出，卒与客遇，客击伤策。创甚[⑳]，请张昭等谓曰："中国方乱[㉑]，夫以吴、越之众[㉒]，三江之固[㉓]，足以观成败。公等善相吾弟[㉔]!"呼权佩以印绶，谓曰："举江东之众，决机于两阵之间，与天下争衡，卿不如我；举贤任能，各尽其心，以保江东，我不如卿。"至夜卒，时年二十六。

权称尊号[㉕]，追谥策曰长沙桓王，封子绍为吴侯，后改封上虞侯。绍卒，子奉嗣。

【注释】

①阔达：开朗通达。听受：善于倾听接受（意见）。 ②捐：舍弃。 ③成禽：必定会被擒获（的俘虏）。 ④浙江：河流名。即今富春江。 ⑤会稽：这里指会稽郡治所山阴县。县治在今浙江绍兴市。 ⑥东冶：县名。县治在今福建福州市。 ⑦豫章：郡名。治所在今江西南昌市。 ⑧庐

陵：郡名，治所在今江西吉安市。⑨辅：即孙辅。⑩彭城：王国名。治所在今江苏徐州市。东汉制度，同姓宗王的封地通常为一郡；如果某郡成为宗王的封地，则改称某国，太守也随之改称国相。广陵：郡名，治所在今江苏扬州市西北。⑪僭号：非分使用皇帝的称号。⑫曹公：指曹操。讨逆将军：官名，领兵征伐。⑬要（yāo）击：截击。⑭好盟：建立友谊，结成同盟。⑮上缭：地名，在今江西永修县。宗民：东汉末年战乱，长江以南地区的民众，往往以宗族关系为纽带，组织起来，形成具有武装自卫能力的聚居点，这在当时称为宗民或宗部。⑯庐江：这里指庐江郡的治所舒县。县治在今安徽庐江县西南。⑰章：即曹章。贲：即孙贲。⑱许：县名，当时曹操挟汉献帝都许。县治在今河南许昌市东。⑲客：豪强大族家养的门客。⑳创甚：伤势严重。㉑中国：中原。㉒吴、越：均先秦国名，此为地区名，即孙策所据有的江东。㉓三江：长江下游众多水道的总称。㉔相：辅佐。㉕尊号：指帝号。

【译文】

孙策这个人，相貌堂堂，长得很英俊帅气，喜欢开玩笑，性格开朗阔达善于倾听、接受别人的意见，又很会用人，所以无论是士人阶层还是庶民百姓见了他，无不尽心尽力，乐意为他拼死效力。刘繇抛弃了军队偷偷逃走，刘繇所任命的那些郡的太守们也都纷纷弃城逃跑。吴郡人严白虎等手下各有一万多人，分散在各处驻扎。吴景等人想要首先击破严白虎等，于是来到会稽。孙策说："严白虎等只是一群盗贼，心中并没有什么大的志向，这些人一定会被擒获。"于是率兵渡过浙江，攻取了会稽之后，便在东冶进行了一场大规模的屠杀，遂消灭了严白虎等。孙策于是把会稽郡的官吏全部重新设置，孙策自己兼任会稽郡太守，再次让自己的舅舅吴景担任了丹杨郡太守，任命自己的堂兄孙贲为豫章郡太守；从豫章郡中将庐陵划分出来设置为庐陵郡，任用孙贲的弟弟孙辅为庐陵郡太守，任命丹杨人朱治为吴郡太守。彭城人张昭、广陵人张纮、秦松、陈端等则成为专门为孙策出谋划策的谋士。此时袁术非分使用皇帝的称号，孙策写信给袁术对其称帝之事进行谴责并与他绝交。曹操上表给朝廷举荐孙策为讨逆将军，封孙策为吴侯。后来袁术死了，袁术属下担任长史的杨弘、大将张勋等想率领袁术的部众前往投靠孙策，担任庐江太守的刘勋半路截击，将他们全部俘虏，缴获了他们所携带的全部珍宝而后返回庐江郡。孙策听说此事之后，便假装与庐江太守刘勋建立友谊结成联盟。刘勋刚刚得到袁术的部众，当时豫章郡上缭地区的宗族武装有一万多户在长江以东地区，孙策便劝说刘勋前往攻取江东地区。刘勋率军出发以后，孙策率领轻装部队连夜奔袭，顺利攻克了庐江，刘勋的部众全部投降了孙策，刘勋只带着部下的几百人投归了曹操。当时袁绍的势力正强大，而孙策此时占有了江东地区，曹操的实力还没有达到为所欲为的地步，于是只好对孙策暂时进行安抚。曹操把自己弟弟的女儿许配给孙策的小弟弟孙匡为妻，又为自己的儿子曹彰娶了孙贲的女儿，对孙策的弟弟孙权、孙翊全都以礼征聘，并令担任扬州刺史的严象举荐孙权为秀才。

汉献帝建安五年，曹操率领大军与袁绍在官渡对峙时，孙策暗中准备偷袭曹操的老巢许都，迎请汉献帝，便秘密整顿军队，部署将领。还没等孙策向袭击许都的军队发布出兵的命令，孙策就被以前担任过吴郡太守的许贡的门客刺杀身亡。早先，（担任吴郡都尉、太守的许贡，欲送密信给曹操，原文是："孙策骁雄，与项籍相似，宜加贵宠，召还京邑。若被诏不得不还，若放于外必作世患。"结果被孙策截获。）孙策杀了许贡，许贡的儿子与门客逃亡隐匿在长江边。孙策独自一人骑马外出，突然与许贡的门客相遇，许贡的门客击伤了孙策。孙策伤势严重，就将张昭等请到面前说："中原地区正在战乱之中，我们凭借着吴、越地区的兵众，有三江作为天然屏障，完全可以坐观中原的成败，你们要好好辅佐我的弟弟孙权！"又将孙权叫到面前，给他佩戴上讨逆将军、吴侯的印绶，对孙权说："率领江东的兵众，在两阵之间寻机打败对手，与天下人争锋，你不如我；但是举贤任能，使其尽心尽力各展其才，以保有江东，我不如你。"到了夜间孙策就去世了，年仅26岁。

孙权登基称帝后，追谥孙策为长沙桓王，封孙策的儿子孙绍为吴侯，后来又改封孙绍为上虞侯。孙绍死后，孙绍的儿子孙奉继承了爵位。

人物新传 · 孙策传

一、割据江东

孙策之父孙坚，自称是春秋时大军事家孙武的后代，曾任长沙太守，后被封为破虏将军，先后镇压过黄巾起义和参加征讨凉州的边章、韩遂。特别是在讨伐董卓的战争中，孙坚勇冠三军，战功卓著。《三国演义》第五回描写关公温酒斩华雄。这个华雄是董卓的一员猛将，事实上他不是被关羽所杀，而是死于孙坚之手，小说家为了塑造关羽的英雄形象，有意张冠李戴。董卓曾经对他的长史刘艾说："关东军的各路首领，一个个都是我的手下败将，不值得畏惧。只有孙坚这个小倔头，颇能用人，要告诉诸将，多加小心。"（《孙坚传》裴注引《山阳公载记》）初平二年，孙坚在伐黄祖之役中大胜，轻骑追至湖北岘山，被黄祖部下射死，时年 37 岁。

孙策自幼聪明英武，好结交朋友，声名远播，是个少年英雄。舒（今安徽舒城）人周瑜与孙策同年，慕名来访，一见如故，两人结为生死之交，孙策遂举家迁往舒城，孙坚死后，孙策遭徐州牧陶谦之忌，乃携母徙曲阿，依其舅丹杨太守吴景，并乘机招募了亲兵数百人。

兴平元年，孙策率众投靠占据寿春的袁术，很受袁术的赏识，"术常叹曰'使术有子如孙郎，死复何恨！'"（本传）但袁术对孙策颇怀戒心，他曾先后两次许诺任孙策为九江太守、庐江太守，但两次都悔约而改授予自己的亲信。孙策知自己不被信任，便准备脱离袁术他去。恰在这时，孙策的舅舅吴景遭到驻在曲阿的扬州刺史刘繇的攻击，被赶出了丹杨城，双方在横江津一带相持不下。"策说术云'家有旧恩在东，愿助舅讨横江；横江拔，因投本土召募，可得三万兵，以佐明使君匡济汉室。'术知其恨，而以刘繇据曲阿，王朗在会稽，谓策未必能定，故许之。"（本传裴注引《江表传》）

袁术放虎归山，孙策如鱼得水。袁术表孙策为折冲校尉，行殄寇将军，又将其父孙坚的旧部千余人尽数拨归他统辖。孙策的宾客千余人也和他一起出发。一路上，由于军纪严明，百姓拥护，行至历阳时，已成为一支拥有五六千人的浩荡大军。这支军队作战勇敢，势如破竹，打败了刘繇手下的大将张英、樊能，刘繇弃军而奔，诸郡守也望风而逃，孙策没费多大力气就进入了曲阿。有了根据地之后，军力很快得到了扩充，"旬日之间，四面云集，得见兵二万馀人，马千馀匹，威震江东，形势转盛”。（孙策本传裴注引《江表传》）。

此时江东各地，豪强割据，各不统属，主要有乌程人邹他、钱铜，吴人严白虎，前合浦太守王晟及自称为吴郡太守的陈瑀等，各聚兵数千到数万人，称霸一方，其中尤以严白虎的势力最大。孙策采取先弱后强的策略，首先平定了邹他、钱铜、王晟等人，接着便杀向严白虎。正当孙策大军出征严白虎之际，驻守海西的陈瑀却秘密遣其都尉万演渡江，联络豪帅严白虎、祖郎、焦己等，准备偷袭孙策军。孙策发觉此事后，仍亲率大军按计划出发，另派吕范、徐逸率兵进攻海西，大破陈瑀，杀其大将陈牧，获其吏士妻子 4000 人。

严白虎见孙策亲自领兵前来，便深沟高垒，坚守不出，同时派其弟严舆赴孙策军营请和。孙策假意允和，并置酒款待严舆。席间，孙策出其不意杀了严舆。严舆是严白虎手下出名的骁将，他的被杀，使严白虎一军胆丧。双方军队一接触，严白虎军便败下阵来，严白虎带着少数人逃往余杭。至此，孙策基本平定了江东六郡，自领会稽太守，仍以吴景为丹杨太守。孙策把豫章郡分为豫章、庐陵两郡，以孙贲、孙辅两堂叔分任为太守。朱治为吴郡太守。彭城张昭、广陵张纮、秦松、陈端等为谋主，势力大盛。

建安二年，袁术称帝于寿春，孙策上书反对，与袁术绝交。曹操趁此拉拢孙策对抗袁术，表孙策为讨逆将军，封吴侯。这样，孙策名正言顺割据了江东。

二、丹徒遇袭

东汉末太尉桥玄有两女，皆天姿国色，称大乔、小乔。孙策娶了大乔，周瑜娶了小乔。

建安四年袁术病死，其妻子余部往依庐江太守刘勋。孙策以计引诱刘勋进攻上缭，然后从背后偷袭皖城，一举赶走了刘勋。刘勋失去了立足之地，只得与部下数百人投奔曹操。其时，曹操正与袁绍对峙，不愿与孙策交恶，故将其侄女许配给孙策的小弟孙匡，又为其子娶了孙策的堂叔之女，还举荐了孙策之弟孙权为茂才。

攻破刘勋之后，孙策为报父仇，进讨刘表的部将黄祖。建安四年十二月八日，孙策大军进抵黄祖所屯之沙羡。十一日黎明，孙策率领周瑜、孙权、吕范、程普、黄盖等将佐大举出击。孙策亲自在马上擂鼓，兵士借风放火，弓手千弩齐发，大胜黄祖，斩首 2 万余人，1 万余人溺水而死，缴获船只 6000 余艘，其他财物无数，并生俘黄祖妻息男女 7 人，黄祖只身逃走。

建安五年，曹操与袁绍大战于官渡。这时，陈瑀之从兄子陈登任广陵太守，治射阳，他为报陈瑀兵败之仇，积极策划进攻孙策。孙策大举出兵，计划先讨平陈登，然后挥师直捣许都，准备挟天子以令诸侯。军行至丹徒，孙策外出射猎。他驰马疾追一鹿，从骑落在后面。突然，事先埋伏的三个许贡的宾客举弓向他射来。孙策奋力射杀一人，自己也中箭落地，受了重伤，另外两个被赶到的孙策从骑击毙。许贡原是吴郡太守，被孙策所杀。许贡的小儿子及宾客亡匿江边。他们侦知孙策常爱个人追猎野兽，故伺机报仇。孙策中箭，医嘱静养可治。可是孙策性情急躁，他引镜自照，见面容憔悴，对左右说："这样一个丑样子，还有面目见人吗？"于是扔了镜子，大发脾气，缝合的创伤破裂，当夜就死了。这时孙策只有 26 岁。临终，把印授交给了其弟孙权。孙策对孙权说："举江东之众，决机于两阵之间，与天下争衡，卿不如我；举贤任能，各尽其心，以保江东，我不如卿。"又嘱张昭、周瑜尽心辅佐。就这样，开创江东基业的孙策与世长辞了。

三、一代天骄

孙策 17 岁领兵，只有几百人。经过了 9 个春秋的战斗，却创下了江东基业，真是一代天骄，当世无人与之能比。孙策长得英俊，又爱谈笑，而打起仗来勇猛异常，总是一马当先，时人称他为"孙郎"。敌方将士和草野百姓，一听孙郎来了，大都失魂落魄。在攻打笮融的战斗中，他中箭负伤，不能乘马，仍指挥若定，赢得了胜利。在攻打黄祖时，他"身跨马栎陈，手击急鼓，以齐战势"（本传裴注引《吴录》）。正是这种一往无前的气概，才成就了江东基业。

孙策虽然勇猛，却并不是一介武夫。他治军整肃，百姓爱戴。史称"军士奉令，不敢虏略，鸡犬菜茹，一无所犯，民乃大悦，竞以牛酒诣军"（本传裴注《江表传》）。他巧离袁术，智取严白虎，奇袭刘勋，不仅显示了出色的战争干才，也显示了他政治上的成熟。他不失时机地抓住袁曹官渡之战的时机，欲奇袭许昌，挟天子以令诸侯，虽然这事没有实现，却表现了孙策的远大目光和胸中韬略，不知超过袁绍几多!

孙策善于识才，也善于用才。张昭、张纮是孙策亲自礼聘的，周瑜更是他的盟兄弟。收服太史慈尤表现了孙策的爱才和博大胸怀。太史慈是东莱人，也是一员虎将。他原在刘繇帐下效力。孙策亲自与他交战，打得难解难分，孙策的头盔也被太史慈夺走了。后来孙策打败刘繇，俘获了太史慈，爱其勇，不计前仇，亲自替太史慈松了绑，署为门下督。太史慈感戴不已，作战英勇，立了不少战功。东吴人杰吕蒙、吕范、朱然、蒋钦、周泰、陈武、董袭等人，都是孙策聚拢留给孙权的宝贵财富。

吴主孙权传

【题解】

孙权（182—252）是东吴开国皇帝，也是三国时期的一位风云人物。他当政时间达50余年，在内政外交各个方面都卓然有所建树，对保守江东起过巨大的作用，对三国历史的进程也有着重大影响。孙权生当乱世，注意招延英俊，网罗人才，以他为中心，吴国形成了一个坚强有力的领导核心，一大批政治、军事、外交干才在这时纷纷涌现，其中有许多是年轻的政治家、军事家。自古言“江东子弟多才俊”，当以此时为盛。在外部，孙权根据当时的客观形势，确定联蜀抗魏的战略方针，促进并巩固了三国鼎峙的局面。孙刘联盟共同抗击北方曹魏集团，是这一时期政治、军事斗争的主要线索，虽然吴、蜀之间为了各自的利益也发生过争执，甚至大动干戈，但毕竟是次要的和暂时的。吴蜀联合抗魏是孙权外交上的主导思想，它保证了东吴政权的巩固和实力的加强，从而能长时期地和曹魏对抗，并取得政治、军事的一系列胜利。这显示出孙权的战略才干。孙权继承光大父兄的基业，并把它交给了后人。孙权死后，吴国政局动荡不安：孙亮被废，孙休早死，孙皓残暴无道，丧尽人心。蜀国灭亡后，吴之所以能苟延残喘，实有赖于孙权奠定的基础。

【原文】

孙权字仲谋。兄策既定诸郡，时权年十五，以为阳羡长①。郡察孝廉，州举茂才，行奉义校尉②。汉以策远修职贡③，遣使者刘琬加锡命④。琬语人曰：“吾观孙氏兄弟虽各才秀明达⑤，然皆禄祚不终⑥，惟中弟孝廉，形貌奇伟，骨体不恒⑦，有大贵之表，年又最寿，尔试识之。”

建安四年⑧，从策征庐江太守刘勋⑨。勋破，进讨黄祖于沙羡⑩。

五年，策薨，以事授权，权哭未及息。策长史张昭谓权曰：“孝廉，此宁哭时邪？且周公立法而伯禽不师，非欲违父，时不得行也。⑪ 况今奸宄竞逐⑫，豺狼满道，乃欲哀亲戚⑬，顾礼制，是犹开门而揖盗⑭，未可以为仁也。”乃改易权服，扶令上马，使出巡军。是时惟有会稽、吴郡、丹杨、豫章、庐陵[15]，然深险之地犹未尽从，而天下英豪布在州郡，宾旅寄寓之士以安危去就为意[16]，未有君臣之固。张昭、周瑜等谓权可与共成大业，故委心而服事焉[17]。曹公表权为讨虏将军[18]，领会稽太守，屯吴，使丞之郡行文书事。待张昭以师傅之礼，而周瑜、程普、吕范等为将率。招延俊秀，聘求名士，鲁肃、诸葛瑾等始为宾客。分部诸将，镇抚山越[19]，讨不从命。

【注释】

①阳羡：汉县名，在今江苏宜兴南部。 ②行：代理。奉义校尉：吴所置校尉名。校尉，汉代军职名，地位略次于将军。 ③职贡：尽职纳贡。 ④锡命：天子赐给诸侯的爵服等赏命。锡，通“赐”。 ⑤才秀明达：才能特出，通达事理。 ⑥禄祚：福禄。 ⑦骨体：指人的骨骼、形体。古人以人的骨体相貌等推论人的性和命。不恒：犹言“非常”。 ⑧建安四年：199年。 ⑨庐江：郡名。汉庐江郡治在舒县，刘勋为太守，移治皖县，皖县在今安徽潜山市北。 ⑩沙羡（yí）：县名，在今湖北武昌西南。 ⑪且周公立法句：相传周公制礼，规定子为父母服三年之丧。周公死时，正值徐戎叛乱，周公之子伯禽在丧之期率师讨伐。张昭援引以劝说孙权应节哀以对付当务之急。师，效法，遵守。 ⑫奸宄（guǐ）：指犯法作乱的人。 ⑬亲戚：这里指孙策。古人亦称父子兄弟为亲戚。 ⑭开门而揖盗：开了门请强盗进来，比喻引进坏人危害自己。揖，拱手为礼。 ⑮会稽：郡名，东汉治山阴，在今浙江绍兴。吴郡：郡名，治吴县，在今江苏苏州市。庐陵：郡名，孙策所置，治高昌，在今江西吉安市西高昌故城。 ⑯以安危去就为意：意谓根据安危来决定去就。 ⑰委心：倾心。 ⑱讨虏将军：杂号将军之一，主征讨。 ⑲山越：秦汉以后，居于江淮地区的少数民族总称百越，其中居于山区的称山越。

【译文】

孙权，字仲谋。孙权的哥哥孙策平定了江东诸郡的时候，孙权年仅15岁，孙策任命孙权担任了阳羡县县令。郡里经过考察举荐孙权为孝廉，扬州刺史严象推举孙权为茂才，朝廷任命孙权为代理奉义校尉。汉朝廷因孙策虽然远在江东仍然能够恪尽职责向朝廷纳贡，于是派遣刘琬担任使者前往江东赐予孙策爵服等赏命。刘琬对人说：“我观察孙氏兄弟几个，虽然个个都是才能出众通达事理，然而都福禄不终，只有中弟孝廉孙权，身形伟岸相貌奇特，体貌非同寻常，既有大富大贵的表象，又寿命最长，你们不妨记住我今天所说的话。”

汉献帝建安四年，孙权跟随哥哥孙策出兵征讨担任庐江太守的刘勋。刘勋被击败之后，又进军沙羡讨伐在荆州牧刘表属下担任江夏太守的黄祖。

汉献帝建安五年，孙策被许贡的门客刺杀身亡，病危之时把东吴地区的军政大权全部交付给孙权，孙权痛哭不已。在孙策手下担任长史的张昭对吴主孙权说："孙权孝廉，现在难道是你痛哭不止而不理政事的时候吗？即使是孝子为父母守丧三年的礼制是周公所制定的，但在周公死后，（由于徐戎叛乱）周公的儿子伯禽也没有为自己的父亲守孝三年（伯禽在守丧期间率军征伐徐戎，伯禽没有遵守丧礼），并不是伯禽想要违背父亲所制定的礼法，只是由于当时的形势迫不得已才会如此。何况如今犯法作乱的人竞相争胜，豺狼满道，你却在这里哀悼自己的兄长，想要按照礼制服丧，这就如同打开门户作揖行礼请盗贼进来，这样做可算不上仁爱！"于是，让吴主孙权脱下丧服改换吉服，然后扶着令孙权上马，外出巡察军营。当时吴主孙权的地盘只有会稽郡、吴郡、丹杨郡、豫章郡、庐陵郡，而且这五个郡的边远险要之地还没有完全顺从，而天下的英雄豪杰之士都分散在各州各郡，那些客居各郡的士人则把个人安危作为目标来决定自己的去留，与孙氏之间还没有建立稳固的君臣关系。张昭、周瑜等人认为孙权可以与自己共同成就一番大事业，所以才尽心尽力地辅佐孙权。曹操上表奏请朝廷任命孙权为讨虏将军，兼任会稽郡太守，驻守吴郡，孙权派郡丞到会稽郡处理太守府的日常事务。孙权以对待师傅之礼对待张昭，任用周瑜、程普、吕范等为统兵的将帅。孙权在江东多方招揽那些才能杰出之人，以礼招聘那些在社会上有一定影响的人士，鲁肃、诸葛瑾等开始成为孙权的幕僚。孙权分别派遣诸将，前往震慑、安抚那些居于山区还没有诚心归附的少数民族，讨伐那些拒不服从者。

【原文】

七年，权母吴氏薨。

八年，权西伐黄祖，破其舟军，惟城未克，而山寇复动①。还过豫章，使吕范平鄱阳②，程普讨乐安③，太史慈领海昏④，韩当、周泰、吕蒙等为剧县令长⑤。

九年，权弟丹杨太守翊为左右所害⑥，以从兄瑜代翊⑦。

十年，权使贺齐讨上饶⑧，分为建平县⑨。

十二年，西征黄祖，虏其人民而还。

【注释】

①山寇：指山越。 ②鄱（pó）阳：县名，在今江西上饶市鄱阳县东。 ③乐安：县名，在今

江西德兴市东。④海昏：县名，当今江西永修县地。⑤剧县：政务繁重难治的县。⑥翊：孙翊，孙权弟。⑦从兄：堂兄。瑜：孙瑜。⑧上饶：县名，在今江西上饶市附近。⑨建平县：在今福建南平市建阳区。

【译文】

汉献帝建安七年，吴主孙权的母亲吴氏去世。

建安八年，吴主孙权率军西征讨伐荆州牧刘表手下担任江夏太守的黄祖，击败了黄祖的水军，只有黄祖所据守的城池没有攻克，而那些居住在深山地区的少数民族趁机再次作乱。孙权率军返回吴郡途中经过豫章的时候，派遣将领吕范率军讨平鄱阳，派程普率军讨平乐安，任命太史慈兼任海昏县县令，任命韩当、周泰、吕蒙等将领分别担任那些政务繁重难治的县的县令。

建安九年，吴主孙权的弟弟担任丹杨太守的孙翊被自己身边的人杀害，孙权遂任命自己的堂兄孙瑜接替孙翊担任丹杨太守。

建安十年，吴主孙权派遣部将贺齐率军前往上饶县讨伐叛乱，划分部分地区设置为建平县。

建安十二年，吴主孙权出兵西征江夏太守黄祖，俘虏了黄祖辖区内的百姓带回江东。

【原文】

十三年春，权复征黄祖，祖先遣舟兵拒军，都尉吕蒙破其前锋，而凌统、董袭等尽锐攻之①，遂屠其城。祖挺身亡走②，骑士冯则追枭其首③，虏其男女数万口。是岁，使贺齐讨黟、歙④，分歙为始新、新定、犁阳、休阳县⑤，以六县为新都郡⑥。荆州牧刘表死，鲁肃乞奉命吊表二子，且以观变。肃未到，而曹公已临其境，表子琮举众以降。刘备欲南济江，肃与相见，因传权旨，为陈成败。备进住夏口⑦，使诸葛亮诣权，权遣周瑜、程普等行。是时曹公新得表众，形势甚盛，诸议者皆望风畏惧⑧，多劝权迎之⑨。惟瑜、肃执拒之议，意与权同。瑜、普为左右督，各领万人，与备俱进，遇于赤壁，大破曹公军。公烧其馀船引退，士卒饥疫，死者大半。备、瑜等复追至南郡，曹公遂北还，留曹仁、徐晃于江陵，使乐进守襄阳。时甘宁在夷陵，为仁党所围，用吕蒙计，留凌统以拒仁，以其半救宁，军以胜反。权自率众围合肥⑩，使张昭攻九江之当涂[11]。昭兵不利，权攻城逾月不能下。曹公自荆州还，遣张喜将骑赴合肥。未至，权退。

【注释】

①尽锐攻之：尽力猛攻黄祖。 ②挺身：脱身。挺，引。 ③枭（xiāo）：斩首。 ④黟（yī）：县名，在今安徽黟县东。歙（shè）：县名，在今安徽歙县。 ⑤始新：在今浙江淳安县西。新定：在今淳安县西南。犁阳：在今安徽休宁县东南。休阳：在今休宁县东。 ⑥新都：郡名，治始新县。 ⑦夏口：镇名，即今武汉市汉口，以夏水入江之口而得名。夏水，即汉水。孙权置夏口督，屯于江南。 ⑧望风畏惧：形容老远看见对方的气势就恐惧不安。 ⑨迎：意谓投降。 ⑩合肥：县名，在今安徽合肥市北。 ⑪九江：郡名，东汉治阴陵，在今安徽定远县西北。当涂：县名，在今安徽怀远县东南。

【译文】

建安十三年，吴主孙权再次出兵征讨江夏太守黄祖，黄祖先派出了水军来抵抗孙权的进攻，孙权部下担任都尉的吕蒙击败了黄祖水军的先锋部队，而另外两员将领凌统与董袭等乘胜出动全部精锐进行攻击，遂屠灭了黄祖所据守的城池。黄祖脱身逃走，被骑兵战士冯则追上斩首，这一战俘虏了男男女女几万口。这一年，吴主孙权派部将贺齐讨平了黟县、歙县境内的山贼（金奇、毛甘和陈仆等），从歙县划分出始新县、新定县、犁阳县、休阳县，设置新都郡统辖黟、歙、始新、新定、犁阳、休阳六个县（郡治设在始新县）。荆州牧刘表病死后，鲁肃向孙权请求奉命前往荆州吊唁刘表的两个儿子长子刘琦和幼子刘琮，借此机会观察荆州的形势变化。鲁肃还没有到达荆州，曹操已经率领大军逼近荆州，刘表的小儿子刘琮率领众人投降了曹操。刘备正准备南渡长江，鲁肃遂与刘备相见，趁机向刘备转达了吴主孙权的旨意，并向刘备陈述当前关乎成败的策略。刘备进驻夏口，便派遣诸葛亮前往江东会见吴主孙权，吴主孙权于是派周瑜、程普等人率军与刘备一同抗曹。当时曹操刚刚得到刘表的部众，形势有利，兵力强盛。孙权的那些谋臣闻讯后都心怀恐惧，很多人劝说吴主孙权迎降曹操。只有周瑜、鲁肃坚决主张抗击曹操，他们的意见与吴主孙权的想法相同。孙权遂任命周瑜、程普分别担任左、右都督，各自领兵一万人，与刘备同时进军，在赤壁与曹军相遇，大败曹军。曹操烧毁了剩余的船只领兵撤退，曹营的士卒因为饥饿和瘟疫，死亡了一大半。刘备、周瑜等又乘胜追击曹军，一直追到南郡。曹操撤军北还，留下曹仁、徐晃驻守江陵，派乐进镇守襄阳。当时吴主孙权的部将甘宁在夷陵，被曹仁的部队所包围，孙权采纳吕蒙的计策，留下凌统率领一部分兵力抵抗曹仁的进攻，用另外的一半兵力奔赴夷陵救援甘宁，吴军得胜而回。吴主孙权亲自率军围攻合肥，派张昭率军攻打九江郡的当涂县。张昭出兵不利，孙权围攻合肥一月有余也没能将合肥攻破。曹操自荆州回到北方后，立即派遣张喜率领骑兵奔赴合肥救援。张喜还没有到达合肥，吴主孙权已经退兵。

【原文】

十四年，瑜、仁相守岁馀，所杀伤甚众。仁委城走①。权以瑜为南郡太守。刘备表权行车骑将军，领徐州牧。备领荆州牧，屯公安②。

十五年，分豫章为鄱阳郡，分长沙为汉昌郡③，以鲁肃为太守，屯陆口④。

十六年，权徙治秣陵⑤。明年，城石头⑥，改秣陵为建业。闻曹公将来侵，作濡须坞⑦。

十八年正月，曹公攻濡须，权与相拒月馀。曹公望权军，叹其齐肃，乃退。初，曹公恐江滨郡县为权所略，征令内移。民转相惊⑧，自庐江、九江、蕲春、广陵户十馀万皆东渡江⑨，江西遂虚，合肥以南惟有皖城⑩。

【注释】

①委：弃。 ②公安：县名，在今湖北荆州市公安县东北。 ③长沙：郡名，治临湘，在今湖南长沙。汉昌：郡治在今湖南岳阳市平江县东。 ④陆口：又称蒲圻口，在今湖北赤壁市西北陆溪口。 ⑤秣陵：地名，在今江苏南京市。建安十六年，孙权徙治于此，改名建业，后为孙吴京都。⑥石头：故楚金陵邑地，孙权因山势加修筑城，改名石头城。故址在今江苏南京市西石头山附近。⑦濡（nuán）须坞：即濡须口，故址在今安徽无为市东北。 ⑧转：迁徙。 ⑨蕲（qí）春：郡名，治蕲春，在今湖北黄冈市蕲春县西南。广陵：郡名，治淮阴，在今江苏淮安市清河区西南。 ⑩皖城：县名，在今安徽潜山市北。

【译文】

建安十四年，东吴的周瑜和魏将曹仁在江陵相持了一年多，杀死杀伤了很多曹军。曹仁遂丢下江陵城逃走。吴主孙权任命周瑜为南郡太守。刘备上表奏请汉朝廷任命吴主孙权为代理车骑将军，兼任徐州牧。刘备兼任荆州牧，驻守于公安县。

建安十五年，吴主孙权从豫章郡划分出一部分另外设置为鄱阳郡，将长沙郡划分出一部分设置为汉昌郡，任命鲁肃为郡太守，率军驻守陆口。

建安十六年吴主孙权将治所迁到秣陵。第二年，修筑石头城，将秣陵改称为建业。听说曹操将率领大军南下入侵，就又修筑了濡须坞。

建安十八年正月，曹操率军攻打濡须坞，吴主孙权与曹操在此相持了一个多月。曹操望见孙权的军队，感叹其军容的齐整严明，遂撤军而回。当初，曹操担心长江北岸各郡县被孙权所攻占，遂下令百姓向北迁移。沿江的百姓因为被迫迁移而受到惊扰，于是庐江、九江、蕲春、广陵境内的十多万户居民全都向东渡过长江，长江以西则成为空虚之地，合肥以南只有皖城。

【原文】

十九年五月，权征皖城。闰月，克之，获庐江太守朱光及参军董和，男女数万口。是岁刘备定蜀。权以备已得益州，令诸葛瑾从求荆州诸郡。备不许，曰："吾方图凉州，凉州定，乃尽以荆州与吴耳。"权曰："此假而不反，而欲以虚辞引岁[①]。"遂置南三郡长吏，关羽尽逐之。权大怒，乃遣吕蒙督鲜于丹、徐忠、孙规等兵二万取长沙、零陵、桂阳三郡，使鲁肃以万人屯巴丘以御关羽。权住陆口，为诸军节度。蒙到，二郡皆服，惟零陵太守郝普未下。会备到公安，使关羽将三万兵至益阳，权乃召蒙等使还助肃。蒙使人诱普，普降，尽得三郡将守，因引军还，与孙皎、潘璋并鲁肃兵并进，拒羽于益阳。未战，会曹公入汉中，备惧失益州，使使求和。权令诸葛瑾报，更寻盟好，遂分荆州长沙、江夏、桂阳以东属权，南郡、零陵、武陵以西属备。备归，而曹公已还。权反自陆口，遂征合肥。合肥未下，军还。兵皆就路，权与凌统、甘宁等在津北为魏将张辽所袭[②]，统等以死扞权，权乘骏马越津桥得去。

二十一年冬，曹公次于居巢[③]，遂攻濡须。

二十二年春，权令都尉徐详诣曹公请降，公报使修好，誓重结婚[④]。

【注释】

①引岁：拖延岁月。 ②津：指逍遥津，在合肥市东北。 ③居巢：亦称"居鄛"，县名，在今安徽巢湖市东北。 ④誓重（chóng）结婚：曹操曾以弟女配孙权小弟孙匡，又为子彰娶孙贲女。这次双方修好，又立誓通婚，所以说，"誓重结婚"。

【译文】

建安十九年五月，吴主孙权率军征讨皖城。这一年的闰月，将皖城攻克，俘获了担任庐江太守的朱光和担任参军的董和，以及男女百姓数万口。这一年刘备攻占了西蜀。吴主孙权因为刘备已经得到了益州，就派遣诸葛瑾前往成都向刘备讨要荆州各郡。刘备不同意，说："我正在考虑夺取凉州，等凉州平定之后，才可以把荆州所属全部归还东吴。"孙权说："这是借了就不想还，还用空话搪塞以拖延岁月。"于是任命了荆州南部长沙、桂阳、零陵三个郡的长吏前往赴任，结果都被关羽给驱逐出境了。孙权于是大怒，便派遣吕蒙率领着鲜于丹、徐忠、孙规等领兵二万攻取长沙、零陵、桂阳三郡，派鲁肃率领一万人马驻守在巴丘以防御关羽。吴主孙权亲自驻扎于陆口，指挥、调度各路人马。吕蒙的军队一到，长沙、桂阳二郡就全都归降了，只有零陵太守郝普不肯归降。正好此时刘备来到公安县，刘备派关羽率领三万兵马挺进益阳，吴主孙权于是将吕蒙等人召回去援助鲁肃。吕蒙派人诱骗郝普，郝普遂投降了吴军，吕蒙得到了桂阳、长沙、零陵三郡的将领郡守后，便率军返回，然后与孙皎、潘璋以及鲁肃所率领的人马齐头并进，准备在益阳合力攻打关羽。还未与关羽军交战，恰逢曹操进军汉中，刘备害怕丢失益州，便派使者向吴主孙权请求和解。吴主孙权派诸葛瑾前往蜀国回访，吴蜀两国遂再次结为友好同盟，刘备遂将荆州辖下的长沙、江夏、桂阳以东地区归还孙权，南郡、零陵、武陵以西地区仍然属于自己管辖。刘备返回成都，而曹操也已经退兵。孙权从陆口返回，遂进兵攻取合肥。吴军未能攻下合肥，便撤军而回。军队已经全部踏上返回之路，吴主孙权与凌统、甘宁等在逍遥津以北遭到魏国大将张辽的袭击，凌统等拼死保护孙权，孙权才得以骑着骏马冲过津桥脱身而去。

建安二十一年冬季，曹操驻军于居巢，遂攻打濡须坞。

建安二十二年春季，吴主孙权命担任都尉的徐详前往曹操军营请求归降，曹操派使者回报孙权同意重修旧好，再次立誓通婚。

【原文】

二十三年十月，权将如吴、亲乘马射虎于庱亭[①]。马为虎所伤，权投以双戟，虎却废[②]，常从张世击以戈，获之。

二十四年，关羽围曹仁于襄阳，曹公遣左将军于禁救之。会汉水暴起[③]，羽以舟兵尽虏禁等步骑三万送江陵，惟城未拔。权内惮羽，外欲以为己功，笺与曹公，乞以讨羽自效。曹公且欲使羽与权相持以斗之，驿传权书，使曹仁以弩射示羽。羽犹豫不能去。闰月[④]，权征羽，先遣吕蒙袭公安，获将军士仁。蒙到南郡，南郡太守麋芳以城降。蒙据江陵，抚其老弱，释于禁之囚。陆逊别取宜都[⑤]，获秭归、枝江、夷道[⑥]，还屯夷陵，守峡口以备蜀[⑦]。关羽还当阳，西保麦城[⑧]。权使诱之。羽伪降，立幡旗为象人于城上[⑨]，因遁走，兵皆解散，尚十馀骑。权先使朱然、潘璋断其径路。十二月，璋司马马忠获羽及其子平、都督赵累等于章乡[⑩]，遂定荆州。是岁大疫，尽除荆州民租税。曹公表权为骠骑将军[⑪]，假节领荆州牧，封南昌侯。权遣校尉梁寓奉贡于汉，及令王惇市马[⑫]，又遣朱光等归。

二十五年春正月，曹公薨，太子丕代为丞相魏王，改年为延康。秋，魏将梅敷使张俭求见抚纳。南阳阴、酂、筑阳、山都、中庐五县民五千家来附[⑬]。冬，魏嗣王称尊号[⑭]，改元为黄初。二年四月，刘备称帝于蜀。权自公安都鄂[⑮]，改名武昌，以武昌、下雉、寻阳、阳新、柴桑、沙羡六县为武昌郡[⑯]。五月，建业言甘露降[⑰]。八月，城武昌……是岁，刘备帅军来伐，至巫山、秭归[⑱]，使使诱导武陵蛮夷，假与印传，许之封赏。于是诸县及五谿民皆反为蜀[⑲]。权以陆逊为督，督朱然、潘璋等以拒之。遣都尉赵咨使魏。魏帝问曰："吴王何等主也？"咨对曰："聪明仁智，雄略之主也。"帝问其状，咨曰："纳鲁肃于凡品，是其聪也；拔吕蒙于行陈，是其明也；获于禁而不害，是其仁也；取荆州而兵不血刃，是其智也；据三州虎视于天下[⑳]，是其雄也；屈身于陛下，是其略也。"帝欲封权子登，权以登年幼，上书辞封，重遣西曹掾沈珩陈谢[㉑]，并献方物[㉒]。立登为王太子。

【注释】

①虔（chěng）亭：地名，在今江苏丹阳东、武进西。 ②却废：受伤后退。 ③汉水：又称"汉江"，长江最大的支流，流经陕西南部，湖北西部和中部。汉水，襄阳以下称夏水。 ④闰月：建安二十四年闰十月。 ⑤宜都：蜀郡名，治所即下文之夷道县，在今湖北宜都市西北。 ⑥枝江：县名，在今湖北枝江市。 ⑦峡口：指西陵峡口，在今湖北宜昌市西。 ⑧麦城：古地名，在今湖北当阳市东南。 ⑨幡（fān）旗：旗帜。象人：偶人。古代作战时常以草扎成人形，以迷惑敌人。 ⑩章乡：又称"漳乡"，在今湖北当阳市东北。 ⑪骠骑将军：官名。位次大将军，掌征伐。 ⑫市马：买马。 ⑬阴：县名，在今湖北老河口市西。酂（zān）：县名，在今湖北老河

口市北。筑阳：县名。在今湖北谷城县东。山都：县名，在今湖北襄阳市西北。 ⑭称尊号：即称帝。 ⑮鄂：县名，在今湖北鄂城。 ⑯下雉：县名，在今湖北阳新县东南。寻阳：县名，在今湖北武穴市东北。阳新：县名，在今湖北阳新县西南。柴桑：县名，在今江西九江市西南。 ⑰甘露：甘美的雨露。古人迷信，以降甘露为太平瑞兆。 ⑱巫山：山名。这里当作"巫"，指巫县，隋始改名巫山县，在今重庆市巫山县。 ⑲五谿：指武陵五溪，即雄溪、樠溪、辰溪、酉溪、沅溪，在今湖南西部、贵州东部一带。居于五溪之地的古代居民，史称五溪蛮。 ⑳三州：指荆州、扬州、交州。 ㉑西曹掾：官名，主府吏署用事。 ㉒方物：土产。

【译文】

建安二十三年十月，孙权将前往吴郡，途中在庱亭亲自骑马射虎。马被虎咬伤，孙权用手中的双戟投掷老虎，老虎受伤后退，侍从人员张世冲上前去用戈击打老虎，遂擒获了这只猛虎。

建安二十四年，关羽率军将魏国大将曹仁围困于襄阳，曹操派遣担任左将军的于禁前往襄阳救援。正遇上汉江水位暴涨，关羽用水军将于禁所率领的三万步兵骑兵全部俘获送往江陵，只剩下襄阳城没有攻下。吴主孙权内心惧怕关羽，表面又想讨伐关羽向曹操表功，就写信给曹操，请求出兵讨伐关羽以报效朝廷。曹操正想让关羽与孙权互相争斗以削弱双方的实力，于是就令驿站飞速将孙权的书信传送给曹仁，让曹仁用箭将孙权的信射出城外给关羽看。关羽看后对于是否撤军犹豫不决。闰十月，孙权发兵征讨关羽，先派吕蒙袭击公安，吕蒙在公安俘虏了蜀国守将士仁。吕蒙率军到达南郡，蜀国担任南郡太守的麋芳献出南郡向东吴投降。吕蒙占据了江陵之后，便开始安抚那里的老弱兵民，释放被关羽囚禁的魏将于禁。陆逊则率领另外一支部队攻取蜀郡宜都，攻占了秭归、枝江、夷道诸县之后，退回夷陵驻扎，派兵固守西陵峡口以防御蜀军的进攻。关羽率军从襄阳返回当阳，继而向西退守麦城。吴主孙权派人诱降关羽。关羽假意答应投降，然后便在麦城城楼上插上旗帜、摆放草人以迷惑吴军，自己则寻机逃出麦城，此时关羽身边的士卒已经全部逃散，关羽身边只剩下十几名骑兵。吴主孙权先派朱然、潘璋在关羽的必经之路进行截击。十二月，在潘璋手下担任司马的马忠在章乡俘获了关羽和他的儿子关平、担任都督的赵累等，孙权终于占有了荆州。这一年瘟疫流行，吴主孙权免除荆州所有百姓的租税，曹操上表朝廷任命孙权为骠骑将军，假节，兼任荆州牧，封爵南昌侯。孙权派遣担任校尉的梁寓向汉朝廷进献贡品，又让王惇购买马匹，又将建安十九年在皖城被吴将甘宁所俘获的庐江太守朱光等人释放，使其返回魏国。

建安二十五年春季正月，曹操去世，魏太子曹丕接替曹操做了汉朝丞相、魏王，改年号为延康。秋季，魏将梅敷派遣属下张俭前往东吴请求安抚接纳。南阳郡的阴县、酂县、筑阳县、山都县、中庐县五个县的五千多户百姓前来归附吴国。冬季，继承魏王称号的曹丕逼迫汉献帝禅让皇位，曹丕于是即位成了曹魏的第一任皇帝，改年号为黄初。黄初二年四月，刘备在蜀地称帝。吴主孙权将自己的都城从公安迁往鄂城，改鄂城为武昌，将武昌、下雉、寻阳、阳新、柴桑、沙羡六县设置为武昌郡。五月，建业有人传说天降甘露。八月，修筑武昌城……这一年，蜀汉先主刘备率蜀军前来讨伐东吴，蜀军抵达巫山、秭归一带，先主刘备派遣使者前往武陵郡诱导那里的少数民族投降蜀国，授予他们印章和符信，承诺对他们进行封赏。于是武陵各县以及五谿一带的少数民族全都背叛东吴而归降了蜀国。吴主孙权任命陆逊为都督，统领着大将朱然、潘璋等前往抵抗蜀军。孙权还同时派遣担任都尉的赵咨出使魏国。魏文帝曹丕向赵咨询问说："吴王孙权是怎样的一个君主？"赵咨回答说："吴王是一个聪敏英明仁慈、具有雄才伟略的君主。"魏文帝曹丕让赵咨说得具体一些，赵咨回答说："从寻常民众之中选拔重用鲁肃，可以证明吴王的聪；在普通士卒当中提拔任用吕蒙，可以证明吴王的明；俘获了魏将于禁而不杀，证明吴王的仁；攻取荆州而能兵不血刃，证明吴王的智；占有荆、扬、交三州之地而虎视天下，说明吴王的雄；能够屈身称臣于陛下，说明吴王的略。"魏文帝曹丕想要封赏吴主孙权的长子孙登，吴主孙权以孙登年幼为由，上书给魏文帝曹丕婉拒封赏，又派遣担任西曹掾的沈珩前往许都致谢，并献上地方特产。吴主孙权立孙登为王太子。

【原文】

黄武元年春正月[①]，陆逊部将军宋谦等攻蜀五屯，皆破之，斩其将。三月，鄱阳言黄龙见。蜀军分据险地，前后五十馀营，逊随轻重以兵应拒，自正月至闰月，大破之，临陈所斩及投兵降首数万人。刘备奔走，仅以身免。

初权外托事魏，而诚心不款[②]。魏乃遣侍中辛毗、尚书桓阶往与盟誓，并征任子[③]，权辞让不受。秋九月，魏乃命曹休、张辽、臧霸出洞口[④]，曹仁出濡须，曹真、夏侯尚、张郃、徐晃围南郡。权遣吕范等督五军，以舟军拒休等，诸葛瑾、潘璋、杨粲救南郡，朱桓以濡须督拒仁。时扬、越蛮夷多未平集，内难未弭[⑤]，故权卑辞上书，求自改厉[⑥]，"若罪在难除，必不见置[⑦]，当奉还土地民人，乞寄命交州，以终馀年。"文帝报曰："君生于扰攘之际[⑧]，本有从横之志，降身奉国，以享兹祚。自君策名已来，贡献盈路。讨备之功，国朝仰成[⑨]。埋而掘之[⑩]，古人之所耻。

朕之与君，大义已定，岂乐劳师远临江汉？廊庙之议⑪，王者所不得专；三公上君过失，皆有本末。朕以不明，虽有曾母投杼之疑⑫，犹冀言者不信，以为国福。故先遣使者犒劳，又遣尚书、侍中践修前言，以定任子。君遂设辞，不欲使进，议者怪之。又前都尉浩周劝君遣子，乃实朝臣交谋⑬，以此卜君⑭，君果有辞，外引隗嚣遣子不终，内喻窦融守忠而已。⑮世殊时异，人各有心。浩周之还，口陈指麾⑯，益令议者发明众嫌⑰，终始之本，无所据仗，故遂俯仰从群臣议。⑱今省上事，款诚深至，心用慨然⑲，凄怆动容。即日下诏，敕诸军但深沟高垒，不得妄进。若君必效忠节，以解疑议，登身朝到，夕召兵还。此言之诚，有如大江！"权遂改年，临江拒守。冬十一月，大风，范等兵溺死者数千，馀军还江南。曹休使臧霸以轻船五百，敢死万人袭攻徐陵⑳，烧攻城车，杀略数千人。将军全琮、徐盛追斩魏将尹卢，杀获数百。十二月，权使太中大夫郑泉聘刘备于白帝㉑，始复通也。然犹与魏文帝相往来，至后年乃绝。是岁改夷陵为西陵。

【注释】

①黄武元年：222年。 ②诚心不款：并非真心诚意。款，恳切。 ③任子：又称"质子"，古代派往别国作抵押的人，多为王子或世子。曹丕征任子，是要孙权将吴太子孙登送到魏国充当人质。 ④洞口：地名。在今安徽和县西南。 ⑤弭（mǐ）：止息，消除。 ⑥改厉：改变过去的做法。厉，通"砺"，磨炼。 ⑦置：赦免。 ⑧扰攘：纷乱，混乱。 ⑨仰成：仰首等待成功，喻坐享其成。 ⑩埋而掘之：典出《国语·吴语》。原文是："狐埋之狐搰之，是以无成功。"是说狐性多疑，埋藏了东西，又不放心，再掘出来看看。用以比喻人疑虑过多，不能成事。 ⑪廊庙：指朝廷。 ⑫曾母投杼之疑：指因谣言太多而使人产生的疑虑。典出《战国策·秦策二》：费地有个和曾参姓名相同的人杀了人，有人告诉曾母说："曾参杀了人。"曾母回答说："我的儿子不会杀人。"说完照样若无其事地织布。一会儿又有人来说这事，她还是照样织布。又过一会儿，又有人来说，曾母信以为真，丢下织布的梭子翻墙而逃。 ⑬交谋：相互商议谋划。 ⑭卜：验核。 ⑮外引隗嚣二句：隗嚣、窦融都是西汉末年的地方割据势力。光武帝刘秀进行统一战争时，隗嚣表面上服从，并于建武五年（29）遣子入侍，后终与光武为敌，侍子隗恂被杀，自己也为光武军所攻，恚恨而死。事详《后汉书·隗嚣传》。窦融保守河西归顺光武帝，终身宠荣。事详《后汉书·窦融传》。 ⑯口陈指麾：又说又打手势。形容描绘得有声有色。 ⑰发明众嫌：把各种令人疑虑之事都明白揭出。 ⑱终始之本三句：意谓我虽不大相信朝臣的议论，但对事实真相也不了解，想要立论没

有根据，因而只能附和群臣之议。终始之本，事情的本末原委。据仗，依据。俯仰：随声应和。⑲用：因而。 ⑳徐陵：地名，在今江苏丹徙县西。 ㉑太中大夫：官名。掌议论。聘：诸侯间通问修好。

【译文】

吴大帝孙权黄武元年春季正月，吴国大都督陆逊统率将军宋谦等攻打蜀军的五处兵营，五处兵营全部被攻破，兵营的守将被杀死。三月，鄱阳地区传说有黄龙出现。蜀军分别占据险要之地安营扎寨，前后50多处营寨彼此相连。吴大都督陆逊根据蜀军各营兵力的强弱派出相应的兵将进行抵抗，从正月至闰六月，终于将蜀军彻底击败，在交战中被斩杀以及放下兵器投降吴军的有几万人。刘备落荒逃走，仅保得自身不死。

当初，吴主孙权表面上归附曹魏而其实并非真心诚意。魏国于是派担任侍中的辛毗、担任尚书的桓阶前来江东与吴主孙权商讨结盟立誓之事，并征召吴主孙权的太子孙登到魏国去做人质，孙权推辞不受。秋季九月，魏国遂命令大将曹休、张辽、臧霸进兵洞口，曹仁进兵濡须坞，曹真、夏侯尚、张郃、徐晃率军围攻南郡。吴主孙权派遣吕范等率领五路军队，率领水军抵御曹休等人的进攻，诸葛瑾、潘璋、杨粲率军前往救援南郡，朱桓以濡须督的身份率军抵抗曹仁一路人马的进攻。当时扬、越一带的少数民族大多还没有被平定，内患并未消除，所以吴主孙权不得不言辞谦卑地上书给魏文帝，请求允许自己改变过去的做法："如果我没有改变过去的做法，一定得不到陛下的宽恕，我理当将江东的土地与人民奉还给国家，并请将我流放交州，我将在那里度过余生。"魏文帝回信答复吴主孙权说："你生当天下大乱之际，本来有纵横天下的大志，却降低身份臣服于魏国，所以才享有现在的福报。自从你被册封为吴王以来，向魏朝廷进献贡品的使者络绎不绝。在讨伐刘备方面立有大功，魏国朝廷只是坐享其成。在与人相处中如果像狐狸埋藏东西那样疑虑重重，古人认为是件可耻的事情。朕与你之间，君臣的名分已经确定，难道朕乐意劳师远征江、汉吗？朝廷上群臣经过商议所决定的事情，即使君主也不得独断专行；三公奏报你的过失，都有根有据。朕因为不太聪明，即使有曾母投杼那样的疑惑，但还是希望他们所说的不是真的，并以此为国家之福。所以才先派使者前去封赏犒劳，又派尚书桓阶、侍中辛毗前往与你重申前盟，并商定送质子到朝廷一事。你却找借口推辞，不打算送质子前来，朝臣对此颇感奇怪。朕又派前都尉浩周前往劝说你送质子一事，那实际上是朝臣们相互商议谋划的，想以此来验证你的诚意，你果然寻找借口推辞了，理由是隗嚣虽然送子入质而最终背叛，以窦融虽不送子入质却始终忠于汉光武帝来比喻自己。但时代不同了，每个人有每个人的想法。浩周返回之后，在朝堂上连说带比画地将此事描绘得有声有色，越发引起群臣把各种令人疑虑之事都公然抖搂出来，（我虽然不大相信朝臣的议论，）但对事情的始末也不了解，想要下结论却苦于没有根据，因而只能随声附和群臣的议论。今天看了你所上的奏章，恳切真诚感人至深，因而心生感慨，不由得面露悲伤。我即日下诏，命令各路军队只需深挖战壕高筑壁垒，不可轻举妄进。而你必须用行动来表示自己的忠诚节操，解除大家对你的疑虑，你的王太子孙登早上到来，晚上我就下令将所有军队撤回。我说的话一定算数，就像滚滚长江一样不可改变！”吴主孙权于是改年号为黄武，沿着长江部署兵力坚守拒曹。冬季十一月，刮起大风，吴将吕范等所率领的水军淹死了数千人，其余的军队则全部撤回到长江以南。魏将曹休派遣臧霸率领着五百艘轻捷快船、一万名敢死队员偷袭徐陵，烧毁了东吴用来攻城的车子，杀死了吴军数千人。吴国将军全琮、徐盛率军追杀了魏国将领尹卢，杀死擒获了数百魏军。十二月，吴主孙权派遣担任太中大夫的郑泉前往先主刘备暂居的白帝城进行访问，修复两国的友好关系，蜀、吴两国开始恢复友好往来。然而吴主孙权与魏文帝之间仍然互有往来，直到后年才彻底断绝关系。这一年，吴国将夷陵改称为西陵。

【原文】

二年春正月，曹真分军据江陵中州，是月，城江夏山。改四分[①]，用乾象历[②]。三月，曹仁遣将军常彫等，以兵五千，乘油船，晨渡濡须中州。仁子泰因引军急攻朱桓，桓兵拒之，遣将军严圭等击破彫等。是月，魏军皆退。夏四月，权群臣劝即尊号，权不许。刘备薨于白帝。五月，曲阿言甘露降。先是戏口守将晋宗杀将王直，以众叛如魏，魏以为蕲春太守，数犯边境。六月，权令将军贺齐督麋芳、刘邵等袭蕲春，邵等生虏宗。冬十一月，蜀使中郎将邓芝来聘[③]。

三年夏，遣辅义中郎将张温聘于蜀[④]。秋八月，赦死罪。九月，魏文帝出广陵，望大江，曰：“彼有人焉，未可图也”，乃还。

【注释】

①四分：指四分历。汉章帝时李梵筹造。历法规定一年为三百六十又四分之一日，故称四分。②乾象历：汉灵帝时刘洪作，孙吴黄武二年采用，直到吴亡。③中郎将：据《蜀书·后主传》及《邓芝传》，当时邓芝为尚书郎，此作中郎将误。参见卢弼《三国志集解》。④辅义中郎将：官名，位次将军。

【译文】

吴大帝孙权黄武二年（223）春季正月，魏将曹真派出一部分军队占据了江陵中州。当月，吴国在江夏修筑山城。吴国结束使用汉章帝时李梵制作的四分历，改用汉灵帝时刘洪所作的乾象历。三月，魏将曹仁派将军常彫等，领着五千士兵，乘坐着油船，凌晨时分抵达濡须江心的小岛。曹仁的儿子曹泰则率军猛攻朱桓，朱桓一面出兵抵抗，一面派将军严圭等击败了魏将常彫等。当月，魏军全部撤退。夏季四月，吴主孙权手下的大臣们劝说孙权称帝，孙权没有答应。先主刘备病逝于白帝城。五月，吴国境内的曲阿县奏报说天降甘露。早先，东吴戏口守将晋宗杀死了将军王直，率领部众叛变逃往魏国，魏国任命晋宗为蕲春太守，晋宗屡次出兵进犯吴国边境。六月，吴主孙权命令将军贺齐率领麋芳、刘邵等袭击蕲春，刘邵等活捉了晋宗。冬季十一月，蜀国派遣担任中郎将的邓芝前来吴国进行友好访问。

黄武三年（224）夏天，吴主孙权派遣担任辅义中郎将的张温为使者前往蜀国进行回访。秋季八月，吴国赦免死刑犯。九月，魏文帝曹丕出巡广陵，他眺望长江，感叹地说："长江那边有能人在，还不可谋取啊。"于是返回京师。

【原文】

四年夏五月①，丞相孙邵卒。六月，以太常顾雍为丞相。皖口言木连理②。冬十二月，鄱阳贼彭绮自称将军，攻没诸县，众数万人。是岁地连震。

五年春，令曰："军兴日久，民离农畔③，父子夫妇，不听相恤，孤甚愍之。今北虏缩窜④，方外无事⑤，其下州郡，有以宽息。"是时陆逊以所在少谷，表令诸将增广农亩。权报曰："甚善。今孤父子亲自受田，车中八牛以为四耦⑥，虽未及古人，亦欲与众均等其劳也。"秋七月，权闻魏文帝崩，征江夏，围石阳⑦，不克而还……是岁，分交州置广州⑧，俄复旧⑨。

六年春正月⑩，诸将获彭绮。闰月，韩当子综以其众降魏。

【注释】

①四年：黄武四年，225年。 ②皖口：地名，当皖水入江口，在今安徽安定市怀宁县西。木连理：不同根的树枝干合生在一起。古人认为是吉兆。 ③农畔：农田。畔，田界。 ④缩窜：退走。 ⑤方外：指边远地区。 ⑥耦（ǒu）：两耜并耕。此指两牛共拉一犁。 ⑦石阳：地名，亦

称“石梵”，在今湖北武汉市黄陂区西。⑧广州：州名，治番禺，在今广东广州市。⑨俄：不久。⑩六年：黄武六年，227 年。是年闰十二月。

【译文】

吴大帝孙权黄武四年夏五月，吴国的丞相孙邵去世。六月，吴主孙权任命担任太常的顾雍为丞相。皖口地区传言有两棵树的树干长在了一起。冬季十二月，鄱阳地区的贼寇彭绮自称将军，攻陷了数座县城，部众达到了几万人。这一年连续发生了几次地震。

吴大帝孙权黄武五年春季，吴主孙权下令说：“连续兴兵打仗多年，百姓离开了自己的土地，父子夫妇之间，不能相互体恤帮扶，寡人非常同情他们。如今北方的敌人已经退走，边远地区没有战事，因此下命各州各郡，要给百姓创造一个宽松的能够休养生息的环境。”当时大都督陆逊因为驻地附近缺少粮食，遂上表请求吴主孙权下令诸将开垦农田。孙权回复陆逊说：“你的建议很好。现在我们父子将亲自领受一份农田，将拉车的八头牛分成四组，每两头牛合拉一张犁进行耕作，虽然比不上古代圣贤，也希望能与民众一同分担耕种的辛劳。”秋季七月，吴主孙权听到魏文帝曹丕去世的消息，便出兵攻打江夏，围攻石阳，结果无功而返……这一年，吴国将交州分离出一部分设置为广州，不久又恢复了旧制。

吴大帝黄武六年春季正月，东吴诸将擒获了在鄱阳地区自称将军的贼寇彭绮。闰十二月，吴将韩当的儿子韩综率领自己的部众投降了魏国。

【原文】

七年春三月，封子虑为建昌侯①。罢东安郡。夏五月，鄱阳太守周鲂伪叛，诱魏将曹休。秋八月，权至皖口，使将军陆逊督诸将大破休于石亭②。大司马吕范卒。是岁，改合浦为珠官郡③。

黄龙元年春④，公卿百司皆劝权正尊号。夏四月，夏口、武昌并言黄龙、凤凰见。丙申，南郊即皇帝位，是日大赦，改年。追尊父破虏将军坚为武烈皇帝，母吴氏为武烈皇后⑤，兄讨逆将军策为长沙桓王。吴王太子登为皇太子。将吏皆进爵加赏。初，兴平中，吴中童谣曰：“黄金车，班兰耳⑥，闿昌门⑦，出天子。”五月，使校尉张刚、管笃之辽东⑧。六月，蜀遣卫尉陈震庆权践位。权乃参分天下⑨，豫、青、徐、幽属吴，兖、冀、并、凉属蜀。其司州之土⑩，以函谷关为界⑪，造为盟曰：“天降丧乱，皇纲失叙[12]，逆臣乘衅，劫夺国柄，始于董卓，终于曹操，穷凶极恶，以覆四海，至令九州幅裂[13]，普天无统，民神痛怨，靡所戾止[14]。及操子丕，桀逆遗丑，荐作奸回[15]，偷取天位。而叡么麼[16]，寻丕凶迹，阻兵盗土[17]，未伏厥诛。昔共工乱象而高辛行师[18]，三苗干度而虞舜征焉[19]。今日灭叡，禽其徒党，非汉与吴，将复谁任？夫讨恶翦暴，必声其罪，宜先分裂，夺其土地，使士民之心，各知所归。是以春秋晋侯伐卫，先分其田以畀宋人，[20]斯其义也。且古建大事，必先盟誓，故周礼有司盟之官[21]，尚书有告誓之文[22]，汉之与吴，虽信由中然分土裂境[23]，宜有盟约。诸葛丞相德威远著，翼戴本国[24]，典戎在外[25]，信感阴阳，诚动天地，重复结盟，广诚约誓，使东西士民咸共闻知。故立坛杀牲，昭告神明，再歃加书[26]，副之天府[27]。天高听下，灵威棐谌[28]，司慎司盟[29]，群神群祀[30]，莫不临之。自今日汉、吴既盟之后，戮力一心[31]，同讨魏贼，救危恤患，分灾共庆，好恶齐之，无或携贰。若有害汉，则吴伐之；若有害吴，则汉伐之。各守分土，无相侵犯。传之后叶[32]，克终若始。凡百之约[33]，皆如载书[34]。信言不艳[35]，实居于好。有渝此盟[36]，创祸先乱，违贰不协，慆慢天命[37]，明神上帝是讨是督，山川百神是纠是殛[38]，俾坠其师[39]，无克祚国[40]。于尔大神，其明鉴之！”秋九月，权迁都建业，因故府不改馆[41]，征上大将军陆逊辅太子登[42]，掌武昌留事[43]。

【注释】

①建昌：县名，在今江西奉新县西。 ②石亭：地名，在今安徽潜山市东北。 ③合浦：郡名，治合浦，在今广西合浦县东北。 ④黄龙元年：229年。 ⑤母吴氏：孙权母吴氏，史失其名。 ⑥班兰：同“斑烂”，形容色彩错杂，鲜明灿烂。耳：车耳，车前端横木上的曲钩，形似人耳。 ⑦阊：开。昌门：亦称阊门，南门。 ⑧辽东：郡名，治襄平，在今辽宁辽阳市。 ⑨参分天下：参酌情势，以分天下。 ⑩司州：州名，三国魏通称司隶校尉即为司州。 ⑪函谷关：在今河南新安县东北。 ⑫皇纲：帝王统治天下的纲纪。 ⑬幅裂：如布帛分幅裂开。比喻国家四分五裂。 ⑭戾止：归往。 ⑮荐：一再。奸回：指邪恶之事。 ⑯叡：魏明帝曹叡。么（yāo）麼（mò）：同“么末”，细小。这里是蔑称，指微不足道的人。 ⑰阻兵：拥兵。阻，恃，依仗。⑱昔共工句：传说共工为炎帝之后。颛顼氏衰，共工氏侵陵诸侯，为高辛所灭。参见《国语·周

语下》韦昭注引贾侍中言。乱象：乱法。 ⑲三苗干度句：《史记·五帝本纪》说：三苗据江淮、荆州，屡次作乱，舜言于帝尧，迁三苗于三危。大概是舜先击败三苗，然后加以放逐。干度，干犯法度。三苗，古代部族名。三危，地名，今已难确考。有人说指敦煌三危山，存疑待考。 ⑳是以二句：《左传·僖公二十八年》载：晋楚城濮之战前夕，曹、卫亲楚，宋国亲晋。楚出兵攻宋，宋告急于晋。晋为争取齐、秦两个大国，让宋国对齐、秦施以贿赂，而晋国也把夺取曹、卫的土地分给宋国，作为补偿。这是晋为结成联盟而采取的策略。 ㉑故周礼句：《周礼·秋官》有司盟之官，掌盟载之法。 ㉒尚书句：指《尚书》中有《康诰》《汤誓》《牧誓》等诰誓类的篇章。 ㉓由中：出自本心。 ㉔翼戴：辅佐拥戴。 ㉕典戎：执掌军事。 ㉖再歃（shà）加书：歃血二次，并在所有牲畜身上剜去一块，然后把盟书放在上面。这是结盟的仪式。歃，指歃血。会盟时，双方口含牲血，或将血涂在口边，以示诚信。 ㉗天府：此指朝廷府藏。 ㉘棐（fěi）谌（chén）：辅助诚信。谌：通"忱"，诚。 ㉙司慎司盟：古代传说中两位主盟约之神。 ㉚群神：各种天神。群祀：合当祭祀的众神。 ㉛戮力一心：齐心合力。戮力，并力。 ㉜后叶：后世。 ㉝凡百：泛指一切。 ㉞载书：盟书。会盟时所订约誓。 ㉟不艳：指不为浮美之辞。艳，文辞华美。 ㊱渝：变更，违背。 ㊲慆（tāo）慢：怠慢。 ㊳纠：举发，矫正。殛：诛。 ㊴俾坠其师：使他丧失众心。师，众。这里不专指军队。 ㊵无克祚国：不能长久享受国祚。 ㊶故府：指建安十六年孙权从京口迁建业时的将军府。 ㊷上大将军：官名。黄龙元年初置，位在三公上。 ㊸留事：留守事宜。

【译文】

吴大帝孙权黄武七年（228）春季三月，吴主孙权封自己的儿子孙虑为建昌侯。撤销了东安郡。夏季五月，担任鄱阳太守的周鲂佯装背叛吴国，以此来引诱魏将曹休前来接应。秋季八月，吴主孙权来到皖口，派将军陆逊督率诸将在石亭把曹休打得大败。吴国担任大司马的吕范去世。这一年，吴国将合浦郡改称珠官郡。

吴大帝孙权黄龙元年春季，江东的公卿百官全都劝说孙权即位称帝。夏季四月，夏口、武昌都传说有黄龙、凤凰出现。十三日，孙权在武昌南郊登基称帝，当日发布大赦令，改年号为黄龙。吴主孙权追谥自己的父亲担任过破虏将军的孙坚为武烈皇帝，母亲吴氏为武烈皇后，追谥自己的哥哥讨逆将军孙策为长沙桓王。册封吴王太子孙登为皇太子。武将文官全都晋爵加赏。当初，汉献帝兴平年间，吴中有童谣说："黄金车，斑斓耳，闿昌门，出天子。"五月，吴主孙权派遣担任校尉的张刚、管笃出使辽东郡。六月，蜀国派遣担任卫尉的陈震前来祝贺孙权登基称帝。吴主孙权遂参酌情势制订了与蜀国瓜分魏国的计划：豫州、青州、徐州、幽州四州归属吴国，兖州、冀州、并州、凉州四州归于蜀国。至于司州的土地，则以函谷关为分界线，并订立盟约说："上天降下祸乱，皇帝统治天下的纲纪失去了秩序，叛逆之臣趁混乱之机，篡夺了国家政权，其乱开始于董卓，而最终是曹操，他们穷凶极恶，灾难遍及天下，导致了国家四分五裂，普天之下漫无统序，人神悲恸怨恨，没有归向。到了曹操的儿子曹丕，实在是凶狠暴逆之人遗留下来的丑类，作恶多端，篡夺皇位。而曹叡这个微不足道的小儿，也追随着曹丕凶恶的轨迹，依仗兵力窃据汉土，至今尚未伏法受诛。古代共工氏乘颛顼氏衰微侵凌诸侯而高辛氏兴师灭之，三苗占据江、淮、荆州屡次作乱而虞舜出师将其迁居于三危。如今兴师灭掉曹叡，擒获其党羽，除去蜀、吴两国，还有谁能担此重任？讨伐凶恶剿除残暴，必须要声讨他们的罪行，应该首先分裂他们，夺回被他们窃取的国土，使士民之心，各有所归。所以《春秋》记载晋文公伐卫，首先将卫国的土地分给宋国人，就是这个道理。况且古人建立伟大功业，一定要先结盟发誓，所以《周礼·秋官》中设有主管盟誓的官员，《尚书》中有《康诰》《汤誓》《牧誓》等诰誓类的篇章，蜀汉与东吴，虽然互信出自内心，但分割魏国的土地，应当设立盟约。诸葛亮丞相德行威望远近闻名，他在朝内拥戴辅佐蜀汉皇帝，在外执掌军事，其忠诚守信感动阴阳天地，吴、蜀再次缔结同盟，要广泛真诚地宣传约誓，使东吴、西蜀两国的士民都知道结盟的内容。故此设立祭坛宰杀供祭祀的家畜，昭告神明，歃血两次并将盟书放在牺牲上，将盟书的副本分别收藏于两国的府藏中。高高在上的神明在倾听下界的盟誓，神明的威灵将会辅助诚信得以实施，主管盟约的司慎司盟，以及各种合当祭祀的众神，无不莅临见证盟誓享受祭祀。从今天汉、吴两国结盟之后，将齐心合力，共同讨伐曹魏逆贼，救济危难抚恤忧患，有难同当有福同享，喜好什么厌恶什么始终保持一致，不能怀有二心。如果有人侵害蜀汉，则吴国出兵去讨伐他；如果有人侵害吴国，则蜀汉出兵去讨伐他。蜀汉与吴国各自守护自己的国土，互不侵犯。所定盟约传之于后世，善始善终。凡是各项约定，都以盟书所记载的为准则。诚信之言不求文辞华美，实属基于彼此之友好。如果谁违背了此次盟约，必定先招致祸乱，违背盟约怀有二心不同心协力，怠慢天命，神明的上帝就会讨伐他、监督他，山川诸神就会矫正他、诛灭他，使他丧失民心，不能长久享受国祚。伟大的神灵，请你明察！”秋季九月，吴主孙权将都城迁往建业，利用原来的旧府第，不再建造新的宫殿，征召担任上大将军的陆逊辅佐太子孙登，掌管迁都后武昌的留守事宜。

【原文】

（太元二年）夏四月[①]，权薨，时年七十一，谥曰大皇帝。秋七月，葬蒋陵[②]。

评曰：孙权屈身忍辱，任才尚计，有句践之奇③，英人之杰矣④。故能自擅江表⑤，成鼎峙之业⑥。然性多嫌忌⑦，果于杀戮，暨臻末年⑧，弥以滋甚。至于谗说殄行⑨，胤嗣废毙⑩，岂所谓贻厥孙谋以燕翼子者哉⑪？其后叶陵迟⑫，遂致覆国，未必不由此也。

【注释】

①夏四月：指太元二年（252）四月。 ②蒋陵：孙权墓在蒋山，故名蒋陵。蒋山即钟山，又名紫金山。蒋陵在今江苏南京市钟山南麓。 ③句践：春秋末越国君主，曾为吴王夫差所败。勾践接受屈辱的条件，向吴王投降称臣。自此，勾践立誓雪耻，他卧薪尝胆，发愤图强，经过20余年的苦心经营，终于一举灭吴，成为当时的霸主。事详《史记·越王勾践世家》。 ④英人之杰：英杰中出类拔萃者。 ⑤擅：占有。江表：江南。 ⑥成鼎峙之业：成就三国鼎立的功业。 ⑦嫌忌：疑忌。 ⑧暨：及。 ⑨谗说殄（tiǎn）行：语出《尚书·舜典》。意谓谗言败坏君子的德行。殄，绝。 ⑩胤（yìn）嗣：子孙。 ⑪贻厥孙谋以燕翼子：语出《诗经·大雅·文王有声》。意谓留下所以顺天下之谋，以安其敬事之子孙。孙，顺。燕，安。翼，敬。 ⑫陵迟：衰落。

【译文】

（太元二年）夏季四月，孙权病逝，时年71岁，加谥为“大皇帝”。秋季七月，大皇帝孙权被安葬于蒋陵。

史家评论说：吴主孙权为人能屈能伸、忍辱负重，任用才能崇尚智谋，是春秋末年越王勾践一流的罕见英雄，算得上英杰中出类拔萃的人物了。所以能够独自占有江南地区，成就三国鼎立的功业。然而孙权生性多疑，说杀人就杀人，等到了晚年，表现得更为严重。就连自己所立的太子也因为遭受谗言诽谤而被认为德行败坏，于是将其废黜，最终被杀，难道这就是所说的谋及其孙而安抚其子吗？孙权后代的衰落，导致了国家的灭亡，未必不是这个原因造成的。

人物新传·孙权传

一、亲贤贵士

200 年，19 岁的孙权，从其兄孙策手中接过江东之众，面临着动荡不安的险恶形势。孙权在张昭、周瑜的尽心辅佐下，团结旧部，招延俊秀，讨不从命，站稳了脚跟。但是，当时孙吴所辖只有会稽、吴、丹杨、豫章、庐陵、庐江六郡之地，偏安在江东一隅，而且在深山险阻之地，宗部林立，没有完全服从，孙权要保有江东并向前发展，任务是十分艰巨的。“业非积德之基，邦无磐石之固”（《三国志·孙策传》裴注引孙盛云），孙权要走的路，既远且长。

一个纵横天下的英雄，善于识人和用人是成功的两个最基本条件。曹操、孙权、刘备都善识人而又能用人，故能为一世之杰。若将孙权与曹操、刘备相比较，在用人上孙权兼曹刘之长而避其短，显得更善于识人、用人和培养人才。曹操用人，权谋巧伪，独步当时。但曹操生性多疑忌，“持法峻刻”，像忠心耿耿的程昱、贾诩、刘晔等许多智士，都十分谨小慎微，未能充分发挥其才能。刘备思贤若渴，宽仁待士，但后期刚愎自用，用人唯亲，所以蜀将多不睦，坏了许多大事。孙权亦工于权术，但不似曹操之险诈；孙权也宽仁，但不效刘备之用人唯亲。《三国志·吕范传》记载了一个生动的事例，很有教益。孙权 15 岁做阳羡长时，手下有一个功曹叫周谷，他工于逢迎，善造假账欺瞒上司，多支钱财以供孙权的私求，很得孙权欢心。吕范主管财计，孙权每有所求，他都一一记载下来向孙策报告，惹得孙权很生气。但到孙权统事时，却反过来重用吕范而罢黜了周谷。更为难得的是，孙权不袒护宗族。孙皎是孙权叔父孙静之子，战功卓著，为征虏将军，督夏口，因酒醉侵侮甘宁，孙权知道后，写亲笔信责备孙皎。孙权语重心长地说：“甘宁性情粗鲁，却是一个真正的男子汉，我非常亲近他，绝不是个人私情。我亲近的人，你却憎恨他，违背我的心意，怎么能够长久呢？希望你谦虚宽厚，得人死力保卫国家，切不可盛气凌人。”言辞恳切和以大局为重的利害深虑，打动了孙皎。孙皎上疏检讨，并主动与甘宁和好，消除了矛盾。对比诸葛亮不分是非地和稀泥，不是高明得多吗？

下面我们具体概括孙权的用人策略，以供评说：

其一，孙权用人，求其所长，弃其所短，不求全责备。他曾与陆逊书，从容谈论周瑜、鲁肃、吕蒙以及陆逊等人的功绩和长短得失，很有雅量。孙权在信中明确提出“不求备于一人”的用人原则。孙权认为鲁肃有两长一短，但一短不足以损其两长。吕蒙少时，果敢有胆气，而学问不足，孙权劝其读书，后来学问大长，筹略奇谋可与周瑜比肩。其他诸将如甘宁、潘璋两人骁勇忠勤而粗猛好杀，潘璋更是骄奢淫逸而屡犯法禁，孙权惜其才而谅其短，二人感其知遇之恩而效死力，立了无数战功。孙权所用丞相，如顾雍、陆逊，都具有王佐之才。孙权遣使曹魏的外交人才，如徐详、赵咨，都堪任专对，不辱君命。

其二，孙权从多方面破格起用人才，并能用人以专，信而不疑。他“纳鲁肃于凡品”，“拔吕蒙于戎行”，“识潘濬于系虏”，深为臣下所折服。吕蒙粗疏而又身微，孙权劝他学文读书，智慧大增，成长为一员儒将。这说明孙权用人，授之以方，扶之使长，很得人心。孙权用人以专，信而不疑，也十分感人。周瑜赤壁建功，引起曹操与刘备的忌惮，二人说周瑜的坏话，孙权不为所动。曹操写信给孙权，说赤壁之战，因军中有疾病，是他自己烧船撤退，“横使周瑜虚获此名”。刘备到京口见孙权，挑拨离间，说周瑜“文武筹略，万人之英”，“恐不久为人臣”，孙权信任依旧。周瑜死后，孙权流涕说：“公瑾有王佐之资，今忽短命，孤何赖哉！”刘备东伐，诸葛瑾在南郡，有人告发他与刘备交通，孙权处之泰然，把信转给了诸葛瑾。孙权对人说：“孤与子瑜有死生不易之誓，子瑜之不负孤，犹孤之不负子瑜也。”陆逊镇西陵，孙权委以结和吴蜀的重任，刻了一个自己的印章交给他。孙权每次给诸葛亮和刘禅的书信，都要陆逊过目删定，然后盖印发出。

其三，孙权深得用人之法，君臣和谐，结之以情。孙权与群僚相处，礼仪随便，常与群臣喝酒行令，调笑取乐，充满哥儿们义气，而又有节制分寸。他对文武重臣各有不同，待张昭以师傅之礼而兄事周瑜。张昭是孙策敬重的大臣，临终托为辅臣。他容貌矜严，性刚辞厉，不苟言笑，常与孙权冲突。最为严重的一次，是公孙渊遣使称臣，张昭认为有诈，反对孙权结纳，孙权不听，派张弥、许晏带兵万人入辽东，封公孙渊为燕王。果然如张昭所料，公孙渊杀吴使张弥、许晏，劫掠吴国兵船，“自明于魏”。张昭因孙权不采纳自己的意见，称病不朝。事后证明孙权错了，张昭对了。孙权后悔，多次派人慰问张昭，请他上朝，张昭固执不起。孙权亲自去请，张昭仍然闭门不出。孙权没有办法，放了一把火恐吓张昭，谁知张昭把门关得更紧。孙权只好让人灭火，站在门外久等。这时张昭的儿子们才强拉老头子出门，孙权与张昭共坐一辆车回朝，并做深刻检讨，才算了事。像这样的君臣关系是前无古人，后无来者的。难怪赤壁之战，周瑜对曹操所遣说客蒋干说：“大丈夫处世，碰上知己的明主，既有君臣之义，又有骨肉之恩，言听计从，同甘共苦，即使苏秦、张仪转世，郦食其复出，也不能说动我万一。难道老兄还能动我的心吗？”一席效忠之言，使得蒋干佩服得五体投地，话到口边被噎回去了。

对于战功卓著的将领，孙权不只是封邑赏赐，而且更重视给予政治礼遇，使之光耀于人前。赤壁之战后，鲁肃归来，孙权大请诸将相迎，并亲自下马接待。孙权问鲁肃，这等礼节，是否够气派。鲁肃回答说："这还不够。鲁肃要的是至尊统一四海，总括九州，完成帝业，以朝廷安车征召鲁肃，那才是最高的荣耀。"鲁肃的回答，语惊四座，君臣大笑，一片和乐。吕蒙平定荆州，孙权在公安大会，庆贺胜利，当众赠给吕蒙步骑鼓吹，会后用兵马导从，选虎威将军官属为仪仗，前后鼓吹，光耀于路。陆逊击退曹休魏兵，孙权召见，假黄钺，亲自执鞭相迎，礼遇之高，达于极限。贺齐征讨，立功还郡，孙权亲自出郡迎接，作乐舞象，以示隆重。孙权又赐给贺齐骈车骏马，让贺齐罢骑就车，贺齐推辞不敢，孙权让左右扶贺齐上车，令仪仗导从。孙权目送着贺齐坐车远去，离开百余步才转身起行，并对左右说："一个人做事，应当努力建功，不然得不到这样的殊荣。"这可以说是一语道破天机。

孙权亲贤贵士，懂得尊重他们，调解矛盾的同时也注意保护他们的自尊。196年，孙权在宣城被山越所困，短兵相接，身陷重围，敌人的刀剑砍中了孙权的马鞍，情势万分危急。周泰死命冲突，身受12处大伤，才保护孙权死里逃生。事隔18年，213年孙曹濡须之战，孙权用周泰为濡须督，东吴名将朱然、徐盛为周泰部将，但心中不服。孙权不动声色，为诸将举行宴会，他亲自给周泰敬酒，让周泰脱下衣服，亮出累累创伤，一一讲述每一疤痕的战斗事迹。君臣二人一问一答，说到动情处，孙权拉住周泰的臂膀，泣不成声。孙权当即把自己用的头巾和车盖赏赐给周泰。宴会结束，孙权奏军乐，在一片肃穆的鼓角声中，让周泰做前导，诸将簇拥，散出宴会场。孙权动之以情，使诸将和睦，朱然、徐盛心悦诚服。假如孙权简单地陈说周泰功绩，用以表明自己的决断正确，朱然、徐盛一定不会心服。孙权摆酒设宴，在和睦、轻松的气氛中，巧妙地处理矛盾，任何一方都不受伤害，真是一个调解纠纷、驾驭部下的能手。

孙权对文武大臣的生活起居、生老病死极为重视。吕蒙等人生病，孙权派医送药，为之而减膳。张昭、顾雍、朱然、吕范等的丧礼，孙权亲临吊慰，素服举哀。周瑜、鲁肃、吕蒙、甘宁、凌统等虎将死后，孙权为之痛惜，流涕哀伤，厚待家属。凌统死后，留下两个儿子，孙权养于宫中，待之如同亲子。每宴宾客，孙权叫他们来会客，夸奖说："此吾虎子也。"又延请师傅，令其修文习武，长成还承其父兵。孙权如此对待诸将，孙吴臣工，自然乐于效命了。

在孙权"亲贤贵士，纳奇录异"（《三国志·鲁肃传》）的推诚用人政策下，远近奇士，争相效命，使得孙吴人才济济。虽逊于曹魏，却远远超过了蜀汉。虞翻，曹操征之不去。甘宁，蜀将，冒难来投。由孙权举拔的文武大臣如银汉星光，灿烂夺目。顾雍、诸葛瑾、步骘、严峻、阚泽、薛综、士燮、鲁肃、吕蒙、周泰、凌统、徐盛、潘璋、丁奉、朱然、吕范、朱桓、陆逊、陆抗、吕岱、周鲂、钟离牧、潘濬、陆凯、是仪、胡综、陆绩、诸葛恪等，都得到了效命的机会，各尽其能。父兄孙坚、孙策留下的功臣宿将有程普、黄盖、韩当、蒋钦、陈武、董袭、朱治、张昭、张纮、太史慈、周瑜、虞翻、贺齐、全琮等，亦倾心折服，辅弼孙权。纵观江东才俊，近3/4为孙权所举拔。如此众多的人才，效命孙权，他怎能不据有江东！所以王夫之说："蜀汉之义正，魏之势强，吴介其间，皆不敌也，而角立不相下；吴有人焉，足与诸葛颉颃，魏得士虽多，无有及之者也。"（《读通鉴论》卷十）

二、扶植部曲

200年，孙权统事，着手建立吴国。《吴主传》有如下一段记载："待张昭以师傅之礼，而周瑜、程普、吕范等为将率，招延俊秀，聘求名士，鲁肃、诸葛瑾等始为宾客。分部诸将，镇抚山越，讨不从命。"这段话概括起来是两项基本国策：一是扶植部曲，二是镇抚山越。这里先说扶植部曲，具体措施如下。

其一，抚纳豪右，扩大立国基础 东汉末年，"天下大乱，豪杰并起"。当此时，"家家欲为帝王，人人欲为公侯"，地方豪强组织的私兵部曲，遍地林立。有宗兵，有部党，有亲兵、义从，有招募。宗兵以宗室亲族为主体，部党以乡里附从为主体，亲兵、义从以宾客或豪侠少年为主体，招募以流民或强附的平民为主体。江东地区、平原山谷的汉族聚居区豪强部曲林立；山岭地区遍布山越宗部。强大的宗部势力与豪强势力，既是孙氏集团立足江东的主要障碍，又是孙氏集团的立国基础。孙坚起自寒微，在江东社会基础不厚，孙策渡江大开杀戒，尽诛江南名豪，为立足江东铺平道路。吴郡太守许贡就是孙策所杀的地方豪强之一。许贡幼子与宾客复仇，刺杀了孙策，给孙权敲了警钟，要站稳脚跟，须取得地方豪强的支持。在战乱之中，江东大族也希望有一个强大的军事集团来保护他们的利益，孙氏势力在江东的迅速发展成了他们理想的领袖人物。此外从江北流移到江南的外籍部曲希望在江东建立根基，一方面竭诚拥护孙氏，另一方面也希望与江东土著豪强和平共处。孙氏一方面要保护土著豪强，另一方面要发展外来部曲在江东立足，扩大统治基础。这样扶植部曲就成为必然的施政措施了。据《三国志·吴书》所立专传人物，将孙氏宗室除外，共59人。北方立传人物31人，其中徐州9人：张昭、诸葛瑾、步骘、张纮、严峻、鲁肃、徐盛、吕岱、诸葛恪；豫州6人：程秉、薛综、吕蒙、吕范、胡综、楼玄；青州5人：刘繇子刘基、太史慈、是仪、刘惇、滕胤；幽州二人：程普、韩当；兖州2人：潘璋、濮阳兴；司州1人：赵达；扬州江北6人：周瑜、蒋钦、周泰、陈武、丁奉、王蕃。南方立传人物28人，其中荆州仅2人：黄盖、潘濬；益州

1人：甘宁；交州1人：士燮；扬州江东24人，其中吴郡14人：顾雍、陆逊、陆绩、陆瑁、陆凯、朱桓、朱据、张温、凌统、吾粲、全琮、周鲂、韦曜、华覆；会稽8人：阚泽、虞翻、贺齐、贺邵、钟离牧、董袭、骆统、吴范；丹杨二人：朱治、朱然。上述59人可分为三个系统：一是江东大族，如吴郡吴县之顾、陆、朱、张四姓，钱塘之全氏，阳羡之周氏，丹杨之朱氏，会稽之虞氏、贺氏。二是北方南渡大族，有张昭、张纮、诸葛瑾、步骘、周瑜、鲁肃、严峻、程秉、薛综、胡综等人。三是追随孙氏的南北庶族将领，如吕蒙、吕范、程普、黄盖、韩当、周泰、陈武、董袭、甘宁、凌统、徐盛、潘璋、丁奉等人。孙氏立国初期，南渡世族及部曲将领占主导地位，他们希望有一个前程和立足点，富有进取性。鲁肃南渡时就对宗族徒附说，北方混乱，江南富庶，可以避害，你们“肯相随俱至乐土，以观时变乎”？其属300人随鲁肃南渡。三国鼎立形成后，江东大族日益占了主导地位。孙权为了取得三个系统的人员支持，用领兵与镇抚山越的办法，大力扶植部曲，这就是孙吴部曲迅速发展的根本原因。换句话说，为了共同的政治经济利益，江东大族与江北世族、孙氏部曲联合起来组成了江东政权，外御强敌，内抚山越。孙氏江东政权的这一性质，在陆凯的上疏中说得十分清楚。陆凯说：“先帝外仗顾、陆、朱、张，内近胡综、薛综，是以庶绩雍熙，邦内清肃。”

其二，授兵奉邑制与复客制　授兵、奉邑、复客是孙吴部曲领兵制的三个环节，这是新形势下的宗族领主制。孙权统事，命张昭与孙邵、滕胤、郑礼等人“采周、汉，撰定朝仪”。周代分封诸侯，汉代是中央集权郡县制。江东林立的豪强宗部，事实上是半割据状态的封建部曲，宗主与部曲之间有很强的人身依附关系。孙权承认这一现实，给予诸将授兵、奉邑、赐复客，既不同于周代的分封，又不是汉代的中央集权，是杂糅周、汉制度的混合体，姑名之宗族领主制。也可以说是孙氏政权结纳豪右在政治经济上的一种分利。

授兵制，又称给兵。《吴书》中有大量记载。如吴奋拜将，封侯、授兵。周瑜拜将授兵。程普、陈武、蒋钦、周泰、太史慈、董袭、甘宁、徐盛、朱然、吕范、朱桓、陆绩等传都记载了拜将授兵的事例。一般四五百人，最多2000人，宗室将领授兵多于异姓将，多至3000人。东吴将领只要拜将或封侯，都可授兵，父死子继，兄终弟及，世袭领兵。

奉邑制，是伴随授兵所划定的军赋食邑。如孙皎拜护军校尉，领众两千，赐沙羡、云杜、南新市、竟陵为奉邑，自置长吏。孙韶为将军，食曲阿、丹徒二县，自置长吏。奉邑与封爵采邑不同。采邑是分封的私邑，奉邑属国有，只是租税供军赋。领兵将领无奉邑者，往往兼太守、县令，以地方租赋供军食。功多者，既为太守、县令，又赐奉邑。

复客制，此是政府赐给有功将领的私属。他们对国家不出租役，所以称为复客。《吕蒙传》载，孙权嘉蒙功多，“别赐寻阳屯田六百户，官属三十人”。吕蒙死，又赐“守冢三百家，复田五十顷。”《蒋钦传》载，钦死，“以芜湖民二百户，田二百顷，给钦妻子”。《潘璋传》载，潘璋死，赐“复客五十家”。

其三，联姻结缘，巩固统治集团 授兵制、奉邑制、复客制，在政治经济上保护了豪右的利益，孙权认为还不够，还在思想感情上建立起密切的关系，就是用联姻手段来巩固世族的联盟。在封建社会，婚姻从来都是一种政治行为。孙权要把孙氏皇族与江北世族、江东大族三方拉在一起，荣辱与共，联姻是一种很好的手段。孙策与周瑜拜盟为兄弟，又同娶乔玄二女——国色天香的大乔、小乔，被传为佳话。大乔配孙策，小乔配周瑜。周瑜又与孙权结为儿女亲家。

孙权的宠妃步夫人，是江北世族步骘的同族，她给孙权生了两女，长曰鲁班，小名大虎；次曰鲁育，小名小虎。鲁班先嫁周瑜长子周循，周循死后鲁班改嫁江东钱塘的大族全琮。鲁育，前配朱据，后嫁刘纂。周瑜有两男一女，女配太子孙登，男循尚公主鲁班，可以说是亲上加亲。孙策有三女，皆由孙权择婿。一女嫁丞相顾雍之子顾邵，一女嫁名门陆逊，一女嫁朱治次子朱纪。顾陆两姓是吴郡大族，朱治是丹杨大姓。这种以婚姻关系的拉拢，以血缘为纽带的社会人际关系网络，有力地把江东、江北、皇权之间的利益与关系焊接起来，有利于孙吴政权的巩固，也有利于世家部曲势力的发展。如《朱治传》就记载说，“公族子弟及吴四姓多出仕郡，郡吏常以千数”。

综上所述，孙权立国江东，起自寒微，没有什么凭借，他依靠江北、江东的大族支持打天下，所以采取了与北方曹操相反的政策，大力扶植部曲发展。曹操统一北方，挟天子以令诸侯，抑制部曲发展，世家豪族的私兵部曲被统编在国家控制的士籍或屯田民中。江南世族发展方兴未艾，江东大族，也可以说是在孙权的扶植下才壮大起来的。孙氏政权施行的封授领兵制度，使江南部曲人数迅速膨胀，发展成为一个且耕且战的兵户阶层，为两晋南北朝江南世族庄园的发展铺平了道路，对历史产生了深远的影响。

三、镇抚山越

镇抚山越，是一个民族政策问题。孙吴全盛时据有荆、扬、交三州之地。少数民族，在荆州西部有武陵蛮，交州有南越，扬州有山越。武陵蛮和南越处在孙吴的边远地区，山越处在腹心地带，即孙吴统治中心扬州。山越遍布于扬州各郡山岭地区，人口居扬州之半，因此如何镇抚山越是立国的头等大事，孙权用了五年时间才大体稳定了局势，直接影响了全据长江的战略方针。200 年至 205 年，孙权全力镇抚山越，无法在曹操用兵河北时抽出手来争夺荆州。因此，镇抚山越与三国鼎立也有着密切的关系。

孙权镇抚山越的措施 山越以农耕为主，“白首于林莽”，不入平地，不进市邑，不对长吏，不输租赋。汉末大量逃避赋役与避罪的汉民，即所谓“逋亡”“宿恶”，大都逃入山区与山越结合，推举宗帅，恃险自守，抗拒向政府缴纳租赋和服徭役。所谓山越，就是居于深山的越人，他们是秦汉时大量内迁的半汉化越人的后裔，是带有浓厚的氏族制遗俗与封建性相结合的社会组织，形成同一宗族、同一乡里聚居的习惯。他们以“宗”为组织骨干，故称宗部，部曲称宗伍，首领称宗帅。山越宗部与“逋亡”“宿恶”结合，往往有数千数万之众。他们为了扩大声势，接受曹操所给予的印绶。如鄱阳彭绮、尤突，丹杨费栈，就接受了曹操所封印绶，众数万。福建境内的宗部，如洪明、洪进、苑御、吴免、华当等 5 人，“率各万户”，吴五、邹临各有 6000 户。因此，山越割据，成为孙权的心腹大患，又欲驱略其民补兵垦田，所以，自始至终贯彻了一条强征压服的路线，而不是招抚。高压征服的具体措施，主要有以下几项。

其一，分割郡县。孙吴不断设置新郡，目的就是“立郡县以镇山越”。分割郡县，用能征惯战的高级将领担任郡守县令，将山越分割征讨。如黄盖“凡守九县，所在平定”。贺齐讨伐丹杨郡黟、歙 2 个县山越，孙权分歙县为始新、新定、黎阳、休阳和歙 5 个县，加黟县共 6 个县，置新都郡，以贺齐为太守。孙权黄武五年所立东安郡就是为分割丹阳、吴、会稽三郡险要地设置的，黄武七年罢置。江东五郡，经孙权、孙亮、孙皓相继分割，共置 14 个郡，即丹杨、吴、会稽、吴兴、新都、东阳、临海、建安、豫章、鄱阳、临川、安成、庐陵、庐陵南部。郡县增多，分割山越，便于控制。

其二，分部诸将镇抚。孙权趁北方多事之秋，于 200 年到 207 年，集中全力镇抚山越，将能征惯战之将下到郡县做太守、县令，分片包干剿抚。计《吴书》所载，孙吴征讨山越的将领有 40 人之多。诸将兼任郡守或县令、县长，以便安置被驱逐的山越人“强者为兵，羸者补户”。陆逊、骆统、诸葛恪等人，在他们征讨山越的疏令中都明确地说，取其精锐，扩充部伍。据《三国志·吴书》贺齐、周瑜、陆逊、张昭、凌统、全琮、诸葛恪、顾雍、钟离牧诸传记载，孙吴征讨山越，斩杀 2 万余人，俘获、诱纳的强者，被编为部曲为兵的有十五六万人。以一兵一户计，山越人被编为兵户的前后有 10 余万户。诸将征讨所得，孙权就承认征讨者据为部曲。难怪孙吴大大小小的将领都去征讨山越，这可以说是利益均占。也不难看出，孙权镇抚山越与扶植部曲这两项基本国策，实为一体。

其三，围困山越，驱赶下山。孙吴镇抚山越采取高压政策，前期与后期手段略有不同。前期以贺齐为代表，主要用驱赶、杀掳的办法，“拣其精健为兵，次为县户”。如208年，贺齐讨丹杨黟、歙二县山越，凡斩首7000；216年，贺齐与陆逊讨伐鄱阳尤突，斩首数千。后期以诸葛恪为代表，主要用围困、招诱，威恩并施的办法，驱赶山越人下山。234年，诸葛恪自荐讨山越，孙权以诸葛恪为丹杨太守，至237年，三年得甲士4万人，“恪自领万人，馀分给诸将”。诸葛恪的办法是长期包围山越，不与交锋，等到谷稼将熟，纵兵芟刈庄稼，使之无遗种。旧粮吃完，新粮不收，于是山越民饥穷，老幼相携而出。在围困的同时，诸葛恪出布告招抚，山越人下山，不允许捉拿办罪。臼阳长胡伉将出降的山越人中曾下山为恶的人抓获缚送丹杨，诸葛恪以违反军法为由将胡伉斩首，而释放被抓的山越。诸葛恪用此办法向山越民表示，官府无恶意，只是要他们下山而已，于是山越民纷纷下山。诸葛恪的围逼招降，比起贺齐等人的征讨杀掠是轻一等的压迫，但宗旨则是一样，就是要驱使山越人强者为兵，弱者补户。结果是诸葛恪的围逼招降比所有将领的征讨收效都大。

孙权镇抚山越的影响与意义 孙吴的高压掠夺政策，给山越人民带来深重的苦难，激起山越人民不断地反抗。他们凭借深山险阻，经常揭竿而起，攻没郡县，杀掠官吏豪强。据林惠祥《中国民族史》的统计，山越反抗孙吴政权的斗争，地域范围先后有60余个县，遍及江东各郡。反抗首领称“帅”的有12人，称“名”而无衔的23人，不出名的首领有10人。鄱阳彭绮自称将军，众数万。山越的反抗常常牵制了孙吴问鼎中原的力量。203年，孙权西征黄祖，“破其舟军，唯城未克”，由于“山寇复动”，只好功亏一篑，还军讨伐山越。207年和208年，孙权行营柴桑，又两次征黄祖，虽然力征歼灭了黄祖，仍然由于山越的牵制，而未能动摇荆州。所以陈寿评曰：“山越好为叛乱，难安易动，是以孙权不遑外御，卑词魏氏。”吴蜀重新结盟，孙权令吴国使臣张温对诸葛亮解释说：“若山越都除，便欲大构于丕。”这也说明讨服山越是孙吴内政的头等大事。孙权迟至229年才正式称帝，与这时山越问题基本解决，国内政治较稳固，孙吴力量增强有关。

三国时期，周边民族分别与魏、蜀、吴三国政权发生关系，由于三国具体环境不同，民族政策有很大的区别。曹魏在北方，国境线长，民族问题最复杂。从东到西，国境内有乌桓、匈奴、氐、羌；塞外有鲜卑及东夷、西域诸民族。乌桓、匈奴、氐、羌还有一部分散居塞外。曹魏对国境内的乌桓、匈奴、氐、羌采取先征服，而后迁徙分散，调其租赋，征其兵役的政策，可称之为强制同化政策。对塞外鲜卑实行分化怀柔和招诱内附的政策，历史上称为羁縻政策。曹魏对东夷、西域各部族政权主要用赐与贡的经济外交手段使之宾服，在鞭长莫及之地也辅之以征讨迁徙。246

年，幽州刺史毌丘俭征高句丽，就移其降民数百家于荥阳。曹魏施行强制同化的民族政策，征调其兵役租赋以增强国力，效果立竿见影。这一政策是曹操在统一北方的过程中制定并付诸实践的。其后田豫、梁习、牵招等人在推行中也获得了很大的成功。消极后果是曹操招诱内徙于关中、并州的各族人口过多，关中几乎过半是氐、羌，埋下了西晋时北方民族大混战的隐患，这是曹操所始料不及的。

蜀汉的民族政策早在立国之前就确定了和抚的方针，即“西和诸戎，南抚夷越”。诸葛亮制定的民族政策是针对蜀汉的地理环境和民族地区经济文化条件提出的。蜀汉的统治中心在四川盆地，四周都是险峻的山地，居住着许多民族，两汉时总称西南夷。巴蜀以西以北为西夷，主要为氐、羌；以南即今云贵地区和川西南西昌地区为南夷，有青羌、叟、嶲僚、濮等多种民族，史称南中。汉武帝开通西南夷，虽然设置郡县，终因交通不便，汉文化难以深入夷人村寨，所以大体是依其“故俗治”（《史记·平准书》）。诸葛亮平定南中，不留汉人做基层官，不留汉兵防夷人，实质是仿汉武帝的依其故俗治，笼络少数民族上层人物赐以王侯之印，使其归附，调其财赋，征其兵役。从阶级观点来看，蜀国民族政策最平和，但从历史发展来看，不利于民族融合，直到明清改土归流，西南夷才真正渗透了汉文化，促进了这一地区的进步。但在三国时期蜀国弱小的情况下，诸葛亮的和抚政策也是最明智的。

孙吴政权以江东六郡之地当中原百万之众，兵源不足，劳力缺乏，而山越占人口之半，在这种背景下，孙吴驱掠山越人下山，强制编入部曲和户籍，也是必然之势。孙吴的高压民族政策，带来政局不稳，尤其是孙权执政之初，全力镇抚山越，丧失了夺取荆州的最佳时机，以至孙刘结盟，改变了全据长江的立国路线，这也是迫不得已。从民族本身的客观情况来看，山越已是半汉化的民族，所以孙吴将汉民族政策和生活习俗直接施之于山越也就有了现实基础。从历史发展来看，最有利于民族融合。正由于山越已经半汉化，所以他们接受汉族豪族地主和曹魏的挑动，孙吴的民族高压政策也就更带有阶级压迫的性质，扫荡山越强宗，如尤突、彭绮辈，可以说是讨逆平叛。因此，随着孙吴国势的发展和统治的巩固，山越反抗的事件和规模也就日渐减少和减弱。从史籍记载来看，山越之名始见于《后汉书》，到了《旧唐书》只偶有提及。《三国志》《晋书》《南史》等书记载较多，而《三国志》记载最为突出。这说明魏晋南北朝是江南汉人、越民族大融合时期，而孙吴的民族政策将汉人、越人强制统一编户，给大融合奠定了政治基础。山越人从山上被驱赶到平地，宣告了他们原先分散、闭塞、隔绝于世、老死林莽这一落后保守生活习俗的结束，客观上有利于山越民族的进步、进化。山越人下山之后强者为兵，弱者补户，使社会组织与汉族一体化，十分有利于语言习俗的交流，不仅加速了民族融合，而且两族混同杂居，有利于生产技术的交流，共同推进了对江南地区的经济开发。通过与魏、蜀两国民族政策的比较，可以看出，三国时期，魏蜀吴三国施行的不同民族政策，都符合自己的国情，各自采取了正确的方法。三国鼎立，生存竞争的严峻形势迫使各国统治者都要施行成功的民族政策。在这个意义上，孙吴的镇抚山越，是适合于当时环境成功的政策，这是应当肯定的。

四、赤壁败曹

发生在208年的赤壁之战，在中国军事史上是一场以少胜众、以弱克强的典型战例。这场大战的政治意义更大于军事意义，它是曹孙刘三家拉开鼎立序幕的一场大会战，因此，是人们喜欢评论的一个热点历史话题。历史小说《三国演义》用了8个回目（第四十三回至第五十回）的巨大篇幅来描写赤壁之战，威武雄壮，精彩动人。这场大会战的特点是“群英会”，经过几十年征战锤炼的三方英杰会聚一堂，做决定历史命运的大决斗。结果孙刘联军取得胜利，曹操大败亏输，退回北方，从而定下三分鼎立之局。

周瑜火烧乌林　208年10月，曹操与周瑜率领的孙刘联军在赤壁相遇。赤壁在今湖北赤壁市长江南岸，与北岸乌林相对。

曹操顺流东下，水陆并进，夹岸而行，也占有长江天堑。但是曹操水军是刚刚归附的荆州水军，它原本就不是孙吴水军的对手。北方士兵不习惯乘船，夹岸推进，已经染上疾病。周瑜利用水上优势，夺得序战胜利，灭敌威风，壮己士气。史称周瑜西上，与曹操“初一交战，操军不利，引次江北”（《资治通鉴》卷六十二）。由于联军在内线作战，曹军不敢屯军江南，收缩在北岸乌林与南岸赤壁联军隔江相峙。为了训练北方士卒习惯乘船，曹操下令把战船用铁链首尾连接起来，以减轻船身的摇晃，并形成水寨，防止敌军偷袭。北方士兵走在连接的船上，如履平地。但这样一来，使船舰丧失了机动性，被联军先锋大将黄盖探知，向周瑜提出了火攻的建议。为了麻痹曹操，周瑜让黄盖秘密写投降信献给曹操。投降信上说：

> 我黄盖在江东深受孙氏厚恩，担任将帅，理应效命。但天下大势归一统，用江东六郡的兵力来抗拒中原百万之众，寡不敌众，全天下的人都看得很清楚。江东的将帅，无论智愚，都认识到不能对抗。只有周瑜、鲁肃褊狭浅薄，不明大势。现在我黄盖归顺曹公，真心实意。周瑜所领的军队，是容易打败的。等到双方交战之日，我愿利用先锋的便利，相机行事，以效命曹公。

曹操收到投降书，本来怀疑黄盖有诈，但看到信中所讲合情合理，东吴将领一派主和的声音似乎还响在耳边，便深信不疑。于是曹操与送信人约定黄盖来投降的时间和信号。

到了约降之日，黄盖带领10只大战船，船上装满干草，又浸上油液，外面用布幕遮裹起来，插上旗号，然后在大船后面拴上机动小舟。这一天，东南风吹得很急，船到江心，张起船帆，战船飞快向北驶去。快到曹军水寨，黄盖命兵士一齐大喊："黄盖投降来了。"曹军都走出船舱观望。这时黄盖让军士放起火来，然后跳上小船退走。10只大战船，一齐燃烧起来，火借风势，风助火威，顷刻之间，火船接靠曹军水寨，大火很快吞没了曹军水寨，不久又蔓延到岸上营寨。曹军大乱，孙刘联军趁势猛扑过来。曹军本是疲惫之卒，遭到这突如其来的攻击，大火漫天，完全丧失了抵抗能力，被杀得尸横遍野，全军溃散。

在战斗中，黄盖翻身落水，被吴军救起，混乱中被放置在厕所中。当时天寒，黄盖落水，全身透湿，很快冰冻，全身僵直，奄奄待毙。这时韩当路过，黄盖拼命喊叫一声，韩当听得是黄盖呼唤，连忙脱衣包裹，黄盖才得救生还。由此可见当时战况之激烈。

在寒风烟火中，曹操带领残兵败将，匆忙从陆路经华容（今湖北监利东北）逃向江陵。途中满是泥泞，战马士兵陷入泥泞中，死亡无数。曹操派兵收束柴草填路，艰难前进，士兵争先恐后，互相践踏。联军紧紧追击，曹军一路败逃，狼狈不堪。

曹操吃了败仗，头脑冷静下来，立刻显现出他的睿智与政治远略。他预料孙权将进军合肥，令骑将张喜领兵驰援。曹操深恐许都不稳，留下征南将军曹仁、横野将军徐晃守江陵，折冲将军乐进守襄阳，自己率军迅速退回北方。曹操深深痛悔，他顿足长叹，呼喊着郭嘉的表字说："如果郭奉孝还活着，我不会打败仗。哀哉奉孝！痛哉奉孝！惜哉奉孝！"

赤壁之战，将双方主谋人物做一下年龄对比，是很有意思的。曹操54岁，周瑜34岁，鲁肃37岁。签订孙刘结盟的两位主要人物，诸葛亮27岁，孙权26岁。赤壁之战不仅是以少胜众，而且是后生战胜前辈。后来的夷陵之战，也是后生战胜前辈。当时刘备63岁，陆逊40岁。三国时风云人物，闪光的年华都在中青年时代，曹操本人建立功业最辉煌的时期也正是他的中年。

孙刘联军主将周瑜虽年轻资浅，但他智谋深广，心胸开阔，谦虚宽厚，善于团结长幼，这也是取得胜利的原因。周瑜团结程普的故事十分感人。程普，字德谋，右北平土垠（今河北丰润东）人，是东吴三朝元老宿将。他早年随孙坚南征北战，是孙坚的左右手；后来佐孙策渡江，忠心耿耿而又作战英勇。孙策攻打祖郎，陷入重围，程普匹马单枪，向敌人疾呼冲杀，救出孙策。他佐孙权镇抚山越，从征江夏黄祖，多立战功。他年龄大，资格老，战功卓著，全军将领尊称他为"程公"，有极高的威信。孙权用程普为副统帅佐周瑜，程普心中很不服气，用语言讥讽，不服调度，找岔子，闹矛盾，差点坏了大事。周瑜以大局为重，“折节容下”，尊重程普，并虚心向程普请教。周瑜以豁达的心胸感动了老将，二人逐渐亲近起来。程普改变态度，也尊重起周瑜，还时常对人说：“和周公瑾交朋友，如同饮美酒一样，不知不觉让人陶醉。”这一来，新老结合，发挥各自的长处，全军团结如一人，大大增强了联军的战斗力。

结局和影响　赤壁之战，曹操败北，给人们留下了许多思考。一贯能以少胜众的曹操，为什么在优势情况下打了败仗？又胜败乃兵家之常，为什么曹操一战败北，就被长江锁住了脚步，而形成鼎立局面？这是一个问题的两个方面，用一句话来说，为什么赤壁之战拉开了鼎立的序幕？

我们不妨从分析双方的战略得失入手，找到它的答案。

从曹操方面来看，冒进赤壁，谋略失算。曹操发动赤壁之战，是他一鼓荡平江南总战略思考的组成部分。荆州虽然不战而得，但数十万大军的奔袭，是需要强大的后勤支持的。刘表保境安民，在军阀连年混战形势下，荆州是一方乐土，深得民心。刘琦是正宗代表，荆州士众迫于兵势，并未心服。在这种情况下，曹操应该听取贾诩和程昱的建议，缓进东南，阻止孙刘结盟。但曹操急于东进，早在 207 年春二月发布的《丁酉令》上就按捺不住地显露出来。令文说：“天下虽未悉定，吾当要与贤士大夫共定之……其促定功行封。”一个“促”字表现了曹操的紧迫感。他大封功臣 20 余人为列侯，其余依次授封，又抚恤死事之孤，是预演着开国大典的帝王之礼，收买人心，鼓励军心。当然，曹操“要与贤士大夫共定之”，早日完成统一大业是无可非议的，是正义的事业。但是，曹操和袁绍一样，由于他篡汉之心的过早萌动使他急于求成，冒险发动赤壁之战，葬送了统一的大好形势，这就无可讳言了。

诸葛亮和周瑜分析曹军必败，其因有四：第一，北土未安，操有后患；第二，不习水土，必生疾病；第三，战线太长，供应不济；第四，北方步卒，不习水战。曹军的这些败因，都不是根本性的。曹操之败，失在于“急”，如果多做休整，这些不足都可克服。由于急于东进，也就是冒进赤壁。具体说在战略上犯了以下四个错误，赤壁战败，也就不足为奇了。

其一，不知彼己，低估对手，推动了孙刘结盟。曹操给孙权下战书，虚张声势。吓到了庸人，但对于刘备、孙权、诸葛亮、鲁肃、周瑜这一班纵横天下的人物，适得其反，恰好给孙刘结盟添加了催化剂，这是曹操的最大失策。他低估了孙刘两家久经沙场的少壮派的抗敌决心，尤其是低估了孙权的明智练达和果决。赤壁之战当年，孙权 27 岁，诸葛亮 28 岁，周瑜 34 岁，鲁肃 37 岁。这些人的胆略智慧，曹操还不十分了解，他误以为凭战胜之威，加上虚张声势就可以吓倒孙吴。恰恰相反，曹操的强权外交把孙刘两家撮合起来。当曹操正做着孙权杀刘备归顺的美梦时，却在赤壁碰上了孙刘联军的冲击。这一当头棒喝，打破了曹操的美梦，使他不敢在水上恋战，引退江北，把长江天堑又还给了联军。周瑜利用水上优势，加上火攻，使曹操遭到了用兵以来的第一次惨败，联军获得了巨大的胜利，遏止了曹操的统一势头，使形势发生了逆转。赤壁战后，孙权借荆州给刘备，奠定了三国的鼎立之势，这又出曹操的意料，他听到这消息，“方作书，落笔于地”[①]。

其二，气量狭窄，骄傲轻狂。曹操南下，益州牧刘璋接连派遣三批使臣向曹操致敬。第一、第二两次，曹操厚礼相待。第三次刘璋派了张肃之弟张松使曹，这时曹操已得荆州，打败刘备，就目中无人，不礼遇张松。张松转身投效刘备，回到成都后诽谤曹操，称誉刘备，劝刘璋结纳刘备抗御曹操。东晋习凿齿对此评论说：“从前齐桓公骄傲，有九个诸侯背叛了齐国，曹操自高自大而导致了天下三分，把几十年的辛劳在一眨眼之间毁掉，真是可惜啊！”（《三国志·刘二牧传》裴注引习凿齿语）

其三，不听劝谏，刚愎自用。曹操在艰难环境时能听得进谋士意见，当机立断，用兵如神。但他本性权诈机变，认为荆州到手，“天下已定”，就听不进谋士的意见了。王夫之评论说：“曹操自诩任用天下的智力，靠的是权术而不是道义。要权术，听与不听，决定于主观，合心意的就听，不合心意的就不听，这样一来，他不能采纳的好意见就多了。”（《读通鉴论》卷九）曹操赤壁之败，正是如此。他在大好形势下重蹈了袁绍的覆辙，走上了恃众欺寡、恃强凌弱的失败之路。

其四，受阻大江，以短击长。曹操所领北兵，不习水战，退屯江北，扎营乌林，隔江与孙刘联军相持，被动挨打。孙刘联军占有水上优势，恰似当年曹操在官渡占有地利一样。设若曹操发挥自己地广兵多的优势，分路出击，令淮南之众指向京口，再令长沙之众迂回孙权后方，使联军首尾不能相顾，或许战局会是另一番模样。

再看联军方面，孙刘结盟，产生一加一大于二，甚至大于三、大于四的效应。政治上刘备奉有衣带诏讨“贼”，是人们心目中的正统所在。曹操打出的旗号是“奉辞伐罪”，联军则以牙还牙，揭露曹操“托名汉相，其实汉贼”，在政治上压倒曹操，师出有名。在军事上，孙刘联盟，联军既战于境外，又处于内线。联军主力是江东士众，所以赤壁大战，实质是孙曹主力决战。对孙权来说是外线作战，赤壁在国境之外，而对联盟来说又在内线。孙刘以小敌大，以寡敌众，若待敌深入，战于境内，必定人心惶惶，军队望风瓦解，刘备兵败长坂，就是这一情况。周瑜迎敌于境外，表示了必胜的信心，而又置敌军于内线，使其孤军深入，后勤远离。联军供应线短，

①《三国志·鲁肃传》。

水上交通便利，军资充足，不怕持久。这与官渡之战比较，曹操地位正好相反。官渡之战，曹操在内线，袁绍在外线；赤壁之战，联军内线，曹操外线。官渡之战，袁绍军供应充足，利于持久，曹操军供应困乏，宜于速决；赤壁之战又颠倒过来，曹操兵多供应不足，处于袁绍的地位而无袁绍的物资实力，不能持久，联军在内线有江东后援。所以王夫之说：联军“愈守则兵愈增，粮愈足，而人气愈壮”，即使没有火攻，“持之数月，而操亦为官渡之绍矣”。可以说，曹操发动赤壁之战，天时地利都处于不利境地。孙权正是洞察了这一切，所以委屈联合刘备，在战略上具有以下四个方面的优势：

其一，联合刘备，既战于境外，又处于内线，掌握战场主动权，已如上述。其二，联合刘备，占据长江中游战略要地。刘备重兵所驻夏口是保卫江东的西疆门户，具有极其重要的战略地位。孙刘联盟，周瑜才可长驱上溯，阻敌于赤壁一带。其三，争取序战胜利，夺回天堑。其四，联合刘备，构成纵深防线，大军留为机动。赤壁之战后，周瑜长驱西上争江陵，刘备率荆州之众平定江南诸郡，孙权指向合肥。

综合上述联军的战略，无一不是孙刘联盟造成的优势。所以孙权说：“除了刘豫州没有人能够与我联合抵抗曹操。”诸葛亮也说：“只要荆吴联合共力，一定能打败曹操。”可以说大政治家所见容易达成共识，只有相对平衡才能共济患难。于是孙权让步与刘备平等结盟，同意鼎立，这既是赤壁之战联军胜利的基础，也是赤壁之战拉开鼎立序幕的原因。

此外，我们从三方人才智谋上来看，曹操远征，智囊人物分散；而孙刘结盟，人才荟萃一时。诸葛亮、周瑜、鲁肃、刘备、孙权等人智力结合起来的总和大于赤壁的曹操。孙刘联盟，固然有曹操之逼的缘故，但洞察形势，决策妙算还得靠自己主观判断。决定联盟的中心人物是孙权，他表现出了超人的智慧与气度。王夫之归功于诸葛亮与鲁肃，这也没有错，没有诸葛亮与鲁肃的推动与策划，也就没有孙刘结盟。总之，只有这样孙刘结盟才演出了历史三分的杰作，才使得用兵如神的曹操败北。对此王夫之的总结很富有哲理，试引述如下：

> 在汉末群雄斗争中，曹操挟天子以令诸侯，四面的敌人都不是他的对手，根本原因就是群雄自相诛灭，不能团结。吕布反复无常，忽彼忽此，遭到大家的嫉恨；袁术、袁绍兄弟分离；袁绍又与公孙瓒对立；袁谭、袁尚同室操戈；韩遂、马超互相怀疑；刘表交好袁绍却又坐山观虎斗。这都是群雄互相诛灭，才给曹操以取胜的机会。结果，只剩下孙权、刘备两家，如果他们自寻干戈，也必将自我崩溃为曹操所灭。鲁肃和诸葛亮结交定计，合力抗曹，同曹操争存亡，在当时是最好的办法。(《读通鉴论》卷九)

王夫之的总结，说理透彻，符合实际。袁曹官渡相持，刘备策应于徐州，袁绍借口小儿有病不救，结果被曹操各个击破。刘备不等袁曹两军咬紧胶着之时发难，宣布衣带诏，声讨曹操，用意是抢在袁绍之先树立扶义的大旗，争取政治主动权；袁绍不救刘备，是借曹操之手打击刘备，自信趁曹操之疲，独家也能稳操胜券。袁绍、刘备各自打着小算盘，忘了大局，是一叶障目不见泰山。孙权十分高明，从全局棋盘中首先考虑生存，所以能在刘备惨败时伸出援助之手，答应打败曹操，荆州归刘的条件，携手联盟，演出赤壁之战的生动活剧。可以说，孙权是推进三国鼎立最关键的人物。

五、江淮抗曹

魏吴两国之间的军事角逐，主战场在江淮之间的淮南地区，以合肥为中心展开。

合肥形势　合肥地处江淮平原的中心，是淮南重镇，背靠中原，前横大江，是长江中段的江北重镇。长江从鄱阳湖迂曲北流，再折曲东流入海，因此长江下游分为江东、江西地区。合肥在江西，孙策创业江东立都在京口，孙权定都建业（今南京）在江东长江南岸。合肥处在上游，建业、京口都在下游。魏吴对抗，合肥的战略地位极为重要，东可迫建业，西可胁武昌，广阔的平原，有利于发挥曹魏的骑兵优势。赤壁之战后，刘备在江陵，北向襄阳；孙权在京口，以江北扬州为重镇北指徐州。而合肥在江西，从侧翼保卫了徐州，把战线南移靠近了长江天险。最终三国鼎立，孙吴兵锋始终未达徐州之郊，合肥据点起了重要作用。

合肥原本是淝水和施水相合的意思，《水经注》载，“盖夏水暴涨，施合于肥，故曰合肥也”。早在春秋时期，这里就是吴楚两国争夺的战略要地。两汉时期，合肥为九江郡治，在西汉已经是淮南大镇，为江淮物资集散地。东汉末袁术据淮南，合肥残破。曹操灭袁术，能吏刘馥治淮南，刘馥招抚流亡，治州城，兴水利，办学校，数年之间恩化大行，合肥又恢复为淮南重镇，储粮筑城为战守。

曹魏巩固北方，沿吴蜀之边，设置三大军事重镇与吴蜀对抗。这三镇是，东为合肥，中为襄阳，西为祁山。而合肥直接威胁孙吴都城建业，犹如一把利刃直插心腹。孙吴方面集全力来争，孙权多次亲临前线，定欲拔之而后快。合肥如此重要，曹操也两次进兵淮南，这里成了魏吴对峙最激烈的战场。

孙曹大战合肥　211 年，孙权就从京口徙至秣陵，次年改名建业。孙权采纳吕蒙建议，在江西长江北岸濡须水入江两岸修筑坞堡，这就是三国时著名的濡须坞，既是孙权建立江北防线的重要据点，又是进攻合肥的前哨基地。濡须坞，在孙曹对抗中起了重要作用。孙权攻不下合肥，曹操拔不掉濡须。

212 年，曹操征陇右班师，已无西顾之忧，决定用兵淮南进攻濡须。出兵前，曹操命阮瑀致书孙权，劝其归顺朝廷。书信说：

我几年前已经在谯县制造了大批舟船，训练水军，目的你是清楚的。你不要认为我势少力乏，不能远征，想划江据守，以求平安，这很难办到。你想用水军扼守长江险要，使王师不能渡江，这是打错了算盘。长江虽然宽广，但东西战线很长，是难以守卫的。你如果抗击刘备，用行动来表示归附，我将永远委托你治理江南广大地方，给你高位和重爵。这样，你享其荣华，我得到不劳兵锋之利，双方受益，难道不好吗？（《文选》卷四十二）

孙权没有屈服于曹操的压力，临江拒守。但这封信为后来孙权称臣曹魏，袭夺荆州开了方便之门，留了活口，它的影响是不可低估的。

213 年正月，曹操率领 40 万大军进兵淮南，发动了孙曹第一次的濡须之战。曹军攻破孙权江西营，俘获都督公孙阳。孙权带领 7 万大军来迎战，曹军水兵攻水上孙吴阵地，渡到一个沙洲上，被孙权包围，丧失数千人。曹操受挫，坚壁不出。孙权亲自坐船挑战，观看曹军大营。曹操令弓弩手放箭，万箭齐发矢如雨下，不多时孙权军船上就射满了箭，船体倾斜，快要翻船。孙权命令把战船掉过头来，以另一面受箭，箭均船平，乃鼓乐齐鸣而返。《三国演义》写诸葛亮草船借箭，即取材于此。孙权的胆略和勇气，使得曹操非常佩服，不禁感叹：“生子当如孙仲谋。”

两军相持了一个多月，二三月雨水转多。孙权写信给曹操说：“春水方生，公宜速去。”意思是说，春天一来，水势高涨，气候转暖，便于东吴水军作战，还是早日退去为好。孙权在另一页信纸上还写下“足下不死，孤不得安”两句话，算是给了曹操一个台阶。曹操对诸将说：“孙权没有欺骗我。”于是退兵，四月回到邺城。

曹操退兵，担心孙权掳掠淮南百姓，下令内迁淮南民众，引起恐慌。结果江北 10 多万户百姓害怕内移为屯田民，纷纷渡江归了孙权，长江西面一带便成了一片空地。

214 年 5 月，曹操用兵羌、胡，西征入关，孙权率军攻皖。皖城为合肥的南边外围据点。曹操派庐江太守朱光屯皖，大开稻田屯垦，这对孙权的江北防线不利。孙权亲征攻皖，合肥张辽来救，行至半道，皖城已破，张辽退回。此役，孙权俘获了庐江太守朱光。

215 年 8 月，曹操进兵汉中，他预料孙权必攻合肥，留下密计派护军薛悌送到合肥，信封上写“贼至乃发”四个字。孙权大军 10 万来攻合肥，合肥守军只有 7000 人，形势紧迫。合肥守将张辽、李典、乐进三人与薛悌一起打开信封，曹操的指令如下：

若孙权至者，张李将军出战，乐将军守，护军勿得与战。

张辽勇略高于李、乐二将，但张辽是吕布旧将归曹，而李典、乐进是曹操旧将，两人不服张辽。曹操派护军薛悌节制，临阵拆信，大敌当前，便于团结对敌，给张辽留下应变余地。曹操不让薛悌参战，示意主力守城。当时李典、乐进、薛悌不明曹操的意思，果然是张辽首先领悟。张辽说："曹公的意思，是让我们趁敌人未合围时，即主动出击，挫其锐气，以安众心，才能坚守。"张辽怕李典不服调度，就又说，如果大家对曹公的信理解不同，还有疑虑，我愿意一个人出战。李典见张辽如此顾全大局，深为感动，慨然赞同说："这是国家大事，我怎能以个人成见忘掉公事呢？今日之事，我听将军指挥。"曹军将士，万众一心。当夜，张辽挑选800壮士，杀牛宰羊饱餐一顿，只等天亮出城与吴军决一死战。

第二天一早，张辽与李典突然出战，张辽一马当先，大喊着自己的名字冲入敌阵，连斩孙权两员战将，直至孙权麾下。孙权措手不及，大惊失色，诸将也不知如何是好，便向高处撤退，以戟自守。张辽直呼孙权下山决战，孙权不敢动。后来见张辽人数不多，吴兵团团围上来，张辽左冲右突，杀出复又杀入，一直战到中午，大挫孙权士气，而后突围而去。此战大长合肥守军士气，于是"众心乃安，诸将咸服"。

孙权围攻合肥10余日不下，又在军中生了疾病，只得引军撤退。吴军大部队撤退到合肥东北逍遥津南岸，孙权及一部分军队还留在北岸，没有料到张辽追击，再一次受到突然打击。在短兵相接中，已来不及召回逍遥津南岸吴军，在慌乱中陈武战死，宋谦、徐盛败走。吕蒙、蒋钦、凌统、甘宁、潘璋拼死抵挡也没能阻挡住张辽的冲锋。凌统率300名亲兵保卫孙权逃奔到桥头，见一丈多长的桥板已拆掉，孙权情急，用鞭猛抽战马，才跃过河去，差点丢了性命。凌统受重伤，泅水渡过南岸，300名亲兵全部战死。张辽立功被曹操升任为征东将军。

216年冬，曹操再次南征孙权，发动了第二次孙曹濡须之战，曹操路过合肥，巡视张辽打败孙权的地方，赞叹了好一阵，给张辽增加了军队。第二年正月，曹操进兵到居巢，二月进攻濡须。孙权在濡须口筑城拒守，以吕蒙为都督，在城上设强弩万张。当时甘宁为前锋，趁曹操前营扎寨未稳之时，率领敢死队100多人趁夜突袭曹军，取得初战胜利。孙权高兴地说："曹孟德有张辽，我有甘兴霸，可以说旗鼓相当了。"双方对峙，都难以一时取胜。孙权遣使求和，曹操北还，留下伏波将军夏侯惇等屯驻居巢，孙权留平虏将军周泰守护濡须，双方形成了对峙的局面。

孙权建立江北防线 孙策评论孙权，决机于两阵之间，不是他的长处。事实证明，孙权确实短于临阵突敌，他经常率10万大军出征而战功不著，直接影响到他争天下的进程。孙权临阵指挥的对曹战役，集中在争合肥，战淮南，有时深入敌境达数百里，但败多胜少，举其较大的战役就有11次。除攻克皖城一役外，有10次均未取得胜利。排列如下：

209年，赤壁之战后，孙权乘胜率十万之众围合肥，攻百余日不能下。

213年，孙权与曹操相拒于濡须坞，曹操破孙权江西营，获都督公孙阳。

214年，孙权征皖城，克之，获庐江太守朱光及参军董和，以及男女百姓数万口。

215年，孙权以10万之师围合肥，被张辽7000守军击退，津桥遇险，差点当了俘虏，这是孙权历史上最严重的个人危机。

216年至217年，曹操再度进军濡须，孙权退走。

219年，孙权围合肥，无功返。

226年，孙权趁魏文帝曹丕死，征江夏，围石阳，不克而还。

229年，孙权趁陆逊夹石之战大败曹休的声威，扬声出江北而潜袭西阳，魏将满宠为之备战，孙权退还。

230年，满宠筑合肥新城，孙权攻围，不克而还。

233年，孙权再征合肥新城，败还。

234年，孙权三围合肥新城，又败还。

孙权倾注全力于淮南，六攻合肥不下，两次濡须之战被阻击不前。以上11战，孙权10败1胜。既然疆场不胜，孙权为什么还要屡攻合肥，鏖兵淮南呢？这有一个战略考虑，那就是孙权要在长江北岸建立一条江北防线，不让曹魏势力突进至长江岸边，这样长江天堑才不为敌我共有。225年冬，魏文帝曹丕率10万大军至广陵，见长江波涛汹涌，不由得望江而叹："嗟乎！固天所以隔南北也。"又说："魏虽有武骑千群，无所用也。"只好掉头北还。吴魏淮南争夺战，孙权虽败多胜少，但稳稳占据了沿江战略要点，领有江西合肥以南地区，筑起了江北防线。孙权在江北建立了庐江郡和蕲春郡。庐江郡治皖城，在今安徽潜山市；蕲春郡治蕲春，在今湖北蕲春西南长江北岸。

孙权为了减轻曹操对淮南江北孙吴占区的压力，确保江北防线的建立，所以在赤壁之战后，为了树曹操之敌，借荆州给刘备。也可以说，孙权借荆州是为建立江北防线而付出的代价。当孙权攻围合肥不下，而蜀国关羽在荆州得志，孙权感到了西边的威胁，于是掉转矛头西指荆州，欲从更大范围建立长江防御体系。吴蜀争荆州之战，就不可避免地要发生了。

六、袭夺荆州

215年，孙权、刘备中分荆州，鲁肃为荆州督，吴蜀保持友好的联盟关系，曹操陷入两线作战之中，东西首尾不相顾，是吴蜀两国取得发展的最好时机。刘备北进汉中，孙权争合肥。东线孙权的战略目标是把江东的防线推进到淮水一线，取寿春，图徐州。关羽北上襄阳，策应东西。如果孙刘两家坚持这一战略，三路北伐，或许三国鼎立将不在历史上占有一章。可惜鲁肃于217年病故，吕蒙为荆州督，形势急转，联盟裂痕迅速扩展，很快达到破裂边缘。

关羽守荆州，一介武夫，刚愎自用，不懂外交。孙权欲与关羽联姻，巩固同盟，要娶关羽之女为儿媳，关羽说："虎女岂能嫁犬子。"幸亏鲁肃调解，大事化小，小事化了。吕蒙镇荆州，上陈擒关羽之策，他认为孙吴取了徐州也守不住，还不如取荆州，全据长江，形势益张。刘备在汉中得势，孙权在合肥受挫，关羽又得志荆襄，孙权感到西强东弱，于是接受吕蒙献计，改变战略，矛头西指，密谋袭夺荆州。

关羽威震荆襄，后防空虚　219年7月，刘备在汉中称王，下令驻守荆州的关羽向驻守襄樊的曹仁进攻，又令驻守宜都的孟达从秭归北上攻上庸，与汉中东出的刘封会合。218年，南阳吏民因赋役过重，在宛城守将侯音率领下反抗曹操。曹仁率兵镇压，219年1月攻破宛城，大肆杀戮，平定了骚乱。但是人心浮动，余波未静，这给关羽的北伐创造了条件。

曹操征张鲁，原马超旧部勇将庞悳投降曹操，曹操派他到襄阳协助曹仁，又派徐晃驻宛城。关羽北上，曹操又派于禁率军支援。曹仁让于禁和庞悳等7军人马屯驻在樊城以北，与襄阳、樊城形成犄角之势。

8月连降大雨，汉水暴涨，溢出堤外，平地水深数丈。于禁等七军被水淹没，避于高冈之上，关羽乘船猛攻，于禁投降。庞悳死战，专找关羽对阵，曾一箭射中关羽前额。他常骑一匹白马出战，关羽军都称之为白马将军。提起他，人人为之变色。在这场战斗开始时，军中有人议论他不会与关羽尽力作战。因为当时马超在蜀汉成为五虎将之一，庞悳堂兄庞柔也在刘备处任职。庞悳听到议论发誓说："我受国家厚恩，义在效死疆场，今天不是我杀死关羽，就是关羽杀死我！"果然他在战斗中英勇无比，但不幸乘船向樊城撤退时，船翻落水被擒。关羽劝他投降，他坚决不肯，还大骂关羽，从容赴死。曹操得知于禁投降，庞悳战死的消息，慨叹良久说："我信用于禁30年，没想到临危处难，他反不如庞悳！"曹操下令抚慰庞悳家属，封他的两个儿子为列侯。

关羽乘胜猛攻樊城，城墙在洪水冲击下不断崩坍，随时可能被攻破。关羽为了扩大战果，尽调江陵守城之兵北上，把襄阳也围困起来。这时许都以南不少地方响应关羽，梁、郏、陆浑一带的地方势力公开反抗曹操，接受关羽印信旗号，一时间造成了关羽“威震华夏”的声势。曹操所置荆州刺史胡修、南乡太守傅芳，都投降了关羽。曹操曾一度打算迁都洛阳或黄河以北，避开关羽锋芒。曹仁与诸将准备放弃樊城撤退。江南太守满宠反对，他说：“山洪来得快去得也快，我们不必惊慌。我军如果退出樊城，不是丢一座城，而是黄河以南大片土地不保，将军应当坚守。”曹仁深感责任重大，于是一面沉白马祭河，祈祷洪水早日消退，一面激励将士决心与城共存亡，这才稳定了军心。

孙权谋取荆州，早就做了规划。217年吕蒙为荆州督，就向孙权献策说：“东方西方虽是一家，但关羽实为熊虎，不可不防备。如果我们夺回荆州，让征虏将军孙皎守南郡，潘璋守白帝，蒋钦率领一万水军机动，我吕蒙领兵去占襄阳，这样的话，我们何必怕曹操？又何必去依赖关羽？”孙权非常赞同，只是等待时机。

关羽一向惧惮吕蒙，留有戒心。他北攻襄阳，留下一半军士守江陵。吕蒙看出了门道，为了麻痹关羽，他称病回建业，推荐当时尚未知名的陆逊代替自己。孙权任命陆逊为偏将军、右都督代吕蒙。

陆逊来到陆口，立即写信给关羽，恭维备至，大灌迷魂汤。信中说：“樊城一仗，于禁被俘，远近无不佩服将军的功勋，足可以流芳百世。但曹操十分狡猾，他不甘心失败，还会增兵来战。希望将军不要骄傲轻敌，多方面考虑方略，以获全胜。我是一个书生，没能力担当重任，幸而同将军为邻，只是心直口快说说我的意见，不一定合适，敬请将军多加指教。”关羽得信，十分得意，他没把陆逊看在眼里，再也不防备，还调江陵守军增援前线，后方成了一座空城。

吕蒙偷袭荆州　正当襄、樊战斗激烈之时，曹操丞相府军司马司马懿与西曹掾蒋济进言曹操说：“刘备与孙权表面亲近而实际疏远，关羽得志，孙权一定不愿意。我们派人劝说孙权，从背后打击关羽，答应事成之后，大江以南土地封给他。这样樊城之围自然解除。”曹操采纳了这一建议，一面派使者去见孙权，一面命徐晃驰援，曹操也统率大军前进到摩陂，就近指挥。

孙权见了曹操使者，十分高兴，立即回了一封密信，表示愿称藩效命，希望曹操允许他讨伐关羽立功报效。孙权要求曹操为他保守机密，以防关羽有备。

孙权要偷袭荆州，曹操非常高兴，但是否替孙权保密，曹操拿不定主意，众谋士产生分歧，绝大多数人主张保密。司空祭酒董昭力排众议，他对曹操说：“用兵打仗，讲究权谋，怎样合算怎样做。我们表面答应孙权保密，而暗中把消息报告给关羽和襄、樊守城将士。关羽相信，立即解围，去和孙权算账，我们坐收渔人之利。替孙权保密，他独得好处，这不是好计策。再说，我军被围困在襄、樊，日夜盼救兵，替孙权保密，他们不知就里，万一坚守不住，岂不是因小失大？关羽这人争强好胜，他自以为公安、江陵防守坚固，不会轻易撤退。在这种情况下，应将内情泄露，以鼓舞士气，这才对我们有利。”曹操认为有理，命徐晃将信用箭射入樊城，同时也射入关羽营中。在樊城被困的曹军将士，得知消息，果然勇气倍增，坚定了守城的决心。关羽得到消息，将信将疑，不肯立即撤退。不久传来消息，江陵失守。曹军徐晃反攻，关羽无心恋战，打了败仗，这才撤军回到江陵，但为时已晚。

这时，孙权将吕蒙任为前锋，孙权自统大军继后。吕蒙为了瞒过荆州巡江的哨兵，他把兵船装扮成商船，兵士穿上白衣扮作商人，昼夜西上。遇到关羽所置江边巡哨，全部俘获，一直到兵临城下，荆州守军才发觉。蜀汉南郡太守麋芳守江陵，将军士仁守公安。二人与关羽不睦，于是不战而降吕蒙。陆逊另取宜都、秭归、枝江、夷道等城，还屯夷陵，守住峡口，以防刘备出蜀。吕蒙入江陵，厚待荆州将士家属，严令军中秋毫无犯。这一攻心战取得了实效，一传十，十传百，瓦解了关羽军的斗志。关羽回军，还没到达江陵，队伍已经散去大半。关羽势孤，向西退守麦城。关羽遣使到上庸向刘封呼救，刘封与孟达闹矛盾，两人顾不上救关羽。关羽在麦城被吴将潘璋围困。关羽突围，西至漳乡被吴军活捉。

219 年 12 月，孙权斩杀关羽父子，将其首级献给曹操。曹操按照诸侯王的隆重礼仪在洛阳安葬关羽。曹操这样做是把刘备的仇恨转移到孙权身上，继续挑动吴蜀相斗。

孙权夺回荆州，将势力延伸到了三峡以东、长江以南广大地区。夷陵之战，刘备败走，孙权巩固了对荆州的统治，三国地理均势形成，三国的疆域从此奠定，三国鼎立的局面正式确立。

七、灵活外交

三国时期的外交与军事一样，惊心动魄，风云变幻，波澜起伏，气象万千。

如果说孙权在军事上是第二流的，那他在政治和外交上无疑是第一流的。在外交上，孙权比曹操、刘备、诸葛亮都要略高一筹。孙权在不失安吴原则的前提下，奉行灵活外交策略，在每一个历史关头，都做出了惊人的选择，一步步导向三国鼎立，使处在长江下游的孙吴立于不败之地，不负孙策所托。孙权是一个有魄力、有远见的杰出政治家和外交家。

孙权灵活外交，表现在以下三个方面：

第一，修正立国路线，借荆州给刘备，树操之敌，屏蔽东吴　当曹操南下荆州，在当阳长坂打败刘备，逼迫刘备奔吴之时，其众零落，计穷虑极，不被人看重，孙权却认为“非刘豫州莫可以当曹操者”，采纳了鲁肃和诸葛亮的建议，毅然与刘备结盟，在赤壁打败曹操。更表现出孙权果敢的是他在赤壁战后借荆州给刘备，使曹操大吃一惊。

孙权原本的立国路线是全据长江，进伐刘表，西取巴蜀，而联刘抗曹则意味着修正立国路线，谋求鼎足三分，这是在新形势下的一种以退为进的策略。孙权全据长江的前提是“北方多务”，而现在曹操已统一北方，志在吞吴，应时变化，修正立国路线，正是识时务的俊杰。孙权联刘，资以土地，这是向弱者做出的让步，没有卓识明睿的战略眼光，是难以做到的，这正是孙权的不平凡处。

孙权的睿智来源于他的好学，善于总结历史经验。他劝吕蒙读书，尤其是读《史记》《汉书》《东观汉记》等三部著作，表现了孙权对于历史的重视。现实斗争、历史斗争等经验，孙权熟记于心，所以周瑜、吕范等大臣都不能乱其心，移其志。

第二，不失时机袭杀关羽，夺回荆州，全据长江形势 赤壁战后，孙权借荆州给刘备，为的是树曹操之敌，屏蔽江东，赢得时间，建立江北防线。当刘备主力陷入汉中与曹操鏖战时，孙权不惜同盟破裂而袭杀关羽，夺回荆州，建立完整的长江防线，基本实现了全据长江的立国路线，这一果断决策完全出乎刘备、诸葛亮预料，显示了孙权卓越的才智。刘备入蜀，孙权就招回其妹孙夫人，为讨回荆州埋下伏笔。刘备取得益州，孙权只索讨江南三郡，极有分寸。相形之下，刘备、关羽不识大体，不做丝毫让步，兵戎相见，给了孙权以口实，直斥刘备为“猾虏”（即无赖）。两相对照，刘备道义和手腕均输孙权一筹。

第三，称臣于曹魏，避免两线作战，这更是一个果敢行动 217年，孙权就派都尉徐详向曹操请和，再约婚姻，做夺取荆州的准备。196年，孙策平定江东，孙曹联姻。曹操把其弟的女儿许配给孙策之弟孙匡，又为其子曹彰娶孙策叔父之子孙贲的女儿。200年，袁曹官渡相持，孙策阴谋袭许，丝毫不以婚姻为念。虽然此事由于孙策遇刺未果，但显示出孙氏集团以婚姻为手段，掩盖其图谋，给孙曹之间的关系投下了阴影。曹操控制对方的最拿手策略是征质。202年，曹操下书孙权，要求遣子入侍，孙权果断拒绝。所以217年的徐详请婚，曹操没有表现出热情。但孙权并不止步，219年，关羽北伐，威震荆襄，孙权认为时机已到，上书向曹操称臣、劝进，要求讨伐关羽立功报效。司马懿、蒋济、董昭等纷纷向曹操建言，许割江南给孙权以挑动吴蜀相斗，摆脱了东西两线作战的困境。孙权已经袭杀关羽，得了荆州，但吴蜀交战状态还没有结束，所以孙权继续向曹丕称臣，主动释放被关羽俘获的于禁，接受曹丕敕封的吴王称号，以殊礼接待魏使邢贞。

孙权称臣曹魏，不是消极的，而是积极的进取，麻痹曹魏，使吴国赢得时间与蜀国决战。为了达此目的，孙权使出了高超的外交手腕。于禁的护军浩周被俘在荆州，孙权放还时还特意拉拢。浩周回洛阳后以合门百口担保孙权诚心效顺。222年1月吴蜀夷陵之战正在相持，曹丕遣邢贞使吴，让浩周随行，给孙权带去口信征质，封孙登为万户侯。孙权借口孙登年幼，稍长即送京都为质。等到把浩周打发走后，孙权立即宣布孙登为太子，以此来杜绝曹丕征质。222年6、7月间，吴蜀夷陵之战进入了决战，孙权为了稳住曹丕，又遣使上书，卑辞谢罪，表示12月送质子入魏。9月曹丕遣侍中辛毗、尚书桓阶使吴征质，随即派出三路大军征吴。这时吴蜀战争业已结束，孙权有恃无恐，临江把守，曹丕只好望江兴叹！

质子之争，终于以干戈相向告一段落，但它为孙权赢得了时间，保证了夷陵之战的胜利。孙权发动的荆州之战，前后三年，全力对蜀，未受两线夹击，反而使刘备征吴还要北防曹魏，这是孙权在外交上的最大成功。而三国外交，其特点就是围绕荆州归属产生军事争夺而创造出有利的形势。荆州归吴，三国鼎立的地理均势最后形成。毫不夸张地说，诸葛亮隆中路线规划的三分蓝图只是一个剧目的脚本，导演三分戏成功演出的不是诸葛亮，而是孙权。

孙权奉行的灵活外交路线，在三方争斗中掌握了主动权，他无疑是三国时代外交家中最杰出的代表。

八、定都建业

今江苏南京市为九朝故都，即吴、东晋、宋、齐、梁、陈、南唐、明初、太平天国。第一个王朝定都南京的就是孙权，他取名建业，东晋改称建康，明初称为南京，太平天国称为天京。

南京是一座古邑，历史悠久。公元前473年，越王勾践灭吴后，在秦淮河以南筑城，后人称为后越城，这是南京最早的古城。公元前333年，楚威王灭越，在石头山北置邑，取名“金陵”，孙权改称石头城。石头山今名清凉山。公元前221年，秦统一六国，改金陵邑为秣陵县。

孙策平定江东，定都于吴（今苏州市），孙权迁到京口，在今南京以东。吴与京口两地位置太东偏，又无险可守，若有紧急，赴救为难。吴尚书张纮建议置都秣陵。诸葛亮出使东吴，观睹秣陵形胜，慨然称赞说：“钟山龙盘，石城虎踞，帝王之宅也。”刘备去京口亦劝孙权定都秣陵。孙权说“智者意同”，于是在212年，改秣陵为建业，取义在此建立家业，定立为国都。221年，孙权西上争荆州，一度迁都鄂城，改名武昌。229年孙权称帝，吴蜀通好，还都建业。

建业城北依覆舟山和玄武湖，南近秦淮河，东枕钟山西麓，西靠冶城山。地形险要，易守难攻，的确是江南最理想的天子之都。孙权定都后，进行了大规模的城市建设。他最初在金陵旧址上修建石头城，随后在城东扩建建业城，仿东汉洛阳城规模，周长二十里。城内有华丽的宫城，沿秦淮河两岸是商业区和居民住宅区，有七里多长。为了便利水军行动和水上运输，211 年，凿城西开沟入秦淮，通吴越运船。建业成为水上交通发达的商业城和军港，是孙吴的政治、经济、军事和文化中心，为尔后各朝定都打下了基础。

孙权定都建业，宣告江南政权成立，对长江流域以及广大东南地区的经济开发，具有划时代的意义，对历史产生了深远的影响。

孙权立国江南，安抚了南移的北人，促进了越汉、蛮汉人民的大融合，意义深远。东汉末，中原大乱，荆扬二州相对安定，北人南移，带来中原先进的文化与耕作技术，这是江南经济得以飞速发展的先决条件。南下的北方人口都是素质较高的一部分人，这是由战乱的客观条件所决定的。愚钝无能的人大多就地待死，只有远见卓识之士而又富于冒险精神的人才能远徙。如董卓入京，颍川名士荀彧就对乡亲父老说，颍川四战之地，常为兵家所必争，得赶快外走，后来没走的人果然被凉州兵所掠杀。临淮鲁肃南下时也是整族人数百口避难南迁，可以说是一个整体小社会的搬移。江南地广人稀，物产丰富，被中原士大夫视为避乱的“乐土”。孙权立国江南，给这些举族南迁的流民提供了保护。依《三国志》的记载，东汉末的北人南移，是整个社会的大迁移，南下人口如潮水般涌入。主要有以下五种方式：

其一，士大夫举宗避难南迁。前举鲁肃南渡是其例。士大夫南迁，不仅举宗而徙，往往带动许多人依附。

其二，逐鹿中原失败的军阀南下，带有大量部曲和裹胁的男女人口。

其三，流民南下。这是底层劳动人民的大量南迁，也就是难民潮的南下，无法统计。史载，关中之民流入荆州的就有十万余户。

其四，战争掳掠。如 199 年，孙策破皖，掳掠袁术残部“百工及鼓吹部曲三万余人”。

其五，曹魏民众为逃避苛政酷刑而南渡，以及叛将南投。主要有两次：213 年，淮南民众反对内迁，庐江、九江、蕲春、广陵等郡户十余万东渡江，江西地空。255 年，魏淮南镇将毌丘俭、文钦起兵反司马师，兵败，文钦降吴，淮南余众数万口来奔。

上列北人南移的五种类型，多有数字记载，累计已达一百四五十万人口，差不多占江南人口的三分之一，十分惊人。南下的人口，有士兵，有农民，也有文武将相人才，所以说是整个社会的大迁移。孙吴政权对江南经济的开发，南下的北人是最重要的一支生力军，他们做出了不可磨灭的贡献。

江南土著居民，过半数是山越和蛮夷。山越主要分布在扬州各郡，荆州西部有武陵蛮，交州有南越。孙权采取强迫山越和蛮夷下山的同化政策，客观上加速了越汉、蛮汉人民的融合。

以上两个方面，安置南移的北人与推进越汉、蛮汉人民的融合，可以说是三国鼎立的对峙战争推动了江南经济的开发，它通过孙吴政权的组织而实现。这就是孙权定都南京，立国江南的重大政治意义。

九、晚年昏聩

孙权的晚年和他的前期相比，判若两人，可以说历史上有两个孙权。

好大喜功　登上皇帝宝座后，孙权的猜忌之心和自以为是的恶习逐渐暴露出来。首先表现出来的就是好大喜功，违众加封辽东公孙渊，使吴国遭受惨重损失。嘉禾元年（232），割据辽东的公孙渊向吴称臣。孙权大喜，为之大赦天下，并派太常张弥、执金吾许晏、将军贺达等将兵万人，携金银珠宝去授公孙渊为燕王，并赐九锡。满朝文武以张昭、顾雍为首，纷纷进谏，认为公孙渊乃反复小人，不可轻信。孙权固执不听。张昭力谏，孙权竟拔刀在手，要杀张昭。后来，公孙渊斩杀吴国大臣，倒向魏国。孙权知受骗后，不反思自己不听规劝之过，反而迁怒于公孙渊，要发兵征讨，被群臣劝止。

宠信奸佞　孙权即位后猜疑心加重，设置校事、察战两职，监视文武官员。吕壹为中书校事时，滥相纠举，使“无罪无辜，横受大刑”，而孙权却十分宠信他。丞相顾雍无故被举罪，遭到软禁；江夏太守刁嘉被诬陷，几乎受诛。太子孙登屡次劝谏，孙权不听。大将军陆逊见吕壹“窃弄权柄，擅作威福”，无人可禁止，与太常潘浚“同心忧之，言至流涕”（《陆逊传》）。骠骑将军步骘多次上书，揭露吕壹罪行，希望孙权改变“虽有大臣，复不信任”的状况，信用顾雍、陆逊、潘浚等忠贞股肱之臣（《步骘传》），而孙权置若罔闻。潘浚见孙权如此不听忠言，意想借宴会袭杀吕壹。孙权宠信奸人吕壹的程度，致使东吴群臣无法忍受。后来吕壹虽因陷害左将军朱据，事情败露被杀，但校事之官仍然不废。

吕壹被处死后，孙权也引咎自责，承认过失，还派中书郎袁礼去向大臣们征求对时政的意见，但大臣们不再畅所欲言了。诸葛瑾、步骘、朱然、吕岱推说不掌民事，缄口不言。而陆逊、潘浚“怀执危怖，有不自安之心”，也不愿说什么。孙权得知，下诏责备他们，替自己辩护。孙权后期的刚愎自用和日益发展的猜忌心，使东吴前期那种君臣和睦、上下同心的局面一去不复返了。

废立太子，举国中分　221年，孙权为吴王，即立长子孙登为王太子。称帝后，又以登为皇太子。孙登不幸于赤乌五年（242）夭亡。其时次子孙虑早亡，便立第三子孙和为皇太子，以第四子孙霸为鲁王。孙权偏宠鲁王，使他与太子同居一宫，享受同等礼遇。后因大臣上言，“以为太子、国王上下有序，礼秩宜异”（《孙和传》裴注引殷基《通语》），于是，孙权使二子分宫，各置僚属。

孙霸觊觎太子之位，便结党营私，发展势力。骠骑将军步骘、终南将军吕岱、大司马全琮、左将军吕据、中书令孙弘等阴附鲁王，潜毁太子。丞相陆逊、大将军诸葛恪、太常顾谭、骠骑将军朱据、会稽太守滕胤、大都督施绩、尚书丁密等奉礼而行，尊事太子。中朝外朝官僚将军大臣举国中分，形成拥嫡和拥庶两派。孙霸谋夺太子位的野心日益暴露，陆逊、顾谭及太子太傅吾粲等拥嫡派数陈嫡庶之义，理不可夺。而孙权听信拥庶派全寄、杨竺的谗言，流放顾谭，诛杀吾粲。

残杀忠良，国势衰微　由于皇太子之位的斗争愈演愈烈，孙权看到“子弟不睦，臣下分部，将有袁氏之败”，十分担忧。赤乌九年（246），孙权不分是非曲直，幽闭太子孙和。拥嫡派朱据、屈晃、陈正、陈象等人上书固谏不止，孙权大怒，“族诛正、象，据，晃牵入殿，杖一百”（《孙和传》）。陆逊因数次上书陈述嫡庶之分，孙权也派宦官去指责，致使陆逊忧愤成疾而死。赤乌十三年（250），孙权废除太子孙和，群臣纷纷劝谏。孙权又诛杀或流放进谏的朝臣大将数十人，“众咸冤之”。同时，他又下令孙霸自杀。并且以结党诬陷孙和的罪名，诛杀了拥庶的全寄、吴安、孙奇、杨竺等人。这一事件，使得吴国一大批文臣武将先后遭到贬官、流放或诛杀。从此，国势衰微，一蹶不振。

废除孙和后，孙权立少子孙亮为太子。不到两年，孙权就患病而死，享年71岁。孙亮即位，年仅10岁。

十、孙权的历史地位

评价孙权的历史地位，主要讨论两个问题，即如何看待他立国江东，以及他为什么不能统一华夏？历来认为孙权是一个“保江东，观存败”，满足于“限江自保”的偏安之主，是一个次等的英雄，这是不符历史实际的。三国鼎立，南北对峙的主线是魏吴而不是魏蜀。旧时史家，以及《三国演义》历史小说，受正统思想局限，突出魏蜀对峙，把吴国放在配角地位，把孙权放在刘备之后，这个案应按历史本来面目把它翻过来。

孙权是从一个涉世未深的青年——19岁继承父兄之业，在艰难环境中成长为一名卓越而老练的政治家，杰出而能干的外交谋略家，在内政、外交、军事、经济各个方面都有卓越的建树，不仅是三国时期第一流的政治家，而且在中国历史发展的长河中，也是屈指可数有作为的帝王之一。推进三国鼎立，孙权是至关重要的人物，起了主要作用。孙权聪明仁智，冠盖当世；举贤任能，胜于曹刘；雄略征伐，稍逊魏武；立国江南，功在千秋。孙权之所以不能统一天下，并非是“保江东，观成败”，而是“保江东，图王业”，但未达目的。诸葛亮说，孙权不是一个“志望已满”“利在鼎足”的人，而是“智力不侔，故限江自保”。又说：“权之不能越江，犹魏贼之不能渡汉，非力有余而利不取也。”诸葛亮的分析是很有道理的，下面再做具体阐述。孙权不能统一天下，举其大端，有以下六个方面的原因：

其一，孙权所处天时、地利、人和均为劣势，不足以灭蜀并魏。所谓天时、地利、人和三个因素是相互影响的，三者又各包含两个方面。天时含政治凭借和事运机会；地利含形势险要与人物殷阜；人和含得贤才与人心归服。魏谋臣刘晔说，“权虽有雄才，故汉骠骑将军南昌侯耳，官轻势卑”。这就是说孙权政治凭借不厚，没有曹操挟天子以令诸侯之势，也没有刘备帝室之胄的正统之义，只能后发制人，在曹刘争相称帝的时候，他把自己夺取天下的雄心深藏不露，以便充分利用曹刘敌对的空隙，朝秦暮楚，讨取便宜。东吴地利有长江之险，此为一长；但地处低下而仰对蜀魏，又是一短。中国传统文化在中原，人众物盛，而又居高临下，所以历代南北对峙，基本上是北方战胜南方。孙权虽得江东才俊，而山越屡叛，人和也只得了一半。等到孙权镇抚了山越，挥兵西进之时，曹操已南下，使得他未能在北方多务之时竟长江所有，从而丧失了机运。所以陈寿说：“孙权不遑外御，卑辞魏氏。”

其二，东吴名将过早凋零。东吴开国的文臣武将，约 40 人全部在孙权生前早早谢世。周瑜、鲁肃、吕蒙三位大将，文武兼备，他们制定了东吴政权的立国方针，偏偏很早辞世。东吴 12 员虎将程普、黄盖、韩当、蒋钦、周泰、陈武、董袭、甘宁、凌统、徐盛、潘璋、丁奉，有 10 人凋落在孙权称帝之前。孙策的突然早夭，几乎使孙氏集团瓦解。孙权的大批谋臣骁将的过早谢世，使得东吴争雄天下的实力大大衰落。曹魏地广，人才众多，一辈辈成长。吴蜀地狭，贤才非唯本土所产。由于汉末乱世分之于四方，因此，大批能人凋零后，人才难继。可以说，这是蜀与吴相继灭亡于北的重要原因之一。

其三，争夺荆州，吴虽得实利，但也削弱了同盟，增强了曹魏，从逐鹿中原角度看，可以说是战略失策。曹魏占天下 2/3，吴蜀合力相抗，尚且不敌，而又自相残杀，大大削弱了抗衡力量。假如关羽得志荆襄之时，孙刘合力前进，刘备率益州之众出秦川，孙权率江东之众全力指向合肥、徐州，东西万里全线出击，彼此呼应，趁锐助势，蚕食魏境，中原震动，人心思变，前途不可预料。孙权忌惮关羽，战略转向，虽一时得志，却成就了曹氏篡汉，三国鼎立遂成不易之局。夷陵之战后，魏强、蜀弱、吴孤。此后吴蜀虽重新结好，也频频东西相应出击曹魏，终因力弱而又各存异心，都希望对方替自己火中取栗，所以吴蜀的北伐以失败而告终。

其四，孙权短于临阵突敌，战功不著，直接影响他争天下的进程。孙权亲临战阵所指挥的战役，多次失败，有的是在绝对优势情况下失败，说明应变将略不是他的长处，这也是他帝业不成的一个重要原因。纵观中国历史，凡是在乱世活动中的开国之主，无不善驭戎机。孙权虽也胆气豪壮，可惜所遇对手道高一尺，孙权无所施其巧，在决机两阵之间把不住时机，因而建功不著，大业难就。

其五，孙权称帝骄逸，晚年昏聩。大凡帝王都好大喜功，且多疑忌，晚年尤甚。229 年，孙权 48 岁称尊，即帝位。从此，东吴政权从顶峰走向衰败，孙权从明智走向昏聩，甚至暴虐。

孙权称帝建都武昌，是一种前进的姿态；称帝后建都建业，实际意味着限江自保。晚年的孙权更是忠奸不分，逼死陆逊，杀害吾粲、朱据等股肱大臣，使吴国政治出现了空前的危机，朝臣人人自危，边将外叛，种下了亡国之祸，何谈统一？

其六，曹魏重点防吴，孙权无隙可乘，不能建立奇功。魏文帝曹丕三次大举伐吴，两次临江，虽无功而还，其战略计划先吴后蜀，十分明显。234 年，吴蜀联合北伐，魏明帝西守东进，他亲自出征孙权，孙权闻风而退。在曹魏严密设防下，无论孙权，还是陆逊，出师皆无功，更不用说其他诸将。

综上所述，孙权不能统一天下，因受历史条件局限，有着多种原因，并非志存偏安。曹操、刘备、孙权都没能完成统一大业，而是各自创立了鼎足三分的国家。汉末群雄纷争，只有他们三人建成了功业，说明他们三人都是那个时代的一流英雄。如将三人做比较，恰如他们建国的区域大小一样，孙权应是居于第二位的人物，他的功绩逊于曹操，大于刘备。

第三编　曹魏名臣武将

汉末战乱，各色人物出场表演，君择臣，臣亦择君。士族多智士，寒门多武将。曹操出身寒门豪族，而跻身世家大族，加之雄才大略，对人才兼收并蓄，手下谋臣如雨，猛将如云。本编选列曹魏名臣武将十三人，集中在创业时期，揭示创业之难。荀彧、贾诩、程昱、郭嘉、刘晔五位为曹操智囊代表人物。田畴、钟繇、陈群，是士族代表人物。张辽、张郃、徐晃，是曹魏五虎上将最杰出的三位寒门武将代表人物。曹魏五虎将于禁、乐进未选。任峻、夏侯惇，为曹氏骨干中坚代表人物。三国鼎立，曹氏得天下三分之二，曹操聚拢的英才也占天下三分之二。本编之选，可见曹魏人才之盛。

荀彧传

【题解】

荀彧（163—212），字文若，是曹操智囊团的核心人物。荀彧初投袁绍，“度绍终不能成大事”，转而归操。荀彧智计过人，除亲自参决军国大事外，还为曹操荐举了一大批智能之士。初平二年荀彧投归曹操时，只有29岁，既没带过兵，也没打过仗，但曹操独具慧眼，一见面就发现他是个张良式的人物，而荀彧也认定当时势单力孤的曹操有济世之才。二人的遇合，如鱼水相依，可以说，曹操统一北方之功和荀彧的参与是分不开的。

【原文】

荀彧字文若，颍川颍阴人也①。祖父淑，字季和，朗陵令②。当汉顺、桓之间③，知名当世。有子八人，号曰八龙。彧父绲④，济南相⑤。叔父爽，司空。

彧年少时，南阳何颙异之⑥，曰：“王佐才也⑦。”永汉元年⑧，举孝廉⑨，拜守宫令⑩。董卓之乱，求出补吏⑪。除亢父令⑫，遂弃官归，谓父老曰：“颍川，四战之地也⑬，天下有变，常为兵冲⑭，宜亟去之⑮，无久留。”乡人多怀土犹豫，会冀州牧同郡韩馥遣骑迎之，莫有随者，彧独将宗族至冀州。而袁绍已夺馥位，待彧以上宾之礼⑯。彧弟谌及同郡辛评、郭图⑰，皆为绍所任。彧度绍终不能成大事，时太祖为奋武将军，在东郡⑱，初平二年，彧去绍从太祖。太祖大悦曰：“吾之子房也⑲。”以为司马⑳，时年二十九。是时，董卓威陵天下㉑，太祖以问彧，彧曰：“卓暴虐已甚，必以乱终，无能为也。”卓遣李傕等出关东㉒，所过虏略，至颍川、陈留而还。乡人留者多见杀略。明年，太祖领兖州牧，后为镇东将军，彧常以司马从。兴平元年，太祖征陶谦，任彧留事㉓。会张邈、陈宫以兖州反，潜迎吕布。布既至，邈乃使刘翊告彧曰[24]："吕将军来助曹使君击陶谦[25]，宜亟供其军食。"众疑惑。彧知邈为乱，即勒兵设备[26]，驰召东郡太守夏侯惇，而兖州诸城皆应布矣。时太祖悉军攻谦，留守兵少，而督将大吏多与邈、宫通谋[27]。惇至，其夜诛谋叛者数十人，众乃定。豫州刺史郭贡帅众数万来至城下，或言与吕布同谋，众甚惧。贡求见彧，彧将往。惇等曰："君，一州镇也[28]，往必危，不可。"彧曰："贡与邈等，分非素结也[29]，今来速，计必未定[30]；及其未定说之，纵不为用，可使中立，若先疑之，彼将怒而成计。"贡见彧无惧意，谓鄄城未易攻，遂引兵去。又与程昱计，使说范、东阿，卒全三城[31]，以待太祖。太祖自徐州还击布濮阳[32]，布东走。二年夏，太祖军乘氏[33]，大饥，人相食。

【注释】

①颍阴：古县名，在今河南许昌市魏都区。 ②朗陵：侯国名，故城在今河南驻马店市确山县西南。令：汉制，县为侯国者，置侯相一人，职权与县令、长同，故侯国相亦可称为令。裴松之注引《续汉书》、张璠《汉纪》均称荀淑为"朗陵侯相"。 ③顺：汉顺帝刘保，126年至144年在位。桓：汉桓帝刘志，146年至167年在位。 ④绲（gǔn）：荀绲。 ⑤济南相：济南国相。相，官名。相由中央政府直接委派，管理王国的政治，职权等于郡太守。 ⑥何颙（yóng）：汉灵帝时为司空，事详《后汉书·党锢列传》。 ⑦王佐才：有辅建王业的才干。 ⑧永汉元年：189年。 ⑨孝廉：汉代选拔官吏的科目之一。孝廉由郡国在所属吏民中荐举，多任为郎。 ⑩守宫令：官名，主御笔纸墨及尚书财用诸物及封泥事。 ⑪ 求出补吏：请求补授地方所缺之长吏。 ⑫ 除亢父令：授亢父县县令。亢父，县名，在今山东济宁市南。 ⑬ 四战之地：四面受敌之地。 ⑭ 兵冲：军队进攻的要道。 ⑮ 亟（jí）：急速。 ⑯ 上宾：上等宾客，贵宾。 ⑰ 谌（chén）：荀谌。裴松之注引《荀氏家传》称"彧第四兄谌，字友若"，与此不同。辛评、郭图：袁绍的谋士。 ⑱ 东郡：郡名，治濮阳，在今河南濮阳市西南。曹操为东郡太守时，移治东武阳，在今山东聊城市莘县西南。 ⑲ 子房：汉初留侯张良字子房。 ⑳ 司马：汉制，大将军营五部，部署军司马一人，综理军府之事，参与军事计划。 ㉑ 威陵天下：逞淫威欺凌天下。陵，同"凌"。 ㉒ 李傕（jué）：董卓部将。 ㉓ 留事：长官出行，权代其职者。此时荀彧在鄄城代曹操处理兖州事务。 ㉔ 刘翊（yì）：东汉末年任陈留太守。 ㉕ 曹使君：即曹操。汉时州郡长官尊称为使君，曹操时为兖州牧，故称曹使君。 ㉖ 勒兵设备：统率军队，部署防备。 ㉗ 督将大吏：统率官兵的长官。 ㉘ 一州镇：镇守一州的长官。 ㉙ 分（fèn）非素结：并不是素来就结下了很深的情分。 ㉚ 计：指与吕布、张邈共反曹

操之计。 ㉛卒全三城：终于保全了鄄、范、东阿三座城邑。 ㉜徐州：汉州名，治所在今山东临沂市郯（tán）城，东汉末年移治下邳（今江苏徐州睢宁县西北）。濮阳：汉县名，在今河南濮阳市南。传说颛顼葬于此，又名帝丘。 ㉝军乘（shèng）氏：驻氏于乘氏。乘氏，侯国名，故城在今山东菏泽市巨野县西南。

【译文】

荀彧，字文若，颍川郡颍阴县人。荀彧的祖父荀淑，字季和，担任过朗陵国令。主要活动于汉顺帝、汉桓帝执政期间，也是当时很有名望的人物。荀淑有八个儿子，被人称作八龙。荀彧的父亲荀绲，担任过济南国的国相。荀彧的叔父荀爽，担任过司空。

荀彧年少的时候，南阳郡人何颙认为荀彧很不寻常，评价说：荀彧是一个具有"辅建王业之才干的人"。汉献帝永汉元年，颍川郡向朝廷推举荀彧为孝廉，朝廷任命荀彧为主管御笔纸墨、尚书财用诸物以及封泥事的守宫令。董卓之乱的时候，荀彧请求离开朝廷补授地方所缺之长吏。被授予亢父县县令之职，荀彧趁机弃官回乡，他对家乡父老说："颍川郡，是一个四面受敌的地方，一旦天下发生变乱，常常成为兵家进攻的必经之路，应该赶紧离开这里不要久留。"乡人大多因为留恋故土而犹豫不决，正巧遇到担任冀州牧的同郡人韩馥派遣骑兵前来迎接荀彧，颍川人竟然没有人愿意跟随荀彧前往，荀彧只带着自己的族人来到冀州。而此时袁绍已经夺取了韩馥的职位，袁绍以上宾之礼对待荀彧。荀彧的弟弟荀谌以及同郡人辛评、郭图，都被袁绍所任用。荀彧揣度袁绍最终成不了大事，当时魏太祖曹操担任奋武将军，驻守在东郡，汉献帝初平二年，荀彧离开袁绍前往东郡依从魏太祖曹操。魏太祖曹操非常高兴地说："荀彧就是我的子房啊。"曹操于是任命荀彧为综理军府之事并参与军事计划的司马，当时荀彧29岁。当时，董卓正在逞淫威欺凌天下，太祖曹操征求荀彧对形势的看法，荀彧说："董卓的残忍暴虐已经到了无以复加的地步，必将以天下大乱来结束董卓的暴政，这是无法避免的。"董卓派遣部将李傕等前往关东巡视，他们所过之处无不大肆掳掠，到颍川、陈留转了一圈之后便返回长安。荀彧留在颍川的那些乡亲有好多人被杀死被掠夺。第二年（即初平三年），魏太祖曹操兼任兖州牧，后来担任镇东将军，荀彧经常以司马的身份跟随着曹操。汉献帝兴平元年，魏太祖曹操率军征伐徐州牧陶谦，任命荀彧、程昱负责鄄城的留守事宜。遇上张邈、陈宫在兖州谋反，他们暗中迎请吕布前来兖州。吕布抵达兖州之后，张邈就派刘翊来到鄄城告诉荀彧说："吕布将军是来帮助曹使君攻打陶谦的，你们应该赶紧为他提供军粮。"众人对此都疑惑不解。荀彧知道张邈即将发动叛乱，于是一面立即统率军队，部署防备，一面派人骑马飞速前往东郡征调担任东郡太守的夏侯惇，而此时兖州各城邑已经全都起来响应吕布了。当时魏太祖曹操把全部兵力都带去攻打徐州牧陶谦，留下来守卫鄄城的兵力很少，而那些统领军队的高级官员大多都与张邈、陈宫密谋串通。荀彧来到鄄城之后，当天夜里就诛除了数十名参与叛乱的人，众人这才安定下来。担任豫州刺史的郭贡率领数万人马来到鄄城城下，有人说郭贡与吕布共同谋反，所以众人都很恐惧。郭贡请求会见荀彧，荀彧准备前往郭贡的军营与其相会。夏侯惇等人劝阻说："先生，你是镇守一个州的长官，前去会见郭贡必定是凶多吉少，你不可以去。"荀彧说："郭贡与张邈等人，并不是素来就结下了很深的情分，如今他来得很迅速，事先必定没有与吕布、张邈定下反曹的计策；趁着他没有下定与吕布、张邈共同谋反的决心去劝说他，纵然他不能为我所用，也可以使他保持中立，如果首先就怀疑他与吕布、张邈共同谋反，郭贡肯定会因为愤怒而真的与吕布、张邈等共同谋反。"（遂前往，）郭贡看到荀彧没有一点惧怕的样子，遂认为鄄城不容易攻克，便率领部众撤走了。荀彧又与程昱进行谋划，让程昱去游说范县、东阿，终于保全了鄄城、范县、东阿三个城邑，而等待魏太祖曹操率军返回。魏太祖曹操从徐州回师，在濮阳击败吕布，吕布向东逃走。汉献帝兴平二年夏季，魏太祖曹操率军驻扎在乘氏，当时遭遇了大饥荒，已经出现了人吃人的现象。

【原文】

陶谦死，太祖欲遂取徐州，还乃定布。彧曰："昔高祖保关中[①]，光武据河内[②]，皆深根固本以制天下，进足以胜敌，退足以坚守，故虽有困败而终济大业。将军本以兖州首事，平山东之难，百姓无不归心悦服。且河、济[③]，天下之要地也，今虽残坏，犹易以自保，是亦将军之关中、河内也，不可以不先定。今以破李封、薛兰[④]，若分兵东击陈宫，宫必不敢西顾，以其间勒兵收熟麦，约食畜谷，一举而布可破也。破布，然后南结扬州，共讨袁术，以临淮、泗[⑤]。若舍布而东，多留兵则不足用，少留兵则民皆保城，不得樵采[⑥]。布乘虚寇暴，民心益危，唯鄄城、范、卫可全[⑦]，其馀非己之有，是无兖州也。若徐州不定，将军当安所归乎？且陶谦虽死，徐州未易亡也。彼惩往年之败，将惧而结亲，相为表里。[⑧]今东方皆以收麦，必坚壁清野以待将军，将军攻之不拔，略之无获，不出十日，则十万之众未战而自困耳。前讨徐州，威罚实行，其子弟念父兄之耻，必人自为守，无降心，就能破之，尚不可有也。夫事固有弃此取彼者，以大易小可也，以安易危可也，权一时之势[⑨]，不患本之不固可也。今三者莫利，愿将军熟虑之。”太祖乃止。大收麦，复与布战，分兵平诸县。布败是，兖州遂平。

建安元年，太祖击破黄巾[⑩]。汉献帝自河东还洛阳[⑪]。太祖议奉迎都许，或以山东未平，韩暹、杨奉新将天子到洛阳[⑫]，北连张杨[⑬]，未可卒制[⑭]。彧劝太祖曰：“昔晋文纳周襄王而诸侯景从[⑮]，高祖东伐为义帝缟素而天下归心[⑯]。自天子播越[⑰]，将军首唱义兵[⑱]，徒以山东扰乱，未能远赴关右[⑲]，然犹分遣将帅，蒙险通使，虽御难于外，乃心无不在王室。是将军匡天下之素志也[⑳]。今车驾旋轸[㉑]，东京榛芜[㉒]，义士有存本之思[㉓]，百姓感旧而增哀。诚因此时，奉主上以从民望，大顺也；[㉔]秉至公以服雄杰，大略也；[㉕]扶弘义以致英俊，大德也。[㉖]天下虽有逆节[㉗]，必不能为累[㉘]，明矣。韩暹、杨奉其敢为害！若不时定[㉙]，四方生心[㉚]，后虽虑之，无及。”太祖遂至洛阳，奉迎天子都许。天子拜太祖大将军，进彧为汉侍中，守尚书令[㉛]。常居中持重[㉜]，太祖虽征伐在外，军国事皆与彧筹焉[㉝]。太祖问彧：“谁能代卿为我谋者？”彧言“荀攸、钟繇”[㉞]。先是，彧言策谋士，进戏志才[㉟]。志才卒，又进郭嘉。太祖以彧为知人，诸所进达皆称职，唯严象为扬州[㊱]，韦康为凉州[㊲]，后败亡。

【注释】

①关中：古地区名。秦都咸阳，汉都长安，因称函谷关以西为关中。　②光武据河内：王莽末年，刘秀起兵，以河内为基地，镇压农民起义军，削平割据势力，最后统一了全国。河内，古地区名，黄河以北为河内。　③河、济：黄河与济水流域。此处指兖州。　④李封、薛兰：吕布手下将领。　⑤淮、泗：淮河和泗水流域。古泗水注入淮河，故淮、泗常连称。　⑥樵采：打柴。　⑦卫：指濮阳。濮阳古属卫国地。　⑧彼惩往年之败三句：初平四年和兴平元年，曹操两次击败陶谦，谦死，刘备领徐州牧。荀彧担心徐州守军吸取以往的教训，与吕布等反曹的势力相联合，构成对曹操的严重威胁。　⑨权一时之势：根据形势的需要而采取相应的策略。　⑩黄巾：即黄巾军。东汉末张角领导农民大起义，起义军以黄巾裹头，故称黄巾军。　⑪洛阳：东汉都城，又称东京。洛本作雒，三国魏改。　⑫韩暹、杨奉：董卓死后，在关中混战的军阀。　⑬张杨：董卓时为建义将军、河内太守，后被部将杨丑所杀。　⑭未可卒制：不能仓促制服。卒同“猝”。⑮晋文纳周襄王而诸侯景从：周襄王十七年（前635），周王室发生内乱。襄王弟叔带自立为王，襄王逃到郑国，派使臣向晋文公求救。晋文公出兵到阳樊，包围叔带所住的温国，杀死叔带，护

送襄王入王城。随后，晋文公又以“尊王”为号召，提高了霸主的地位，诸侯国无不景从。事详见《左传·僖公二十四年》《左传·僖公二十五年》。景，影的本字。景从，如影随形，比喻响应、追随。 ⑯高祖东伐为义帝缟素而天下归心：公元前205年，项羽以徙都长沙为名，在郴县（今属湖南）派人杀死义帝（楚怀王心）。刘邦听说后“袒而大哭”，亲为义帝发丧，令诸侯缟素，并发兵讨伐项羽。这一行动深得人心，使项羽更加孤立。事详《汉书·高帝纪上》。缟，未经染色的绢。缟素，白色的衣服，指丧服。 ⑰播越：流亡，流离失所。播，迁；越，逸。 ⑱首唱：首先倡导。唱同“倡”。 ⑲关右：古地区名，汉唐时称函谷关或潼关以西地区为关右，又称关西。 ⑳素志：平素的志向。 ㉑车驾旋轸（zhěn）：指汉献帝回京城洛阳。车驾，皇帝外出时所乘的车，代指皇帝。旋，还、归。轸，本指车箱底部四面的横木，句中作车的代称。 ㉒东京榛（zhēn）芜：京城遭到破坏。榛芜，草木丛杂。 ㉓存本之思：怀恋王室的思念。 ㉔奉主上二句：尊奉王室，顺从民意，这是符合天理的。大顺，指顺应天理。 ㉕秉至公二句：以大公无私的行为使天下豪杰敬服，这是最高的智略。 ㉖扶弘义二句：光大正义而招揽天下英雄，这是盛美之德。 ㉗逆节：反抗朝廷的人。 ㉘必不能为累：一定不会带来危害。累，害。 ㉙时定：及时决定。 ㉚生心：发生意外的变故。 ㉛守（shòu）尚书令：暂时署理尚书令的职务。守，官吏试职称守。尚书令，主持政务的首脑，直接对君主负责。 ㉜持重：承担重任。 ㉝筹：谋划。 ㉞荀攸（yōu）：字公达，荀彧从子，曹操军师，屡进计谋，任尚书令。钟繇（yáo）：字元常，东汉末年官黄门侍郎。曹操执政，任侍中守司隶校尉，持节督关中诸军。 ㉟戏志才：曹操谋士，早卒。 ㊱严象：扬州刺史，被孙策庐江太守李术所杀。 ㊲韦康：凉州刺史，被马超所杀。凉州：汉州名，东汉治所在今甘肃张家川回族自治县。

【译文】

徐州牧陶谦病死，魏太祖曹操想要趁机夺取徐州，返回的时候平定吕布。荀彧说：“过去汉高祖刘邦保有关中，汉光武帝刘秀据守河内，都是把其作为根据地用以制衡天下，这样的话，出兵征讨完全可以取得胜利，即使撤退也完全可以坚守，所以汉高祖刘邦、汉光武帝刘秀虽然也有打败仗陷入困境的时候但最终还是成就了大业。将军你本来就在兖州起兵，平定了山东的战乱，这里的百姓对将军无不心悦诚服。况且黄河与济水流域，是全国的重要地区，如今虽然残破，还是比较容易保全自己，这里就相当于是将军的关中、河内，不能不预先规划好。如今已经击败吕布的部将李封、薛兰，如果分兵东进去攻打陈宫，陈宫必然不敢向西进兵，我军利用这个空隙组织兵力抢收农田里已经成熟的小麦，节约粮食积蓄谷物，然后一举可以将吕布击败。击败吕布，然后就向南结交扬州，共同讨伐袁术，进而可以统有淮河和泗水流域。如果舍弃攻打吕布而率军东征徐州的陶谦，如果多留兵力守卫鄄城则兵力不够用，少留兵力则居民就得全部用来配合守城，将无法出去打柴。吕布如果乘虚进犯施暴，民心就会更加不稳，除去鄄城、范县、濮阳能够保全，其余的地方都将非我所有，这就等于失掉了兖州。如果徐州再攻打不下来，将军将回到哪里去呢？虽然徐州牧陶谦已经死了，但是徐州还掌握在刘备手里并不容易被消灭。他们吸取往年失败的教训，将会因为惧怕我军再次攻打而联合在一起，内外配合互为表里。现在东部地区都已经在收割小麦，他们必定实行坚壁清野的计策以等待将军前往，将军攻打徐州攻打不下来，想掠夺财货却一无所获，用不了10天，所率领的10万大军还没等与敌军交战自己就已经困顿不堪了。前次讨伐徐州的时候，已经凭借威势对徐州进行了严厉的惩罚，他们的子弟想起自己父兄所遭受的耻辱，必定各自为战顽强坚守，毫无投降之心，即使将军能够攻下徐州，还是不能取得民心。事情有时本来就需要在舍弃此处或取得彼处之间做出选择，但是用大的换取小的可以，用安全的替换危险的可以，这需要根据形势的需要而采取相应的策略，在不用担心自己的根基不稳固的情况下是可以的。如今这三个方面没有一个方面是可以获利的，希望将军能够深思熟虑而后行。”魏太祖曹操这才打消了攻取徐州的想法。于是曹军大面积地抢收小麦，然后又与吕布交战，同时派兵分头攻取各县，吕布败走，兖州得以平定。

汉献帝建安元年，魏太祖曹操打败了黄巾军。汉献帝刘协从河东返回东京洛阳。魏太祖曹操建议迎请汉献帝建都许城，有人认为山东的祸乱还没有平息，韩暹、杨奉刚刚护卫着汉献帝到达洛阳，他们向北联合担任河内郡太守的张杨，其势力强大，不可能仓促间将其制服。荀彧劝魏太祖说：“春秋时期的晋文公重耳护送周襄王回到王城，其他诸侯便如影随形般给予响应，汉高祖刘邦亲自为被项羽杀死的义帝发丧，令诸侯缟素，并率军东征项羽，这一行动深得天下人心而使项羽更加孤立。自从汉献帝遭遇流离失所，将军为维护汉朝的统治而首先倡导为正义而起兵，只是因为山东地区扰乱，才没能远行奔赴关右地区，即使这样还是分别派遣将帅，冒着危险与皇帝互通消息，虽然是在远离朝堂的地方平定祸乱，却无时无刻不心系王室。匡正天下是将军的平素志向。现在皇帝的车驾已经返回东京洛阳，而东京洛阳自从遭受战乱破坏以来已然是杂草丛生一片荒芜，怀有正义感的士人有怀念王室的情思，平民百姓感念旧日京师的繁盛而增添无尽的哀愁。确实应该趁此时机，尊奉王室以顺从民意，这是符合天理的；以大公无私的行为使天下的豪杰敬服，这是最高的智略；扶持正义以招徕天下英雄，这是最盛美的德行。天下虽然会有反抗朝廷的人，一定不会带来危害，这是很明显的。韩暹、杨奉怎么敢危害朝廷呢？如果现在不能及时做出决定，四面八方如果有意外的变故发生，以后即使能够预料得到，恐怕也来不及了。”魏太祖曹操采纳了荀彧的意见遂前往洛阳，恭恭敬敬地迎接汉献帝建都于许城。汉献帝封魏太祖曹操为大将军，提升荀彧为汉朝廷侍中，暂时署理尚书令的职务。荀彧经常在朝中承担重任，魏太祖曹操虽然率军在外征战，然而军国大事都与荀彧谋划。魏太祖曹操问荀彧说："有谁能代替你为我出谋划策？"荀彧回答说："荀攸、钟繇这两个人可以。"先前，荀彧在谈到出谋划策之士的时候，向魏太祖推荐了戏志才，戏志才死了以后，又把郭嘉推荐给了魏太祖。魏太祖曹操认为荀彧是善于识别人才的人，荀彧所举荐的人确实大都能胜任职责，只有担任扬州刺史的严象、担任凉州刺史的韦康，后来作战失败而死。

【原文】

自太祖之迎天子也，袁绍内怀不服。绍既并河朔[①]，天下畏其强。太祖方东忧吕布，南拒张绣[②]，而绣败太祖军于宛。绍益骄，与太祖书，其辞悖慢[③]。太祖大怒，出入动静变于常，众皆谓以失利于张绣故也。钟繇以问彧，彧曰："公之聪明，必不追咎往事[④]，殆有他虑[⑤]。"则见太祖问之，太祖乃以绍书示彧，曰："今将讨不义，而力不敌，何如？"彧曰："古之成败者，诚有其才，虽弱必强，苟非其人，虽强易弱，刘、项之存亡[⑥]，足以观矣。今与公争天下者，唯袁绍尔。绍貌外宽而内忌，任人而疑其心，公明达不拘[⑦]，唯才所宜，此度胜也。绍迟重少决，失在后机，[⑧]公能断大事，应变无方，此谋胜也。绍御军宽缓，法令不立，士卒虽众，其实难用，公法令既明，赏罚必行，士卒虽寡，皆争致死，此武胜也。绍凭世资，从容饰智[⑨]，以收名誉[⑩]，故士之寡能好问者多归之，公以至仁待人，推诚心不为虚美，行己谨俭[⑪]，而与有功者无所吝惜。故天下忠正效实之士咸愿为用[⑫]，此德胜也。夫以四胜辅天子，扶义征伐，谁敢不从？绍之强其何能为！"太祖悦。彧曰："不先取吕布，河北亦未易图也。"太祖曰："然。吾所惑者，又恐绍侵扰关中，乱羌[⑬]、胡[⑭]，南诱蜀汉[⑮]，是我独以兖、豫抗天下六分之五也。为将奈何？"彧曰："关中将帅以十数，莫能相一，唯韩遂[⑯]、马超最强[⑰]。彼见山东方争，必各拥众自保。今若抚以恩德，遣使连和，相持虽不能久安，比公安定山东，足以不动。钟繇可属以西事[⑱]。则公无忧矣。"

【注释】

①河朔：古地区名，泛指黄河以北。朔，北方。当时袁绍据有幽、冀、青、并四州，都在黄河

以北，故称“既并河朔”。 ②张绣：原为董卓部将，后降曹操，官渡之战中有功，迁破羌将军。 ③悖（bèi）慢：悖逆骄纵。 ④追咎：追悔罪过。 ⑤殆有他虑：大概另有忧虑。殆，大概、或许。 ⑥刘、项：刘邦和项羽。 ⑦明达不拘：英明、通达，不拘守细节。 ⑧绍迟重少决二句：袁绍迟钝、不果断，常常因错过时机而失败。 ⑨从容饰智：装作有智慧，欺骗别人。饰，掩饰、伪装。 ⑩以收名誉：博取好的名声。 ⑪行己谨俭：立身行事谨慎勤俭。 ⑫咸：都、皆。 ⑬羌：古族名。该族分布于今甘肃、青海、四川一带，东汉末多内附。 ⑭胡：北方和西方的少数民族，文中指南匈奴。 ⑮蜀汉：指蜀郡和汉中郡的割据势力。当时刘璋据蜀，张鲁据汉中。 ⑯韩遂：割据凉州的军阀。 ⑰马超：字孟起，马腾子，东汉末年随父起兵。建安十六年，攻曹操失败，投张鲁。后归刘备，迁骠骑将军。 ⑱钟繇可属以西事：曹操在山东征讨时，派钟繇至长安，联络马腾、韩遂，使之与曹操暂时连和，荀彧所言即指此事。

【译文】

自从魏太祖曹操将汉献帝迎往许城，袁绍内心非常不服气。袁绍吞并了黄河以北的广大地区之后，天下人都畏惧袁绍的强大。魏太祖曹操正在担忧东部的吕布，又在南部抵抗张绣，而张绣又在宛城打败了魏太祖曹操的军队。袁绍就更加骄傲，在写给魏太祖的信中，言辞悖逆骄纵。魏太祖不禁勃然大怒，以至于出来进去、或动或静都变得与平时大不一样，众人都以为是宛城之战被张绣打败了的缘故。钟繇就此事去询问荀彧，荀彧回答说：“就凭主公这般聪明，一定不会因为过去的事情追悔罪过，恐怕是另有忧虑之事。”于是就去拜见太祖询问此事，魏太祖就把袁绍写来的信拿给荀彧看，说：“如果现在出兵去讨伐袁绍这个不义之人，而自己的力量又不能取胜，怎么办？”荀彧回答说：“从古代那些成功与失败者来看，如果确实有超人的才能，虽然眼下实力比较弱小，最后也必定变得强大起来，如果不是那块材料，虽然目前很强大但也很容易被削弱，刘邦、项羽的一存一亡，就完全可以证明这一点了。如今能与主公争夺天下的，只有袁绍。袁绍表面看起来待人很宽容而内心却是猜忌多疑，重用人家却又怀疑人家怀有二心，主公则是英明通达，不拘守细节，根据不同的才能委以不同的职责，这是从度量上胜过袁绍。袁绍遇事反应迟钝缺少决断，常常因为犹豫不决而错失良机导致失败，而主公遇事能够果断做出判断，应变能力变化莫测，没有固定的方法模式，这是从谋略上胜过袁绍。袁绍统御的军队军纪宽松懈怠，没有严格的军纪法规，士卒虽然众多，却很难使他们发挥作用，而主公不仅法令严明，而且有功必赏、有罪必罚、赏罚分明，士卒虽然少，但都能争相拼死报效主公，这是从武功方面胜过袁绍。袁绍凭借的是累世高官的政治资本，在言谈举止上装作很有智慧，欺骗别人，以博取好的名声，所以士人当中那些缺少能力而勤学好问的人大多归附了袁绍，主公以最高的境界接人待物，对人推心置腹没有虚美之词，立身行事谨慎勤俭，而给予有功者的封赏毫不吝惜。所以天下那些忠诚正直以实际行为报效的人全都愿意为主公所用，这是在品德方面胜过袁绍。主公以四个方面胜过袁绍的优势辅佐汉天子，扶持正义征讨不义，谁敢不服从？袁绍的所谓强大又能有什么作为！”魏太祖曹操听了荀彧的分析非常高兴。荀彧说：“如果不首先灭掉吕布，河北的问题就不容易解决。”魏太祖曹操说：“是这样。我所疑惑的是，又担心袁绍在我出兵讨伐吕布的时候率军侵扰关中地区，诱使那些羌、胡等少数民族趁机作乱，向南引诱蜀郡的刘璋、汉中郡的张鲁这些割据势力全都起来与我为敌，令我陷入仅凭兖州、豫州的力量抗衡占据天下5/6地盘的兵力。我该怎么办？”荀彧说：“关中的将帅有数十人，然而相互间却不能统一，只有韩遂、马超的势力最为强大。他们看到山东地区正在争斗，必定以各自的兵力保全自己。现在如果以恩义安抚他们，派遣使者与他们联合，与他们之间虽然不能保持长久的相安无事，在主公平定了山东的反对势力之前，可以保证他们不会轻举妄动。可以把西部的事务交给钟繇去办。主公可以高枕无忧了。”

【原文】

三年，太祖既破张绣，东禽吕布，定徐州，遂与袁绍相拒。孔融谓彧曰[①]：“绍地广兵强，田丰、许攸，智计之士也，为之谋；审配、逢纪，尽忠之臣也，任其事；颜良、文丑，勇冠三军，统其兵：殆难克乎！”彧曰：“绍兵虽多而法不整[②]。田丰刚而犯上[③]，许攸贪而不治[④]。审配专而无谋[⑤]，逢纪果而自用[⑥]，此二人留知后事[⑦]，若攸家犯其法，必不能纵也[⑧]，不纵，攸必为变。颜良、文丑，一夫之勇耳，可一战而禽也。”五年，与绍连战。太祖保官渡，绍围之。太祖军粮方尽，书与彧，议欲还许以引绍。彧曰：“今军食虽少，未若楚、汉在荥阳、成皋间也[⑨]。是时刘、项莫肯先退，先退者势屈也。公以十分居一之众，画地而守之，扼其喉而不得进，已半年矣。情见势竭[⑩]，必将有变，此用奇之时，不可失也。”太祖乃住。遂以奇兵袭绍别屯[⑪]，斩其将淳于琼等[⑫]，绍退走。审配以许攸家不法，收其妻子[⑬]，攸怒叛绍；颜良、文丑临阵授首[⑭]；田丰以谏见诛：皆如彧所策[⑮]。

六年，太祖就谷东平之安民[⑯]，粮少，不足与河北相支[⑰]，欲因绍新破，以其间击讨刘表。彧曰：“今绍败，其众离心，宜乘其困，遂定之；

而背兖、豫，远师江、汉[18]，若绍收其馀烬[19]，承虚以出人后，则公事去矣。”太祖复次于河上[20]。绍病死。太祖渡河，击绍子谭、尚，而高幹、郭援侵略河东[21]，关右震动，钟繇帅马腾等击破之[22]。语在繇传。八年，太祖录彧前后功，表封彧为万岁亭侯[23]。九年，太祖拔邺[24]，领冀州牧。或说太祖“宜复古置九州，则冀州所制者广大，天下服矣。[25]”太祖将从之，彧言曰：“若是，则冀州当得河东、冯翊[26]、扶风[27]、西河[28]、幽、并之地，所夺者众。前日公破袁尚，禽审配，海内震骇，必人人自恐不得保其土地，守其兵众也；今使分属冀州，将皆动心。且人多说关右诸将以闭关之计[29]；今闻此，以为必以次见夺。一旦生变，虽有守善者，转相胁为非，则袁尚得宽其死，而袁谭怀贰[30]，刘表遂保江、汉之间，天下未易图也。愿公急引兵先定河北，然后修复旧京，南临荆州，责贡之不入[31]，则天下咸知公意，人人自安。天下大定，乃议古制，此社稷长久之利也。”太祖遂寝九州议[32]。

【注释】

①孔融（153—208）：字文举，鲁国（今山东曲阜）人。东汉末年文学家，建安七子之一，曾任北海相，时称“孔北海”。对曹操多所非议，被杀。 ②法不整：军法松弛。整，严整。 ③刚而犯上：刚直，好与上司顶撞。 ④贪而不治：贪得无厌，不知收敛。 ⑤专而无谋：独断专行，没有谋略。 ⑥果而自用：固执，刚愎自用。 ⑦留知后事：指让审配和逢纪留守邺城，管理政务。知，主持。 ⑧纵：宽容，释放。 ⑨未若楚、汉句：还不如楚、汉在荥阳、成皋作战的形势。楚、汉战争期间，刘邦、项羽在荥阳、成皋一带相持不下，当时谁先退军都不利。后来由于刘邦实行了正确的战略战术，迫使项羽同意以鸿沟为界，当项羽引兵东撤时，被刘邦包围于垓下，最后彻底失败。 ⑩情见势竭：指绍军实情显露，形势窘迫。见，同“现”。 ⑪别屯：别处所屯之兵。⑫淳于琼：袁绍大将，为袁军押运和守护乌巢军粮，被曹操出奇兵擒杀。 ⑬收：逮捕、拘押。 ⑭授首：被杀。 ⑮策：预料。 ⑯安民：亭名，在今山东郓城县东。 ⑰相支：对峙。⑱江、汉：长江和汉水流域。此指荆州。 ⑲馀烬：本指火烧后剩余的东西，此指袁绍的残余势力。 ⑳次：驻军。 ㉑高幹：袁绍外甥，并州刺史。郭援：袁尚所置河东太守，被马超所杀。㉒马腾：东汉末与韩遂割据凉州，曹操征入朝，任卫尉。因子马超反曹，被杀。 ㉓亭侯：爵位名。东汉制，列侯功大者食县，小者食乡、亭。 ㉔邺：古都邑名，东汉末年为冀州治所。曹操为魏王，定都于此。故址在今河北临漳县西。 ㉕宜复古置九州三句：东汉末年全国有十四州，即司、豫、冀、兖、徐、青、荆、扬、益、凉、雍、并、幽、交。所

谓复古置九州，即恢复传说中上古的行政区划，有兖、豫、青、徐、荆、扬、冀、益、雍九州。建安九年虽有人建议，但并未实行，直到建安十八年才“诏书并十四州，复为九州”（见《三国志·魏书·武帝纪》）。按照这种划分办法，幽州、并州及其郡国都将并入冀州，曹操的实力将空前增强。 ㉖冯（píng）翊（yì）：汉有左冯翊，东汉时治高陵，在今陕西西安市高陵区西南。三国魏去“左”字，改辖区为冯翊郡，治临晋，在今陕西大荔县。㉗扶风：汉有右扶风，东汉时治槐里，在今陕西咸阳市兴平市东南。三国魏去“右”字，改辖区为扶风郡，治所与东汉同。 ㉘西河：郡名，东汉治离石，在今山西吕梁市离石区。㉙闭关之计：指与关东断绝往来。 ㉚怀贰：怀有叛逆之心。贰，二心、异心。 ㉛责贡之不入：责备（刘表）不供奉天子。 ㉜寝：停止。

【译文】

汉献帝建安三年，魏太祖曹操击败了张绣之后，又东征擒获了吕布，平定了徐州，得以抽出身来与袁绍展开对峙。孔融对荀彧说：“袁绍地广兵强，他手下的田丰、许攸都是很有智谋的人士，为袁绍出谋划策；审配、逢纪，是能够为主尽忠的臣属，负责袁绍方面的军事事务；颜良、文丑这两员大将勇冠三军，在袁绍那里负责统领兵马；与袁绍对抗恐怕难以取胜吧？”荀彧说：“袁绍的兵力虽多而军法松弛军容不整。田丰性情刚直，好与上司顶撞，许攸生性贪婪而不知收敛。审配独断专行而缺少谋略，逢纪为人固执而刚愎自用，这两个人留守邺城负责管理后方的政务，如果许攸的家人犯了法，逢纪肯定不会轻易将其放过，抓住不放的话，许攸肯定会叛变。颜良、文丑只是一介武夫，一战就可以将其擒获。”建安五年，曹军与袁绍不断交战。魏太祖曹操坚守官渡，袁绍出兵包围了魏太祖。魏太祖曹操军中的粮食眼见就要吃光了，魏太祖曹操于是写信给荀彧，与荀彧商议想要撤兵返回许城以引开袁绍。荀彧回信说：“如今军队中的粮食虽然很少，但还赶不上楚王项羽、汉王刘邦两军在荥阳、成皋间作战时的局面。当时刘邦和项羽谁也不肯先退兵，先退兵的就等于承认己方已经屈服于对方。主公以袁绍 1/10 的兵众，在地上划出一块地方进行坚守，扼住袁绍的咽喉使其不能前进，已经坚持了半年的时间。袁绍军中形势窘迫的实情已经显露出来，必定要有大的变故发生，这正是我军出奇制胜之时，千万不可错失良机。”魏太祖曹操于是打消了撤军的念头。于是出奇兵袭击了为袁绍押运粮草和守护乌巢军粮的营寨，斩杀了袁绍的大将淳于琼等，袁绍遂率军退走。审配果然因为许攸家人不遵守法纪，而逮捕、拘押了许攸的妻子儿女，许攸一怒之下就背叛了袁绍而投奔太祖曹操；颜良、文丑在与曹军交战中被杀；田丰因为劝谏袁绍而被袁绍杀死：这些都像荀彧所预料的那样。

建安六年，魏太祖曹操亲自前往东平的安民地区获取粮谷，由于军粮短缺，不足以支撑与河北袁绍的对峙，太祖曹操就想趁着袁绍刚刚打了败仗需要进行调整的机会，利用这段时间出兵攻打荆州的刘表。荀彧说："现在冀州牧袁绍刚刚打了败仗，他的手下已经人心离散，我军应该趁着袁军困顿的机会，抓紧消灭他；而主公却准备离开兖州、豫州，出兵远征长江、汉水流域的荆州，如果袁绍整合起他的残余势力，趁我们出兵远征后方空虚而进入我们的后方，那么主公的大好形势就失去了。"魏太祖曹操于是再次驻军于河上。袁绍不久病死。魏太祖于是向北渡过黄河，攻击袁绍的儿子袁谭、袁尚，而袁绍的外甥并州刺史高幹与袁绍所置的河东太守郭援寻机率军入侵河东，函谷关以西地区都为此而感到震惊和不安，曹操属下将领钟繇率领马腾等将高幹、郭援击败。事情记录在《钟繇传》中。建安八年，魏太祖曹操记录荀彧前后的功劳，上表给朝廷封荀彧为万岁亭侯。建安九年，魏太祖曹操率军攻占了袁氏的都城邺城，曹操兼任冀州牧。有人劝说魏太祖曹操："应该恢复古代的行政区划将天下划分为豫、冀、兖、徐、青、荆、扬、益、雍九个州，则冀州所管辖的区域面积就广大了（按照这种分法，幽州、并州及其郡国都将并入冀州），天下就都会归服冀州了。"魏太祖曹操准备采纳这个建议将天下按照古代的区划划分为九个州，荀彧劝阻说："按照这种划分，冀州就应当把河东、冯翊、扶风、西河、幽州、并州之地划入其中，所要夺取的地方很多。前些日子主公击败袁尚，擒获了审配，已经使海内各处感到震惊和恐惧，必定造成人人恐惧，担忧不能保住自己的地盘，不能拥有自己的兵众；如果令他们分别归属冀州，必将使他们心里打鼓。况且已经有许多人在劝说关中诸将断绝与关东地区的往来；现在如果他们听到恢复古制将天下划分为九个州的消息，一定会认为自己的利益将一个接一个地被夺走，一旦全天下都发生变乱，即使是那些奉行友善的人，也会转而协助那些发动变乱的人一起为非作歹。那样一来，袁尚就得到了苟延残喘的机会，而袁谭也会怀有叛逆之心，荆州刘表将得以继续保有长江、汉水流域，夺取天下就不容易了。希望主公赶紧率军首先平定河北，然后修复旧京洛阳，再兵临荆州，以荆州刘表不供奉天子为借口对其进行谴责，那么天下之人就全都明白了主公的意图，人人自安。等到天下已经十分安定，再商议恢复远古划分九州的事情，这对国家社稷有长久的好处。"魏太祖曹操遂对将天下划分九州的事情不再提起。

【原文】

是时荀攸常为谋主。彧兄衍以监军校尉守邺[①]，都督河北事。太祖之征袁尚也，高幹密遣兵谋袭邺，衍逆觉[②]，尽诛之，以功封列侯。太祖以女妻彧长子恽[③]，后称安阳公主。彧及攸并贵重，皆谦冲节俭[④]，禄赐散之宗族知旧[⑤]，家无馀财。十二年，复增彧邑千户，合二千户。

太祖将伐刘表，问彧策安出，彧曰："今华夏已平[⑥]，南土知困矣[⑦]。可显出宛、叶而间行轻进[⑧]，以掩其不意[⑨]。"太祖遂行。会表病死[⑩]，太祖直趋宛[⑪]、叶如彧计，表子琮以州逆降[⑫]。

十七年，董昭等谓太祖宜进爵国公[⑬]，九锡备物[⑭]，以彰殊勋[⑮]，密以谘彧[⑯]。彧以为太祖本兴义兵以匡朝宁国[⑰]，秉忠贞之诚[⑱]，守退让之实[⑲]；君子爱人以德，不宜如此。太祖由是心不能平。会征孙权，表请彧劳军于谯[⑳]，因辄留彧[㉑]，以侍中光禄大夫持节[㉒]，参丞相军事。太祖军至濡须[㉓]，彧疾留寿春[㉔]，以忧薨，时年五十。谥曰敬侯。明年，太祖遂为魏公矣。

评曰："荀彧清秀通雅，有王佐之风，然机鉴先识，未能充其志也。"

【注释】

①衍：荀衍，字休若，荀彧第三兄。 ②逆觉：预先发觉。 ③恽（yùn）：荀恽，荀彧长子，官至虎贲中郎将，早卒。 ④谦冲节俭：谦和俭朴。 ⑤禄赐散之宗族知旧：所得俸禄赏赐都分给族人和旧友。 ⑥华夏：中国、中原，此指北方。 ⑦南土知困：指刘表感到威胁，处于困境。 ⑧显出：公开声扬出军方向。叶：汉县名，在今河南叶县南。间行轻进：从小路秘密进军。 ⑨掩：乘人不备进行袭击。 ⑩会：恰巧、适逢。 ⑪趋：疾走，快步而行。 ⑫琮：刘琮，刘表少子。表死，袭荆州刺史。逆降：迎降。 ⑬董昭：初随袁绍，曹操执政时为冀州牧、谏议大夫，力主操进号为魏公、魏王，事详《三国志·魏书·董昭传》。国公：爵位名。汉制王以下仅有侯，王莽封安汉公，曹操封魏公，乃称王称帝之渐，不为定制。 ⑭九锡备物：九锡，古代帝王赐给有大功或有权势的诸侯大臣的九种物品。有车马、衣服、乐则、朱户、纳陛、虎贲、弓矢、铁钺、秬（jù）鬯（chàng）。后世权臣篡位前，往往先加九锡。锡，即赐。备物，国君威仪之物。 ⑮以彰殊勋：用来表彰特殊的功勋。 ⑯谘（zī）：询问、商量。 ⑰匡朝宁国：挽救朝廷，安定国家。匡，救。 ⑱秉忠贞之诚：保持忠贞的诚心。秉，持。 ⑲守退让之实：坚守谦恭的本色。退让，谦退逊让。 ⑳谯：县名，亦谯郡治所，在今安徽亳州市。 ㉑辄：就。 ㉒侍中光禄大夫持节：官名，有三层含义：侍中，加官；光禄大夫，掌议论之官；持节，掌诛杀之权。魏晋以后有使持节、持节、假节等，权力大小不一。 ㉓濡须：坞堡名，建安十七年孙权令筑以拒曹操，因依濡须水口，故名。濡须水源出今安徽巢湖市西巢湖，经无为市东南流入长江。 ㉔寿春：古邑名，秦汉时为九江郡治所，在今安徽寿县。

【译文】

当时荀攸经常为太祖曹操出谋划策。荀彧的哥哥荀衍以监军校尉的身份驻守邺城，统管河北政务。魏太祖曹操在出兵征讨袁尚的时候，袁绍的外甥并州刺史高幹偷偷地派兵阴谋袭取邺城，荀衍预先发觉了此事，遂将高幹所派之兵全部消灭，因此功劳而被封为列侯。魏太祖曹操把自己的女儿嫁给荀彧的长子荀恽为妻，就是后来被称为安阳公主的那位。荀彧与荀攸的地位都很高很受太祖器重，即便如此，荀彧与荀攸两个人都很谦和俭朴，他们把所得的俸禄和赏赐分给自己的族人和旧友，家中没有多余的财物。建安十二年，魏太祖曹操又给荀彧增加了一千户的封邑，与原有的合起来一共是二千户。

魏太祖曹操准备出兵讨伐荆州刘表，他向荀彧询问计策，荀彧说："如今中原地区已经平定，南方荆州地区的刘表已经感到了威胁，处于困境了。可以公开宣扬出兵宛城、叶县之间而实际上却从小路秘密进军，以趁其不备而进行袭击。"魏太祖曹操于是按照荀彧的计策出兵讨伐刘表。恰逢刘表病死，魏太祖遂按照预定之策快速行进奔赴宛城、叶县。荆州牧刘表的小儿子刘琮献出荆州向太祖投降。

汉献帝建安十七年，谏议大夫董昭等人认为魏太祖曹操的爵位应该提升为国公，并赐予太祖曹操九种彰显威仪之物（即车马、衣服、乐则、朱户、纳陛、虎贲、弓矢、铁钺、秬鬯），以此来表彰曹操所建立的特殊功勋，魏太祖曹操就此事悄悄地咨询荀彧。荀彧却认为魏太祖曹操当初起义兵讨伐董卓的初心是为了挽救朝廷、安定国家，保持着一片忠贞的诚心，坚守着谦恭的本色；有道德的人应该用仁德去爱别人，而不应该接受如此的封赏。魏太祖曹操因为这件事而对荀彧心生不满。遇到东征孙权，遂上表请求朝廷派荀彧前往谯县慰劳军队，趁机就将荀彧留在军中，以侍中光禄大夫持节的身份，参与丞相府的军政事务。魏太祖曹操率军到达濡须，荀彧因为生病没有随军前往而是留在寿春养病，最后因为过度忧郁而死，享年50岁。谥号曰敬侯。第二年，魏太祖曹操就成为魏国公了。

评曰："荀彧清俊不俗，通达雅正，有辅佐帝王的风度，然而他虽然洞察事理，预先做出判断，却没有达到自己的志向。"

人物新传·荀彧传

一、避乱择主

颍川荀氏是一个世家大族。荀彧祖父荀淑，曾任朗陵令，在汉顺帝、桓帝之时，有名当世。荀彧父亲荀绲，济南相，叔父荀爽，官至司空。荀绲、荀爽兄弟共是八人，皆是名士，也称八龙。绲、爽两人最贤明。荀彧生活在这样一个大家庭中，门第书香的熏陶，使他有很高的文化素养，在少年时就受到南阳名士何颙的赏识，称他有“王佐之才”，因而远近闻名。

荀彧 27 岁时举孝廉，拜守宫令。这一年正是 189 年，董卓入京，京师大乱。荀彧请求外出补吏，做了亢父县令。荀彧并不到任，他回到故乡对父老们说：“颍川是四战之地，要赶快离开这个地方，天下将要大乱了。”人们并不相信，依然怀恋故土，不肯离乡。荀彧只好带领全家投奔河北冀州牧韩馥去了。不久关东兵起，董卓西迁，派部将李傕等掳掠颍川、陈留等地，荀彧的乡人大多遭杀害，临死才认识到荀彧有先见之明。在冀州，袁绍把韩馥赶下了台，把荀彧奉为上宾。但荀彧经过一段观察，看出袁绍只是布衣之雄，“终不能成大事”，毅然离开了袁绍，投奔了曹操。这时曹操在兖州，正在网罗人才，思贤若渴，见了荀彧只恨相见甚晚。曹操欣然说：“我的子房来了”，立即任用他为司马，这一年荀彧 29 岁，时为 191 年。

二、挫败张陈之变

兴平元年，兖州牧曹操第二次东征，陶谦、荀彧留后。陈留太守张邈和曹操的另一谋士陈宫，两人合谋发动叛乱，秘密迎接寄屯在河内的吕布偷袭兖州。兖州很快落入吕布之手。与此同时，豫州刺史郭贡也引数万兵奔袭鄄城。荀彧时在鄄城，他与程昱一起商量，沉着应付这一突如其来的变故。荀彧连夜调来驻在东郡的夏侯惇部，果断地杀掉了鄄城内谋叛的几十名士吏，稳定了军心。他自己则不顾个人安危，亲到郭贡军中陈以利害，郭贡兵退。与此同时，程昱到范县、东阿稳定军心。就这样，荀彧与程昱等人终于保住了这三座县城，等待曹操回军。这一场危及曹操生存的张邈、陈宫之变被荀彧挫败了。

张邈、陈宫都是曹操的好朋友，他们为何背叛曹操呢？有两个原因。一是陈留名士边让讥刺了曹操，曹操便杀了他，激起了兖州世族的不满。二是曹操军打仗滥杀无辜。他的父亲曹嵩曾为太尉，贪残搜刮了许多财宝，董卓之乱，避难琅邪，被陶谦的部下掠杀。曹操于是东伐，向徐州百姓出气。曹操连年攻打徐州，残杀数十万，“泗水为之不流”，庄园颓败，鸡犬不留，激起人民的反抗。张邈、陈宫叛乱，一夜之间使兖州丧失。从此以后，曹操在荀彧的劝导下改变了滥杀无辜的政策，对士族也取妥协态度，因之，势力日渐壮大，于 199 年并灭了吕布。

三、七出奇计

曹操倚重荀彧，视为心腹和左右手，荀彧视曹操为明主，尽心辅佐，知无不言，言无不尽。他们两人经常纵论时局，制定战略。单是《三国志・荀彧传》中就记载了七次大的献策，均被曹操采纳，使曹军连获大胜。

第一次，194 年陶谦死后，曹操打算再次兴兵东征，夺取徐州。荀彧说：“前两次讨伐徐州，杀戮过多，徐州人民切齿痛恨，必定坚决抵抗，一时攻打不下，吕布将在背后作难，我们将腹背受敌。当前的首要任务，是先灭吕布，后平徐州。”曹操允诺，专力攻打吕布，收复了兖州。

第二次，196 年，汉献帝东还洛阳，荀彧建议曹操迎献帝都许昌，挟天子以令诸侯，这是一着高棋。从此，曹操在政治上居高临下，天下无敌。

第三次，曹操迎献帝都许昌后，袁绍不服，写信恐吓曹操。这使得曹操又气又恼，想与袁绍决一死战，又恐敌不过，十分焦心，举动都有些失常。荀彧深知曹操内心，劝谏说，应先灭吕布，后平河北。荀彧还把曹、袁两方做了一番对比，指出袁绍外强中干，外宽内忌，优柔寡断，军法不严，曹操恰与之相反，明达不拘，刚毅果断，信赏必罚。曹操在度、谋、武、德四个方面都胜过袁绍，不愁抗不过袁绍，现在更要紧的是等待时机。曹操听后豁然开朗。

第四次，200 年袁曹官渡之战，两军相持半年之久，处于僵持状态。曹军乏粮，使得曹操丧失了信心，打算退军。荀彧写信给曹操说：“楚汉相争，对峙成皋，谁也不肯先退。因为谁先退，谁的士气就瓦解了。你应当用奇兵打破僵局。我还料定袁绍军中不久会发生内讧，因为他们被你 1/10 的力量扼制在官渡，欲进不能，欲退不忍，意志已经沮丧了。”果然不出荀彧所料，不久，袁绍谋士许攸投奔曹操。曹操奇袭乌巢袁军屯粮，赢得了官渡之战的胜利。

第五次，官渡之战以后，曹操欲南下袭刘表。荀彧说：“袁绍惨败，正好乘胜追击，如果让他喘息养力，卷土重来，岂不前功尽弃？”曹操于是重新屯兵黄河，趁袁绍病死，袁谭、袁尚不和之机，扫荡了河北，统一了北方。

第六次，204年曹操打破邺城，领冀州牧，听从趋炎附势之徒的建议，准备恢复古代九州制度，扩大冀州地域，使天下臣服。荀彧进谏说：“如果实行古制，河东、冯翊、扶风、西河、幽州、并州等都包括在冀州境内，夺人之地众多，将引起关西诸将的疑心，如果袁尚、袁谭趁机钻空子，恐怕天下要纷乱了。当前的首要任务是乘胜平定河北，然后南下讨刘表，待到天下安定，再议古制也不晚。”曹操因之改变了主意。

第七次，208年，曹操已平定塞外乌桓，灭了袁尚、高幹，再无后顾之忧，决定大举南下，问计于荀彧。荀彧说：“显出宛叶，间行轻进。”就是大造声势，从宛叶进兵；而实际上，用奇兵从空虚之处迅速插入，迫降荆州。曹操从其计，果然兵不血刃下荆州。

以上七计，仅举其大要。荀彧从191年到212年，前后22年在曹操营垒中出谋划策，主持政务，举荐贤才，所立功勋，卓越无比。曹操曾高度评价荀彧的功劳，说：“天下之定，彧之功也。”①

四、荀彧之死

荀彧替曹操出谋献策，共事20余年，亲密无间，具有智囊领袖的地位，经常与曹操一起讲论治乱之道。荀彧不仅在曹操微时投归，而且竭诚相辅，还给曹操推荐了大批人才。史称：“前后所举者，命世大才，邦邑则荀攸、钟繇、陈群，海内则司马宣王，及引致当世知名郗虑、华歆、王朗、荀悦、杜袭、辛毗、赵俨之俦，终为卿相，以十数人。取士不以一揆，戏志才、郭嘉等有负俗之讥，杜畿简傲少文，皆以智策举之，终各显名。”② 钟繇比荀彧为颜渊，司马懿推重荀彧是几百年以来才出现的奇才。荀彧少时就被何颙称赞为“王佐才也”。曹操也十分倚重荀彧，两人还结成了儿女亲家。曹操女儿安阳公主是荀彧长子荀恽的妻子。但是荀彧与曹操思想意趣有很大差异。荀彧出身世族，他佐曹操征伐，是希望这位曹丞相兴复汉室。曹操则是蓄谋异志。随着曹操逼宫步骤的加紧，两人逐渐产生了裂痕，甚至矛盾公开化。《献帝春秋》曾记载了当时的民间传说。据说伏后与其父伏完书，指责曹操杀董

①《三国志·荀彧传》引《彧别传》。

②《三国志·荀彧传》引《彧别传》。

承，要伏完除掉曹操。荀彧知情不举，后事败露，曹操深恨之。就命荀彧去杀伏后，彧不从，于是自杀。《三国志》本传载，建安十七年，曹操讽喻董昭等建言进爵为魏公，加九锡。荀彧表示了不同意见，他认为曹操“本兴义兵以匡朝宁国，秉忠贞之诚，守退让之实；君子爱人以德，不宜如此”。曹操很不满意。正好曹操出征，荀彧本来都是留守京师的，这次特地要他出京劳军，觉得十分意外，感觉到了曹操对他的不信任。荀彧怀着不安的心情出京，到了寿春，曹操又不让他到前线濡须去劳军。荀彧恐慌，不知所措，后忧愁而死。《魏氏春秋》则说，曹操赠送点心给荀彧，打开一看是空的，示意一场空，荀彧就抑郁而死。

这些不同的记载都说明荀彧死得突然，内情隐秘。荀彧死年 50 岁，正当年富力强之时，怎么会突然死去呢？无论是忧愁而死，还是吞药自杀，总之与曹操进爵魏公的事有直接牵连。荀彧死后不久，曹操就进爵为魏公。荀彧之死，没有改变曹操进逼汉室的野心。但是，荀彧不同于孔融。孔融旗帜鲜明地反对曹操；而荀彧却是曹操的首席谋士，因此，荀彧之死给曹操代汉带来很大的心理影响。所以曹操只好做周文王，而让其子曹丕来登基了。

贾诩传

【题解】

贾诩（147—223），字文和，凉州姑臧（今甘肃武威市）人。东汉末年军阀混战，贾诩委身董卓，为其谋划，有损清名，但李傕、郭汜乱长安，贾诩竭力扶持汉室，多所匡救，时人多之。袁曹官渡之战前夕，贾诩审时度势，说张绣归操，深受曹操赏识。从此，贾诩成为曹操智囊团中的重要谋士。陈寿视贾诩为一流智士，比其为汉之良、平，与荀彧、荀攸合传。裴松之认为陈寿编列不当，他认为二荀如同夜光珠，贾诩只不过是一支蒸烛，只可与程昱、郭嘉辈并列。陈寿与裴松之对贾诩评价的不同，乃时势使然。陈寿仕晋，以魏为正统，故盛赞贾诩之归魏；裴松之仕刘宋，以东晋为正统，故非贾诩之为人。其实两位史学家都是从正统观念出发评价贾诩的。

【原文】

贾诩字文和，武威姑臧人也[①]。少时人莫知，唯汉阳阎忠异之，谓诩有良、平之奇[②]。察孝廉为郎，疾病去官，西还至汧[③]，道遇叛氐，同行数十人皆为所执。诩曰："我段公外孙也[④]，汝别埋我，我家必厚赎之。"时太尉段颎，昔久为边将，威震西土，故诩假以惧氐。氐果不敢害，与盟而送之，其馀悉死。诩实非段甥，权以济事[⑤]，咸此类也。

董卓之入洛阳，诩以太尉掾为平津都尉，迁讨虏校尉。卓婿中郎将牛辅屯陕[⑥]，诩在辅军。卓败，辅又死，众恐惧，校尉李傕、郭汜、张济等欲解散，间行归乡里[⑦]。诩曰："闻长安中议欲尽诛凉州人，而诸君弃众单行，即一亭长能束君矣。不如率众而西，所在收兵[⑧]，以攻长安，为董公报仇，幸而事济，奉国家以征天下，若不济，走未后也。"众以为然。傕乃西攻长安。语在卓传。后诩为左冯翊[⑨]，傕等欲以功侯之，诩曰："此救命之计，何功之有！"固辞不受。又以为尚书仆射[10]，诩曰："尚书仆射，官之师长，天下所望，诩名不素重，非所以服人也。纵诩昧于荣利，奈国朝何！"乃更拜诩尚书，典选举，多所匡济，傕等亲而惮之。会母丧去官，拜光禄大夫[11]。傕、汜等斗长安中，傕复请诩为宣义将军。傕等和，出天子，祐护大臣，诩有力焉。天子既出，诩上还印绶。是时将军段煨屯华阴[12]，与诩同郡，遂去傕托煨。诩素知名，为煨军所望。煨内恐其见夺，而外奉诩礼甚备，诩愈不自安。

【注释】

①武威：郡名，治姑臧（今甘肃武威市）。 ②良、平：西汉开国功臣张良、陈平。 ③汧：县名，在今陕西陇县南。 ④段公：段颎，姑臧人，东汉末安羌的名将，威震凉州，官至太尉。 ⑤权：随机应变。 ⑥陕：县名，在今河南陕县。 ⑦间行：走小道。 ⑧所在收兵：沿途召募军队。 ⑨左冯翊：郡名，治高陵，在今陕西西安市高陵区。 ⑩尚书仆射：东汉尚书台掌典选及章奏，有尚书令一人，尚书仆射一人，下设六曹尚书。 ⑪光禄大夫：光禄勋属官，掌顾问应对。 ⑫华阴：县名，在今陕西华阴市。

【译文】

贾诩，字文和，武威郡姑臧人。年少的时候没有什么名气，只有汉阳郡的阎忠认为贾诩具有非同寻常的才能，说贾诩是西汉开国功臣张良、陈平那样的奇才。被武威郡推举为孝廉，经过朝廷考察之后被任命为郎官，因为生病而丢官，在返回西部的途中经过汧县的时候，遭遇了氐族人的叛乱，与贾诩同行的数十人都被氐族人抓获。贾诩对氐族人说："我是姑臧人段颎的外孙，你们别把我活埋，我家里人一定会出重金来赎我。"当时担任太尉的段颎，以前曾经长时间担任守卫边疆的将帅，其威名震慑整个西部地区，所以贾诩就借用段颎的名号恐吓氐族人。氐族人果然不敢伤害贾诩，反而与贾诩订立盟约将贾诩送回姑臧，而其余的数十人则全都被氐族人杀死。贾诩实际上并不是段颎的外孙，而是贾诩在情况危急时随机应变编出来解救自己脱险的，贾诩的行事大都与此相类似。

当董卓率领部众进入洛阳的时候，贾诩以太尉掾的身份担任平津都尉，又升任为讨虏校尉。董卓的女婿担任中郎将的牛辅率军屯驻于陕县，贾诩当时就在牛辅的军中。董卓败亡之后，牛辅又死了，众人都很恐惧，担任校尉的李傕、郭汜、张济等人都主张大家散伙，然后各自走小路回归自己的家乡。贾诩劝阻说："听说长安城中都在议论准备杀光所有的凉州人，而诸位却要抛弃自己的部众单独行动，那样一来即使是一个小小的亭长也能把你们捆起来了。我们不如率领手下的兵众西进长安，沿路招募士卒，以攻取长安城，为董公报仇，有幸事情办成功了，就以皇帝的名义征伐天下敢于抗命的人，如果失败了，逃走也不算晚。”众人都认为贾诩说的有道理。李傕遂率领本部人马西进攻取长安。这段事情的本末记录在《三国志·董卓传》中。后来贾诩担任左冯翊的行政长官，李傕等准备按照贾诩的功劳封他为侯爵，贾诩推辞说：“这是为了挽救自己的生命才出的计策，哪里算得上功劳呢！”坚决推辞没有接受封侯。李傕等又任命贾诩为尚书仆射，贾诩说：“尚书仆射这个官职，是官员的师长，全天下所瞩望，我贾诩向来没有什么名望，不被人所看重，如果我接受了这个职务，并不能使人心服口服。如果我贪图荣耀和利益接受了这个任命，那么置国家利益和朝廷于何等地位呢？”于是改任贾诩为尚书，主管选举方面的事务，做了很多匡时济世的工作，李傕等人既亲近他又忌惮他。贾诩遭遇母亲去世而离职，后来被任命为光禄大夫。李傕、郭汜等人在长安城中内斗的时候，李傕又聘请贾诩担任宣义将军。李傕等人和解，释放汉献帝，护佑朝廷大臣，贾诩都付出了很多努力。汉献帝被李傕等释放之后，贾诩就将自己的印绶交还给朝廷辞官而去。当时将军段煨率军驻守在华阴县，段煨与贾诩是同郡人，贾诩于是离开了李傕去依托段煨。由于贾诩一向很有名气，被段煨的军队所敬仰。段煨内心惧怕贾诩夺取自己的权位，表面上供奉贾诩的礼数很周备，贾诩心中越加感到不安。

【原文】

张绣在南阳，诩阴结绣[①]，绣遣人迎诩。诩将行，或谓诩曰：“煨待君厚矣，君安去之[②]？”诩曰：“煨性多疑，有忌诩意，礼虽厚，不可恃，久将为所图，我去必喜，又望吾结大援于外，必厚吾妻子。绣无谋主，亦愿得诩，则家与身必俱全矣。”诩遂往，绣执子孙礼，煨果善视其家。诩说绣与刘表连合。太祖比征之[③]，一朝引军退，绣自追之。诩谓绣曰：“不可追也，追必败。”绣不从，进兵交战，大败而还。诩谓绣曰：“促更追之[④]，更战必胜。”绣谢曰：“不用公言，以至于此。今已败，奈何复追？”诩曰：“兵势有变，亟往必利。”绣信之，遂收散卒赴追[⑤]，大战，果以胜还。问诩曰：“绣以精兵追退军，而公曰必败；退以败卒击胜兵，而公曰必克[⑥]。悉如公言，何其反而皆验也？”诩曰：“此易知耳。将军虽善用兵，非曹公敌也。军虽新退，曹公必自断后；追兵虽精，将既不敌，彼士亦锐，故知必败。曹公攻将军无失策，力未尽而退，必国内有故；已破将军，必轻军速进，纵留诸将断后，诸将虽勇，亦非将军敌，故虽用败兵而战必胜也。”绣乃服。是后，太祖拒袁绍于官渡，绍遣人招绣，并与诩书结援。绣欲许之，诩显于绣坐上谓绍使曰⑦：“归谢袁本初⑧，兄弟不能相容，而能容天下国士乎？”绣惊惧曰：“何至于此！”窃谓诩曰：“若此，当何归？”诩曰：“不如从曹公。”绣曰：“袁强曹弱，又与曹为雠⑨，从之如何？”诩曰：“此乃所以宜从也。夫曹公奉天子以令天下，其宜从一也。绍强盛，我以少众从之，必不以我为重。曹公众弱，其得我必喜，其宜从二也。夫有霸王之志者，固将释私怨⑩，以明德于四海⑪，其宜从三也。愿将军无疑！”绣从之，率众归太祖。太祖见之，喜，执诩手曰：“使我信重于天下者，子也。”表诩为执金吾，封都亭侯，迁冀州牧。冀州未平，留参司空军事。袁绍围太祖于官渡，太祖粮方尽，问诩计焉出，诩曰：“公明胜绍，勇胜绍，用人胜绍，决机胜绍，有此四胜而半年不定者，但顾万全故也。必决其机⑫，须臾可定也⑬。”太祖曰：“善。”乃并兵出，围击绍三十馀里营，破之。绍军大溃。河北平。太祖领冀州牧，徙诩为太中大夫⑭。建安十三年，太祖破荆州，欲顺江东下。诩谏曰：“明公昔破袁氏，今收汉南⑮，威名远著，军势既大；若乘旧楚之饶⑯，以飨吏士⑰，抚安百姓，使安土乐业，则可不劳众而江东稽服矣⑱。”太祖不从，军遂无利⑲。太祖后与韩遂、马超战于渭南⑳，超等索割地以和，并求任子㉑。诩以为可伪许之。又问诩计策，诩曰：“离之而已㉒。”太祖曰：“解。”㉓一承用诩谋㉔。语在武纪。卒破遂、超，诩本谋也。

【注释】

①阴结：暗中交结。 ②君安去之：你怎么忍心离开他。安，怎么，为什么。 ③比征：接连征讨。据《三国志·武帝纪》，曹操于建安二年、三年连续讨张绣，不克而还。 ④促更追之：赶快再去追击曹军。更，再。 ⑤散卒：败散的军队。 ⑥克：战胜。 ⑦显：公开。 ⑧袁本初：袁绍字本初。 ⑨雠：对头。 ⑩释：消除。 ⑪明德于四海：向全天下宣明德义。 ⑫必决其机：一定要当机立断。 ⑬须臾：一会儿，立刻。 ⑭太中大夫：官名，掌议论。 ⑮汉南：汉水之南，此处指荆州。 ⑯乘旧楚之饶：利用荆州的丰富资源。乘，利用。旧楚，指荆州。 ⑰飨：奉养。 ⑱稽服：归服。 ⑲军遂无利：指曹操赤壁之败。 ⑳渭南：渭水南岸。 ㉑任子：质子，即以子

为抵押。㉒离之而已：离间马超、韩遂。㉓解：明白。㉔一承用诩谋：专一地采用贾诩之谋。

【译文】

张绣占据南阳，贾诩暗中结交张绣，张绣遂派人迎请贾诩前往南阳。贾诩准备前往，有人责问贾诩说："段煨待你的情谊已经够深厚的了，你为什么要离开他呢？"贾诩回答说："段煨生性多疑，对我有猜忌之意，礼遇虽然很优厚，却不可以依靠，时间长了我将被他所害，我离开他，他一定很高兴，还希望我能在外面给他做外援，所以一定会优待我的妻子儿女。张绣缺乏为自己出谋划策之人，也很愿意得到我的辅佐，这样一来我的家眷和我自身一定都能得到保全了。"贾诩于是前往投靠张绣，张绣以对待自己长辈的礼数对待贾诩，而段煨果然善待贾诩的家眷。贾诩劝说张绣与荆州刘表联合。等到魏太祖曹操接连征伐张绣，却忽然在一天早晨率军撤退了，张绣要亲自率军去追击曹操。贾诩对张绣说："千万不要去追击，如果追击必定失败。"张绣没有采纳贾诩的意见，遂率军追击曹军，与曹军交战，结果大败而回。贾诩这时又对张绣说："现在赶紧再去追击曹军，再与曹军交战必定能大获全胜。"张绣向贾诩道谢说："前次没有听从你的话，以至于大败而回。如今已经打了败仗，为什么还要再去追击呢？"贾诩说："军情有了变化，赶紧前往追击必定获利。"张绣相信了贾诩的话，于是召集起逃散的士卒又去追赶曹军，与曹军大战，果然得胜而归。张绣向贾诩请教说："我率领精兵追击撤退的曹军，而你说我一定会失败；返回之后用残败之军去攻击获胜之兵，而你又说一定能获取胜利。而结果也真像你所预料的那样，为何相反却都应验了呢？"贾诩回答说："这很容易明白。将军虽然很善于用兵打仗，却不是曹操的对手。曹军刚刚撤退，曹操必定亲自断后；我们的追兵虽然是精锐之兵，但我们的将领已经不是他们的对手，他们的士卒也是精锐，所以我知道追击必败。曹操攻打将军并没有什么失策的地方，其兵力也没有衰竭却突然退兵，必定是因为其国内发生了变故；打败了将军的追兵之后，必定会轻装快速前进，即使他留下诸将断后，诸将虽然骁勇，也不是将军的对手，所以虽然是出动败兵与曹军交战也必然能够获胜。"张绣于是对贾诩心服口服。此后，魏太祖曹操在官渡与袁绍对抗，袁绍派人招请张绣，并写信给贾诩想结为自己的外援。张绣就想答应袁绍，贾诩公开在张绣的座席上对袁绍的使者说："回去告诉袁绍，他连自己的兄弟都容不下，还能容得下天下杰出的人物吗？"张绣惊慌失措地说："何至于说出这样的话呢！"张绣私下里对贾诩说："事情已然是这个样子了，我们将归向哪里呢？"贾诩回答说："不如追随曹公。"张绣说："袁绍的势力强大而曹操势力弱小，我们又曾经与曹操为敌，为何要归附曹操呢？"贾诩说："这就是应该归顺曹操的原因。曹操能够打着拥戴天子的旗号向天下人发号施令，这是适宜归向他的第一点。袁绍强盛，我们仅以很少的部众归属于他，他必定不会把我们放在眼里。曹操兵少力弱，得到我们一定会很高兴，这是适宜归向曹公的第二点。那些具有称王称霸志向的人，肯定会不计个人私怨，以向全天下宣明德义，这是应该归向曹公的第三点。希望将军不要再心怀疑虑！”张绣听从了贾诩的意见，率领部众归降了魏太祖曹操。魏太祖曹操看见贾诩，非常高兴，他拉住贾诩的手说：“使我的诚信被天下人所看重的人，就是先生你呀。”遂上表给朝廷任命贾诩为执金吾，封为都亭侯，升任冀州牧。冀州当时还没有平定，就将贾诩留任参司空军事。袁绍将魏太祖曹操围困在官渡，魏太祖军中粮食即将吃完，曹操于是向贾诩询问该怎么办，贾诩说：“主公的英明胜过袁绍，勇敢善战胜过袁绍，善于用人胜过袁绍，决断机敏胜过袁绍，有这四个方面的优势却打了半年还没有平定袁绍的原因，就是想要万无一失地获取胜利。一定要抓住机会当机立断，立刻就可以将袁绍打败。”魏太祖曹操说：“说得好！”于是所有兵力全部同时出击，围攻袁绍连营三十余里的营寨，将袁军打得大败，袁绍的军队溃不成军。河北平定。魏太祖曹操自己兼任冀州牧，调任贾诩为太中大夫。建安十三年，魏太祖曹操率军攻破荆州刘表之后，就准备顺长江东下攻打孙权。贾诩劝谏说：“明公之前击败袁氏平定了河北地区，现在收复了汉水以南的荆州，威名远播，军事实力已经很强盛；如果能够利用荆州地区的丰富资源，来奉养官员和士卒，安抚百姓，让百姓能够安居乐业，就可以不用辛苦兵众而使江东孙权归服了。”魏太祖曹操没有听取贾诩的意见，结果军队出师不利，在赤壁被孙刘联军打得大败。后来魏太祖曹操与韩遂、马超在渭水以南作战，马超等割让土地以求得曹操和解，并请求以自己的儿子为抵押。贾诩认为可以假装答应马超的条件。魏太祖又向贾诩询问计策，贾诩说：“只需采用离间之计就可以了。”魏太祖曹操说：“我明白了。”曹操专一地采用贾诩的计谋。事例记载在《三国志·武帝纪》里。终于击破韩遂、马超，谋略都出自于贾诩。

【原文】

是时，文帝为五官将[①]，而临菑侯植才名方盛，各有党与，有夺宗之议[②]。文帝使人问诩自固之术[③]，诩曰：“愿将军恢崇德度[④]，躬素士之业[⑤]，朝夕孜孜[⑥]，不违子道。如此而已。”文帝从之，深自砥砺[⑦]。太祖又尝屏除左右问诩[⑧]，诩嘿然不对。太祖曰：“与卿言而不答，何也？”诩曰：“属适有所思[⑨]，故不即对耳。”太祖曰：“何思[⑩]？”诩曰：“思袁本初、刘景升父子也[⑪]。”太祖大笑，于是太子遂定。诩自以非太祖旧臣，而策谋深长，惧见猜疑[⑫]，阖门自守[⑬]，退无私交，男女嫁娶，不结高门，天下之论智计者归之。

文帝即位，以诩为太尉，进爵魏寿乡侯，增邑三百，并前八百户。又分邑二百，封小子访为列侯。以长子穆为驸马都尉。帝问诩曰："吾欲伐不从命以一天下[14]，吴、蜀何先？"对曰："攻取者先兵权，建本者尚德化。陛下应期受禅[15]，抚临率土[16]，若绥之以文德而俟其变[17]，则平之不难矣。吴、蜀虽蕞尔小国[18]，依阻山水，刘备有雄才，诸葛亮善治国，孙权识虚实，陆议见兵势[19]，据险守要，泛舟江湖，皆难卒谋也[20]。用兵之道，先胜后战，量敌论将，故举无遗策[21]。臣窃料群臣，无备、权对，虽以天威临之[22]，未见万全之势也。昔舜舞干戚而有苗服[23]，臣以为当今宜先文后武。"文帝不纳。后兴江陵之役[24]，士卒多死。诩年七十七，薨，谥曰肃侯。子穆嗣，历位郡守。穆薨，子模嗣。

【注释】

①五官将：五官中郎将之省称，主管五官郎，属光禄勋。 ②夺宗：夺嫡。 ③自固之术：巩固自己地位的办法。 ④恢崇德度：发扬光大仁德的心胸。 ⑤躬素士之业：勤学诗书。素士，众士。 ⑥孜孜：勤勉的样子。 ⑦砥砺：磨炼，修养。 ⑧屏除左右：使左右的人回避。 ⑨属适有所思：恰值我在想问题。 ⑩何思：想什么。 ⑪刘景升：刘表字景升。 ⑫见：被。 ⑬阖门自守：闭门不出。 ⑭不从命：不遵朝命，指不臣服曹魏的吴蜀二国。 ⑮应期受禅：顺应天运接受禅让之帝位。 ⑯率土：全境，全国，此指曹魏全境。 ⑰绥：安定。 ⑱蕞（zuì）尔：细小。 ⑲见：同"识"，见识。 ⑳卒（cù）：急速。 ㉑遗策：计谋不周。 ㉒天威：君威。 ㉓舜舞干戚而有苗服：虞舜修干戚之舞而三苗臣服。干戚舞，传说的古代兵舞，象征武备。有苗，虞舜时南方的少数民族三苗。有，词头。传说三苗多次为乱，虞舜修文德，饰武备，不战而三苗服。 ㉔江陵之役：指黄初三年，曹魏三路伐吴的事。

【译文】

当时，魏文帝曹丕担任五官中郎将，而临菑侯曹植富有才华之名正在盛传，兄弟二人各有自己的一批党羽，舆论认为有争夺继承权之嫌。魏文帝曹丕派人询问贾诩如何才能稳固自己的地位，贾诩说："希望将军发扬光大仁德的心胸，像普通读书人那样勤学诗书，从早到晚孜孜不倦，把儿子该做的事情做好。仅此而已用不着别的办法。"魏文帝曹丕遵从贾诩的指教，深刻地进行自我磨砺、自我修养。魏太祖曹操又曾经令左右的人回避，单独询问贾诩有关立谁为继承人的事情，贾诩默然无语没有回答。魏太祖说："我与先生说话而先生一言不发，这是为什么呢？"贾诩回答说："恰值我在想别的问题，所以没有立即回答。"魏太祖曹操问："正在想什么问题？"贾诩说："我在想袁绍父子和刘表父子废长立幼而灭亡之事。"魏太祖曹操听了此话大笑，于是立曹丕为魏太子之事就此确定下来。贾诩自认为自己并不是魏太祖曹操的故旧之臣，却在太子人选这种事关重大而深远的问题上出谋划策，惧怕因此而受到猜忌，于是便闭门谢客，退出朝堂之后不与任何人有私交，家中男婚女嫁，也不攀附任何达官贵戚，天下人都认为贾诩才是真正有智慧有谋略的人。

魏文帝曹丕即位以后，任用贾诩为太尉，并提升贾诩的爵位等级，由都亭侯升为魏寿乡侯，增加封邑三百户，加上以前的总计八百户。又分出一个二百户的封邑，封贾诩的小儿子贾访为列侯。任命贾诩的长子贾穆为驸马都尉。魏文帝曹丕向贾诩询问说："我准备出兵讨伐不遵从朝廷政令的人以统一天下，东吴和西蜀先讨伐哪一个好？"贾诩回答说："攻取别人的人首先要掌握军权，建立基业的人崇尚以恩德来感化人。陛下顺应天运接受禅让而成为一国之君，实行安抚政策统治全国，如果能用礼乐教化来安抚吴、蜀而等待吴国、蜀国内部发生变故，则平定吴国、蜀国就很容易了。虽然吴国、蜀国只是一个很小的国家，但是依靠山、水作为屏障，西蜀刘备具有雄才大略，丞相诸葛亮善于治理国家；东吴孙权掌握军情的虚实，陆议明了用兵打仗的时机；蜀国占据着险要的地势坚守要塞，吴国熟习水上作战，泛舟江湖如履平地，都很难在短时间内谋划成功。用兵打仗，要先有获胜的把握而后出战，要进行敌我双方在兵力、将帅方面的优劣比较，所以才能举措没有失误。我私下里估量朝中群臣，没有人是刘备、孙权的对手，即使陛下率军亲征，也未必能够做到万无一失。古代虞舜排演干戚之舞而南方的少数民族三苗臣服，我认为现在应该先修文德而后修武功。"魏文帝曹丕这次没有采纳贾诩的意见。后来魏文帝曹丕兵分三路对吴国发动了江陵之战，结果魏军死伤了很多士卒。贾诩 77 岁的时候，去世，谥号曰"肃侯"。贾诩的长子贾穆继承了他的爵位，贾穆历任郡守。贾穆去世以后，贾穆的儿子贾模继承了爵位。

人物新传·贾诩传

一、随机应变　说绣归操

贾诩，字文和，年少时就聪敏过人，有识之士称他有王佐之才。贾诩被地方举孝廉为郎官，因病辞官归乡里。东汉一朝，凉州、关中长期闹羌人暴动，很不平静，后来被凉州大将段颎讨平。段颎因之做了太尉。贾诩回乡行至关中汧县界，遭遇暴动的氐人擒拿，同行30多人都将被处死。贾诩灵机一动，计上心来，伪称是太尉段颎的外孙，还说，如果放了他，氐人可以得到很多钱财，有什么要求，他可代为转达朝廷。暴动的氐人畏惧段颎，也要替自己留条后路，于是与贾诩结拜为把兄弟，还护送他过陇山。其余的人全都遭到杀害。

184年，黄巾军大起义，动摇了东汉的统治。凉州边章、韩遂趁机起兵反汉，割据了凉州。朝廷派司空张温督中郎将董卓往讨，于是贾诩投身董卓部下。189年董卓入洛，自官太尉，拜贾诩为太尉掾，迁平津都尉。关东兵起，又迁贾诩为讨虏校尉，佐助牛辅屯陕拒关东军。王允诛杀董卓，不赦凉州将，一时凉州兵将乱成一团，牛辅被乱兵杀死。李傕、郭汜、张济等人也无主张，打算散伙去当强盗。贾诩说，如果散了凉州兵，一个乡间亭长就能抓获你们。与其让人抓获，还不如激励士众为董卓报仇，杀向长安，死中求活。李傕、郭汜等采纳了这一计谋，果然攻下了长安，杀了王允，劫持了汉献帝，把持了朝政。贾诩被拜为尚书，典选举。贾诩运用这一要职，保护了不少汉官，起用了不少智能之士。由于李傕、郭汜争权，在长安交兵，自相残杀，凉州兵瓦解了。这时贾诩追随张济到了荆州。张济在荆州战死，这支凉州兵由张济侄儿张绣统率，贾诩做了张绣的谋主。

张绣在南阳与刘表连和，谋取许昌，成为曹操的心腹之患。建安二年，曹操南下亲征张绣。贾诩劝张绣降操。张绣对贾诩言听计从，降了曹操。贪淫好色的曹操见张济妻貌美，就纳为婢妾淫乱，因而激怒了张绣。贾诩又替张绣谋划偷袭曹营，杀得曹操大败亏输，亲军都尉典韦阵亡，折了长子曹昂，亡了侄儿曹安民。曹操本人伤了右臂，也差点伤了性命。次年曹操再次起兵亲征，围攻张绣。两军交战正难分难舍之时，袁绍打算南下偷袭许昌。曹操急忙退兵，又被贾诩用计让张绣追杀了一阵。

建安四年冬，袁绍发动官渡之战，派使者联络张绣，并致书贾诩。贾诩却在宴会上公然对使者说："回去替我道谢袁本初，自家兄弟不能相容，怎么能容得下天下的国士呢？"贾诩的这番言论，杜绝了张绣投袁的去路，并说绣归操。张绣大惊地说："袁强曹弱，我和曹操又有深仇大恨，怎么能去投他呢？"贾诩说："正因为袁强曹弱才是归操的时机，曹操用人，你必得重用。他有王霸之志，必不计较个人私怨。"张绣听计，率众归操。曹操举行盛大宴会欢迎，与张绣握手言欢，结为儿女亲家，替第二十二子曹均娶绣女为妻。张绣在官渡之战中立了功勋。曹操对贾诩更加器重，握着他的手说："使我的威信传扬天下的人，是你的功劳啊。"曹操立即表拜贾诩为执金吾，封都亭侯，遥领冀州牧。河北平定后，曹操自领冀州牧，迁贾诩为太中大夫，参决谋议，不离左右。

二、运筹帷幄　算无遗策

贾诩生于乱世，周旋于汉末军阀角逐之中，胸藏韬略，以智计安身，善画奇谋，算无遗策。听其言得利，逆其言受害。他更有自知之明，因为自己是董卓集团中人投到曹操营垒，所以特别选择有利时机。当受到曹操重用后，仍然恭谦，总是曹操问计时才发表自己的意见。

袁曹官渡之战，从建安五年二月一直相持到十月，未决胜负。曹操问计于贾诩。贾诩说："你的英明超过了袁绍，勇敢超过了袁绍，用人超过了袁绍，当机决断超过了袁绍，但是相持半年未能取胜，这是因为你在敌强我弱的形势下打消耗战，阵地相持以求万全。只要你下定决心，不失战机，以奇取胜，胜负立决。"一语提醒了曹操。曹操于是下决心袭袁绍粮囤，果然一战功成，袁绍军大溃。

建安十三年曹操南下荆州，不战而降刘琮，追败刘备于长坂，并了荆州水军，声势大振。曹操一举下江东，以建立盖世功勋，早日移迁汉祚，发动了赤壁之战。贾诩认为不可，对曹操说："明公昔破袁氏，今收汉南，威名远著，军势既大；若乘旧楚之饶，以飨吏士，抚安百姓，使安土乐业，则可不劳众而江东稽服矣。"（《三国志·贾诩传》）贾诩是要曹操休整荆州士众，在政治上发展荆州战役的声威，阻止孙刘联盟，徐图进取，用不了几年即可统一江东。曹操没有听从，结果大败而归，葬送了荆州之役的大好形势，使刘备集团取得了荆州、益州，造成了鼎足三分的地理均势，丧失了统一大业的大好局面。

建安十六年，贾诩随曹操进兵关中，势如破竹，连连得胜。马超自知不是曹操对手，要求派送质子，割地求和。曹操又问计于贾诩。贾诩说："将计就计，离之而已。"曹操心领神会，用贾诩离间之计，大破韩遂、马超，占有关中。

建安二十五年曹丕建魏国，拜贾诩为魏太尉。曹丕问贾诩说："我想统一天下，吴、蜀两国，当先征伐哪一国呢？”贾诩说：“魏国初建，首先是建本树德，搞好内政，以待天下之变，则统一之功并不难。吴蜀两国虽小，但刘备有雄才，诸葛亮善治国；孙权识虚实，陆逊善用兵，魏国群臣中还没有哪个是刘备、孙权的对手。用兵的妙诀，就是事前预计，有必胜的把握，然后才打仗。想打胜仗，就要估量敌人，了解双方指挥将领的素质，这样才能做到算无遗策。”贾诩的精辟分析，表现了他对即将出现的三国鼎立的形势发展作了准确的估计。然而，曹丕没有认真采纳贾诩意见，大举伐吴，亲临大江，结果无功而还。

贾诩卒于魏黄初四年，享年 77 岁。

程昱传

【题解】

程昱（yù），字仲德，兖州东阿（今山东东阿）人。曹操征徐州时，他与荀彧留守后方，因功受封为东平相。后为东中郎将，领济阴太守，都督兖州事宜。曹操讨平袁谭、袁尚后，拜为奋武将军，封安国亭侯。曹丕代汉称帝，任为卫尉，进封安乡侯。同年去世，享年八十岁，曹丕为之流涕，追赠为车骑将军、陈王，谥曰“肃”。

程昱是个文武双全的人物，其最大的特点是深谋远虑、勇敢果断。历史证明程昱在战略选择方面总是有着高超的先见之明：他早年不选择刘岱，而选择曹操，终得施展才干；晚年不选择曹植，而选择曹丕，终得善终；他还善于替别人做出战略选择，如劝刘岱不要联合公孙瓒，而要联合袁绍；劝曹操自立，而不要屈居于袁绍之下。王彧曾评论说：“程昱有谋，能断大事。”诚非虚言。程昱不仅能谋，而且善将，终其一生，都担任重要的军事职务，单独领兵，都督一方，是名副其实的曹操麾下外姓第一都督。他敢以七百人的兵力，置身于战争规模高达十几万人的兵力的战场前线，而且还不要增援，连曹操都叹服于他的胆略，评论说：“程昱之胆，过于贲、育。”要知道，魏国另一个被类比为孟贲、夏育的，是有天人之勇的曹仁！程昱的谋略胆识，令人叹服，只是行为操守略逊一些，是其美玉之微瑕。

【原文】

程昱字仲德，东郡东阿人也。长八尺三寸，美须髯。黄巾起，县丞王度反应之，烧仓库。县令逾城走，吏民负老幼东奔渠丘山[①]。昱使人侦视[②]度，度等得空城不能守，出城西五六里止屯。昱谓县中大姓薛房等曰：“今度等得城郭不能居，其势可知。此不过欲虏掠财物，非有坚甲利兵攻守之志也。今何不相率还城而守之？且城高厚，多谷米，今若还求令[③]，共坚守，度必不能久，攻可破也。”房等以为然。吏民不肯从，曰：

“贼在西，但有东[④]耳。”昱谓房等：“愚民不可计事。”乃密遣数骑举幡于东山上，令房等望见，大呼言“贼已至”，便下山趣城[⑤]，吏民奔走随之，求得县令，遂共城守。度等来攻城，不能下，欲去。昱率吏民开城门急击之，度等破走。东阿由此得全。

【注释】

①渠丘山：山名，在今山东东阿县境内。 ②侦视：侦察，探视。 ③求令：寻求县令。④但有东：只有向东。 ⑤趣城：急速奔向县城。趣，通“促”，急促，急速。

【译文】

程昱字仲德，东郡东阿县人。身高八尺三寸，胡须很美，很有风度。黄巾军起事的时候，县丞王度反叛响应，烧毁了仓库。县令翻越城墙逃跑了，官吏百姓纷纷扶老携幼向东逃奔到渠丘山。程昱派人侦察王度的动静，王度等人夺得的是一座空城，无法据守，军队只好驻扎在城西五六里的地方。程昱对县中大族薛房等人说：“现在，王度等人得到城池而不能据守，他们的势力可想而知。他们不过想要抢掠财物，并非有扩大装备、训练军队坚守城池的志向。我们为什么不能率领民众返回城中坚守呢？城墙又高又厚，城中积存的粮食充足，现在如果回去找到县令，一同坚守，王度一定不能坚持很久，到那时候便可打败他了。”薛房等人认为他说得对。但其他官吏百姓不肯听从他的话，说：“贼在西边，我们只有向东才安全。”程昱对薛房说：“这些人是愚民，不可和他们商议大事。”于是，秘密派遣几个人骑着马到东山上举起旗帜，让薛房等人能望到，大喊说：“贼已来了！”随即下山直奔县城而去。吏民们便跟他们进城去了，找到县令，于是共同守城。王度等人来攻城，攻不下来，想要撤离，程昱率领吏民打开城门迅速攻击，王度等被打败逃跑。东阿县城因此得以保全。

【原文】

初平[①]中，兖州刺史刘岱辟[②]昱，昱不应。是时岱与袁绍、公孙瓒和亲，绍令妻子居岱所，瓒亦遣从事范方[③]将骑助岱。后绍与瓒有隙。瓒击破绍军，乃遣使语岱，令遣绍妻子，使与绍绝。别敕范方：“若岱不遣绍家，将骑还。吾定绍，将加兵于岱。”岱议连日不决，别驾王彧[④]白岱：“程昱有谋，能断大事。”岱乃召见昱，问计，昱曰：“若弃绍近援而求瓒远助，此假人于越以救溺子[⑤]之说也。夫公孙瓒，非袁绍之敌也。今虽坏绍军，然终为绍所禽。夫趣一朝之权[⑥]而不虑远计，将军终败。”岱从之。范方将其骑归，未至，瓒大为绍所破。岱表昱为骑都尉，昱辞以疾。

刘岱为黄巾所杀。太祖临兖州，辟昱。昱将行，其乡人谓曰：“何前后之相背也！”昱笑而不应。太祖与语，说之，以昱守寿张令。太祖征徐州，使昱与荀彧留守鄄城。张邈等叛，迎吕布，郡县响应，唯鄄城、范、东阿不动。布军降者，言陈宫欲自将兵取东阿，又使氾嶷[⑦]取范，吏民皆恐。彧谓昱曰：“今兖州反，唯有此三城。宫等以重兵临之，非有以[⑧]深结其心，三城必动。君，民之望也，归而说之，殆可！”

【注释】

①初平（190—193）：汉献帝刘协的第三个年号，共4年。 ②刘岱（？—192）：字公山，东莱牟平（今山东福山西北）人，汉室宗亲，官至侍中、兖州刺史。辟：征辟，征召。 ③范方：公孙瓒属吏。初平中，公孙瓒遣范方将骑助兖州刺史刘岱。 ④王彧：兖州刺史刘岱手下任别驾之职，曾推荐程昱于岱。 ⑤假人于越以救溺子：儿子掉到水里，到善于游水的南方越国去求救，比喻远水救不了近火。 ⑥趣：快走，比喻争取，求取。一朝之权：眼前的权宜之计。 ⑦氾嶷（？—194）：吕布部将。兴平二年，张邈和陈宫等却趁曹操外征徐州，秘密迎接吕布来担任兖州牧，陈宫令氾嶷攻打范县，范县县令靳允经程昱鼓励，伏兵刺杀氾嶷。 ⑧有以：有某种办法。

【译文】

初平年间，兖州刺史刘岱征召程昱，程昱没有答应。当时，刘岱与袁绍、公孙瓒和亲，袁绍让他的妻儿住在刘岱那里，公孙瓒也派从事范方带领骑兵去援助刘岱。后来，袁绍与公孙瓒发生嫌怨。公孙瓒打败了袁绍的军队，接着派使臣告诉刘岱，让他遣返袁绍妻儿，与袁绍断交，另外下令范方，说：“如果刘岱不遣返袁绍家眷，你就带领骑兵返回来。我平定袁绍之后，就要发兵与刘岱开战了。”刘岱连日商议，不能决断，别驾王彧告诉刘岱：“程昱很有计谋，能决断大事。”刘岱于是召见程昱，请问他有何计策，程昱说：“如果放弃袁绍的近援而寻求公孙瓒的远助，这正是所谓越地借人来救已经溺水的儿童。那个公孙瓒，不是袁绍的对手。现今，他虽然挫伤了袁绍的军队，但是最终他还会被袁绍擒住的。如果只顾一时的权变而不考虑长远的利益，您终究是要失败的。”刘岱听从了他的主张。范方带领他的骑兵退回，还没有到达，公孙瓒已被袁绍打得大败。刘岱上表推荐程昱为骑都尉，程昱假借有病为由，予以辞谢。

刘岱后来被黄巾军所杀。曹操到了兖州，征召程昱。程昱准备前往，他的同乡人对他说："你怎么前后的态度这么不一样啊！"程昱笑而不答。曹操与他交谈后，对他很满意，任命他为寿张县令。曹操攻打徐州，让程昱与荀彧留守鄄城。张邈等人反叛，迎接吕布，各郡县纷纷响应，只有鄄城、范县、东阿没有叛变。吕布军中投降的人说，陈宫准备自己带兵攻取东阿，还让氾嶷攻取范县，官吏百姓听了都很害怕。荀彧对程昱说："现在兖州反叛，只剩下这三城了。陈宫等人以重兵逼城，如果没有人去好好说服三城的官吏、百姓，让他们同心同德，这三城也必定发生变动。三城的县令是民众的希望，您能回城劝说他们，大概是可以的！"

【原文】

昱乃归，过范，说其令靳允①曰："闻吕布执君母弟妻子，孝子诚不可为心②！今天下大乱，英雄并起，必有命世③，能息天下之乱者，此智者所详择④也。得主者昌，失主者亡。陈宫叛迎吕布而百城皆应，似能有为，然以君观之，布何如人哉！夫布，粗中⑤少亲，刚而无礼，匹夫之雄耳。宫等以势假合，不能相君⑥也。兵虽众，终必无成。曹使君智略不世出⑦，殆天所授！君必固⑧范，我守东阿，则田单⑨之功可立也。孰与违忠从恶而母子俱亡乎？唯君详虑之！"允流涕曰："不敢有二心。"时氾嶷已在县，允乃见嶷，伏兵刺杀之，归勒兵守。

昱又遣别骑绝仓亭津⑩，陈宫至，不得渡。昱至东阿，东阿令枣祗已率厉⑪吏民，拒城坚守。又兖州从事薛悌⑫与昱协谋，卒完三城，以待太祖。太祖还，执昱手曰："微子之力⑬，吾无所归矣。"乃表昱为东平相，屯范。

【注释】

①靳允：东汉末年兖州范县令。 ②不可为心：心里忍受不了。 ③命世：即命世之才，意为安邦定国的杰出人才。 ④详择：审察采择。 ⑤粗中：内心粗疏。中，心中。 ⑥相（xiāng）君：把吕布当作君主。相，相信。 ⑦不世出：不是从人世间产生，形容极为罕见。 ⑧必固：一定要坚守。 ⑨田单（dān）：妫姓，田氏，名单，临淄人，田齐宗室远房的亲属，任齐都临淄的市掾（管理市场的小官）。齐国危亡之际，田单坚守即墨，以火牛阵击破燕军，收复七十余城，因功被任为相国，并得到安平君的封号。后来到赵国作将相，死后葬于安平城内。 ⑩仓亭津：古渡口名，

在今山东阳谷县北古黄河上，为东汉以后黄河南北重要渡口。 ⑪ 枣祗（zhī）：姓棘，先祖避难改姓枣，颍川阳翟（今河南禹州市）人。曾任东阿令、羽林监、屯田都尉、陈留太守等职。率厉：率领，督促。 ⑫ 薛悌：字孝威，兖州东郡（今河南濮阳市）人，曹魏官员，历任兖州从事、泰山太守、尚书令、中护军督军，最后官至尚书，受爵关内侯。 ⑬ 微子之力：没有您的出力。

【译文】

程昱于是返回东阿，路过范县，劝说县令靳允说："听说吕布拘捕了您的母亲、弟弟、妻子、儿女，这是一个有孝心的人所绝对不能容忍的！如今天下大乱，群雄并起，必定会有能够主宰命运的人、能够平息天下祸乱的人，明智的人必须慎重抉择。得到明主的一定昌盛，失去明主的一定败亡。陈宫叛迎吕布，各城都去响应，好像他们能有所作为似的，然而，在您看来，吕布究竟是个什么样的人啊！那吕布粗莽残暴，六亲不认，强横无礼，不过有些匹夫之勇罢了。陈宫等人因吕布势力大才与他合作，不会真正把他当作君主看待的。他们人马虽多，最终必定不会成功。曹操，杰出的智慧韬略世上所少见，大概是上天所授予的。您一定要固守范城，我也会守住东阿，这样，我们便可以建立田单那样的功勋。是坚守立功，还是违背忠义顺从恶人而导致母子双亡呢？希望您仔细考虑这件事情！"靳允流着眼泪说："我不会有异心的。"这时氾嶷在范县，靳允于是求见氾嶷，并埋伏士兵刺杀了他，回去约束士兵守城。

程昱又派骑兵阻绝仓亭津渡口，陈宫到来，过不了河。程昱到了东阿，东阿县令枣祗已经率领官吏民众，凭城坚守。又得到兖州从事薛悌与程昱一起协力谋划，终于保全了上述三城，一直到曹操回来。曹操回来，握着程昱的手说："如果不是你尽心尽力，我就没有归宿的地方了。"于是，上书推荐程昱为东平相，驻扎在范县。

【原文】

太祖与吕布战于濮阳，数不利。蝗虫起，乃各引去。于是，袁绍使人说太祖连和，欲使太祖迁家居邺。太祖新失兖州，军食尽，将许之。

时昱使适还，引见，因言曰："窃闻将军欲遣家，与袁绍连和，诚有之乎？"太祖曰："然。"昱曰："意者[①]将军殆临事而惧，不然何虑之不深也！夫袁绍据燕、赵之地，有并天下之心，而智不能济也。将军自度能为之下乎？将军以龙虎之威，可为韩[②]、彭[③]之事邪？今兖州虽残，尚有三城。能战之士，不下万人。以将军之神武，与文若[④]、昱等，收而用之，霸王之业可成也。愿将军更虑之！"太祖乃止。

天子都许，以昱为尚书。兖州尚未安集，复以昱为东中郎将，领济阴太守，都督兖州事。刘备失徐州，来归太祖。昱说太祖杀备，太祖不听。语在武纪⑤。后又遣备至徐州要击⑥袁术，昱与郭嘉⑦说太祖曰："公前日不图备，昱等诚不及⑧也。今借之以兵，必有异心。"太祖悔，追之不及。会术病死，备至徐州，遂杀车胄⑨，举兵背太祖。

【注释】

①意者：私下认为。 ②韩：即韩信（？—前196），淮阴人。西汉开国功臣，誉为"汉初三杰"之一。项羽死后解除兵权，徙为楚王，后被人诬告谋反而贬为淮阴侯。后吕后与萧何合谋，将其骗入长乐宫中，斩于钟室，夷其三族。 ③彭：即彭越（？—前196），字仲，砀郡昌邑（今山东巨野南）人，西汉开国功臣。与韩信、英布并称汉初三大名将。西汉建立后，封为梁王，定都于定陶（今山东菏泽市定陶区），后以"反形已具"罪名，诛灭三族，废除封国。 ④文若：即荀彧（163—212），字文若，颍川颍阴（今河南许昌市）人，曹操统一北方的首席谋臣和功臣。投奔曹操后，官至侍中，守尚书令，封万岁亭侯。后因反对曹操称魏公而为其所忌，调离中枢，在寿春忧郁成病而亡，年50岁。获谥"敬侯"，后追赠太尉。 ⑤语在武纪：《三国志·武帝纪》载："吕布袭刘备，取下邳。备来奔。程昱说公曰：'观刘备有雄才而甚得众心，终不为人下，不如早图之。'公曰：'方今收英雄时也，杀一人而失天下之心，不可。'" ⑥要击：中途拦截加以袭击。要：同"邀"，拦截。 ⑦郭嘉（170—207）：字奉孝，颍川阳翟（今河南禹州市）人，曹操帐下著名谋士。郭嘉原为袁绍部下，后转投曹操，官至军师祭酒，封洧阳亭侯。在曹操征伐乌丸时病逝，年仅38岁。谥曰"贞侯"。 ⑧不及：指在这件事情的深远考虑上不及曹操。 ⑨车胄（zhòu）（？—200）：东汉末年武将，为曹操所置之徐州刺史，被刘备袭杀。

【译文】

曹操与吕布在濮阳交战，屡战不利。这时蝗虫成灾，于是各自带兵撤离战场。袁绍派人劝说曹操与他联合，想要让曹操把家属送到袁绍的首府邺城去居住。曹操刚刚丢掉兖州，军粮已尽，打算同意袁绍的建议。

这时，程昱出使正好回来，去见曹操，趁机劝说曹操："听说您想要迁家，与袁绍联合，果真有这件事吗？"曹操说："不错。"程昱说："我想您一定是遇到困难而心里不安，要不然怎么考虑得这样不周到呢？那袁绍占据燕、赵地区，有吞并天下之心，只可惜才智低下，不能成事。您自己揣度能安心居于袁绍之下吗？您凭借龙虎般的威势，怎么可以做出类似韩信、彭越那样的事情来呢？现在兖州虽然残破，但还有三城在我们手中。能够战斗的士兵，不少于万人。凭着您的神武，有荀彧和我等人的辅助，收拾残余部队，发挥他们的力量，是完全可以完成称王称霸的大业的。希望您三思！”曹操于是打消了与袁绍联合的念头。

汉献帝迁都到许昌，任命程昱为尚书。兖州尚未安定，又任命程昱为东中郎将，兼任济阴太守，都督兖州事务。刘备丢失徐州后，前来归附曹操。程昱劝说曹操杀掉刘备，曹操不肯。这事记载在《三国志·武帝纪》中。后来，曹操又派刘备到徐州去，在半路截击袁术，程昱与郭嘉劝说曹操道：“您前些天没有除掉刘备，我等确实没有您这样的度量。现在借兵给刘备，他一定会生异心。”曹操大为后悔，派人追赶刘备，但没有赶到。恰逢袁术病死，刘备到达徐州，随即杀了徐州刺史车胄，举兵背叛了曹操。

【原文】

顷之，昱迁振威将军①。袁绍在黎阳，将南渡。时昱有七百兵守鄄城，太祖闻之，使人告昱，欲益二千兵。昱不肯，曰：“袁绍拥十万众，自以所向无前。今见昱兵少，必轻易不来攻。若益昱兵，过则不可不攻，攻之必克，徒两损其势②。愿公无疑！”太祖从之。绍闻昱兵少，果不往。太祖谓贾诩曰：“程昱之胆，过于贲、育③。”

昱收山泽亡命④，得精兵数千人，乃引军与太祖会黎阳，讨袁谭、袁尚。谭、尚破走，拜昱奋武将军，封安国⑤亭侯。太祖征荆州，刘备奔吴。论者以为孙权必杀备，昱料之曰：“孙权新在位，未为海内所惮。曹公无敌于天下，初举荆州，威震江表，权虽有谋，不能独当也。刘备有英名，关羽⑥、张飞⑦皆万人敌也，权必资之以御我。难解势分⑧，备资以成，又不可得而杀也。”权果多与备兵，以御太祖。

是后中夏⑨渐平，太祖拊昱背曰：“兖州之败，不用君言，吾何以至此？”宗人奉牛酒大会，昱曰：“知足不辱，吾可以退矣。”乃自表归兵⑩，阖门⑪不出。

【注释】

①振威将军：古官名，武官。 ②两损其势：指分兵与程昱，削弱了曹操的兵力，又使程昱必然受到攻打，所以是“两损”。 ③贲、育：战国时勇士孟贲和夏育的并称。 ④亡命：即亡命之徒，弃家逃亡在外的人。 ⑤安国：古县名，县治在今河北安国市。 ⑥关羽（？—220）：本字长生，后改字云长，河东郡解县（今山西运城）人。赤壁之战后，关羽助刘备、周瑜攻打曹仁所驻守

的南郡，而后长期镇守荆州。后来水陆并进，围攻襄阳、樊城，并利用秋季大雨，水淹七军，将前来救援的于禁打得全军覆没。后败走麦城，被杀。 ⑦张飞（约？—221）：字益德，幽州涿郡人，与关羽并称为“万人敌”。刘备于长坂坡败退时，张飞仅率二十骑断后，曹军无人敢逼近，刘备因此得以免难。刘备称帝后，张飞晋升为车骑将军，领司隶校尉，封西乡侯。后被部将杀害。谥曰“桓侯”。 ⑧难解势分：指孙、刘两家面临的危难解除，双方势力分开而不再合一的时候。 ⑨中夏：华夏，中原地区。 ⑩归兵：把自己统率的军队交给曹操，免除曹操的猜忌。 ⑪阖（hé）门：关闭门户。阖，门扇，用作动词，关闭。

【译文】

不久，程昱升任振威将军。袁绍驻扎在黎阳，准备南渡黄河。这时程昱手下只有七百名士兵守卫鄄城，曹操得知这个消息，立即通知程昱，想给他增加两千兵力。程昱不要。他说：“袁绍拥有士兵十万之多，自以为所向无敌。现在见我兵少，一定轻易不来进攻。如果增加兵力给我，人多了，袁绍经过时就不可能不来进攻，而他一进攻就必定攻下，徒然使我们两处的力量都受到损失。希望您不要顾虑！”曹操听从了这个建议。袁绍听说程昱兵少，果然没有去攻城。曹操对贾诩说：“程昱的胆识，比得过古代勇士孟贲和夏育了。”

程昱收罗窜逃在山泽中的亡命之徒，得到精兵数千人，于是，率领军队与曹操在黎阳会师，攻打袁谭、袁尚。袁谭、袁尚被打败逃走。程昱被授予奋武将军，封为安国亭侯。曹操攻打荆州，刘备逃奔东吴。人们都议论，认为孙权一定会杀掉刘备。程昱推测说：“孙权刚刚即位，还没有被国内上下所畏服。曹操无敌于天下，刚刚攻下荆州，声威震动江南。孙权虽然有谋略，但没有能力单独抗衡。而刘备有英名，关羽、张飞都能力敌万人，孙权必定利用他们来与我们对抗。危难一过，刘备羽翼丰满，孙权再要杀他，就不可能了。”孙权果然给了刘备很多兵力，以抗御曹操。

此后，中原地区逐渐平定，曹操抚摸着程昱的后背说：“兖州失败后，如果不采用您的意见，我怎么能达到今天这个地步？”同族的人奉上牛、酒慰劳，程昱说：“知道满足的人是不会自己招引羞辱的，我可以引退了。”于是，上书归还兵权，闭门不出。

【原文】

昱性刚戾[①]，与人多迕[②]。人有告昱谋反，太祖赐待益厚。魏国既建，为卫尉，与中尉邢贞争威仪[③]，免。文帝践阼[④]，复为卫尉，进封安乡侯，增邑三百户，并前八百户。分封少子延[⑤]及孙晓[⑥]列侯。方欲以为公，会薨，帝为流涕，追赠车骑将军，谥曰肃侯。子武[⑦]嗣。武薨，子克[⑧]嗣。克薨，子良[⑨]嗣。

评曰[⑩]：程昱、郭嘉、董昭[⑪]、刘晔[⑫]、蒋济[⑬]，才策谋略，世之奇士，虽清治[⑭]德业，殊于荀攸[⑮]，而筹画所料，是其伦也。

【注释】

①刚戾：刚愎，暴戾。 ②迕：违背，不顺从。 ③邢贞：建安中，任中尉。文帝时，任太常。被派遣持节授孙权大将军、吴王，加九锡。孙权出迎于都亭，贞有骄色，不下车，引起孙权部属不满，为张昭所斥。争威仪：在路上相遇时，双方的仪仗队互不相让。 ④践阼（zuò）：即帝位。阼，借指帝位。天子即位时践阼升殿，因称帝位为“阼”。 ⑤延：即程延，东郡东阿人，曹魏谋士，名臣程昱之子，封为列侯。 ⑥晓：即程晓（约 220—264），字季明，东郡东阿人。程昱之孙，黄初中封列侯。嘉平中为黄门侍郎，后迁汝南太守。 ⑦武：即程武，程昱之子，继承其父安乡侯的爵位。 ⑧克：即程克，程昱之孙，继承爵位。 ⑨良：即程良，程昱之重孙，继承爵位。 ⑩此为程昱、郭嘉、董昭、刘晔、蒋济五人的合并评论，单就程昱而言，则是：“程昱才策谋略，世之奇士，虽清治德业，殊于荀攸，而筹画所料，是其伦也。” ⑪董昭（156—236）：字公仁，济阴定陶人。曹魏谋士。历任河南尹、冀州牧、徐州牧、魏郡太守等职。曹操受封魏公、魏王的谋划，都是出自董昭之手。曹丕继位后，任将作大匠。曹丕称帝后，升任大鸿胪。81 岁去世，谥曰“定”。 ⑫刘晔（？—234）：字子扬，淮南成德（今安徽淮南寿县东南）人，魏国著名的战略家。年少知名，人称有佐世之才，是曹操手下举足轻重的谋士，历任太中大夫、大鸿胪。他屡献妙计，对天下形势的发展往往一语中的。刘晔历仕数朝，是曹魏的三朝元老。 ⑬蒋济（188—249）：字子通，楚国平阿（今安徽怀远县）人。曹魏名臣，历仕曹操、曹丕、曹叡、曹芳四朝。曹芳继位之后，转任领军将军，封昌陵亭侯，又代司马懿为太尉。随司马懿推翻曹爽势力之后，晋封都乡侯，同年去世，谥曰“景侯”。 ⑭清治：清正的从政风范。 ⑮殊于：不如。荀攸（157—214）：字公达，颍川颍阴人，荀彧之侄，被称为曹操的“谋主”，擅长灵活多变的克敌战术和军事策略。他生前设奇策共十二计，在曹操伐吴途中去世。

【译文】

程昱性情刚直暴烈，与人相交多有抵触。有人告程昱的状，说他阴谋反叛，曹操对他的赏赐和待遇反而更加丰厚。魏国建立以后，程昱任卫尉，与中尉邢贞争仪仗，被免职。曹丕即位后，复官为卫尉，进封为安乡侯，增加封邑三百户，连同以前的共八百户。又分封程昱的小儿子程延及孙子程晓为列侯。正要封程昱为公，但恰巧在这个时候他去世了。曹丕为之流泪，追赠他为车骑将军，谥号为“肃侯”。儿子程武继承爵位。程武去世后，儿子程克继承。程克去世后，儿子程良继承。

史家评论说：程昱、郭嘉、董昭、刘晔、蒋济，具有才智谋略，是当时的奇特之才，虽然清正的从政风范和个人的品德修养比不上荀攸，但他们的策划预料能力则与荀攸不相上下。

人物新传·程昱传

一、明察世事，敏于决断

程昱（141—220），字仲德，东郡东阿人。年轻时闲居乡里。黄巾军起义时，县丞王度反叛响应，烧毁仓库，县城陷于混乱。县令无能，逾城逃走，吏民纷纷出奔。王度见是一座空城，也弃城驻扎在西郊。程昱派人探知，便对县中大姓薛房等人说：“王度没有坚甲利兵，势力不大，反叛闹事，不过是要掳掠财物而已。如今他弃城在外，我们何不回城拒守？城墙高厚，多积谷米，找回县令，共同坚守。王度等乌合之众必不能持久。”薛房等人十分赞同这一主张，但是，多数吏民担心遭到袭击，不肯回城。程昱便心生一计。他和薛房商定，秘密派人骑马到山上，举旗晃动，薛房等人就大喊“乱贼来了”，百姓必定惊慌逃跑，然后趁机把吏民带回城去。计行果然如此。回城后，他们找到县令，部署守城。王度看到吏民回城，就领人来攻。久攻不下，打算退兵。程昱趁其不备，领兵开门出击，杀得王度落荒而逃。东阿县因此保全。

初平二年，兖州刺史刘岱召辟程昱，程昱不愿出仕为官。当时，刘岱与袁绍、公孙瓒和亲，袁绍把他的妻子送到刘岱处居住，公孙瓒也派遣从事范方领骑兵来帮助他。后来，袁绍与公孙瓒发生冲突。公孙瓒击败了袁绍，就遣使告诉刘岱，令他送还袁绍妻子，断绝与袁绍的关系，而且还威胁说，如果刘岱不听从，他就调回骑兵，“将加兵于岱”。刘岱连日召集群下议计，不知如何是好。别驾王彧说：“程昱有谋，能断大事。”于是，刘岱召见程昱，询问计谋。程昱首先分析了袁绍离东阿近而公孙瓒远，认为不应弃近援而求远助，然后指出，公孙瓒不是袁绍的对手，虽然暂时打败了袁绍，然而终将为袁绍所擒获。因此，如果取一时之利而不考虑长远之计，“将军终败”。刘岱于是拒绝了公孙瓒的要求。不久，袁绍果然在界桥打败了公孙瓒。刘岱非常赏识程昱，表他为骑都尉，而程昱借口有病谢绝了。

二、保全兖州　功著群僚

初平三年刘岱被黄巾军击杀。曹操入兖州，召辟程昱，程昱欣然应命。临行，同乡友人不解，问他：“前拒后从，如此不同，何也？”程昱笑而不答。曹操见到他，交谈后大喜，授以寿张令一职。

曹操东征徐州时，程昱、荀彧等留守鄄城。当时，张邈、陈宫等反叛曹操而迎吕布入主兖州。兖州郡县纷纷响应，只有鄄城、东阿、范县三县未动。为了夺取兖州全境，陈宫领兵去取东阿，同时派氾嶷取范城。荀彧得知消息，慌忙对程昱说："今叛乱遍及兖州，只有这三城在我们手中。若陈宫重兵围城，三城军心浮动，将被攻破。君，民之望也，去东阿和范县鼓动人心，大概可以稳定军心。"局势十分危急，荀彧要借重程昱在东阿一带的威望，遏止叛乱继续蔓延，稳住三县阵脚。

程昱到了范城，见到县令靳允，向他晓以守降的利害。程昱说："方今天下大乱，英雄并起，然而必定会有命世之才，来平息混乱。"自古至今，得主者昌，失主者亡。他希望靳允认清形势，选择良主而依。谁是良主呢？程昱指出：吕布"粗而少亲，刚而无礼，匹夫之雄也"；陈宫等人，更不足以为伍。他们目前兵将虽众，终将失败，无所成就。而曹操"智略不世出，殆天所授！君必固范，我守东阿，则田单之功可立也"。如追随叛乱，违忠从恶，将家破人亡。何去何从，"愿君详虑之"！靳允听后，流涕曰："不敢有二心。"于是，杀掉来劝降的氾嶷，坚守城池。

程昱又到东阿，东阿令枣祗正率领吏民拒城坚守。程昱就与兖州从事薛悌同心协力，多方谋划，保全了三城。兖州是曹操在军阀混战中拼力厮杀夺来的一块立足之地，倘若兖州全部丧失，他将无地依存，流离失所。所以，当曹操从徐州归来，得知还保全了三城，便拉着程昱的手，感叹道："不借助程公之力，我将没有地方可以去了！"于是，表程昱为东平相，住在范县。

程昱小时，常常梦见自己登上泰山，双手捧着东升的红日。他很惊异，曾把此事告诉荀彧。当兖州叛乱，他全力保住了三城后，荀彧就把他双手捧日的梦告诉了曹操。曹操听后，明白程昱辅佐自己就如同双手捧日，高兴地说："卿当终为吾腹心。"程昱原名"立"，曹操就在"立"字上加一个"日"字，更名为昱。从此程昱就成了他的正式名字。

曹操失去兖州大部，仅居三个小县，兵少粮缺，陷于困境。袁绍想趁机并吞他，就以"连和"为名，要曹操"迁家于邺"，受制于他。曹操进退维谷，便答应了袁绍的要求。程昱听说后，大惊，他没想到曹操遇到困境就产生惧怕，竟然做出如此缺乏远见的决定，便去见曹操。他先问曹操："齐国的后裔田横，据千里之地，拥百万之众，曾南面称孤。后来汉高祖得天下，若他愿为降虏，你以为怎样？"曹操回答说："此诚大丈夫之至辱。"程昱因此借题发挥说："我愚昧，不识大旨。但我以为将军之志，不如田横。田横，只是齐国的一位壮士，犹羞为高祖之臣，守节而死。今闻将军欲遣家往邺，将北面而事袁绍。夫以将军之聪明神武，而反羞为袁绍之下，窃为将军耻之！"一席话，说得曹操面红耳赤，哑口无言。接着，程昱指出，袁绍占据燕、赵之地，早有兼并天下的野心，只是智力不逮，难以成功。他问曹操："将军自己揣度，能够在他之下吗？"最后，程昱说："今兖州虽然残破，尚有三城在手，能征惯战的将士，也有上万。以将军之神武，加上荀彧、我等谋士，再招贤征兵，是可以成就王霸之业的。愿将军重新考虑做出的决定！"曹操这才如梦初醒，于是放弃了投奔袁绍的所谓连和，重新振作，开拓基业。

三、劝操除备　料事如神

建安元年，曹操迁献帝于都许昌，程昱为尚书。是时兖州尚未完全安定，曹操又以他为东中郎将，领济阴太守，总督兖州事务。不久，刘备来投奔曹操。程昱认为，"刘备有雄才而甚得众心，终不为人下"，劝曹操趁他羽翼未丰，及早除掉。曹操欲示天下宽仁，没有采纳。后来，曹操派刘备领兵去击袁术。程昱和郭嘉同时加以阻止，他说，刘备有异心，不杀则罢，但不可放走了。曹操听后，很后悔，但已经来不及追回刘备了。刘备一走，立即斩将叛曹。

官渡之战前，程昱领七百兵卒守鄄城。曹操担心他兵少，被袁绍攻破，打算派兵两千增援。程昱不要。他说："袁绍拥兵十万，自以为所向无前，他见我兵少，便不放在眼里，也不会轻易来攻打。如果增兵，反而会引起他的注意而派兵攻城。攻而克之，白白地损兵失地。因此，愿主公不必忧虑！"曹操便没有给程昱增兵，袁绍果然也不去攻鄄城。程昱的见识胆气，令曹操佩服不已。在袁绍兵败身死后，程昱收降逃兵，招兵买马，得精兵数千。然后领去与曹操会于黎阳，攻打袁谭、袁尚。打败袁谭、袁尚后，他官拜奋武将军，封安国亭侯。

曹操征荆州，刘备溃逃到孙吴的夏口。当时众将吏纷纷议论，认为孙权会趁此将刘备杀掉，以除后患。唯独程昱不以为然。他认为孙权年幼，在位不久，目前在海内的威名还不够。而曹公无敌于天下，又得到荆州，威震大江上下，孙权虽有谋略，却无法单独以一方的力量来抵挡。刘备素有英名，兼有虎将关羽、张飞，孙权必定会借助他们来对抗。因此，他预料将出现交战双方打得难分难解的局势。而到那时，刘备借机扩大了势力，孙权要杀他又不可能了。后来，事态的发展果然完全如程昱所预料的那样。

四、善处人际　功成身退

曹操征马超时，曹丕留守，令程昱参军事。其时，河间地区发生了田银、苏伯等人的叛乱。曹丕令将军贾信领兵讨伐。大军到后，叛军有一千多人请降。不少人主张按旧法一律斩首。程昱不同意。他说："过去诛杀降贼，是在天下混乱之时。包围叛贼，然后把出降的斩首，是示威于下，以便使叛贼在不被包围时就投降。而今天下安定，叛乱又在邦域之内，他们只有投降一条路，杀了降人起不到震慑叛乱的作用，因而诛杀降贼的意义已经没有了。"他认为，即使要诛杀这批降贼，也当事先禀告曹操。众人不服，以为曹丕既然受命行事，有权作主，不用禀告。曹丕一时不能决断，又专门请教程昱。程昱说："在危急紧迫之时，可以专权行事，而此事不急，故老臣不愿将军如此专断行动。"曹丕认为，程昱的分析和考虑很周全，立即将此事禀告曹操。果然，曹操不同意诛杀降人。当曹操从关中回来，听说了事情的全部经过，很高兴，对程昱说："君不仅明于军计，而且善处人父子之间。"对他不挑动曹丕擅作主张、劝诫曹丕处好父子关系的态度很满意。

程昱认定曹操是一代明主，当以自己的才策谋略，尽心辅佐。他曾在曹操处境困难、情绪沮丧之时，替他分析形势，指明前途，建策图霸。曹操统一北方后，有一天，他拊着程昱的背说："当年兖州反叛，我一败涂地之时，若不是君劝我绝于袁绍，哪里会有今天啊！"程昱在曹操集团的关键时刻所起的作用，连曹操也不得不承认。

但是，程昱性情刚直，脾气乖戾，与同僚相处，往往不和。因此，他晚年知足而退。一天，他召集族人，大摆酒宴，然后说："知足不辱，吾可以退矣。"于是自己上表曹操，归还兵权，从此闭门不出。

曹丕即帝位，仍以他为卫尉，并进封安乡侯，增邑三百户，加上以前的共八百户，还分封他的儿孙为列侯。就在这年，他以八十岁的高龄辞世，文帝为之痛哭，追赠车骑将军，谥曰"肃侯"。

郭嘉传

【题解】

郭嘉（170—207）是曹操“智囊团”中的重要谋士，为曹操统一北方做出了积极的贡献。郭嘉29岁投曹，38岁殁于军中，这10年中，郭嘉屡出奇谋，使名微众寡的曹操在角逐中步步取胜。可惜郭嘉中年夭逝，断了曹操一只臂膀。曹操赤壁败后叹道：“郭奉孝在，不使孤至此。”由此可见郭嘉在曹操智囊团中的地位。

【原文】

郭嘉字奉孝，颍川阳翟人也。初，北见袁绍，谓绍谋臣辛评、郭图曰：“夫智者审于量主①，故百举百全而功名可立也②。袁公徒欲效周公之下士③，而未知用人之机④。多端寡要⑤，好谋无决，欲与共济天下大难⑥，定霸王之业，难矣！”于是遂去之。先是时，颍川戏志才，筹画士也，太祖甚器之⑦。早卒。太祖与荀彧书曰：“自志才亡后，莫可与计事者。汝、颍固多奇士，谁可以继之？”彧荐嘉。召见，论天下事。太祖曰：“使孤成大业者，必此人也。”嘉出，亦喜曰：“真吾主也。”表为司空军祭酒⑧。

征吕布，三战破之，布退固守。时士卒疲倦，太祖欲引军还，嘉说太祖急攻之，遂禽布⑨。语在荀攸传。

孙策转斗千里，尽有江东，闻太祖与袁绍相持于官渡，将渡江北袭许。众闻皆惧，嘉料之曰⑩：“策新并江东，所诛皆英豪雄杰，能得人死力者也。然策轻而无备⑪，虽有百万之众，无异于独行中原也⑫。若刺客伏起，一人之敌耳。以吾观之，必死于匹夫之手。”策临江未济，果为许贡客所杀。

【注释】

①智者审于量主：聪明的人会审慎地选择明主。 ②举：举措，行动。这里指谋士的谋策。 ③下士：屈己尊人，下交贤士。 ④机：要领。 ⑤多端寡要：指袁绍处事琐碎而不能抓住关键。端，头绪，项目。 ⑥共济天下大难：合力挽救国家于危难。 ⑦器：器重，看得起。 ⑧军祭酒：官名，即军师祭酒，建安三年置。 ⑨遂禽布：吕布据下邳，建安三年为曹操所擒杀。 ⑩料：料想，揣度。 ⑪轻：轻佻，不沉稳。 ⑫中原：原野，旷野之中。

【译文】

郭嘉字奉孝，颍川郡阳翟人。当初，郭嘉北上冀州拜见冀州牧袁绍之后，他对袁绍的谋臣辛评、郭图说："聪明智慧的人会审慎地选择明主，谋臣所出的一百种计谋都能被明君所采纳，而后才可以成就功名。袁绍只是想要效仿周公的屈己尊人、礼贤下士，却不懂得用人的道理。处事琐碎而不能抓住要领，喜好谋略却又缺乏决断，想要与他同心协力挽救国家于危难，成就霸王之功业，太难了！"于是便离开了袁绍。在此之前，颍川人戏志才，是一个善于筹谋划策之人，魏太祖曹操特别器重他。不幸的是戏志才很早就死了。魏太祖曹操在写给荀彧的信中说："自从戏志才亡故之后，我身边没有一个可以谋划事情的人。汝南、颍川向来是盛产奇才的地区，有谁可以接替戏志才？"荀彧遂向魏太祖曹操举荐了郭嘉。魏太祖曹操召见郭嘉，与郭嘉谈论天下大事。魏太祖曹操说："能够帮助我成就大业的人，必定是郭嘉这个人。"郭嘉从魏太祖那里出来，也高兴地说："曹操真是我的明主。"魏太祖曹操上表任命郭嘉为司空军祭酒。

魏太祖出兵前往下邳征伐吕布，经过三次战斗就打败了吕布，吕布退回下邳坚守。当时太祖所率士卒已经疲惫不堪，魏太祖曹操想要率军返回，郭嘉却劝说魏太祖抓紧进攻吕布，太祖听取了郭嘉的建议，于是将吕布擒获。郭嘉所言记载在《三国志·荀攸传》中。

江东孙策转战千里，终于占据了整个江东地区，孙策听说魏太祖曹操率军与袁绍军相持于官渡，就准备趁许城空虚率军北渡长江袭击许城。曹操手下众人都很恐惧，郭嘉经过分析推断说："孙策刚刚吞并了江东，他所诛杀的都是英雄豪杰之士，说明孙策能够得到部众的拼死效力。然而孙策为人轻佻、不沉稳却又无防人之心，虽然拥有百万之众，却无异于独自行走于旷野之中。如果一旦有刺客突然出现，只需一人就能敌过孙策。依我来看，孙策必定死于寻常人之手。"孙策率军来到长江岸边还没来得及渡江，果然被许贡的门客刺杀而死。

【原文】

从破袁绍，绍死，又从讨谭、尚于黎阳，连战数克。诸将欲乘胜遂攻之，嘉曰："袁绍爱此二子，莫適立也[①]。有郭图、逢纪为之谋臣，必交斗其间，还相离也。急之则相持[②]，缓之而后争心生[③]。不如南向荆州若征刘表者，以待其变；变成而后击之，可一举定也。"太祖曰："善。"乃南征。军至西平，谭、尚果争冀州。谭为尚军所败，走保平原，遣辛毗乞降。太祖还救之，遂从定邺[④]。又从攻谭于南皮，冀州平。封嘉洧阳亭侯[⑤]。

太祖将征袁尚及三郡乌丸，诸下多惧刘表使刘备袭许以讨太祖嘉曰[⑥]："公虽威震天下，胡恃其远[⑦]，必不设备。因其无备，卒然击之[⑧]，可破灭也。且袁绍有恩于民夷[⑨]，而尚兄弟生存。今四州之民[⑩]，徒以威附，德施未加，舍而南征，尚因乌丸之资[⑪]，招其死主之臣[⑫]，胡人一动，民夷俱应，以生蹋顿之心[⑬]，成觊觎之计[⑭]，恐青、冀非己之有也。表，坐谈客耳，自知才不足以御备[⑮]，重任之则恐不能制，轻任之则备不为用，虽虚国远征，公无忧矣。"太祖遂行。至易，嘉言曰："兵贵神速。今千里袭人，辎重多，难以趣利[⑯]，且彼闻之，必为备；不如留辎重，轻兵兼道以出[⑰]，掩其不意[⑱]。"太祖乃密出卢龙塞[⑲]，直指单于庭[⑳]。虏卒闻太祖至，惶怖合战[㉑]。大破之，斩蹋顿及名王已下。尚及兄熙走辽东。

嘉深通有算略，达于事情[㉒]。太祖曰："唯奉孝为能知孤意。"年三十八，自柳城还[㉓]，疾笃，太祖问疾者交错。及薨，临其丧[㉔]，哀甚，谓荀攸等曰："诸君年皆孤辈也，唯奉孝最少。天下事竟，欲以后事属之[㉕]，而中年夭折[㉖]，命也夫！"乃表曰[㉗]："军祭酒郭嘉，自从征伐，十有一年。每有大议，临敌制变。臣策未决，嘉辄成之。平定天下，谋功为高。不幸短命，事业未终。追思嘉勋，实不可忘。可增邑八百户，并前千户。"谥曰贞侯。子奕嗣。

【注释】

①莫適（dí）立：即"莫立适"，指袁绍在袁谭、袁尚二人之间没有确定谁为继承人。適，通"嫡"，正妻所生之长子。袁绍三子一甥：长子袁谭，中子袁熙，少子袁尚，外甥高幹。袁绍爱少子

袁尚，故不立嫡，使三子及甥各据一州。绍死，袁谭、袁尚争嫡，兄弟相恶。②相持：互相扶助。③争心：互相争夺之心。④邺：冀州治，在今河北临漳县西南邺城镇东。⑤洧（wěi）阳：古城名，在今河南扶沟县南。⑥诸下：卢弼说，"诸下"疑为"诸将"或"群下"之误（见《三国志集解》）《资治通鉴》作"诸将皆曰"。⑦胡：指三郡乌丸。⑧卒：通"猝"，突然。⑨民夷：汉族和乌桓的百姓。⑩四州：指青、冀、幽、并四州。⑪资：资助，供给。⑫死主之臣：以死"尽忠"于主的臣子。⑬蹋顿：辽西乌桓的首领。⑭觊（jì）觎（yú）：非分的愿望或企图。⑮御：驾驭、控制、驱使。⑯趣利：趣，同"趋"。⑰轻兵：轻装快速突击部队。兼道：以加倍的速度赶路。⑱掩其不意：乘敌没有准备而突袭。⑲卢龙塞：古要塞名，在今河北喜峰口附近。⑳单于庭：这里指乌丸首领蹋顿所在的王庭。㉑惶怖合战：怀着恐惧之心勉强交战。合战，交战。㉒达：通达、明晓。㉓柳城：西汉县名，在今辽宁辽阳西南。㉔临其丧：亲自前往吊丧。㉕属（zhǔ）：委托。㉖夭折：短命、早死。㉗表：表旌、褒扬。

【译文】

郭嘉跟随魏太祖曹操打败袁绍，袁绍病死，又跟随曹操前往黎阳征讨袁绍的长子袁谭、少子袁尚，连续作战多次获胜。诸将领都想乘胜利之势继续攻打袁氏兄弟，郭嘉却说："袁绍喜爱他的这两个儿子，在袁绍活着的时候却没有明确表示确立哪一个为继承人。有郭图、逢纪这两个人分别做他们的谋士，必然会使袁谭、袁尚互相内斗，我们还是离开这里为好。如果我军急于攻打他们，在情势危急之时他们就会互相扶持；如果我们缓一缓，他们之间就会因为争夺权位而进行内斗。我们不如南下荆州，装作要攻打荆州刘表的样子，以等待袁氏兄弟发生内乱；内乱发生之后进攻他们，可以一举而平定河北。"魏太祖曹操评价说："郭嘉的意见好。"于是率军南下装作要征讨刘表的架势。曹操所率大军抵达西平县的时候，袁谭、袁尚兄弟二人果然为争夺冀州而互相攻打起来。袁谭被弟弟袁尚打败，逃往平原县坚守，袁谭派遣自己的谋士辛毗来向魏太祖请求投降。魏太祖曹操率军北返救援袁谭，遂顺势平定了邺城。郭嘉又跟随魏太祖曹操来到南皮县攻打袁谭，从而平定了冀州。魏太祖曹操封郭嘉为洧阳亭侯。

魏太祖曹操准备率军出征袁尚和盘踞在辽东、辽西、右北平三郡的乌丸人，曹操的很多下属都惧怕荆州牧刘表会乘虚派遣刘备袭击许城以讨伐魏太祖，郭嘉分析说："主公虽然凭借威势震慑天下，然而三郡的乌丸人依仗自己远离中原，料想不到会有大军前去征讨，一定不会设防。我军趁其无备，突然出兵袭击乌丸，可以将其一举击败。况且袁绍曾经有恩于那里的汉人和乌丸人，而且袁尚、袁熙兄弟都还活着。如今袁绍曾经统治之下的冀州、并州、青州、幽州这四州的百姓，只是因为惧怕主公的威势才归附主公，主公的恩德还未能施加于这四州的百姓，如果舍弃袁氏兄弟而南征刘表，袁尚依靠乌丸的资助，召集起那些愿意效忠于袁氏的臣民，乌丸人一旦有所行动，那些汉人、乌丸人全都会起来响应，辽西郡的乌丸人首领蹋顿必定会蠢蠢欲动，想要借机实现自己的非分愿望和企图，到那时，恐怕青州、冀州就不再属于主公所有了。荆州的刘表，只是一个坐而清谈却没有办事能力的人，他知道自己的才能不足以驾驭刘备，如果重用刘备则担心最终控制不了刘备，不对刘备委以重任则刘备不为刘表所用，所以主公虽然出兵远征三郡乌丸而使国内空虚，但是主公完全不必为此而担忧。"魏太祖曹操于是率军出征乌丸。曹军到达易县的时候，郭嘉向魏太祖进言说："用兵打仗贵在行动神速。现在我军千里奔波去袭击乌丸人，所携带的器械、粮草、营帐、服装等军用物资很多，难以赶上有利时机，再说如果乌丸人得知了大军前往征伐的消息，必定会加强防备；我们不如留下辎重，令轻装骑兵以加倍的速度前进，趁敌军没有防备之时对其发动突然袭击。"魏太祖曹操于是率军秘密地通过了卢龙要塞，大军直指乌丸首领蹋顿所在的王庭。乌丸人突然听到魏太祖曹操率领大军到来的消息，怀着恐惧之心勉强出来交战。于是曹军大败乌丸，把乌丸单于蹋顿以及那些有名的王爵以下全部杀死。袁尚和他的哥哥袁熙逃往辽东郡去投奔辽东太守公孙康去了。

郭嘉为人深沉，学识渊博贯通古今，有谋略，而且通达、明晓事理。魏太祖曹操评论说："只有郭奉孝能够明白我的意图。"郭嘉三十八岁那年，跟随太祖从柳城返回的时候，已经病势沉重，魏太祖曹操派去探望郭嘉病情的人往来交错。等到郭嘉一死，魏太祖曹操亲自到郭嘉的灵前吊唁，非常哀痛，曹操对荀攸等人说："诸位先生的年龄都与我相仿，只有郭奉孝最年轻。我本想等到完成了统一天下的使命，临终之时将后事委托给郭奉孝，不料他却刚到中年就早早去世了，这就是命啊！"于是上表给朝廷说："担任军祭酒的郭嘉，从他跟随我东征西讨，到现在已经有十一年。每当有大的决定，或是临阵之时需要随机应变，我的策略还没有想好，而郭嘉已经为我制定出来。平定天下，郭嘉出谋划策的功劳最大。不幸的是郭嘉短命，事业还没有完成就去世了。追思郭嘉的功勋，实在令人不能忘记。可以为郭嘉增加八百户封邑，加上以前的共计一千户。"给郭嘉的谥号曰"贞侯"。郭嘉的儿子郭奕继承了他的爵位。

【原文】

后太祖征荆州还，于巴丘遇疾疫[①]，烧船[②]，叹曰："郭奉孝在，不使孤至此。"初，陈群非嘉不治行检[③]，数廷诉嘉[④]，嘉意自若[⑤]。太祖愈益重之，然以群能持正[⑥]，亦悦焉。奕为太子文学[⑦]，早薨。子深嗣。深薨，子猎嗣。

【注释】

①巴丘：县名，在今湖南岳阳县，三国时为吴国重镇。 ②烧船：指赤壁之战，曹军遭火攻。 ③陈群：字长文，曹操心腹，时任司空椽，魏明帝时官至司空。不治行检：行为不很检点。 ④数廷诉嘉：多次在公卿议事时揭发郭嘉的不端行为。 ⑤嘉意自若：郭嘉神态如常。 ⑥持正：言行方直不曲。 ⑦文学：官名，汉代于州郡及王国置文学，或称文学椽，或称文学史，为后世教官之所由来。魏武帝置太子文学。

【译文】

后来魏太祖曹操征讨荆州刘表返回途中，军队在巴丘遭遇疾疫，赤壁之战中又遭到吴军火攻，烧毁了所有战船，曹操叹息说："如果郭奉孝活着，不会令我失败得如此狼狈。"当初，曹操的心腹之臣陈群诋毁郭嘉行为不检点，多次在公卿议事时揭发郭嘉的不端行为，郭嘉都神态自若地去面对。魏太祖曹操为此更加器重郭嘉，然而也认为陈群言行方直不阿，也很喜爱陈群。郭嘉的儿子郭奕担任太子文学，死得很早。郭奕的儿子郭深继承爵位。郭深去世之后，郭深的儿子郭猎继承了爵位。

人物新传·郭嘉传

一、善择明主

郭嘉，字奉孝，颍川阳翟人。年少时郭嘉就胸有大志，并且很有远见。他见天下将要大乱，自二十岁左右便隐居匿迹以待时日，同时秘密地与英俊之士结交往来，虽然并不为一般人所知，但见识高超的人对郭嘉的优异才干都十分赞叹，非常看重他。

郭嘉最初入仕，曾北上归附当时实力最强的袁绍。袁绍对郭嘉很敬重，并给以礼遇。但郭嘉与袁绍相处了数十日后，见袁绍不善用人，优柔寡断，绝非是能消除战乱、统一天下的人，便毅然离袁绍而去。这时，曹操正由于心腹谋士戏志才之死而深感“莫可与计事者”，荀彧就向曹操推荐了郭嘉。曹操召见郭嘉并与他议论天下大事，询问攻打心腹之敌袁绍，有无胜利把握。郭嘉胸有成竹，侃侃而谈，从道义、用人、执法、用兵、决策等十个方面，把曹操与袁绍作了充分的分析和对比，认为曹操有十胜而袁绍有十败。郭嘉断言，虽然袁曹双方实力对比暂时是悬殊的，但就像刘邦与项羽争斗的结果一样，最后失败的必将是“虽兵强”却失道寡助的袁绍。曹操听后大笑，嘴里虽谦虚了几句，但内心却十分折服郭嘉的精辟议论。

接着，郭嘉又向曹操建议乘袁绍正攻打公孙瓒之时，先出兵攻打吕布，这样既可以扩大曹操集团的实力，又避免了今后袁曹决战时，吕布为支援袁绍从侧翼威胁曹军。曹操听完郭嘉这番话后，很赞叹他见解的精深，同时更赞赏他直抒胸臆的忠心，十分感慨地说：“使孤成大业者，必此人也。”郭嘉对曹操礼贤下士、虚心听取部下建议的做法，也留下了深刻的印象，当他走出曹操的府第时，大喜过望地说：“真吾主也。”从此，郭嘉便担任了曹操参谋军事之官——军师祭酒，为曹操的四方征战出谋献策，忠心效力。

二、计破吕刘

建安三年九月，曹操采纳郭嘉之谋进攻吕布。曹军首战便攻破了吕布的重镇——彭城，俘获了彭城相侯楷；接着曹军进至下邳，在下邳城郊与率骑兵前来迎战的吕布交锋，大败吕布，俘获了吕布的骁将威廉。吕布率军退入下邳城中，曹军乘胜围困攻城。吕布见势不妙，自率千余骑准备去袁术处求援，曹军再次击败吕布，粉碎了他突围请援的企图。吕布败后，缩回下邳城中坚守不再出战。曹操久攻不下，便想退军。郭嘉等人竭力劝说曹操继续攻城，郭嘉分析说："吕布虽骁勇但无智谋。现在他三战皆败，锐气已衰，三军本以将为主，但陈宫的主意一向来得慢，如今正好乘吕布的锐气尚未恢复、陈宫的主意尚未拿定之时，进军急攻，必定可以彻底打垮吕布。"曹操听后觉得很有道理，便一面挥军攻城，一面引来沂水和泗水灌淹下邳。同年十二月，曹军果然攻克了下邳，擒杀了吕布和陈宫。

建安四年，战胜了公孙瓒的袁绍已"兼四州之地，众十馀万"，准备进军攻许。同年十二月，曹操亲率大军屯驻官渡，以便阻止袁军南下。这时，被刘表击败的袁术，将率败军经过下邳。曹操便派刘备率军到下邳邀击袁术。郭嘉听说后大吃一惊，赶紧阻止曹操，说："绝不能让刘备率军外出，一旦他外出就必定会发生变乱。"这时刘备已领军出发，曹操悔之不及。不久刘备果然在下邳杀了曹操的徐州刺史车胄，屯兵于沛反曹。曹操两面受敌，便打算迅速出军击败刘备，以便随后能全力对付袁绍，而部下的将领们都怕出征刘备时，袁绍乘机挥军从背后进攻。曹操沉吟难决，便向郭嘉问计。郭嘉分析说："袁绍向来优柔寡断，并且又多疑，必定不可能迅速做出反应进攻我军。刘备刚刚拥兵反叛，众心尚未收服，立足未稳，迅速进攻，他必败无疑，这样就能飞快地结束战斗，回师全力对付袁绍。这是改变决战前夕腹背受敌的困境、决定存亡的机会，绝不能失去。"曹操坚定了信心，于建安五年正月从官渡挥军东征刘备，一举击败了刘备并"获其妻子"，生擒刘备的大将关羽，夺回了下邳。情况确如郭嘉所料，当曹军东征时，袁绍的谋士田丰竭力劝袁绍出军偷袭曹军之后，但袁绍没有采纳。

三、计斗二袁

《三国志·郭嘉传》称誉他"深通有算略，达于事情"。曹操每次出征，郭嘉都随从参谋军机，行军时总是与曹操并辔而行，议事时又与曹操同席而坐。每逢遇到大家一起讨论军国大事，郭嘉总是能提出恰当的策略，并且他的策略从无失算。最可贵的是，他能保持自己独立的见解，绝不因违背众意便轻易放弃。这一优点，在征袁谭、袁尚之战中体现得比较充分。

官渡之战后不久，袁绍病死。曹操乘胜进攻袁谭、袁尚，在黎阳大破二袁，曹军"连战皆克"，将领们都主张趁势彻底扫荡二袁。这时，郭嘉却力排众议，独建奇策。郭嘉为曹操分析了袁尚、袁谭之间的矛盾，认为二袁兄弟各拥重兵，又各有谋臣，彼此互不相容。如果对他们进攻得急，形势必然会迫使他们联合起来共同抵御；

如果暂缓进攻，二袁必然内讧，使争夺继承权的斗争白热化。因此，郭嘉建议曹操回军南向，装作要进攻荆州的刘表，“以待其变”，等到二袁争斗两败俱伤时，再挥军进攻，“可一举定也”。曹操十分赞许郭嘉之计，便回军南进至西平。二袁果然为争夺冀州大打出手，袁谭被袁尚击败后，假意投降曹操借以为援。曹操立即乘势挥军北攻各个击破，袁尚败后逃入辽西乌桓，袁谭则被擒获斩首。由于郭嘉的妙计，这一仗既轻松又顺利并大获全胜。至此，曹操完全平定了袁家势力的根据地——冀州。郭嘉建策有功，被封为洧阳亭侯。

四、荡定乌桓

征乌桓是曹操平定北方的最后一场大战。郭嘉在平定乌桓之战中，更是奇策伟略，神机妙算，大建功勋。

乌桓是古代居住在我国北方的一个少数民族。东汉末年，居住在今辽宁西南部和河北东北部的乌桓贵族，趁内地战乱之机，不断兴兵向内地骚扰，而北方的各路割据者都想利用乌桓作为混战中兼并对手的资本。如袁绍进攻公孙瓒时“连战不决”，难分胜负，而乌桓君长蹋顿“助绍击瓒”后，袁绍很快大破公孙瓒军。袁绍控制了黄河以北的整个地区后，更是竭力拉拢乌桓。袁尚败后逃到乌桓，便利用袁绍在这里的影响，企图依靠乌桓的力量卷土重来，恢复袁氏在黄河以北的旧有势力。

建安十二年，曹操准备率军北征乌桓。曹军将领都认为袁尚不过是“亡虏”而已，毫不足惧；且大军出攻乌桓，后方空虚，刘备必定会策动刘表派军袭击许都，“万一为变，事不可悔”（《资治通鉴》卷六十五）。在众议一致的反对声中，郭嘉再次独具慧眼，用透辟的分析阐明了平乌桓之役的可行性和重大意义。郭嘉首先指出了乌桓远距中原，对曹军的远征必然毫无防备，而曹军乘其不备猝然进攻，可以稳操胜券。接着，郭嘉指出了及时远征乌桓，对于巩固曹军刚攻占的黄河以北地区具有重大的意义。他说：“袁绍长期统治黄河以北，积极拉拢乌桓贵族，河北吏士久受袁氏的恩惠。只要袁尚等袁绍的后人还在，对这一地区的稳定就存在着潜在的威胁。现在我们刚攻占青、徐、幽、并四州，立足未稳，便丢开四州去南征，袁尚必然会凭借乌桓的兵力，卷土重来，这样的话，我们辛辛苦苦打下的青、冀等州恐怕就不再是我们的了。”最后，针对大家惧怕刘表偷袭的心理，郭嘉又分析了刘表与刘备之间的矛盾，说：“刘表不过是坐而论道之人。他知道自己驾驭不了刘备，委派刘备重任则怕制约不了他，轻任则刘备又不会卖力替他干。这就决定了刘表的偷袭是实现不了的。现在我们虽倾力远征，曹公也完全不必忧虑刘表。”

曹操听了郭嘉的分析后，坚定了他进攻乌桓的决心，便迅速率军出征。大军行至易县时，郭嘉又建议说："兵贵神速。现在我军千里奔袭敌人，携带的辎重多，这样是很难获胜的。况且敌人听到消息后，必定会防备。不如留下辎重，轻装倍道前进，乘其不备而袭取。"曹操立即采纳了郭嘉这一正确的策略，率轻兵出卢龙塞，劈山开路前进，直逼乌桓君长所居的柳城。曹军距柳城仅一百多里时，乌桓君长这才发觉，仓促之间拼凑了数万骑兵来与曹军交锋，结果大败，乌桓君长蹋顿等被斩，"胡、汉降者二十馀万口"；袁尚等逃奔辽东，不久也被辽东太守公孙康斩首。征乌桓一役大获全胜，它使曹操终于彻底清除了袁氏的残余势力，平定了北方，统一了黄河流域。

五、曹郭相知

郭嘉一向不甚遵从封建礼法，行为不太检点，大臣陈群等曾因此非议抨击郭嘉，并屡次上告到朝廷。郭嘉对这些抨击和告状置若罔闻，依旧我行我素，泰然自若。郭嘉以其超群的智谋被曹操重用，也只有曹操这种雄才大略，才敢于使用郭嘉这类蔑视礼法的人。郭嘉很感激曹操对自己能尽才而用，对曹操统一中国的大业也竭尽忠诚。曹操对郭嘉也格外信任，甚至把比自己小二十多岁的郭嘉引为"相知"。鉴于身边亲信的谋士大都与自己年龄相仿，曹操对年轻的郭嘉寄予了无限的厚望，打算在平定天下之后，把身后的治国大事托付给郭嘉。

建安十二年郭嘉随曹操平定乌桓之后，从柳城返军回中原。半路上郭嘉不幸患病，病情迅速转重，曹操不断派人去探视，"问疾者交错"。不久，郭嘉病死。曹操亲自到灵堂去吊丧，悲痛万分。曹操用诗一般精练的语句道出了自己无限哀伤和惋惜："哀哉奉孝！痛哉奉孝！惜哉奉孝！"（本传裴注引《傅子》）

郭嘉死后不久，曹操特地上表朝廷追赠郭嘉的封邑。表中对郭嘉的功绩作了全面的回顾，说："故军祭酒郭嘉，忠良渊淑，体通性达。每有大议，发言盈庭，执中处理，动无遗策。自在军旅，十有馀年，行同骑乘，坐共幄席，东禽吕布，西取眭固，斩袁谭之首，平朔土之众，逾越险塞，荡定乌丸，震威辽东，以枭袁尚。虽假天威，易为指麾；至于临敌，发扬誓命，凶逆克殄，勋实由嘉。"（本传裴注引《魏书》）曹操把这么多功劳都归于郭嘉，绝不过分。应该说，曹操之所以用兵如神，"仿佛孙吴"，其中有像郭嘉这样的智谋之士为他运筹帷幄，起了很重要的作用。

刘晔传

【题解】

刘晔是光武帝刘秀之子阜陵王刘延的后代，年少知名，人称其有佐世之才。刘晔投归曹操，以其智计过人成为曹操的重要谋臣。后历仕文帝、明帝，官至大鸿胪。刘晔料事如神，屡献奇策，用之则吉，违之则凶，但终因他为汉宗室而被曹氏所忌，使得他在关键时刻所献取蜀灭吴之策，未被曹操、曹丕父子采纳。刘晔之才未尽其用，而曹魏也终未能统一全国。

【原文】

刘晔字子扬，淮南成悳人[1]，汉光武子阜陵王延后也。父普，母脩，产涣及晔。涣九岁，晔七岁，而母病困[2]。临终，戒涣、晔以“普之侍人[3]，有谄害之性，身死之后，惧必乱家。汝长大能除之，则吾无恨矣[4]”。晔年十三，谓兄涣曰：“亡母之言，可以行矣。”涣曰：“那可尔[5]！”晔即入室杀侍者，径出拜墓。舍内大惊，白普[6]，普怒，遣人追晔。晔还拜谢曰：“亡母顾命之言[7]，敢受不请擅行之罚[8]。”普心异之[9]，遂不责也。汝南许劭名知人[10]，避地扬州[11]，称晔有佐世之才[12]。

扬士多轻侠狡桀[13]，有郑宝、张多、许乾之属，各拥部曲[14]。宝最骁果[15]，才力过人，一方所惮。欲驱略百姓越赴江表[16]，以晔高族名人[17]，欲强逼晔使唱导此谋[18]。晔时年二十馀，心内忧之，而未有缘[19]。会太祖遣使诣州，有所案问[20]。晔往见，为论事势，要将与归[21]，驻止数日。宝果从数百人赍牛酒来候使[22]，晔令家僮将其众坐中门外，为设酒饭；与宝于内宴饮。密勒健儿[23]，令因行觞而斫宝[24]。宝性不甘酒[25]，视候甚明[26]，觞者不敢发[27]。晔因自引取佩刀斫杀宝，斩其首以令其军，云：“曹公有令，敢有动者，与宝同罪。”众皆惊怖，走还营[28]。营有督将精兵数千[29]，惧其为乱，晔即乘宝马，将家僮数人，诣宝营门，呼其渠帅[30]，喻以祸福，皆叩头开门内晔[31]。晔抚慰安怀，咸悉悦服，推晔为主。晔睹汉室渐微，己为支属，[32]不欲拥兵，遂委其部曲与庐江太守刘勋[33]。勋怪其故，晔曰："宝无法制，其众素以钞略为利[34]，仆宿无资，而整齐之，必怀怨难久，故相与耳。[35]"时勋兵强于江、淮之间。孙策恶之，遣使卑辞厚币[36]，以书说勋曰[37]："上缭宗民[38]，数欺下国[39]，忿之有年矣。击之，路不便，愿因大国伐之。上缭甚实[40]，得之可以富国，请出兵为外援[41]。"勋信之，又得策珠宝、葛越[42]，喜悦。外内尽贺，而晔独否。勋问其故，对曰："上缭虽小，城坚池深，攻难守易，不可旬日而举[43]，则兵疲于外，而国内虚。策乘虚而袭我，则后不能独守。是将军进屈于敌[44]，退无所归。若军必出，祸今至矣。"勋不从。兴兵伐上缭，策果袭其后。勋穷踧[45]，遂奔太祖。

【注释】

①淮南成悳：淮南郡成德县。地在今安徽寿县东南。 ②病困：病危。 ③普之侍人：刘普的侍从婢妾。 ④无恨：没有遗憾。 ⑤尔：如此。 ⑥白：告诉。 ⑦顾命之言：临死时吩咐的话。 ⑧敢受不请擅行之罚：请给我以未经请示擅自行事的处罚。敢，表敬副词，用于晚辈对长辈，下属对上司言事时，有"请"的意思。 ⑨异之：认为他很不寻常。 ⑩许劭：汝南平舆（今河南平舆北）人，特别善于评核人物。名知人，以知人出名。 ⑪避地扬州：避乱而移居扬州。东汉末，许劭预言王室将乱，为保全家小而投奔扬州刺史刘繇。淮南郡属扬州刺史部，故有其品评刘晔之事。 ⑫佐世之才：又称佐命之才，言有辅助帝王创业的才干。 ⑬狡桀：狡诈而残暴。⑭部曲：本为东汉军队基础组织的名称，大将军营有五部，部有三校尉。部下有曲，曲有军侯一人。此处指地方豪强的依附者所组成的私人武装。据《三国志·鲁肃传》载刘晔《遗鲁肃书》云，"近郑宝者，今在巢湖，拥众万馀，处地肥饶，庐江间人多依就之"。 ⑮骁果：骁勇果敢。⑯欲驱略百姓越赴江表：想驱赶扬州的老百姓远徙到长江以南去。越，远。江表，指长江以南地区。从中原看，地在长江以外，故称江表。 ⑰以晔高族名人：因为刘晔出身汉朝宗室，又是有名的人。当时刘晔、蒋济、胡质等人被称为扬州名士。 ⑱使唱导此谋：让他出面倡导这一计谋。唱，通"倡"。 ⑲缘：机会。 ⑳案问：审问。指查问郑宝欲略民赴江南事。 ㉑要（yāo）将与归：邀请并领上使者一起到自己家里。 ㉒赍（jī）：带着。 ㉓勒：部署。健儿：壮士。㉔令因行觞（shāng）而斫（zhuó）宝：要他趁敬酒砍杀郑宝。行觞，敬酒，斟酒请人饮。㉕甘：喜爱。 ㉖视候：观察。 ㉗觞者不敢发：敬酒的壮士不敢动手。 ㉘走：奔跑。

㉙督将精兵：带兵头目和精锐的士兵。 ㉚渠帅：魁首，大头领。 ㉛内（nà）：通“纳”，让进来。 ㉜晔睹二句：刘晔看到汉王朝日益衰颓，而自己是汉的宗室。支属：宗族旁出的支派。 ㉝委：托付。 ㉞其众素以钞略为利：他的部众一向靠搜劫财物得到好处。钞略，即抄掠。 ㉟仆宿无资四句：我本来没有名位作为凭借，却整顿他们使他们一致，这些人一定心怀怨恨而难以持久，所以把他们委托给你。仆，谦称。宿，素来。 ㊱卑辞厚币：说着卑下的言语，送上厚重的礼物。 ㊲书：信。说（shuì）：用话劝说别人。 ㊳上缭宗民：上缭，地名，属豫章郡海昏县，在今江西永修县南。宗民是当地以宗族聚集的土著居民，其中有越族，又称“山越”。 ㊴下国：孙策对自己统治区的谦称。下文大国则是对刘勋统治区的尊称。 ㊵实：富足。 ㊶请出兵为外援：请允许我派出军队作为你的援军。 ㊷葛越：葛布。 ㊸旬日：十天。举：攻下，占领。 ㊹屈：摧折。 ㊺穷蹙（cù）：穷困窘迫。

【译文】

刘晔，字子扬，淮南郡成德县人。刘晔是东汉光武帝刘秀的儿子阜陵王刘延的后人。刘晔的父亲刘普，母亲修氏，生刘涣与刘晔。刘涣9岁、刘晔7岁的时候，母亲修氏病危。修氏临终之时，告诫刘涣、刘晔说：“你们父亲刘普的侍者，具有陷害人的坏品性。我死之后，担心她一定会祸乱我家。你们长大之后如果能够除掉此人，那我就没有什么遗憾了。”刘晔13岁的时候，对自己的哥哥刘涣说：“母亲临终时交代我们的事情，我们现在可以采取行动了。”刘涣说：“就这样决定了！”刘晔立即进入父亲刘普的房间杀死了那个侍者，然后径直来到母亲的墓前祭告母亲。家里的人一看侍者被刘晔杀死全都大惊失色，赶紧告诉了刘普，刘普大怒，立即派人去追赶刘晔。刘晔回家后在父亲刘普面前跪下谢罪说：“这是母亲的临终嘱托，我没有向您请示就擅自采取行动，请惩罚我吧。”刘普觉得刘晔很不寻常，就没有责罚他。汝南县人许劭以会看人出名，他为躲避祸乱来到扬州，许劭称赞刘晔有辅佐帝王创业的才能。

扬州地区的士人中有许多或行为轻佻、或行侠仗义、或狡诈而残暴的，其中有郑宝、张多、许乾这些人，他们各自都拥有自己的私人武装。郑宝最为骁勇果敢，有着超人的才能，为一方人所惧怕。郑宝想要驱赶扬州的百姓迁徙到远处的长江以南定居，因为刘晔出身汉室宗亲，又很有名望，就想强迫刘晔出面倡导实施这一计划。当时刘晔只有20多岁，虽然内心很忧虑，却没有机会推辞。恰逢魏太祖曹操派遣使者来到扬州，查问郑宝欲劫掠扬州的百姓迁徙到长江以南之事。刘晔前往求见使者，为使者分析此事的形势，邀请使者跟随自己回家，在自己家中住上几天。郑宝得知消息果然领着数百人带着牛肉、美酒来到刘晔家中候见使者，刘晔让自己家中的童仆带着郑宝的那些从人坐在中门以外，并且为他们准备了酒饭；单独留下郑宝在内厅宴饮。刘晔秘密组织部署家中的健壮男子，令他们借着给郑宝敬酒的机会砍杀郑宝。郑宝生性不喜欢饮酒，对周围情况观察得很清楚，给他敬酒的人因此不敢动手。刘晔于是就亲自抽出佩刀砍死了郑宝，然后砍下郑宝的首级展示给郑宝的数百名从者看，并大声说："曹公有令，敢有轻举妄动者，与郑宝同罪。"那些从人全都惊慌恐惧起来，立即跑回他们的军营。郑宝的军营中还有带兵的头目和数千名精锐的士兵，刘晔担心他们趁机作乱，于是立即骑上郑宝的战马，带领着数名家童，前往郑宝的营门，将军营中的领军人物叫出来，为他们分析祸福，这些头领都向刘晔叩头并打开营门将刘晔请入军营。刘晔对郑宝的部众进行抚慰令其安心，这些人全都心悦诚服，推举刘晔为主人。刘晔目睹了汉室的逐渐衰颓，自己身为汉室宗亲，不想拥有军队，于是就将这支队伍委托给担任庐江太守的刘勋。刘勋对刘晔的做法感到很奇怪，刘晔解释说："郑宝没有法制观念，他的部众一向靠搜掠财物而得到好处，我本来没有名望和权位作为资本，却整治了他们，虽然他们暂时服从我，但这些人一定心怀怨恨而难以持久，所以我才把他们委托给你。"当时在长江、淮水流域刘勋的军事实力最强大，孙策非常憎恶刘勋，但却派遣使者带着孙策的亲笔信来到刘勋面前，使者嘴里说着谦卑的话语，同时送上厚重的礼物，孙策在信中劝说刘勋道："聚居于上缭地区的那些土著居民，多次欺辱我的国家，我愤恨他们已经有些年头了。我要是出兵攻打他们，路途又不方便，所以我希望借助您的力量讨伐他们。上缭这个地区很殷富，得到了它就可以使自己的国家富强起来，我请求出兵做您的外援。"刘勋相信了孙策的话，又得到了孙策馈送的珠宝、葛布，因此非常高兴。太守府内外的人全都来向刘勋道贺，唯独刘晔没有来向刘勋道贺。刘勋询问刘晔是什么原因，刘晔回答说："上缭城虽然面积很小，但是城墙很坚固、护城河水很深，从外部很难攻入而防守却很容易，所以不可能在十天左右将其攻克，如果攻不下来，则我军长时间暴露于外就会疲惫不堪，而国内防守空虚。孙策如果乘虚前来袭击我们，仅凭后方的力量肯定坚守不住。如此的话将军进军则被上缭人所摧折，撤军则无家可归。如果将军一定要出兵攻打上缭，灾祸就从现在开始了。"刘勋没有听从刘晔的劝告。刘勋率兵攻打上缭，孙策果然出兵袭击刘勋的后方。刘勋穷困窘迫，遂投奔了魏太祖曹操。

【原文】

太祖至寿春，时庐江界有山贼陈策[①]，众数万人，临险而守。先时遣偏将致诛[②]，莫能禽克[③]。太祖问群下，可伐与不[④]？咸云："山峻高而谿谷深隘，守易攻难；又无之不足为损，得之不足为益。"晔曰："策等小竖，因乱赴险，遂相依为强耳，非有爵命威信相伏也。[5]往者偏将资轻[6]，而中国未夷[7]，故策敢据险以守。今天下略定，后伏先诛。夫畏死趋赏，愚知所同[8]，故广武君为韩信画策，谓其威名足以先声后实而服邻国也。[9]岂况明公之德[10]，东征西怨，先开赏募，大兵临之，令宣之日，军门启而虏自溃矣。”太祖笑曰：“卿言近之！”遂遣猛将在前，大军在后，至则克策，如晔所度[11]。太祖还，辟晔为司空仓曹掾[12]。

太祖征张鲁[13]，转晔为主簿[14]。既至汉中，山峻难登，军食颇乏。太祖曰：“此妖妄之国耳，何能为有无[15]？吾军少食，不如速还。”便自引归[16]，令晔督后诸军，使以次出[17]。晔策鲁可克，加粮道不继，虽出，军犹不能皆全，驰白太祖：“不如致攻[18]。”遂进兵，多出弩以射其营[19]。鲁奔走，汉中遂平。晔进曰：“明公以步卒五千[20]，将诛董卓[21]，北破袁绍，南征刘表，九州百郡，十并其八，[22]威震天下，势慑海外[23]。今举汉中，蜀人望风，破胆失守，推此而前，蜀可传檄而定[24]。刘备，人杰也，有度而迟[25]，得蜀日浅[26]，蜀人未恃也[27]。今破汉中，蜀人震恐，其势自倾[28]。以公之神明，因其倾而压之，无不克也。若小缓之[29]，诸葛亮明于治而为相，关羽、张飞勇冠三军而为将[30]，蜀民既定，据险守要，则不可犯矣。今不取，必为后忧。”太祖不从，大军遂还。晔自汉中还，为行军长史[31]，兼领军[32]。延康元年[33]，蜀将孟达率众降[34]。达有容止才观[35]，文帝甚器爱之[36]，使达为新城太守[37]，加散骑常侍[38]。晔以为“达有苟得之心，而恃才好术，必不能感恩怀义。新城与吴、蜀接连[39]，若有变态，为国生患。”文帝竟不易[40]，后达终于叛败。

【注释】

①山贼：即山越、宗民。　②遣偏将致诛：派了副将去镇压。　③禽：通“擒”，活捉，擒拿。　④不（fǒu）：同“否”。　⑤策等小竖四句：陈策这些小子，乘天下乱而占据险要，互相依靠而强大起来，并不是凭借皇帝的封爵诏令和威望信用而使部下服从的。小竖，对人的蔑称。⑥资轻：资望不高。　⑦中国未夷：中原没有平定。200 年官渡之战，曹操击败袁绍以后，经数年征战，统一了北方。夷，平定。　⑧知：通“智”。　⑨故广武君二句：广武君名李左车，他为韩信策划的事见《史记·淮阴侯列传》。信问广武君曰：“仆欲北攻燕，东伐齐，何若而有功？”……广武君对曰：“方今为将军计，莫如案甲休兵……而后遣辩士奉咫尺之书，暴其所长于燕，燕必不

敢不听从。燕已从，使喧言者东告齐，齐必从风而服，虽有智者，亦不知为齐计矣。如是，则天下事皆可图也。兵固有先声而后实者，此之谓也。” ⑩明公：对曹操的敬称。 ⑪度：估计，推测。 ⑫辟晔为司空仓曹掾：征召刘晔为司空仓曹掾。仓曹掾：官名，主管仓谷。 ⑬太祖征张鲁：事在建安二十年。 ⑭主簿：指丞相主簿。曹操为丞相时置主簿四人，第七品，录省众事。 ⑮何能为有无：占有汉中对我有多大的作用？ ⑯引归：退回。 ⑰以次：按照顺序。 ⑱致：就，从事。 ⑲弩：用机械发射的弓，也叫窝弓，力强可以射远。其营：张卫的军营。史载，曹操率十万大军至阳平关，张鲁欲降，其弟卫不肯，率数万人筑城坚守。曹军攻克阳平关后，张鲁南奔巴中。 ⑳步卒五千：指曹操开始起兵时只有军队五千人。 ㉑将（jiàng）：率领军队。 ㉒九州百郡，十并其八：东汉末全国九州计一百多个郡，言百郡，是举成数。当时雍、荆、扬、益四州尚未全部为操征服，故云十并其八。 ㉓慑：恐惧、丧气。 ㉔传檄而定：不烦用兵，传递檄文就可平定。檄，古代用以征召、晓谕或声讨的文书。 ㉕有度而迟：有计谋但不敏捷。 ㉖得蜀日浅：占有蜀的时间不长。建安十九年秋，刘备攻降刘璋，得蜀，至此，仅一年。 ㉗蜀人未恃：指刘备还不能依赖蜀地的人替他打仗。 ㉘倾：倒塌、倾覆。 ㉙小缓：稍迟。 ㉚勇冠三军：在三军之中是第一勇敢的人。冠，位居第一。 ㉛行军长史：官名。总理行军事务。 ㉜领军：官名。曹操为丞相时，置领军，后称为中领军，职掌禁军。 ㉝延康元年：220年。汉献帝建安二十五年三月，改元延康。十月，曹丕代汉，又改元黄初。 ㉞孟达：扶风人，字子度，初为益州牧刘璋大将，刘备得蜀后，任宜都太守。后将兵攻克上庸，与副军中郎将刘封不和，受封侵凌，遂率部曲四千余家降曹丕。曹丕以孟达为散骑常侍，建武将军，封平阳亭侯。 ㉟达有容止才观：谓孟达有好的仪容举止和才能。 ㊱器爱：器重喜欢。 ㊲新城：郡名。孟达降魏后，曹丕合房陵、上庸、西城三郡为新城郡，以孟达为太守。郡治西城县，在今陕西安康县西北。后又移治房陵县，在今湖北房县。 ㊳散骑常侍：官名。曹魏初，合汉代的散骑和中常侍置散骑常侍，第三品。后与散骑侍郎共平尚书奏事。 ㊴新城与吴、蜀接连：蜀之汉中、吴之宜都皆与新城相连接。 ㊵易：改变。

【译文】

魏太祖曹操率军抵达寿春，当时庐江界内有一伙山贼，首领叫陈策，陈策手下有数万人，他们依靠着险要的地势进行坚守。此前魏太祖曹操曾经派遣副将率军前去镇压，却没能将陈策擒获。魏太祖曹操询问手下群臣，可不可以出兵征讨陈策？群臣都说：“陈策所坚守之处山势高耸险峻而溪谷深且狭窄，易守难攻；再说，没有这片地方也算不上什么损失，得到这片地方也没有什么好处。”刘晔却说：“陈策等这些小人，趁着战乱奔赴险阻之地，他们互相依靠而强大起来，并不是凭借皇帝的封爵诏令和威望信用而使部下服从的。以往所派遣征讨的副将由于资历、威望不高，而中原地区又没有平定，所以陈策才敢于占据险要地势坚守。如今天下大体平定，坚持顽抗到底的贼寇首先要被杀掉。惧怕死亡而愿意得到奖赏这是人之常情，不论愚蠢的还是聪明的都一样，所以广武君李左车为韩信出谋划策，认为先声而后实，即凭借韩信的威名足以震慑邻国使其降服，如不奏效而后再出兵。何况明公的德望已经引起百姓的东征西怨（明公亲自率军东征贼虏，西部的百姓就会埋怨明公怎么不先来解救自己），如果首先开出赏格，随后率领征讨大军兵临城下，恐怕命令宣布的那一天，敌人的军门就会打开而敌军已经自行溃败了。”太祖曹操笑着说：“你说的话基本符合实际情况！”于是太祖曹操派遣猛将在前开路，自己则亲率大军随后进发，大军一到就消灭了陈策，情况就像刘晔所预测的那样。太祖率军回到许城，征聘刘晔为司空仓曹掾。

魏太祖曹操亲率大军前往汉中郡征讨张鲁，改任刘晔为主簿。大军到了汉中，看到汉中的山势险峻难以攀登，加上军粮匮乏。魏太祖曹操说：“这真是一个邪恶、荒诞的国度啊，占有汉中对我有多大的用处？我军现在缺少食物，不如赶紧撤军。”便自己率军先行撤退，而令刘晔统领后面的各路军队，让他们按照次序撤出汉中。刘晔谋划可以战胜张鲁，再加上途中运送军粮的接济不上，即使撤出了汉中，军队还是不能全部保全，于是飞马禀告魏太祖：“不如进攻张鲁。”于是向张鲁发动进攻，用力量很强的窝弓向张鲁的营垒射箭。张鲁兵败逃走，曹操遂占领了汉中郡。刘晔又向魏太祖进言说：“明公只率领5000名步兵，就消灭了董卓势力，进而向北击败割据河北的袁绍，向南征讨荆州的刘表，全国共计9个州100多个郡，明公已经占有了8/10，您的威名震慑了整个天下，您的权势使海外恐惧。如今一举拿下汉中，蜀地之人听见风声，已经吓破了胆子而失去防守，大军以此向前推进，蜀地可以不劳用兵，只要传递檄文就可以平定。刘备，是人中的英杰，有计谋但不敏捷，占有蜀地的时间不长，还不能依靠蜀地的人为他打仗。如今我们已经攻占了汉中，蜀地的人非常恐惧，刘备的气势自然会低落下来。凭借您的神明英武，趁着刘备气势低落而以大军压境，没有不获全胜的道理。如果稍微延缓一下，诸葛亮擅长治国理政而担任丞相，关羽、张飞在三军当中最勇敢善战而担任统兵之将，蜀地的百姓一旦生活安定下来，占据险要之地而坚持防守，那就不可侵犯了。如今不能夺取蜀地，蜀地将来必定成为我们的忧患。”魏太祖曹操没有采纳刘晔的意见，就率领大军返回。刘晔从汉中返回后，被曹操任命为行军长史，兼任领军。汉献帝延康元年，蜀国的大将孟达率领手下部众投降了魏国。孟达不仅有很好的仪容举止而且其才能也很可观，魏文帝曹丕很器重和喜爱孟达，任命孟达为新城太守，同时加封为散骑常侍。刘晔认为“孟达有苟且求得之心，而且又依仗自己的才华好玩弄权术，一定不会对魏国心怀感激而忠心耿耿。新城所处的地理位置与吴国、蜀国接壤，如果孟达一旦改变了态度，必然给国家带来祸患。”魏文帝曹丕最终也没有改变对孟达的任命，后来孟达终于背叛了魏国而败亡。

【原文】

黄初元年，以晔为侍中，赐爵关内侯[①]。诏问群臣令料刘备当为关羽出报吴不[②]。众议咸云："蜀，小国耳，名将唯羽。羽死军破，国内忧惧，无缘复出。"晔独曰："蜀虽狭弱，而备之谋欲以威武自强[③]，势必用众以示其有馀[④]。且关羽与备，义为君臣，恩犹父子；羽死不能为兴军报敌，于终始之分不足[⑤]。"后备果出兵击吴[⑥]。吴悉国应之，而遣使称藩。[⑦]朝臣皆贺，独晔曰："吴绝在江、汉之表[⑧]，无内臣之心久矣[⑨]。陛下虽齐德有虞[⑩]，然丑虏之性，未有所感。因难求臣[⑪]，必难信也。彼必外迫内困，然后发此使耳，可因其穷[⑫]，袭而取之。夫一日纵敌，数世之患，[⑬]不可不察也。"备军败退，吴礼敬转废，帝欲兴众伐之，晔以为"彼新得志[⑭]，上下齐心，而阻带江湖[⑮]，必难仓卒[⑯]。"帝不听。五年，幸广陵泗口[⑰]，命荆、扬州诸军并进。会群臣，问："权当自来不[⑱]？"咸曰："陛下亲征，权恐怖，必举国而应，又不敢以大众委之臣下，必自将而来。[⑲]"晔曰："彼谓陛下欲以万乘之重牵己[⑳]，而超越江湖者在于别将[㉑]，必勒兵待事，未有进退也。[㉒]"大驾停住积日[㉓]，权果不至，帝乃旋师。云："卿策之是也。当念为吾灭二贼[㉔]，不可但知其情而已。"

明帝即位[㉕]，进爵东亭侯，邑三百户[㉖]。

晔在朝，略不交接时人[㉗]。或问其故[㉘]，晔答曰："魏室即阼尚新[㉙]，智者知命，俗或未咸。[㉚]仆在汉为支叶，于魏备腹心，寡偶少徒，于宜未失也。[㉛]"太和六年[㉜]，以疾拜太中大夫[㉝]。有间[㉞]，为大鸿胪[㉟]，在位二年逊位[㊱]，复为太中大夫，薨。谥曰景侯。子寓嗣[㊲]。少子陶[㊳]，亦高才而薄行[㊴]，官至平原太守[㊵]。

【注释】

①关内侯：汉代封爵二十级，关内侯为第十九级，不给封邑，仅居长安，以关中之地供给其少数租税寄食。曹魏时改为十八级爵，第十八级为崇德侯，十七级为关内侯。 ②诏问群臣句：建安二十四年，关羽围攻曹仁，斩庞悳，收降于禁，威震华夏。曹操以割江南为诱饵，使孙权偷袭江陵，虏关羽士众妻子，十二月擒斩关羽及其子关平。因此，有曹丕诏问群臣估计刘备会不会为关羽的死而出兵向吴国报仇的事。 ③备之谋欲以威武自强：刘备的想法是凭借武功来显示自己的强大。 ④示其有馀：表现出蜀国还有力量。 ⑤终始之分：谓全始全终的情谊。 ⑥后备果出兵击吴：刘

备激于义愤，不听赵云等人的劝告，于章武元年七月亲自率军伐吴。⑦吴悉国二句：吴国出动全部兵力对付蜀汉的军事进攻，同时派了使节向曹魏称臣。悉国，全国。藩，藩属。⑧绝：远隔难通。江：长江。汉：汉水。⑨无内臣之心：没有来中国臣服的心思。⑩齐德有虞：和虞舜德行相同。齐，同等。有，名词词头。有虞，即虞舜。⑪因难（nàn）求臣：由于灾患而来请求臣服。⑫穷：困迫。⑬一日纵敌，数世之患：此为用《左传·僖公三十三年》先轸之语。意为不抓住时机消灭敌人，将会遗患无穷。⑭彼新得志：指吴军在陆逊指挥下大败刘备于马鞍山之事。⑮阻带江湖：以江湖为险阻。⑯必难仓卒：一定很难在短时间内获得成功。⑰幸：帝王驾临。泗口：泗水从西北东南流，注入淮水，其入口处称泗口，在今江苏清江市西南。⑱权当自来不：孙权会亲自来应战吗？⑲又不敢二句：又不敢把全国的兵力都交给臣下指挥，一定会自己统领了来。⑳以万乘之重牵己：以皇帝这样贵重的身份来牵束自己。万乘，代指皇帝。㉑超越江湖者在于别将：意为在野外带兵打仗还要靠那些将领们。㉒必勒兵待事，未有进退也：指孙权一定会整治军队，等待形势的发展，而不会突然冒进。㉓大驾：皇帝所乘的车子，此处代指皇帝。积日：多日。㉔当念为吾灭二贼：应当用心为我考虑消灭刘禅、孙权二贼的方略。㉕明帝：魏明帝曹叡。㉖邑：食邑。㉗略不交接时人：与当时有名望的人一点也不来往。㉘或：有人。㉙魏室即阼（zuò）尚新：言魏建国的时间还不长。即阼：登皇帝位。㉚智者知命二句：聪明的人知道天命，愚俗的人或者并不都知道天命。言下之意是，聪明的人知道刘汉的天下早已完了，但是有的凡夫俗子说不定还抱有幻想。咸：知悉。㉛仆在汉四句：我是汉宗室的子孙又是魏朝的心腹之臣，少一些朋友和随从，不失为明哲保身的适宜做法。备：谦辞，聊以充数的意思。偶：朋辈。徒：随从的人。㉜太和六年：232年。㉝太中大夫：官名，属光禄勋。㉞有间：过了一段时间。这里指病稍愈。㉟大鸿胪：官名，掌诸侯及少数族朝贡等事。㊱逊位：退位。㊲子寓嗣：儿子刘寓承继了刘晔的封爵。㊳少子：小儿子。㊴高才而薄行：才智很高却品行不好。㊵平原：郡名。治平原，今山东平原县西南。

【译文】

魏文帝曹丕黄初元年，任命刘晔为侍中，封刘晔为关内侯。魏文帝曹丕下诏询问群臣，让他们推测一下刘备会不会为了给关羽报仇而出兵伐吴。众臣全都议论说：“蜀国，是一个很小的国家，名将只有关羽一人。如今关羽已死，关羽所统领的军队已经全军覆没，蜀国之内忧愁恐惧，已经没有能力再出兵为关羽报仇了。”只有刘晔持不同意见说：“蜀国虽然面积狭小国力微弱，而刘备的想法是凭借威武来显示自己的强大，势必会出兵进攻吴国以表现蜀国还是有一定实力的。况且关羽与刘备，名义上虽然是君臣关系，而情谊上却如同父子；关羽被吴国杀害而刘备不能为关羽出兵报仇，对于不求同年同月同日生但求同年同月同日死的情谊就是有始无终。”后来刘备果然出动全国的兵力攻打吴国。吴国一面发动全国的兵力抵御蜀军的进攻，一面派使者向魏国称臣。在朝的魏国大臣都来向魏文帝曹丕祝贺，只有刘晔说:“吴国远在长江、汉水之南，没有臣服中原之心已经很久了。陛下的美德虽然与虞舜相当，然而吴国人那种恶劣的本性，并不会因此而有所感动。他们是因为遇到危难才来请求臣服的，他的诚意很难令人相信。吴国现在一定是陷入内外交困的窘境，然后才派出这个使节来的，我们正可趁其穷困之时，袭击吴国将吴国灭掉。如果不能抓住现在的机会将其消灭，将会给几代人带来忧患，对此不能不考察清楚。”刘备兵败撤退之后，吴国对曹魏的礼数和敬意也随之作废了，魏文帝曹丕准备起兵攻打吴国，刘晔却认为“吴国刚刚打败了蜀汉，全国上下一心，而且又有江湖作为险阻，一定很难在短时间内获得成功”。魏文帝曹丕没有听从刘晔的意见。魏文帝黄初五年，魏文帝曹丕亲自率军来到广陵郡的泗口，他命令荆州、扬州的各路军队同时进兵。曹丕会见群臣，向他们询问说:“吴国的国君孙权会不会亲自率军前来应战？”群臣都回答说:“陛下亲自率军前来，孙权心怀恐惧，必定动员全国的兵力来进行抵抗，他又不敢把军队的指挥权交给自己的手下，必定会亲自率军前来。”刘晔则说:“孙权会认为陛下想要以皇帝这样尊贵的身份来牵制自己，而率军渡过江湖进攻吴国的则是另有将领，所以孙权一定会整治军队，等待形势的发展，而不会贸然前进。”魏文帝曹丕的车驾在泗口停留了多日，孙权果然没有来，魏文帝曹丕于是率军返回。魏文帝曹丕对刘晔说:“你的谋略是对的。你要用心为我考虑灭掉吴国和蜀国的方略，不可以只知道其情势而已。”

魏明帝曹叡当了魏国皇帝以后，晋升刘晔的爵位为东亭侯，食邑三百户。

刘晔在魏国朝廷任职，与当时有名望的人一点也不来往。有人问刘晔为什么要这样做，刘晔回答说:“魏国建国的时间还不长，有智慧的人都知道刘汉的气数已尽，天命已经归向曹氏，而有的凡夫俗子未必能够明白这一点（说不定还对汉室抱有幻想）。我是汉朝宗室，在魏国又是皇帝的心腹之臣，我缺少一些朋友和随从，也是明哲保身的一种适宜做法。”魏明帝太和六年，刘晔因为疾病被改任为太中大夫。过了一段时间，被任命为大鸿胪，在大鸿胪的职位上待了二年便退位了，后来再次担任太中大夫，在太中大夫任上去世。谥号曰“景侯”。他的儿子刘寓承继了刘晔的封爵。刘晔的小儿子刘陶，也有很高的才智却品行不好，做官做到平原郡太守。

人物新传・刘晔传

一、胆略超群

刘晔年少时就志气不凡。7 岁时，他母亲病危，临终告诫说：“你父亲的宠妾，有谄害之性，你长大了替我把她除掉。”刘晔牢记母亲遗言，13 岁时果真杀了父妾，跑到母亲墓前祭拜。这事使得全家惊恐。父亲大怒，派人捉拿他。刘晔并不惊慌，拜谢父亲说：“这是亡母的嘱托，我不得不除，请父亲责罚。”父亲见他行事果断，又敢负责任，内心里很赞赏，也就不再责怪。汝南名士许劭，十分称赞刘晔，认为他有“佐世之才”。

刘晔不仅有谋，还有几分豪气。他 20 多岁时，扬州地方有许多拥兵自重的割据者，如郑宝、张多、许乾等，都各拥部曲。其中郑宝更是一方之霸，他阴谋驱略淮南百姓到长江之南去占山为王，但又怕引起公愤，而迫胁刘晔出面倡导。刘晔也正想借此机会铲除郑宝，却苦无良策。恰好这时曹操派使者来扬州查询。刘晔于是邀请使者来家做客，告知郑宝，诱其下山。郑宝果然带领数百人牵牛治酒来拜候使臣，观其动向。刘晔见时机已到，便令家童将郑家的数百随从安排在中门外坐，设酒饭招待，另请郑宝到内室喝酒，秘密吩咐手下人在敬酒时砍杀郑宝。然郑宝性不甘酒，对眼前情形，观察得很清楚，敬酒的人吓得不敢下手。此时，稍有怠慢就会发生变故。刘晔就自拔佩刀砍杀郑宝，斩其首级，威胁郑宝随从兵众说：“曹公有令，敢有乱动者，与郑宝同罪。”众兵士见状，惊恐万分，纷纷奔逃回营。当时郑宝营中，还有其他将领和精兵数千。刘晔立即乘郑宝的马，率数名家童，径直来到郑宝营门，对其首领恩威并施，喻以祸福，劝降了邓宝部属。刘晔进一步安抚众人，于是皆心悦诚服，推他为主帅。刘晔不便拥兵，把这支队伍全部交归庐江太守刘勋。

当时刘勋在庐江势力较大，成为意欲称霸江东的孙策的眼中钉。孙策见刘勋贪婪而无远见，便派使者卑辞奉献，劝刘勋兵发上缭，以便调虎离山。孙策使者说：“上缭很富足，因屡次欺侮我小国，我们想借你的大兵报仇，为你的外援，灭了上缭全归庐江。”刘勋听此言，又得孙策奉献的许多珠宝、葛布，大喜。全军庆贺，只有谋臣刘晔面带愁容。刘勋问其故。刘晔说：“上缭地方虽小，但城坚池深，易守难攻，若孙策乘其空虚，袭我后方，则主公大事去矣。”贪利的刘勋哪里肯听，兴兵伐上缭。孙策果然乘虚袭其后，刘勋穷迫，只好去投奔曹操。不久，刘晔也投归了曹操。

二、建功汉中

刘晔归曹，献策一举征灭庐江宗帅陈策，被辟为司空仓曹掾，不久转为主簿，后又任行军长史兼领军，成为曹操的亲信智囊之一。建安二十年，刘晔随曹操征汉中张鲁。汉中“户出十万，财富土沃，四面险固”，北通关中，南扼巴蜀，西接陇右，东南与荆州相连，具有重要的战略地位。张鲁在汉中割据30余年，不愿臣服曹操，率众数万，在褒斜南口阳平关“横山筑城十馀里”，拒关坚守（《三国志·武帝纪》）。号称汉中盆地西端门户的阳平，是个易守难攻的险关。《水经注》·沔水云：“因即峭岭，周回五里，东临浚谷，杳然百寻，西北二面，连峰接崖，莫究其极，从南为盘道，登陟二里有馀。”曹操本来听凉州从事和武都降人讲，“张鲁易攻，阳平城下南北山相远，不可守也”（《资治通鉴》卷六十七）。但亲临阳平，才知事实与传闻截然相反，曹军“攻阳平山上诸屯，山峻难登，既不时拔，士卒伤夷者多，军食且尽，操意沮，便欲拔军截山而还”（《资治通鉴》卷六十七）。曹操带兵先退，下令刘晔督察后军顺次退出。眼看夺取汉中的愿望就要成为泡影，刘晔却飞驰至曹操跟前，提出了“不如致攻”的建议。刘晔认为，现在我军粮道不继，返途又很漫长，虽然退回，军队也将损失很大，而且，他料定，大军这一撤退，敌方防守必然松懈，我们正可利用这个机会。果然，“贼见大军退，其守备解散。公乃密遣解慓、高祚等乘险夜袭，大破之，斩其将杨任，进改卫，卫等夜遁，鲁溃奔巴中。公军入南郑，尽得鲁府库珍宝。巴、汉皆降”（《三国志·武帝纪》）。刘晔的一点谋略，竟成就了夺取“蜀之股臂”巴、汉的大事。

这时，刘晔又建议一鼓作气乘胜南进消灭刘备，他分析，刘备“得蜀日浅，蜀人未恃也”，“今举汉中，蜀人望风，破胆失守，推此而前，蜀可传檄而定”；“若小缓之，诸葛亮明于治而为相，关羽、张飞勇冠三军而为将，蜀民既定，据险守要，则不可犯矣。今不取，必为后忧”。当时刘备正在公安与孙权对峙争夺荆州南三郡，蜀中空虚，听说曹军杀来，一日数十惊，这的确是取蜀的好时机。可是曹操没有采纳，却匆忙还军邺城，去搞什么“亲耕籍田”。失之毫厘，差之千里。一个失误，竟养成了与自己对峙了半个世纪的蜀汉国，这确实是曹操所未曾料及的。

三、嘉谋被沮

黄初元年魏文帝曹丕执政，刘晔为侍中，赐爵关内侯。有消息传来，孙权袭杀关羽夺荆州。文帝就此诏问群臣，刘备是否出兵报关羽之仇。众臣都说：“蜀是小国，名将只有关羽。今羽死军破，国内忧惧，不可能再出兵了。”刘晔力排众议，以充分理由分析道：“蜀国虽狭小贫弱，但刘备想威武自强，势必出兵显示其自身强大。并且，关羽和刘备，义为君臣，恩犹父子，关羽死而刘备不能为他兴兵报仇，于始终之分不足。”

果然，刘备亲率大军攻打东吴。东吴全国动员以抵抗，另派使者向魏国称臣，于是魏国满朝庆贺。刘晔头脑冷静，他提醒文帝：“吴国有长江、汉水阻绝，远隔难通，不臣服之心久矣。陛下虽德齐有虞，然孙权丑虏之性，未有所感。”所以刘晔认为“东吴现在外有强敌侵犯，内又民心不稳。更害怕我乘机讨伐，故委地求臣。一可以推却我国之兵，二可以借我国名威加强军队信心迷惑敌人。孙权善用兵，见策知变，其计必出于此”。他接着说：“如今三分天下，魏有其二，吴、蜀两国各占一州。一个以山为险阻，一个依水为天险。如有危急，互相救援，此小国之利也。现今却互相攻击，天亡之也。”刘晔力谏文帝抓住时机，“宜大兴师，渡长江袭击东吴。蜀攻其外，我袭其内，那么吴国的灭亡不出一月了。吴亡则蜀孤，其还能久存吗？若一旦纵敌，必为兵患”。他要文帝详察这些情况。文帝考虑的是另外的问题，他说：“人称臣降而伐之，必使欲降者疑惑，惧怕而不敢来，这是不可行的。”并且还说：“我何不暂且接受吴国的投降，去袭击蜀国后方呢？”刘晔回答：“蜀远吴近，而且蜀国一听我们出兵讨伐他，一定会迅速撤军。现在情形，刘备已怒火冲天，故兴兵击吴，闻我伐吴，知吴必亡，必喜而进，与我争割吴地，不可能控制怒火，改变策略去救援吴国，这是必然的。”然文帝却不加采纳，坚持己见，接受了孙权的臣服。黄初三年，刘备被吴将陆逊打败。吴国解除危险，对魏所有臣下礼节全废。文帝欲兴兵问罪，刘晔出来劝阻：“彼新得志，上下齐心，又有江湖阻隔，难以很快获得成功。”文帝不听，于黄初五年（224）亲率兵到广陵、泗口，欲以大国威风，震慑孙权，令其听指挥。正如刘晔所料，孙权并不理会。时江水盛涨，文帝望见感叹说：“魏虽有武骑千群，无所用之，未可图也。”（《资治通鉴》卷七十）回到国内，这才信服刘晔，要他制定消灭吴、蜀二国的方略。

刘晔不仅谋略高超，他还善于识人。延康元年（220）蜀将孟达，因不救关羽，惧祸烧身，遂率部投降魏国。孟达有仪容举止和才干，得到魏文帝器重和偏爱，任为新城太守，加散骑常侍。刘晔观察孟达言行，指出孟达有苟得之心，恃才好术，必不会对魏国感恩怀德。他对文帝说：“新城与吴、蜀相连，若有变异，会给国家造成祸害。”希望能换人去新城作太守，文帝又没有采纳。后来诸葛亮北伐，孟达果然叛魏。幸亏司马懿及时出兵平叛，杀了孟达，才没有酿成大祸。

田畴传

【题解】

田畴传与袁涣、张范、凉茂、国渊、王修、邴原、管宁等传同卷。这些人除管宁外，大都在曹操消灭袁氏势力的过程中，先后拒袁投曹。同时，这些人都是黄淮地区的世族名士或地主豪强，他们的去就对当时的政治局势影响很大。《三国志》叙人物，大多按类分卷，每卷数人。人物的分类编卷，体现了陈寿对人物历史作用的评价和对于三国形势的分析。

【原文】

田畴字子泰，右北平无终人也。好读书，善击剑。初平元年，义兵起[①]，董卓迁帝于长安。幽州牧刘虞叹曰："贼臣作乱，朝廷播荡[②]，四海俄然[③]，莫有固志。身备宗室遗老，不得自同于众。今欲奉使展效臣节[④]，安得不辱命之士乎？"众议咸曰："田畴虽年少，多称其奇。"畴时年二十二矣。虞乃备礼请与相见[⑤]，大悦之，遂署为从事[⑥]，具其车骑[⑦]。将行，畴曰："今道路阻绝，寇虏纵横，称官奉使，为众所指名。愿以私行[⑧]，期于得达而已。"虞从之。畴乃归，自选其家客与年少之勇壮慕从者二十骑俱往[⑨]。虞自出祖而遣之[⑩]。既取道，畴乃更上西关[⑪]，出塞，傍北山[⑫]，直趣朔方[⑬]，循间径去[⑭]，遂至长安致命[⑮]。诏拜骑都尉。畴以为天子方蒙尘未安，不可以荷佩荣宠[⑯]，固辞不受。朝廷高其义。三府并辟[⑰]，皆不就。得报[⑱]，驰还，未至，虞已为公孙瓒所害。畴至，谒祭虞墓，陈发章表[⑲]，哭泣而去。瓒闻之大怒，购求获畴[⑳]，谓曰："汝何自哭刘虞墓，而不送章报于我也？"畴答曰："汉室衰颓，人怀异心，唯刘公不失忠节。章报所言，于将军未美，恐非所乐闻，故不进也。且将军方举大事以求所欲，既灭无罪之君[㉑]，又雠守义之臣，诚行此事，则燕赵之士将皆蹈东海而死耳，岂忍有从将军者乎[22]!”瓒壮其对，释不诛也。拘之军下，禁其故人莫得与通。或说瓒曰：“田畴义士，君弗能礼，而又囚之，恐失众心。”瓒乃纵遣畴。

【注释】

①义兵起：指190年关东起兵讨董卓事。 ②播荡：迁徙流离。 ③俄然：危殆倾颓貌。④展效臣节：表示臣下效忠之节。 ⑤备礼：周到的礼节。 ⑥从事：州牧刺史之佐吏别驾、治中等的通称。 ⑦具：备。 ⑧以私行：以私人身份出使。 ⑨家客：豪强地主的依附宾客。慕从：因羡慕而愿跟随。 ⑩祖：祭奠道神，即饯行。 ⑪乃更上西关：又改道出西关。西关，即居庸关。 ⑫北山：即阴山。 ⑬趣：同趋，走向。朔方：郡名，治临戎，在今内蒙古磴口县北黄河东岸。 ⑭循间径去：沿小路走离朔方。 ⑮致命：完成使命。致，送达。 ⑯荷佩：承受。⑰三府：指太尉、司徒、司空三公府。辟：召请做官。 ⑱得报：被允许回去复命。 ⑲陈发章表：拆开朝廷封赠的诏文。发，拆封。 ⑳购求：悬赏捉拿。 ㉑无罪之君：指刘虞。时州郡长官亦称君。 ㉒岂忍：怎能忍心。

【译文】

田畴，字子泰，右北平郡无终县人。田畴喜好读书，擅长击剑。汉献帝初平元年，关东各路豪杰起义兵讨伐董卓，董卓胁迫汉献帝迁都长安。担任幽州牧的刘虞叹息着说：“贼臣董卓作乱，朝廷迁徙流离，四海危殆倾颓，没有人能够坚守自己的志向。我身为皇室的遗老，不能把自己等同于一般的民众。现在我想要派使者到皇帝面前表示我的效忠之节，有谁可以担当此任而不辱使命呢？”众人议论一番之后都说：“田畴虽然年少，很多人都评价他的才能非同一般。”当时田畴22岁。刘虞遂备办了礼物请求与田畴相见，相见之后，刘虞非常高兴，遂委任田畴为从事，为他准备好了车马。将要出发的时候，田畴说：“如今前往长安的道路不通，劫匪横行，如果说是奉官府之命出使朝廷，就会被众人指名道姓。我希望以私人的身份出使，只是希望能够顺利到达罢了。”刘虞听从了田畴。田畴于是回到自己家中，从自家的宾客当中挑选以及因羡慕而自愿跟随的年少勇壮之士总计20人骑马一同前往。幽州牧刘虞亲自出来为他们设宴饯行而后令其出发。上路之后，田畴就改道走西关，出了关塞之后，沿着阴山，直奔朔方郡方向，然后沿着小路离开朔方，于是到达长安完成了出使任务，汉献帝下诏任命田畴为骑都尉。田畴认为汉朝天子正流亡在外，遭受风尘之苦还没有安定下来，自己此时不应该承受如此恩宠，因此坚决推辞没有接受任命。朝廷尊重田畴的合理行为。太尉府、司空府、司徒府全都招请田畴到本部门任职，田畴都没有应聘前往。当得到朝廷的批复被允许回幽州复命之后，田畴立即飞马而回，还没有进入幽州境内，幽州牧刘虞已经被公孙瓒杀害。田畴到达幽州之后，就到幽州牧刘虞的墓前拜谒祭奠，他拆开朝廷封赠刘虞的诏文宣读完毕，便痛哭着离去。公孙瓒听到田畴到刘虞墓前祭拜的消息非常愤怒，立即悬赏捉拿田畴，抓获了田畴之后，公孙瓒对田畴说："你为何私自到刘虞的墓前哭祭，而不把朝廷封赠的诏文送给我？"田畴回答说："汉朝政权衰颓，人人都对朝廷怀有二心，只有幽州牧刘虞没有丧失忠诚汉室的节操。朝廷诏文所说的，对将军没有什么赞美之词，恐怕不是将军所乐于看到的，所以没有送达将军。况且将军正在举办大事以求实现自己的欲望，你已经灭掉了没有罪过的幽州牧刘虞，又把坚守正义的刘虞的臣属当作仇敌，你要是真的如此行事，恐怕燕赵之地的士人都将跳入东海淹死，难道还会有人忍心追随将军吗？"公孙瓒觉得田畴的回答理直气壮，就没有杀死他。公孙瓒把田畴拘押在军队当中，并禁止田畴的亲朋故旧前来看望他与他联系。有人劝说公孙瓒说："田畴是一个坚守正义的人士，你不能以礼相待，反而把他囚禁起来，这样做恐怕会失掉民心。"公孙瓒这才释放田畴令他回家。

【原文】

畴得北归，率举宗族他附从数百人①，扫地而盟曰："君仇不报，吾不可以立于世！"遂入徐无山中②，营深险平敞地而居，躬耕以养父母。百姓归之，数年间至五千馀家。畴谓其父老曰："诸君不以畴不肖，远来相就。众成都邑，而莫相统一，恐非久安之道，愿推择其贤长者以为之主。"皆曰："善。"同佥推畴③。畴曰："今来在此，非苟安而已，将图大事，复怨雪耻。窃恐未得其志，而轻薄之徒自相侵侮，偷快一时④，无深计远虑。畴有愚计，愿与诸君共施之⑤，可乎？"皆曰："可。"畴乃为约束相杀伤⑥、犯盗、诤讼之法⑦，法重者至死，其次抵罪，二十馀条。又制为婚姻嫁娶之礼，兴举学校讲授之业，班行其众⑧，众皆便之，至道不拾遗。北边翕然服其威信⑨，乌丸、鲜卑并各遣译使致贡遗⑩，畴悉抚纳，令不为寇。袁绍数遣使招命⑪，又即授将军印，因安辑所统⑫，畴皆拒不受。绍死，其子尚又辟焉，畴终不行。

【注释】

①率举宗族他附从：率领全族及外姓依附的人。举，全体。　②徐无山：在今河北玉田县东北

20里。③同佥：全体一致。④偷快：苟且痛快。⑤施：实行。⑥约束：立公约加以管束。⑦诤（zhèng）讼：诉讼。诤，通“争”。⑧班行：颁行。⑨北边翕然服其威信：谓田畴的威望和信誉使北边乌丸等部族统一和谐。翕然，和顺的样子。⑩遣译使致贡遗：派翻译和使者送贡品和馈赠礼物。⑪招命：招致委任。⑫因安辑所统：利用田畴来安定，收编他所统领的部下。因，依凭。辑，聚拢，编制。

【译文】

田畴能够向北返回家乡，他率领全宗族的人以及其他姓氏而愿意跟随的一共数百人，打扫出一块地方而后设盟立誓说：“刘虞使君的仇不报，我无颜活在这个世上！”于是率领众人进入徐无山中，在深山中找了一块地势险要却平坦宽敞的地方营造房舍居住下来，田畴亲自从事农业生产以赡养父母。不断有百姓来归附于他，几年的时间这里就聚集了5000多户人家。田畴对他的父老乡亲说：“诸位先生不认为我田畴没有才能，远道而来相投。人口众多使这里成了一个都邑，却没有一个统一的领导，恐怕不是长治久安之计，希望推选出贤能的长者作为都邑之主。”众人都说：“这个提议提得好。”众人一致推选田畴。田畴说：“我现在来到此地，并非是苟且偷安，而是要图谋大事，要为幽州牧刘虞报仇雪耻。我私下里担忧自己的志向不能实现，而见识鄙薄的人会在这里自相侵扰欺辱，苟且痛快于一时，而缺乏深谋远虑。我田畴有一个愚蠢的计划，希望与各位先生一起去实行，可以吗？”众人都说：“可以。”田畴于是订立了一套有关相互杀伤、偷盗、诉讼等方面的法律对民众加以约束，最重的法律是判处死刑，其次的是抵罪，总计有20多条。又制定了有关婚姻嫁娶的礼仪，兴办学校教授生徒，将这些法令条文颁布实行，众人都感到很简便易行，这个小城邑从此呈现出一种路不拾遗的美好局面。北边的那些乌丸等部族因为敬服田畴的威望和信誉而与其和谐相处，乌丸人、鲜卑人都各自派遣翻译人员和使者前来馈送贡品和礼物，田畴全都接纳并给予抚慰，令他们不再侵犯。冀州牧袁绍多次派使者前来招请委任，又派人带着将军印绶到这个城邑来授予田畴，想借此来安定田畴、收编田畴所统领的部下，田畴全都拒绝不受。袁绍死了以后，袁绍的小儿子袁尚又征聘他，田畴始终不为所动。

【原文】

畴常忿乌丸昔多贼杀其郡冠盖①，有欲讨之意而力未能。建安十二年，太祖北征乌丸，未至，先遣使辟畴，又命田豫喻指②。畴戒其门下趣治严③。门人谓曰：“昔袁公慕君，礼命④五至，君义不屈；今曹公使一来而君若恐弗及者，何也？”畴笑而应之曰：“此非君所识也。”隧随使者到军，署司空户曹掾⑤，引见谘议⑥。明日出令曰：“田子泰非吾所宜吏者⑦。”即举茂才，拜为蓨令⑧，不之官，随军次无终。时方夏水雨，而滨海洿下⑨，泞滞不通⑩，虏亦遮守蹊要⑪，军不得进。太祖患之，以问畴。畴曰：“此道，秋夏每常有水，浅不通车马，深不载舟船，为难久矣。旧北平郡治在平冈，道出卢龙⑫，达于柳城；自建武以来⑬，陷坏断绝，垂二百载，而尚有微径可从⑭。今虏将以大军当由无终，不得进而退，懈驰无备。若嘿回军⑮，从卢龙口越白檀之险，出空虚之地⑯，路近而便，掩其不备⑰，蹋顿之首可不战而禽也⑱。”太祖曰：“善。”乃引军还，而署大木表示水侧路傍曰⑲：“方今暑夏，道路不通，且俟秋冬，乃复进军。”虏候骑见之⑳，诚以为大军去也。太祖令畴将其众为乡导，上徐无山，出卢龙，历平冈，登白狼堆㉑，去柳城二百馀里，虏乃惊觉。单于身自临陈，太祖与交战，遂大斩获，追奔逐北，至柳城。军还入塞，论功行封，封畴亭侯㉒，邑五百户。畴自以始为居难，率众遁逃，志义不立㉓，反以为利，非本意也，固让。太祖知其至心，许而不夺㉔。

【注释】

①贼杀：残害。冠盖：仕宦之家。 ②喻指：委婉说明意图。 ③戒：告谕。治严：治装。 ④礼命：以礼征召。 ⑤司空户曹掾：司空属官之一。 ⑥谘议：询问商议。 ⑦吏：此处作动词用。 ⑧蓨（tiào）：县名，在今河北景县南。 ⑨洿（wū）下：积水低凹处。“洿”同“污”，停积的不流之水。 ⑩泞（nìng）：泥泞，淤积滥泥。 ⑪遮守蹊要：扼守在道路险要处。 ⑫卢龙：古要塞名，在今河北喜峰口附近。 ⑬建武以来：即东汉建国以来。建武，光武帝年号。 ⑭微径：隐蔽小路。 ⑮嘿（mù）：同“默”。 ⑯空虚之地：无人之境。 ⑰掩：突然袭击。 ⑱蹋顿：三郡乌丸部族的首领。 ⑲署大木表：树立高大的木牌路标。 ⑳候骑：巡逻侦察的骑兵。 ㉑白狼堆：即白狼山，今名白鹿山，在辽宁喀喇沁左翼蒙古自治县东境。 ㉒亭侯：食邑为亭的列侯。 ㉓志义不立：志向名节未树立。 ㉔许而不夺：指曹操同意田畴不受封爵的要求，不强迫他改变意愿。夺，夺志，迫使改变志向。

【译文】

田畴经常对过去乌丸人残杀了本郡许多仕宦之家感到愤怒，虽有讨伐乌丸人的想法却没有这个实力。汉献帝建安十二年，魏太祖曹操率军北征乌丸，曹操的大军还没有到来，就先派使者前来征聘田畴，又派田豫委婉地向田畴说明意图，田畴告诫自己的门客赶紧置办行装。有一个门客不解地问田畴说："过去冀州牧袁绍仰慕先生，曾经先后五次派使者前来以礼聘请先生，而先生都不肯屈尊前往；如今曹操所派的使者一来而先生就唯恐来不及一样急着准备前往，这是为什么呢？"田畴笑着回答门客说："这不是你所能明白的。"于是跟随曹操的使者来到魏太祖曹操的军中，曹操任用田畴为司空户曹掾，曹操接见田畴并向他咨询、与他商议相关事务。第二天曹操发布命令说："田子泰不适宜在我的手下担任官职。"立即推举田畴为秀才，任命田畴为蓨县令，田畴没有去蓨县赴任，而是跟随曹操大军驻扎在无终县。当时正值盛夏季节天降大雨，而滨海地区地势低洼积水，道路泥泞无法通行，乌丸人也在道路险要处设兵扼守，大军无法前进。魏太祖曹操很忧虑，就向田畴征求解决办法。田畴说："这条道路，秋夏季节经常有积水，水浅的地方车马过不去，水深的地方又不能载舟行船，为难已经很久了。旧的北平郡郡治设在平冈，需要经过卢龙要塞，才可以通达柳城；自从汉光武帝建国以来，此路塌陷毁坏断绝交通，已经将近200年，然而还是有一条隐蔽的小路可以通行。如今乌丸人必定以为我们的大军应当经由无终县，因为无法前进而退兵，肯定会懈怠而不设防。如果我们悄悄回师，改从卢龙口那里穿越白檀县的险阻，从乌丸防守空虚的地方通过，不仅路程近而且便捷，乘其不备给他来一个突然袭击，乌丸单于蹋顿的首级可以不战而获得。"魏太祖曹操说："这个办法好！"于是率军而回，并在水边路旁树立起高大醒目的木牌，上面写着："方今正值盛夏酷暑，道路不通，暂且等到秋冬季节，再来进军。"乌丸军中负责巡逻侦察的骑兵看见这种木牌，真的以为曹操大军已经撤走了。魏太祖曹操令田畴率领自己的属下为大军担任向导，田畴引导大军登上徐无山，穿过卢龙要塞，历经平冈，再登上白狼堆，此时距离乌丸人的老巢柳城只有200多里的路程，乌丸人才吃惊地发觉曹操大军已经逼近。蹋顿单于亲自临阵指挥，魏太祖出兵与乌丸军交战，于是大获全胜，斩杀俘获的敌军不计其数，追击败逃的敌军，一直追到柳城。曹操大军凯旋进入关内，论功行赏，封田畴为亭侯，封邑五百户。田畴自以为开始的时候是因为在故乡难以立足，遂率领众人逃避到徐无山中，自己的志向名节还没有树立，反而因征讨乌丸人而使自己立功获利，这不是自己的本意，因此坚决辞让。魏太祖明白田畴的内心所想，所以答应了田畴不受封爵的请求，不强迫他改变自己的意愿。

【原文】

辽东斩送袁尚首[①]，令“三军敢有哭之者斩”。畴以尝为尚所辟，乃往吊祭。太祖亦不问。畴尽将其家属及宗人三百馀家居邺。太祖赐畴车马谷帛，皆散之宗族知旧。从征荆州还，太祖追念畴功殊美，恨前听畴之让，曰：“是成一人之志，而亏王法大制也。[②]”于是乃复以前爵封畴。畴上疏陈诚[③]，以死自誓。太祖不听，欲引拜之[④]，至于数四[⑤]，终不受。有司劾畴狷介违道[⑥]，苟立小节[⑦]，宜免官加刑。太祖重其事[⑧]，依违者久之[⑨]。乃下世子及大臣博议[⑩]，世子以畴同于子文辞禄[⑪]，申胥逃赏[⑫]，宜勿夺以优其节。尚书令荀彧、司隶校尉钟繇亦以为可听[⑬]。太祖犹欲侯之。畴素与夏侯惇善，太祖语惇曰：“且往以情喻之，自从君所言，无告吾意也。”惇就畴宿[⑭]，如太祖所戒。畴揣知其指[⑮]，不复发言。惇临去，乃拊畴背曰[⑯]：“田君，主意殷勤，曾不能顾乎[⑰]!”畴答曰：“是何言之过也！畴，负义逃窜之人耳[⑱]，蒙恩全活，为幸多矣。岂可卖卢龙之塞，以易赏禄哉？纵国私畴[⑲]，畴独不愧于心乎？将军雅知畴者[⑳]，犹复如此，若必不得已，请愿效死刎首于前。”言未卒，涕泣横流。惇具答太祖。太祖喟然知不可屈，乃拜为议郎[㉑]。年四十六卒。子又早死。文帝践阼[㉒]，高畴德义，赐畴从孙续爵关内侯，以奉其嗣。

【注释】

①辽东句：指辽东太守公孙康杀袁尚事。 ②是成二句：意谓允许田畴辞去封爵，是成全了一个人的志向而败坏了法制。 ③陈诚：陈述衷心愿望。 ④引拜：引见皇帝，由皇帝直接封爵。 ⑤数四：多次。 ⑥狷介：洁身自好。 ⑦苟：随便。小节：个人的名节。 ⑧重其事：对这件事感到为难。重，难。 ⑨依违：犹豫。 ⑩世子：指曹丕。博议：广泛讨论。 ⑪子文辞禄：子文，春秋时楚令尹，有大功，不受禄。 ⑫申胥逃赏：春秋时楚大夫申包胥辅佐楚昭王复国，昭王论功行赏，他逃去不受。 ⑬听：放任不管。 ⑭就畴宿：到田畴那里住了一夜。 ⑮指：通“旨”，旨意。 ⑯拊：拍打。 ⑰曾不能顾乎：难道就不肯考虑主上的好意吗？曾，竟。顾，顾恤。 ⑱负义：指先与乌丸结好，后又助曹灭之。 ⑲私：爱重。 ⑳雅知：向来了解。 ㉑议郎：官名，掌顾问应对。 ㉒践阼：登皇帝位。

【译文】

辽东郡太守公孙康将袁尚等人杀死，并将其首级传送到曹操军中，曹操下令“三军当中敢有人哭祭袁尚者杀无赦”。田畴因为感念袁尚曾经征聘自己，遂前往吊唁祭奠。魏太祖曹操并没有过问此事。田畴把自己的家属以及族人一共300多家全都安置在邺城居住。魏太祖曹操赏赐给田畴的车马、粮谷、布帛，田畴全都拿来分发给自己的族人以及知交故旧。田畴跟随魏太祖曹操征讨荆州刘备回来之后，魏太祖曹操回想起征讨乌丸人时田畴所立的功劳，不由得赞叹起来，后悔当时听从了田畴的推让而没有对其进行封赏，曹操于是说：“我允许田畴辞去封爵虽然成全了田畴个人的志向却破坏了国家的法制。”于是又以前次的封爵重新封赏田畴。田畴上书给魏太祖曹操诚恳地陈述自己的衷心愿望，并以死来证明自己的誓言。魏太祖曹操这次坚持不再依从田畴，就想把田畴引见给汉献帝，由汉献帝直接封赏田畴，曹操再三再四地坚持，而田畴始终不肯接受。有关部门的官员于是弹劾田畴洁身自好而违背了国家论功行赏的法制原则，苟且于树立自己的小节操，应该免除他的官职并处以惩罚。魏太祖曹操对此感到很为难，犹豫了很长时间。最后交给世子曹丕以及大臣们进行广泛的讨论，世子曹丕认为田畴的行为类似于春秋时期楚国的令尹子文有大功而不受禄、楚国大夫申包胥辅佐楚昭王复国而为了不接受楚昭王的论功行赏而逃走的做法，所以不应该强迫田畴接受封爵而违背他的志向，要对其坚守节操的行为给以鼓励。担任尚书令的荀彧、担任司隶校尉的钟繇也认为应该尊重田畴个人的意愿。魏太祖曹操还是希望给田畴封侯。田畴平时与夏侯惇友善，魏太祖曹操于是对夏侯惇说：“你暂且到田畴那里以私人交情劝劝他，就说是你自己要劝说他，不要告诉他是我的意思。”夏侯惇到田畴那里住了一宿，他按照魏太祖告诫自己的话跟田畴进行了深刻谈话。田畴已经揣摩出这是魏太祖的旨意，就没有再说什么。夏侯惇临走的时候，抚摸着田畴的后背说：“田先生，主公对你的情意殷切深厚，难道你就不顾及主公的感受吗？”田畴回答说：“你说的话是何等错误！我田畴是一个违背了正义为保全性命而逃窜之人，承蒙主公的恩赐得以保全性命，已经是非常幸运了。我难道可以出卖卢龙要塞，以换取封赏俸禄吗？纵然国家偏爱我田畴，难道我就无愧于心吗？将军你一向是了解我的，尚且还是如此，如果非得要逼迫我接受封爵，就请让我在你面前自刎而死。”田畴的话还没有说完，就已经是涕泣横流了。夏侯惇把与田畴谈话的详细情况汇报给魏太祖。魏太祖喟然长叹了一声，知道田畴不可屈服，遂任命田畴为议郎。田畴46岁的时候去世。他的儿子又死得很早。魏文帝曹丕登上皇帝宝座之后，认为田畴的品德节操很高尚，就赏赐田畴的侄孙田续为关内侯，作为田畴的继承人，供奉祭祀。

人物新传·田畴传

一、胆识过人的青年使者

田畴，字子泰，右北平郡无终县人。喜读书，善击剑。他青年时期，正值黄巾起义失败后，各地大小军阀趁机扩充实力，火并不已；有的豪强地主则筑坞自保，逞雄一方，东汉政权名存实亡。田畴的家乡属幽州辖区，幽州牧刘虞是汉室宗亲，颇有“勤王”之志。他与拥兵自重的公孙瓒不和，又曾经开罪于韩馥、袁绍等军阀，感到处境孤危。他想派人到长安朝觐皇帝，但因干戈扰攘，使命艰难。左右的人推荐22岁的田畴做使者，刘虞就备礼召请，任命田畴为从事，配备了出行的车马。临行前，田畴向刘虞建议：“现在道路阻隔，强盗纵横出没。若打着出使官员的旗号，将会被人指名道姓，传扬开去。请允许我以私人身份出行，可望到达长安。”刘虞应允。田畴回去，挑选家客和勇壮青年20人组成骑兵，刘虞亲自送他们上路。

田畴等人没有照常往南走，而改道西面的居庸关，出塞沿北山直奔朔方。然后，由小路抵达长安，呈上了刘虞的表章。“朝廷”下诏拜田畴为骑都尉，他固辞不受。“朝廷”高度评价他的忠义，太尉、司徒、司空三府同时征辟，他都不就。得到“朝廷”批复，立刻驰回。可是，田畴尚在归途中，刘虞已为公孙瓒所害。田畴到后即祭奠拜谒刘虞之墓，在墓前陈发“朝廷”封赠的诏文。公孙瓒闻之大怒，悬赏捕获田畴，责问他为什么径自去哭刘虞之墓，不送诏文给自己。田畴并不畏惧，反而指斥公孙瓒“杀害了无罪的长官，又与其僚属结仇。这样行事，燕赵之士都将跳东海自杀，岂有忍辱屈从于你的吗？”公孙瓒囚禁了他，后经人劝说，才予以释放。

二、率族自保的一方豪帅

田畴回到家中，率领全家族和外姓依附者共几百人，迁徙到徐无山中，营建深山险要处，择平敞之地而居。田畴亲自耕作奉养父母。百姓逃难来归附，数年间多至5000余家。大家一致推举田畴主持众人之事，他倡导立公约加以管束，规定处罚相杀伤、犯盗窃以及打官司的办法，包括死罪、抵偿等法令20余条。又制订婚嫁礼仪，兴办学校。颁布实行后，地方安静，以至于道不拾遗。这样，田畴便成为拥有部曲的一方豪帅。他的威信远达于乌丸、鲜卑等少数部族，他们各派翻译和使者送来贡品和礼物。田畴均安抚接待，叫他们不再抄掠。袁绍也想拉拢利用田畴，屡次召请，授以将军印。袁绍死后，其子袁尚又召请，田畴始终不去。

三、善辨大局、谙熟军事的有识之士

207 年，曹操率大军北征乌丸，未抵无终，先派使者请田畴出山，又命他的军谋掾委婉致意。田畴命部下快去整理行装，唯恐向曹操报到迟了。这是因为他早已打定了投曹的主意。在此以前，好友邢颙曾告诉他，要先行一步，投曹去做一番平定天下的大事业。田畴就赞扬他是“民之先觉”。当时有势力的豪强和有名望的士大夫都在观测政治风云，决定自己的去就。稍有眼光的人，大都看出袁绍非托身之主，因为“绍貌外宽而内忌，任人而疑其心”（《三国志・荀彧传》），连袁绍的部下，如荀彧、郭嘉、许攸、张郃等，都先后叛归曹操。尤其是官渡之战后，客观形势已经不允许田畴再观望等待了。

曹操任命田畴为司空户曹掾，让官员带领来见自己，向他询问军事。经过交谈，曹操说：“这样的奇才不是我可以使唤的吏员。”于是，举为茂才，拜为蓨令，随军顾问。时值夏季多雨，滨海低洼积水，道路泥泞不通。乌丸又在山上据险扼守，大军不得前进。曹操感到很棘手，问田畴有何良策。田畴说：“这条路常有积水，浅处不通车马，深处不载舟船，困难已经很久了。北平郡的旧治平冈，县境有著名的卢龙道。由此道出卢龙塞，可达乌丸首领蹋顿驻扎的柳城。自光武帝时，通柳城的路已塌陷不通，至今近 200 年了。不过有隐蔽小路，可以摸索前行。眼下，乌丸会以为大军到无终，遇阻而退，因而防守松懈。如果我们悄悄回军，从卢龙口越过险峻的白檀山，进入无人地带，路近而便。趁其不备，突然袭击，一战可以取下蹋顿的首级。”曹操采纳了这个计策，下令退兵，在水侧路旁的大树上题字作了标记：“现在暑热，路不通，等到秋冬再进军。”蹋顿派出的侦探骑兵看见标记，信以为真。曹操命田畴率部曲为向导，上徐无山，出卢龙塞，过平冈，登上白狼堆。曹军距柳城 200 里，乌丸才惊奇地发现。这时，袁绍之子袁尚已败投乌丸，遂与蹋顿率兵前来迎战。曹军阵斩蹋顿，袁尚和少数溃兵逃到辽东太守公孙康那里，也全被杀了头。

田畴献策袭破乌丸，是他对曹魏，也是对历史做出的最重要的贡献。乌丸本是汉代一个强大部落，汉初，曾被匈奴破灭其国。后乌丸反抗，与匈奴战争。公元前 78 年，汉朝的大将军霍光派度辽将军范明友追击匈奴，趁乌丸战后疲弱，加以袭击杀戮。乌丸自此与汉结仇，数次攻入塞内。东汉初，大批乌丸部众虽内附，但时叛时服，整个北部边境常受侵扰。尤其是当年内附多移居辽东、辽西、北平三郡的乌丸部族寇略这三郡更厉害。东汉末，乌丸各部以蹋顿为首的一支最强悍，蹋顿统率三郡乌丸，袁绍曾结其为外援。袁绍官渡败死，袁尚率残部投乌丸。曹操袭破乌丸，彻底消灭了袁氏残余势力，肃清了边境，稳定了新占领区的局势。他南下与刘表、刘备、孙权等争天下，就没有后顾之忧了。因此，田畴的献策，确为曹操立了大功。同时，由于消除了三郡乌丸的侵扰，那里的人民得以安宁而发展生产。

四、立功辞爵的名士风度

曹操破乌丸，论功行赏，封田畴亭侯，食邑五百户。田畴认为自己率族人山本为避难，志向和名节上未显扬，以小功图小利违背他的初衷，坚辞不受。曹操理解他的心情，允许他辞去爵赏。

公孙康送来袁尚的首级，曹操下令："三军有敢哭之者，斩！"田畴为袁尚曾召辟过自己，便去吊祭，曹操也没有过问。田畴将家属及族人300余家迁到曹操的大本营邺城，曹操赐予车、马、谷、帛，他全部散给族人故旧。后来曹操追念田畴功劳特殊，后悔自己当初允许他辞去封爵，是成全一人的名节，而损害了臣子必须服从君主任命的大法。于是，又要以原爵封他。田畴上书陈情，以死自誓。曹操不许，要带他到皇帝那儿直接拜爵，前后四次，他仍不肯受封。纠察官员弹劾他洁身自好而违背臣节，只图博取美名，应该送官处以刑罚。曹操为慎重起见，把此事交由儿子曹丕与大臣们广泛讨论。曹丕等人认为，最好不要强迫他受封，而应表彰他的节操。曹操又让夏侯惇劝其受封，田畴知道来意而不说话。夏侯惇在他那里住了一宿，第二天临别时，抚摩田畴的肩背，恳切地说："田先生，主上如此殷勤，难道你不念这一片好意吗？"田畴说："我岂能卖卢龙换取爵禄？您是了解我的，还来强迫我。若不得已，请让我自刎在你面前，以明心迹！"夏侯惇只好回去复命。曹操知道田畴不会屈从，就拜他为议郎。214年，田畴46岁，病卒。到底也没有接受封侯之赏。

钟繇传

【题解】

钟繇（yáo）（151—230），字元常，豫州颍川郡长社县人。早年相貌不凡，聪慧过人，历任尚书郎、黄门侍郎，助汉献帝东归有功，封东武亭侯。后被曹操委以重任，为司隶校尉，镇守关中，以功累迁前军师。魏国建立，任大理，升为相国。曹魏建立后，历任廷尉、太尉、太傅等职，累封定陵侯。去世后，谥号“成”，配享曹操庙庭。

钟繇是个鼎鼎有名的书法家，擅长篆、隶、真、行、草多种书体，被后世尊为“楷书鼻祖”，评其书法为“神品”。而钟繇的治国才能，也是非常卓越的，可与汉代萧何相比。曹操说：“关右平定，朝廷无西顾之忧，足下之勋也。昔萧何镇守关中，足食成军，亦适当尔。”刘咸炘评论说：“钟繇于魏，如汉之萧何。”曹丕时，钟繇与华歆、王朗并为三公，德高望重，功勋卓越。钟繇在军事上也取得了重要的成就。曹丕赞誉说：“此三公者，乃一代之伟人也，后世殆难继矣！”

【原文】

钟繇字元常，颍川长社①人也。尝与族父瑜②俱至洛阳，道遇相者，曰：“此童有贵相，然当厄③于水，努力慎之！”行未十里，度桥，马惊，堕水几死。瑜以相者言中，益贵繇，而供给资费，使得专学。举孝廉。除尚书郎、阳陵④令，以疾去。辟三府⑤，为廷尉正⑥、黄门侍郎。

是时，汉帝在西京，李傕、郭汜等乱长安中，与关东断绝。太祖领兖州牧，始遣使上书。傕、汜等以为“关东欲自立天子，今太祖虽有使命，非其至实⑦”，议留太祖使，拒绝其意。繇说傕、汜等曰：“方今英雄并起，各矫命专制，唯曹兖州乃心王室，而逆其忠款⑧，非所以副将来⑨之望也。”傕、汜等用繇言，厚加答报，由是太祖使命遂得通。

太祖既数听荀彧之称繇，又闻其说傕、汜，益虚心。后傕胁天子，繇与尚书郎韩斌同策谋，天子得出长安，繇有力焉。拜御史中丞，迁侍中尚书仆射，并录前功封东武亭侯。

【注释】

①长社：古县名，县治在今河南长葛市东北。 ②瑜：即钟瑜，钟繇族父，具体情况不详。 ③厄：困厄，灾难。 ④阳陵：古县名，县治在今陕西泾阳县东南。 ⑤三府：即三公府，地位最尊显的三个官职的合称，后汉、魏国以太尉、司徒、司空为三公。 ⑥廷尉正：古官名，廷尉的副职，地位相当于列卿丞，为高级审判官，掌审理判决疑难案件，可代表廷尉参加诏狱会审。 ⑦至实：真心实意。 ⑧忠款：忠诚。款，真诚，诚恳。 ⑨副：相称，符合。将来：将要来归顺的人。

【译文】

钟繇，字元常，颍川郡长社县人。曾经与同族叔父钟瑜一同到洛阳去，路上遇到一个看相的人。那人说："这个孩子有贵人的相貌，但命中注定会有溺水之难，要多加小心避免啊！"他们走了不到十里路，在过桥的时候，马受惊了，钟繇掉到水里，差点被淹死。钟瑜因为相面的人说中了，就更加看重钟繇，供给他资金费用，使他能够专心学习。钟繇被举荐为孝廉，担任尚书郎、阳陵县令等职，因病离职。后来，又被三府征召，任廷尉正、黄门侍郎。

这时，汉朝皇帝在西京长安，李傕、郭汜等人在长安城中作乱，与关东地区的联系断绝。曹操兼任兖州牧，开始派遣使者向皇上上书。李傕、郭汜等人认为"关东的人想要自行奉立天子，现在曹操虽然派来使者，料想不是他们的真心实意"，商议扣留曹操派来的使者，拒绝他的要求。钟繇劝说李傕、郭汜等人说："现今英雄并起，各人都假借皇帝独断专行，只有曹操才心系王室，如果拒绝他的忠诚之心，是不符合将来归顺者愿望的做法啊！"李傕、郭汜等人采用了钟繇的建议，对曹操给以优厚的回报，从此，曹操的使者才得以与朝廷沟通。

曹操已经几次听到荀彧对钟繇的称赞，又知道他对李傕、郭汜的忠告，心里更加对他有好感。后来，李傕胁迫汉帝，钟繇和尚书郎韩斌一同策划计谋对付他，汉帝得以离开长安，这里有钟繇的一份功劳。后担任御史中丞，升任侍中、尚书仆射，合并嘉奖他以前的功劳，封为东武亭侯。

【原文】

时关中诸将马腾①、韩遂②等，各拥强兵相与争。太祖方有事山东③，以关右为忧。乃表繇以侍中守司隶校尉，持节督关中诸军，委之以后事，特使不拘科制④。繇至长安，移书腾、遂等，为陈祸福，腾、遂各遣子入侍。

太祖在官渡，与袁绍相持，繇送马二千馀匹给军。太祖与繇书曰："得所送马，甚应其急。关右平定，朝廷无西顾之忧，足下之勋也。昔萧何⑤镇守关中，足食成军，亦适当尔⑥。"

其后匈奴单于作乱平阳⑦，繇帅诸军围之，未拔；而袁尚所置河东太守郭援⑧到河东，众甚盛。诸将议欲释之去，繇曰："袁氏方强，援之来，关中阴与之通，所以未悉叛者，顾吾威名故耳。若弃而去，示之以弱，所在之民，谁非寇雠？纵吾欲归，其得至乎！此为未战先自败也。且援刚愎好胜，必易⑨吾军，若渡汾为营，及其未济击之，可大克也。"张既⑩说马腾会击援，腾遣子超⑪将精兵逆之。援至，果轻渡汾，众止之，不从。济水未半，击，大破之，斩援，降单于⑫。语在既传⑬。

其后河东卫固⑭作乱，与张晟⑮、张琰⑯及高幹⑰等并为寇，繇又率诸将讨破之。自天子西迁，洛阳人民单尽⑱，繇徙关中民，又招纳亡叛以充之，数年间民户稍实，太祖征关中，得以为资，表繇为前军师⑲。

【注释】

①马腾（？—212）：字寿成，扶风茂陵人，东汉末年割据凉州一带的军阀。曾为偏将军、征南将军、前将军，假节，封槐里侯，入朝担任卫尉。其子马超起兵抗拒曹操。马腾被曹操所杀，夷灭三族。 ②韩遂（？—215）：字文约，凉州金城郡（今甘肃兰州）人。东汉末年军阀、将领。最初闻名于西州，被羌胡叛军劫持并推举为首领，以诛宦官为名举兵造反，聚众十万，先后败皇甫嵩、张温、董卓、孙坚等名将，使得天下骚动。后受朝廷招安，拥兵割据一方，长达30余年。 ③有事山东：指忙于处理中原地区的事务，消灭袁绍等割据势力。山东，当时指崤山以东广大地区。 ④不拘科制：不必拘泥于条例、制度的限制，主要指处理公务时的处理上报程序。科制，制度，程式。 ⑤萧何（前257—前193）：沛郡丰邑（今江苏徐州市丰县）人。楚汉战争时，他留守关中，使关中成为汉军的巩固后方，不断地输送士卒粮饷支援作战，对刘邦战胜项羽，建立汉朝起了重要作用。汉朝建立后，为汉相国。刘邦死后，辅佐汉惠帝。去世后谥号"文终侯"。 ⑥亦适当尔：也正像这样。 ⑦单于：匈奴人对他们部落联盟首领的专称，意为广大的样子。 ⑧郭援（？—202）：沛国（治今安徽濉溪）人。东汉末年人物，袁尚部下，封其为河东郡太守。 ⑨易：轻易，轻视。 ⑩张既（？—223）：字德容，冯翊高陵人，曹魏名臣。魏国建立后，担任尚书。后临危受命，任为雍州刺史，平定诸胡叛乱。迁凉州刺史，封西乡侯。去世后追谥"肃侯"。 ⑪超：

即马超（176—222），字孟起，扶风茂陵人。后马腾入京被封为卫尉，马超统领了马腾的部队。刘备攻打刘璋时，马超投降刘备，合围成都。蜀汉建立后，马超官至骠骑将军、嫠乡侯。因病去世，被追谥为“威侯”。 ⑫降单于：使单于投降，使动用法，而非降于单于。 ⑬既传：即张既传，《三国志·魏书》卷十五。 ⑭卫固（？—206）：字仲坚，河东人。初为河东郡掾。建安十年，并州刺史高幹叛，张晟等应之。卫固亦起兵叛乱，以应高幹。次年，曹操遣将平叛，斩固。 ⑮张晟（shèng）：东汉末河内人。建安十年，并州刺史高幹以州叛曹操。晟率众万余人无所属，寇崤、渑间，南通刘表。 ⑯张琰（？—206）：司隶弘农郡人。建安十年，并州刺史高幹以州叛曹操，琰起兵应之。 ⑰高幹（？—206）：字元才，陈留郡圉县（今河南杞县圉镇）人。东汉末年并州割据将领。建安十年，兴兵反曹，固守壶关，成功抵挡乐进进攻。得知曹操亲征后，留下别将守城，亲往匈奴呼厨泉求救，没有成功。引兵攻略河东郡，后被捕杀。 ⑱单尽：即殚尽，死亡、流散光了。 ⑲前军师：古官名，相当于军事参谋。

【译文】

这时，关中的将军马腾、韩遂等人，各自拥有强兵，相互争战。曹操在崤山以东地区正有战事，忧虑函谷关以西地区的局势。于是，上书任命钟繇以侍中的身份暂时署理司隶校尉，持节督察关中各路部队，将后方事务委托给他，特许他不受各种制度、程式的约束。钟繇到达长安后，送书信给马腾、韩遂等人，向他们陈述利弊祸害，马腾、韩遂各派一个儿子入京侍奉天子。

曹操在官渡与袁绍对峙，钟繇送去2000匹马资助他。曹操给钟繇写信说：“得到你送来的马匹，正好解决了部队急需的问题。关西地区能够平定，朝廷从此无西顾之忧，都是您的功勋。当年萧何镇守关中，以充足的粮食成全了前方的军队，你的功劳也恰好可以与他相当。”

在这以后，匈奴单于在平阳地区作乱，钟繇率领各路军队包围他们，未能攻下；而袁尚所安置的河东太守郭援到了河东，人数众多。部下将领们议论纷纷，主张放弃攻打，离开而去。钟繇说：“袁氏正在强盛的时候，郭援到来，关中众将有人暗中与他勾结，之所以还没有全部反叛，不过是顾忌我的威势名声罢了。如果我们放弃离开这个地方，就是向他们示弱，那么，这里的百姓，不是会把我们看成仇敌吗？即使我们想要收兵回去，难道能够达到目的吗？这是尚未交战就先自行败退啊！况且，郭援刚愎自用，争强好胜，必定轻视我军，如果他们要渡过汾河扎营，我们趁他们将在渡河而尚未渡完之时打击他们，可以大获全胜。”张既劝说马腾来联合攻打郭援。马腾派他的儿子马超率领精锐部队迎面攻来。郭援到了以后，果然轻率地要渡汾河，众人劝止，他不听从。当他们渡河不到一半时，钟繇发兵攻击，大败郭军，斩杀了郭援，降伏了单于。此事记在《三国志·张既传》中。

这以后，河东卫固作乱，与张晟、张琰及高幹等人一起攻城略地，钟繇又率领众将领攻打，打败了他们。自从汉帝西迁长安后，洛阳地区百姓人口大大减少，钟繇把一部分关中民众迁徙过来，又招纳逃亡叛离的人口来充实，几年之内，洛阳地区的人口逐渐充实。曹操攻打关中时，得以用这些民户为兵源，因此上书朝廷，举荐钟繇为前军师。

【原文】

魏国初建，为大理①，迁相国。文帝在东宫，赐繇五熟釜②，为之铭③曰："於赫④有魏，作汉藩辅。厥相惟钟⑤，实干心膂⑥。靖恭夙夜⑦，匪遑安处⑧。百寮师师⑨，楷兹度矩⑩。"数年，坐西曹掾魏讽⑪谋反，策罢就第⑫。

文帝即王位，复为大理。及践阼，改为廷尉，进封崇高⑬乡侯。迁太尉，转封平阳乡侯。时司徒华歆⑭、司空王朗⑮，并先世名臣。文帝罢朝，谓左右曰："此三公者，乃一代之伟人也，后世殆难继矣！"

明帝即位，进封定陵⑯侯，增邑五百，并前千八百户，迁太傅。繇有膝疾，拜起不便。时华歆亦以高年疾病，朝见皆使载舆车⑰，虎贲舁⑱上殿就坐。是后三公有疾，遂以为故事⑲。

【注释】

①大理：又称为"廷尉"，古官名，是主管司法的最高官吏。 ②五熟釜：就是分有几格的锅，可以同时煮各种不同的食物，犹今之"鸳鸯锅"。 ③铭：铭文，指刻在器物上的文辞。 ④於（wū）赫：叹美之词。 ⑤相：相国。钟：即钟繇。 ⑥实干：实实在在地做事。心膂：犹言"心腹"，信得过、靠得住的大臣。 ⑦靖恭：谦恭。夙夜：日夜，时时刻刻。夙，早晨，代指白天。 ⑧匪遑（huáng）：没有空闲。匪，通"非"。遑，闲暇。 ⑨师师：意动用法，即以师为师，效法的意思。 ⑩楷：以之为楷模。度矩：法则。 ⑪魏讽：字子京，济阴人，有口才，钟繇荐之。关羽发动襄樊战役，于禁七军尽没，曹仁被围樊城，魏讽与长乐卫尉陈祎等人谋袭取邺城。后陈祎恐惧，向曹丕告密，诛杀魏讽，受牵连者数十人。 ⑫策罢：下达策书，罢免其官。就第：回家。 ⑬崇高：即嵩高，今嵩山。本是山名，而因以为邑名、乡名。 ⑭华歆（xīn）（157—232）：字子鱼，平原高唐人，曹魏重臣。被征为议郎，参司空军事。入为尚书，转侍中，又代荀彧为尚书令。后为御史大夫。曹丕即位，任为相国，封安乐乡侯。曹叡即位后，升任太尉，晋封博平侯。去世后谥号"敬"。 ⑮王朗（？—228）：字景兴，东海郡郯县人，曹魏重臣。被曹操征用，

任谏议大夫、参司空军事。后以军祭酒身份领魏郡太守，又任少府、奉常、大理等职。曹丕时，迁御史大夫，封安陵亭侯。后任司空，进封乐平乡侯。曹叡继位后，为司徒，进封兰陵侯。 ⑯定陵：古县名，在今河南舞阳县境内。 ⑰舆车：一种轻便的小车。 ⑱虎贲：守卫王宫、护卫君主的专职人员。贲，同“奔”。舁（yú）：共同抬上。 ⑲故事：过去的事例。

【译文】

魏国建国之初，钟繇担任大理卿，升迁为相国。曹丕在东宫做太子时，曾经赏赐给钟繇五熟锅，在锅上刻上文字，说：“堂堂魏国，是汉室的屏卫。相国钟繇，是魏国的栋梁。日夜操劳，无暇安居。百官效法，堪称楷模。”过了几年，钟繇因西曹掾魏讽谋反一事受到牵连，被罢免官职。

曹丕即位后，钟繇再次担任最高司法官。曹丕称帝后，改任廷尉，晋封崇高乡侯。后升迁为太尉，改封平阳乡侯。当时司徒华歆、司空王朗，同是上代名臣。曹丕退朝后对身边人说：“这三公，都是一代的伟人啊！以后大概很难有这样的人才了！”

曹叡即位，晋封钟繇为定陵侯，增加封邑五百户，连同以前共一千八百户，升迁为太傅。钟繇膝关节有毛病，下拜起身不方便。当时华歆也因为年老患病，上朝晋见时都让他们乘坐小轿，由卫士抬着上殿就座。自此以后，凡三公有病，就以此作为惯例。

【原文】

初，太祖下令，使平议死刑可宫割[①]者。繇以为：“古之肉刑，更历圣人[②]，宜复施行，以代死刑。”议者以为非悦民之道[③]，遂寝[④]。及文帝临飨[⑤]群臣，诏谓：“大理[⑥]欲复肉刑，此诚圣王之法。公卿当善共议。”议未定，会有军事，复寝。

太和中，繇上疏曰：“大魏受命，继踪虞、夏[⑦]。孝文[⑧]革法，不合古道。先帝圣德，固天所纵，坟典[⑨]之业，一以贯之。是以继世，仍发明诏，思复古刑，为一代法。连有军事，遂未施行。陛下远追二祖[⑩]遗意，惜斩趾可以禁恶，恨入死之无辜[⑪]，使明习律令，与群臣共议。出本当右趾而入大辟[⑫]者，复行此刑。书云：‘皇帝清问[⑬]下民，鳏寡有辞于苗[⑭]。’此言尧[⑮]当除蚩尤、有苗[⑯]之刑，先审问于下民之有辞者也。若今蔽狱[⑰]之时，讯问三槐、九棘[⑱]、群吏、万民，使如孝景[⑲]之令，其当弃市，欲斩右趾[20]者许之。其黥、劓[21]、左趾、宫刑者，自如孝文，易以髡、笞[22]。能有奸者，率年二十至四五十，虽斩其足，犹任[23]生育。今天下人少于孝文之世，下计[24]所全，岁三千人。张苍[25]除肉刑，所杀岁以万计。臣欲复肉刑，岁生三千人。子贡[26]问能济民可谓仁乎？子[27]曰：'何事于仁，必也圣乎，[28]尧、舜[29]其犹病诸[30]！'又曰：'仁远乎哉[31]？我欲仁，斯仁至矣。'若诚行之，斯民永济。"

【注释】

①宫割：施以宫刑。②更历圣人：历代的圣明君主也都实行过。③非悦民之道：施行肉刑，让犯人身体残缺不全，人们看到后心中不愉快。悦民：让民众愉悦。④寝：停息，停止。⑤临飨（xiǎng）：亲以酒食犒劳。飨，用酒食款待人。⑥大理：此指担任大理卿的钟繇。⑦虞、夏：指有虞氏之世虞代和夏代。虞王朝是夏、商、周三代之前的一个新兴王朝，古代史籍中，虞、夏、商、周四代往往连称。夏朝是禹的儿子启废除了传统的部落"禅让"制，杀死益而称王，建立的中国历史上第一个国家。⑧孝文：即汉文帝（前203—前157），刘邦第四子，西汉第五位皇帝。在位期间，稳定汉初封建统治秩序，恢复和发展经济，开创了"文景之治"。文帝十三年（前169），废除肉刑，改为处以笞刑和杖刑。⑨坟典：三坟、五典的并称，泛指古代文献。⑩二祖：即魏太祖曹操、文帝曹丕。⑪入死之无辜：无辜的人被处死，指死刑犯中有些可以从轻判处，可以活命。⑫右趾：砍掉右脚。大辟：砍头，死刑的通称。⑬清问：详细询问。⑭有辞于苗：对有苗氏的刑法不满的话。⑮尧：（约前2188—前2067），古唐国人（今山西临汾尧都区），号放勋，中国上古时期方国联盟首领。20岁，代挚为天子，定都平阳。尧老，舜代替尧执政，让位后死去，葬于谷林（山东鄄城县）。⑯蚩尤：上古时代九黎氏族部落联盟的首领，骁勇善战，相传是牛图腾和鸟图腾氏族的首领，有兄弟81人，个个本领非凡。有苗：即苗族，也称为"三苗"，分布在长江中游以南一带。⑰蔽狱：犹冤狱。⑱三槐：相传周代宫廷外种有三棵槐树，三公朝天子时，面向三槐而立。后因以三槐喻三公。九棘：古代群臣外朝之位，树九棘为标识，以区分等级职位。代指九卿。⑲孝景：即汉景帝刘启（前188—前141），汉文帝刘恒嫡长子，西汉第六位皇帝。在位16年，谥号孝景皇帝。在位期间，推行"削藩策"，削诸侯封地，平定"七国之乱"，巩固中央集权，勤俭治国，继续奉行"与民休息"政策，发展生产、减轻赋税。⑳欲斩右趾：指犯人被判处死刑，自愿用斩右趾的刑法代替死刑。㉑黥（qíng）：即墨刑，古代在人脸上刺字并涂墨之刑。劓（yì）：古代割掉鼻子的一种刑罚。㉒髡（kūn）：古代剃去男子头发的一种刑罚。笞：古代用竹板或荆条拷打犯人脊背或臀腿的刑罚。㉓任：能够。㉔下计：自己的谋划，谦辞。㉕张苍（？—前152）：阳武县（今河南新乡市原阳县）人。帮助刘邦清除燕王臧荼叛乱有功，被汉高祖晋封为北平侯，以后又迁升为计相、主计。汉文帝时灌婴去世后接任丞相一职，后因

政见不同而自动引退。㉖子贡：即端木赐（前520—前456），复姓端木，字子贡，以字行。春秋末年卫国（今河南浚县）人。孔子的得意门生，孔门十哲之一，以言语闻名，利口巧辞，善于雄辩，且有干济才，办事通达，曾任鲁国、卫国之相。㉗子：即孔子（前551—前479），子姓，孔氏，名丘，字仲尼，鲁国陬邑（今山东曲阜）人，曾带领部分弟子周游列国前后达13年，晚年修订六经即《诗》《书》《礼》《乐》《易》《春秋》。相传孔子曾问礼于老子，有弟子三千人，其中贤人有七十二人。㉘何事于仁，必也圣乎：岂止是仁人，简直是圣人了！㉙舜（约前2128—约前2025）：姚姓，有虞氏，名重华，字都君，谥曰"舜"，是中国上古时代父系氏族社会后期部落联盟首领，生于姚墟。以受尧的"禅让"而称帝于天下，其国号为"有虞"。㉚其犹病诸：这么道德高尚的圣人，都会感到有所不及。病，担忧。诸，"之乎"的合音。㉛仁远乎哉：仁，难道离我们还远吗？

【译文】

当初，曹操下令，让大家讨论关于死刑可以改判宫刑的设想。钟繇认为："古代的肉刑，经历了圣人的设置改定，现在应该再次施行，以代替死刑。"参加讨论的人认为肉刑不是使民众愉悦的方法，于是不了了之。到了曹丕主持朝政时，下令说："大理卿钟繇想要恢复肉刑，这确实是圣王的法度。各位公卿应当好好地共同讨论这个建议。"可是，讨论还没有确切定论时，发生了战事，于是再次搁置。

太和（227—233）年间，钟繇上疏说："大魏承受天命，继承虞、夏的传统。汉文帝改革刑法，这不合乎古道。先代皇帝的圣德，本来就是上天所恩赐的，三坟五典的事业，要一脉相承到底。因此，皇上继承前世，接连颁发明智的诏令，打算恢复古刑，作为一代的法典。因为接连征战，至今仍没有施行。皇上追随父祖的遗志，痛惜于斩趾的刑罚可以禁除坏事，遗憾于被判处死刑的人被剥夺生命，让臣下好好地学习律例法令，与各位大臣共同商议。建议本当斩去右趾而改为处以死刑的，恢复执行斩趾的刑罚。《尚书》说：'皇帝详问百姓，鳏夫寡妇都对有苗有怨恨之辞。'这是说尧将要为除蚩尤、有苗的虐刑，先详细询问百姓中那些有怨言的人。如果现在审断官司时，传讯询问三公、九卿、众吏役、万民百姓，就让他们按照汉景帝的法令所规定的那样，对那些应当执行死刑的犯人，如果自己想要改行斩右趾的肉刑，就要准许他们的请求。对那些应当执行黥、劓、斩左趾、宫等肉刑的人，仍然依照汉文帝的办法，改为髡、笞等刑罚。犯有男女奸情的人，通常年纪在二十岁到四五十岁之间，即使斩了他们的右脚，还是能够从事生育。现今全国人口少于汉文帝时代，估计臣下的建议如果能够施行，每年约有三千人能够存活。张苍为除肉刑，而所杀的人每年数以万计。臣下想要恢复肉刑，每年可以使三千人活命。当年子贡问孔子能够拯救百姓可以称为仁吗？孔子说：'哪里仅仅是仁爱，那一定是圣德了，尧、舜大概也难于做到完美无缺呢！’又说：‘仁爱离我们远吗？我想要实行仁爱，仁爱就来了。’如果确实这样做，百姓将能长久得到好处。”

【原文】

书奏，诏曰：“太傅学优才高，留心政事，又于刑理深远。此大事，公卿群僚善共平议。”

司徒王朗议，以为：“繇欲轻减大辟之条，以增益刖刑①之数，此即起偃为竖②，化尸为人矣。然臣之愚，犹有未合微异③之意。夫五刑④之属，著在科律，自有减死一等⑤之法，不死即为减。施行已久，不待远假斧凿于彼肉刑，然后有罪次⑥也。前世仁者，不忍肉刑之惨酷，是以废而不用。不用已来，历年数百。今复行之，恐所减之文未彰于万民之目，而肉刑之问⑦已宣于寇雠⑧之耳，非所以来远人⑨也。今可按繇所欲轻之死罪，使减死之髡、刖⑩。嫌其轻者，可倍其居作⑪之岁数。内有以生易死不訾⑫之恩，外无以刖易钛骇耳⑬之声。”

议者百馀人，与朗同者多。帝以吴、蜀未平，且寝。

【注释】

①刖（yuè）刑：古代的一种酷刑，把受罚者的脚砍掉。 ②起偃为竖：使躺着的人站起来，比喻给予减轻刑罚的恩惠。偃，卧躺。竖，立，站着。 ③微异：略有差异。 ④五刑：有多种说法，一般指墨刑、劓刑、宫刑、髡刑、大辟。 ⑤减死一等：将死刑犯降低一等处理，免于处死，改为髡刑，予以囚禁，做五年苦工。 ⑥罪次：刑罚的档次。 ⑦问：消息。 ⑧寇雠：仇敌，指吴国、蜀国。 ⑨来远人：使远方的人前来归顺，使动用法。 ⑩刖：此字有讹误，疑为“刑”字，即死刑犯减轻一等，改为髡刑，而非为“髡、刖”两种刑罚，因为“刖刑”也是肉刑，王朗是不赞成的。下句“可倍其居作之岁数”，也是说明减轻为髡刑，而认为嫌轻，可增加其居作的时间。 ⑪居作：指囚禁做苦工。 ⑫不訾（zī）：不可估量。訾，估量，限度。 ⑬钛（dì）：铁镣，加在脚上的锁。骇耳：听起来令人吃惊。

【译文】

钟繇的奏疏上达后，曹叡下令说：“太傅学优才高，留心政事，又深通刑法义理。这是件大事，公卿众大臣们要一起好好讨论。”

司徒王朗认为：“钟繇想要轻易减少死刑的条款，增加刖刑的数量，这就好像是把躺在地上的人竖立起来，把尸体转化为活人。但是臣下愚蠢，仍然稍稍有点不一致的意见。五刑的条款，都已明确记载在法律条文之中，法律条文本来就有减去死罪的规定，不执行死刑，就是减刑了。这个规定施行已经很久了，不必凭借刀斧来大兴肉刑，然后才有罪刑的等次。前世仁爱的人，不忍心于肉刑的残酷，因此废弃不用，已经历几百年了。现在恢复实行，恐怕减轻死刑的文书还没有公布到民众的眼前，有关我们滥施肉刑的质问已经传到仇敌耳中去了，这可不是用来招抚边远民众的做法。现在可以按照钟繇所要减轻死罪观点，把死刑减轻为髡刑。这样惩处若还嫌轻的话，可以加倍增添犯人服劳役的年限。这样做，可以说对内有起死回生不可估量的恩德，对外没有用砍足代替脚镣的骇人听闻的名声。”

有一百多人参加这项讨论，意见与王朗相同的占多数。曹叡因为吴、蜀尚未平定，暂且搁置了这项讨论。

【原文】

太和四年①，繇薨。帝素服临吊②，谥曰成侯。子毓③嗣。初，文帝分毓户邑，封繇弟演④及子劭⑤、孙豫⑥列侯。

评曰⑦：钟繇开达理干⑧，华歆清纯德素⑨，王朗文博富赡⑩，诚皆一时之俊伟⑪也。魏氏初祚，肇登三司⑫，盛矣夫！

【注释】

①太和四年：230 年。太和（227—233），是曹叡的第一个年号，共计 7 年，也是曹魏政权的第二个年号。 ②素服：白色的丧服。临吊：亲临凭吊。 ③毓（yù）：即钟毓（？—263），字稚叔，颍川长社人。始为黄门侍郎，袭封定陵县侯。后任散骑常侍，迁魏郡太守，入为侍中、御史中丞、卫尉卿。后任青州刺史、后将军，都督徐州、荆州诸军事。去世后追赠车骑将军，谥号为“惠”。 ④演：即钟演，颍川郡长社县人，封列侯。钟繇之弟，有子钟劭、孙钟豫，皆封列侯。 ⑤劭（shào）：即钟劭，钟演之子，曾封为列侯。 ⑥豫：即钟豫，钟演之孙，曾封为列侯。 ⑦此为钟繇、华歆、王朗三人的合评。单就钟繇而言，则是：“钟繇开达理干，诚一时之俊伟，魏氏初祚，肇登三司，盛矣夫！” ⑧开达：通达事理。理干：具有行政上的能力和才干。 ⑨清纯：清廉纯洁。德素：才德高尚。 ⑩文博：文化修养和博物知识。富赡：丰富，充足。 ⑪俊伟：杰出的人才。 ⑫肇（zhào）：肇始，开始。三司：犹言“三公”。

【译文】

太和四年，钟繇去世。曹叡身穿素服前往凭吊，谥号为“成侯”。儿子钟毓继承爵位。当初，曹丕曾分出钟繇的部分封邑，封钟繇的弟弟钟演和钟演的儿子钟劭、孙子钟豫为列侯。

史家评论说：钟繇通达事理，精明强干；华歆清廉纯洁，德行高尚；王朗学识渊博，富有文才，确实都是当时杰出的人才啊！魏国初建，这三个人都登上了三公之位，真是兴盛一时啊！

人物新传·钟繇传

一、策帝东迁　立功封侯

钟繇出身于颍川望族，其家世善刑律，祖父钟皓为海内知名的学者，“博学诗律”，教授门生千余人。其父钟迪为郡主簿，后因党锢牵连，退出仕途（《后汉书·钟皓传》）。钟繇小时候曾和族父去洛阳，路遇相面者，谓其有贵相。钟繇少而好学多才，为人机敏，喜谈笑。后任郡功曹，被以荐贤著称的太守阴修所赏识，举为孝廉，先后在东汉朝任尚书郎，阳陵令，后辟三府为廷尉正、黄门侍郎。

当时，董卓已死，李傕、郭汜等操纵朝政，而关东诸侯割据自立，不尊汉室。这时，兖州牧曹操首派使者来长安，上书致命于天子。李傕、郭汜以为曹操实无诚意，要扣其使者。钟繇力劝傕、汜，说曹操忠心汉室，应予鼓励，而不应拒绝其好意。李傕、郭汜采纳了这一建议，对使者厚加款待，并予答报，这样曹操使命得通，方和朝廷有了联系。后曹操闻此事，加之荀彧以前也一再称赞钟繇，于是曹操就更加倾慕其为人和才干了。

兴平二年，钟繇又与尚书郎韩斌等共同策划，帮助献帝逃离长安，东奔洛阳。钟繇从行，拜御史中丞，迁侍中，尚书仆射。建安元年，作为护驾十三功臣之一，被封为东武亭侯。不久，献帝迁许，钟繇成为曹操重要谋臣。钟繇多智多谋，为荀彧所推重，一次曹操问荀彧：“谁能代卿为我谋者？”彧曰：“荀攸，钟繇。”可见钟繇也为曹操智囊团重要人物。

二、经营关中　平乱河东

建安二年，曹操欲东击吕布，又恐袁绍西扰关陇，“南诱蜀汉”，与之抗衡。曹操想物色一个人物去镇抚关中。荀彧向曹操推荐钟繇，说：“侍中、尚书仆射钟繇有智谋，若属以西事，公无忧矣。”（《资治通鉴·卷六十二》）于是曹操表钟繇以侍中守司隶校尉，持节督关中诸军。钟繇至长安，移书马腾、韩遂等，抚以恩德，为陈祸福。于是马腾、韩遂表示要效忠朝廷，并各遣子入侍为质。这样，曹操消除了西顾之忧，得以放手争夺中原。

钟繇暂驻弘农，以抚关中。时经战乱，关中荒芜，人民几乎散尽，钟繇招纳流亡，供给耕牛、农具，使勤耕积粟，经济得以恢复。建安五年，曹操在官渡与袁绍决战，钟繇又送马 2000 匹给前线，供作战之用，大大增强了曹操的骑兵实力，对战争的胜利起了重大的作用。后曹操给钟繇信中，将其比为汉之萧何，赞曰："得所送马，甚应其急。关右平定，朝廷无西顾之忧，足下之勋也。昔萧何镇守关中，足食成军，亦适当尔。"（《三国志·钟繇传》）

建安七年，曹操率军击河北袁尚、袁谭。袁尚派所置河东太守郭援与并州刺史高幹率军数万人，进攻河东。并遣使争取关中诸将联合反曹，诸将犹豫未决，欲拥兵观望成败。时匈奴南单于起兵据平阳以应之，钟繇率诸军围平阳。城未拔，而郭援率兵来救。其众甚盛，所经城邑皆下，部下诸将恐不胜，欲撤围避其兵锋。钟繇说："袁氏方强，（郭）援之来，关中阴与之通，所以未悉叛者，顾吾威名故耳。若弃而去，示之以弱，所在之民，谁非寇雠？纵吾欲归，得其至乎！此为未战先自败也。"又说："援刚愎好胜，必易吾军，若渡汾为营，及其未济击之，可大克也。"此前，钟繇又派张既去争取马腾之援。张既为陈利害，说服了马腾，于是马腾派其子马超率精兵万人与钟繇军会合。

不久，郭援率军至，未知虚实，即欲渡汾，部下阻之，不从，渡河未半，钟繇率军截击，大破之。战后，众人均言郭援已死，而不得其首。晚后，马超部将校尉南安庞悳，从鞬中取出其手斩之一人头，却为郭援头。郭援为钟繇亲外甥，故繇见之而痛哭，庞悳深表歉意，钟繇说："援虽我甥，乃国贼也。卿何谢之？"（《三国志·庞悳传》裴注引《魏略》）之后，南单于也举城降。

建安十年，已降曹之并州刺史高幹复反，河内张晟、弘农张琰等起兵应之，河东官吏卫固、范先也发兵作乱。钟繇复率部下及关中诸将合击张晟等，破之，斩张琰、卫固，其余党徒赦之。（《三国志·张既传》）。

建安十六年三月，曹操为消灭关中割据势力，派钟繇声讨汉中张鲁，夏侯渊等将兵出河东，与钟繇会合入关。马超、韩遂等被逼，皆反。七月，曹操率诸军进攻关中，由于钟繇的多年经营，关中及司隶校尉所属之河东等郡农业恢复，民户增加。曹操"得以为资"，很快击败马超、韩遂，取得了关中，曹操表钟繇为前军师。

三、助魏建业　历仕三朝

建安二十一年五月，魏公曹操被进爵为魏王。八月，钟繇被任为魏相国。钟繇担任此要职是因为他矢忠于曹操，为魏国的建立立了大功。再一个因素是他与魏太子曹丕关系密切。他们为文字之交，常有书信往来，钟繇曾送美玉给曹丕。当钟繇就任相国职位时，曹丕特赐其以五熟釜，以示笼络，上面铸有这样的铭文："於赫有魏，作汉藩辅。厥相惟钟，实干心膂。”表明其对钟繇之依重。并为此事，与钟繇书说：“今执事寅亮大魏，以隆圣化，堂堂之德，于斯为盛……故作斯铭，勒之釜口，庶可赞扬洪美，垂之不朽。”（本传裴注引《魏略》）显然，这是为了代汉时能得到上层士族领袖钟繇的全力支持而拉拢钟繇的举措。

当时，沛人魏讽才华出众，倾动邺都，被钟繇辟为西曹掾。建安二十四年九月，忠于汉室的魏讽与陈祎等人密谋起兵袭邺，响应关羽。谋泄，魏讽等数十人被杀。钟繇因此受累，免官归第。

钟繇罢官后，仍和曹丕有密切书信往来。时孙权称臣，斩关羽首，献予曹操。曹丕手书钟繇，告诉此事。繇答书曰：“臣同郡故司空荀爽言：‘人当道情，爱我者一何可爱！憎我者一何可憎！’顾念孙权，了更妩媚。”（本传裴注引《魏略》）不久，曹操逝世，钟繇复任大理（即廷尉）；曹丕称帝，钟繇仍为廷尉，并进封乡侯。黄初四年迁为太尉，转封平阳乡侯。

时魏文帝以个人私怨，欲枉法诛治书执法鲍勋。钟繇领头，与大臣华歆、陈群、辛毗、高柔等并表勋父鲍信在兖州有助于太祖，请赦之。后，事虽不果，但说明了钟繇为人正直，敢于主张公道。

钟繇性格刚正。晚年时其妾张氏妊娠，嫡妻孙氏下毒欲害之。事觉，钟繇休其嫡妻。时卞太后使文帝下诏令繇复妻。钟繇恚愤，欲自杀未果，文帝乃止。后张氏生钟会，钟繇另娶嫡室贾氏。

当时，钟繇与司徒华歆、司空王郎均功高德茂，并为先世名臣，士族领袖，文帝对他们十分尊重，尝对左右说：“此三公者，乃一代之伟人也，后世殆难继矣！”

钟繇生平雅重荀彧、荀攸。他曾将荀彧比为孔门之颜回，说：“颜子既没，能备九德，不贰其过，唯荀彧然。”（《荀彧传》裴注引《魏氏春秋》）又与荀攸有深交，佩服其多智，赞之曰：“我每有所行，反覆思惟，自谓无以易，以咨公达，辄复过人意。”（《三国志·荀攸传》）

任峻传

【题解】

任峻（？—204），东汉末河南中牟县人，是一个有家兵数百人的大豪强。关东兵起，他毅然率领部曲追随当时势力微弱的曹操，表现了他的识见高人一筹。任峻反对董卓擅权乱政，而曹操抗击董卓最坚决，两人政治观点一致，故从之。由于任峻是第一个投靠曹操的地方豪强，所以甚见亲信，官至长水校尉，典宿卫兵。建安元年，曹操采纳了羽林监枣祗的建议，在许下屯田，以任峻为典农中郎将主持其事。任峻恪尽职守，当年得益，这对于解决当时急需的军粮和稳定许都局势都有重大意义。任峻的成功，使得屯田迅速在曹操辖区内推广，“于是州郡例置田官，所在积谷。征伐四方，无运粮之劳，遂兼灭群贼，克平天下”（《三国志·武帝纪》裴注引《魏书》）。

【原文】

任峻字伯达，河南中牟人也。汉末扰乱，关东皆震。中牟令杨原愁恐，欲弃官走。峻说原曰：“董卓首乱，天下莫不侧目[①]，然而未有先发者，非无其心也，势未敢耳。明府若能唱之[②]，必有和者[③]。”原曰：“为之奈何？”峻曰：“今关东有十馀县，能胜兵者不减万人[④]，若权行河南尹事[⑤]，总而用之，无不济矣。”原从其计，以峻为主簿[⑥]。峻乃为原表行尹事[⑦]，使诸县坚守，遂发兵。会太祖起关东[⑧]，入中牟界，众不知所从，峻独与同郡张奋议，举郡以归太祖。峻又别收宗族及宾客家兵数百人，愿从太祖。太祖大悦，表峻为骑都尉，妻以从妹[⑨]，甚见亲信。太祖每征伐，峻常居守以给军。

是时岁饥旱，军食不足，羽林监颍川枣祗建置屯田[⑩]，太祖以峻为典农中郎将[⑪]，募百姓屯田于许下[⑫]，得谷百万斛[⑬]，郡国列置田官，数年中所在积粟，仓廪皆满[14]。官渡之战，太祖使峻典军器粮运。贼数寇钞绝粮道[15]，乃使千乘为一部[16]，十道方行[17]，为复陈以营卫之[18]，贼不敢近。军国之饶，起于枣祗而成于峻。太祖以峻功高，乃表封为都亭侯[19]，邑三百户，迁长水校尉[20]。

峻宽厚有度而见事理[21]，每有所陈，太祖多善之。于饥荒之际，收恤朋友孤遗[22]，中外贫宗[23]，周急继乏，信义见称。建安九年薨，太祖流涕者久之。子先嗣。先薨，无子，国除。文帝追录功臣，谥峻曰成侯。复以峻中子览为关内侯[24]。

评曰：任竣始兴义兵，以归太祖，辟土殖谷，仓庾盈溢，庸绩致矣[25]。

【注释】

①侧目：以白眼看人，形容怒恨。 ②明府：汉代人把郡守尊称为明府君，简称为府君或明府，这里是对中牟县令杨原的尊称。因任峻劝杨原代行河南尹，故称明府。唱：号召，领导。 ③和：响应。 ④胜（shēng）：担任。 ⑤权行：临时代理。河南尹：东汉京师洛阳地区的行政长官。 ⑥主簿：曲领文书的事务官。 ⑦表：向朝廷上奏。 ⑧会：适逢。 ⑨从妹：堂妹。 ⑩羽林监：官名，东汉置羽林左、右监，分典羽林左骑、右骑。 ⑪典农中郎将：屯田官名。曹操施行民屯，皆用军事部勒，故屯田官用武职名称。郡国一级设典农中郎将或典农校尉，诸县设典农都尉，分别与地方郡县平级，直属中央大司农。 ⑫许下：许县地区。许，县名，在今河南许昌市东。 ⑬百万斛：百万石，可为万人之军一年半之食。 ⑭仓廪：藏谷为仓，藏米为廪。 ⑮贼：指袁绍之军。寇钞：攻杀抢掠。 ⑯乘：车辆单位，一乘即一辆。 ⑰方行：并行。 ⑱复陈：两重兵卫。 ⑲都亭侯：即亭侯。城亭附近之亭称都亭。 ⑳长水校尉：官名，掌宿卫兵。 ㉑有度：有器量。 ㉒恤：救济。 ㉓中外：指中表亲戚。 ㉔关内侯：只有俸禄而无封地的侯爵，低列侯一等。 ㉕庸绩：功绩。

【译文】

任峻字伯达，河南中牟县人。汉朝末年政局动荡战乱频仍，函谷关以东地区全都震荡不安。担任中牟县令的杨原忧愁恐惧，就准备弃官而走。任峻劝阻杨原说："董卓首先发起动乱，天下之人无不对其充满怨恨，然而却还没有人先站出来进行讨伐，并不是他们心里不想这样做，而是形势所迫不敢而已。府君您如果能够首先发起号召，天下一定会有人响应。"杨原说："我应该怎么办？"任峻说："如今关东地区有十多个县，能够当兵打仗的不下一万人，如果您能够临时行使河南尹的权力，把关东地区的兵力统一指挥，就没有不成功的。”杨原听从了任峻的计谋，遂任命任峻为主簿。任峻遂将杨原代理河南尹之事上表奏报朝廷，并下令关东各县进行坚守，于是起兵讨伐董卓。恰逢魏太祖曹操也在关东起兵，进入中牟县，众人都不知道该跟从谁，任峻单独与同郡人张奋商议，带领全郡归附了魏太祖曹操。任峻又另外从自己的家族以及宾客家兵中召集了数百人，愿意跟随魏太祖曹操。魏太祖曹操非常高兴，上表委任任峻为骑都尉，曹操还把自己的堂妹嫁给任峻为妻，对任峻很是亲近和信任。魏太祖曹操每当率军征伐，任峻经常留守后方为曹操大军提供军需给养。

当年遭遇了饥荒、旱灾，军中粮食供应不足，担任羽林监的颍川郡人枣祗开始实行屯田制，魏太祖曹操任命任峻为典农中郎将，招募百姓到许县地区进行屯田，秋后收获了百万斛的粮食，此后各郡各侯国分别设置了主管屯田的官员，数年之中凡是开展屯田的地区所积贮的粮食，所有仓廪都装得满满的。魏太祖曹操在官渡与袁绍交战的时候，魏太祖就让任峻主管为前方运送兵器、粮食。袁绍的军队多次劫夺运送的粮草，断绝运粮的道路，任峻就令一千乘车为一队，分成十路齐头并进，又在车队外围设置了两重兵力进行护卫，袁绍的军队于是不敢再靠近。军队、国家粮食的富足，开始于枣祗的屯田制而成功于任峻的大力推广。魏太祖认为任峻的功劳很大，于是上表给朝廷，封赏任峻为都亭侯，食邑三百户，后来又升职为长水校尉。

任峻为人宽容厚道有度量而且明事理，每次向魏太祖曹操有所陈述，太祖曹操多数情况下都会称赞他的意见很好。每当遇到饥荒的时候，任峻都会对好友的孤儿遗属给予或收留或救济，对于自己的族人以及中表亲戚，周济急难接续匮乏，所以他的诚信正义很受人称道。汉献帝建安九年任峻去世，魏太祖曹操对于任峻的死非常悲痛，痛哭了很长时间。任峻的儿子任先继承了任峻的爵位。任先去世，由于任先没有儿子，封国被取消。魏文帝曹丕追念功臣，追谥任峻为成侯，又封任峻的二儿子任览为关内侯。

史家评论说：任峻开始倡导起义兵讨伐董卓，而后归附了魏太祖曹操，他推广开荒种地的屯田制，使国家仓廪中粮食充溢，他的功劳业绩是极大的了。

人物新传·任峻传

汉末时期关东地区一片混战。中牟县令杨原担惊受怕，欲弃官避难。任峻具有政治家的见识，他对杨原说：董卓始乱天下，人民无不痛恨，至今之所以还没有起来反抗，是因为无人带头。他劝杨原起来倡议，必定有人附和。杨原问他具体怎么办，任峻道："今关东有十馀县，能胜兵者不减万人，若权行河南尹事，总而用之，无不济矣。"杨原接受他的建议，让任峻为其主簿。不久，任峻便向朝廷上表，奏请任命杨原代理河南尹一职，让各县带兵坚守，抗击叛乱。

中平六年，曹操起兵反董卓，进入中牟县境后，当地人不知所归。唯有任峻与同郡张奋认为曹操是一代雄杰，甘愿"举郡以归太祖（指曹操）"。任峻还率领其宗族、宾客及部曲数百人归附曹操。曹操大悦，上表朝廷，拜任峻为骑都尉，又把自己的堂妹嫁给任峻，把他当成亲信加以任用。每当曹操出征讨伐，都让任峻留守后方，供给军需。

北方久经战乱，土地荒芜，哀鸿遍野，民不聊生，农业与经济遭到惨重的破坏。史载："谷一斛五十馀万钱，人相食。"（《三国志·武帝纪》）加之灾荒连年，军需严重不足，直接威胁着曹操的统一大业。这时，谋士枣祗等向曹操提出建议，实行屯田，得到曹操的赞许，立即授命任峻为典农中郎将，具体统管屯田事务。任峻大量招募流民，在许（今河南许昌）实行屯田。又命令各郡国置屯田官，负责当地的屯田。几年光景，大见成效，基本上消除了饥荒，"仓廪皆满"，使北方的农业经济得到一定恢复。建安五年，袁曹官渡决战，曹操派任峻掌管兵器和粮食运输。在运粮过程中，曾多次遭到袁绍军队的攻杀抢掠。于是，任峻以兵马布阵设防，阻挡了敌军的寇掠，保障了前方军队的供给，使曹操能够顺利地战胜袁绍，赢得官渡之战的全胜。为了表彰任峻的功绩，曹操再次奏请朝廷封任峻为都亭侯，食邑三百户，并且官迁长水校尉，秩比二千石，掌管宿卫军队。

陈群传

【题解】

陈群（？—237），字长文，颍川郡许昌县（今河南许昌东）人。曹魏重臣。出身名门，早年被刘备辟为豫州别驾。曹操入主徐州时，被辟为司空西曹掾属，后转任参丞相军事。曹操封魏公时，任御史中丞，后拜吏部尚书，封昌武亭侯。曹魏建立后，历任尚书令、镇军大将军、中护军、录尚书事。曹叡即位，任司空，录尚书事，累封颍阴侯。去世，谥号“靖”。后配享曹操庙庭。

陈群，是一位政治奇才，不仅官做得高，有识人之才，而且为人正直、作风清廉，是朝廷内外万众敬仰的道德君子。他历仕曹操、曹丕、曹叡三代，竭忠尽职，为曹魏政权的礼制及其政治制度建设，做出了突出的贡献，被曹操祖孙三代视为股肱心腹和国家柱石。他提出了“九品官人法”的人才选拔制度，历400年而不衰。要知道，陈群当年是在刘备手下效力，可刘备没有能够留住这位人才。虽然刘备对陈群也非常信任，但当年在陶谦临终前将徐州牧一职“让”与他，而刘备也满心欢喜地准备接任这一事情上，陈群投了反对票，但刘备没有采纳，付出的代价是，刘备被袁术、吕布打得稀里哗啦，差点摸不着家门。而这些，早在陈群的预料当中。后来，刘备深深悔恨没有听从陈群的建议。可是，晚矣！刘备不仅自己遭受了重大损失，也让陈群重新认识了刘备，于是果断地离他而去，投奔了曹操。这就如同当年的陈平、韩信投奔刘邦一样，才士也在选择明主，选择能够施展才能的用武之地啊！

【原文】

陈群字长文，颍川许昌[①]人也。祖父寔[②]，父纪[③]，叔父谌[④]，皆有盛名。群为儿时，寔常奇异之，谓宗人父老曰：“此儿必兴吾宗。”鲁国孔融高才倨傲[⑤]，年在纪、群之间，先与纪友，后与群交，更为纪拜[⑥]，由是显名。

刘备临[7]豫州，辟群为别驾。时陶谦病死，徐州迎备，备欲往。群说备曰："袁术[8]尚强，今东，必与之争。吕布若袭将军之后，将军虽得徐州，事必无成。"备遂东，与袁术战。布果袭下邳，遣兵助术，大破备军，备恨不用群言。举茂才，除柘令[9]，不行，随纪避难徐州。

属[10]吕布破，太祖辟群为司空西曹掾属[11]。时有荐乐安王模[12]、下邳周逵[13]者，太祖辟[14]之。群封还教[15]，以为模、逵秽德[16]，终必败，太祖不听。后模、逵皆坐奸宄[17]诛，太祖以谢[18]群。

【注释】

①许昌：古地名，为魏五都之一，今河南许昌市。 ②寔（shí）：即陈寔（104—187），字仲躬，颍川许县（今河南许昌长葛市古桥乡陈故村）人。东汉官员、名士。出身寒微，起家任都亭佐，转为督邮，迁西门亭长，补闻喜县令，复除太丘长，后世称为"陈太丘"。以清高有德行闻名于世。享年84岁。 ③纪：即陈纪（129—199），字元方，颍川许县人。董卓入洛阳，就家拜五官中郎将。纪不得已而到京师。累迁尚书令。建安元年，袁绍为太尉，欲让于纪，纪不受。拜太鸿胪，卒于官。 ④谌：即陈谌，字季方，颍川许县人。东汉官员，曾任司空掾。与兄陈纪齐德同行，父子三人并著高名，世称"三君"。多次同时受到朝廷辟召，同时任命，当世荣之。 ⑤孔融：东汉末年文学家，"建安七子"之一。汉献帝即位后，任虎贲中郎将、北海相，时称"孔北海"。后兼领青州刺史。袁谭攻北海，与其激战数月，败逃山东。后被朝廷征为将作大匠，迁少府，又任太中大夫。倨傲：执拗而又傲慢。 ⑥为纪拜：即拜纪，向陈纪行跪拜礼。孔融与陈纪、陈群父子俩相交，故尊重陈群，把他的父亲当作长辈对待。 ⑦临：担任地方行政长官。 ⑧袁术（？—199）：字公路，汝南汝阳人，袁绍之弟。与袁绍、曹操等同时起兵，共讨董卓。后与袁绍对立，割据扬州。再后称帝，建号仲氏，奢侈荒淫，横征暴敛，民多逃亡，部众离心，先后为吕布、曹操所破，呕血而死。 ⑨柘（zhè）：古县名，县治在今河南柘城县西北。 ⑩属（zhǔ）：正好碰上。⑪司空西曹：官署分支机构，负责官员的选举任用。掾属：佐治的官吏。 ⑫乐安：古郡名，时治高苑，在今山东博兴西南。王模（？—199），字不详，青州乐安郡人，先为吕布谋臣，吕布被杀后，投奔曹操。后因为违法作乱而获罪被诛杀。 ⑬周逵（？—199）：徐州下邳郡人。曹操部下，官至司空掾属。原是徐州牧陶谦部下，刘备代牧后，又转仕刘备，吕布袭击占领徐州后，又成为吕布谋臣。曹操为了安抚徐州，于是征用为司空掾属。因违法作乱而获罪被诛杀。 ⑭辟：征用。 ⑮教：公文名，此指曹操任命王、周二人的指示。 ⑯秽（huì）德：污秽的品德，即品德恶劣。 ⑰奸宄（guǐ）：指违法作乱。 ⑱谢：表示歉意。

【译文】

陈群，字长文，颍川郡许昌县人。祖父陈寔，父亲陈纪，叔父陈谌，都久负盛名。当陈群还是小孩子的时候，陈寔就觉得他很奇特，经常对族人父老说："这孩子必定会振兴我们陈氏宗族。"鲁国的孔融才气很高，并且抱负很大，生性倨傲，年纪在陈纪、陈群之间，他先和陈纪是好朋友，以后又和陈群交往密切，于是便把陈纪视为长辈，行跪拜大礼，由此，陈群声名显扬。

刘备担任豫州刺史的时候，征聘陈群做辅佐自己的别驾从事。当时，陶谦刚病死，徐州的辅佐官便准备迎接刘备主持徐州的政务，刘备自己也很想去，陈群便劝刘备说："眼下袁术的力量还很强大，如果现在就东去徐州，一定会与袁术发生争斗。要是吕布乘机袭击我军的后方，那时即使将军得了徐州，事情也不一定会有圆满的结局。"刘备不听他的劝告，就带着人马东进，和袁术杀得难解难分，而吕布果然乘乱袭取了下邳，然后又派兵支援袁术，把刘备打得落花流水。刘备这时候才悔恨当初没有听陈群的劝告。后来，陈群又被举荐为秀才，被授予柘县县令，他没有去就职，便跟随陈纪一起到徐州避难。

时值曹军大破吕布，曹操就征聘陈群为司空西曹属官。当时，有人推荐乐安的王模、下邳的周逵，曹操便征召他俩做官。陈群把征召的命令原封不动地退还曹操，认为这两个人品德不好，早晚会出乱子。曹操不听。以后王模、周逵果然都因为犯法作乱而被杀，曹操为此向陈群道了歉。

【原文】

群荐广陵陈矫[①]、丹阳戴乾[②]，太祖皆用之。后吴人叛，乾忠义死难，矫遂为名臣，世以群为知人。除萧、赞、长平[③]令，父卒去官。后以司徒掾举高第[④]，为治书侍御史[⑤]，转[⑥]参丞相军事。魏国既建，迁为御史中丞[⑦]。

时太祖议复肉刑[⑧]。令曰："安得通理君子达于古今者，使平[⑨]斯事乎！昔陈鸿胪[⑩]以为死刑有可加于仁恩[⑪]者，正谓此也。御史中丞能申其父之论乎？"群对曰："臣父纪以为汉除肉刑而增加笞[⑫]，本兴仁恻而死者更众[⑬]，所谓名轻而实重者也。名轻则易犯，实重则伤民。书[⑭]曰：'惟敬五刑[⑮]，以成三德[⑯]。'易[⑰]著劓、刖、灭趾[⑱]之法，所以[⑲]辅政助教，惩恶息杀也。且杀人偿死，合于古制；至于伤人，或残毁其体而裁翦毛发[⑳]，非其理也。若用古刑，使淫者下蚕室[㉑]，盗者刖其足，则永无淫放穿窬[22]之奸矣。夫三千之属[23]，虽未可悉复，若斯数者，时之所患，宜先施用。汉律所杀殊死[24]之罪，仁所不及也，其馀逮死[25]者，可以刑杀。如此，则所刑之与所生足以相贸矣。今以笞死之法易[26]不杀之刑，是重人支体而轻人躯命也。”

时钟繇与群议同，王朗及议者多以为未可行。大祖深善繇、群言，以军事未罢，顾[27]众议，故且寝[28]。

【注释】

①陈矫（？—237）：字季弼，广陵郡东阳县（今安徽天长市西北）人。曹魏名臣。曹操辟为丞相掾属，后拜丞相长史，曹丕称帝，领吏部事，封高陵亭侯，迁尚书令。明帝继位后，进爵东乡侯，加光禄大夫，又拜司徒。去世，谥贞侯。 ②戴乾：丹阳郡丹阳人。陈群举荐于曹操，用之。后吴人反叛，戴乾遇害。 ③萧：古县名，在今安徽萧县西北。赞：疑为“酂”字，古县名，在今河南永城市西北。长平：古县名，在今河南西华县西北。 ④司徒掾：司徒的属官。高第：经过考核，成绩优秀，名列前茅。 ⑤治书侍御史：御史台属官，依据法律审理案件，相当于现今的审判员。 ⑥转：平级之间的调动。 ⑦御史中丞：古官名，御史台长官，负责举奏百官的不法行为。⑧肉刑：指施加于罪犯或犯过者的肉体的惩罚。 ⑨平：客观评论。 ⑩陈鸿胪：即陈群的父亲陈纪，他的最后的官职是大鸿胪。鸿胪：官署名，主掌接待宾客，为朝祭礼仪赞导。 ⑪加于仁恩：施以仁恩，指免于处死。 ⑫笞：用竹板或荆条打背腿的刑罚。 ⑬仁恻：仁爱，怜悯。死者更众：处以肉刑，只是形体残缺，而改用笞刑，一般人不能承受，反而被打死。 ⑭书：即《尚书》，是上古的书，最早书名为《书》，约成书于前5世纪，传统《尚书》（又称《今文尚书》）由伏生传下来。是中国上古历史文献和部分追述古代事迹著作的汇编，是我国最早的一部历史文献汇编。⑮五刑：指墨刑（脸上刺字）、劓刑（割鼻子）、剕刑（砍双脚）、宫刑（阉掉性器）、大辟（死刑）。从夏代开始逐步确立。 ⑯三德：即三种品德，《尚书·洪范》解为“一曰正直，二曰刚克，三曰柔克。”《中庸》解为“知、仁、勇三者，天下之达德也。” ⑰易：即《易经》，是阐述天地世间关于万象变化的古老经典，列为古代“六经”之一。 ⑱劓：古代割掉鼻子的一种刑罚。刖：古代把脚砍掉的一种刑罚。灭趾：即铐刑，戴上脚镣，遮住脚趾。 ⑲所以：用以。 ⑳裁翦毛发：指髡刑，是将头发全部或部分剃掉的一种耻辱刑罚。 ㉑下蚕室：即腐刑，用刀子阉掉受刑男子的睾丸，破坏其生殖机能，让其断子绝孙。当时施行阉割的场所称为“蚕室”，所谓“宫刑者畏风，须暖，作窨室蓄火如蚕室，因以名焉”。蚕室，即暖房。 ㉒淫放：纵欲，放荡。穿窬（yú）：挖墙洞、爬墙头，指偷窃行为。穿：穿洞，用作动词。窬，穿墙和爬墙。 ㉓三千之属：代指所有刑罚。《尚书·吕刑》曰：“墨罚之属千，劓罚之属千，剕罚之属五百，宫罚之属三百，大辟之罚其属二百。五刑之属三千。” ㉔殊死：古代指斩首的死刑。 ㉕逮（dài）死：将要被处死。逮，

达到，及。㉖易：代替。㉗顾：顾及。㉘寝：息，搁置下来。

【译文】

后来，陈群也曾推荐过广陵的陈矫和丹阳的戴乾，都被曹操所起用。以后吴人叛乱，戴乾忠义赴死，陈矫也成了名臣，世人因此都称赞陈群是慧眼识人。陈群后来又先后被任命为萧县、赞县、长平县的县令。父亲去世后，他辞官回乡，奔丧守孝。后来，他以司徒掾的身份在官吏考试中被列为优等，被举荐担任了执掌律令的治书侍御史，后又转任参与相府军事谋议的参丞相军事。魏国建立后，升任主管起奏弹劾不法官员的御史中丞。

当时，曹操正和大臣们一起商议是否有必要恢复对罪犯斩断肢体或割裂肌肤的刑罚，就下令说："从哪儿才能找到一位明晓事理、通达古今的君子，让他来评论评论这件事情呢？从前，陈纪认为死刑犯人当中也有可以施以恩惠免于处死的，就是指要对他们施以肉刑。御史中丞，你能阐述一下你父亲的观点和主张吗？"陈群回答说："我的父亲认为，汉朝废除肉刑而增加鞭打、杖击，本意是出于仁慈之心，想减轻对犯人的刑罚，但没有想到死去的人却越来越多。正所谓名义上是减轻了，而实际上是加重了。因为名义上减轻了刑罚，老百姓容易忽略而犯罪，这样实质上却加重了刑罚，老百姓也更容易受到伤害。《尚书》中说：'要慎重使用墨、劓、剕、宫、大辟五种刑罚，才能养成正直、刚健、柔和这三种德行。'《周易》上也记载着割鼻、断足、砍脚趾的刑法，这些都是用来辅助政教、惩治邪恶的。况且，杀人偿命，也合乎古代的制度；对于把人打伤或毁坏别人身体的罪犯，只是剃去头发、圈住脖颈干活服役，就不合道理了。如果沿用古刑，使奸淫者受到割掉生殖器的宫刑，使偷盗者受到断足的刖刑，那么，就永远不会发生淫乱、盗窃一类的坏事了。据说，古代适用五刑的犯罪行为有3000多种，虽然不能全部恢复，但是像奸淫者下蚕室、偷盗者刖其足这样的刑罚，由于奸淫、偷盗正是时下常有的祸患，因此应该首先施行。按照汉代法律，对于罪大恶极的犯人应当斩首，这是不能顾及所谓仁义的。但是，对于其他刚够死刑、可杀可不杀的犯人，就可以施以肉刑。这样，所受之刑与所犯之罪就可以相抵了。如今以鞭打、杖击处死的刑法代替肉刑，实在是只重视人的肢体而轻视人的性命啊！"

当时，钟繇和陈群的意见相同，王朗及其他一些参与讨论的大臣却大都认为此法不可施行。曹操对钟、陈二人的看法深为赞同，只是因为战事连绵，又顾及众人的议论，故暂且将此事搁置一旁。

【原文】

群转为侍中，领丞相东西曹掾[①]。在朝无適无莫[②]，雅仗名义[③]，不以非道假人[④]。文帝在东宫[⑤]，深敬器焉，待以交友之礼，常叹曰："自吾有回[⑥]，门人日以亲。"及即王位，封群昌武[⑦]亭侯，徙为尚书。制九品官人[⑧]之法，群所建也。

及践阼，迁尚书仆射，加侍中，徙尚书令[⑨]，进爵颍乡侯[⑩]。帝征孙权，至广陵，使群领中领军[⑪]。帝还，假节，都督水军。还许昌，以群为镇军大将军[⑫]，领中护军[⑬]，录尚书事[⑭]。帝寝疾[⑮]，群与曹真[⑯]、司马宣王[⑰]等并受遗诏辅政。

明帝即位，进封颍阴侯，增邑五百，并前千三百户，与征东大将军曹休[⑱]、中军大将军曹真、抚军大将军司马宣王并开府[⑲]。顷之，为司空，故录尚书事。

【注释】

①领：兼任。东西曹：即东曹、西曹，丞相府的分支机构。掾：主管官员。 ②无適（dí）无莫：语出《论语·里仁》，本意指不厚不薄，对人没有什么亲疏厚薄，引申为做事不抱先入为主的成见，怎么合理就怎么做。適，厚。莫，薄。 ③雅仗名义：处理事情依据名分和道义。 ④假人：对待人。 ⑤东宫：太子之宫，此指曹丕位太子时。 ⑥回：即颜回（前521—前490），曹姓，颜氏，名回，字子渊，鲁国宁阳（山东宁阳县鹤山乡）人，孔门七十二贤之一。14岁拜孔子为师，终身师事之，是孔子最得意的门生。孔子称赞其好学仁人。 ⑦昌武：古地名，在今山东东部。⑧九品官人：预备官员的选拔制度，即使用九种等级来评定选拔人才，从而授予相应的官职，又称"九品中正制"。对士族的形成和巩固起到很重要的作用。 ⑨尚书令：古官名，尚书台主管，负责管理少府文书和传达命令。 ⑩颍：古县名，以颍水得名，治阳翟，即今河南禹州市。 ⑪中领军：古官名，统率亲兵卫士和禁军。 ⑫镇军大将军：古官名，协助帝王处理军务并监督各军。⑬中护军：古官名，为重要军事长官，职责为掌管禁军、主持选拔武官、监督管制诸武将。⑭录尚书事：即主管尚书台，有权过问和决定尚书台的一切公务。录：总管。 ⑮寝疾：生病，卧床不起。 ⑯曹真：（？—231），字子丹，沛国谯人，曹魏名将。历任偏将军、中领军、征蜀护军等职。曹丕袭封魏王后，拜为镇西将军、都督雍州及凉州诸军事，负责镇守西北边境。后转中军大将军，加给事中。曹丕病重时，受遗诏辅政。 ⑰司马宣王：即司马懿（179—251），字仲达，河内郡温县（今河南温县）人，魏国权臣。曹操封魏王后，以太子中庶子佐助曹丕，帮助曹丕在储位之争中获胜。曹丕临终时，为辅政大臣，辅佐曹叡。曹叡时，屡迁抚军大将军、大将军、太尉等

重职。 ⑱征东大将军：古官名，领兵镇守淮南战区。曹休（？—228）：字文烈，沛国谯人，曹魏将领。于曹操起兵讨伐董卓时前往投奔，领虎豹骑宿卫。汉中之战时，识破张飞计谋，大败吴兰。曹魏建立后，镇守曹魏东线，多次击破吴军，诱降吴将。官至大司马，封长平侯。 ⑲中军大将军：古官名，古代行军作战分左、中、右或上、中、下三军，由主将所在的中军发号施令。抚军大将军：古官名，大军出征时，总负责留守之事。开府：指高级官员（如三公、大将军等）建立府署，并自选僚属之意。

【译文】

以后，陈群又转任侍从天子左右的侍中，兼主管选拔举荐的丞相东西曹掾。他在朝廷里对人对事从不抱个人成见，而是一向看重名分，尊崇道义，从不以不正之道施加人。曹丕在东宫当太子的时候，就对他深为敬重，待他像朋友一样，还常常借孔子的话赞叹陈群说："自从我有了颜回，学生们和我的关系便更加亲密了。"等到曹丕做了魏王，就封陈群为昌武亭侯，并提升他为尚书。九品官人法，就是陈群在任职期间制定的。

曹丕即帝位后，陈群又被调任尚书仆射，加侍中，后又晋升为尚书令，晋爵为颍乡侯。曹丕攻打孙权到了广陵后，便让陈群兼任中领军，掌管京师禁卫军。曹丕返回，授权陈群督率水军。曹丕回到了许昌，再拜陈群为镇军大将军，兼任中护军、录尚书事，总揽朝政，其地位仅次于三公。曹丕病重，陈群与曹真、司马懿等一起接受遗诏辅佐朝政。

曹叡即位后，晋封陈群为颍阴侯，增加食邑五百户，加上以前所封的共一千三百户，并特许他和征东大将军曹休、中军大将军曹真、抚军大将军司马懿一起开建府署，征召属官。没过多久，又提升他做司空，仍主管尚书台，总揽朝政。

【原文】

是时，帝初莅政[①]，群上疏曰："诗称'仪刑文王[②]，万邦作孚[③]'；又曰'刑于寡妻[④]，至于兄弟，以御于家邦[⑤]'。道自近始，而化洽[⑥]于天下。自丧乱[⑦]已来，干戈未戢[⑧]，百姓不识王教之本，惧其陵迟[⑨]已甚。陛下当盛魏之隆，荷二祖[⑩]之业，天下想望至治，唯有以崇德布化，惠恤黎庶[⑪]，则兆民[⑫]幸甚。夫臣下雷同[⑬]，是非相蔽，国之大患也。若不和睦则有雠党；有雠党，则毁誉无端；毁誉无端则真伪失实，不可不深防备，有以绝其源流。"

太和[⑭]中，曹真表欲数道伐蜀，从斜谷[⑮]入。群以为"太祖昔到阳平攻张鲁[16]，多收豆麦以益军粮，鲁未下而食犹乏。今既无所因[17]，且斜谷阻险，难以进退，转运必见钞截[18]，多留兵守要，则损战士，不可不熟虑也。”帝从群议。真复表从子午道[19]。群又陈其不便，并言军事用度之计。诏以群议下真[20]，真据之遂行。会霖雨积日，群又以为宜诏真还，帝从之。

【注释】

①莅（lì）政：临政，掌管政事。莅，临。 ②仪刑：效法。仪：取法，效法，用作动词。刑，同“型”，模范，模式。文王：即周文王，姬姓，名昌，岐周（今陕西岐山县）人，周朝奠基者。其父死后，继承西伯侯之位，故称“西伯昌”。在位42年后，正式称王，史称“周文王”。享寿97岁。 ③万邦作孚（fú）：天下的各诸侯国才信任周王朝。孚：相信，信任。 ④刑于寡妻：指周文王在家里给嫡妻作示范。刑，同“型”，典型，典范。寡妻：嫡妻。 ⑤御：治理。家邦：指家与国，泛指国家。 ⑥洽：和洽，和睦。 ⑦丧乱：死亡，动乱，此指董卓之乱。 ⑧戢（jí）：止，停止。 ⑨陵迟：衰微，衰败。 ⑩荷（hè）：担负。二祖：指太祖曹操、世祖曹丕。 ⑪惠恤（xù）：施惠，抚恤。黎庶：百姓。 ⑫兆民：犹言“万民”，广大民众。 ⑬雷同：随声附和，引申为朋党风气。 ⑭太和：曹叡年号，227年—233年。 ⑮斜谷：山谷名，在陕西秦岭眉县段。谷有二口，南曰“褒”，北曰“斜”，故亦称褒斜谷。全长470里。两旁山势峻险，古来为兵家必争之地。 ⑯阳平：古郡名，治元城，在今河北大名县东北金滩镇。张鲁（？—216）：字公祺，祖籍沛国丰县（今江苏丰县）。于东汉末年相继袭杀汉中太守苏固、别部司马张修后割据汉中，并在此传播五斗米道，雄踞汉中近30年，后投降曹操，官拜镇南将军，封阆中侯，食邑万户。去世后，谥号“原侯”。 ⑰因：借助，凭借。 ⑱钞截：包抄堵击，谓绕道攻击、拦阻对方。 ⑲子午道：也称子午栈道，是自京城长安通往汉中、巴蜀及其他南方各地的一条重要通道。因穿越子午谷，且从长安南行开始一段道路方向正南北向而得名。 ⑳下真：下达给曹真斟酌。

【译文】

那时，曹叡刚开始执政，陈群便上书说：“《诗经》上说：‘效法周文王，天下万国永远信服。’，又说‘周文王为嫡妻作示范，以及于兄弟，这样才能治理好国家。’是讲效法先贤、以身作则的重要性。道德的实施和教化的普及，一定要从身边开始，由近及远，才能最终广布于天下。从灵帝去世、董卓进京开始，天下大乱，攻战不止，老百姓不懂得先王之教的本意，我怕先王之教已衰败得很厉害了。皇上如今应该承继魏国的兴盛，肩负起曹操、曹丕二祖开创的基业。现在天下人都向往着美好的政治局面，只要能够崇尚德治，布施仁化，体恤黎民，那百姓可就幸福了。此外，当臣子的人云亦云，随声附和，是非混淆，互相包庇，乃是国家的大患。如果大臣们彼此不和睦，就会产生对立的派别；如果有对立的派别，对文武官员的好坏评价就会失去标准和根据；如果评价好坏没有根本标准和客观根据，就会良莠不分，真假难辨。对这种现象，皇上不能不深加防备，应及时采取措施，以断绝后患。”

曹叡太和年间（227—233），中军大将军曹真上书曹叡，打算分兵几路从斜谷入西蜀，攻打蜀国。陈群认为：“曹操当年到阳平关攻打张鲁，事先曾收割了大量的豆麦以充实军粮，可并没有打败张鲁，因为粮食还是不够吃。如今出兵伐蜀根本没有什么保障，而且斜谷地势险峻，难以进退，运输粮草肯定会受到抄掠堵截，如果多留人马看守重要路线，又可能损失不少士兵，这些都不能不深思熟虑啊！”曹叡听从了他的意见。可是，曹真又接着上书请求从子午道进兵攻打蜀，陈群再次陈述了出兵的种种不利因素，并且谈了如果真的出兵，自己对军事调度等方面的看法。曹叡下令把陈群的建议批转给曹真，本意是与曹真商议是否出兵，而曹真却把诏书作为根据，紧接着就点兵出发了。当时正赶上连月的大雨，陈群又提出应该下令曹真返回，曹叡接受了他的建议。

【原文】

后，皇女淑薨，追封谥平原懿①公主。群上疏曰：“长短有命，存亡有分。故圣人制礼，或抑或致②，以求厥中③。防④墓有不修之俭，嬴、博有不归之魂⑤。夫大人动⑥合天地，垂之无穷，又大德不逾闲⑦，动为师表故也。八岁下殇⑧，礼所不备。况未期月，而以成人礼送之，加为制服⑨，举朝素衣，朝夕哭临⑩。自古已来，未有此比。而乃复自往视陵，亲临祖载⑪。愿陛下抑割⑫无益有损之事，但悉听群臣送葬，乞车驾⑬不行，此万国⑭之至望也。闻车驾欲幸摩陂⑮，实到许昌，二宫⑯上下，皆悉俱东，举朝大小，莫不惊怪。或言欲以避衰⑰，或言欲于便处⑱移殿舍，或不知何故。臣以为吉凶有命，祸福由人，移徙求安，则亦无益。若必当移避，缮治金墉城⑲西宫，及孟津⑳别宫，皆可权时分止㉑。可无举宫暴露野次㉒，废损盛节蚕农㉓之要。又贼地闻之，以为大衰㉔。加所烦费，不可计量。且㉕吉士贤人，当盛衰，处安危。秉道信命，非徙其家以宁，乡邑从其风化，无恐惧之心。况乃帝王万国之主，静则天下安，动则天下扰；行止动静，岂可轻脱㉖哉？”

帝不听。

【注释】

①平原：古郡名，管辖地区在山东西北部平原县一带。此指公主的封郡。懿：谥号。 ②致：达，情感的表达。 ③厥：其。中：适中。 ④防：山名，在今山东曲阜市东。孔子合葬父母在防山，遵照古制，不修坟墓。 ⑤嬴：古城名，在今山东莱芜市西北。博：古城名，在今山东泰安市东南。不归之魂：季札出使齐国，回归途中，大儿子死亡，葬在嬴、博之间，没有运回吴国。 ⑥大人：指圣人。动：举动，行动。 ⑦大德不逾闲：具有高尚品德的人，做事不会超越规矩。逾闲，越出法度。 ⑧下殇（shāng）：指 8 岁至 11 岁间的儿童死亡。 ⑨制服：制定丧服。 ⑩哭临：人死后集众举哀，至灵前吊祭。 ⑪祖载：将葬之际，以柩载车上，行祖祭之礼。 ⑫抑割：犹抑制，去掉。 ⑬车驾：皇帝使用的车马，代指皇帝曹叡。 ⑭万国：指全国各地。 ⑮摩陂：古地名，在今河南郏县东南，亦名龙陂。 ⑯二宫：指皇帝曹叡和皇太后郭氏。郭氏当时称永安宫。 ⑰避衰：避灾。 ⑱便处：合适的地方。 ⑲金墉城：古城名，曹叡所筑，为当时洛阳城西北角上的一个小城。城小而固，为戍守要地。魏晋时被废的帝、后，都安置于此。 ⑳孟津：古地名，洛阳市下辖县，位于河南中西部。 ㉑权时：暂时。分止：分别居住。止，止息。 ㉒野次：在野外住宿。 ㉓盛节蚕农：养蚕种地的农忙季节。 ㉔大衰：指皇帝曹叡死亡。 ㉕且：据中华书局版《三国志》校正，"且"下原衍"由"字。 ㉖轻脱：轻率。

【译文】

曹叡的女儿早年夭折，追谥为平原懿公主。陈群上疏说："人的寿命长短，是由命运决定的，生死存亡自有定分。因此，圣人们制定礼仪时，或有所限度，或充分显现，以求得公允，合乎天道。孔子父母的合葬坟墓不整治，不装饰，很俭朴；延陵季子的长子死在从齐国返回的途中，就安葬于嬴县、博城之间，有不归之魂。所以说，圣人的一举一动都合乎天地之道，因此能够流传千古；都不能超越法则，因此成为万世师表。八岁到十一岁的孩子死亡，按照礼仪的规定，还不具备大办丧事的资格，况且又不是周年满月，而用成年人的礼仪给她送葬，做成丧服，让满朝文武都穿上，一天到晚守灵痛哭，自古以来，这可是前所未有的啊！而且，听说皇上还要亲自视察陵寝，亲自路祭于庭，升柩于车。希望皇上能抑止割舍这些有损无益的事情，一切送葬事宜，但凭大臣们安排，不必御驾亲临，这是国家最大的希望了。听说皇上的车驾要到摩陂，实际上要到许昌，您和太后宫中的上下人等，全都跟着一起东行，朝里的大小官员，没有不感到惊讶的。有的说你是想要东行避灾，有的说您打算找个合适的地方迁建宫殿，还有的则不知道您到底想要干什么。我认为，吉凶有命，祸福由人，即使迁徙求安，也不会有什么益处。假如一定要迁移躲避，那么好好修缮一下京城西北的金墉城，或孟津的别宫，也都可以暂时留住，这样也可以免除举宫上下露宿原野，耽误春耕农忙的弊病。再说，如果吴、蜀两国的敌人听到，会以为您本人出了什么大事。另外，东行所需要的费用，也是一笔难以计算的大开支。况且，善士贤人面对由盛变衰的局面，处在由安变危的境地，应该能够秉执道义，笃信天命，并非搬迁其家以求安宁，周围的人也会受到他们的影响和感化，消除恐惧心理。何况皇上乃是万国之主，您本人镇静，天下就会安定，您躁动不安，天下就会纷乱，您的一举一动，怎么能够轻率呢？”

曹叡没有听从陈群的劝告。

【原文】

青龙①中，营治宫室，百姓失农时。群上疏曰：“禹②承唐③、虞之盛，犹卑宫室而恶衣服④，况今丧乱之后，人民至少，比汉文⑤、景⑥之时，不过一大郡。加边境有事，将士劳苦，若有水旱之患，国家之深忧也。且吴、蜀未灭，社稷不安。宜及其未动，讲武劝农，有以待之。今舍此急而先宫室，臣惧百姓遂困，将何以应敌？昔刘备自成都至白水⑦，多作传舍⑧，兴费人役⑨，太祖知其疲民也。今中国劳力⑩，亦吴、蜀之所愿。此安危之机也，惟陛下虑之。”

帝答曰：“王者宫室，亦宜并立。灭贼之后，但当罢守⑪耳，岂可复兴役邪？是故君之职，萧何⑫之大略也。”

群又曰：“昔汉祖唯与项羽⑬争天下，羽已灭，宫室烧焚，是以萧何建武库、太仓⑭，皆是要急，然犹非其壮丽。今二虏⑮未平，诚不宜与古同也。夫人之所欲，莫不有辞，况乃天王，莫之敢违。前欲坏武库，谓不可不坏也；后欲置之，谓不可不置也。若必作之，固非臣下辞言所屈；若少留神，卓然回意，亦非臣下之所及也。汉明帝欲起德阳殿⑯，钟离意⑰谏，即用其言，后乃复作之。殿成，谓群臣曰：‘钟离尚书在，不得成此殿也。’夫王者岂惮⑱一臣，盖为百姓也。今臣曾不能少凝⑲圣听，不及意远矣。”帝于是有所减省。

【注释】

①青龙：曹叡的第二个年号，也是曹魏的第三个年号，233年—237年。②禹：姓姒，名文命，字密，夏后氏首领、夏朝开国君王。相传，禹治理黄河有功，受舜禅让而继承帝位，以阳城为都城，国号夏。《说苑·反质》记载大禹：“卑小宫室，损薄饮食，土阶三等，衣裳细布。”③唐：

即唐尧，古唐国人（今山西临汾尧都区），号放勋，上古时期方国联盟首领，“五帝”之一。20岁代挚为天子，定都平阳。立70年得舜。20年后，尧老，舜代替尧执政，禅让于舜。 ④卑宫室：居住在低矮的宫室。卑：矮小。恶衣服：衣服朴素粗糙。 ⑤汉文：即汉文帝刘恒（前202—前157），刘邦之子，封为代王，为人宽容平和，保持低调。后为帝，励精图治，兴修水利，衣着朴素，废除肉刑，使汉朝进入强盛安定的时期。 ⑥景：即汉景帝刘启（前188—前141），在位16年，推行“削藩策”，平定“七国之乱”，巩固中央集权，勤俭治国，继续奉行“与民休息”政策，发展生产、减轻赋税。 ⑦白水：古县名，在今四川青川县东北沙州镇。 ⑧传（zhuàn）舍：古时供行人休息住宿的处所。 ⑨兴费：兴业，耗费。人役：人力。 ⑩劳力：耗费人力，动宾词组。 ⑪罢守：停止动用民力，而坐而享之。 ⑫萧何（？—前193）：西汉开国功臣，沛郡丰邑人，史称“萧相国”。汉朝建立后，主持兴建未央宫等，刘邦巡视后，嫌宫室过于壮丽豪华，萧何回答说：“天子以四海为家，宫室壮丽才能显出威严，也免得子孙后代再来重建。”刘邦笑了。 ⑬项羽（前232—前202）：名籍，字羽，泗水下相（今江苏宿迁市区）人。秦末农民起义领袖，巨鹿之战，击破秦军主力，进入咸阳后，引兵屠戮咸阳，杀秦王子婴，火烧秦王宫，连续烧了三个月，自称西楚霸王，定都于彭城，后被刘邦消灭。 ⑭武库：指储藏兵器的仓库。太仓：古代京师储谷的大仓。 ⑮二虏：指东吴和蜀汉。 ⑯汉明帝：即刘庄（28—75），南阳郡蔡阳县（今湖北枣阳市）人。光武帝刘秀第四子，东汉第二位皇帝（57—75在位），对内提倡儒学，注重刑名文法，为政苛察，总揽权柄，权不借下。德阳殿：汉代洛阳北宫的宫殿名，是北宫最大的宫殿，高大雄伟。 ⑰钟离意（约10—74）：字子阿，会稽山阴（今浙江绍兴）人。建武年间任会稽郡督邮，时郡中大疫，一人独入疫区抚恤灾民，后为官30余年，历光武帝和明帝两朝，一生清正廉洁，勇于直谏，且能体恤民情，颇得朝廷和吏民敬重。 ⑱惮（dàn）：怕，畏惧。 ⑲少：通“稍”，稍微，略微。凝：凝听，听从。

【译文】

青龙年间（233—237），曹叡大兴土木，营建宫室，以致百姓们耽误了农时。陈群上疏说：“大禹继承了唐、虞的盛世，却仍然不看重修建宫室，厌恶豪华的衣服，何况当今自灵帝死后，天下大乱，老百姓所剩不多，比起汉文帝、汉景帝时，现在的户口超不过那时的一个大郡。再加上边境战事频繁，将士劳苦，如果再遇到旱涝灾害，国家的忧患可就深重了。况且吴国、蜀国还尚未消失，国家还很不安定，应该乘他们还没有兴师进攻，加紧训练军队，鼓励农耕，做好准备，严阵以待。现在皇上舍弃这些当务之急，反而先建宫室，我恐怕老百姓会日渐困乏，将来拿什么来抵抗敌兵呢？当初，刘备从成都来到白水，驿站内建造了许多接待来往过客的房舍，征用耗费了不少劳役，太祖就认为他在劳民。如今，中原地区像这样耗费劳力，正是吴国和蜀国所希望的，这可是关系到国家安危的大事，希望皇上能好好地考虑这件事情。”

曹叡回答说：“帝王的宫殿建造，宜在统一天下的时候同时进行，一起完成。消灭吴国、蜀国，国家统一后，只能停止动用民力，坐享太平，怎么可以再征用民力，修建宫殿呢？你是担任主管土木建筑的司空，职责和西汉当年的丞相萧何差不多，自然也有建造宫室的职责啊！萧何为刘邦大建未央宫，你为什么不向他看齐呢？”

陈群又说：“从前，刘邦到最后只和项羽争夺天下，项羽灭亡后，宫室都被大火烧毁了，因此萧何才修建了武库和谷仓，这些都是急切需要的建筑，可刘邦看到这些建筑造得很壮丽，仍然气冲冲地责备萧何，不该把它们造得过分豪华。如今吴国、蜀国尚未平定，实在不应该大兴土木。一个人想要做件事或者想要得到某种东西，没有找不到借口和辩解之词的。何况您是天子，没有谁敢违抗您的旨意。您打算拆毁武库，就可以说不能不拆毁它；打算再修复它，又可以说不能不修复它。您一定要做的事情，固然不会屈从臣下的言辞，但是，您如果能断然回心转意，也并非是臣下的力量所能达到的。当初汉明帝刘庄想修筑德阳殿，钟离意极力劝阻，明帝就听从了他的意见，可后来还是动工修建了。宫殿建成后，明帝对大臣们说了这样一句话：‘要是钟离尚书还在，这座德阳殿也盖不成了。’所以说，当帝王的怎么会惧怕一个臣子，其实都是为了老百姓啊！现在，臣下不能让您留意倾听我的意见，比起钟离意来，我可差得太远了！”曹叡于是在修建宫室时有所节减。

【原文】

初，太祖时，刘廙①坐弟与魏讽②谋反，当诛。群言之太祖，太祖曰：“廙，名臣也，吾亦欲赦之。”乃复位。廙深德③群，群曰：“夫议刑④为国，非为私也；且自明主之意，吾何知焉？”其弘博不伐⑤，皆此类也。

青龙四年⑥薨，谥曰靖侯。子泰⑦嗣。帝追思群功德，分群户邑，封一子列侯。

评曰：陈群动仗名义⑧，有清流雅望⑨。

【注释】

①刘廙（yì）（180—221）：字恭嗣，南阳人，汉末魏初名士。初从荆州牧刘表，后投奔曹操，甚受器重，为黄门侍郎。曹丕继位，擢为侍中，并赐爵关内侯。 ②魏讽：字子京，济阴人，有口才，整个邺城为之倾动。219年，关羽发动襄樊战役，于禁七军尽没，曹仁被围樊城，魏讽与长乐卫尉陈祎等人谋袭取邺城。陈祎心中恐惧，向曹丕告密，曹丕诛杀魏讽，受牵连者数十人。 ③德：感激。 ④议刑：议罪以定刑。 ⑤弘博：犹博大。不伐：不夸耀自己的功劳。 ⑥青龙四年：

236 年。 ⑦泰：即陈泰（？—260），字玄伯，颍川许昌人，魏国名将，陈群之子。历任游击将军、并州刺史、尚书等职，高平陵之变时，劝曹爽投降，后外出到雍州任职，后入朝任尚书右仆射，再改授左仆射。去世后，获赠司空，谥号“穆”。 ⑧动：举动，行为。仗：依仗，依凭。名义：道义与名分。 ⑨清流：喻指德行高洁、负有名望的士大夫。雅望：清高的名望。

【译文】

当初，曹操在世时，刘廙因为受到弟弟刘伟参与魏讽谋反一事的株连，本应当受到牵连而被诛杀。陈群把这件事报告给曹操，曹操说：“刘廙是一代名臣，我也正想要赦免他。”于是，下令将刘廙官复原职。刘廙由衷地感谢陈群，可陈群说：“议论如何量刑处置，乃是为了国家，并非为了私人，况且赦免你的决定本是出自英明之主，我又怎么能知道呢？”陈群心胸博大，从不骄矜自傲，始终都是如此。

青龙四年，陈群去世，被谥封为靖侯，他的儿子陈泰继承了爵位。曹叡追思陈群的功德，将他的食邑分出一部分，又封了他的一个儿子为列侯。

史家评论说：陈群一举一动都合乎道义和名分，德行高洁，素有名望。

人物新传·陈群传

陈群少年时，就显出异乎常人之处，祖父很惊讶，常对族中父老说："此儿将兴旺我陈氏家门。"孔融为当时高才，年龄在陈纪、陈群父子之间。他先与陈纪结识为友，后又与陈群交往，由于陈群的才识不比他差多少，他便改把陈纪当长辈。陈群的名气也就越来越大了。

刘备到豫州，辟陈群为州别驾从事，时逢陶谦病死，徐州吏民迎刘备去主持州事。刘备打算去，陈群劝阻说："袁术势力强大，你去后他必定领兵来争徐州。那时吕布若又从后面袭击，你即使得到徐州也不会有所作为。"刘备不听，去徐州后果然遭袁术和吕布的夹击，一败涂地。他悔恨没有听从陈群的劝告，便推荐陈群为秀才，授任柘县令。陈群不愿接受，随父亲避难徐州。

建安三年，吕布破败，曹操入主徐州，辟陈群为司空西曹掾属。有人推荐王模、周逵二人，曹操下文授职。陈群知道二人品德败坏，不可任用，就把曹操关于征辟二人的命令封好退回，陈述了自己的意见，曹操不听。后来，王、周二人为非作歹，犯下罪行，曹操便向陈群赔礼致歉。当时陈群也推荐了两人，一个戴乾，后来为国尽忠而死；一个陈矫，成了当代名臣。于是，陈群获得有知人之名的好评。此后，他先后任萧、赞、长平等县县令。次年六月，他父亲亡故，便辞官归家守丧。丧事办完，被授以司徒掾，后又升任治书侍御史，又转为参丞相军事，做了曹操的高级幕僚。建安十八年，曹操封魏公，陈群升任御史中丞，成了执掌奏劾不法的大臣。

曹操打算恢复肉刑，即施行斩断罪犯的脚或割去鼻子等刑罚。他下令让群臣讨论，并问陈群："过去你父亲认为死刑也可以体现仁慈和恩典，那意思是不是说，肉刑可以恢复呢？"肉刑是古代的刑罚，包括黥面、割鼻、斩足、宫刑等。汉文帝十三年（前167），下令废除，代以笞刑，即用杖策鞭打数百来代替。例如，当斩左脚的，鞭杖五百，当割鼻的，鞭杖三百。结果，犯人往往被打死。所以，陈群回答说："汉代废除肉刑而增加鞭杖，本是心怀仁慈、同情犯人而为，不料，这样死的犯人更多。臣父认为这是名轻而实重的做法。名义上减轻了处罚，容易使人犯罪；而实际上处罚又加重，伤害的人则更多。古代制定肉刑，是用来辅佐治国，协助施行教化的，为什么不可恢复一部分？如今用笞死犯人之法来代替肉刑，是看重人的肢体而轻视人的性命，有什么好处呢？"钟繇也同意陈群的看法，而王朗及很多人则反对。曹操认为陈、钟的主张很对，但是，当时战乱不息，他考虑到反对的人太多，就把恢复肉刑这事搁置起来了。

后来，陈群任侍中，在天子左右应对顾问，同时又兼领丞相府西曹掾，主管府吏的署用。他在朝中，不固执己见，老成稳重，不以歪门邪道待人。太子曹丕对他特别敬佩和器重，把他比作颜回，以朋友之礼和他相处。曹丕常常说："自从我有了陈群这个朋友，门人们都日益亲密。"不久，陈群被封为昌武亭侯，改任尚书，掌吏部。

陈群任吏部尚书后，认为汉代的察举、征辟制度有缺陷，不能揽尽天下人才，乃创立九品官人法，作为选士授任的新制度。九品官人法又称九品中正法。其法是每州郡设置中正官，由本州郡贤德有识人能力者或本州郡在中央为官者充任。他们按德行、家世把所管州郡士人分成九等，即上上、上中、上下、中上、中中、中下、下上、下中、下下等九个品级，并加上评语，上报朝廷。人物品级评定后并非永久不变，还时常依其言行的好坏升降。这样，吏部有了依据，按品第授官任职。九品官人法制定后，有才德的士人和出身世家的后裔，都可以得到品定，出仕为官，对曹魏团结广大士人，巩固自己的政权起过积极作用。

220 年十月，曹丕代汉称帝，陈群升为尚书令，进爵颍乡侯。然而他和华歆等人却面带悲容。曹丕大为不快，就问陈群："我应天命受禅代汉，满朝文武，个个喜形于色，而独有你和华歆不高兴，这是为什么？"陈群连忙起座下跪，回答说："陛下受禅，我们内心高兴，而我与华歆曾经是汉朝旧臣，因忠义之道又不应该露出喜色。"曹丕听后，更加器重他。黄初六年（225），陈群为镇军大将军，领中护军，职掌禁军，并录尚书事，总揽朝政。曹丕临终时，召陈群与曹真、司马懿三人共同受遗诏辅政。

明帝曹叡即位，陈群进封颍阴侯，增加食邑五百户，连同以前的共一千三百户。并开建府署，自辟属官，处理事务。而且，录尚书事，仍然总揽朝政。他看到战乱以来，仁义道德被破坏殆尽，百姓已不知道什么是礼义廉耻了。于是上疏明帝，请他崇尚德治，布施教化，抚恤黎民百姓，造福万民，实现天下大治。他同时建言，应该采取措施，防止在群臣中出现两种弊端。一是随声附和，是非不分；二是结党闹不团结，产生攻击仇人、吹捧同党的现象。他说，这是"国之大患"，必须"绝其源流"。

太和四年，曹真上表，请求从斜谷入汉中，攻打蜀汉。陈群认为，过去曹操到阳平关攻汉中，靠沿途豆麦以供军食，而张鲁未攻下，军粮就没有了。如今斜谷沿途既无军粮可以凭借，而且道路险阻，难以进退。运送的军粮在途中又容易被抄掠堵截，如多留兵士守要害之处，则太消耗兵力。他要求明帝对这一军事行动深思熟虑后再下诏。明帝同意陈群的分析，而曹真又上表，请求从子午谷入汉中。陈群又上奏，陈述此行动有很多不便之处，并谈了自己关于出征在军事上的一些想法。明帝就把陈群的奏文附在诏书后，交给曹真，叫他看着办。曹真执意出征，军队出发，遇到大雨，一连下了三十天。陈群又上表，要求召回曹真，避免损失。明帝依从了。

青龙三年（235），明帝大发民工，营建宫室，致使农忙季节田间无人。陈群又上疏劝谏。他先举出前代贤君大禹“卑宫室而恶衣服”的例子，指出魏国在战乱之后，人口锐减，全国人丁总数不及汉代文、景时的一个郡；加之边境上年年战事不断，将士劳苦，若发生天旱水灾，国家的前景就令人忧虑了。况且，孙吴、蜀汉二国未灭，社稷尚未安定。然后建言：“现在应趁吴、蜀未兴兵之际，讲武劝农，做好准备，等待敌人。如今，却舍此当务之急，先筑宫室，劳民伤财，做敌国愿意我们做的事。臣担心百姓因此疲惫，将何以对付敌人？此事关系国家安危，唯望陛下三思！”明帝不以为然，认为消灭吴、蜀和营建宫殿，可以同时进行，并指责陈群，身为司空，执掌工程，办事不力，要他像萧何修未央宫那样，管理好宫室的营建。陈群则回答说：“萧何修宫殿是在刘邦已经打败项羽，而且宫室被烧毁又不得不修之时。未央宫建成后，刘邦还责备他修得太华丽了。如今吴、蜀二敌国尚在，情况与那时完全不同。一个人想干件事，总会找到理由，何况是天子，谁敢违抗呢？开始，他想毁坏武库，就说不能不毁，后来，他又想重建，就说不修不行。如果陛下一定要修，原本不是臣下的言语所能改变的。汉明帝曾因大臣钟离意的劝阻而停止修德阳殿。其实，哪里是大王惧怕一个臣子？是为百姓着想啊！”明帝听后，不得不减小建筑宫室的规模。

青龙四年，陈群逝世，谥曰“靖侯”。死后，明帝追思他的功德，封其一子为列侯。

夏侯惇传

【题解】

夏侯惇（？—220），字元让，沛国谯人，曹魏名将。少年时以勇气闻于乡里，后多次为曹操镇守后方，曾率领军民阻断太寿河水，筑陂塘灌溉农田，历任折冲校尉、济阴太守、建武将军，官至大将军，封高安乡侯，追谥“忠侯”，配享曹操庙庭。

夏侯惇“出道”很早，是曹操部下中唯一领受东汉官职的人。在曹操举兵讨伐黄巾军时，他就随曹操征讨，成为曹操的心腹将领，被誉为曹魏阵营中的第一大将。曹操与他同车出行，并具有自由出入曹操内室的特权，这样的恩宠在曹魏诸将中无人可比。后来曹丕封他为大将军，正是对其最高地位的肯定。夏侯惇可圈可点的不仅如此，还有他的人品，他对曹操十分忠诚，功高而不震主；虽然身在军旅，但他仍不忘治学，常亲自迎师，虚心求教；他为人俭朴，毫无贪欲，所得赏赐全部分给将士，一生不置产业，至死家无余财。其谥号“忠侯”，在一定程度上体现了他的忠心。晋朝开国皇帝司马炎评曰：“惇，魏之元功，勋书竹帛。”

【原文】

夏侯惇字元让，沛国谯人，夏侯婴[①]之后也。年十四，就师学。人有辱其师者，惇杀之，由是以烈气闻。

太祖初起，惇常为裨将[②]，从征伐。太祖行奋武将军，以惇为司马，别屯白马，迁折冲校尉，领东郡太守。太祖征陶谦，留惇守濮阳。张邈叛迎吕布，太祖家在鄄城，惇轻军往赴，适与布会，交战。布退还，遂入濮阳，袭得惇军辎重。遣将伪降，共执持惇，责以宝货，惇军中震恐。

惇将韩浩[③]乃勒兵屯惇营门，召军吏诸将，皆案甲当部[④]不得动，诸营乃定。遂诣惇所，叱持质者曰：“汝等凶逆，乃敢执劫大将军，复欲望生邪！且吾受命讨贼，宁能以一将军之故，而纵汝乎？”因涕泣谓惇曰：

“当奈国法何！”促召兵击持质者。持质者惶遽[5]叩头，言“我但欲乞资用去耳！”浩数责，皆斩之。

惇既免，太祖闻之，谓浩曰：“卿此可为万世法。”乃著令自今已后有持质者，皆当并击，勿顾质。由是劫质者遂绝。

【注释】

①夏侯婴（？—前172），又称滕公，泗水郡沛县人，与刘邦是少时的朋友，跟随刘邦起义，立下战功，封为汝阴侯，长期担任太仆一职，一直到刘邦去世，后又作为太仆侍奉汉惠帝、吕太后、汉文帝，谥号为“文侯”。 ②裨（pí）将：副将。裨，副。 ③韩浩：字元嗣，河内郡人，夏侯惇奇其才，使韩浩领兵跟从征伐，因忠勇而闻名，是曹操的心腹将领，委以执掌禁军的重责，后随军攻克柳城，改任中护军，置长史、司马，封万岁亭侯。 ④案甲当部：全副武装，在各自的营中。 ⑤惶遽（jù）：惊恐，慌张。遽，惊惧。

【译文】

夏侯惇，字元让，沛国谯郡人，夏侯婴的后代。14岁时，跟着一位老师学习，有人污辱了他的老师，夏侯惇将那人杀了。因此，他以刚烈而闻名于郡里。

曹操刚刚兴兵时，夏侯惇做他的副将，跟随他南征北战。曹操兼任奋武将军时，以夏侯惇为司马，让他别领一军，驻守在白马县一带，又任命他为折冲校尉，兼任东郡太守。曹操征讨陶谦时，留下夏侯惇守濮阳。张邈背叛曹操迎奉吕布，当时曹操的家小在鄄城，夏侯惇听到这一消息，就轻车简从前往鄄城，在途中与吕布遭遇，两军交战。吕布后撤至濮阳，偷袭得到了夏侯惇的辎重，又派将领假装投降，把夏侯惇抓了起来，要他交出宝物。夏侯惇军中一时震惊。

夏侯惇的得力将领韩浩守在营门口，把各位将领都召集在一起，让他们去安定手下的士兵，不得贸然行动，夏侯惇的军队才慢慢稳定下来。韩浩到了夏侯惇的住所，怒斥挟持夏侯惇的人说：“你们这些凶残的叛逆者，居然敢将大将军挟持作为人质，难道你们不想活了？而且我身负讨伐叛贼的使命，难道我会因为一个大将军，而放任你们为所欲为吗？”又哭着对夏侯惇说：“国法如此，我不得不这样做！”立即召集士兵攻打劫持者。劫持者害怕得连连叩头，说：“我们只求给我们路费，让我们回去罢！”韩浩痛斥劫持者的行为，将他们全部杀了。

夏侯惇免于一死。曹操听说了这件事，对韩浩说：“你的做法可以作为万世之法。”于是，发布命令，说：“从今以后，如有劫持人质的，对劫持者要全力进攻，予以消灭，不要顾忌人质。”以后劫持人质的事情再也没有发生。

【原文】

太祖自徐州还，惇从征吕布。为流矢所中，伤左目。复领陈留、济阴太守，加建武将军，封高安乡侯。时大旱，蝗虫起，惇乃断太寿水作陂[①]，身自负土，率将士劝种稻，民赖其利。转领河南尹[②]。太祖平河北，为大将军后拒。邺破，迁伏波将军，领尹如故，使得以便宜从事[③]，不拘科制[④]。

建安十二年，录惇前后功，增封邑千八百户，并前二千五百户。

二十一年，从征孙权还，使惇都督二十六军，留居巢[⑤]。赐伎乐名倡。令曰："魏绛以和戎之功，犹受金石之乐，况将军乎！"

二十四年，太祖军于摩陂，召惇常与同载，特见亲重，出入卧内，诸将莫得比也。拜前将军，督诸军还寿春[⑥]，徙屯召陵[⑦]。文帝即王位，拜惇大将军，数月薨。

【注释】

①太寿水：太寿附近的睢水，在今河南睢县东。陂（bēi）：池塘。　②河南尹：东汉时，改河南郡为河南尹，治洛阳。　③以便宜从事：按照实际情况自行决定公务处理。　④不拘科制：不必遵照条例所规定的上报和审批程度。科制，制度，程式。　⑤居巢：古县名，今安徽巢湖市。⑥寿春：古地名，位于安徽寿县城关寿春镇、城南九龙乡境内。　⑦召陵：古地名，位于河南中南部，漯河市东部。

【译文】

曹操从徐州回来，夏侯惇随曹操去攻打吕布，被流箭射伤左眼。他又领任了陈留、济阴太守的职务，为建武将军，封高安乡侯。当时大旱，蝗虫四起，夏侯惇截断太寿水做成一个池塘，他亲自担土，带领将士们一起向百姓宣传种稻的好处，百姓得以渡过难关。夏侯惇不久又被任命为河南尹。曹操平定河北，夏侯惇担任后卫以阻挡后面的追敌。攻下邺城后，升他为伏波将军，仍担任河南尹一职，允许他见机行事，不受各种规制的限制。

建安十二年，曹操将夏侯惇前后的功劳累计起来，又给他增加封邑一千八百户，加上以前历次分封的，共计二千五百户。

建安二十一年，夏侯惇跟随曹操去攻打孙权，回来后，让他都督二十六路人马，留守居巢。又赐给他各种乐器和有名的倡优，说："魏绛联合西戎有功，尚能得到钟磬之类的乐器，何况将军你呢！”

建安二十四年，曹操在摩陂驻军，时常招呼夏侯惇与他同乘一辆车，夏侯惇也可以出入太祖的内室，太祖对他倍加器重，一般将领是享受不到这种待遇的。又任命他为前将军，带领各路人马回到寿春，又转移到召陵驻扎。曹丕即位，任命夏侯惇为大将军，数月后去世。

【原文】

惇虽在军旅，亲迎师受业。性清俭，有馀财辄以分施，不足资之于官，不治产业。谥曰忠侯，子充①嗣。帝追思惇功，欲使子孙毕侯，分惇邑千户，赐惇七子二孙爵皆关内侯。惇弟廉②及子楙③素自封列侯。初，太祖以女妻楙，即清河公主④也。楙历位侍中尚书、安西镇东将军，假节。充薨，子廙⑤嗣。廙薨，子劭⑥嗣。

评曰⑦：夏侯、曹氏，世为婚姻。故惇、渊⑧、仁、洪⑨、休⑩、尚⑪、真⑫等并以亲旧肺腑⑬，贵重于时，左右⑭勋业，咸有效劳⑮。

【注释】

①充：即夏侯充，夏侯惇长子，嗣爵高安乡侯。 ②廉：即夏侯廉，魏国人，大将军夏侯惇族弟，因夏侯惇的功勋显著，朝廷封夏侯廉为列侯。 ③楙（máo）：即夏侯楙，字子林，沛国谯县人，大将军夏侯惇之子，其妻为曹操之女清河公主，曾一度驻守长安，蜀汉北伐后被调离，任命为尚书。 ④清河公主：曹操长女，很受曹操喜爱。后来下嫁夏侯楙。曹操初欲嫁与丁仪，曹丕劝其嫁与夏侯楙。后与小叔子设计欲谋害丈夫，未果。 ⑤廙（yì）：即夏侯廙，夏侯惇之孙，夏侯充之子。充死，袭其封爵高安乡侯。 ⑥劭：即夏侯劭，夏侯惇曾孙，夏侯廙之子，袭爵高安乡侯。 ⑦这是对夏侯、曹氏主要人物的评论，是一个合评。就夏侯惇而言，则是：“（夏侯）惇以亲旧肺腑，贵重于时，左右勋业，咸有效劳。” ⑧渊：即夏侯渊（？—219）：字妙才，沛国谯人，擅长千里奔袭作战，常常出敌不意，官至征西将军，封博昌亭侯。曾率军征伐关中与凉州，斩梁兴，逐马超，破韩遂，灭宋建，横扫羌、氐等外族势力，在定军山被刘备部将黄忠所袭，战死，谥曰“愍侯”。 ⑨洪：即曹洪（？—232），字子廉，沛国谯人，曹操从弟，多随军征伐，平兖州，征刘表，讨祝臂，官渡之战中击退张郃、高览的猛攻。曹丕即位后，任为骠骑将军，后贬为庶民。曹叡即位后，任为后将军，更封乐城侯，复任骠骑将军，去世后追谥为“恭侯”。 ⑩休：即曹休（？—228），字文烈，沛国谯人，曹操族子。汉中之战时，识破张飞计谋，大败吴兰。曹魏建立后，镇守曹魏东线，多次击破吴军，诱降吴将。官至大司马，封长平侯。后在魏吴石亭之战中大败，不久因背上毒疮发作而去世。 ⑪尚：即夏侯尚（？—226），字伯仁，沛国谯郡人，与

曹丕亲近友好，以为征南将军，领荆州刺史，假节、都督南方诸军事，攻拔蜀国上庸，平定三郡九县，升为征南大将军；江陵击败吴将诸葛瑾，升为荆州牧，封昌陵乡侯。去世后谥号“悼侯”。⑫真：即曹真（？—231），字子丹，沛国谯人，曹操养子。曹丕即位后，任为镇西将军、都督雍州及凉州诸军事，镇守西北边境，大破羌胡联军，平定河西，受遗诏辅政。曹叡即位后，拜大将军，进爵邵陵侯，为大司马，去世后谥号“元侯”。 ⑬肺腑：比喻关系十分密切。 ⑭左右：犹言左膀右臂，辅佐的意思。 ⑮效劳：成效，功劳。

【译文】

夏侯惇虽南征北战，但却亲自迎接老师从业学习，品行清俭，有多余的财产则分施给众人，不以权谋私，家中也不置备产业。死后谥为“忠侯”。儿子夏侯充继其爵位。曹丕追念夏侯惇的功绩，想让他的子孙们都享受“侯”的待遇，分给夏侯惇家眷封邑一千户，赐给夏侯惇七子二孙关内侯的爵号。夏侯惇的弟弟夏侯廉以及夏侯惇的儿子楙也封了列侯。早先，太祖将女儿（即清河公主）嫁给夏侯楙。夏侯楙历任侍中尚书、安西镇东将军，假以符节。夏侯充死，其子夏侯廙继承爵位。夏侯廙死，其子夏侯劭继其爵位。

史家评论说：夏侯氏、曹氏两家，世代通婚，所以夏侯惇、夏侯渊、曹仁、曹洪、曹休、夏侯尚、曹真等人，都是长期友好和关系密切的亲戚，故而能够显贵于当时，他们辅佐曹魏，保护国家，都立下了汗马功劳。

人物新传·夏侯惇传

曹操的父亲曹嵩为大宦官中常侍曹腾的养子，后官至太尉。曹嵩原出夏侯氏，为刘邦重臣夏侯婴之后裔。夏侯氏家为当时著名的豪强大族，曹操起兵之初以夏侯氏（曹氏）部曲为基本力量。他们只听命于操而不忠于汉室，又因族大人众，其中不乏英才，故曹操对他们特别重用，并有意识以之掌军，从而形成以曹操为首的曹氏、夏侯氏联盟的军事集团，其重要人物有夏侯惇、夏侯渊、曹仁、曹邵、曹洪、曹休、曹真等。他们多担任重要的方面统帅或掌宿卫，如夏侯惇先后镇许都、淮南，夏侯渊则长期镇关中，曹仁镇荆州，曹休、曹真等典领重兵。夏侯惇为此集团中地位仅次于曹操的重要人物，他为曹魏的兴起，立下汗马功劳，起了重大作用。

夏侯惇十四岁才开始“就师学”。他性格刚烈，却十分尊师。一次，有人侮辱其师，夏侯惇即将此人杀死，故年轻时已“以烈气闻乡里”。中平六年十二月，曹操在陈留纠合宗族部曲起兵讨伐董卓，夏侯惇与夏侯渊、曹洪等即参加队伍，为裨将，从征伐。曹操时号奋武将军，而以惇为司马。初平元年曹操、夏侯惇、卫兹、曹洪等率军欲西据成皋，在荥阳汴水被董卓将徐荣击溃，损失惨重，兵员锐减。夏侯惇、曹操东至扬州，募兵数千，军方复振。此后，曹操先后击黑山起义军、南匈奴军及青州黄巾军，夏侯惇均作为主要将领参加战争，并立下大功。

曹操取得兖州后，以夏侯惇为折冲校尉，领东郡太守，镇守兖州的重镇濮阳。兴平元年曹操率大军征讨徐州牧陶谦，不料，陈宫、张邈、许汜、王楷等起兵反叛曹操，东迎吕布入主兖州。时曹操家眷留在鄄城，故吕布首先攻鄄。鄄城兵力薄弱，而“督将大吏”又多与张邈、陈宫通谋，欲叛，在这一紧急情况下，留守鄄城的荀彧、程昱急召夏侯惇援鄄。夏侯惇率兵驰至，击败吕布，入鄄后，当天夜里又杀掉“谋叛者数十人，众乃定”。但吕布却乘虚攻入濮阳，取得惇军辎重。当时兖州各郡县均叛，只有鄄城及范、东阿三城为曹操坚守。曹操回师后，凭借三城为基地，方夺回兖州。在关系曹操存亡的鄄城保卫战中，夏侯惇立下首功。

此后曹操与吕布展开了争夺兖州、徐州的长期战争，在作战中，夏侯惇为流矢所中，至盲左目。此期间，夏侯惇先后担任陈留太守、济阴太守，并因功封建武将军、高安乡侯。

夏侯惇为武将，长年征战，但兼任地方官时却能关心人民疾苦，重视发展农业，难能可贵。在陈留太守任上，“天大旱，蝗虫起”，他组织军民“断太寿水”，并“身自负土”，率将士劳动，筑成了著名的太寿陂水利灌溉工程。为提高粮食产量，他还大力提倡耕种水稻，促进了农业的恢复发展，军民生活也得到改善。献帝迁许，惇任河南尹之要职。曹操与河北袁绍在官渡决战时，又任夏侯惇为大将军后拒，镇守许都。此期间，荆州刘表派刘备率军袭击曹操后方，已进到离许都百余里的叶县，夏侯惇急率于禁、李典等诸军拒之，终于击退刘备军，保住了许都安全。

曹操消灭袁氏势力后，即常驻邺城，以镇河北。夏侯惇因功迁伏波将军，仍镇许都为河南尹，并得以“便宜从事，不拘科制”。建安十二年，曹操大封功臣，夏侯惇增封邑一千八百户，并前共二千五百户。建安二十年，夏侯惇又率军从曹操攻汉中张鲁，克之而还。

建安二十一年，夏侯惇随曹操东征孙权，孙权退走。建安二十二年三月曹操引军还，留夏侯惇都督曹仁、张辽等二十六军屯居巢，以镇淮南，防备孙权。曹操并赐夏侯惇“伎乐名倡”，以示优待。令曰:“魏绛以和戎之功犹受金石之乐，况将军乎。”

时曹操以魏公置官属，“诸将皆受魏官号”。为遮人耳目，夏侯惇名义上仍为汉朝官属，于是他就不能对曹操称臣朝拜。这使尽忠于曹操的夏侯惇耿耿于怀，他多次上书，“自陈不当不臣之礼”，坚决要求授魏官号，后来，曹操封其为魏国之前将军。

建安二十四年，关羽围曹仁于樊城，尽歼于禁精锐援军，威震华夏。曹操率军南下，同时令夏侯惇率淮南军主力驰援，夏侯惇军与曹操会于摩陂，诸军击败关羽。

此时曹操对夏侯惇特别亲重，常与其同坐一车。惇有事可直接出入曹操卧室，其地位明显高于其他将领。战后，夏侯惇被封前将军，仍统诸军还镇淮南，屯寿春，后徙屯召陵。

曹操死后，曹丕继位为魏王，任夏侯惇为大将军。数月后，惇病逝。

张辽传

【题解】

曹操麾下“谋臣如雨，猛将如云”，谋臣之首当推荀彧，猛将之雄则为张辽。在曹操五虎将之中，张辽排名第一，依次为乐进、于禁、张郃、徐晃。张辽出仕，曾投身非所，委身吕布。张辽归曹后，忠心不二，建功合肥，威震江夏。

【原文】

张辽字文远，雁门马邑人也①。本聂壹之后②，以避怨变姓。少为郡吏。汉末，并州刺史丁原以辽武力过人③，召为从事④，使将兵诣京都。何进遣诣河北募兵，得千馀人。还进败，以兵属董卓。卓败，以兵属吕布，迁骑都尉。布为李傕所败，从布东奔徐州，领鲁相⑤，时年二十八。太祖破吕布于下邳，辽将其众降⑥，拜中郎将⑦，赐爵关内侯⑧。数有战功，迁裨将军⑨。袁绍破，别遣辽定鲁国诸县。与夏侯渊围昌豨于东海，数月粮尽，议引军还，辽谓渊曰：“数日已来，每行诸围⑩，豨辄属目视辽⑪。又其射矢更稀⑫，此必豨计犹豫⑬，故不力战。辽欲挑与语⑭，傥可诱也⑮？”乃使谓豨曰：“公有命⑯，使辽传之。”豨果下与辽语，辽为说“太祖神武⑰，方以德怀四方⑱，先附者受大赏”。豨乃许降。辽遂单身上三公山⑲，入豨家，拜妻子。豨欢喜，随诣太祖。太祖遣豨还，责辽曰：“此非大将法也。”辽谢曰⑳：“以明公威信著于四海㉑，辽奉圣旨㉒，豨必不敢害故也。”从讨袁谭、袁尚于黎阳，有功，行中坚将军㉓。从攻尚于邺，尚坚守不下。太祖还许，使辽与乐进拔阴安，徙其民河南㉔。复从攻邺，邺破，辽别徇赵国、常山㉕，招降缘山诸贼及黑山孙轻等㉖。从攻袁谭，谭破，别将徇海滨，破辽东贼柳毅等。还邺，太祖自出迎辽，引共载，以辽为荡寇将军㉗。复别击荆州㉘，定江夏诸县[29]，还屯临颍[30]，封都亭侯[31]。从征袁尚于柳城，卒与虏遇[32]，辽劝太祖战，气甚奋，太祖壮之，自以所持麾授辽[33]。遂击，大破之，斩单于蹋顿。

【注释】

①马邑：县名。故城址在今山西朔州市西北。 ②聂壹：汉武帝时人。元光二年（前133），武帝打算在马邑聚歼匈奴主力，曾派聂壹引诱匈奴单于率兵入塞，中途为匈奴发觉，单于撤退，伏击未能成功。 ③并州：刺史治晋阳，故治在今山西太原市西南。 ④从事：官名，州刺史属吏。⑤领：兼任。鲁：汉王国名，治鲁县，在今山东曲阜。 ⑥将：率领。 ⑦中郎将：官名，东汉统兵将领之一，位次将军。 ⑧关内侯：封爵名，次于列侯，只有俸禄而无封地。 ⑨迁：调任。裨将军：官名，汉末复置，杂号将军，主征伐。 ⑩围：营垒。 ⑪属目：注目。 ⑫更稀：越来越少。 ⑬犹豫：犹疑不决，拿不定主意。 ⑭挑：挑动。 ⑮傥：（tǎng）：或许。 ⑯公：指曹操。 ⑰神武：神明威武。 ⑱怀：安抚。 ⑲三公山：有人认为是今山东郯城县东15里的马陵山（见《读史方舆纪要》卷三三）。 ⑳谢：谢罪。 ㉑明公：对尊贵者的敬称，此处指曹操。㉒圣旨：古代臣下称君主的命令为圣旨。时曹操实际上掌握汉朝军政大权，又与一大批文臣武将形成了君臣关系，故张辽有此尊称。 ㉓行：代理。中坚将军：官名，汉末复置，杂号将军，主征伐。 ㉔河南：黄河以南。 ㉕徇：古代巡行而宣令称徇，此处引申为攻占。赵国：王国名，治邯郸县，故治在今河北邯郸市。常山：汉王国名，建安十一年废为郡。治元氏县，故治在今河北元氏县西北。 ㉖黑山：在今河南浚县西北太行山脉中。 ㉗荡寇将军：官名，汉末置，杂号将军，主征伐。 ㉘荆州：东汉荆州辖境，约有今湖北、湖南两省及河南、贵州、广东、广西的小部分。刘表为荆州牧时，治所在襄阳。 ㉙江夏：郡名，原治西陵，故治在今湖北新洲区西。刘表以黄祖为江夏太守，治沙羡，故治在今武昌西南。黄祖死后，刘琦为江夏太守，却屯夏口。此后，魏、吴并置江夏郡。文聘为江夏太守数十年，郡治安陆，故治在今湖北安陆市北。 ㉚临颍：县名，故治在今河南临颍县西北。 ㉛都亭侯：封爵名，与亭侯同为一级。都亭，城郭附近之亭。㉜卒：同“猝”，突然。 ㉝麾：旌旗之类，古代用以指挥军队。

【译文】

张辽字文远，雁门郡马邑县人，原本是聂壹的后代，为了躲避仇家报复所以改姓张氏。张辽年少的时候在郡里担任官吏。汉朝末年，担任并州刺史的丁原因为张辽武勇过人，就招聘张辽在自己属下担任从事，丁原派张辽率军前往京都洛阳。在朝中担任大将军的何进又派遣张辽前往河北地区招募兵马，张辽招募了1000多人。等到张辽返回京师洛阳的时候何进已经被宫中的宦官杀害，张辽遂带着自己的人马归属于董卓。董卓失败被杀以后，张辽又带着自己的人马归属了吕布，吕布提升张辽为骑都尉。吕布被董卓的部将李傕打败之后，张辽跟随着吕布逃往徐州，兼任鲁国的国相，当时张辽只有28岁。魏太祖曹操在下邳消灭了吕布，张辽带领自己的部下投降了曹操，被任命为中郎将，封爵关内侯。张辽多次建立战功，被升任为裨将军。冀州牧袁绍被曹军打败之后，魏太祖曹操派张辽率领一支队伍平定了鲁国境内各县。张辽与夏侯渊率军前往东海郡讨伐背叛曹操的东海郡太守昌豨，将昌豨围困于东海，数月之后军中粮食将尽，遂商议率军返回，张辽对夏侯渊说："最近几天，我每次巡视营垒的时候，昌豨都会注视着我。再有，昌豨所射出的箭越来越少，这一定是昌豨在投降与否之间犹豫不决，所以没有尽力与我军交战。我想挑逗他引他出来说话，或许可以诱导他放下武器。"于是派人去对昌豨说："曹公有令，让张辽转达给你。"昌豨果然走下营垒与张辽进行对话，张辽对昌豨说："魏太祖曹操神明勇武，正在以德安抚四方，率先归附的将会受到很大的奖赏。"昌豨于是答应投降。张辽于是单人匹马上了三公山，进入昌豨的家中，并拜见昌豨的妻子儿女，昌豨非常高兴，便随着张辽来见魏太祖曹操。魏太祖曹操令昌豨返回东海郡，曹操责备张辽说："这不是一员大将该做的事情。"张辽向魏太祖谢罪说："因为明公您的威望和诚信传播于四海之内，我奉了您的旨意，所以昌豨一定不敢加害于我。"张辽跟随魏太祖曹操前往黎阳讨伐袁谭、袁尚，立有战功，曹操遂任命张辽为代理中坚将军。跟随魏太祖曹操前往邺城攻打袁尚，袁尚顽强坚守，曹军没能攻克邺城。魏太祖曹操遂率军返回许城，曹操派遣张辽和乐进进军攻取阴安县，将阴安县的百姓迁徙到黄河以南地区。张辽再次跟随魏太祖曹操攻打邺城，邺城被攻破以后，张辽独自率领一支部队前往攻打赵国、常山，张辽成功招降了分布在太行山一带的各路贼寇以及占据黑山的孙经等人。张辽跟随魏太祖曹操攻打袁谭，袁谭败亡之后，张辽又率领一支人马前去攻取海滨地区，击败了占据辽东的贼寇柳毅等。张辽大获全胜后回到邺城，魏太祖曹操亲自出来迎接张辽，拉着张辽跟自己坐在同一辆车子上，任命张辽为荡寇将军。张辽又率军前往荆州攻打荆州牧刘表，攻占了江夏郡内的各县，返回后屯驻在临颍县，曹操封张辽为都亭侯。张辽跟随魏太祖曹操前往柳城征讨袁尚，行进途中突然遭遇了乌丸人的军队，张辽劝说魏太祖出兵迎战，张辽气势非常振奋，魏太祖曹操非常赞赏张辽的雄壮气势，就把自己手中所持的用来指挥军队的麾授予张辽。于是张辽率众出击，将乌丸人打得大败，斩杀了乌丸单于蹋顿。

【原文】

时荆州未定，复遣辽屯长社。临发，军中有谋反者，夜惊乱起火，一军尽扰。辽谓左右曰："勿动。是不一营尽反，必有造变者[①]，欲以动乱人耳。"乃令军中，其不反者安坐。辽将亲兵数十人，中陈而立[②]。有顷定，即得首谋者杀之[③]。陈兰、梅成以氐六县叛[④]，太祖遣于禁、臧霸等讨成，辽督张郃、牛盖等讨兰。成伪降禁，禁还。成遂将其众就兰，转入灊山[⑤]。灊中有天柱山[⑥]，高峻二十馀里，道险狭，步径裁通[⑦]，兰等壁其上[⑧]。辽欲进，诸将曰："兵少道险，难用深入。"辽曰："此所谓一与一，勇者得前耳。"遂进到山下安营，攻之，斩兰、成首，尽虏其众。太祖论诸将功，曰："登天山，履峻险，以取兰、成，荡寇功也。"[⑨]增邑，假节[⑩]。

太祖既征孙权还，使辽与乐进、李典等将七千馀人屯合肥[⑪]。太祖征张鲁，教与护军薛悌[⑫]，署函边曰[⑬]："贼至乃发"。俄而权率十万众围合肥[⑭]，乃共发教，教曰："若孙权至者，张、李将军出战；乐将军守护军，勿得与战。"诸将皆疑。辽曰："公远征在外，比救至[⑮]，彼破我必矣。是以教指及其未合逆击之[⑯]，折其盛势，以安众心，然后可守也。成败之机，在此一战，诸君何疑？"李典亦与辽同。于是辽夜募敢从之士，得八百人，椎牛飨将士[⑰]，明日大战。平旦[⑱]，辽被甲持戟，先登陷陈[⑲]，杀数十人，斩二将，大呼自名[⑳]，冲垒入[㉑]，至权麾下[㉒]。权大惊，众不知所为，走登高冢[㉓]，以长戟自守。辽叱权下战，权不敢动，望见辽所将众少，乃聚围辽数重。辽左右麾围[㉔]，直前急击，围开，辽将麾下数十人得出，馀众号呼曰："将军弃我乎！"辽复还突围，拔出馀众[㉕]。权人马皆披靡[㉖]，无敢当者。自旦战至日中，吴人夺气[㉗]，还修守备，众心乃安，诸将咸服。权守合肥十馀日，城不可拔，乃引退。辽率诸军追击，几复获权。太祖大壮辽，拜征东将军[㉘]。建安二十一年，太祖复征孙权，到合肥，循行辽战处，叹息者良久。乃增辽兵，多留诸军，徙屯居巢。

【注释】

①造变者：制造变乱的人。 ②中陈：同中阵。陈通"阵"。 ③首谋：首犯。 ④氐六县：应作灊六县，灊县，故治在今安徽霍山县东北。六，即六安县，在今安徽六安市北。 ⑤灊山：山

名。即今霍山县之霍山。 ⑥天柱山：霍山之主峰。 ⑦步径：步行小路。裁通：勉强能上去。⑧壁：用作动词，谓修筑壁垒。 ⑨荡寇：时张辽任荡寇将军。 ⑩假节：有权杀犯军令者。⑪合肥：县名，故治在今安徽合肥市。 ⑫教：古代，王公大臣向下属发布的指示命令等称“教”，即手令。护军：官名，汉置，掌护卫军队。 ⑬署函边曰：在手令封袋边上题字说。署，题字。函，封袋，即信封。 ⑭俄而：不久。 ⑮比：及。 ⑯教指：教函的意旨。未合：没有完成包围。逆击：迎战。 ⑰椎（chuí）牛：击杀牛。飨：款待，犒劳。 ⑱平旦：天明时。 ⑲先登：冲在最前面。 ⑳自名：自己称名以威吓敌人。 ㉑垒：营寨。 ㉒麾下：谓大将之旗，此处指孙权所在的军营。下文“麾下”指部下。 ㉓高冢：高土堆。 ㉔左右麾围：忽左忽右指挥突围。㉕拔出：救出。 ㉖披靡：溃败。 ㉗夺气：丧失胆气。 ㉘征东将军：官名，掌征伐背叛。

【译文】

当时荆州还没有被曹军所占领，魏太祖曹操于是又派遣张辽驻扎于长社县。张辽临近出发的时候，张辽的军队当中有人谋反，他们在夜间放起火来制造混乱，想趁机起事，当时整个军营都被扰动不安起来。张辽对自己身边的人说：“你们都不要动。这不是整个军营的人全部叛变，一定是少数人在制造变乱，想以此来发动整个军营跟随着叛变。”张辽于是下令军中，凡是没有参与叛乱的就安坐勿动。张辽亲自率领数十名亲兵，站在阵中震慑。不一会儿的工夫整个军营就安定了下来，并立即将谋反的罪魁祸首抓获杀死。袁术旧将陈兰与山贼梅成占据氐六县背叛了朝廷，魏太祖曹操派遣于禁、臧霸等人率军前去讨伐梅成，派张辽率领张郃、牛盖等去讨伐陈兰。梅成假装投降了于禁，于禁于是撤军返回。梅成在随于禁返回途中便率领着自己的部众投奔了陈兰，然后与陈兰一起转入灊山。灊山中有一座天柱山，天柱山高大险峻方圆20多里，通往天柱山的道路险峻狭窄，一条步行小路勉强能够上去，陈兰等就将壁垒建筑在天柱山上。张辽想要进兵攻打天柱山，属下诸将都表示反对说：“我们不仅兵力少而且前面道路险峻难行，我们很难深入进去。”张辽说：“这就是所说的一对一，勇敢的人才能够前进。”张辽于是率领军队进入天柱山，在山下安下营寨，然后攻打陈兰等，终于将陈兰、梅成这股贼寇打败，将陈兰、梅成斩首，同时把陈兰、梅成的部众全部擒获。魏太祖曹操评论诸将的功劳，说：“攀上天柱山，深入险峻之地，成功斩下陈兰、梅成之首级，这是荡寇将军张辽的功劳。”于是为张辽增加了封邑，并假以符节。

魏太祖曹操亲率大军征讨孙权返回后，派张辽与乐进、李典等人率领7000多人屯驻在合肥。魏太祖曹操则出兵征讨汉中的张鲁，曹操交给担任护军的薛悌一封手令，并在这封手令封袋的边上题字说：“贼至乃发”。不久，东吴孙权亲率十万大军包围了合肥，张辽这才与乐进、李典等一同打开魏太祖曹操的手令，手令上写着：

“如果孙权亲率大军前来，则张辽、李典二位将军率军出城迎战；由乐进将军负责守卫合肥城，护卫合肥城的军队不能参与作战。”诸将都对此感到疑惑不解。张辽说：“主公率军远征汉中的张鲁，如果等到主公派兵前来合肥救援，孙权必定已经将我军击败。这封手令是命我等趁吴国的军队还没有完成对我们的包围的时候出城迎击敌人，首先挫败吴军的锐气，用以稳定军心，然后才能够坚守住合肥城。所以成功还是失败，就取决于这一次战斗，诸位将军还有什么疑惑不解的吗？”李典的看法也与张辽的看法相同。于是张辽夜间招募敢死队，得到了800人，张辽杀牛犒劳将士，为第二天与吴军的大战做好准备。第二天天刚亮，张辽披上铠甲手持战戟，率先冲入吴军阵地，杀死数十名敌军，斩杀了吴军的二员战将，一边冲杀一边大声宣布着自己的姓名，冲进吴军的营寨，一直冲到吴主孙权所在的营寨。吴主孙权大惊失色，他手下的众将也被这突如其来的事情吓得一时之间手足无措不知该怎么办才好，孙权遂跑到了一个高土堆，他令护卫手持长戟保护着自己。张辽在高土堆下面怒声呼叫孙权下来交战，孙权不敢动，当孙权看到张辽所率领的将士很少的时候，这才招聚军队将张辽里里外外包围起来。张辽忽左忽右地指挥部众突围，自己则径直向前奋力攻击，终于突破了吴军的包围，张辽率领数十人得以冲出包围，那些还陷在包围之中的将士大声呼喊说：“张辽将军要抛弃我们不管了吗?! ”张辽又反身而回冲进包围圈，再次突破重围，救出那些陷在重围中的将士。吴主孙权的人马全都向后溃退，没有人敢进行阻挡。这场战斗从早晨一直杀到正午，吴国的军队完全丧失了胆气。张辽回到合肥加紧修筑防守设备，众人这才安下心来，诸将全都很佩服张辽。吴主孙权围攻合肥十多天，始终无法攻克，这才率军退走。张辽率领诸将随后追击，差一点就擒获了孙权。魏太祖曹操非常称赞张辽的勇猛和谋略，遂任命张辽为征东将军。汉献帝建安二十一年，魏太祖曹操再次率军征伐孙权，到达合肥，曹操视察了张辽与吴军交战之处，叹息了好长时间。于是为张辽增加了兵力，又为张辽留下许多部队，然后移屯居巢。

【原文】

关羽围曹仁于樊[①]，会权称藩，召辽及诸军悉还救仁。辽未至，徐晃已破关羽，仁围解。辽与太祖会摩陂。辽军至，太祖乘辇出劳之[②]，还屯陈郡[③]。文帝即王位，转前将军[④]。分封兄汎及一子列侯。孙权复叛，遣辽还屯合肥，进辽爵都乡侯[⑤]。给辽母舆车[⑥]，及兵马送辽家诣屯，敕辽母至，导从出迎[⑦]。所督诸军将吏皆罗拜道侧[⑧]，观者荣之。文帝践阼，封晋阳侯[⑨]，增邑千户，并前二千六百户。黄初二年，辽朝洛阳宫，文帝引辽会建始殿，亲问破吴意状。帝叹息顾左右曰："此亦古之召虎也⑩。"为起第舍⑪，又特为辽母作殿⑫，以辽所从破吴军应募步卒，皆为虎贲⑬。孙权复称藩。辽还屯雍丘，得疾。帝遣侍中刘晔将太医视疾⑭，虎贲问消息，道路相属⑮。疾未瘳⑯，帝迎辽就行在所⑰，车驾亲临⑱，执其手，赐以御衣，太官日送御食⑲。疾小差⑳，还屯。孙权复叛，帝遣辽乘舟，与曹休至海陵，临江㉑。权甚惮焉，敕诸将："张辽虽病，不可当也，慎之！"是岁，辽与诸将破权将吕范。辽病笃㉒，遂薨于江都。帝为流涕，谥曰刚侯。子虎嗣。六年㉓，帝追念辽、典在合肥之功，诏曰："合肥之役，辽、典以步卒八百，破贼十万，自古用兵，未之有也。使贼至今夺气，可谓国之爪牙矣。其分辽、典邑各百户，赐一子爵关内侯。"虎为偏将军㉔，薨。子统嗣。

【注释】

①樊：市镇名，即樊城，在襄阳北，与襄阳隔汉水相对，在今湖北襄阳市。 ②辇（niǎn）：古代一种用人拉的车，秦汉以来，专为天子乘用。时曹操位高权大，故亦乘辇。 ③陈郡：郡名，治陈县，在今河南淮阳县。 ④前将军：古官名，秦、汉因之。金印紫绶，位次上卿，掌京师兵卫，四夷屯警。 ⑤都乡侯：封爵名，与乡侯同为一级。都乡，谓城内及附城近地。 ⑥舆车：天子在宫内乘坐的一种小车，有时赐予臣下，以示荣宠。 ⑦导从：导，引导；从，随从。犹今之仪仗队。 ⑧罗拜：环绕跪拜。 ⑨晋阳侯：封爵名。晋阳，县名，故治在今山西太原市西南。 ⑩召虎：即召穆公，西周初召公奭的后裔。宣王时，淮夷不服，召穆公奉命讨伐，威服淮夷。 ⑪第舍：府舍。 ⑫殿：殿堂。 ⑬虎贲：即虎贲郎，属虎贲中郎将，主宿卫侍从。 ⑭太医：官名，汉少府有太医令、丞，主诸医。此指太医令、丞属下之太医。 ⑮相属：络绎不绝。 ⑯瘳（chōu）：病逾称瘳。 ⑰行在所：天子巡行时所居住的地方。 ⑱车驾：指代天子。临：古代，以尊就卑称临。 ⑲太官：官名，汉少府下有太官令、丞，掌天子饮食事。御食：天子所用的饮食。 ⑳小差：病情稍许好转。 ㉑海陵：县名，今江苏泰州市。江：江水，即今长江。 ㉒病笃：病危。 ㉓六年：黄初六年，225年。 ㉔偏将军：官名，东汉置，杂号将军，主征伐。

【译文】

蜀国的大将关羽将魏国的大将曹仁围困在樊城，此时恰好吴主孙权派使者向魏俯首称臣，魏太祖曹操于是将守卫合肥的张辽以及各部队全部召回去救援曹仁。张辽所率人马还没有赶到樊城，魏将徐晃已经击败关羽，解除了关羽对曹仁的围困。

张辽与魏太祖曹操在摩陂会师。张辽到达摩陂的时候，魏太祖曹操乘坐着辇车亲自出来慰劳张辽，随后张辽返回到陈郡驻扎。魏文帝曹丕即位为魏王，改任张辽为前将军。分封张辽哥哥的儿子张汎和张辽的一个儿子为列侯。吴主孙权不久又背叛了魏国，魏文帝曹丕派遣张辽重新回到合肥驻守，提升张辽的爵位为都乡侯。赏赐给张辽的母亲一辆本应天子在宫中乘坐的小车，并专门派遣兵马护送张辽的家属前往张辽屯驻的地方，魏文帝曹丕还下令：张辽的母亲到达的时候，张辽要引导随从出城迎接。（张辽的母亲一到）张辽所统领的各路军队的将吏全都在道路两侧环绕跪拜，观看的人都认为这是一种很高的荣耀。魏文帝曹丕接受汉献帝的禅让登上皇帝宝座之后，封张辽为晋阳侯，为张辽增加食邑一千户，加上以前的合计二千六百户。魏文帝黄初二年，张辽到洛阳宫朝见魏文帝曹丕，魏文帝拉着张辽的手来到建始殿，曹丕亲自向张辽询问有关消灭吴国的意见。魏文帝叹息了一声回顾自己身边的人说："张辽就是古代的召虎再世啊。"魏文帝曹丕为张辽建造了府舍，还特地为张辽的母亲建造了殿堂，把当年跟随张辽击败东吴孙权时应募充当敢死队的那些步卒，全部任命为在宫中负责宿卫侍从的虎贲郎。吴主孙权再次向魏国称臣。张辽返回到雍丘驻守，在雍丘时得了疾病。魏文帝曹丕派遣担任侍中的刘晔带着太医前往雍丘为张辽看病，虎贲郎前往雍丘探问张辽病情的，络绎不绝。张辽的病情没有好转，魏文帝曹丕就把张辽接到了自己出巡时居住的地方，魏文帝曹丕亲自前来探望，他拉着张辽的手，把自己的衣服赏赐给张辽，还让掌管天子膳食的太官每天把自己的饮食送给张辽吃。张辽的病情稍有好转，就返回了自己的工作岗位。吴主孙权再次背叛了魏国，魏文帝曹丕派遣张辽乘坐着舟船，与曹休一起到达海陵县，海陵临近长江。吴主孙权非常畏惧张辽，他告诫属下诸将说："张辽目前虽然尚在病中，仍然勇不可当，你们千万要谨慎行事！"这一年，张辽与诸将一起打败了孙权的属将吕范。张辽病势逐渐加重，最后病死在江都。魏文帝曹丕为张辽的去世伤心落泪，给张辽的谥号曰"刚侯"。张辽的儿子张虎继承了张辽的爵位。魏文帝黄初六年，魏文帝曹丕追念张辽、李典在合肥抵抗吴主孙权进犯时的战功，下诏说："合肥战役，张辽、李典率领八百步兵，击败了孙权的十万大军，自古以来用兵打仗，从来没有过这样的壮举。使得吴国军队的士气至今无法振作起来，张辽、李典真正称得上是国家的武臣了。分别赏赐给张辽、李典食邑各一百户，赐予张辽、李典每人一个儿子为关内侯。"张辽的儿子张虎担任偏将军，去世。张虎的儿子张统继承了爵位。

人物新传·张辽传

张辽（169—222）生在边郡，长于骑射，武力过人，年轻时为郡中小吏。东汉末年，并州刺史丁原受诏将兵入京，任张辽为从事。丁原被部下大将吕布杀害后，部众均归吕布。吕布杀董卓，张辽升任骑都尉。后吕布战败，东奔出关，张辽追随之。

在吕布与曹操争夺兖州、徐州的长期战争中，作为重要将领的张辽屡立战功，使曹操吃了不少苦头。吕布据徐州时，张辽被任为鲁相，时年方 26 岁。

曹操击灭吕布后，张辽降操，被任为中郎将，封关内侯。后迁为裨将军。

张辽与关羽是知心密友，在关羽被迫降曹操后，曹操怀疑关羽无久留之意，让张辽探问之。关羽对张辽谈了自己的心事，说，“吾极知曹公待我厚，然吾受刘将军（刘备）厚恩，誓共生死，不可背之。吾终不留”（《三国志·关羽传》）。张辽欲将此事告诉曹操，又怕曹操因此即杀关羽，则负朋友，不告，则负曹操，三思后乃叹曰：“公君父也，羽兄弟耳”，于是告之。

官渡之战后，曹操派张辽平定鲁国诸县，并与夏侯渊等率兵围叛将昌豨于东海郡。昌豨据险固守，曹军攻数月不克，粮尽。诸将商议，欲引军还。张辽对夏侯渊说：“数日已来，每行诸围，豨辄属目视辽。又其射矢更稀，此必豨计犹豫，故不力战。辽欲挑与语，傥可诱也？”（见本传）于是，张辽只身上昌豨所据之三公山，入其家，拜其妻子儿女，动员昌豨降曹，并保证曹会赦其罪。昌豨为吕布旧部，知张辽为人忠诚，于是欢喜放心，投降。之后，张辽又陪昌豨见曹操，曹操赦之遣还。

后来，张辽又参加了讨伐袁尚、袁谭的战争，屡立战功，行中坚将军。建安九年，从曹操攻破袁氏都城、河北重镇——邺城。此期间，张辽又率别军先后讨平阴安、赵国、常山、海滨等地，战功卓著。故其平海滨，还邺时，曹操亲自出城迎接张辽，并与张辽同坐一车，以示嘉奖。

这时张辽和于禁、乐进并为曹操之三大名将。建安十一年，曹操上表汉帝，赞三人功勋说：“武力既弘，计略周备，质忠性一，守执节义，每临战功，常为督率，奋强突围，无坚不陷，自援桴鼓，手不知倦，又遣别征，统御师旅，抚众则和，奉令无犯，当敌制决，靡有遗失。论功纪用，宜各显宠。”于是封张辽为荡寇将军，于禁、乐进分别为虎威、折冲将军（《三国志·乐进传》）。建安十二年，曹操大封功臣，张辽被封为亭侯。

同年，张辽又随曹操进军柳城，讨伐三郡乌桓及遁逃于乌桓的袁尚、袁熙兄弟。在白狼山与敌军主力遭遇。事出仓促，敌人甚众，曹军辎重在后，被甲者少，左右皆惧，而张辽力劝曹操交战，气甚奋。于是，曹操以张辽为先锋，以所持麾授之。张辽纵兵奋击，大破敌军，阵斩乌桓单于蹋顿等，在战争中，立下首功。

建安十三年，曹操遣张辽率军移屯长社。临出发，军中有谋反者，四处放火，一军尽乱。张辽冷静分析后，认为这不是部队皆反，必是少数谋叛者扰乱军心。于是命令，不反者安坐帐中，而亲自率兵 10 人巡营中以镇之。一会儿，军中就安定下来。之后，张辽查出叛谋首领，悉诛之，平息了兵变。

建安十四年，曹操进军淮南，东征孙权，而陈兰、梅成反于庐江。曹操派张辽督张郃、朱盖讨陈兰，于禁、臧霸讨梅成。梅成伪降而后复叛，率众与陈兰会合后，转入庐江境内之天柱山。其山险峻，道路窄狭，宽仅容一人，兰、成据险固守。诸将多认为兵少道险，难以深入。张辽说："此所谓一与一，勇者得前耳！"于是进至山下，率军强攻，"斩兰、成，尽虏其众"。曹操撰文赞之曰："登天山，履峻险，以取兰、成，荡寇功也。"（见本传）并增其封邑，予以假节，以示重用。

平兰、成之后，曹操派张辽与乐进、李典等率兵 7000 人屯合肥，以备孙权。

建安二十年，曹操讨汉中张鲁。临行，与合肥护军薛悌一函，封面上署曰："待贼至乃发。"果然不久，孙权率大军 10 万围攻合肥。诸将共开函，见其内书曰："若孙权至者，张、李将军出战；乐将军守护军，勿得与战。"（见本传）诸将议之，多认为寡不敌众，不欲出兵。独张辽坚决主战，曰："公（曹操）远征在外，比救至，彼破我必矣。是以教指及其未合逆击之，折其盛势，以安众心，然后可守也。成败之机，在此一战，诸君何疑？"（见本传）乐进、李典平时与张辽矛盾甚大，此时也深为之感动，李典当即表示要不计前嫌，与辽一起出战（《资治通鉴》卷六十七）。

于是，张辽连夜招募组织敢死之士 800 人，"椎牛享将士"。次日晨，张辽被甲持戟，率战士先登陷阵，杀数十人，斩二将军。大呼自名，冲入敌营，直到孙权麾下。权大惊，其部众皆惶然不知所为。权与左右逃至一高坡上，以长戟自守。张辽追至，叱其下战，权不敢动。后见张辽兵少，方令吴军攻之。张辽被围数重，急击之，率数十人突出包围，但部下在围中者大呼："将军弃我乎！"张辽又复返，救出余众。敌军皆为之震慑，无敢当者。两军从早上战至中午，吴军夺气，辽还修城防，众心乃安。诸将于是皆佩服张辽之胆识。

孙权攻围合肥十余日，而不能克城，只好撤军还。时吴军主力已开拔，孙权与诸将尚在逍遥津。张辽侦知后，急率步骑袭之。孙权大惊，其部将凌统、甘宁、吕蒙等以死相捍，权左右尽死。在乱中，孙权乘骏马跳过津桥，方侥幸逃脱。合肥之战中，张辽立下首功，被封为征东将军。

建安二十一年，曹操再征孙权，至合肥，特地巡视了张辽与孙权作战之地，对辽之勇敢十分佩服，叹息久之。不久，曹操北还，留夏侯惇督曹仁、张辽等36军屯居巢，镇淮南。

建安二十四年，关羽进围襄樊，形势险危。曹操急召张辽及淮南诸军驰援，未至而围解。张辽率援军至摩陂，曹操亲出迎之。

荆襄战后，因东吴与曹魏关系缓和，张辽移屯陈郡。曹丕即位后，十分器重张辽，升张辽为前将军，赐帛千匹，谷万斛，封其兄及一子为列侯。

黄初三年，魏文帝曹丕亲征孙权，三路伐吴，令张辽与曹休、臧霸出洞口，进至海陵江边。孙权甚惧，敕诸将曰："张辽虽病，不可当也，慎之。"果然，张辽诸将破东吴大将吕范军。此役不久，张辽病重，逝于江都，谥为"刚侯"。

黄初六年，文帝追念张辽、李典等在合肥破敌之功，诏曰："合肥之役，辽、典以步卒八百，破贼十万，自古用兵，未之有也。使贼至今夺气，可谓国之爪牙矣。"（见本传）又赐张辽一子为关内侯。

张郃传

【题解】

张郃（？—231），字儁乂，河间鄚人。东汉末年，应募参加镇压黄巾起义，后属冀州牧韩馥为军司马。191年，袁绍取冀州，张郃率兵投归，任校尉。因破公孙瓒有功，迁为宁国中郎将。在官渡之战中被曹洪击退，随后投降曹操。跟随曹操攻乌桓、破马超、降张鲁，屡建战功。继与都护将军夏侯渊留守汉中。215年，率军进攻巴西宕渠，被蜀将张飞击败。后任荡寇将军。219年，从夏侯渊迎战刘备军于定军山，当夏侯渊战死，全军危急之际，张郃代帅，率部安全撤退。后屯陈仓。曹丕称帝后，升左将军，封鄚侯，奉命从曹真击平安定羌胡，后与夏侯尚围攻江陵。228年，随曹真西拒诸葛亮，在街亭大破蜀军先锋马谡，迫使诸葛亮退回汉中，因功升征西车骑将军。231年，领兵追击蜀军，至木门中箭身亡。谥曰"壮侯"。

张郃，戎马一生，是一位有勇有谋，"以巧变为称"，善列营阵，长于利用地形著称的战功赫赫的智勇双全的将军，并非是鲁莽之辈。陈群评论说："郃诚良将，国所依也。"（《三国志·辛毗传》裴注引《魏略》）蔡东藩评论说："郃为魏著名大将，街亭一役，郃实主之。"然而，却在诸葛亮第四次北伐的时候，于木门道中伏而死。关于张郃之死，有多种说法，陈寿《三国志·张郃传》说："郃督诸将西至略阳，亮还保祁山，郃追至木门，与亮军交战，飞矢中郃右膝，薨。"而《魏略》中说："亮军退，司马宣王（司马懿）使郃追之……宣王不听，郃不得已，遂进。蜀军乘高布伏，弓弩乱发，矢中郃髀。"《资治通鉴》采用了《魏略》的说法："亮以粮尽退军，司马懿遣张郃追之。郃进至木门，与亮战，蜀人乘高布伏，弓弩乱发，飞矢中郃右膝而卒。"此次战役，是司马懿为统帅，而非陈寿所说："郃督诸将西至略阳。"张郃受命于司马懿而追击蜀军，应是事实，至于张郃中其埋伏，也暴露了他求胜心切，缺少应有的谨慎，忘了诸葛亮的算无遗策，中其谋计而死。至于司马懿是否故意害死张郃以排除异己，则是后人推测之辞，无根矣。王歆曾评论说："至后祁山之役，悍拒诸葛，皆郃、真之功，观司马懿使郃追敌致殁，是懿军略，或在郃下。"出处或许贴近事实，并非有意谋害张郃。张郃为曹魏"五子良将"中在历史上最终官阶最高的将军，也是唯一的一位战死沙场的将军，真是令人扼腕悲叹！

【原文】

张郃字儁乂，河间鄚[①]人也。汉末应募讨黄巾，为军司马，属韩馥[②]。馥败，以兵归袁绍。绍以郃为校尉，使拒公孙瓒。瓒破，郃功多，迁宁国中郎将[③]。

太祖与袁绍相拒于官渡，绍遣将淳于琼[④]等督运屯乌巢[⑤]，太祖自将急击之。郃说绍曰："曹公兵精，往必破琼等；琼等破，则将军事去矣，宜急引兵救之。"郭图[⑥]曰："郃计非也。不如攻其本营，势必还，此为不救而自解也。"郃曰："曹公营固，攻之必不拔，若琼等见禽，吾属尽为虏矣。"绍但遣轻骑救琼，而以重兵攻太祖营，不能下。太祖果破琼等，绍军溃。图惭，又更谮[⑦]郃曰："郃快军败，出言不逊。"郃惧，乃归太祖。

太祖得郃甚喜，谓曰："昔子胥不早寤[⑧]，自使身危，岂若微子[⑨]去殷、韩信归汉邪？"拜郃偏将军，封都亭侯。授以众，从攻邺，拔之。又从击袁谭于渤海[⑩]，别将军围雍奴[⑪]，大破之。从讨柳城，与张辽[⑫]俱为军锋，以功迁平狄将军[⑬]。别征东莱[⑭]，讨管承[⑮]，又与张辽讨陈兰[⑯]、梅成[⑰]等，破之。

【注释】

①河间：古郡名，在今河北、山东北部一代。鄚（mào）：古县名，故城在今河北任丘市鄚州镇。 ②韩馥（fù）（？—191），字文节，颍川郡人。东汉末年诸侯，冀州牧。各诸侯起兵讨伐董卓，韩馥也是参与者。当时冀州民殷人盛，兵粮优足，袁绍用计夺取冀州，韩馥被迫投靠张邈；之后张邈与袁绍的使者见面，韩馥以为是要来杀害自己的，于是自杀。 ③宁国中郎将：古官名，杂号将军，主领兵征伐。 ④淳于琼（？—200）：字仲简，颍川郡人。东汉时期官吏，汉灵帝时，被任命为西园八校尉之一的右校尉，后为袁绍大将，与张郃、高览等人齐名。在官渡之战时镇守乌巢，遭到曹操的偷袭而惨败，自己也被曹操处斩。 ⑤乌巢：古地名，在今河南封丘西。 ⑥郭图（？—205）：字公则，颍川人。袁绍帐下谋士。官渡之战时力主趁机偷袭曹营，在此计失败后为免于责罚，而归罪于率军偷袭曹营的张郃、高览，致使二人背袁投曹。袁绍死后为其长子袁谭效力，与袁谭一同被曹操所杀。 ⑦谮（zèn）：谗毁。 ⑧子胥：即伍子胥（?—前 484），名员，字子胥，楚国（今湖北监利县黄歇口镇）人，吴国大夫。曾多次劝谏吴王夫差杀勾践，夫差不听。夫差急于进图中原，率大军攻齐，他再度劝谏夫差暂不攻齐而先灭越，遭拒。后夫差听信太宰伯嚭谗

言，令其自杀。寤：通“悟”，醒悟。 ⑨微子：子姓，宋氏，名启，商王帝乙的长子、商纣王帝辛的长兄。多次亲谏帝辛，见“纣终不可谏”，便与太师箕子、少师比干商量，持祭器投奔周武王，后被周成王封于商朝发祥地、旧都商丘，建立宋国，成为周朝宋国的始祖，称为宋微子。 ⑩袁谭（？—205）：字显思，汝南汝阳人。袁绍长子，曾任青州刺史。袁绍去世后，立袁尚为继承人，袁谭不能继位，心怀愤恨。袁谭、袁尚二人的矛盾彻底爆发，袁谭联合曹操攻打袁尚，再被曹操攻打，终被杀。勃海：古郡名，治所在浮阳，即今河北沧县旧州镇。 ⑪雍奴：古县名，治所在今天津武清东北。 ⑫张辽（169—222）：字文远，雁门马邑人，曹魏名将。先投奔吕布，后归属曹操，长期镇守合肥。曾率领八百将士冲击东吴十万大军，一直冲杀到孙权的主帅旗下，令东吴军队披靡溃败、闻风丧胆。后进封晋阳侯，病逝于江都，谥曰“刚侯”。 ⑬平狄将军：古官名，杂号将军，主领兵征伐。 ⑭东莱：古地名，即今山东龙口市。 ⑮管承：东汉末据北海淳于一带的海贼首领。后为曹操部将乐进、李典所击破，逃往海岛。后曹操从何夔计，遣郡丞黄珍往，为陈成败，管承等于是请降。 ⑯陈兰（？—209）：庐江人，本为袁术部将，后反叛袁术，落草为寇。聚众数万在江淮一带掳掠，后来，被曹操部将张辽率军击斩。 ⑰梅成：庐江人。与陈兰以氐六县反抗曹操。梅成以伪降之计，成功欺骗了于禁。于禁回军后，梅成与陈兰转入潜山。张辽督领张郃、牛盖等人，强攻天柱山，斩杀陈兰、梅成。

【译文】

张郃，字儁乂，河间鄚县人。汉朝末叶，响应招募讨伐黄巾军，担任军中司马，在韩馥部下。韩馥失败后，带兵归顺袁绍，袁绍让他担任校尉，抵御公孙瓒。公孙瓒被击溃后，张郃由于军功多，升任宁国中郎将。

曹操和袁绍在官渡相持，袁绍派将军淳于琼等人督运粮草，屯驻乌巢，曹操亲自领兵迅速出击。张郃劝袁绍说：“曹公士兵精锐，去了一定会击溃淳于琼等人。淳于琼一旦失败，那么，将军的大业就要毁掉，应该赶快带兵援救。”郭图说：“张郃的计策不对，不如进攻曹操大本营，曹操势必回救，这就叫不救自解。”张郃说：“曹公营盘牢固，肯定攻不破。如果淳于琼等人被俘，我们也就全部要当俘虏了。”袁绍只派出一支轻骑兵增援淳于琼，而用重兵攻打曹操大本营，结果不能攻破。曹操果然大破淳于琼，袁绍全军崩溃。郭图很羞惭，更进一步诬陷张郃说：“张郃盼望我军尽快打败仗，所以出言不逊。”张郃害怕了，便投奔曹操。

曹操得到张郃，非常高兴，说：“从前，伍子胥不早觉悟，自己陷入绝境，哪比得上微子抛弃殷纣、韩信离楚归汉呢？”任命张郃为偏将军，封为都亭侯，交给他部队，让他随从自己攻打邺城，便占领了邺城。又随曹操到勃海攻打袁谭，单独率军包围雍奴，击溃了敌人。随同曹操征讨柳城，张郃与张辽都担任先锋，张郃因功升任平狄将军。又领兵攻打东莱郡，讨伐管承；又同张辽等人攻打陈兰、梅成等人，大获全胜。

【原文】

从破马超、韩遂于渭南。围安定[①]，降杨秋[②]。与夏侯渊讨鄜贼梁兴[③]及武都氐[④]。又破马超，平宋建[⑤]。

太祖征张鲁，先遣郃督诸军讨兴和氐王窦茂[⑥]。太祖从散关入汉中[⑦]，又先遣郃督步卒五千于前通路。至阳平[⑧]，鲁降，太祖还，留郃与夏侯渊等守汉中，拒刘备。郃别督诸军，降巴东[⑨]、巴西二郡，徙其民于汉中。进军宕渠[⑩]，为备将张飞所拒，引还南郑[⑪]。拜荡寇将军[⑫]。

刘备屯阳平[⑬]，郃屯广石[⑭]。备以精卒万馀，分为十部，夜急攻郃。郃率亲兵搏战，备不能克。其后备于走马谷烧都围[⑮]，渊救火，从他道与备相遇，交战，短兵接刃。渊遂没，郃还阳平。

当是时，新失元帅，恐为备所乘，三军皆失色。渊司马郭淮[⑯]乃令众曰："张将军，国家名将，刘备所惮；今日事急，非张将军不能安也。"遂推郃为军主。郃出，勒兵安陈，诸将皆受郃节度，众心乃定。太祖在长安，遣使假郃节。太祖遂自至汉中，刘备保高山不敢战。太祖乃引出汉中诸军，郃还屯陈仓[⑰]。

【注释】

①安定：古郡名，治临泾县，即今甘肃镇原县南。 ②杨秋：汉末凉州军阀之一，魏国将领。从附马超起兵反抗曹操，兵败于渭南后，逃到安定。曹操兵围安定，杨秋降曹操，成为魏之名将。曹丕称帝后，为冠军将军，畤乡侯。征讨郑甘、卢水、平定关中。官至讨寇将军，封临泾侯。 ③鄜（fū）：古县名，在今陕西延安地区，为富县。梁兴（？—212）：东汉末年凉州军阀，曾斩杀祸乱天下的李傕。与马超等人起兵反抗曹操。率步骑五千夜袭曹军先头部队徐晃，被击退。战败后，逃到蓝田，劫掠周围郡县。夏侯渊进攻蓝田，征讨梁兴，被杀。 ④武都氐：武都的少数民族。武都，古郡名，郡治在今甘肃成县西北。 ⑤宋建：枹罕（今甘肃临夏）人，凉州军阀之一，随韩遂、边章等起事于西州，自称河首平汉王，聚集部下于枹罕，改元，置百官，长达30余年。为曹操派遣大将夏侯渊所破，灭亡。 ⑥兴和：古地名，在今甘肃徽县附近。窦茂：东汉末年的氐王。曹操西征张鲁，将入氐，氐人塞道，张郃等攻破之。窦茂众万余人，恃险抗拒曹操的军队。曹操攻屠之，斩杀窦茂。 ⑦散关：关中四关之一，位于陕西宝鸡市南郊秦岭北麓，自古为"川陕咽喉"。汉中：古称南郑、天汉，位于陕西南部，今市名。 ⑧阳平：即阳平关，在今陕西勉县西郊老城乡。 ⑨巴东：古郡名，郡治鱼复县，即今重庆奉节。 ⑩宕渠：古县名，治所在今四川渠县东北。 ⑪南郑：即汉中。因郑人南奔而得名。 ⑫荡寇将军：古官名，杂号将军，主领兵征伐。

⑬阳平：古郡名，治元城，即今河北大名县东北金滩镇。 ⑭广石：古地名，在今陕西勉县西。⑮走马谷：古地名，在今陕西勉县西南。都围：大营外围用树木构成的屏障。 ⑯司马：古官名，掌管军事之职。郭淮（？—255）：字伯济，太原阳曲（今山西太原）人，魏国名将。曾任征西将军司马。夏侯渊战死时，收集残兵，与杜袭共推张郃为主将，得以稳定局势。曹魏建立后，获封关内侯，后升任左将军、前将军、车骑将军，进封阳曲侯。 ⑰陈仓：古地名，即今陕西宝鸡市陈仓区。

【译文】

张郃再次随曹操到渭南，击溃马超、韩遂；包围安定，迫使杨秋投降。同夏侯渊一同征剿鄜城的贼寇梁兴以及武都一带的氐族叛军，又再次攻破了马超的部队，平定了宋建的统治区域。

曹操攻打张鲁，先派张郃督率各军攻打梁兴和氐族王窦茂的军队，曹操从散关进入汉中，派张郃督率5000步兵在前开路，到阳平关，张鲁投降了。曹操还朝，留下张郃与夏侯渊等人防守汉中，抵御刘备的进攻。张郃另外领兵，迫使巴东、巴西两郡投降，将两郡的百姓迁移到汉中。又进军到宕渠城，被刘备的大将张飞所阻，退回南郑，曹操任命张郃为荡寇将军。

刘备屯驻阳平关，张郃屯扎广石。刘备把1万多精兵分成10个部，夜里迅速发动攻击。张郃率领亲兵拼死搏战，刘备未能攻破广石。后来，刘备在走马谷焚烧营垒的外围，夏侯渊去救火，在岔路上遭遇刘备，两军短兵相接，夏侯渊被杀。张郃退回阳平关。

当时，刚刚丧失了元帅，魏军都害怕刘备乘机进攻，全军都惊慌失措，夏侯渊的司马郭淮便命令全军说：“张将军是国家的名将，刘备也害怕。现在形势紧迫，非张将军不能安定军心。”于是，便推举张郃为主帅。张郃出面调度部队，排列阵势，众将都服从张郃的命令，军心这才安定下来。曹操在长安，派使臣送给张郃节钺。曹操于是亲自到汉中，刘备守住高山不敢出战，曹操便领出汉中的各路军队。张郃回军屯驻陈仓。

【原文】

文帝即王位，以郃为左将军①，进爵都乡侯。及践阼②，进封鄚侯。诏郃与曹真讨安定卢水胡③及东羌，召郃与真并朝许宫④，遣南与夏侯尚击江陵。郃别督诸军渡江，取洲上屯坞⑤。

明帝即位，遣南屯荆州⑥，与司马宣王击孙权别将刘阿⑦等。追至祁口⑧，交战，破之。诸葛亮出祁山⑨。加郃位特进，遣督诸军，拒亮将马谡于街亭⑩。谡依阻南山，不下据城。郃绝其汲道⑪，击，大破之。南安、天水、⑫安定郡反应亮，郃皆破平之。诏曰："贼亮以巴蜀之众，当虓虎⑬之师。将军被坚执锐，所向克定，朕甚嘉之。益邑千户，并前四千三百户。"

司马宣王治水军于荆州，欲顺沔⑭入江伐吴，诏郃督关中诸军往受节度。至荆州，会冬水浅，大船不得行，乃还屯方城⑮。

【注释】

①左将军：古官名，高于杂号将军，职务或典京师兵卫，或屯兵边境。 ②践阼：登基，即位。阼，大堂前东西的台阶，封建帝王登阼阶以主持祭祀，指帝位。 ③卢水胡：卢水地区的少数民族。卢水，古县名，属安定郡。 ④许宫：许昌设立的皇宫。 ⑤屯坞：村落外围筑有防御用的土堡，泛指村庄。 ⑥荆州：古州名，治所江陵，为当时长江中游重镇。 ⑦刘阿：孙吴将领。孙权黄武元年，率兵抵御刘备东征大军，于夷陵大破蜀军。后率兵伐魏，败归。 ⑧祁口：古地名，在今湖北南漳县东南。 ⑨祁山：位于甘肃礼县东、西汉水北侧，西起北岈（今平泉大堡子山），东至卤城（今盐官镇），绵延约50里。 ⑩马谡（190—228）：字幼常，襄阳宜城（今湖北宜城市）人，蜀汉官员、将领。初以荆州从事身份跟随刘备入蜀，历任绵竹县令、成都县令、越嶲太守。在诸葛亮北伐时，因违背诸葛亮作战指令，而导致街亭失守，撤军后被诸葛亮斩首。街亭：古地名，在今甘肃秦安县城东45公里的陇城镇。 ⑪汲（jí）道：取水的通道。 ⑫南安：古郡名，属凉州，治豲道县，即今甘肃武山县西。天水：古郡名，郡治冀州市，在今甘肃甘谷县东。 ⑬虓（xiāo）虎：咆哮的老虎。虓，虎啸，比喻人的作战勇猛。 ⑭沔（miǎn）：沔水，汉水的上游，在陕西，也指整个汉水。⑮方城：山名，在今河南叶县西南。

【译文】

曹丕即位，任命张郃为左将军，晋封都乡侯爵位。等到曹丕当了皇帝，又晋封他为鄚侯，下令张郃与曹真攻打安定一带的卢水胡人和东部羌人。又召张郃与曹真到许昌宫朝拜，派张郃南下，同夏侯尚进攻江夏。张郃独率几路军队，渡过长江，夺取了百里洲上的屯坞。

曹叡即位，派张郃到南方驻守荆州，与司马懿进攻孙权部下将领刘阿等人，追到祁口，两军交战，大破刘阿。诸葛亮率军出祁山，曹叡赐予张郃特进的职位，派他总督各路军马，在街亭阻挡诸葛亮部下将领马谡。马谡依傍南山扎寨，没有下山占据城池。张郃断绝了他的取水道路，发动进攻，大败马谡。南安、天水、安定各郡叛变响应诸葛亮，张郃率兵打败叛军，平定了这几处地方。曹叡下令说："贼人诸葛亮把巴蜀的乌合之众，号称为虎啸之师。将军披坚甲，执利器，到一处平定一处，我要嘉奖你的大功，增加食邑一千户，连同以前的共四千三百户。"

司马懿在荆州治理水军，打算沿着沔水进入长江，攻打东吴，曹叡下令张郃统率关中的部队去听从司马懿的调度。到荆州以后，碰上冬天，长江水浅，大船不能行进，于是就在方城驻扎。

【原文】

诸葛亮复出，急攻陈仓，帝驿马召郃到京都。帝自幸河南城①，置酒送郃，遣南北军②士三万及分遣武卫、虎贲③使卫郃，因问郃曰："迟④将军到，亮得无已得陈仓乎！"郃知亮县军⑤无谷，不能久攻，对曰："比臣未到，亮已走矣；屈指计亮粮不至十日。"郃晨夜进至南郑，亮退。诏郃还京都，拜征西车骑将军。郃识变数，善处营陈，料战势地形，无不如计，自诸葛亮皆惮之。

郃虽武将而爱乐儒士，尝荐同乡卑湛经明行修⑥，诏曰："昔祭遵⑦为将，奏置五经大夫⑧，居军中，与诸生雅歌投壶⑨。今将军外勒戎旅，内存国朝⑩。朕嘉将军之意，今擢⑪湛为博士。"

诸葛亮复出祁山，诏郃督诸将西至略阳⑫，亮还保祁山，郃追至木门⑬，与亮军交战，飞矢中郃右膝，薨，谥曰壮侯。子雄⑭嗣。郃前后征伐有功，明帝分郃户，封郃四子列侯。赐小子爵关内侯。

评曰：太祖建兹武功，而时之良将，五子⑮为先……张郃以巧变⑯为称，乐进以骁果⑰显名，而鉴⑱其行事，未副⑲所闻。或注记⑳有遗漏，未知张辽、徐晃㉑之备详㉒也。

【注释】

①河南城：即河南县城。河南，古县名，在今河南洛阳市。 ②南北军：即南军与北军，南军守卫皇宫，北军守卫京城。 ③武卫、虎贲：守卫王宫、护卫君主的专职人员。 ④迟：等到。 ⑤县军：指深入敌方的孤军。 ⑥卑湛：河间国鄚人，儒生，曾被魏将军张郃荐于魏明帝曹叡，任为博士。经明行修：指通晓经学，品德端正。经明，即明经，指通晓经学的要旨。修，完好，端正。 ⑦祭（zhài）遵（？—33）：字弟孙，颍川颍阳（今河南许昌市）人，东汉中兴名将。投奔刘秀后，执法如山，平定渔阳，讨伐陇蜀，协助刘秀建立东汉。刘秀称帝后，任征虏将军，封颍

阳侯。克己奉公，喜爱儒术。建武九年（33）春，在军中去世，谥号为“成”。 ⑧五经大夫：祭遵请求设立的官职，没有正式设立。 ⑨雅歌：即歌雅，歌唱《诗经》中的“大雅”“小雅”诗歌。投壶：古代士大夫宴饮时做的一种投掷游戏，也是一种礼仪。把箭向壶里投，投中多的为胜，负者照规定的杯数喝酒。 ⑩存国朝：为朝廷着想。 ⑪擢（zhuó）：提拔。 ⑫略阳：古县名，在陕西西南部，今县名。 ⑬木门：古地名，在今甘肃天水市西南的牡丹镇木门村。 ⑭雄：即张雄，张郃之子。张郃死后，继承了鄚侯的爵位。 ⑮五子：曹魏集团的五位干将，即前将军张辽、右将军乐进、左将军于禁、征西车骑将军张郃、后将军徐晃，称为“五子良将”。 ⑯巧变：用兵巧妙多变。 ⑰骁果：骁勇，果敢。 ⑱鉴：观察，审察。 ⑲未副：不符合，不吻合。 ⑳注记：记载。 ㉑徐晃（？—227），字公明，河东杨（今山西洪洞东南）人。曹魏名将。在曹操手下多立功勋，参与官渡之战、白狼山之战、南郡之战、关中征伐、夏侯渊平凉州之战、汉中之战等重大战役。曾为曹仁的援军击败关羽，因治军严整而被曹操称赞“有周亚夫之风”。 ㉒备详：周备，详细。

【译文】

诸葛亮再次出山，对陈仓突然发动进攻。曹叡派驿马召张郃到京城，亲自到河南城，设置酒宴为张郃送行，派南北士兵3万人以及武卫、虎贲护卫张郃，因问张郃说：“等将军到了那儿，诸葛亮怕已经占领了陈仓吧！”张郃知道诸葛亮孤军深入，没有粮草，不能久攻，回答说：“我还没有到那儿，诸葛亮就已经撤走了。屈指计算，诸葛亮的部队粮草支撑不了10天。”张郃昼夜行军到达南郑，诸葛亮撤退了。下令张郃回师京城，任他为征西车骑将军。张郃懂得事物的变化规律，善于安营布阵，根据地形布置战役计划，没有不如他所料的情况，从诸葛亮到蜀中各位大将都惧怕他。

张郃虽然是武将，却喜欢同儒士交往，曾经推荐同乡卑湛，说他经学通达，行为高尚。曹叡下令说：“从前，祭遵任将军，奏设五经大夫，处在军队中，唱雅诗，以投壶为戏。现在，将军在外统率军旅，还维护朝廷礼仪。我非常感谢将军的美意，准许提拔卑湛为博士。”

诸葛亮再次从祁山出动，曹叡下命张郃统领众将西到略阳，诸葛亮退守祁山，张郃追到木门谷，与蜀军交战，飞来的箭矢射中张郃右膝，阵亡。朝廷赐他壮侯的谥号。他的儿子张雄继承爵位。张郃前后征伐建立的战功，曹叡分其食邑，封他的四个儿子为列侯，赐他的小儿子关内侯的爵位。

史家评论说：曹操建立如此辉煌的功绩，而当时的良将，以这五位居于前列……张郃以用兵多变著称，乐进以骁勇果断扬名。但是，对照他们的事迹，与所听说的声名并不相称，也许是生平事迹的记载有遗漏，不如张辽、徐晃的记载完备详尽吧。

人物新传·张郃传

汉末，张郃应募讨黄巾军，为军司马，属冀州牧韩馥。馥败，归袁绍以功拜宁国中郎将。袁曹官渡之战，袁绍遣将淳于琼等督粮于乌巢。曹操自将劫粮。张郃对袁绍说："曹操率精兵劫粮，淳于琼不是对手，急引兵相救。"袁绍谋臣郭图说："救粮是下计，不如趁此拔曹操营垒。"张郃说："曹营坚固，一时攻打不下。若淳于琼有失，我军无粮，则尽为曹操所擒。"袁绍不听，只用少数轻兵救淳于琼而用重兵攻曹营。正如张郃所言，曹操攻破淳于琼，袁军大溃。张郃愤其计不用而降曹。曹操大喜，誉之为韩信归汉，拜为偏将军，都亭侯。从此，张郃在曹军中充分发挥了他的军事才干，在一系列战争中建立奇功，升为平狄将军。

建安二十年，曹操亲统大军自陈仓出散关，进攻盘踞汉中的张鲁。张郃先率兵击破了挡道的兴和氐王窦茂，接着又奉命带领5000人，为曹操大军开路。兵至阳平关，击败了守关的张鲁之弟张卫，斩其将杨任，张鲁逃至巴中后投降。曹操命夏侯渊与张郃留守汉中，自己班师而归。张郃又率军攻下巴西、巴东二郡，准备徙其民于汉中，但被蜀将张飞击败，张郃弃马从山路逃回南郑，身边只剩数十人。这是张郃一生中少有的惨败，但曹操并未怪罪于他，反而委任张郃为荡寇将军。

建安二十四年，刘备亲率精兵，分10部夜袭张郃，张郃坚决抵抗。这时，征西将军夏侯渊闻讯后带领精兵赶来救援，刘备手下大将黄忠迎击夏侯渊于汉中定军山，"劝率士卒，金鼓振天，欢声动谷，一战斩渊，渊军大败"(《三国志·黄忠传》)。夏侯渊被杀后，刘备并未感到轻松，刘备深知，他的劲敌是张郃而不是夏侯渊。据本传裴注引《魏略》载："渊虽为都督，刘备惮郃而易渊。及杀渊，备曰：'当得其魁，用此何为邪！'"

夏侯渊被杀后，曹魏军一时群龙无首，面临灭顶之灾，军心十分混乱。在这危难关头，"渊司马郭淮乃令众曰：'张将军，国家名将，刘备所惮；今日事急，非张将军不能安也。'遂推郃为军主。"（见本传）张郃受任于危难之际，毅然地挑起了主将的重担，军队的情绪迅速安定下来，曹魏军也转危为安。曹操亲自领军增援汉中，接回了驻守汉中的军队，但汉中却被刘备夺走。

建安二十五年，曹操死，其子曹丕即魏王位，封张郃为左将军，进爵都乡侯。同年，曹丕篡汉称帝，封张郃为鄚侯。在文帝时，张郃曾与曹真一起讨平庐水胡及东羌，又与夏侯尚渡江击江陵，均有功。魏明帝即位后，派张郃镇守荆州，曾配合司马懿，于祁口击败孙权将刘阿。

魏明帝太和二年春，诸葛亮大举北伐，一出祁山，魏南安、天水、安定三郡叛魏应蜀，一时声势大振。曹魏举国震动，魏明帝亲自赶到长安督战，并“加郃位特进，遣督诸军，拒亮将马谡于街亭”（本传）。按《三国演义》第九十五回有声有色地描写了司马懿在街亭打败马谡，诸葛亮不得已设空城计的故事，戏剧舞台上出现的也都是司马懿的形象，但实际上，这次领兵与诸葛亮对垒的主将不是司马懿而是张郃。受命守街亭的蜀将马谡不据城防守，而是依南山扎营，结果，被张郃派人断了汲水的道路，军队不战自乱。由于马谡的惨败，诸葛亮不得不率军退回汉中。由于这次胜利的关系重大，魏明帝赏给张郃封邑千户。

此时，司马懿在荆州操练水军，准备攻打东吴，明帝又特意命张郃率关中诸军前去助战。因为冬季水浅，大船难以通行，张郃率军驻扎在方城待命。228 年秋，诸葛亮又兵出散关，进攻陈仓。魏明帝慌了手脚，他派人日夜兼程，将张郃招回都城，命张郃领兵前去救援。明帝亲自设宴，为张郃送行。席间，明帝忧心忡忡地问，会不会不等救兵赶到，陈仓就被攻破呢？张郃胸有成竹地回答：“蜀军一共只有不到十天的军粮，等我赶到，诸葛亮早就退回去了。”果不出张郃所料，在他率兵赶路途中，诸葛亮的军队已因缺粮退走了。张郃班师回京，魏明帝对他更加倚重，封张郃为征西车骑将军。

太和五年（231），诸葛亮又出祁山，这是他第五次出兵北伐。魏明帝仍然派张郃领兵抵御。张郃率军至略阳，诸葛亮退保祁山，“亮军退，司马宣王使郃追之，郃曰：‘军法，围城必开出路，归军勿追。’宣王不听。郃不得已，遂进。蜀军乘高布伏，弓弩乱发，矢中郃髀”（本传裴注引《魏略》）。张郃被诸葛亮伏兵射杀于木门道。

徐晃传

【题解】

徐晃（？—227），字公明，河东杨人，曹魏名将。本为杨奉帐下骑都尉，杨奉被曹操击败后，徐晃转投曹操，在曹操手下多立功勋，参与官渡之战、白狼山之战、南郡之战、关中征伐、夏侯渊平凉州之战、汉中之战等几次重大战役。樊城之战中，徐晃作为曹仁的援军打败关羽，因于此役中治军严整而被曹操称赞“有周亚夫之风”。曹丕称帝后，徐晃被加封为右将军。其后，徐晃跟随夏侯尚击败蜀将刘封，并夺取上庸。于227年病逝，谥曰“壮侯”。

徐晃，是曹魏阵营中的得力干将、开国元勋，也是中国古代的优秀战将。他每战有功，但很少邀功请赏，在曹操的军队中流传着这样一句话：“不得饷，属徐晃。”他常叹息说：“古人患不遭明君，今幸遇之，常以功自效，何用私誉为！”他把为曹魏的统一事业而战斗，当作自己效力的机会，并以此为动力，鞭策自己的行动。他与关羽是同乡，率军围攻关羽的驻地樊城，一直冲进营垒，把关羽打得大败，使其无法在樊城立足，被迫撤退，最终丧命。王歆评论说：“救樊之役，长驱入围，中原平靖，徐晃之能可盖霄壤。”事后，曹操称赞徐晃说：“吾用兵三十馀年，及所闻古之善用兵者，未有长驱径入敌围者也……将军之功，逾孙武、穰苴。”他一生俭朴，对自己约束很严，病死前还特别嘱咐身边人，埋葬他时敛以时服。他无时不显示出可贵可敬的品格和一往无前的精神。

【原文】

徐晃字公明，河东杨①人也。为郡吏，从车骑将军杨奉讨贼有功，拜骑都尉。李傕、郭汜之乱长安也，晃说奉，令与天子还洛阳，奉从其计。天子渡河至安邑②，封晃都亭侯。及到洛阳，韩暹、董承日争斗，晃说奉令归太祖；奉欲从之，后悔。太祖讨奉于梁，晃遂归太祖。

太祖授晃兵，使击卷、原武③贼，破之，拜裨将军。从征吕布，别降布将赵庶、李邹[4]等。与史涣[5]斩眭固[6]于河内。从破刘备，又从破颜良[7]，拔白马，进至延津[8]，破文丑[9]，拜偏将军。与曹洪击㶏彊贼祝臂[10]，破之，又与史涣击袁绍运车于故市[11]，功最多，封都亭侯。

【注释】

①杨：古县名，故址在今山西洪洞县曲亭镇范村。 ②安邑：古代都邑名，夏朝都城之一，位于今山西夏县埝掌镇。 ③卷：古县名，在今河南原阳县旧原武西北。原武：古县名，治所在今河南原阳县。 ④赵庶、李邹：东汉末年人物，吕布的部将。建安元年九月，曹操攻打吕布，赵庶与李邹向曹操部将徐晃投降。 ⑤史涣（？—209）：字公刘，豫州沛国（今安徽淮北）人。曹操起兵后，以客军身份加入，行中军校尉，从军征伐，监督诸将。199 年，随大将曹仁、徐晃等人攻打眭固于犬城;200 年，官渡大战，与徐晃一起烧掉韩猛护送的粮车。207 年，拜为中领军，进封列侯。 ⑥眭（suī）固（？—199）：字白兔，东汉末期人物，蓟州人。原为黑山贼，后成为张杨部下。带领张杨部下屯军射犬，欲投奔袁绍。曹操派遣史涣、曹仁急攻眭固。眭固自领亲兵出奔袁绍，于犬城被史涣等截击被斩，曹操再围射犬，众人皆降。 ⑦颜良（？—200）：琅琊临沂（今山东临沂）人，袁绍部将，以勇而闻名。建安四年，袁绍率精卒 10 万，进攻黎阳，遣颜良攻白马。曹操北救，分兵渡河，引袁绍西应，自率轻兵掩袭白马，颜良仓猝逆战，被关羽击斩。 ⑧延津：古县名，位于黄河北部，隶属于河南新乡市。 ⑨文丑（？—200）：袁绍帐下大将。建安五年，袁绍命文丑率军于延津攻曹操，曹操以诱敌之计大破文丑一军，文丑于此战中丧生。 ⑩㶏（yīn）彊：古县名，在今河南临颍县北 14 里固厢乡。祝臂：东汉末㶏彊义军首领，后为曹洪、徐晃所破。 ⑪故市：古地名，在今河南郑州市。

【译文】

徐晃，字公明，河东郡杨县人。在郡中为小官，随车骑将军杨奉攻打贼寇有功，被任命为骑都尉。李傕、郭汜在长安发动叛乱，徐晃劝说杨奉，让他和皇帝回洛阳，杨奉听从了他的计策。献帝渡过黄河到达安邑，封徐晃为都亭侯。到了洛阳以后，韩暹、董承天天争权夺利，钩心斗角，徐晃便劝说杨奉归顺曹操，杨奉听从了他，又反悔，曹操到梁地攻打杨奉，徐晃便投奔了曹操。

曹操授予徐晃兵权，派他出击卷县、原武的贼寇，大获全胜，升任裨将军。随曹操攻打吕布，徐晃单独逼迫吕布的将领赵庶、李邹等人投降。又同史涣在河内郡斩了眭固，随同曹操大破刘备，又随曹操打败颜良，攻取白马城，进军到延津，大败文丑，被任命为偏将军。以后又同曹洪攻打㶏彊的贼寇祝臂，大破敌军；同史涣在故市攻打袁绍的运粮车队，因为功劳最多，被封为都亭侯。

【原文】

太祖既围邺[①]，破邯郸[②]，易阳令韩范[③]伪以城降而拒守，太祖遣晃攻之。晃至，飞矢城中，为陈成败。范悔，晃辄降之。既而言于太祖曰："二袁未破，诸城未下者倾耳而听，今日灭易阳，明日皆以死守，恐河北无定时也。愿公降易阳以示诸诚，则莫不望风。"太祖善之。

别讨毛城[④]，设伏兵掩击，破三屯。从破袁谭于南皮，讨平原[⑤]叛贼，克之。从征蹋顿，拜横野将军[⑥]。从征荆州[⑦]，别屯樊[⑧]，讨中庐、临沮、宜城[⑨]贼。又与满宠[⑩]讨关羽于汉津[⑪]，与曹仁[⑫]击周瑜[⑬]于江陵。

十五年[⑭]，讨太原[⑮]反者，围大陵[⑯]，拔之，斩贼帅商曜[⑰]。韩遂、马超等反关右，遣晃屯汾阴[⑱]以抚河东，赐牛酒，令上先人墓。太祖至潼关[⑲]，恐不得渡，召问晃。晃曰："公盛兵于此，而贼不复别守蒲坂[⑳]，知其无谋也。今假臣精兵渡蒲坂津，为军先置，以截其里，贼可擒也。"太祖曰："善。"使晃以步骑四千人渡津。作堑栅未成，贼梁兴夜将步骑五千馀人攻晃，晃击走之，太祖军得渡。遂破超等，使晃与夏侯渊平隃麋[㉑]、汧诸氏，与太祖会安定。

【注释】

①邺：即邺城，位于河北临漳县境内。 ②邯郸：古地名，位于河北南端，今邯郸市。 ③易阳：古县名，在今河北永年县西。韩范：东汉末年人。袁尚的属下，担任易阳令。曹操留曹洪围攻邺城，亲自率军攻打周边各县城，以阻断对邺城的支援。在先后打下毛城、邯郸后，迫于压力，时任涉长的梁岐和易阳令韩范献出县城，投降了曹操。因此被封为关内侯。 ④毛城：古地名，在今河北武安市西。 ⑤平原：古县名，地处山东西北部，今隶属德州市。 ⑥横野将军：古官名，杂号将军，主领兵征伐。 ⑦荆州：古州名，治所在今河北荆州市。 ⑧樊：古地名，在今湖北襄阳市。 ⑨临沮：古县名，在今湖北南漳县。宜城：古县名，治所在今湖北宜城市东南十五里楚皇城遗址。 ⑩满宠（？—242）：字伯宁，山阳昌邑（今山东巨野县）人。魏国著名酷吏、将领。最初在曹操手下任许县县令，掌管司法，以执法严格著称；后关羽围攻樊城，协助曹仁守城，劝阻了弃城而逃的计划，成功坚持到援军到来。最后任太尉，数年后病逝，谥号"景侯"。 ⑪汉津：古渡口名，位于湖北荆门市境内的汉江西岸。 ⑫曹仁（168—223）：字子孝，沛国谯人，曹操从弟，曹魏名将。从曹操多年，为魏朝立下汗马功劳。赤壁之战后，镇守江陵。在襄樊之战中挡住了关羽的进攻，与徐晃共攻破陈邵，进驻襄阳。官至大将军、大司马，去世后谥曰"忠侯"。 ⑬周瑜（175—210）：字公瑾，庐江郡人。东汉末年名将。建安十三年，周瑜率军与刘备联合，于

赤壁之战中大败曹操，由此奠定了“三分天下”的基础。又率军大破曹仁，拜偏将军领南郡太守。去世时年仅36岁。⑭十五年：即建安十五年（210）。⑮太原：古郡名，治所在今山西太原市区西南汾水东岸。⑯大陵：古邑名，故治在今山西交城县西南十里大陵村。⑰商曜：太原义军首领，被徐晃斩杀。⑱汾阴：古县名，治所在今山西万荣西南宝鼎，因在汾水之南故名。⑲潼关：古关名，位于陕西潼关县北，北临黄河，南踞山腰。⑳蒲坂（bǎn）：古地名，即今山西永济。㉑隃（yú）麋（mí）：古县名，在今陕西千阳县城关镇东南千川村。

【译文】

曹操包围了邺县，攻破了邯郸，易阳县令韩范佯装献城投降，而负隅顽抗，曹操命令徐晃进攻。徐晃来到以后，把一封信缚在箭尾上射入城中，为韩范陈说利害，韩范悔过，投降了徐晃。徐晃随即劝曹操说：“袁谭、袁尚都没有被打败，那些没有攻取的城池也都在看风使舵，今天要是灭了易阳，明天各城就要拼死守御，恐怕河北就没有平定的日子了。希望您允许易阳投降，为别的城做个样子，那么，各城就都会望风而降。”曹操认为很对。

徐晃又单独率兵攻打毛城敌寇，设置伏兵大举袭击，攻破了三个驻地。再次随曹操在南皮打败袁谭，攻打平原郡的叛军，平定了该郡。又随曹操征剿蹋顿，被封为横野将军。再跟随曹操攻打荆州，单率一支军队屯扎樊城，又攻打中庐、临沮、宜城的贼寇。再与满宠到汉津攻打关羽，与曹仁在江陵攻击周瑜。

建安十五年，徐晃统兵攻打太原郡叛军，包围了大陵，拔取了城池，杀死了敌帅商曜。韩遂、马超在关右谋反，曹操派徐晃屯驻汾阴安抚河东郡，赐给他牛酒，让他为祖先上坟。曹操到潼关，担心不能渡过黄河，召徐晃询问。徐晃说：“主公大兵在此地，而敌人不另派兵驻守蒲阪，可见是失策。现在给我一支精兵，从蒲阪津渡河，去充当全军的先头部队，截断敌军，就可以抓获敌人。”曹操说：“好。”派徐晃率领骑兵、步兵四千人过河。徐晃领兵挖堑立栅还未站稳脚跟，敌将梁兴率领五千多骑兵、步兵来进攻，被徐晃击退，曹操大军得以渡河，于是打败了马超的势力。曹操派徐晃与夏侯渊平定隃麋、汧县的各部落氐族人，与曹操在安定会师。

【原文】

太祖还邺，使晃与夏侯渊平鄜、夏阳①馀贼，斩梁兴，降三千馀户。从征张鲁。别遣晃讨攻椟、仇夷诸山氐②，皆降之。迁平寇将军③。解将军张顺④围。击贼陈福⑤等三十馀屯，皆破之。

太祖还邺，留晃与夏侯渊拒刘备于阳平。备遣陈式⑥等十馀营绝马鸣阁道[⑦]，晃别征破之，贼自投山谷，多死者。太祖闻，甚喜，假晃节，令曰："此阁道，汉中之险要咽喉也。刘备欲断绝外内，以取汉中。将军一举，克夺贼计，善之善者也。"太祖遂自至阳平，引出汉中诸军。

复遣晃助曹仁讨关羽，屯宛。会汉水暴溢，于禁[⑧]没。羽围仁于樊，又围将军吕常[⑨]于襄阳。晃所将多新卒，以羽难与争锋，遂前至阳陵陂[⑩]屯。太祖复还，遣将军徐商、吕建[⑪]等诣晃，令曰："须兵马集至，乃俱前。"贼屯偃城[⑫]。晃到，诡道作都堑[⑬]，示欲截其后，贼烧屯走。晃得偃城，两面连营，稍前，去贼围三丈所。

未攻，太祖前后遣殷署、朱盖[⑭]等凡十二营诣晃。贼围头[⑮]有屯，又别屯四冢[⑯]。晃扬声当攻围头屯，而密攻四冢。羽见四冢欲坏，自将步骑五千出战，晃击之，退走，遂追陷[⑰]与俱入围，破之，或自投沔水死。

【注释】

①夏阳：古地名，即今陕西韩城市。 ②椟（dú）、仇夷：古山地名。山氐（dī）：居住在山区的氐族人。 ③平寇将军：古官名，杂号将军，主领兵征伐。 ④张顺：汉末三国时期曹操帐下将军。曹操征伐张鲁，徐晃、张顺等也在随征之列。作战中张顺被围困，平寇将军徐晃为其解围。⑤陈福：三国时的义军首领。 ⑥陈式：蜀汉将领。最初为刘备军中重要的基层指挥官，后成长为高级将领。在诸葛亮第三次北伐期间，在诸葛亮的军事指挥下攻克了魏国的武都、阴平二郡。⑦马鸣阁道：古蜀栈道名，在今四川广元市北朝天镇附近。 ⑧于禁（？—221）：字文则，泰山巨平（今山东泰安市）人。随曹操南征北战，立下了许多战功。被曹操称赞胜过古代名将。关羽围攻襄阳、樊城。于禁督领七军，共 3 万人，去樊城协助曹仁。时值汉水暴涨，全军覆没，投降关羽，后转到东吴，又回到魏国。 ⑨吕常（161—221）：荆州南阳博望（今河南方城县博望镇）人，为武猛都尉、厉节中郎将、裨将军，封关内侯。后随曹操南下，封阴德亭侯。 ⑩阳陵陂：古地名，在今湖北襄阳市北。 ⑪徐商、吕建：魏国部将。 ⑫偃城：古地名，在今河南漯河市。 ⑬诡道：运用诡异和诈伪的战法。都堑：大战壕。 ⑭殷署：东汉末年曹操麾下将领，官至平难将军。在新平大破羌人，和赵俨攻灭盘踞陈仓的吕并。朱盖：曹操部属。建安二十四年，曹仁和关羽战于樊城，曹操命徐晃率军助战，与关羽相持不下。曹操派遣他和殷署等，率十二营兵马增援徐晃。⑮围头：包围圈背面正对曹军来援方向的部分。 ⑯四冢：古地名，在今湖北襄阳市附近。⑰追陷：猛追敌人，进入敌人的营垒围栏。陷，陷入。

【译文】

曹操回到邺县，派徐晃与夏侯渊平定鄜县，打败夏阳的贼寇余党，斩了梁兴，使三千多户投降。再随曹操攻打张鲁，另派徐晃去征劖楱、仇夷各处山上的氐族人，他们都投降了。徐晃升任为平寇将军。解除了将军张顺的被围困境。攻破了贼寇陈福等人的三十多个屯兵据点。

曹操回到邺县，留下徐晃与夏侯渊在阳平关防御刘备。刘备派陈式等十多个营的部队断绝了马鸣阁道，徐晃从岔路攻打，大破陈式的队伍，敌人被迫跳入山谷，死了许多人。曹操听说后，非常高兴，让徐晃持节，发布通报说："这一条阁道是汉中的咽喉险要之地，刘备想断绝内外联系，夺取汉中。将军这一举，粉碎了刘备的计划，真是妙计中的妙计啊！"曹操于是亲自到阳平关，带出汉中的各路军马。

曹操又派徐晃协助曹仁攻打关羽，在宛城驻军。碰上汉水泛滥，于禁的部队被淹，关羽在樊城包围了曹仁，又在襄阳包围了将军吕常。徐晃的部下大多是新兵，很难同关羽作战，便进军屯驻在阳陵陂。曹操又返回来，派将军徐商、吕建等人去见徐晃，传令说："必须等兵马全集中，再一起向前出击。"敌军在偃城屯扎，徐晃到达后，设计挖掘堑壕，做出要截断敌人后路的样子。敌军烧毁自己的营寨逃跑了。徐晃占领偃城，两面营寨相连，又稍微前进到距离敌人的包围圈三丈左右的地方。

徐晃还没有发起进攻，曹操前后派殷署、朱盖等一共十二营的部队到徐晃这儿来。敌人的围头有兵屯驻，另外还在四冢驻军。徐晃扬言要攻打围头的守敌，却秘密地进攻四冢，关羽看到四冢要被攻破，亲率五千步、骑兵出战，徐晃迎击，关羽退去，徐晃便乘胜追击，一鼓作气冲入敌围，大破敌军，很多人自投沔水而死。

【原文】

太祖令曰："贼围堑鹿角十重，将军致战全胜，遂陷贼围，多斩首虏。吾用兵三十馀年，及所闻古之善用兵者，未有长驱径入敌围者也。且樊、襄阳之在围，过于莒、即墨[①]，将军之功，逾孙武[②]、穰苴[③]。"

晃振旅还摩陂，太祖迎晃七里，置酒大会。太祖举卮酒劝晃，且劳[④]之曰："全樊、襄阳，将军之功也。"时诸军皆集，太祖案行诸营，士卒咸离陈观，而晃军营整齐，将士驻陈不动。太祖叹曰："徐将军可谓有周亚夫[⑤]之风矣。"

文帝即王位，以晃为右将军，进封逯[⑥]乡侯，及践阼，进封杨侯。与夏侯尚讨刘备于上庸，破之。以晃镇阳平，徙封阳平侯。明帝即位，拒吴将诸葛瑾[⑦]于襄阳。增邑二百，并前三千一百户。病笃，遗令敛以时服。

性俭约畏慎，将军常远斥候[⑧]，先为不可胜，然后战，追奔争利，士不暇食。常叹曰："古人患不遭明君，今幸遇之，当以功自效，何用私誉为！"终不广交援。

太和元年[⑨]薨，谥曰壮侯。子盖[⑩]嗣。盖薨，子霸[⑪]嗣。明帝分晃户，封晃子孙二人列侯。

评曰：太祖建兹武功，而时之良将，五子为先。……张郃以巧变为称，乐进以骁果显名，而鉴其行事，未副所闻。或注记有遗漏，未如张辽、徐晃之备详也。

【注释】

①过于莒（jǔ）、即墨：指形势的险恶程度，超过了齐将田单在莒、即墨二城受燕军围攻的情况。莒：古地名，在今山东莒县。即墨：古县名，今为山东青岛市辖区。　②孙武（约前545—约前470），字长卿，春秋末期齐国乐安人，由齐至吴，经吴国重臣伍员举荐，向吴王阖闾进呈所著兵法13篇，受到重用为将。曾率领吴国军队大败楚国军队，占领楚国都城郢城，几近覆亡楚国。③穰苴（jū）：即田穰苴，又称司马穰苴，春秋末期齐国人，曾率齐军击退晋、燕入侵之军，因功被封为大司马，子孙后世称司马氏。后因齐景公听信谗言，被罢黜，未几抑郁发病而死。　④劳：慰劳，慰问。　⑤周亚夫（？—前143）：沛郡丰县（今江苏丰县）人，西汉名将，官至丞相。名将绛侯周勃的次子，历仕汉文帝、汉景帝两朝，以善于治军领兵，直言持正著称。在吴楚七国之乱中，他统率汉军，三个月平定了叛军，拯救了汉室江山。后被冤下狱，闭食自尽。　⑥逯（lù）：古邑名，在今山西永和县。　⑦诸葛瑾（174—241）：字子瑜，琅邪阳都（今山东沂南）人。吴国重臣。胸怀宽广，温厚诚信，得到孙权的深深信赖，称为"神交"，并努力缓和蜀汉与东吴的关系。吕蒙病逝，代吕蒙领南郡太守，驻守公安。孙权称帝后，官至大将军，领豫州牧。　⑧远斥候：在军营很远的地方布置侦察兵。　⑨太和元年：227年。太和，曹叡年号，227年至233年。　⑩盖：即徐盖，河东郡杨县人。曹魏名将徐晃之子。徐晃去世后，继嗣。　⑪霸：即徐霸，徐晃之孙，徐盖之子，徐盖死后，徐霸继承。西晋建立，封国废除。

【译文】

曹操传令说："敌人堑壕鹿角层层包围，将军作战全胜，攻陷敌围，杀死并俘虏了大批敌寇。我用兵30多年，加上听到的古代善于用兵的人，也没有长驱直入冲进敌人重围的，而且樊城、襄阳被包围，比起战国时的莒城、即墨，情况要严重得多，徐晃的功勋，要超过孙武和司马穰苴。”

徐晃整顿部队回到摩陂，曹操出城七里迎接他，设宴庆祝，亲自举杯向他劝酒，慰劳他说：“保全樊城、襄阳，都是将军的功劳。”当时，各路人马都集中到一起，曹操巡视各营，士兵都离开队列观看曹操，只有徐晃的军营整齐，全体将士站在队列中不动。曹操叹息说：“徐将军可以说是有周亚夫的风度了。”

曹丕即王位，封徐晃为右将军，晋封逯乡侯。曹丕即皇帝位后，又晋封徐晃为杨侯，徐晃同夏侯尚到上庸攻打刘备，打败了敌人。文帝命令徐晃镇守阳平关，转封他为阳平侯。曹叡即位，徐晃在襄阳抵御吴将诸葛瑾。朝廷为他增加食邑二百户，连同以前的共三千一百户。（他）生病垂危时，叮嘱让人用平时穿的衣服收殓他。

徐晃为人小心谨慎、作风简朴。统率军队，往往到很远的地方侦察敌情，先做好不能打胜仗的准备，然后才开始作战，穷追不舍，争取获利，将士常常顾不上吃饭，徐晃常常叹息说：“古人顾虑遇不上英明的君主，现在幸而让我遇到了，应该建功效力，哪用自己夸耀自己呢！”始终不多交朋友。

太和元年（227）去世。朝廷赐予“壮侯”的谥号。他的儿子徐盖承袭了爵位。徐盖死后，儿子徐霸袭爵。曹丕分出徐晃的食邑，封他的两个儿孙为列侯。

史家评论说：曹操建立如此辉煌的功绩，而当时的良将，以这五位居于前列。……张郃以用兵多变著称，乐进以骁勇果断扬名，但是，对照他们的事迹，与所听说的声名并不相称。也许是生平事迹的记载有遗漏，不如张辽、徐晃的记载完备详尽吧。

人物新传·徐晃传

汉末，董卓曾为河东太守，徐晃投其麾下。董卓死后，凉州将李傕、郭汜等继续拥兵作乱，在长安城中互相残杀，甚至劫持天子、公卿。长安被夷为废墟，生灵涂炭。徐晃对凉州将的这些暴行愤恨不已。他劝说河东将杨奉等脱离李傕、郭汜，奉献帝东还。献帝到了洛阳，曹操来迎天子都许昌。徐晃又劝杨奉投曹操，杨奉不从，被曹操击败，投奔袁术去了。徐晃却毅然归了曹操。

曹操十分器重徐晃。徐晃也如鱼得水地感戴曹操，他说，“古人患不遭明君，今幸遇之，当以功自效”。徐晃是这样说的，也是这样做的。建安三年，徐晃随曹操征吕布，建功于下邳；次年与史涣斩了袁绍将眭固。在官渡之战中徐晃更建大功，在序战中他参加了斩颜良、诛文丑的战役；随后又与史涣一起劫了袁绍的运粮车。官渡战后，徐晃被封为都亭侯，此时官至偏将军。

建安九年夏四月，曹操向袁绍的儿子袁谭、袁尚发起了进攻。在攻破邯郸后，曹操命徐晃进攻易阳。易阳令韩范名义上宣布投降，但实际上却加强防守，不让曹军进城。徐晃劝曹操对易阳不要硬攻，而要继续诱降。徐晃说，现在二袁未灭，人心未归附，若能争取易阳投降，则会影响很多尚在动摇不定的守将；如果措置不当，其他城池就会坚决抵抗。曹操很赞成徐晃的看法，委托他全权处理。徐晃写了一封恳切的劝降书，绑在羽箭上，射进城去。韩范经过慎重考虑后决定投降，徐晃兵不血刃，拿下了易阳。这一事例充分说明，身为武将的徐晃是很有政治眼光的，决非一介武夫可比。

建安十六年，曹操调镇守关中的钟繇大军赴汉中进攻张鲁，关中空虚。凉州将马超与韩遂、杨秋、梁兴等十部俱起兵反曹，并占据了潼关，声势十分浩大。曹操亲自率军征讨，但兵至潼关后，却遇上了如何渡过黄河进兵这一难题。徐晃经过侦察后，向曹操建议，由他率四千精兵从马超军防守最薄弱的蒲坂津渡河。曹操批准了徐晃的计划，徐晃成功地从蒲坂津渡河。马超部将梁兴趁徐晃渡河后立足未稳之际，连夜向徐晃发起攻击，被徐晃军击退。由于徐晃机智地占领了渡河的桥头堡，曹操的大军得以顺利渡河，最后击败了马超。徐晃与夏侯渊一起斩了梁兴，马超奔汉中投靠张鲁。

建安二十三年，刘备亲率大军进攻驻守汉中的夏侯渊和张郃，并派大将陈式领兵断绝从关中通向汉中的阁道，准备一举歼灭曹军，拿下汉中。建安二十四年，刘备手下大将黄忠在定军山刀劈了曹军主将夏侯渊，曹军在汉中面临着覆灭的命运。在这危急时刻，曹操先命徐晃领兵，打败了蜀将陈式，保证了通往汉中的道路畅通无阻；接着，曹操又亲自带兵，接回了被困在汉中的军队。

就在曹操与徐晃领兵增援汉中的时候，荆州战场上的形势也发了很大变化。征南将军曹仁被蜀将关羽围困在樊城，于禁奉命去救援；结果，关羽水淹七军，大将庞悳被斩，主将于禁投降。于禁是曹操手下著名的五员上将之一，于禁的投降，对曹军士气影响很大。关羽又乘胜包围了襄阳的曹将吕常，一时威名大震。在这危急存亡之秋，曹操再次派徐晃领兵，去解救被围的曹仁、吕常。

徐晃先用疑兵暗示要截断偃城蜀军的退路，偃城守军仓皇烧毁营寨而逃，徐晃没费多大力气便智取了偃城。接着，徐晃以偃城为根据地，聚集粮草，等待援军，并与被围在樊城的曹仁取得了联系。当时，蜀军固守在围头、四冢两地，徐晃待大批生力军赶到后，采取了声东击西的策略，扬言攻围头，而实际攻四冢。四冢危急，关羽亲带五千精兵救援，亦被徐晃击败。此后，徐晃便一马当先，亲率大军突入重围，与曹仁内外夹攻，一举解了襄阳、樊城之围，不少蜀军自投沔水而死。关羽败走，徐晃大获全胜。

徐晃获胜之后，曹操亲自出城七里迎接凯旋的徐晃军，并为徐晃设宴庆功，亲自给徐晃敬酒。曹操对徐晃说："贼围堑鹿角十重，将军致战全胜，遂陷贼围，多斩首虏。吾用兵三十馀年，及所闻古之善用兵者，未有长驱径入敌围者也。"曹操的这段话，就是我们今天所用的"长驱直入"这一成语的来历，徐晃在这次战争中所发挥的重要作用也由此可见一斑。

建安二十五年春，曹操病死洛阳，其子曹丕继为丞相、魏王，徐晃被封为右将军，逯乡侯。这时，蜀宜都太守孟达叛蜀投魏，徐晃受命与夏侯尚、孟达一起攻打蜀副军将军刘封。刘封大败，徐晃等一举平定了三郡九县。曹丕篡汉为帝后，封徐晃为杨侯；又让徐晃镇守阳平关，封阳平侯。魏黄初七年（226）五月，文帝曹丕病死，太子曹叡即位，是为明帝。同年八月，东吴大将诸葛瑾、张霸进攻魏襄阳，徐晃再次随司马懿出征。此役，斩吴将张霸，东吴退兵，徐晃被赐封邑二百户，连前共三千一百户。

将不在勇而在于谋。徐晃之所以经常克敌制胜并不是偶然的。徐晃平时十分谨慎，他行军打仗总是多派尖兵，事先对敌情了然于胸，从不打无准备之仗；而一旦打起仗来，他又能身先士卒，勇冠三军，经常连续作战，务尽全功。他平常治军很严，有一次曹操到各地视察军队时，各部兵士均有人离队观看，只有徐晃的部下纹丝不动，整齐肃然，曹操将徐晃喻之为扎营细柳的西汉名将周亚夫。曹操是三国时代著名的军事家，他经常将徐晃比之于古代大军事家孙武和司马穰苴，这其中虽不无夸大之处，但也从一个侧面反映了徐晃过人的军事才能。

太和元年，徐晃病死，谥曰"壮侯"。